JN411654

당신, 그 빛나는
서정을 찾아서

당시, 그 빛나는 서정을 찾아서

지은이 이병수
추천 및 감수 욱현호
장춘식

정일

추천사

욱현호(郁賢皓)

남경사범대학 문학원 자심교수
고문원연구소 명예소장
중국이백연구회 전회장, 현명예소장
중국당대문학 학회 전부회장, 현고문
'사해'편위 겸 분과주편

일찍이 10년 전 즉 2000년 1월 15일에 한국의 성신여자고등학교에 재직중인 이병수 선생이 특별히 남경으로 나를 찾아와 함께 당시 특히 이백 시가에 대해 연구하기를 희망하였다. 그 당시에 그는 일련의 연구 계획을 가지고 있었으나 그 후 몇 가지의 사정으로 인해 그 원래의 계획을 진행할 수 없었다.

10년이 지난 오늘, 2010년 8월 13일 이병수 선생은 또 각별히 남경으로 날아와서 나를 방문하여 몹시 두꺼운 원고를 내밀고는 내가 한번 읽어 본 후 감상을 말해 주기를 바랐다. 원래 이 10년 동안 그는 손에 책을 놓지 않고 부지런히 당시 연구에 골몰하여 마침내 당시 기행이라는 책을 완성하기에 이르렀으니, 이는 참으로 나를 놀라게 하고 기쁘게 하였다. 이병수 선생의 이러한 각고의 정신에 나는 심히 경복하는 바이다.

이 책은 107명의 시인의 시 324수를 싣고 있는데 그 중에 이백의 시가 가장 많은 88수, 그 다음에 두보의 시가 31수, 그 외 백거이의 시 16수, 유우석의 시 9수, 왕유의 시 8수, 맹호연과 왕창령의 시가 각 7수 등이다. 이 책에서는 당나라 때의 명가의 명시를 수록하고 있는데 그 주요 목적은 중국에서 가장 유명한 당시에 주석을 붙이고 한국어로 번역하여 한국의 독자들에게 감상의 기회를 제공하는 것이다.

듣건데 한국에서는 중국 당시를 한국어로 번역한 저작이 이미 적지 않은 것으로 안다. 다만 이병수 선생의 이 책은 일반 당시 번역과는 현저히 다르다. 우선 이 책은 지역별로 분류 배열하였고 동일 지역에서 묘사한 시가를 한데 묶어 소개하였으므로 서로 대비하고 분석하기가 편하여 독자로 하여금 이해하기 쉽도록 하였다는 것이다. 또 하나는 이병수 선생이 역대 한국 시인이 묘사한 동류의 작품을 비교하였다는 점이다. 이백의 '왕우군王右軍'의 시 같으면 이병수 선생은 고려 시인 이규보의 '우군환아右軍還鵝'라는 시를 뒷면에 덧붙였다. 또 이백의 '소대람고蘇臺覽古'라는 시가 있는데 이병수 선생은 고려 시인 정몽주의 '고소대姑蘇臺'를 후면에 적어 넣었다. 이와 같은 유사한 예가 이 책에는 많이 있어 한국 독자로 하여금 체득과 이해를 쉽게 하였으니 이것은 바로 이병수 선생의 독창적 발상이다.

특별히 지적하고 싶은 것은 이병수 선생이 당시에서 묘사한 지방 경색에 대하여 깊은 이해를 갖고 있다는 점이다. 그는 20차례나 중국 각 지방을 실제 방문하고 관찰하면서 거의 중국 대륙의 반 이상을 편력하였다. 그는 서안, 낙양, 남경, 개봉, 북경, 삼협, 성도, 항주 등지의 명승 고적을 두루 섭렵하였을 뿐만 아니라 태원의 진사, 평요의 고성, 태산과 곡부, 소주의 한신사, 진강의 북고산과 초산과 금산, 안휘성에 있는 황산과 구화산, 선성의 경정산, 마안산의 이백 묘와 채석기, 동릉의 오송산, 지주의 추포, 구강의 여산, 남창의 등왕각, 악양의 동정호, 무창의 황학루, 안륙의 백조산과 북수산, 양양의 현산과 녹문산 그리고 돈황, 양관, 옥문관 등에 족적을 남겼다.

이병수 선생은 수많은 책을 읽은 동시에 만리 길을 실제 답사하였기에 이 책의 내용은 매우 충실하고 번역도 아주 정확하다. 교학의 임무가 바쁜 외국 교사가 이런 상황을 성취한다는 것은 확실히 어렵고도 귀한 일이다.

이상은 이병수 선생이 지은 이 당시 기행에 대한 나의 소감인데 간략하나마 우선 머리글로 삼고자 한다.

南京师范大学古文献研究所

地址:南京市宁海路122号　邮编:210097　电话:3729111-3343

序

郁賢皓

早在十年前，即2000年1月15日，在韓國誠信女子高等學校任教的李炳秀先生曾專程飛來中國南京訪我，希望能隨我從事唐詩尤其是李白詩歌的研究。當時還擬定過一個研究計劃。後來炳秀先生因種種原因，未能按原計劃進行。十年後的今天，即2010年8月13日，炳秀先生又專程飛來南京訪我，交給我厚厚的一大疊稿子，希望我閱讀後談一點感想。原來，在這十年中，炳秀先生一直孜孜不倦地在潛心研究唐詩，終於寫成了《唐詩紀行》這本書。這真使我驚喜萬分，對炳秀先生這種刻苦鑽研的精神非常敬佩。

此書共收107位詩人的詩324首。其中李白的詩最多，收88首；杜甫次之，收31首；此外，收白居易詩16首，劉禹錫詩9首，王維詩8首，孟浩然和王昌齡詩各7首等等。可見此書主要是收唐代名家的名詩。其目的是要將中國最著名的唐詩加以注釋，並翻譯成韓文，供韓國的人民閱讀和欣賞。

據說在韓國，用韓文注譯中國唐詩的著作已有不少，但炳秀先生此書與一般的唐詩譯注明顯不同。首先，此書按地區分類排列，將描寫同一地區的詩歌集中在一起介紹，

南京师范大学古文献研究所

地址：南京市宁海路122号　　邮编：210097　　电话：3729111－3343

便於對比分析，使讀者更容易領悟接受。其次，為了做好這一點，炳秀先生還別具匠心地將韓國詩人所寫的同類作品進行比較。如李白有《王右軍》詩，炳秀先生將高麗詩人李奎報寫的《右軍換鵝》一詩附在後面。李白有《蘇臺覽古》詩，炳秀先生將高麗詩人鄭夢周的《姑蘇臺》一詩附在後面。類似的例子在此書中有很多，這顯然可以使韓國的讀者更容易體會和理解，而這正是炳秀先生創造性的發明。

特別需要指出的是，炳秀先生為了對唐詩中描寫的地方景色有深切的理解，十年中先後20次到中國各地進行實地考察，幾乎走遍了大半個中國。他不但到西安、洛陽、南京、開封、北京、三峽、成都、杭州等地的名勝古跡進行考察，而且，太原晉祠，平遙古城，泰山和曲阜，蘇州寒山寺，鎮江北固山、焦山、金山，安徽黃山和九華山，宣城敬亭山，馬鞍山李白墓和採石磯，銅陵五松山，池州秋浦，九江廬山，南昌滕王閣，岳陽洞庭湖，武漢黃鶴樓，安陸白兆山、北壽山，襄陽峴山、鹿門山，乃至敦煌，陽關，玉門關，都留下了他的足跡。正因為他在讀萬卷書的同時，又行萬里路實地考察，所以使本書的內容非常充實，譯注非常精確。這對於一個忙於教學任務的外國教師來說，能做到這個地步確實是難能可貴的。

南京师范大学古文献研究所

地址：南京市宁海路122号　　邮编：210097　　电话：3729111－3343

以上就是我對炳秀先生撰寫這本《唐詩紀行》書的一點感想，不揣謭陋，聊以為序。

南京師範大學文學院資深教授、
古文獻研究所名譽所長，
中國李白研究會前會長、現名譽所長，
中國唐代文學學會前副會長、現顧問，
《辭海》編委兼分科主編

郁賢皓
二〇一〇年八月十三日於
金陵寓所

추천사

장춘식

중국사회과학원 민족문학연구소 교수

중국에서는 한시를 "고시가古詩歌" 혹은 "고대 시사詩詞"라 부른다. 〈시경〉이 가장 오래된 것이라 할 수 있으나 당송 때의 시와 사흔히 唐詩 宋詞라 부른다가 가장 유명하다. 굴원을 제외하면 중국의 고시가 대가들은 대개가 당송 때의 사람들이다.

당송의 시가가 유명한 만큼 연구도 다각적으로 이루어져 왔다. 그런데 고대에서 현대에 이르기까지 그렇게 많은 연구가 이루어졌지만 이런 연구는 기본적으로 문헌 연구에 한정되어 있었다. 그것도 대개가 어려운 글자 풀이나 고사 해석, 그리고 역대의 평가 고증과 같은 실증적인 연구가 대부분이다. 그래서 그런지 최근에는 당시 연구가 거의 정체된 느낌이 없지 않다. 서구에서 들어온 이른바 새로운 연구 방법들이 근현대 문학 연구에는 잘 적용되지만 고시가 연구에는 별로 신통치가 못한 모양이다.

중국에서 고시가 연구가 상대적으로 부진한 이유는 또 있다. 이들 원전과 고대의 연구 성과들이 현대의 중국어가 아닌 고문으로 되어 있어 그 방대한 양의 고문을 해독하기 위해서는 현대 문학보다 훨씬 많은 기초적인 공부가 필요하며 따라서 연구 성과를 내기도 어렵고 연구 업적을 쌓기 위해서는 현대 문학 연구보다는 훨씬 더 많은 시간과 정력이 소모되는 것이다.

상황이 이러하다 보니 고대의 시가 문학은 일반 대중이 접근하기가 상대적으로 버거운 분야가 되어 있다. 초등생부터 고시가를 공부함에도 불구하고 말이다.

이 책의 저자인 이병수 선생님은 이런 중국의 고시가 특히 당송의 시문학에 남다른 관심을 보여 왔다. 이는 필자가 이병수 선생님과 인연을 맺은 계기가 되기도 했다. 한국인으로서 당송의 시에 대한 문학 기행을 위해 중국에 여러 차례 오면서 만나게 되었던 것이다.

이와 같은 문학 기행 혹은 답사는 한국에서 처음 있는 일은 아닌 걸로 안다. 하지만 당시 송사의 자취를 따라 이루어진 이병수 선생님의 긴 중국 여행은 아마 전무후무할 것이라 생각한다. 한국인으로서 뿐만 아니라 중국에서도 이런 문학 답사를 한 사람은 내가 알기로는 아직 없었다. 많은 시간과 비용이 필요하며 교통과 음식, 문화와 언어적인 소통의 불편을 감수해야 하기 때문이다. 그것을 이병수 선생님은 끈질기게 십수 삭의 시간을 들여 마침내 해낸 것이다.

이 책은 여행기 혹은 문학 답사기이면서 상당 정도 문학 연구의 역할도 한다. 다만 그 문학 접근의 방법이 다를 뿐이다. 딱딱하면서도 난해한 고시 연구와는 달리 시인이 시를 지을 때의 환경과 심경을 고스란히 담고 있는 현장을 답사함으로써 일반 대중의 접근이 용이함은 물론 일반적인 연구로는 불가능한 "현장성"도 동시에 지니고 있다. 이런 현장성 때문에 문학의 근본에 좀 더 가까이 다가갈 수 있지 않았나 생각한다. 중국의 고시가에서 상당히 중요한 부분을 차지하는 이른바 시적인 이미지 즉 "의경意境"을 느낄 수 있는, 혹은 파악할 수 있는 여건이 마련되기 때문이다. 현대인의 상상력으로는 파악이 어려운 이미지도 현장 견학을 통해 쉽게 느낄 수 있음은 당연지사다. 여기에 고시가의 핵심적인 의미에 다가갈 수 있는 열쇠가 있지 않을까 하는 생각도 든다.

이런 의미에서 이 책은 한국의 독자에게는 물론 중국의 독자에게도 참신한 문학 교양서가 되지 않을까 한다. 아니 중국의 고시가에 관심을 갖는 사람이라면 누구나 한 번쯤 읽어 볼 만한 책이 될 것이라 확신한다. 그만큼 가치와 매력이 있다는 말이 되기도 한다.

머리말

고등학교 시절 두시언해를 배우고서 그 우수, 우국, 사향, 비감의 정서에 감동된 바가 많았다. 대학에 진학하여서는 "옛 사람이 이미 황학을 타고 가 버렸고 이 땅에 공연히 황학루만 남았구나昔人已乘黃鶴去 此地空餘黃鶴樓", "오랑캐의 피리는 어찌 원양류만 부는가? 봄빛이 옥문관을 넘어오지 않았는데羌笛何須怨楊柳 春光不度玉門關", "아침에 백제성을 채운간에 이별하고 천리 길 강릉 땅을 하루만에 돌아오다朝辭白帝彩雲間 千里江陵一日還", "취하여 사막에 쓰러지더라도 그대여 비웃지 마소, 예부터 정벌 나와 돌아간 자 몇이더냐?醉臥沙場君莫笑 古來征戰幾人回" 등의 명구를 접했을 때 큰 감동으로 다가왔다. 이런 시를 지은 작가의 역량도 역량이지만 도대체 이런 시가 지어진 배경이 어디며, 지어진 장소가 어떤 곳인지 궁금하였던 것이다. 이런 심정을 가지고 1991년부터 시작한 중국 탐방은 2008년 2월에야 끝이 났다.

당시唐詩가 쓰인 현장을 탐방하여 시를 통해 연상된 이미지를 눈으로, 피부로 직접 느끼고 확인해 보려 했다. 그 시의 현장이 시인의 자취인 동시에 역사의 자국이기에 현장 답사는 시와 시인을 좋아하고 사모하는 마음의 증거이며 그것은 나의 큰 감동이고 보람이었다. 절창이 지어진 곳이나 뭇 시인들이 노래한 명승지를 집중적으로 방문하였고 미진할 경우에는 다시 들르기도 했다. 한 번 간 것이 의외의 성과나 의의가 있은 적이 있었지만 두어 번 갔어도 불만스러운 경우가 있기도 했다.

중국 대륙이 워낙 넓어 몇 차례의 방문이나 짧은 기간의 답사로는 어림도 없어 치밀한 계획을 갖추고서 자주 탐방에 나서게 되었다. 또 책을 뒤지고 당시를 정리하다 보면 또 가 봐야만 할 현장이 나타나곤 했다. 이러니 20번의 방문에 18년의 긴 세월이 걸리게 된 것이다.

이 책에는 330여 편의 한시가 실려 있다. 이를 제대로 번역하려고 공을 많이 들였다. 당시唐詩에 대한 많은 번역본을 참고했는데 대체로 시인들의 번역은 의역이 심하고 외형과 감정에 치우치는 느낌이 있고, 학자들의 번역은 원뜻을 살리려고 직역에 충실하여 시의 묘미를 상실하는 면이 적지 않음을 알았다. 한시는 운율과 대구, 대조 등이 두드러진 정형 시가인데 우리말 번역으로 인해 음악성을 상실한다면 자칫 무미건조한 시가 될 것이다. 그래서 원시의 뜻을 해치지 않는 범위에서 한시구가 대구이면 번역 시구도 대구가 되도록 했다. 또 7언이면 3·4조의 4음보 율격에, 5언이면 7·5조의 3음보 운율에 맞추려고 힘썼다. 그리고 시구의 종결에서, 이를테면 '빠르다'와 '빠르구나'는 느낌의 폭이 서로 다르다. 그래서 가능한 한 감탄형으로 종결하려고 했다.

한시는 원시原詩로 읽어야 제 맛을 느낄 수 있고 번역으로는 의미와 형식의 멋을 다 아우를 수 없다고 한다. 그래서 번역 불가론이 제기되곤 한다. 그렇다고 원시로만 읽을 수 없는 것이 우리의 현실이고 사정이라면 의미와 운율이 최소한 조화를 이루어야 작가의 시작 의도에 접근할 수 있으리라고 본다.

그간 편편히 적은 글들을 정리하고 시들을 수집하면서 책으로 엮어 보자고 하니 이외의 벅찬 작업이 되고 말았다. 특히 한시의 삽입이 많아지고 이들이 중국의 지리와 역사를 배경으로 하다 보니 가볍게 읽을 수 있는 교양의 수준을 넘어선 것이 아닌가 싶다.

중국의 역대 문인들 중에 이태백만큼 중국을 돌아다닌 사람이 드물다고 한다. 그래서 이태백은 자기의 조국 산천을 가장 사랑한 이로 손꼽힌다. 나는 현대의 문명의 이기利器를 이용하여 이태백 이상으로 중국을 편력했다. 그렇다고 이런 나의 기록이 무슨 큰 자랑이 되어 수많은 이들에게 꼭 읽혀야만 하는 것은 아니다. 이 글은 나의 중국 답사의 마무리이며 내가 거친 중국 당시 기행의 흔적일 뿐이다.

아무리 주제 의식을 가지고 찾아가는 중국이라 하지만 혼자 다니기는 쉽지가 않았다. 외롭게 다닌 적도 많았지만 기꺼이 동행해 준 여러 친구와 동료가 있어 고마웠다. 무엇보다도 방학만 되면 짐을 챙겨 중국으로 떠나는 나를 별 저항없이 이해해 준 아내와, 책으로 출간되기를 기다리며 힘이 되어 준 두 자식이 고맙다. 그리고 날카로운 눈으로 원고 교정을 도와 준 방연진 양에게 고마움을 전한다. 또 북한산 등산학교 교장의 소개로 인연을 맺어 나의 졸고를 기꺼이 받아 준 도서출판 정일의 이병덕 사장의 너그러움에 감사한다. 십여 차례 드나들어 중국에 관한 견식이 많아졌을 때 아버님을 모시고 중국 황산에 다녀온 것이 지금 자랑으로 남는다. 아버님께서 돌아가시기 전에 책으로 내려고 했으나 여의치 못하였다. 아버님 영전에 이 책을 바친다.

2010년 겨울 정릉에서
고산古山 이병수 씀

읽어 두기

1. 중국의 지명, 인명을 현재의 중국식 발음 표기에 의하지 않고 모두 전통적 발음으로 표기하였다. '北京'을 베이징이라고 하지 않고 북경이라고, '毛澤東'을 마오쩌둥으로 부르지 않고 모택동이라고 하였다.

2. 참고한 많은 자료는 오랜 기간에 걸쳐 수집되다가 보니 국내외의 것이 뒤섞여 구분할 수 없게 되어서 참고 서적의 구체적인 부분까지 밝히지 못하였다.

3. 작가 소개는 국내 여러 문헌 외에 중국문학가대사전과 당재자전을 많이 참고하였다.

4. 당시가 아니어도 그 지역과 연관이 있는 명편은 당시와 함께 소개하였다.

5. 한시의 번역에 있어서 직역을 원칙으로 하고 음악성을 살리려고 노력하였다.

6. 각 장章별로 글을 엮었기에 가끔 중복의 내용이 있다.

7. 이 책에 실린 시들은 널리 알려진 절창이거나 명편들이고 그 지역과 연관성이 있는 작품들이다.

차 례

제1장 북경北京

1991년 7월 30일 저녁 8시 발 대한항공 비행기를 타고 11시 30분쯤 홍콩에 도착했다. 이즈음에는 중국과 국교가 수립되지 않았기 때문에 중국 여행은 홍콩을 거쳐야만 했다.

다음날 저녁 6시 30분에 북경행 중국민항기를 탔다. 도중에 기압 때문인지 가끔 요동이 심했다. 중국 비행기라 괜히 불안도 했지만 11시가 넘어서 대망의 대륙의 심장에 발을 디디게 되었다.

북경공항은 한국의 김포공항과 분위기나 느낌이 사뭇 달라서 납덩이로 눌러 놓은 기분이었다. 경비하는 공안들의 경직된 모습과 무표정한 얼굴이 긴장감을 갖게 했고, 검열관들의 칙칙한 제복과 느릿한 손놀림은 우리들을 무사히 통과시켜 줄까 하는 불안감을 주었다. 그러나 일단 그들 곁을 벗어나자 낯익은 얼굴이 보여 드디어 안도감을 가지게 되었다. 서울에서 만난 적이 있는 중국 교포인 박상근씨와 장희중씨였다. 또 이들이 미리 주선해 놓은 여행사에서도 우리 일행을 마중 나와 주었다. 소형 버스가 준비되어 있어 바로 시내로 향했다. 공항에서 북경 시내로 들어가는 동안은 괴괴한 어느 시골 길을 달리는 느낌이 들었다. 그만큼 주위는 어둡고 적막했다. 대륙의 숨결이 서서히 다가오고 있었다. 이로써 중국 탐방은 시작의 막을 올리게 되었다.

그 후 십수 년이 지난 지금, 대륙은 엄청난 변화를 겪음과 동시에 중국에 대한 나의 느낌 또한 크게 달라지게 되었음을 미리 밝혀 둔다.

90년대 초 북경의 밤거리는 참으로 인상 깊다. 도심에서 조금만 벗어나도 우리나라 어느 시골 읍내 같다. 도로의 차량, 교통, 인적, 조명 등이 더욱 그렇다. 1992년 12월 24일 나는 북경에 있었는데 앞에서 언급한 박상근씨가 친구 한 명을 데리고 내가 투숙하고 있는 호텔로 찾아왔다. 일 년 반만에 다시 만난 것이다. 그는 그 날이 성탄 이브이기에 특별히 나와 함께 보내기 위해 온 것 같았다. 사회주의 사회에서도 크리스마스의 의의를 인식하고 있는지는 잘 모르겠으나 이즈음만 해도 서서히 개방의 물결을 타고 있는 때였기에 그것이 이해가 될 법도 했다. 크리스마스 트리를 장식한 호텔이 간간이 눈에 띄었다.

북경의 밤은 너무 밝지 않아 좋고, 번잡하지 않아 좋으며, 흐릿한 불빛 아래 술잔을 잡고 두런거리는 인정이 있어 좋다. 2005년에 무한[武漢]에서 만난 한 중국 아가씨가 나더러 다녀 본 중국의 여러 지역 중에서 어디가 제일 마음에 드느냐고 묻기에 그래도 북경이라고 말했던 기억이 있다. 황산이나 장가계처럼 그림에서나 보던 선경[仙境]도 아니고 사기나 삼국지 등을 통해 그려 보던 낙양이나 서안 같은 친숙한 고도도 아니다. 그냥 반가운 친구가 있고, 정을 나눌 수 있는 호젓한 장소가 있으며, 소박하고 의젓하게 살아가는 그들의 지금 모습이 지난날 우리가 살던 옛 모습과 다르지 않기 때문인지도 모른다. 2000년대에 들어서서는 상황에 대한 이미지가 많이 바뀌었지만……

북경은 옛날에 계구, 유주 등으로 불렸다. 여기에서 읊은 유명한 시가 있다.

유주의 높은 대에 올라 노래하다.

진자앙(당)

앞으로 옛사람을 보지 못하고
뒤로는 오는 사람 보지 못하네.
천지의 유유함을 생각하고는
홀로 비감하여 눈물을 흘리노라.

登幽州臺①歌[등유주대가]

陳子昂(唐)

前不見古人[전불견고인]
後不見來者[후불견래자]
念天地之悠悠②[염천지지유유]
獨愴然③而涕下[독창연이체하]

---

① 유주대[幽州臺] : 북경 지방의 계구[薊丘]에 있는 누대. 전국 시대 연나라의 옛 도읍지에 있었다. 지금은 북경시 덕승문[德勝門] 서북에 있다.
② 유유[悠悠] : 한없이 크고 아득한 모양.
③ 창연[愴然] : 슬퍼하는 모양.

작가소개 진자앙(陳子昂, 661~702) : 자는 백옥[伯玉]이며 사천성 재주[梓州] 출신이다. 고종 때[682년] 진사에 급제했다. 젊었을 때 임협[任俠-협객]에 뜻을 두어 한때 사냥과 도박에 휩쓸려 다녔다. 습유[拾遺]의 벼슬에 올랐으나 그만두고 귀향했다. 당시 현령[縣令]인 단간[段簡]이란 자가 진자앙의 재산을 탐내어 거짓 무고하여 갈취하고는 투옥시켰다. 그는 옥중에서 자신의 운명에 대해 점을 쳐 보고는 깜짝 놀라 "하늘이 나를 돕지 않는구나. 나의 운명은 끝났다"라고 탄식하며 죽었다.

외모는 부드럽고 아담했으나 성격이 조급하고 재물을 아낄 줄 몰랐으며, 친구간의 우정을 저버리지 못하였다.

예부터 재목이 크면 쓰기가 어렵고 코끼리는 상아가 있기에 그 몸을 죽인다는 말이 있는데 진자앙을 두고 한 말이라고들 한다.

한번은 이발소에 들러 보니(1992년 12월) 아직도 나무 곽으로 된 성냥갑을 쓰고 있어 퍽이나 정겨웠고, 머리를 먼저 감기고 난 뒤 머리를 깎아 주길래 의아해 하였더니 이것이 바른 이발법이라고 했다.

여름이든 겨울이든 해가 지고 난 뒤 조금 외진 곳에 가면, 양고기를 자전거 살대에 꿰어 구워 파는 데가 도처에 있다. 맵싸한 양념 맛이 독특하다. 배갈을 들면서 수십 개를 세어가며 먹어도 질리지 않는다. 한국과 색다른 고깃집도 있어 고기 부위별로 실컷 시켜 먹어도 비싸지 않으니 이런 데가 북경인가 싶다.

더운 여름 런닝셔츠 바람으로 인도에 나와 앉아 맥주라도 마실 것 같으면 가로수인 홰나무에서 꽃이 잔 위에 떨어지는, 이런 낭만적인 곳이 북경이 아닐까 한다.

8월 염천에 솥을 끓이는 듯한 더위에도 천안문 아치 문 안에만 들면 시원하여 덥지 않은 곳이 북경이다.

북경은 가로수가 좋다. 수종이 홰나무이다. 아직 고목이랄 수는 없지만 굵직굵직한 것이 즐비하게 길을 따라 줄지어 서 있는데, 여름에는 은은하고 선선한 바람을 일으켜서 좋고, 겨울에는 북경의 고풍과 어울려 예스러워서 좋다.

계구에서 옛날 일을 생각하며

진자앙(당)

남쪽에서 갈석관에 올라
멀리 황금대를 바라보노라.
구릉은 큰 나무들로 덮여 있는데
그 옛날의 소왕은 어디 있는가?
천하 제패의 꿈 안타까울 뿐이니
말을 몰아 쓸쓸히 돌아오도다.

薊丘①覽古 계구람고

陳子昻(唐)

南登碣石館②남등갈석관
遙望黃金臺③요망황금대
丘陵盡喬木 구릉진교목
昭王安在哉 소왕안재재
霸圖④悵已矣 패도창의의
驅馬復歸來 구마부귀래

---

① 계구薊丘 : 전국 시대 연나라의 도읍지에 있은 언덕. 지금은 북경시 덕승문德勝門 서북에 있는 구릉 지대이다.

② 갈석관碣石館 : 연나라 소왕昭王이 갈석관을 지어 놓고 추연鄒衍이라는 학자를 머물게 하면서 배움을 청하던 곳이다. 추연은 음양오행학설에 정통한 학자였다. 흥망의 역사가 이 원리에 의한다고 주장했다.

③ 황금대黃金臺 : 연나라 소왕이 계구 동남쪽에 쌓은 누대이다. 이곳에 천금을 올려 놓고 천하의 현자賢者들을 초빙하여, 국력을 길러 부왕이 당했던 제나라에 대한 치욕을 씻었다. 연경8경 중의 하나였다. 지금은 북경 인민일보사 경내에 복구해 놓았다1996년. 내가 한때 이를 구경하려고 신문사를 방문했으나 출입 통제를 엄격히 하여 들어가 볼 수가 없었다.

④ 패도霸圖 : 제후들 중에서 패권을 장악하는 것.

※ 이 시의 자서自序에 다음과 같이 쓰여 있다. "정유년丁酉年-측천무후 시대인 697년에 내가 북정하여 계문薊門에서 나와 연나라의 옛 도읍지를 둘러보니 그 옛날 패업의 자취는 사라졌더라. 나는 탄식하며 지난날 악의樂毅와 추연鄒衍 등 여러 현인들의 자취를 생각하고는 계구에 올라 일곱 수를 지어 이를 기념한다."

내가 한창 북경에 드나들 때에 서울 청계천 근처의 황학동에 있는 한 헌책방에서 우연히 책 한 권을 구입하게 되었다. 정래동丁來東이란 분이 지은 '북경시대北京時代-1957년 간행-평문사(平文社)'란 수필집이다. 지은이는 이삼십 대의 청년 시기에 10여 년을 북경에서 지냈다고 한다. 이 책은 그 시절의 추억을 기술해 놓은 것인데 머리맡에 두고 북경을 드나들 때마다 가끔씩 읽곤 했다. 북경에 관한 회상의 정서는 다분히 나와 통하는 데가 많기도 하고, 또 이를 통해

1920~30년대 북경의 모습을 조금이나마 연상할 수 있지 않을까 싶어 이 책의 서문을 소개한다.

"북경은 내가 10여 년을 살던 곳이다. 그 10여 년도 20대에서 30대라는 인생에서의 가장 아름다운 시기였다. 가장 정열에 불타던 시기요, 지식욕이 가장 왕성하던 때요, 이국의 정조情調에 한없이 도취되던 때이다. 이런 시기인 만큼 북경은 나에게는 추억도 많은 도시이며, 지금 나의 생활의 기초가 선 땅이다.

북경은 춘하추동 그 어느 계절을 막론하고 인상이 깊지 않은 때가 없다. 혹한의 겨울에서 풀려 천안문 앞에 개나리가 피는 봄의 권태라든지, 밤낮의 기온이 완연히 다른 여름밤의 환멸이라든지, 푸른 하늘이 유난히도 높푸른 가을의 고적孤寂이라든지, 무나 감을 파는 장사치의 외치는 소리가 십리 밖에서나 들릴 것같이 애처롭고 고요하고 추운 겨울밤의 정밀靜謐이라든지 그 어느 한 계절도 머릿속에서 사라지지 않는다.

북경이란 도시는 현대의 도시가 아니라 중세기의 도시이다. 청나라 시대의 굉대한 궁성, 중산공원, 북해공원, 성내의 이곳저곳에 있는 여러 아름되는 괴목, 높고 넓은 북경성, 황폐한 사찰, 회학灰鶴이 깃들일 수 있도록 수목이 울창한 태묘太廟, 인간세에서 동떨어져 있는 것같이 고요한 천단天壇, 그 어느 한 가지라도 희기稀奇하지 않은 것이 없다. 명상을 자아내지 않는 대상은 하나도 없다. 세계의 다른 도시에서는 볼 수 없는 풍경이다.

북경에 사는 사람은 다 교양 있는 사람들이다. 점잖으며 떠들지 않고 예의범절을 아는 사람들이다. 무슨 신기한 것이 있어도 다 안다는 듯이 눈도 떠 보지 않고 지나가는 군자들이다. 그네들은 한 가지를 들으면 열 가지를 아는 사람들이다. 모자를 쓰고 도포 같은 옷을 입고 팔짱을 끼고 전청유로前淸遺老 앞 시대 청나라의 유풍을 지닌 노인같이 차림새를 하고 다녀도 그네들은 예수와 석가를 알고, 뉴욕을 알고, 파리 런던을 이해하는 사람들이다. 그네들과 성격을 달리하는 자는 북경인이 아니라 외지에서 들어온 이단자들이다.

나는 북경의 것이라면 그 어느 것이나 그립지 않은 것이 없다. 사랑스럽지 않은 것이 없다. 신기하지 않은 것이 없다. 그래서 책으로 처음 내면서 북경시대라고 이름을 지었다. 또 이 책에 든 대부분의 글은 나의 북경시대에 쓰여진 것이기 때문에 그런 의미로도 북경시대라 부르고 싶다."

북경은 2004년 올림픽 유치에는 실패했지만 2008년 올림픽 대회 유치에 성공하자 도시 정비와 개발에 박차를 가하고 있다. 벌써 90년대의 풍경마저 없어져 가고 있다. 해가 갈수록 현대적인 것으로 꽉 차서 이제는 고풍스럽고 근엄한 북경의 풍치는 점점 사라져 가고 있다.

북경의 명칭 변천

요나라가 이곳 일대를 차지하고는 처음 연경이라 불렀고, 금나라가 이곳에 도읍을 정했을 때에는 중경대정부라 일컬었다. 원나라 때는 대도라 했고, 명나라 때에 와서 비로소 북경이라 불렀다. 청나라 때는 경사京師라 하였고, 민국 시대에는 다시 북경이라 칭하였다. 한때 국민당이 북벌을 이루었을 때에는 북평이라 했다.

그 옛날 주나라 때에는 이곳에 소공을 봉하여 연나라를 세웠고 한나라 광무제시에는 어양漁陽으로 불렸다. 삼국 시대에 원소가 이 땅에 눌러 앉아 있었고, 당나라 때에는 안록산과 사사명이 반란을 일으키던 범양范陽 땅이었다.

옛날을 생각하며

이기(당)

남아의 일은 장정이라
젊어서부터 연나라 땅을 떠돌았고,
승부를 말 발굽 아래서 걸었으니
칠 척의 몸 가벼이 여겼노라.
사람을 베면 그 앞에 감히 나서지 못하고
빳빳한 수염이 고슴도치 털 같더라.

누런 구름 언덕 아래 백설이 날리는데
나라 은혜 못 갚아 돌아가질 못한다.
요동의 어린 계집 나이 열 다섯에
비파에 익숙하고 춤 노래에 능란하다.
지금 오랑캐 피리소리 출새 가락에
우리 삼군 병사들 눈물이 비오듯 하네.

古意 고의

李頎(唐)

男兒事長征[①] 남아사장정
少小幽燕客[②] 소소유연객
賭勝馬蹄下 도승마제하
由來輕七尺 유래경칠척
殺人莫敢前 살인막감전
鬚如蝟毛磔 수여위모책

黃雲隴低白雪飛 황운롱저백설비
未得報恩不能歸 미득보은불능귀
遼東[③]少婦年十五 요동소부년십오
慣彈琵琶解歌舞 관탄비파해가무
今爲羌笛出塞[④]聲 금위강적출새성
使我三軍淚如雨 사아삼군루여우

① 장정[長征] : 멀리 떠남. 원정.
② 유연[幽燕] : 유주 지방과 연나라 땅. 지금의 북경 지역 일대.
③ 요동[遼東] : 요하[遼河]의 동쪽 지방. 심양[瀋陽]의 동남쪽.
④ 출새[出塞] : 군사가 변방으로 나아가다. 변방에서의 병사들의 노래 또는 악부[樂府]의 제목을 가리킨다.

작가소개 이기(李頎) : 742년 전후에 생존. 동천[東川-지금 하남성 등봉현(登封縣)] 사람이다. 735년에 진사에 급제했다. 소탈하고 세상 일에 염증을 느껴 신선을 동경했다. 주로 승려나 도사들과 교유하여 일세에 이름을 날렸다. 큰 재주에 비해 벼슬은 겨우 신향[新鄕]의 현위[縣尉]에 그쳤다.

자금성[紫禁城]

궁중의 노래	宮中詞[궁중사]
주경여(당)	朱慶餘(唐)
쓸쓸히 꽃이 필 때 대문은 닫혀 있고	寂寂花時閉院門[적적화시폐원문]
미인들이 나란히 난간에 서 있구나.	美人相並立瓊軒[미인상병립경헌]
궁중의 서러운 정 말하고 싶으나	含情欲說宮中事[함정욕설궁중사]
앵무새가 앞에 있어 감히 말도 못하네.	鸚鵡前頭不敢言[앵무전두불감언]

작가소개 주경여[朱慶餘] : 이름이 가구[可久]이며 자가 경여이다. 그는 복건성[福建省] 사람이다. 826년에 진사에 급제했다. 장적[張籍]의 시풍을 익혀 이름은 날렸다.

자금성은 명·청 양대의 황궁이다. 명나라 때인 1406년에 처음 시공해서 1420년에 낙성되었다. 14년에 걸쳐 만들어진 것이다.

중국의 고대 천문가들은 자미성[紫微星]이 하늘의 중심에 위치하여 천상제왕이 거주한다고 믿었다. 사람들은 이 천상제왕이 산다는 하늘의 궁궐을 자궁[紫宮]이라 했다. 자미성 자리는 북극성이 중추가 되는 별자리인데 북극성은 고래로 하늘에서 가장 존귀한 별인 것이다. 봉건 시대의 황제는 자신을 천제의 아들이라 여겨, 자기의 황궁을 천상의 자궁[紫宮]에 비유했다. 황제는 자궁에 거주하면서 덕으로써 천하를 다스려 편하게 하고, 8방에서 조공을 바치게 하여 영원히 통치하기를 바랐던 것이다. 또한 높은 성벽 겹겹으로 둘러싸인 궁전의 삼엄함은 일반 백성들이 감히 접근할 수 없기에 황궁은 금지의 땅이었다. 그래서 자궁금지紫宮禁止의 처소 즉 자금성인 것이다.

자금성은 동서의 길이가 753m, 남북의 길이는 961m인 직사각형이다. 면적이 72만m², 방의 수는 9000여 개가 된다. 그리고 총 건축의 면적은 15만m²이다. 담장의 높이가 10여m, 해자垓字-성 밖에 둘러서 판 못의 폭은 52m 정도이다.

보화전 뒤에 있는 구름 용 대조석

외전外殿은 태화전太和殿, 중화전中和殿, 보화전保和殿인데 3대전이라 불린다. 이곳은 제왕이 정치하는 곳이며 나라의 의식을 거행하는 데이다.

내전은 북반부에 있는 건청궁乾淸宮, 교태전交泰殿, 곤녕전坤寧殿을 말하는데 외전에 맞추어 일직선상에 세워져 있다.

일단 천안문을 통과하면 고궁의 정문격인 오문을 대한다. 오봉루五鳳樓라고도 하는데 명나라 때인 1420년에 만들어졌다. 누의 높이는 35.6m이고 위에서 보면 冂식의 형상으로 되어 있다. 이 앞마당도 꽤나 넓어 사람들이 모이면 만 명까지 들어설 수 있다고 한다. 과장이겠지만.

오문을 거쳐 태화문을 지나면 외조인 3대전을 만난다. 이들은 8m 높이의, 대리석으로 만든 3층 기단 위에 세워져 있다.

태화전은 명나라 때인 1420년에 건설되었다. 높이는 22m인데 앞에서 보면 11칸이고 옆면은 5칸이다. 이중 처마에 황금색 유리 기와를 이었다. 우리나라 경복궁의 근정전이 가로 5칸인 것을 보면 이는 어마어마한 건축물이다. 그 옛날 우리나라 사신들이 이곳에 이르면 주눅이 들지 않을 수 없었을 것이다.

전내殿內는 높이 2m의 대 위에 황제 전용의 보좌가 있다. 이는 태화전 중심부에 위치하고 있다. 우리나라 근정전의 보좌가 뒤편으로 치우쳐서 병풍을 배경으로 하여 자리잡은 것과는 다른 것이다.

태화전은 명청 시대의 황제가 제위 등극, 칙령 반포 등 주요 의식과 경축 활동을 하던 곳이다. 인간으로서 가장 존귀한 한 인물을 위해 만들어진 최고의 집이고 보면 극도의 호화스러움, 더할나위 없는 치장, 최고의 존엄 표시와 상징이 너무나 당연할지 모른다. 그러나 과연 이런 조건의 위엄이라야만 천하의 통치가 가능했고 태평을 가져왔었던가? 하는 생각을 해 보게 한다.

대리석 바닥이 마모가 되어 맨들맨들한데, 그 오랜 세월과 역사의 흔적을 보는 듯하다. 전제 군주의 상징물이란 것과 고도의 건축 기술의 집약이라는 것을 빼고는 별다른 의의를 찾을 길 없고 다만 유물로만 남아 있는 이곳을 경비병 한 명이 석고처럼 서서 지키고 있다.

태화전 뒤에 중화전이 있다. 이도 1420년에 지어졌고 앞면과 옆면 다 3칸이다. 황제가 태화전의 대전에 참가하기 전에 잠시 머무는 곳이다.

그 다음은 보화전이다. 가로는 9칸이고 세로는 3칸이다. 이곳에서 매년 연말에 연회를 베풀었다. 그리고 과거 급제자들의 마지막 시험, 즉 전시殿試를 보는 곳이기도 했다. 이상의 외조는 대조회를 거행하는 곳이니 엄숙하고 웅위하다.

외조에서 북으로 이동하면 건청문을 지난다. 이는 외조와 내조의 경계문이다. 건청궁은 가로 9칸 세로 5칸이다. 황제가 일상 업무를 보는 곳이다. 정대광명이라는 편액이 전내에 걸려 있다. 이곳은 황위를 둘러싼 암투가 끊이질 않았던 곳이다. 명나라 15대 황제가 등극한 지 한 달만에 붉은 알약을 먹고 살해된 비극의 현장이다. 청나라 때에 와서 잠시 침궁으로 쓰였으나 5대 옹정제부터는 정대광명이라는 편액을 걸고, 다시 정무를 보았다. 그리고 이곳은 황제가 자기 뒤를 이을 계승자의 이름을 적은 문서를 보관해 두는 아주 특별한 곳이기도 했다.

교태전은 비교적 규모가 작은데 황후의 침궁이다. 교태전 뒤는 곤녕궁이다. 황제의 결혼식은 이곳에서 열린다. 강희, 동치, 광서 황제가 이곳에서 결혼식을 올렸다.

외전, 내전 모두 어마어마하고 으리으리하다. 게다가 화려함의 극치이다. 중국인들의 건축술에 놀랄 만하다. 통치자의 위엄을 높이려면 이런 굉대한 황궁이 필요했을 것이다. 그러나 정사와 무관하고 지나치게 사치스럽다면 이는 나라와 백성들을 위한 용도를 넘는 것이 된다. 다만 인민들의 고혈의 상징으로만 보일 뿐이다.

상고 시대 요임금과 순임금은 태평성대를 구가했던 최초의 군왕이었다. 이후 중국 모든 역대 임금은 이 요순 시대를 이루려고 노력했다지만 정작 황제 개인들은 최초의 황제인 진시황의 권위를 이어받아 누리려고만 했다. 요임금은 궁전의 지붕을 띠모초(茅草)로 이었고 그 끝을 가지런히 자르지도 않았으며, 궁전의 층계는 흙으로 만들었는데 세 층이었다고 사서는 전한다. 새겨 볼 만한 내용이다.

삼궁내전 뒤로 가면 어화원이 나온다. 이는 황궁의 화원이다. 동서의 길이가 130m, 남북의 길이는 90m, 넓이는 11700㎡이다. 태호석을 쌓아 올려 산을 만들어 놓고 그 위에 어경정御景亭을 세웠다. 황후가 이곳에 올라 경치를 감상하던 곳이다. 지나친 인위적 정원이라 우리나라 비원과는 대조를 이룬다.

흠안전欽安殿에서 바로 나아가면 신무문이다. 이는 자금성의 북문이다. 명나라 때인 1644년에 이자성李自成이 농민 봉기하여 궁궐로 육박했을 때 숭정황제는 이 문을 나서 뒷 경산에 올라 목매어 자살했다.

이 고궁 자금성은 명나라 때 1420년에 완성되어 1911년 청나라 황제가 물러날 때까지 중국 봉건 왕조의 통치 중심이었다. 그 기간은 491년에 이르고, 이곳에서 누린 황제의 수는 명나라 14명, 청나라 10명이었다.

고궁박물관은 제1비중 전국 중점 문물 보호 단위이다.

경산에서 바라본 자금성

경산景山

경산은 고궁박물관자금성 뒤편에, 고루鼓樓 남쪽에 있는 작은 동산이다. 높이는 47.5m이다. 산정에 올라 자금성을 바라보는 것이 장관이다. 여기서 보면 통상 역광인데다 운무인지 매연인지 끼어서 희끄무레하게 보인다. 이런 경관이 장관이라면 장관이고 신비하다면 신비한 것일지도 모를 일이다.

경산은 원래 평지였다. 금나라 시대 대녕궁을 짓고 북해를 조성할 때, 파낸 흙을 가지고 쌓은 토산이 그 기원이다. 원나라 쿠빌라이 때 이곳에 연춘각을 세워 불교 행사나 도교적 의식, 각종 연회를 거행했다. 점차 나무를 많이 심어 궁궐의 후원 역할을 하게 되어 당시에는 청산이라 불렸다.

명나라 3대 황제 성조 주체가 원나라 대도의 기초 위에 북경성을 준공하고 영락 19년[1421년]에 남경에서 북경으로 천도한다. 풍수에 따르면 청룡[青龍-동쪽] 백호[白虎-서쪽] 주작[朱雀-남쪽] 현무[玄武-북쪽]라는 4방위를 설정해야 하는데 북쪽은 현무의 방위로써 반드시 산이 있어야만 했다. 그래서 자금성 해자를 판 흙을 연춘각 구 기초 위에 쌓아서 산봉우리를 이룬 것이다. 이름하여 만세산 또는 진산[鎭山]이라 했다. 진산은 원나라의 기운을 누른다는 뜻이 있다. 이 산 아래에 연기가 차면 성을 닫을 준비를 했다고 해서 매산[煤山]으로도 불렸다. 이 진산이 이루어진 후 이는 북경에서 가장 높은 곳이 되었다.

경산에는 송백과 진귀한 과수를 심어 가꾸었으며 학, 사슴 등을 키우기도 했다. 명나라 만력제는 중양절에 황후와 비, 빈, 그리고 대신을 거느리고 이곳에 올라 즐겼다고 한다.

1655년 순치 황제가 만세산을 경산으로 고쳐 불렀다. 경은 높고 크다는 뜻이 담겨 있다. 고시, 은무[殷武] 중의 '陡彼景山 松栢丸丸[가파르구나 저 경산, 송백이 곧고도 곧았구나]'이라는 시구에서 따왔다고 한다.

자금성 바로 뒤에 있는 경산

경산은 1928년에 공원으로 개방되었다. 그러다가 국민당 통치 시기에 군인들이 주둔하는 바람에 나무들이 남벌되었고 여러 건물들도 훼손되었다. 북경이 해방된 후 다시 가꾸고 세워서 유람지로 만들었다. 지금도 정문으로 들어서서 오른쪽으로 오르다가 보면 명나라 마지막 황제 숭정제가 목을 매서 자살한 나무가 있는 것을 보게 된다. 원래 그때의 나무는 아니지만 그 장소에 심은 것이라고 한다. 이자성[李自成]의 북경

진입과 압박을 견디지 못해 역대 조상들의 숨결이 모여 있는 이 경산에서 숨을 끊은 것이다.

북경은 시야가 그리 넓지 못하다. 여름이나 겨울이나 매한가지다. 매연인지 놀인지 늘 끼어 있기 때문이다. 게다가 경산에서 조망하는 자금성의 모습은 역광이어서 더욱 흐리게 보여 신비감마저 들기도 한다. 북으로 눈을 돌리면 아득히 고루가 보인다. 서쪽으로는 북해 공원이 그런대로 아름답다. 특히 백탑과 그 주위를 감싸고 있는 나무숲은 풍치가 있다. 이런 곳에서나마 북경 시내를 부감할 수 있다는 것은 다행이다. 경산은 주로 측백나무로 덮여 있지만 우리나라에서는 귀하게 여기는 백송도 도처에서 눈에 띈다.

북경은 어양으로도 불렸다.

종군	從軍종군
유장경(당)	劉長卿(唐)
가을 풀 우거진 쓸쓸한 변방에서	秋草秋塞上추초추세상
어양의 성곽을 바라보노라.	望見漁陽①郭망견어야곽
오랑캐 말 크게 한번 울어대니	胡馬嘶一聲호마시일성
한나라 병사들 두 줄기 눈물 흘리네.	漢兵②淚雙落한병주쌍락
병사의 부스럼을 그 누가 빨아 주랴?	誰爲吮瘡者③수위연창자
이런 일을 요즘 사람 가볍게 여기는데.	此事今人薄차사금인박

① 어양漁陽 : 지금의 북경 일대의 땅.

② 한병漢兵 : 실은 당나라 군사들을 뜻한다.

③ 연창자吮瘡者 : 종기를 빤 사람. 즉 전국 시대 위나라 사람 오기. 그는 장군으로서 군대를 거느릴 때는 언제나 하급 병졸들과 의식을 같이 했다. 누울 때도 자리를 까는 법이 없으며 행군할 때도 수레를 타지 않았다. 자기가 먹을 식량은 자기가 가지고 다니는 등 사졸들과 같이했다. 언젠가 병졸 가운데 종기를 앓는 사람이 생기자 오기는 그 고름을 입으로 빨아 주었다. 그러자 그 병졸의 어머니는 그 소문을 듣고 소리 내어 울었다. 왜 우느냐 물으니까 "지난 해에도 오기 장군이 그 애 아버지의 종기를 빨아 주었습니다. 그이는 감격한 나머지 끝까지 싸우다 죽었습니다. 이제 자식도 필경 어디선가 죽을 겁

니다"라고 말했다.

작가소개 유장경(劉長卿, 709?~789) : 자는 문방文房이며 하북성 하간현河間縣 사람이다. 어려서 숭산에서 살았고 파양鄱陽으로 이사하여 가장 오랫동안 살았다. 733년에 진사에 급제했다. 벼슬살이는 파란이 많았고 수주자사隨州刺使로 끝을 맺었다. 그는 청재淸才-맑은 재주함이 세상에 으뜸이고 부속浮俗-가볍고 속되다함을 뛰어넘었다고 알려져 있다. 그는 시를 지은 뒤 자신의 성명을 쓸 때에 성을 빼고 이름 장경만 썼다. 천하에 자기 이름을 모르는 자가 없을 거라는 자신감 때문이었다.

천단天壇

천단은 고궁자금성 남쪽에 위치해 있다. 고궁과 같이 1420년에 세워졌다. 전체 면적이 273만㎡인데 그 담장 둘레만 해도 6km나 된다. 자금성의 면적보다 3.7배나 크다.

천단의 남쪽 담장은 4각형, 북쪽 담장은 원형이다. 땅은 각지고 하늘은 둥글다는 것을 상징하기 위해서이다.

천단의 주요 건물인 원구단圜丘壇, 황궁우皇穹宇, 기년전祈年殿이 북을 향해 일직선상에 놓여 있다.

원구단둥근 언덕의 제단이라는 뜻은 하늘에 제사 의식을 거행하는 중심 장소이다. 거대한 둥근 단이 3개가 포개져 있는데 아랫것은 크고 윗것은 작다. 사방에서 오를 수 있도록 계단이 나 있고 다 난간을 두르고 있다. 맨 위층 단의 중심에는 둥근 천심석이 박혀 있다. 이 돌 위에서 말을 하면 크게 울리고 메아리 현상이 나타난다. 나는 이런 현상을 무석無錫의 태호太湖에 세워져 있는 적벽대전 영화 촬영장에서도 경험한 적이 있다. 제갈량이 동남풍을 기원하기 위해 만든 제단이 가설되어 있었는데, 그 위에 올라 말을 하니 공명 현상이 뚜렷하여 놀란 적이 있었다.

황궁우큰 하늘의 집이란 뜻는 원구단 북쪽에 있다. 제사지낼 때 쓰이는 신주를 모신 곳이다. 내부 중앙 북편에 거대한 신주가 둥근 돌받침 위에 놓여 있는데 皇天上帝황천상제라 쓰여 있다. 이 전방 양편에도 4개씩 신주가 있는데 이는 청나라 황실의 선조 8명의 위패이다. 황궁우 앞 뜰에는 두 개의 부속 건물이 동서로 마주 대하고 있다. 동배전東配殿은 해와 북두칠성 그리고 금金·목木·수水·화火·토土 5성의 별자리 신주를 모시고 있고 서배전西配殿은 달·구름·비·바람·우레의 5신주를 모시고 있다.

이 황궁우을 에워싼 원형의 담장을 회음벽이라 부른다. 벽에 대고서 소리 지르면 둥근 담장을 타고 반대편까지 잘 들린다는 것이다. 나도 시험해 봤으나, 많은 사람이 붐비고 시험하는 사람이 많아 잘 인식할 수는 없었다. 담벽의 벽면이 고르고 틈이 미세하기 때문에 가능하리라 본다.

이 회음벽을 빠져나오면 왼편 뜰에 큰 측백나무가 있는데 이름하여 구룡백이다. 나무줄기의 껍질이 마치 아홉 마리의 용이 뒤엉켜 승천하려는 모습을 보이기에 붙여진 이름이다. 한 500년이 넘은 엄청난 걸물인데 명나라 영락 연간에 심었다고 한다.

황궁우의 뒷문을 나서면 단폐교丹陛橋-붉은 계단 다리란 뜻가 기년전으로 이어져 있다. 이것은 길이가 360m이고 폭은 29m이며 높이는 3m인 거대한 다리이다. 그러니 말이 다리이지 넓은 광장처럼 보인다.

기년전풍년을 기원하는 집이라는 뜻은 3층 기단 위에 세워져 있다. 풍년을 기원하기 위해 매년 정월에 황제가 직접 제사지내는 곳이다. 3층의 원형 건물인데 각 층의 지붕은 푸른 유리 기와로 이어져 있어 마치 우산 3개를 포개어 놓은 것 같다. 내부에는 기둥이 28개인데 그 중 중심에 버팀목이 되는 용정주는 높이가 19.2m나 된다고 한다. 내부 천장과 벽은 그림과 채색이 무척 화려한데 자색과 청색의 찬란한 배합이 놀랍다. 천장 중앙에는 용의 그림이, 주위에는 봉황의 그림이 마치 모자이크처럼 섬세하게 그려져 있다.

천단은 중국에서 최초의 전국 중점 문물 보호 단위이다1961년.

북경을 상징하는 건축물을 들으라면 천안문, 자금성, 그리고 이 천단이다.

하늘에 제사를 올린다고 해서 인간에게 복을 내리고, 풍년을 이루게 하고, 비를 내려 주느냐 하면 그렇지는 않을 것이다. 다만 자연에 대해 겸손하고 비용을 절약한다는 취지와 의미를 가진다면 그게 바로 천제의 의의가 아닐까? 정성을 드리는 인간의 마음이 중요한 것이지 이러한 거대한 건물의 구축과는 아무런 관계가 없다는 것이다.

여름철에 천단에 가 보면 많은 사람들로 붐빈다. 관람객 말고도 피서하러 또는 소일하러 온 시민들이 적지 않다. 측백 고목 숲에서 제기도 차고 무용도 하고 체조도 하며 또 연을 날리기도 하고 장기를 두기도 한다. 어떤 노인들은 지팡이 끝에 말랑말랑하고 뾰족한 심을 박은 지팡이 붓으로 물을 축여 가며 시멘트 바닥에 붓글씨를 써 나간다. 요즘 중국에서는 모필을 쓸 줄 안다면 높여 주는 경향이 있다. 그래서인지 많은 사람들 앞에서 멋있게 솜씨를 자랑하는 것이다. 우리나라 서울의 탑골공원에 모이는 우리들 노인보다는 다양하고 건전하게 소일하는 것 같다.

천단이나 고궁에 여러 번 가 본 뒤에 느끼는 것은 건축물의 웅장함이나 화려함에 대한 것보다는 수백 년 묵은 측백나무들의 정정함에 대한 부러움이다. 서울은 600년이 넘은 고도라고 하나 이 역사와 함께하는 생물을 찾아 보기 힘들지만 북경에는 허다하기 때문이다. 그 풍상의 유구함을 견뎌 온 그 당당함이 바로 북경이 갖는 중후한 매력일 것이다.

계문에서

고적(당)

한 왕실 무력 사용 익숙하여서
아주 먼 이역 땅을 개척했건만,
수자리 병졸들은 거친 밥에 싫증나
오랑캐에 항복해 배라도 채우고파.
변성 누대에 올라 한번 바라보니
눈물이 내 가슴을 적시려 하네.

薊門①五首 계문오수

高適(唐)

漢家②能用武 한가능용무
開拓窮異域 개척궁이역
戍卒厭糟康③ 술졸염조강
降胡飽衣食 항호포의식
關亭試一望 관정시일망
吾欲涕霑臆 오욕체점억

---

① 계문[薊門] : 지금의 북경시 덕승문[德勝門]의 토성관[土城關]이다.
② 한가[漢家] : 한나라 왕실을 말하지만 여기서는 당나라 왕실을 뜻한다.
③ 조강[糟康] : 술 지게미와 쌀겨, 거친 음식.

천안문天安門과 광장

천안문은 명나라 영락 15년1417년에 건설되었다. 원래 이름은 승천문이었는데 청나라 때인 1651년에 천안문으로 이름을 고쳤다. 천안문은 조정의 법령이나 황제의 조서를 반포하는 곳이기도 했다. 과거에는 황궁의 정문이었으나 지금은 중국의 상징으로 남아 있다.

천안문 앞의 넓은 공간을 천안문광장이라고 한다. 광장 중앙에 인민영웅기념탑이 서 있는데 모택동의 친필 글씨체로 '人民英雄永垂不朽'인민영웅영수불후-인민의 영웅들은 영원히 남아 사라지지 않을 것이다. 라고 새겨져 있다. 탑 남쪽에 모택동기념당이 있다. 여기를 관람하려는 사람들이 늘 줄지어 서 있음을 볼 수 있다. 광장 서쪽에 인민대회장, 동쪽에는 중국혁명박물관과 중국역사박물관이 있다.

1949년 10월1일 오후 3시 모택동은 천안문 위에서 중화인민공화국의 수립을 선언했다. 그러니 천안문은 신중국의 상징인 것이다.

중국의 이 선언식을 대만으로 물러난 장개석이 가만히 지켜 볼 리 만무한 것인데, 무사히 치러진 것은 어찌된 일인가? 이때만 해도 대만은 중국보다 월등한 공군력을 가지고 있었다. 그래서 식장에 대한 폭격을 계획하고 있었다. 대만의 공군 사령관이 출격 명령 승인을 장개석에게 재촉했으나 결국 장개석은 취소하라는 명령을 하달했다. 그 이유는 간단했다. 수많은 인명의 희생이 문제가 아니고 천안문과 자금성 파괴는 있을 수 없었기 때문이다. 그는 중국의 5000년 문화 유산을 끔찍이도 애호했던 것이다. 그리고 그것을 파괴한 원흉으로 역사에 이름을 남길 수 없었을 것이다.

모택동도 장개석의 이런 성향을 간파하고 집회 장소를 천안문으로 정했고 그러면 다른 장소는 몰라도 이곳은 폭격하지 않을 것이라고 확신한 것이다. 만일 장개석이 폭격을 감행했다면 성공했을 것으로 판단하는 것이 정론이다. 장개석은 언젠가 기필코 대륙을 탈환하여 다시 돌아가려는 강한 의지를 가지고 있었고 중국과 대만을 한 나라로 생각했던 것이다.

북경 공묘孔廟

북경의 공묘는 중국에서 두 번째로 큰 공묘이다. 제일 큰 것은 곡부에 있다. 원나라 세조 쿠빌라이가 연경에 도읍을 정한 뒤에 선성묘를 세우고 공자에 제사지냈다. 1302년에 지금 자리에 공묘를 짓기 시작하여 1306년 가을에 완성했다.

공묘의 대문 측면에 청대에 설치한 하마비가 서 있어 엄숙함을 보이고 있다. 높이 4m 너비 1m이다.

북경 공묘

대성전 내의 뜰에는 우람한 나무들이 즐비하다. 거의가 측백나무들인데 이렇게 굵고 큰 것들은 우리나라에서는 보기가 쉽지 않다. 명청 시대에 심은 것이다. 대성전 앞 계단 서편에 있는 한 거대한 측백나무는 이들 중에서도 범상치 않다. 전설에 의하면, 명대의 간신 엄숭이 공자에게 제사지내려고 문무 백관과 함께 이곳에 이르러 이 나무를 지나려 할 때 갑자기 광풍이 나뭇가지를 흔들어, 엄숭의 모자를 걸어서 떨어뜨렸다는 것이다. 그래서 이 나무를 촉간백觸奸柏-간신배를 알아보는 측백나무이라 부른다고 한다.

대성전은 공자를 제사지내는 정전인데 처마에 대성전과 만세사표라는 금글씨 편액이 걸려 있다. 전면에서 보면 2층 지붕으로 된 9칸의 큰 건축물이다. 내부 중앙에는 명나라 가정嘉靖 연간에 만든 공자의 소상이 안치되어 있다. 그 좌우에는 복성復聖 안회顔回, 종성宗聖 증삼曾參-증자, 술성述聖 공급孔伋-공자 손자인 자사(子思) 아성亞聖 맹가孟軻-맹자의 위패가 모셔져 있다. 그리고 동서 양 측면에는 주희가 말한 12철인의 위패가 놓여 있다. 그리고 편종編鐘, 편경編磬, 금琴, 슬瑟 등의 악기가 전시되어 있다.

공자의 제사 의식은 이 대성전 안에서 이루어졌는데 황제가 직접 주관했다.

이 북경 공묘는 제3비 전국 중점 문물 보호 단위이다.

중양절[重陽節]에 벗을 보내며

왕지환(당)

계정은 쓸쓸하여 친구도 드문데
어느 곳에 등고하여 벗을 보낼까?
오늘은 잠시라도 국화주를 함께 들자.
내일은 어김없이 쑥처럼 날아가리니.

九日送別[9일송별]

王之渙(唐)

薊庭①蕭瑟故人稀[계정소슬고인희]
何處登高②且送歸[하처등고차송귀]
今日暫同芳菊酒[금일잠동방국주]
明朝應作斷蓬③飛[명조응작단봉비]

① 계정[薊庭] : 북경 일대의 지역.

② 등고[登高] : 음력 9월 9일 중양절에 높은 곳에 올라 국화주를 마시고, 산수유를 꺾어 머리에 꽂으며 액땜을 하는 풍습이 있었다. 중양절에는 다음과 같은 고사가 전한다. 여남[汝南] 땅에 살던 환경[桓景]이란 사람이 비장방[費長房]이란 도사로부터 술법을 배우고 있었다. 어느 날 스승이 말하기를 "9월 9일에 네 집안에 횡액[橫厄-갑작스런 재앙]이 있을 테니 피하라. 이때 식구들은 산수유 열매를 채운 주머니를 팔에 걸고 높은 산에 올라가서 국화주를 먹으면 된다"라고 했다. 지시한 대로 한 후 저녁이 되어 집에 내려오니 개, 닭, 소, 돼지 등 모든 가축들이 죽어 있었다. 비장방이 이 이야기를 듣고는 짐승들이 집안 식구들을 대신하여 죽은 것이라 했다.

③ 단봉[斷蓬] : 뿌리가 잘린 마른 쑥. 나그네를 상징한다.

작가소개 왕지환(王之渙) : 병주[幷州] 사람이라고만 전해지고 다른 경력은 알려져 있지 않다. 그의 시는 전당시[全唐詩]에 6首밖에 남아 있지 않으나 고적, 왕창령과 명성을 다투던 일류 시인이었다.

북해[北海]

북해공원은 자금성과 경산공원 서북쪽에 있다. 금나라 때 이곳에 호수를 파고 산을 만들어 행궁[行宮-임금이 거동할 때 묵던 별궁]으로 사용했다. 원나라 때 징키스칸의 손자인 쿠빌라이가 연경에 정식으로 도읍을 정하고서 이곳을 3번이나 꾸몄다는 기록이 있다.

북해는 원대 때의 이름은 태액지였다. 그 후 명청 양대에 만들어진 중해, 남해와 구분하기 위해 북해라 불렀다.

호수를 가로지른 다리를 건너 경도라는 섬에 이르면 큰 패루[牌樓]가 있고 그 너머 얕으막한 산 위에 탑이 하나 솟아 있다. 라마불교식 탑이다. 고목들로 덮여 있는 가운데 우뚝한 이 흰 탑은 북해의 상징물처럼 보인다. 연경8경의 하나인 경도춘음瓊島春蔭-옥처럼 아름다운 섬의 봄 그늘이 이곳이다. 북경에서 산수의 조화가 이보다 아름다운 데는 없을 것이다. 양주의 수서호에 이 탑을 모방한 백탑이 있을 정도이다. 산자락에는 청나라 건륭제가 쓴 경도춘음비가 서 있다.

겨울의 북해공원

유주

이익(당)

머나 먼 수자리 상근에서는
해마다 계수의 물 차기만 하네.
은근도 하여라, 역참 서쪽 길
그리 가면 장안으로 향하느니.

幽州①유주

李益(唐)

征戍在桑根②정술재상근
年年薊水寒연년계수한
殷勤③驛西路은근역서로
此去向長安차거향장안

① 유주幽州 : 당나라 이전부터 북경 지역 일대를 유주라 불렀다.
② 상근桑根 : 지금의 영정하永定河.
③ 은근殷勤 : 따스하다. 정감을 느끼다.

작가소개 이익(李益, 748~829) : 감숙성 무위현武威縣 사람이다. 그의 시 한 편이 나올 때마다 악공들이 선물을 주고 구하여 아악雅樂에 실어 천자께 들려 드렸다. 그의 시, '정인조행편'征人早行篇-나그네의 이른 출발은 천하 사람들이 그 이미지를 그림으로 그릴 정도였다. 그는 10년이나 종군하였기에 그의 변새 작품들은 고적高適과 잠삼岑參에 넘나든다. 시에 관한 그의 오만함은 많은 원망을 불렀다. 그리고 그의 성정은 시기와 질투가 심했으며 아내와 첩을 단속함이 지나치게 가혹했다고 한다. 당시 조정에는 이익이 두 명 있었다. 구분하기 위해 이를 문장 이익文章李益이라 하고 그를 문호 이익門戶李益이라 했다.

옹화궁[雍和宮]

옹화궁은 북경에서 가장 큰 라마 사원이다. 청나라 강희제 때인 1694년에 지어졌다. 원래 옹정제의 왕자 시절 사저였던 것을 화재가 난 뒤에 개수하고는 옹화궁이라 칭했다. 그 후 1744년에 라마 사원으로 만들어져서 전국 라마불교의 활동 중심이 되었다.

남북으로 일렬로 여러 전각들이 들어서 있지만, 나는 불교에 깊은 관심이 없는 터라 건성으로 훑어보고 가다가, 대불루[大佛樓]에 이르러서는 놀라고 말았다. 이것은 높이가 약 30m나 되는 3층의 높은 누각이다. 이 안에는 만다라불인 거대한 불상이 있다. 불신의 높이는 18m이며 땅에 묻힌 부분이 8m, 그러니 총 신장은 26m나 되는 것이다. 이것도 통나무 하나로 되어 있다니 놀랄 수밖에! 이는 서장[西藏-티벳의 한자음 표기]의 7대 달라이 라마가 건륭 황제에게 진상한 목각 불상이다.

라마불교 사원인 옹화궁

옹화궁에는 4학전[四學殿]이 있는데 강경전[講経殿], 밀종전[密宗殿], 약사전[藥師殿], 수학전[數學殿] 등이 그것이다. 이 중에는 밀종전이 볼 만하다. 옹화궁 대전 동측에 있는데 주로 밀종 경전을 학습하는 곳이다. 전시된 조각들이나 그림들은 매우 괴이하고 관능적인 것들이 많다. 특히 남녀가 교합하는 것들은 중요 부분을 천으로 덮어 놓고 있어 더욱 흥미롭다.

그러면 밀종이란 뭔가? 밀교[密教], 진언종[眞言宗] 또는 비밀 설교를 말하는데 만다라[부처의 깨달음을 그림으로 나타낸 것]를 세우고서 삼밀[三密:몸·입·뜻]이 서로 통하게 하여 어리석음을 돌려 깨달음으로 이끈다는 것이다. 이러한 불가사의한 힘은 부처만이 알고 측량할 수 있으므로 밀종이라고 하는 것이다. 통상 밀교를 미신적인 주술[呪術]의 세계이고 성력을 숭배하는 타락된 불교로 인식하고 있는데, 이는 힌두교의 탄드라 신앙과 결합하여 나타난 좌도 밀교를 가르키는 것이지 개체

와 전체의 신비를 합일하는 것이 목적인 정통 밀교를 말하는 것은 아니다.

옹화궁은 제1비 전국 중점 문물 보호 단위이다.

유주에서 새해에 짓다.

장설(당)

지난해 형남에선 매화가 눈 같더니
올해는 계북 땅서 흰 눈이 매화 같구나.
사람의 일 애초에 어찌 정해져 있으랴?
봄철도 갔다가는 다시 오니 기쁜데.

변경에선 수자리 노래 밤마다 들리건만
경성에는 화톳불 밤새도록 피우리라.
머나먼 서쪽 장안의 해를 향하여
만세 장수 비옵는 한 잔 술 올리고자.

幽州①新歲作 유주신세작

張說(唐)

去歲荊南②梅似雪 거세형남매사설
今年薊北雪如梅 금년계북설여매
共知人事何嘗定 공지인사하상정
且喜年華③去復來 차희연화거부래

邊鎭戍歌連夜動 변진술가연야동
京城燎火④徹明⑤開 경성료화철명개
遙遙西向長安日⑥ 요요서향장안일
願上南山壽⑦一杯 원상남산수일배

---

① 유주幽州 : 북경 지역 일대.
② 형남荊南 : 악주岳州 즉 호남성湖南省의 악양岳陽을 말한다.
③ 연화年華 : 화려한 계절. 봄철.
④ 요화燎火 : 화톳불장작 따위를 수북하게 모아서 피어 놓은 불. 횃불.
⑤ 철명徹明 : 날이 밝을 때까지. 철야徹夜.
⑥ 장안일長安日 : 장안의 해. 천자를 상징한다.
⑦ 남산수南山壽 : 장수를 축원하는 말. 시경詩經에 "如南山之壽 不騫不崩여남산지수 불건불붕–남산의 목숨과 같아서 이지러지지도 않고 무너지지도 않는다" 라는 말이 있다.

작가소개 장설(張說, 667~730) : 낙양 사람이다. 벼슬은 좌승상에 이르렀고 연국공燕國公에 봉해졌다. 말에 기개가 있었고 한번 승낙을 중히 여겼다. 악양에 귀양 왔을 때 시가 더욱 처량하였으니 사람들이 "강산의 도움을 받았다."고 했다. 아들 균도 시로 이름을 날렸다.

노구교蘆溝橋

노구교는 북경시 서남쪽 외곽에 있다. 횡과노구橫跨蘆溝-갈대가 자라는 개천을 가로 건너다라는 말에서 그 이름을 취했다. 노구는 일명 상간桑干인데 위수渭水의 지류이다. 당나라 때부터 노구라고 불렀는데 물이 아주 탁하여 소황하, 또는 묵수하墨水河라고 했다. 또 범람하면 물길을 종잡을 수 없어 무정하無定河라고도 일컬었다.

노구교 일대는 멀리 전국 시대에 연나라 계薊의 땅이었다.

금나라가 유주에 도읍을 정하면서 지금의 북경 일대가 정치·경제의 중심이 되었으니 나무 다리로는 더 이상 수요를 감당할 수 없게 되었다. 그래서 1188년에 석교를 만들기 시작하여 1192년에 완성하였다.

다리 완성 후 100년 뒤에 마르코폴로1254~1324. 이탈리아 베네치아 출신의 여행가가 이곳에 와 보고는 세계 최고의 유일무이한 다리라고 칭찬했다. 노구교는 다리 전체에 아치가 11개 있고 총 길이는 266.5m이며 너비는 8m이다. 돌을 다듬고 새긴 것이 매우 정교하고 무척 아름답다. 특히 난간 기둥 위의 돌 사자상은 더욱 그러하다. 난간의 기둥은 모두 281개이며 기둥의 높이는 1.4m이다. 281개의 돌 사자상은 모습이 각기 다른데 앉아 있는 것, 누워 있는 것, 일어선 것, 엎드린 것 등이 모두 안쪽을 향해 자세를 취하고 있다. 이 사자들은 달밤에 다리 위에서 춤을 추며 뛰논다는 말이 있다고 하니 이 석사자상들은 최고의 걸작이 아닐 수 없다.

노구교 양단 입구에는 각 2개의 화표華表-망주석와 2개의 석비가 있다. 화표의 높이는 4.65m인데 천안문 앞에 있는 화표와 그 모양이 비슷하다. 이 화표 위에도 사자상을 얹어 놓았다. 4개의 석비 중에 노구효월비蘆溝曉月碑가 특히 주목을 끄는데 노구효월蘆溝曉月-노구교의 새벽달은 연경8경燕京八景 중에 하나였다. 옛날의 이곳은 송별의 장소로 유명했다고 한다.

1937년 7월 7일 노구교 사변蘆溝橋事變-중일전쟁의 발단이 된 군사 충돌 사건이 돌발함으로써 중국의 민족해방전쟁이 일어나기 시작했다. 그래서 이 다리는 문물 유적지로서의 가치뿐만 아니라 역사적 의의도 지니고 있는 기념물이다.

1987년 보수 공사를 마친 후 대형 차량은 더 이상 지나다니지 못하게 하면서 보호와 유지에 힘을 기울이고 있어 이젠 관광 명물로서 널리 알려지게 되었다.

대형 차량 통행은 금했다고 하나 아예 차들은 다니지 않고, 자전거나 수레 정도가 오가고 있다. 그도 그럴 것이 1987년 보수할 때 다리 중간쯤에 그 옛날 당시의 다리 일부였던 돌바닥을 기념으로 그대로 남겨 놓았기에 그 위로는 사실상 차량 통행이 불가능하기 때문이다. 당시 바닥 돌 하나가 일 톤은 족히 넘을성 싶은 큰 것인데 거개가 닳고 홈이 파져 있어 당시의 다리 위상과 풍상의 유구함을 짐작케 하고 있다.

노구교

노구교는 제1비 전국 중점 보호 단위로 지정받았다.

목릉관 북에서 어양으로 돌아가는 사람을 만나다.	穆陵①關北逢人歸漁陽② 목릉관북봉인귀어양
유장경(당)	劉長卿(唐)
목릉관 가는 길에 그댈 만나니	逢君穆陵路 봉군목릉로
필마로 상건으로 향한다 하네.	匹馬向桑乾③ 필마향상건
이곳 초나라 땅 산이 늘 푸르지만	楚國蒼山古 초국창산고
그곳 유주 땅 낮에도 춥다고 하지.	幽州④白日寒 유주백일한
성지에 백전이 있었다 하니	城池⑤百戰後 성지백전후
옛 부로들 집은 얼마나 남았겠나?	耆舊⑥幾家殘 기구기가잔
가는 곳마다 쑥대만 무성하리니	處處蓬蒿⑦遍 처처봉호편
이제 돌아가려는 이는 눈물을 감추는구려.	歸人掩淚看 귀인엄루간

① 목릉穆陵 : 초楚나라 북쪽 국경.
② 어양漁陽 : 북경 지역.

③ 상건桑乾 : 북경 부근의 노구하蘆溝河.
④ 유주幽州 : 북경 일대.
⑤ 성지城池 : 성을 둘러 싼 못. 해자垓字.
⑥ 기구耆舊 : 노인, 부로父老, 기로耆老.
⑦ 봉호蓬蒿 : 쑥.

이화원頤和園

이화원은 북경 서북 교외에 있다. 중국의 원림園林 중에서 가장 완전하게 보존되어 있고 규모도 가장 큰 것이다. 청나라 마지막 황실의 원림이기 때문이리라.

이화원은 여름 궁전으로 알려져 있다. 이는 휴양의 뜻을, 화는 조화의 의미를 지닌다. 그래서 이화는 이양태화頤養太和-양생(養生)하고 크게 조화롭게 하다의 의미를 가진다고 할 수 있다. 이곳에서 양생과 조화를 통해 몸을 보호하고 장생을 꾀하려 했던 모양이다.

이화원의 전신은 금나라 때의 금산행궁金山行宮이다. 그 후 청나라 때인 1860년에 영국·프랑스 군대의 침공으로 크게 파괴되었다. 1888년에 서태후가 해군 경비 3000만량을 들여서 복원했다. 그리고 나서는 옹산행궁瓮山行宮과 청의원으로 불리던 것을 아울러서 이화원이라 했다.

이화원의 겨울 곤명호

이화원은 북으로 산을 등지고, 남으로 물에 임하고 있다. 물은 곤명호이고 산은 만수산이다. 곤명호는 이화원의 4/5를 차지하며 이곳 기후에 적게나마 영향을 미친다고 한다. 모든 건축의 배치와 감상의 관점은 산과 물의 형세에 따랐다. 이화원의 조경에는 강남의 품격을 많이 취했다. 해취원諧趣園이라는 데는 강소성의 무석에 있는 혜산원惠山園을 본받았고, 곤명호와 서쪽 제방은 항주의 서호 및 소제蘇堤-소동파가 축조한 제방와 백제白堤-백거이가 축조한 제방를 모방했다. 그리고 뒷산에는 소주의 시가를 닮은 소주가蘇州街를 조성했다.

이화원의 주요 건축물들은 곤명호 북안과 만수산 남쪽 기슭에 들어서 있다. 호수를 따라 동서로 뻗은 273칸의 긴 회랑은 최고의 장관이다. 여기를 걸으며 호수 바람을 쐬고, 물 위에 일렁이는 달을 감상한다면 여름철에 더위를 몰아내는 데는 이만한 곳이 없을 것이다.

이화원의 풍광의 주요 관점은 곤명호이다. 낮에 태양 아래에서는 금빛 비늘이 번뜩이고 밤에 달빛 아래에서는 은빛이 은은할 것이다. 흐린 날이나 가랑비 속의 호수는 소쇄한 기운이 깔리리라.

곤명호 가운데에는 남호도라는 섬이 있는데 동쪽 제방까지 다리로 연결되어 있다. 이 다리는 아치형 구멍이 17개이며 길이는 150m이다. 난간 기둥에는 돌 사자상을 조각했다. 노구교와 소주의 보대교의 특징을 살렸다고 한다.

이화원은 황실의 유원지답게 모든 것이 정교하고 웅대하다. 산과 물의 조화에 인공미가 가득하여 오히려 그 인공미에 놀라기도 한다. 그러나 이는 다 일개인의 욕망을 채우기 위해 인민의 고혈로 지은 것이다.

인공미를 최소화하고 자연미를 잘 살린 우리나라 창덕궁의 비원과는 대조적이다.

이화원은 제1비 전국 중점 문물 보호 단위이다.

백마편

조식(후한, 삼국시대)

백마의 말굴레 금으로 장식하고
서북 땅을 날듯이 누비누나.
누구 집 자제인가 물어 보니
유주 병주 지역의 협객이라네.
어릴 때 고향 땅을 떠나와서는
사막에서 명성을 드날리도다.
…
이름을 장사 적에 올렸으니
사사로움을 돌아볼 수 없단다.

白馬篇 백마편

曹植(後漢 三國時代)

白馬飾金羈 백마식금기
連翩西北馳 련편서북치
借問誰家子 차문수가자
幽幷①遊俠兒 유병유협아
少小去鄕邑 소소거향읍
揚聲沙漠垂 양성사막수
…
名編壯士籍 명편장사적
不得中顧私 부득중고사

악착같이 나아가 국난을 구하려는데 | 損軀赴國難손구부국란
죽음을 문득 집으로 돌아가는 것쯤으로 여기도다. | 視死忽如歸시사홀여귀

① 유병幽幷 : 유주와 병주의 땅. 유주는 북경 일대이며 병주는 산서성山西省 태원太原일대이다.

작가소개 조식(曹植, 192~232) : 자는 자건子建. 조조의 세째 아들이며 조비의 동생이다. 41살에 죽었다. 어려서부터 글재주가 뛰어났고 성격이 소탈하고 위엄을 세우지 않았다. 공융孔融 진림陳琳등 건안칠자建安七子와 교유하였으며 그의 재주는 그들 중심에 있었다. 당시에 그를 칭하여 "천하의 재주가 십이라면 조자건의 재주는 홀로 팔을 차지한다."라고 했다. 동한에서 수나라에 이르기까지 최고의 위대한 작가이며 육조 시대 모든 시인들은 그의 영향을 받지 않은 바가 없을 정도였다. 시호는 사왕이다.

만리장성萬里長城

봄날의 한 | 春怨춘원

김창서(당) | 金昌緒(唐)

때려서 저 꾀꼬리 쫓아 버려서 | 打起黃鶯兒①타기황앵아
나뭇가지 위에서 못 울게 해 주셔요. | 莫敎枝上啼막교지상제
꾀꼬리 울 때에 첩의 꿈 깨면은 | 啼時驚妾夢제시경첩몽
님 계신 요서 땅에 가질 못해요. | 不得到遼西②부득도요서

① 황앵아黃鶯兒 : 꾀꼬리.
② 요서遼西 : 요하遼河 서쪽의 지역.

작가소개 김창서(金昌緖) : 전당錢塘 사람으로만 알려져 있고 다른 것은 알려진 바가 없다. 다만 시 한 수가 전한다.

전국 시대에 연 · 조 · 진 3국이 흉노와 동북쪽의 민족이 침입하는 것을 막기 위해 쌓은 것이 장성의 전신이다. 그 당시에는 제 · 초 · 연 · 월 등의 나라 간에도 서로의 방위를 위하여 장성을 구축했었다. 진시황이 천하를 통일한 후

에 이것들이 필요없어지자 없애 버렸다. 다만 흉노족의 방어를 위해 북쪽 연·조·진의 장성은 연결시키면서 확충 또는 증축하여, 서쪽의 감숙성 가욕관에서부터 동쪽 하북성 산해관에까지 이어 놓았다. 한나라 무제 때 와서는 서쪽으로 옥문관까지 연장시켰다.

명나라는 몽골족을 몰아내고 다시는 침입을 받지 않기 위해서 대대적으로 정비 공사를 하였다. 현재의 산해관·거용관·팔달령 등의 유적은 다 명대의 것이다.

장성은 산 능선을 따라 구축되었고 성의 높이는 대체로 일정하지 않다. 평균 높이는 약 7.5m이며, 성의 아래쪽 두께는 약 6.5m, 위쪽의 두께는 약 5.8m가 된다. 가히 다섯 필의 말이 나란히 달릴 수 있고, 10명의 병사가 어깨를 나란히 하여 걸을 수 있는 폭이다. 장성 위에는 다시 양쪽에 성가퀴를 쌓아 올렸다. 거의 사람 어깨 높이 정도인데 북쪽의 것은 침공하는 적을 공격할 수 있도록 凹字요자형으로 만들어 놓았다.

겨울의 모전욕 장성

능선을 따라 높은 곳에는 보루堡壘를 지어 요망遙望과 사격이 가능하도록 했고 낮은 곳에는 권동券洞을 만들어 숙식을 할 수 있도록 했다.

봄·여름·가을철 한창 때의 장성 관람객이 하루 평균 만 명 정도라 치더라도 그래 보아야 몇백 년이 지나도, 장성을 구경한 사람은 장성을 쌓은 사람보다 많지 않을 것이다.

모택동은 "장성에 오르지 못한 자, 장부가 아니다."라고 말하여 사나이의 기상을 돋우었지만, 한여름 뙤약볕 아래 서로 어깨를 부딪치는 저잣거리 같은 팔달령 장성 위에서는 모씨의 일갈一喝도 무색할 뿐이다. 이때는 1991년 8월 더운 여름이었다.

나는 이후로 이 장성을 몇 차례나 더 방문할 기회를 가졌다. 거의가 여름철이었으나 한번은 겨울에 찾은 적도 있었다. 북경의 북쪽에 있는 모전욕 장성慕田峪長城이었다. 서북쪽에 있는 팔달령 장성과는 달리 덜 알려지고 관광객이 드문 곳이다. 황량한 산악 위에 얹힌 장성은 그야말로 삭풍에 노출되어 변방에 온 느낌이 가득했다. 응달에는 잔설이 남아 있고 모든 것은 얼어붙어 있었다. 엄동설한에 구경꾼 하나 없는 이 장성 마루에 서고 보니, 드디어 중국 역사의 한 모퉁이에 서 있는 느낌을 받을 수 있었다.

옛 장성을 노래하다

왕한(당)

장안의 소년들 원대한 계획 없이
평생에 집금오만 부러워한다네.
기린전 앞에서 천자를 배알하고
말을 달려 임금 위해 서쪽 오랑캐를 치도다.

오랑캐 땅 모랫바람 얼굴을 치면은
한병과 오랑캐가 만나도 볼 수 없네.
멀리서 쇠북 소리 땅 울리며 들려오니
선우가 밤에도 싸우자고 전해 온다.

이때 임금 은혜 생각하지 어찌 일신을 돌아보랴?
임금 위해 한번 나아가 만인을 치도다.
장사가 창 휘둘러 백일을 돌이키니
선우가 피를 흘려 바퀴를 물들이네.

장성굴로 돌아와 말에 물 먹이는데
장성 길 옆에는 백골도 많아라.
노인에게 어느 시대 백골이냐 물어보니
진시황 때 성 쌓은 병졸이라 말하네.

해질녘 변방에는 사람 자취 없으니
귀신의 통곡 소리 하늘에 들끓도다.

古長城吟고장성음

王翰(唐)

長安少年無遠圖①장안소년무원도
一生惟羨執金吾②일생유선집금오
麒麟殿③前拜天子기린전전배천자
走馬爲君西擊胡주마위군서격호

胡沙獵獵④吹人面호사렵렵취인면
漢虜⑤相逢不相見한로상봉불상견
遙聞鍾鼓動地來요문종고동지대
傳道單于⑥夜猶戰전고선우야유전

此時顧恩寧顧身차시고은녕고신
爲君一行摧萬人위군일행최만인
壯士揮戈回白日⑦장사휘과회백일
單于濺血汗朱輪선우천혈한주륜

回來飮馬長城窟회래음마장성굴
長城道傍多白骨장성도방다백골
問之耆老何代人문지기로하대인
云是秦王築城卒문시진왕축성졸

黃昏塞北無人煙⑧황혼새북무인연
鬼哭⑨啾啾⑩聲沸天⑪귀곡취취성비천

죄 없이 죽임 당해 공 있어도 상 못 받아	無罪見誅功不賞 부죄견수공불상
외로운 혼백들이 성 주변을 떠돈다네.	孤魂流落⑫此城邊 고혼류락차성변
그 옛날 진왕이 칼을 잡고 일어서니	當昔秦王按劍起⑬ 당석진황안검기
제후들 무릎걸음 쳐다도 못 보았지.	諸侯膝行⑭不敢視 제후슬행불감시
부국강병 이십 년에	富國强兵二十年 부국강병이십년
원한 쌓고 부역하기 구천리나 되었네.	築怨興徭⑮九千里 축원흥요구천리
진왕의 장성 쌓기 어찌 그리 어리석나	秦王築城何太愚 진왕축성하태우
하늘이 진 망쳤지 북호가 아니로다.	天實亡秦非北胡⑯ 천실망진비북호
하루아침에 재앙이 담장 안에서 일어나니	一朝禍起蕭墻⑰內 일조화기소장내
위수 북쪽 함양은 다시 도읍 못하였네.	渭水咸陽不復都 위수함양불부도

① 원도遠圖 : 원대한 계획.
② 집금오執金吾 : 천자의 행렬을 이끄는 책임자인데 장엄한 위용을 보이는 벼슬아치.
③ 기린전麒麟殿 : 한나라 궁성인 미앙궁에 있었던 전각. 주로 연회를 베풀던 곳이었다.
④ 엽렵獵獵 : 바람 소리.
⑤ 한로漢虜 : 한나라 병사와 오랑캐 병졸.
⑥ 선우單于 : 흉노족의 군장君長을 일컫던 '샨위'의 한자음 표기.
⑦ 휘과회백일揮戈回白日 : 창을 휘둘러, 지는 해를 불러들임. 이는 격렬한 전투의 장면을 뜻한다.
⑧ 인연人煙 : 밥짓는 연기. 사람의 자취.
⑨ 귀곡鬼哭 : 죽은 혼백이 우는 소리.
⑩ 취취啾啾 : 죽은 혼령이 우는 소리의 의성어.
⑪ 비천沸天 : 소리가 하늘에서 들끓다.
⑫ 유락流落 : 일정한 거처 없이 떠돌아다니다.
⑬ 안검按劍 : 칼을 잡다. 칼을 어루만지다.
⑭ 슬행膝行 : 무릎으로 걷다.
⑮ 흥요興徭 : 나라에서 부역을 일으키다. 부역은 나라에서 백성들에게 의무적으로 지우는 노역을 말한다.
⑯ 북호北胡 : 북쪽 오랑캐. 흉노. 진시황은 진나라를 망칠 나라는 북쪽 오랑캐

흉노라는 말을 듣고, 장군 몽염[蒙恬]으로 하여금 병사 30만 명을 이끌고 만리장성을 쌓도록 하였다. 방탕한 호해가 진나라를 망쳤으니 호[胡]는 결국 북쪽 오랑캐 흉노가 아니고 진나라 제2세 황제인 호해[胡亥]를 가리키는 꼴이 된 셈이다.

⑰ 소장[蕭墻] : 담장. 궁정[宮庭]내부. 진나라의 내시[內侍] 조고[趙高]는 2세 호해를 죽이고 그 아들 영[嬰]을 세워 진왕이라 칭하고는 황제라 일컫지 않았다. 이러니 결국 진나라는 난이 안에서 일어나 망한 것이다.

작가소개 왕한(王翰, 687~726) : 산서성 태원[太原] 사람이다. 710년에 진사에 올랐다. 어려서부터 호탕하고 매사에 구애받지 않았으며 술 마시기를 즐겼다. 집은 부유하여 명마가 많았고 기녀와 악단[樂團]이 있을 정도였다. 변새에 나가 본 적이 없으나 고적[高適], 잠삼[岑參]과 함께 변새 시인으로 꼽힌다. 그를 알아 준 장설[張說]이 재상이 되자 벼슬자리를 얻었다. 장설이 파면되자 그도 영표[嶺表]로 폄직되어 부임하는 길에 죽었다. 장설이 왕한을 다음과 같이 평하였다. "그는 옥 술잔이나 옥 술그릇처럼 귀한 물건이지만 흠이 많다."

중국인들은 이 만리장성을 최고의 자랑으로 여긴다. 인류 최대의 건축물이라니 또는 달에서 육안으로 보이는 구조물이라니 하면서. 그러나 이천 년이 넘는 역사 속에서 장성이 얼마나 큰 효과를 보았는지는 알 수 없는 일이다. 5호16국 시대에 북쪽 오랑캐들이 중원을 휘저었고, 거란족[요나라] 여진족[금나라]이 장성을 넘어왔으며, 몽골족이 원나라를 세웠고, 만주족인 청나라가 중국을 지배했으니 말이다. 더군다나 장성을 쌓는 데는 엄청난 시간과 물량과 인력이 소모되었다. 이는 오로지 인민의 땀과 살과 피로 이루어진 것이다. 이러니 도대체 장성이 무슨 자랑이 되랴?

맹강녀[孟姜女]의 전설이 비극의 일 단면을 보여 준다. 맹강녀는 그녀의 남편이 장성에 부역 나가서 하도 돌아오지 않아 찾아가 보니 그는 이미 죽은 뒤였다. 그녀가 이 장성 밑에서 통곡을 하였더니 천둥이 치고 비가 쏟아져 성이 무너져 내렸다. 그 자리에서 그녀의 남편 유해가 나왔다. 그녀는 슬픔을 이기지 못해 강물에 몸을 던져 죽음을 택했다는 것이다. 지금도 산해관 동쪽 지점에 그녀의 사당이 남아 있다.

요즘의 중국인들은 만리장성의 관광 개발에 더욱 열을 올리는데 심지어 케이블 카까지 가설하였다. 이제 조상의 피와 땀이 얼룩진 유산을 가지고 돈을 버는 데만 혈안이 되어 있다.

그리고 동북공정東北工程인가 뭔가 하면서 고구려 역사를 자기들 중국 역사에 편입시키려고 온갖 머리를 짜내고 있다. 만리장성도 압록강까지, 아니 평양성까지 이어져 있었다고 주장하니 참으로 어이없는 행태가 아닐 수 없다. 이런 와중에 우리의 의식에도 문제가 있다. 우리나라 교육 현장에서는 국사 교육이 필수가 아니고 선택으로 전락하고 말았으니 동북공정에 어떻게 대항할 수 있겠는가? 이를 생각하면 한심하고 통탄스럽다.

연나라의 노래	燕歌行①연가행
고적(당)	高適(唐)
한나라에 연기 먼지 동북에서 일어나자	漢家煙塵②在東北 한가연진재동북
장군들 집을 나서 남은 적 무찌른다.	漢將辭家破殘賊 한장사가파진적
남아는 본래 전장 누비는 걸 중히 여기는데	男兒本自重橫行③남아본자중횡행
천자는 특별히 즐거운 얼굴 보이신다.	天子非常賜顔色 천자비상사안색
징 치고 북을 울려 산해관을 내려오니	摐金伐鼓下楡關④창금벌고하유관
깃발이 갈석산에 길게 늘어섰다.	旌旗逶迤⑤碣石⑥間 정기위이갈석간
교위의 격문이 사막으로 날아들고	校尉⑦羽書⑧飛瀚海⑨교위우서비한해
선우의 사냥불은 낭산을 비춘다.	單于獵火照狼山⑩선우렵화조랑산
산천의 쓸쓸함은 이 변방에서 극에 달하고	山川蕭條極邊土 산천소조극변토
오랑캐 기마는 비바람 타고 침노한다.	胡騎憑陵⑪雜風雨 호기빙릉잡풍우
군사들 진지 앞에서 반은 죽어 가는데	戰士軍前半死生 전사군전반사생
미인은 휘장 아래서 노래하고 춤춘다.	美人帳下猶歌舞 미인장하유가무
대사막 저문 가을 변방 풀은 시들고	大漠窮秋塞草腓⑫대막궁추새초비
외로운 성 지는 해 싸울 병사 드물어라.	孤城落日鬪兵稀 고성락일투병희
이 몸은 은혜 입어 적을 가벼이 보겠지만	身當恩遇常輕敵 신당은우상경적
관산에서 힘 다했으나 포위 뚫지 못했다.	力盡關山⑬未解圍 역진관산미해위

철갑 옷 먼 수자리 고생은 오랫동안	鐵衣⑭遠戍辛勤久 철의원술신근구
여인들의 눈물은 이별 후 지금까지.	玉筯⑮應啼別離后 옥저응제별리후
젊은 아내 성남에서 애간장 끊어지고	少婦城南欲斷腸 소부성남욕단장
수자리 낭군 계북땅서 공연히 돌아본다.	征人薊北⑯空回首 정인계북공회수
변방 바람 빠르다손 고향까지 어이 갈 거며	邊庭飄颻⑰那可度 변풍표요나가도
외딴 지역 아득한데 뭐가 다시 있으리오.	絶域⑱蒼茫更何有 절역창망경하유
죽음의 기운 온종일 전운을 만들고	殺氣三時⑲作陣雲 살기삼시작진운
찬 소리 밤새도록 조두에 전해온다.	寒聲一夜傳刁斗⑳ 한성일야전조두
흰 칼날 아래에 피 튀는 것 바라보니	相看白刃血紛紛 상간백인혈분분
예부터 절개에 죽지만 어찌 공훈을 돌아보랴!	死節從來豈顧勛 사절종래기고훈
그대는 보지 않았는가? 사막에 전쟁의 고통을	君不見沙場征戰苦 군불견사장정전고
지금도 이광 장군만 생각하고 있으니.	至今猶憶李將軍㉑ 지금유억이장군

① 연가행燕歌行 : 악부의 제목. 여기서 연은 지명. 전국 시대 연나라 땅을 말한다.
② 연진煙塵 : 연기와 먼지. 전쟁을 뜻한다.
③ 횡행橫行 : 거리낌 없이 행동하다. 전쟁터를 누비다. 적을 가벼이 여기다.
④ 유관楡關 : 산해관山海關. 지금 하북의 임유현臨楡縣에 있다.
⑤ 위이逶迤 : 길게 이어져 있는 모양.
⑥ 갈석碣石 : 지금 하북성 창려현昌黎縣 가까이에 있는 산 이름.
⑦ 교위校尉 : 무관. 장군 바로 아래 관직.
⑧ 우서羽書 : 긴급함을 알리는 격문檄文-마음을 격분시키거나 고취시키는 글인데 깃털이 달려 있다.
⑨ 한해瀚海 : 고비 사막. 몽골의 대사막.
⑩ 낭산狼山 : 황하 북쪽 언덕에 있는 산 이름.
⑪ 빙릉憑陵 : 세력을 믿고 침범하다.
⑫ 초비草腓 : 풀이 시들다.
⑬ 관산關山 : 관새와 산악.
⑭ 철의鐵衣 : 갑옷.
⑮ 옥저玉筯 : 옥으로 만든 젓가락. 흐르는 눈물.
⑯ 계북薊北 : 하북성 밀운현密雲縣 서남쪽의 지역. 지금의 북경 일대.
⑰ 표요飄颻 : 사나운 바람.

⑱ 절역[絶域] : 아주 멀리 떨어져 있는 지역.
⑲ 삼시[三時] ; 아침. 낮. 저녁 세 때 즉 온종일을 뜻한다.
⑳ 조두[刁斗] : 솥으로 쓰이고 야밤에는 이를 두드려 경계 신호로도 쓰이는 구리로 만든 도구.
㉑ 이장군[李將軍] : 한나라 무제 때 이광[李廣] 장군을 가리킨다. 그는 흉노한테 비장군[飛將軍]으로 불렸다. 일설에는 전국 시대 조나라의 이목[李牧]장군이라고도 한다. 그는 흉노 10만을 쳐부수었다.

작가소개 고적(高適, 706~765) : 자는 달부[達夫]이고 하북성 창주[滄州-지금 천진] 사람이다. 호방하고, 얽매이지 않았으며, 방탕한 생활을 하였으나 현종 때 과거에 올라서는 관운이 좋았다. 50세에 시 짓기를 시작하였지만 탁월한 소질을 보였다. 변주[汴州-개봉]를 지날 때 이백과 두보를 만나 의기가 투합하였다. 두보에게 물질적 도움을 많이 주었다.

계현[薊縣]

굉장히 추운 날씨이다. 이때가 2008년 1월인데 내가 경험한, 몇 차례의 북경 겨울 날씨 중 가장 차다.

북경의 모 호텔에서 아침 일찍 길을 나섰다. 북경의 통현을 거쳐 하북의 삼하를 지나 천진시에 있는 계현에는 1시간 40분 정도 걸려 도착했다. 도중에 잠깐 비포장 도로가 있었지만 비교적 길은 넓고 편안했다. 다만 먼지가 심했다. 거리는 150km정도 된다고 한다.

계현에 대해 약간의 정보를 얻을까 싶어서 표구점에 들렀으나 노부부는 아는 바가 많지 않았다. 붓만 몇 자루 사 가지고 나왔다. 현정부[縣政府-우리의 군청 정도임]에 가면 뭘 좀 알 수 있지 않을까 하여 방문했으나 문전박대이다. 서점에 들러 계현지[薊縣志]를 겨우 찾아내어 내용을 살폈으나 계현의 역사에 대한 서술은 너무 짧다. 옛날에 어양[漁陽]이었다는 사실을 확인하고, 계현을 노래한 도연명과 두보의 시만 베끼고 나왔다.

계현 시내에는 어양고루라는 성루가 남아 있다. 처마 밑에는 고어양[古漁陽]이라는 현판이 걸려 있고 그 아래 성벽에 아치형 문이 뚫려 있다. 옛날에는 인마의 통행이 가능했을 것이나 지금은 쇠창살로 막아 놓았다. 북경을 어양으로

만 알고 있다가 이 고루를 보니 이곳 계현이 정작으로 옛날 어양이 아니었을까? 하며 나름대로 짐작해 본다.

고어양의 성루

이 고루鼓樓 옆에 어양고가漁陽古街가 있다. 계현 시내에서는 가장 번화하고 깨끗한 거리이다. 주위 건물도 중국 전통 양식으로 지어져 들어서 있다. 계현이 옛날 어양이었다는 자부심을 드러내려는 노력의 일환인 것 같다.

시내 외곽에 있는 독락사를 찾았다. 입장료가 20원이다. 작고 허름한 절 치고는 비싼 편이다. 이 절은 당나라 정관貞觀 10년636년에 세워졌다.

대웅전은 관음각이라는 현판이 걸려 있는 2층 건물인데, 중국에서 현존하는 목조 건물 중에서 가장 오래된 것이라 하여 놀라게 한다. 그러니 중국 여타의 절에서 보이는 장중미보다는 균형미와 안정감이 돋보이는, 고색 짙은 국보급 건축물인 것이다. 1층에 출입문이 3개이고 측면에는 문이 없다. 2층에도 문이 3개이고 난간이 있어 특이하다. 계현에서 달리 유람할 만한 것이 없기에, 내키지 않는 걸음으로 찾아와서 의외로 좋은 구경거리를 접하게 된 것이다. 쇠못을 사용하지 않고 나무를 파서 얽어 고정시켰기 때문에 아주 견고하여 수십 차례의 지진으로부터 견뎠다는 것이다.

독락사의 관음각

관음각 안의 관음보살상은 높이 16m인 진흙 불상이소상(泥塑像)이다. 엄청난 크기에 빛 바랜 고색이 휘감고 있지만 아직도 문양과 색채는 곱고 섬세하다. 사진을 찍으려고 하니 못 찍게 한다. 시주를 조금하고 얼른 나서니 후레쉬를 안 터뜨리면 촬영이 가능하다고 귀뜸해 준다.

마당 모퉁이에는 이 절을 최근에 중건했다는 기념 비석이 서 있지만 큰 정성을 들여 수리했다는 느낌은 별로 안 든다. 오직 산문과 본당만 호젓하고 쓸쓸할 뿐이다. 엄청나게 추운 날씨이다.

계북문을 나서며	出自薊北門行[출자계북문행]
이백(당)	李白(唐)
오랑캐의 진지가 거친 땅을 가르고	虜陣橫北荒[로진횡북황]
오랑캐의 붉은별은 날카롭게 빛난다.	胡星耀精芒①[호성요정망]
격문이 번개처럼 날아들면은	羽書②速驚電[우서속경전]
봉화는 낮에도 빛을 뿜는다.	烽火晝連光[봉화주련광]
군사 내어 변방의 위급함 구하려고	虎竹救邊急[호죽구변급]
전차가 빽빽이 길을 떠난다.	戎車森已行[융거삼이행]
영명한 군주라도 마음이 편치 않아	明主不安席[명주불안석]
검을 어루만지며 마음을 크게 먹는다.	按劍心飛揚[안검심비양]
수레 몰아 맹호 같은 장수가 나아가고	推轂出猛將[추곡출맹장]
연이은 깃발이 전쟁터에 오른다.	連旗登戰場[련기등전장]
병사들 위세가 사막에 충만하고	兵威衝絶幕③[병위충절막]
죽음의 기운이 하늘에 가득하다.	殺氣凌穹蒼④[살기릉궁창]
적산 아래 병사들 열병하고	列卒赤山⑤下[렬졸적산하]
장성 곁에 진영을 펼치노라니,	開營紫塞⑥傍[개영자새방]
한겨울 사막 바람 끝없이 불어오고	孟冬風沙緊[맹동풍사긴]
깃발은 헤어져 세찬 바람에 펄럭인다.	旌旗颯凋傷[정기삽조상]
호각소리에 달빛 더욱 슬프고	畫角悲海月[화각비해월]
수자리 옷에 서리 내려 앉는다.	征衣卷天霜[정의권천상]
칼 휘둘러 누란을 베어 없애고	揮刃斬樓蘭⑦[휘인참누란]

활을 당겨 현왕을 쏘아 버린다. 彎弓射賢王[⑧]만궁사현왕

선우가 한번에 소탕되더니 單于[⑨]一平蕩선우일평탕
부락 사람들 서둘러 도망가 버렸다. 種落[⑩]自奔亡종락자분망
공을 거둬 천자께 보답했으니 收功報天子수공보천자
행진곡 부르며 함양으로 돌아가리. 行歌歸咸陽행가귀함양

---

① 정망精芒 : 뾰족하다. 날카롭다.
② 우서羽書 : 격서檄書, 격문檄文. 긴급함을 알리기 위해 보내는 글.
③ 절막絶幕 : 머나먼 사막. 흉노의 남쪽 지역. 고대에 막幕은 사막의 뜻과 통했다.
④ 궁창穹蒼 : 하늘.
⑤ 적산赤山 : 전설상의 산 이름. 적산은 요동 서북 수천 리에 있다고 한다.
⑥ 자새紫塞 : 장성을 말한다. 진나라의 성은 흙빛이어서 자색을 띠기에 붙여진 이름이다.
⑦ 누란樓欄 : 서역의 나라 이름.
⑧ 현왕賢王 : 선우 밑에는 좌우 현왕이 있었다.
⑨ 선우單于 : 흉노의 군장君長.
⑩ 종락種落 : 부락.

작가소개 이백(李白, 701~762년) : 자는 태백太白이고 호는 청련靑蓮이다. 중앙아시아 쇄엽碎葉에서 태어나 5세에 사천성四川省 면주綿州 창명현彰明縣 청련향靑蓮鄕으로 이주했다고 한다. 그의 선조가 적籍을 둔 것은 농서隴西 성기成紀이다. 24살에 촉 땅을 떠나 강남 땅을 유람하다가 호북성 안륙安陸에서 32세쯤에 허許씨와 결혼한다. 천보天寶 원년742년에 장안에 가서 한림공봉翰林供奉이 된다. 744년에 장안에서 추방되어 하남성 개봉 지역에서 두보를 만나고 일 년 뒤 그와 헤어진다. 주로 강남을 헤매다가 영왕永王 이린李璘의 반군反軍에 가담한다. 그 죄로 야랑夜郞으로 유배가다가 사면된다759년 3월. 762년 당도當涂에서 62세로 죽었다.

천진 계현 여유국天津薊縣旅遊局에서 발간한 여유 교통도旅遊交通圖에는 계현에 대해 다음과 같이 설명하고 있다.

"계현은 천진의 역사와 문화의 명성이다. 중국 북방에서 저명한, 유람과 휴양을 위한 명승지이다. 춘추 시대에 무종자국無終子國이 있었고 진나라 때에는

무종현無終縣을 설치했다. 수나라 대업 말년에 무종을 고쳐서 어양이라 했다. 당나라 개원 연간에 계주薊州를 두었다. 명나라 홍무 초년에 어양을 없애고 계주에 편입시켰다. 민국 2년 비로소 계현이라 칭하며 지금에 이르렀다."

이백대사전李白大辭典-郁賢皓篇著에는 "계문은 지금 북경시 덕승문德勝門의 토성관土城關이며 일설에는 지금의 천진시 계현이라고도 한다"라고 소개하고 있다. 아무래도 계薊라는 지명에 대해서 고증이 분명하지 않는 모양이다. 다만 북경과 천진 사이 일대가 아닐까? 하며 생각해 본다.

북경 소회所懷

유주에서 밤에 술을 마시며	幽州夜飮유주야음
장설(당)	張說(唐)
서늘한 바람이 밤비를 몰아와서	凉風吹夜雨량풍취야우
쓸쓸히 찬 수풀을 휩쓸고 가는구나.	蕭瑟動寒林소슬동한림
때마침 고당에는 연회가 열려	正有高堂①宴정유고당연
늘그막의 근심을 잊을 수 있네.	能忘遲暮②心능망지모심
진중에서는 칼춤이 마땅하나	軍中宜劍舞군중의검무
변방에서는 풀피리 소리조차 무겁도다.	塞上重茄音③새상중가음
변성의 장수가 아니라면	不作邊城將부작변성장
어찌 깊은 그 은혜 알 수 있으랴?	誰知恩遇④深수지은우심

① 고당高堂 : 손님을 접대할 수 있는 큰 집.
② 지모遲暮 : 노년. 늘그막. 만년.
③ 가음茄音 : 풀피리 소리.
④ 은우恩遇 : 황제의 은혜.
※ 지은이장설가 유주幽州에 좌천되었을 때 지은 시이다.

북경은 여름에는 엄청나게 덥고 겨울에는 몹시 스산하고 황량한 도시이다. 봄과 가을에 북경을 다녀 본 적이 없으니 이런 인상만 나에게 남아 있다. 여름 한창 더울 때에는 웃통을 벗은 사내들이 짐 자전거를 타고 다녀도 예사로 보이는 곳이며, 만리장성을 넘어 오는 삭풍이 몰아치는 겨울에는 짙은 국방색의 인민복에 털모자를 눌러 쓰고 활보하여도 개의치 않는 곳이 북경이다.

북경은 천안문과 자금성이 버티어 있는 것만 보아도 위압적이다. 현대에 과거의 북경이 존재한다고 볼 수 있지만 이는 현대에 밀린 과거가 아니고 오히려 과거에 의해서 당당해진 북경이라는 생각을 하게 된다[북경 올림픽을 치르고는 많이 달라졌겠지만]. 중국의 한 작가는 향수병에 걸린 자신을 찾아다니다가 발견한 마음의 고향이 북경이라고까지 했다. 현대적이되 고풍적이고, 도시적이지만 향촌적인 분위기를 자아내기 때문일 것이다.

북경은 2008년 올림픽 대회를 앞두고 현대화에 박차를 가하고 있다. 올림픽을 계기로 세계의 선두에 나서겠다는 강한 의지를 보이고 있다. 고대에 가장 강성한 한나라와 최고의 번성을 누린 당나라의 영화를 다시 보려고 한다. 모든 면에서 쇄신과 혁신을 기하고 있다. 옛 것을 여지없이 밀어내고 과거 것을 일소하려고 한다. 근대에 서구 열강들에게 당했던 치욕을 단번에 만회하려는 듯하다. 북경의 뒷골목[후통(胡同)]은 사라져가고 있다. 그러면 북경의 질박한 인간미, 진중한 전통미 등도 같이 없어질 것이다. 그리고 먼지 앉은 문화재가 아니라 페인트칠한 문화재만 남게 되리라.

북경은 지금 시장 경제를 따르고 자본주의의 물살을 타고 있다. 급격한 경제 성장을 이루어 세계를 놀라게 하고 있다. 조만간 경제력은 일본을 따라잡고 미국을 위협할 것이라 한다. 앞만 보고 달리고 있다. 그러니 지역 간의 갈등, 빈부의 격차, 도시와 농촌의 차이, 환경 오염, 언론 통제, 관료들의 부패, 정치의 일당 독재 등의 많은 문제점을 안고 있다고 하겠다. 중국은 헤치고 가야 할 길이 여전히 먼 것 같다.

북경의 가을 밤	燕都①秋夜 [연도추야]
백원항(고려)	白元恒(高麗)
집 생각에 달 밟으며 아직도 못 돌아가	思家步月未成歸 [사가보월미성귀]
뜰 나무에 가을 깊어 고운 낙엽 날리는데.	庭樹秋深錦葉飛 [정수추심금엽비]

고국은 여기서 삼천팔백 리	故國②三千八百里 고국삼천팔백리
깊은 밤 찬 옷 두드리는 다듬이 소리.	夜闌③雙杵擣寒衣④ 야란쌍저도한의

① 연도燕都 : 요나라가 북경 땅을 점령하고는 연경이라 했고, 원나라는 대도라 불렀다. 이때는 원나라 때였으나 연경으로도 불렸다.

② 고국故國 : 고려를 뜻한다.

③ 야란夜闌 : 밤이 깊다.

④ 한의寒依 : 겨울 옷

작가소개 백원항(白元恒) : 고려 시대 문신이고 본관은 수원이다. 1279년 국자감시國子監試에 장원 급제했다. 충혜왕을 좇아 원나라 연경에 머물렀다.

제2장 태원[太原]

진사[晋祠]

북경에서 태원까지는 비행기로 약 한 시간 걸린다. 태원은 산서성의 성정부가 있는 성도이다. 원래 이곳은 주나라 때 당[唐]이라는 이름으로 봉지[封地]를 받은 땅이며, 시조는 주나라 성왕[成王]의 아우인 우[虞]이다. 그의 아들 섭[燮]이 진수[晋水]까지 영토를 넓히고는 국호를 바꾸어 진[晋]으로 불렀다. 특히 이곳을 진수[晋水]의 북쪽 땅이라는 뜻으로 진양[晋陽]이라 하였는데 이가 태원의 시작이다.

춘추 시대의 진은 춘추5패 중의 하나인 강국이었다. 이 진나라가 한[韓] · 위[魏] · 조[趙] 세 나라로 나뉘자 전국 시대로 진입하게 된다. 이때의 전국7웅[戰國七雄]은 진 · 연 · 초 · 제 · 한 · 위 · 조[秦燕楚齊韓魏趙]이다. 이곳 태원은 조나라에 속했다.

그 후 세월이 흘러 수나라 말엽, 이곳에 태원 유수[留守]로 와 있던 이연[李淵]과 그의 아들 세민이 이곳을 거점으로 군사를 일으켜 수나라를 없애고 당나라를 창건했다. 그러니 이곳 태원은 당나라의 발상지인 것이다.

태원은 지대가 높아 해발 800m나 된다고 하지만 여름철에 덥기는 북경이나 매한가지다. 황사의 직접 영향을 받는 곳이기에 공기가 탁하며, 고원 지대인지라 물이 모자라서 식수난을 겪기도 한단다. 그러나 어디를 파더라도 석탄이 나올 정도로 그 매장량이 엄청나서, 화력 발전으로 인한 전력은 풍부하다고 한다. 도로들이 볼썽사납게 금이 가고 파여 있음을 흔히 볼 수 있는데 이는 다 석탄 수송 차량들이 과적재한 탓이라고.

진사에서 노닐며 이봉길 재상에게 드림

遊晋祠上李逢吉相公①

유진사상이봉길상공

영호초(당)

令狐楚(唐)

삼십 년간 진사에 들르지 못했다가
백발되어 다시 오니 한층 더 쓸쓸하네.
예전처럼 샘물소리 찬 옥구슬 굴리는 듯
비록 가을이나 풀빛은 비취 비녀 빛나는 듯.

젊은 때 같이 놀았으니 운수가 있은 거고
존귀한 때 다시 만나니 인연이 다한 거라.
그리움에 물가에서 눈물을 흘리노니
분수에 부쳐서 낙양으로 보내고져.

不立晋祠三十年불립진사삼십년
白頭重到一悽然백두중도일처연
泉聲自昔鏘寒玉천성자석장한옥
草色雖秋耀翠鈿초색수추요취전

少壯同遊寧有數소장동유녕유수
尊榮再會使無緣존영재회사무연
相思臨水下雙淚상사임수하쌍루
寄入并汾②向洛川③기입병분향락천

① 이봉길 상공李逢吉相公 : 당나라 목종穆宗때 재상을 지낸 이봉길李逢吉을 말한다. 그는 만년에 낙양 유수洛陽留守 벼슬에 있었다. 농서隴西 출신이다.
② 병분并汾 : 병주并州의 분수汾水를 뜻한다. 병주는 태원 일대이다.
③ 낙천洛川 : 낙양을 뜻한다.

작가소개 영호초(令狐楚, 766-837) : 자는 각사愨士이다. 돈황敦煌 출신인데 후에 의주義州 화원華原으로 옮겼다. 791년에 진사가 되고 819년에 재상이 되었다. 덕종德宗황제가 태원절도사 막부幕府에서 올라오는 글들을 보고는 영호초가 쓴 것이라고 알 정도로 그의 글 재주를 칭찬했다. 그는 백거이, 원진, 유우석 등과 주고받은 시들이 많다.

태원에서 서남쪽으로 2.5km 정도 떨어진 현옹산懸甕山-항아리를 걸어 놓은 듯한 산 기슭에 진사晋祠가 있다. 주나라의 당숙우唐叔虞 즉 희우姬虞-희는 성이다를 모신 사당이다. 우는 진晋나라 제1대 제후로서 주 무왕周武王의 아들이며 주 성왕周成王의 아우이다. 옛날에는 형을 백伯이라 하고 아우는 숙叔이라 했는데 그의 봉지封地가 당나라이기에 당숙우唐叔虞라 불린 것이다. 우가 당에 봉해질 때 재미난 고사가 있다.

주나라 성왕이 어려서 뜰에서 아우 우와 놀다가 오동잎을 하나 따 가지고 옥규玉圭-천자가 제후를 봉할 때, 그 증거로 주는 옥패의 모양으로 만들어 아우에게 주면서 말했다. “이것을 증표로 너를 제후에 봉하겠다.” 이 말을 들은 대사관 일佚이 말했다. “그러면 임명하실 날짜를 정하십시오.” “아니, 그건 장난으로 한 말이오.” “천자께서는 농담이라는 것은 없습니다.” 그래서 마침내 우는 당에 봉해지게 된 것이다.

이 진사는 6c 초 북위 시대에 창건된 것이다. 그 후 당 태종이 천하를 통일하고 이곳을 확장하였으며 그 뒤 송나라 때에 이르러 성모전聖母殿을 건축하여 오늘의 규모를 갖추게 되었다.

일단 경내境內에 들어서면 어느 한 사람의 사당이라기보다는 큰 공원 같은 느낌을 받게 된다. 숲이 우거지고 고목은 즐비하다. 그 속에 고색창연한 건물과 다리가 조화를 이루고 있어 뜻밖의 훌륭한 광경을 접하게 된다. 수경대水鏡台를 지나고 지백거智伯渠라는 도랑 위에 세워진 회선교會仙橋를 건너고, 금인대金人台와 헌전獻殿을 통과하면 어소비량魚沼飛梁-고기 노는 연못에, 나는 듯한 다리이라는 다리를 만나게 된다. 十자 모양의 다리인데 동서 길이는 19.6m, 남북 길이는 19.5m 이란다. 다리 아래 연못은 물이 맑고 깊어 보인다. 게다가 수련들이 자라고 있는데 물이 부족한 태원 땅이지만 여기만큼은 물이 풍부하여 소강남으로 불린다. 가만히 살펴보니 이 다리는 석재로만 된 것이 아니고 나무를 혼용하였다. 물에 잠기는 다리 기둥은 팔각형의 석주이지만 이 위에 다리 본체를 직접 받치고 있는 부분은 나무로 되어 있다. 이 지당의 깊이는 3m정도이라는데 물은 끊임없이 솟아나고 있다. 이 물이 지백거智伯渠로 흘러든다. 지백은 사람 이름이고 거는 도랑을 말한다. 이 지백거에 얽힌 이야기가 아주 비감하다.

전국 시대 진晋나라 출공出公 때의 일이다. 원래 진나라에는 지智씨, 조趙씨, 위魏씨, 한韓씨 등 네 가문家門이 국권을 좌지우지하고 있었다.

이들 중 지씨와 조씨가 앙숙이었다. 지백은 현옹산에서 흘러내리는 진수로 조양자를 공격했으나 오히려 조양자가 위씨와 한씨의 도움을 받아 지백을 쳐서 죽인다. 원한에 사무쳤던 조양자는 지백의 두개골로 요강을 만들어 사용했다. 이 이야기를 들은 지백의 신하 예양은 “선비는 자기를 알아 준 이를 위해 죽는다”라고 하면서 복수를 다짐한다. 조양자의 집 변소 밑에 숨어 들어 조양자를 죽이려 했으나 발각되어 체포된다. 의사義士라 하여 풀려났지만 숯을 갈아 마셔 목소리를 변하게 하고 얼굴에 옻을 칠하여 문둥병을 가장하여 다시 복수를 시도하려 했다. 시중에 돌아다녀도 아내마저 알아보지 못했으나 친구는 간파하고 울며 말하길 "너는 아예 조양자의 신하로 들어가서 기회를 보아 그를 죽이는 것이 낫지 않느냐?"라고 하니, 그는 답하길 "남의 신하가 되어 주인을 죽이는 것은 두 마음을 품는 것이다"라고 했다. 어느 날 조양자가 다리를 건너려니 말이 울며 나아가지 않았다. 다리 밑을 탐색해 보니 과연 예양이 칼을 품고 숨어 있었다. 조양자가 물었다. "옛날에 네가 모시던 범씨를 지백이가 죽였을 때 너는 복수는커녕 오히려 지백이의 신하가 되었다. 지금 지백만을 위해 끈질기게 복수하려는 이유가 뭔가?" "범씨는 나를 보통 사람으로 대했지만 지백은 나를 국사로 대우했으니 나도 국사로서 보답하려는 것이다." 예양은 조양자에게 그의 옷이라도 베고 원수를 청산하고 싶다고 말했다. 세 번 뛰어올라 벗어 준 옷을 베고 나니 칼에 피가 묻어 났다고 한다. 이는 사마천의 사기 열전 중 자객 열전에 있는 이야기이다.

분수에서 가을 바람에 놀라며

소정(당)

삭풍이 흰구름을 불어 몰고 와
만리에 분수를 건너게 하네.
내 마음도 흩어져 가 버렸으니
가을 소리 차마 들을 수 없어라.

汾①上驚秋분상경추

蘇頲(唐)

北風吹白雲북풍취백운
萬里渡河汾만리도하분
心緒②逢搖落③심서봉요락
秋聲不可聞추성불가문

① 분汾 : 분수汾水, 산서성 태원 서쪽으로 흘러 내려가 황하에 합류하는 강.
② 심서心緒 : 생각, 마음, 심정.
③ 요락搖落 : 흩어져 가 버리다. 흔들려 떨어지다.

작가소개 소정(蘇頲, 671-727) : 자는 정석廷碩, 경조京兆 무공武功 사람이다. 어려서부터 머리가 비상하여 한번에 천 자千字를 보고서는 그것을 암송했다. 약관에 진사에 올라 그의 아버지와 함께 벼슬을 지냈다.

어소비량 너머 성모전聖母殿이 자리잡고 있다. 2층 지붕으로 되어 있는데 전면前面 기둥이 8개인 7칸 규모의 큰 건물이다. 기둥에는 나무로 용 조각을 해서 감아 올려 놓았는데 무척 정교하다. 중국에서 현존하는 가장 오래된 나무 조각 유물이라고 한다. 이 성모전은 당 숙우의 어머니 읍강을 모신 사당으로 당숙우전을 제치고 이곳 진사의 중심 건축물이 되어 버렸다. 어머니는 아들보다 위대하다는 의미를 부여한 것이라 생각되는데 이는 북쪽 오랑캐의 관습으로 볼 수 있다. 당 황실의 혈통을 그쪽으로 잡는 이유도 여기에 있다 할 것이다.

진사 내의 중심 건축물인 성모전

봉鳳의 머리관을 쓰고 단정히 앉아 있는 주존主尊 성모상과 시립해 있는 여관상女官像들의 고운 자태가 돋보인다. 특히 여관들은 식사 도구나 화장 도구 등을 들고 있어 송대의 궁정 생활을 짐작케 한다.

이 성모전 앞뜰 양쪽에 서 있는 아주 늙은 측백나무들은 주나라 때의 것이라는데 족히 3천 년은 되었을 것이다. 노쇠하여 껍질이 벗겨지고 가지는 꺾였으며 쇠줄로 몸을 감아 간신히 지탱하고 있다. 어떤 측백은 거의 45°로 넘어져 지줏대에 얹혀 있지만 잎만은 푸르고 싱싱하다. 이런 것들이야말로 중국 역사의 유구함을 증명하는 증거물들인지라 우리를 경탄게 한다.

숙우전叔虞殿을 찾아 보고 그 앞에 있는 당비정唐碑亭에 들렀다. 당 태종 이세민이 진왕 숙우를 칭송하여 쓴 석비이다. 당이란 이름을 걸고 거병하여 천하를 얻은 데에 대한 보고문인 것이다.

태원의 이른 가을

이백(당)

이 한 해도 저물어 많은 꽃들 시들고
이때에 즈음하여 대화가 흐르도다.
변방의 서리 그 위세 벌써 떨치는데
구름 빛은 황하의 가을을 건너가네.

나의 꿈 변방의 달을 감아 돌고
나의 마음 고국의 누각으로 날아가니,
돌아가고 싶은 마음 저 분수 같아서
하루도 처량하지 않은 날이 없어라.

太原早秋 태원조추

李白(唐)

歲落衆芳歇 세락중방헐
時當大火①流 시당대화류
霜威出塞早 상위출새조
雲色渡河秋 운색도하추

夢繞邊城月 몽요변성월
心飛故國樓 심비고국루
思歸若汾水 사귀약분수
無日不悠悠② 무일불유유

---

① 대화大火 : 심성心星이라 하는데, 이 별은 6월 말에 땅 남쪽에서 빛을 더하여 7월 말에 이르러 서쪽으로 내린다고 한다.
② 유유悠悠 : 여기서는 근심하는 모양.
※ 이백이 35세 때인 735년에 병주幷州:태원에서 친구 원연元演과 노닐 때 지은 시이다.

성모전 오른편에 난로천難老泉이 있다. 큰 물웅덩이인데, 물이 솟아오르는 것이 보이며 콸콸거리는 그 소리 또한 대단하다. 이 물은 흘러 용머리 모양의 배수구를 통해 그 아래로 떨어지고 있다. 난로천을 덮은 지붕 안쪽 천장에는 난로難老라는 글씨가 높이 걸려 있고, 조금 그 아래에 진양제일천晋陽第一泉이라는 현판이 달려 있다.

난로천에서 흘러나온 물을 일단은 가두어, 열 개의 구멍을 통해 배송한다. 한 편은 7개 구멍으로, 다른 한 편은 3개의 구멍으로 배분하여 두 지역으로 흘려 보낸다. 두 지역의 물의 수요를 감안한 처사인 것 같다. 이 물은 마르지 않는 관개수灌漑水-농사에 쓰이는 물이다. 더운 여름 날씨에 많은 사람들이 물 주위에 모여 열기를 식히고 있다. 난로천의 수온은 연중 17℃를 유지한다고 한다.

난로천 바로 뒤에 수모루水母樓가 있다. 물에 대한 감사의 마음을 드러내기 위해 세운 것이리라. 항아리 위에 앉아 있는 수모의 좌상과 그 시녀들의 소상塑像-진흙으로 빚은 형상이 매우 인상적이다. 시녀들의 의복의 선은 물고기의 유선형을 본떴다고 한다. 과연 수모의 시녀다운 날렵한 맵시이다. 수모의 상이 항아리 위에 앉아 있는 데는 그 유래가 있다.

난로천에서 흘러나와 아래로 떨어져 폭포를 이루고 있다.

옛날 진사 마을에 유씨의 딸이 시집왔다. 그런데 시어머니는 이 며느리를 학대하려고 하루에도 몇 번이고 물을 길어 오게 했다. 어느 날 물을 길어 오다가 한 사내를 만났는데 자기의 말에 물을 좀 먹여 달라는 것이었다. 그녀가 기꺼이 그렇게 하고 나니 그 사내는 말채찍을 주면서 이것을 항아리에 넣어 두었다가 필요할 때마다 채찍을 빼내면 필요한 양만큼 물이 나올 것이라고 일러 주었다. 집에 와서 해 보니 과연 그러했다. 이상하게 여긴 시어머니는 며느리가 없을 때 채찍을 항아리에서 꺼내자 물이 흘러 그치지 않았다. 집에 돌아온 며느리가 항아리에 뚜껑을 덮고 그 위에 올라 앉았으나 물은 계속 넘쳐흘렀다는 것이다.

여기 진양 땅의 쌀은 질이 최고인데도 공물로 진상되지 않았다고 한다. 이는 유씨의 몸 아래에서 나온 물로써 자란 벼들이기에 불순하다고 여겨 나라에서 진상을 받지 않았다는 것이다. 이는 이곳 진양 사람들의 지혜를 보여 주는 전설이다.

이곳 진사의 3절三絶은 성모전 앞의 주나라 때의 측백나무들과 난로천, 그리고 성모전의 시녀상이다.

중국의 고대 지상 목조 유물 중 70%가 산서성에 남아 있다고 한다. 이는 산서 지방이 건조하고 강수량이 적기 때문일 것이다. 강수량이 500mm이라면 휘발수량이 2000mm라고 한다. 어쨌든 메마른 기후 조건이 진사의 목조 건물을 오래 견딜 수 있게 한 이유이다.

태원 사람들은 국수를 좋아한다고 한다. 가장 유명한 식당이 태원면식점太原麵食店이라 하여 이곳에 들러 6가지의 국수류를 조금씩 먹어 보았다. 국수와 양념을 따로 갖다 준다. 그 중에서도 도삭면刀削麵이 특이하다. 반죽을 칼로 얇게 깎아 빚어 내기에 그렇게 부르는 모양이다. 소문처럼 대단한 맛은 아니었다.

무측천묘武則天廟

태원에서 남으로 40여km 떨어진 문수현文水縣에 무측천묘가 있다.

무측천이 태어난 이곳에 그녀를 기리기 위해 세운 것이다. 큰 도로에서 좁은 길로 접어들어 조금 외진 곳에 자리잡고 있다. 대문에는 측천 고리 원림則天故里園林이라는 현판이 걸려 있다. 대문을 들어서면 넓은 마당 중앙에 무측천의 흰 석상이 서 있다. 황제의 의관을 갖춘 당당한 여제의 모습이다.

그녀는 중국 역대 황제 중에서 유일무이한 여황제였다. 그의 입신 이야기는 드라마적이지 아닐 수 없다. 원래 당 태종 이세민의 후궁재인才人이었는데 태자 이치李治가 사모한 바 있었다. 그의 아비 당 태종이 죽자 황제 위에 올라 그녀를 도교의 승려로 만들어 황궁에 머물게 하였다. 그러다가 점차 황실 가까이 데려다가는 후궁소의昭儀으로 삼는다. 중국 황궁에서는 황제가 죽으면 그를 모시던 후궁들은 승려로 만드는 관습이 있었다. 아버지의 여자를 아들 황제가 건드릴 수 없게 하기 위해서이다. 어쨌든 아비의 첩을 자기 아내로 삼는 법은 북방 오랑캐의 풍속으로 봐야 한다. 이것도 당 황실을 북방 계통으로 보는 이유 중의 하나이다.

이 무측천은 악날하고 교활한 방법도 서슴지 않아 황제의 총애를 받는 여인들은 가차없이 제거하여 급기야는 황후의 지위에 오르게 된다. 그녀는 고종 이치의 사랑을 독차지하기 위해 비빈妃嬪 둘을 옷을 벗겨 난장亂杖을 치고, 손발을 잘라 버리고는 술독에 넣어 죽였다. 이때 소숙비蕭淑妃가 죽으면서 "네 년은 내세에 쥐새끼로 태어나고 나는 고양이로 환생하여 너의 목을 씹을 것이다" 라고 했다. 이후 당 궁정에서는 고양이를 키우지 않게 되었다.

일찍이 후궁으로 있을 때 황제의 소생을 얻게 되자, 황후가 축하하러 무측천을 찾아왔다. 황후가 가고 난 뒤 바로 갓난 자기 딸을 목 졸라 죽이고는 황제가 들르자, 황후가 오고 간 뒤에 애가 죽었다고 하면서 황후를 모함하여 제거하였다. 또 황후에 오르고 난 뒤에도 친언니가 황제의 총애를 받을까 두려워 절구에 찧어 죽였다. 급기야 친아들[이홍李弘과 이현李賢] 둘을 죽이고 황제에 오른다. 만년에 문란한 성생활을 충고한 삼촌, 사촌 일가족을 몰살한 그녀는 천고의 인인[忍人-잔인한 사람]이라는 악명을 남기게 된다.

그러나 어쨌든 일개의 후궁에서 황후로, 황후에서 천후로, 천후에서 여황제로 등극한다. 그리고는 자기를 신성황제라 칭하게 하고 국호마저 당나라를 주[周]로 고쳐 버렸다. 한때 황제였던 아들 단[旦-넷째 아들인 예종. ※셋째 아들은 顯, 중종]의 성도 이씨에서 무씨로 바꾸었다. 그녀의 황제 재위 기간은 15년이었지만 실제 정권을 장악한 것은 40여 년에 이른다. 82세에 죽었다. 죽을 때 "나를 황제로 여기지 마라. 나는 다만 황후였을 뿐이다"라고 했다. 그리고 고종과 합장해 달라 했는데 이가 건릉[乾陵]이다. 죽음에 임박하여 가책을 느꼈는지, 아니면 자기의 시신이 어떻게 처리될까 그것이 두려웠는지도 모를 일이다. 그녀는 자식한테도 미움을 받았기 때문이다. 과연 영악한 여인이다.

구당서에는 "무측천이 악행을 일삼고서도 도륙당하지 않은 것은 오로지 요행이다. 드러내 놓고 음란 행위를 하면서도 부끄러하거나 두려워하지 않았다"라고 했다. 임어당[1895~1976]은 그녀를 중국 역사상 가장 흉악하고 잔인한 살인마라고 평했다.

문수현 무측천묘에 있는 그녀의 소상

흰 대리석상 뒤에는 용도를 알 수 없는 육중한 건축물이 있는데 그 중간에 아치형의 문이 뚫려 있다. 이를 지나면 그리 화려하지는 않지만 훤출한 사당이 나온다. 사당 안에는 흰 얼굴에 붉은 의상을 걸치고, 등긁개 비슷한 여의[如意]라는 물건을 손에 쥐고 앉아 있는 단아한 무측천의 소상이 안치되어 있다. 상징물로 쓰인 것은 주로 봉황이다. 여성이기 때문이리라.

그러나 감실에 장식한 그림은 황세의 상징인 용이 분명하다.

조금 이른 시간에 방문했지만 날씨는 매우 무덥다. 관리인 아가씨들이 개관 준비로 분주히 움직인다. 무씨의 고향이어서 그런지 아니면 무씨와의 인연 때문인지는 몰라도 복무원 아가씨들도 모두 아리땁다.

행화촌杏花村

행화촌의 이름은 당대의 저명한 시인 두목杜牧의 시로 인해 유명해졌다.

청명	淸明①청명
두목(당)	杜牧(唐)
청명 시절 봄비가 보슬보슬 내리니	淸明時節雨紛紛청명시절우분분
길 위의 나그네는 애가 끊어지는 듯.	路上行人欲斷魂노상행인욕단혼
주막이 어디냐고 물어 보노니	借問酒家何處有차문주가하처유
목동이 저 멀리 행화촌을 가리키네.	牧童遙指杏花村②목동요지행화촌

① 청명淸明 : 24절기 중의 하나. 양력 4월 5, 6일경.

② 행화촌杏花村 : 안휘성安徽省 귀지貴池와 산서성山西省 분양汾陽에 행화촌이 있다. 그리고 실지 지명이 아닌 일반적인 행화촌을 말한다고 주장하기도 한다. 강남통지江南通志에서는 "이 시는 작가두목가 지주 자사池州刺使로 부임했을 때 지은 것이다. 귀지현貴池縣 서쪽에 행화촌杏花村이 있는데 이곳의 술맛은 유명하였다. 두목이 지은 이 시의 영향으로 행화촌이라는 이름의 마을이 많이 생겨났다"고 했다.

작가소개 두목(杜牧, 803~852) : 자는 목지牧之이며 경조京兆-장안 사람이다. 828년 26살에 진사에 급제한다. 그는 강직한 성격에 기절奇節이 있어 사소한 일에 악착스럽게 굴지 않았다. 그러나 대사大事를 논하고 이해 득실을 따지는 데에는 분명했다. 또 병법과 전술에도 조예가 깊었다. 그는 얼굴이 잘 생겼고 가무를 좋아했으며 운치의 정이 활달하여 막힘이 없었다. 그를 당 제일 풍류 재자唐第一風流才子라 하였는데 그 이유가 있었던 것이다. 35세에 그의 동생 두의杜顗가 눈병으로 앞을 못 보게 되자 벼슬을 그만두고 동생이 요양하고 있던 양주揚州 선지사禪智寺로 찾아갈 만큼 우애가 도타웠다. 게다가 홀로된 누이도 부양하였다.

만년에 조부 두우杜佑가 살았던 번천樊川에 별장을 짓고 살았다. 죽음에 임박하여 그때까지 지은 시문을 정리하여 2/3정도는 태워 없애 버렸다. 그리고는 스스로 자기의 묘지명墓誌銘을 지었다.

두목의 시정詩情은 호매豪邁하고 시어는 솔직하여 사람을 놀라게 한다. 그러니 두보를 대두大杜라 하고 두목은 소두小杜라 했다.

행화촌으로 가는 연도의 들판에는 수수를 많이 심어 놨다. 수수가 고량인데 술 재료로 쓰이기 때문이다. 그래서 이 고장이 명주의 산지임을 실감할 수 있었다.

행화촌 술 제조창 초입에 이르러 차에서 내리자마자 술 냄새가 진동을 한다. 토요일이라서 평일보다는 늦게 문을 연다고 한다. 그래서 무측천묘에 먼저 다녀오니 10시쯤인데 그제야 내부 관람이 허용되었다.

정문 경비원들만 해도 대여섯 명이나 되니 거대한 집단 술 제조 공장임을 알 수 있겠다. 행화촌과 관련된 대형 조형물이 구경꾼들을 압도하고 부속 건물들도 크기가 만만찮다.

토요일에는 아쉽게도 제조 공장 내부는 참관할 수 없고, 다만 행화촌의 술 문화를 엿볼 수 있는 박물관이나 기념 비석과 기념 조형물 등은 관람할 수 있다고 한다. 양조장 중앙 뜰에 있는 박물관 가까이에는, 맑은 물이 술로 변했다는 옛 우물이 남아 있고, 소를 탄 목동과 그에게 주막을 물어 보는 한 나그네의 상징적 조각물이 대리석 그림 벽 행화촌의 정경을 조각한 것을 배경으로 실물처럼 근사하게 세워져 있다.

두목의 '청명'이란 시의 시의에 맞추어 세운 동상

박물관 안에는 술 만드는 재료, 기구 등이 전시되어 있고 행화촌과 관련된 그림, 사진, 족자 등이 걸려 있다. 특히 행화촌이 발굴될 당시에 찍은 오래된 사진이 주목을 끈다. 사진에서 보이는 발굴 현장은 지금 이 박물관이 서 있는 자리라고 한다. 그리고 복도식 긴 회랑에는 이 행화촌과 연관된 비석들이 즐비하다. 두목의 청명이란 시를 새긴 비석이 있는가 하면, 근대 소설가 파금巴金의 방문 기념 시구도 새겨져 있다.

> 술 좋고 사람 좋고 일이 또한 좋도다. 酒好人好工作好주호인호공작호
> 한번 와 구경하니 이를 잊을 수 없도다. 參觀一回忘不了참관일회망불료

당나라 시인 두목은 한때 안휘성의 귀지貴池의 자사刺史로 있었기에, 그의 청명이란 시는 산서성의 행화촌에서 지은 것이 아니라고 한다. 그러나 최근 분양현汾陽縣 행화촌 2km 지점의 어느 촌락에서 牧童指處목동지처-목동이 손으로 가리킨 곳라는 석판이 발견되었으니, 두목이 이곳 행화촌에 이르러 지었다고 이곳 사람들은 주장한다.

분주汾酒의 생산은 남북조 시대부터 시작되었다고 하니 그 유래가 오래다. 문화대혁명 전까지는 소규모 양조장이 72개가 난립해 있었는데 지금은 통합되어 대규모의 국영 공장으로 만들어졌다. 종업원 1800여명, 연생산 1만 톤1988년 기준이 된다고 한다. 지금2005년은 몇 배의 규모로 커졌을 것이다.

주요 제품은 고량을 원료로 하는 증류주인 분주60°와, 대나뭇잎과 10여 종의 약초를 넣어 숙성시켜 만든 죽엽청주와, 장미꽃을 넣어 향기를 낸 매괴주玫瑰酒-40° 등 6종이 있다. 분주는 색깔, 향기, 맛의 삼염三艶을 자랑하는 중국의 8대 명주 중의 하나이다.

술도가에서 나와 공장에서 직접 운영한다는 상점에 들러 분주, 매괴주, 죽엽청주를 하나씩 샀다. 어딜 가나 술 인심은 좋다. 주인은 분주를 가져 갈 수는 없어도 마음껏 먹고는 갈 수 있다며 자꾸 권한다.

나는 이곳 행화촌에서 살구나무 한 그루 보지 못했다.

제3장 평요平遙

평요 고성平遙古城

이별의 노래

양거원(당)

물가의 버들가지 노릇노릇 펴나는데
말 세우고 한가지 꺾어 달라 부탁하네.
봄바람도 이별을 아쉬워하는 듯
쥐고 있는 버들에만 은근히 불어 주네.

折楊柳①절양류

楊巨源(唐)

水邊楊柳麴塵絲②수변양류국진면
立馬煩君折一枝립마번군절일지
惟有春風最相惜유유춘풍최상석
殷勤更向手中吹은근경향수중취

① 절양류折楊柳 : 양은 가지가 위로 뻗은 버들, 류는 축축 늘어진 버들을 말한다. 옛날 중국 사람들은 작별할 때 버드나무 가지를 꺾어 주는 관습이 있었다. 이는 버들가지가 잘 휘어져 둥글게 만들 수 있는데 이처럼 떠나가서는 곧 돌아오라는 의미가 담겨 있기 때문이다. 둥글다環의 의미를 돌아오다還의 의미로 바꾼 것이다.

② 국진면麴塵綿 : 국진은 화초의 이름, 꽃은 담황색이다. 임금의 옷은 이 꽃의 색으로 물들였는데 그 옷을 국진의麴塵衣라고 한다. 여기서 국진면 또는 국진사絲는 연두빛의 버들가지를 말한다.

작가소개 양거원(楊巨源, 800년 전후에 생존) : 자는 경산景山이고 산서성 영제현永濟縣 사람이다. 789년에 진사에 올랐다. 그는 재주가 빼어나고 학식이 풍부하며 음악에도 조예가 깊었다.

분양汾陽 행화촌에서 승용차로 40분만에 평요平遙에 도착했다. 도로 사정이 좋아진 덕분이다. 평요성은 평요현에 속한다. 외부 관광객들은 표를 끊어야성 안으로 들어갈 수 있다. 중국 돈 인민폐로 120원인데 우리 돈 가치로는 1만 7000원 정도 된다. 한번 끊어 들어가면 며칠이고 간에 쓸 수 있다.

우리 일행은 서문인 봉의문鳳儀門을 통해 들어갔다. 웬 사람들이 그렇게 많은지 관광객들이 거주민들과 어울려 북새통을 이룬다. 서양 사람들도 많이 보인다. 이 평요성은 1997년 세계문화유산으로 등재되어 세계적으로 유명하게 되었기 때문일 것이다. 엄청나게 무더운 날씨에 걸어다닐 수 없어서 '전기 충전식 차'를 하나 빌리기로 했다. 리어카 위에 4~5인용 의자를 설치해 놓고, 머리 위에 차양만 걸쳐 놓은 형태인데 자전거 속력 정도의 차량이지만 더운 날씨에 이동하는 데는 큰 도움이 된다.

서대가西大街에 있는 일승창日升昌에 먼저 들렀다. 중국 최초로 은행식 업무를 취급했기에 유명한 곳이다. 중국 전통 가옥 구조이지만 분할된 기본적 은행 업무를 수행할 수 있게끔 건물과 방을 배치해 놓았다. 대단하고 신기할 것도 없는데 찌는 듯한 더위에 사람들로 붐빈다. 땅바닥은 수세기에 걸쳐 다지고 다져서 그런지 대리석처럼 반들거린다.

평요고성의 관아를 둘러보고 담장 귀퉁이에 높이 세운 관풍루觀風樓라는 정자각에 올랐다. 현성縣城을 조감하기는 여기 보다 좋은 데가 없다고 한다. 고색창연한 연이은 지붕이 밭이랑처럼 깔려 있고, 처마에 달린 홍등들이 더위에 숨죽이며 처져 있다.

평요 고성의 모습

성 안에 있는 문묘文廟를 찾았다. 이는 성내城內 운로가雲路街 북쪽에 자리잡고 있다. 문묘의 대성전大成殿 내부에는 만세사표万世師表 공자상을 중심으로 왼쪽에 안회와 맹자, 오른쪽에 증삼증자과 자사공자의 손자인 공급의 상이 놓여 있다. 그 앞줄에 10대 제자가 각 5명씩 시립해 있다. 평요의 문묘는 중국에서 현존하는 가장 오래된 문묘 건축물이다. 이는 금나라 때인 1163년에 중건되었다고 하니 그 역사가 무척 오래이다. 성급[省級] 중점 문물 보호 단위이다.

문묘 대성전 건물 뒤 벽에는 사람 키보다 큰 글씨 하나가 쓰여 있다. 괴[魁-우두머리, 으뜸, 크다]자인데 공자에게 부여한 의미인가 싶다. 송나라 문신인 문천상[文天祥, 1236~1283]이 쓴 글씨인데 등불에 비친 종이 글씨를 벽에 그대로 쓴 것이란다.

명륜당[明倫堂], 경일정[敬一亭], 존경각[尊經閣] 등을 거쳐 문묘를 빠져나왔다. 중국에는 사잇문 앞에 벽을 세워 두는 관습이 있다. 잡귀신들은 일직선으로 다니기에 벽을 세워 막아서 잡귀들이 못 들어오게 하기 위해서이다. 이 벽은 지붕을 이어 올렸으며, 벽면에 새겨 넣은 연꽃과 연잎 무늬의 조각이 일품이다.

복잡한 성내의 길을 빠져나와 외곽 성을 둘러 본다. 성벽은 군데군데 벽돌이 아닌, 흙으로만 층층이 쌓아 올린 부분이 있다. 이는 춘추 시대 때 축성된 것이란다. 긴 세월을 견뎌온 것이다. 평요성의 둘레는 6140m[우리나라 세계문화유산인 수원 화성의 둘레는 5.4km], 성의 밑 두께는 12m, 성 위의 폭은 3~6m이다. 밖으로 튀어나온 옹성[甕城]이 72개[공자의 빼어난 제자의 숫자]이고 성 위에서 화살을 쏠 수 있도록 만든 구멍이 3000개[공자의 제자 숫자]란다. 기원 전 827~782년부터 만들기 시작하여 훼손과 보수를 거치면서 명나라 때인 1320년에 와서야 완성된 모습을 갖추게 되었다고 한다. 대체로 거리나 집, 건물 등 모든 것들은 명나라 때인 홍무[洪武] 연간의 모습을 보이고 있으며, 뭔가 새 것이 있다 해도 150여 년 전의 청나라 때의 것들이다. 도시 자체가 박물관인 셈이다. 이러니 성곽만이 아니고 그 안에 있는 주택, 도로 더욱이 주민들의 삶 자체도 박물이고 보호 대상이라는 것이다.

평요 고성 성곽

성은 해자[垓字-성 밖에 판 못]로 둘러 싸여 있는데 해자는 그리 깊지는 않아 보이고 물은 말라 있다. 성내가 한눈에 보인다는 동문에 올랐다. 연이은 고풍스러운 지붕의 물결과 중국 특유의 잿빛 기와의 중후함이 넘실댄다. 중국의 성들은 단순히 군사상의 목적만이 아니어서 인민들의 삶의 공간이기에 성시라 불리기도 한다.

평요 고성같이 지금까지 온전한 성벽이 남아 있는 도시는 중국에서 4군데가 있다. 이 평요성을 포함하여 섬서성의 서안, 호북성의 사시, 요녕성의 흥성 등이 그것이다.

쌍림사雙林寺

평요 현성은 유네스코 세계문화유산인데 그 부속 사찰로서 쌍림사라는 절이 있다. 평요성에서 6km 정도 떨어진 거리에 있다. 동방 채소 예술의 보고라 일컬어지는 곳이다. 진흙으로 빚은 소상들이 훌륭하고 그 위에 칠한 채색이 아름다워 보존의 가치가 높다는 것이다.

절은 그리 크지 않으나 건물마다 채색을 입힌 불상들이 가득하다. 국가적 보호 문물이고 세계 문화 유산이라지만 관리가 소홀한 듯하다. 파손이 심하며 보수도 안 되어 있고 오직 오래된 고색의 자취만 남아 있다. 훼손된 불상을 자세히 보니 속에 뼈대로 사용한 나무 막대까지 드러나 있다.

쌍림사의 원래 이름은 중도사中都寺였으며 북제北齊시대571년에 중수했다는 기록이 남아 있다. 오래된 세월만큼이나 낡고 허술하다는 느낌이다.

산서山西에서 읊은 조조曹操의 시 한 수가 전한다.

거북이 비록 장수하지만	龜雖壽귀수수
조조(후한)	曹操(後漢)
신룡이 비록 장수하지만	神龍①雖壽신룡수수
아마도 마칠 때가 있을거고,	猶有竟時유유경시
오르고 미끄러지며 안개를 뿜어도	騰蛇成霧등타성무
마침내 흙먼지로 돌아가리라.	終爲土灰종위토회
늙은 기마는 마구간에 엎드려도	老驥伏櫪노기복력
그 뜻은 천리에 있고,	志在千里지재천리

열사는 몸이 늙어도	烈士暮年[렬사모년]
장렬한 마음은 끝나지 않으리.	壯心不已[장심불이]
장수와 단명의 기약은	盈縮②之期[영축지기]
오직 하늘에만 있지 않고,	不獨在天[불독재천]
즐거운 마음을 기른다면	養怡之福[양이지복]
장구함을 누릴 것이리라.	可得永年[가득영년]
다행히 지금에 이르렀으니	幸心至哉[행심지재]
노래하며 뜻을 읊조리노라	歌以詠志[가이영지]

① 신룡[神龍] : 거북이.

② 영축[盈縮] : 가득 차는 것과 줄어드는 것, 흥망성쇠. 여기서는 장수[長壽]와 단명[短命]의 뜻으로 보았다.

작가소개 조조(曹操, 155~220년) : 중국 삼국 시대 때 위나라의 창시자. 위무제로 불린다. 황건적[黃巾賊]의 난을 토벌하고 196년 후한[後漢] 헌제[獻帝]를 하남성 허[許]에서 맞아 군웅[群雄]을 호령했다. 관도[官渡]싸움에서 원소[袁紹]를 파하여 하북을 평정하고 승상이 되었다. 강남 통일을 꾀하다가 적벽대전에서 패하여 천하가 셋으로 분할되었다. 뒤에 위왕[魏王]에 올랐다. 법가사상을 신봉하였고, 재능 위주의 인사 정책을 폈다. 문재에도 뛰어나 건안문학[建安文學]을 일으켰다.

제4장 제남濟南

제남은 산동성의 성정부가 있는 곳이다. 전국 시대에 제나라의 역하歷下이었고, 한대漢代에는 역성현歷城縣에 속했었다. 당대에 와서 임치臨淄 또는 제남濟南으로 불렸다. 1930년대부터 제남시가 되었다.

이곳을 방문한 때가 1995년 1월 겨울이었다. 성정부가 있는 도시라 하나 그리 번화한 것 같지는 않다. 큰 길에는 신호등 체계나 차선들이 제대로 정비되어 있지 않아, 우마차들이 자동차들과 섞여 대로를 마음대로 다닐 정도이다.

제남시 북쪽으로는 황하총길이 5400km가 흐른다. 이쯤의 지역에서는 하류라고 볼 수 있는데 황하도 많이 지친 긴 여정이 아닐 수 없다. 겨울 갈수기인지라 물이 눈에 띄게 줄어든 모습이다. 우리나라 낙동강 하구보다 수량이 많지도 않고, 강폭도 넓은 것 같지 않다. 중국도 공업화로 인해 물의 수요가 많아지고 경항운하京抗運河-북경에서 항주까지의 운하로 물이 빠져 나가고 또 일부는 땅으로 스며들기도 했기 때문이다. 정주鄭州의 망산邙山에서 보던 웅혼한 황하는 아닌 것이다.

제남에서는 통상 대명호大明湖, 천불산千佛山-285m, 박돌천 공원趵突泉公園 등 이 세 곳을 3대 명승지로 친다.

작은 할아버지뻘인 제남 태수를 모시고 작산호에서 배를 띄우다.

이백(당)

陪從祖濟南太守泛鵲山湖①배종조제남태수범작산호

李白(唐)

물은 북호로 흘러 드는데

水入北湖②去수입북호거

배는 남포를 따라 돌아오누나.	舟從南浦[③]回주종남포회
멀리 보니 작산을 돌아들어서	遙看鵲山轉요간작산전
마치 임을 보내고 오는 듯하네.	却似送人來각사송인래

① 작산호鵲山湖 : 역성현歷城縣-지금의 제남 북쪽 20리에 있는 호수이다. 이 호숫가에 작산이 있다.
② 북호北湖 : 작산호鵲山湖 북쪽.
③ 남포南浦 : 작산호 남쪽에 있는 포구.

대명호大明湖

대명호는 제남역에서 동쪽에 위치하고 있다. 대문 앞에 서면 붉은색 바탕에 금색 글씨로 大明湖대명호라 쓰여진 현판이 인상적이다. 중국인들은 현판 글씨 하나에도 신경을 쓰고 정성을 쏟는 듯하다. 호수로 이어지는 진입로 끝에 모택동의 글씨로 쓰인 거대한 시비 하나가 서 있다. 이 대명호와는 별 연관이 없는 것 같은데, 어쨌든 모택동 자신이 이곳 제남에서 지은 것인지 모르지만 '중양重陽'이란 시가 금 글씨로 새겨져 있다.

중양절	重陽[①]중양
모택동(중국)	毛澤東(中國)
인생은 늙기 쉽고 하늘은 늙지 않아	人生易老天難老인생이로천난로
해마다 해마다 중양절이요,	歲歲重陽세세중양
올해도 또 중양절이라.	今又重陽금우중양
싸움터의 들국화 유난히도 향기로운데.	戰地黃花[②]分外香전지황화분외향
일 년에 한번 가을바람 세차게 불면	一年一度秋風勁일년일도추풍경
봄빛과는 다르다네,	不似春光불사춘광
봄빛보다 더 좋느니.	勝似春光승사춘광
광활한 강천 만리에 서리는 치는데.	寥廓[③]江天万里霜요확강천만리상

① 중양重陽 : 중양절. 음력 9월 9일에 등고登高하여 산수유를 꺾어 머리에 꽂고

국화주를 마시는 풍습이 있었다. 9양가 겹쳤으니 중양인 것이다.

② 황하黃花 : 국화꽃.

③ 요확蓼廓 : 끝없이 넓다.

작가소개 모택동(毛澤東, 1893~1976) : 자는 간지潤之이고, 호남성湖南省 소산韶山에서 가난한 농민의 아들로 태어났다. 상향湘鄉 중학교에 다니면서 반청론反清論과 혁명론에 빠져든다. 장사長沙제1사범학교에 재학 중 혁명 조직체인 신민학회를 이끌었다. 북경대학 도서관 조교로 일하다가 1924년 장사사범학교의 부속학교에서 어문語文교사로 재직했다. 1931년 강서성江西省 서금瑞金에서 섬서성陝西省 연안延安까지 1만 2500km의 대장정을 단행하면서 당 지도권을 장악했다. 1946~1948년에 내전에서 승리하여 1949년 10월 1일에 중화인민공화국을 수립하였다. 문화대혁명을 지휘하여 1인 체제의 중국 최고 지도자가 되었다.

대명호

이 시비를 돌아들면 호수가 나타난다. 이가 대명호이다. 도심에 이 정도의 호수는 작은 것이 아니다. 호수가에는 수양버들이 즐비하고 누각들도 보인다. 호수 중간에 있는 섬에는 정자를 세워 운치를 더하고 있다. 그 중에 역하정歷下亭이란 정자가 있다. 한겨울이때가 1월인데다가 이른 오전 시각이고, 행락객도 적어 배를 빌릴 수가 없으니 가 볼 수가 없다. 당나라 천보 4년745년 두보그때 나이 34세가 북해 태수 이옹李邕과 함께 노닐던 곳이 아닌가?

이북해를 모시로 역하정에서 연회하다.

陪李北海①宴歷下亭

배이북해연역하정

두보(당)

杜甫(唐)

동번에서 태수가 말을 멈추고
북쪽 물가에서 역하를 건너셨다.
바다 우편 이 정자 오래됐으나
제남의 명사들은 많이도 모였다.

東藩②駐皀蓋③동번주흡개
北渚④凌淸河⑤북저릉청하
海右此亭古해우차정고
濟南名士多제남명사다

구름이 산에서 피어오르고 雲山已發興운산이발흥
옥패에 맞춰서 노래 부른다. 玉珮仍當歌옥패잉당가
긴 대나무 숲, 더위를 입지 않고 修竹不受暑수죽불수서
합쳐 흐르는 물길 공연히 출렁인다. 交流空湧波교류공용파

아취를 간직하며 흐뭇함을 드러내는데 蘊眞⑥愜所遇온진협소우
어느덧 해 기우니 어이 하리오. 落日將如何락일장여하
귀하거나 천하거나 각자 일이 있으니 貴賤俱物役⑦귀천구물역
이북해를 따라 다시 기약하기 어려우리라. 從公難重過⑧종공난중과

---

① 이북해李北海 : 이옹李邕을 말하는데, 그는 북해 태수를 지냈다. 이때 이미 70여 세의 노인이었는데 문단의 원로이고 명사였다.
② 동번東藩 : 청주靑州를 말하는데, 도성都城의 동쪽에 있기에 예부터 동번이라 했다.
③ 흡개皀蓋 : 태수太守.
④ 북저北渚 : 북해北海.
⑤ 청하淸河 : 역하歷下.
⑥ 온진蘊眞 : 진미眞味 또는 아취雅趣를 지니고 있다.
⑦ 물역物役 : 각자 일을 하다.
⑧ 난중과難重過 : 뒷날 다시 만날 기약이 어렵다.

작가소개 두보(杜甫, 712~770) : 자字는 자미子美, 호북성의 양양襄陽사람이다. 후에 하남성 공현鞏縣으로 이사했다. 초당 시인 두심언杜審言의 손자이다. 24살과 36살에 두 번에 걸쳐 과거에 응시했으나 급제하지 못했다. 30살에 결혼하고 33살에 양송梁宋-하남성의 개봉과 상구 지역에서 이백을 만난다. 천보天寶 말년에 3대예부三大禮賦를 지어 바쳐서 경조부京兆府의 병조참군兵曹參軍을 제수받았다. 안록산의 난 때 숙종을 배알하고 좌습유左拾遺가 되었다. 상소 사건으로 화주華州 사공참군司功參軍으로 좌천되었다가 벼슬을 그만두고 진주秦州에 머물렀다. 그 후 성도에서 엄무嚴武에 의지하여 공부원외랑工部員外郎이 되었고, 이곳 성도 완화리浣花里에서 전원 생활을 즐긴다. 엄무가 죽자 의지를 잃게 되니 고적高適에 기대다가 그도 죽자 장강 일대를 유람한다. 동정호 남쪽 상강湘江 즈음에서 헤매다가 악주 부근에서 대력 5년770년 겨울에 배 안에서 죽는다. 유해는 악양岳陽에 가매장되었다가 43년 뒤인 813년에 손자아들 종무種武의 아들 사업嗣業이 두보의 유해를 악양에서 고향의 수양산首陽山 기슭으로 옮겼다. 두보의 아내도 두보가 죽은 지 몇 년 후 49세로 죽었다.

호수가의 식당이나 찻집은 아직 일러서 그런지 준비가 안 되어 손님을 받을 수 없다고 한다. 노천 벤치에 앉아 가져간 소주로 몸을 녹이면서 이백이나 두보가 한때 이곳에서 노닐었을 것이라 생각하여 더 머물며 감회에 젖고 싶었으나, 물을 건너오는 바람이 몹시 차기도 하여 쫓기는 듯 대명호를 떠났다.

박돌천趵突泉

제남에는 72개의 샘이 있다는데 그 중에서도 으뜸은 박돌천이다. 말이 샘이지 큰 연못이다. 물 가운데는 세 가닥의 물이 수레바퀴가 떠오르듯 솟아오르고 있는데 물은 무척 맑고 깊어 보인다. 심지어 싱싱하고 파란 수초들이 자라고 있어 신기함을 더해 준다.

박돌천

연못 안에 정자명나라 때 세워진 관란정觀瀾亭를 만들어 놓고서 물을 감상하도록 했고 그 옆에는 '趵突泉박돌천'이라는 석비가 물 속에 서 있다. 정자 뒤쪽에는 '제일천第一泉'이라는 비석을 담벽에 박아 놓았다. 천하제일천은 중령천中泠泉으로 진강鎭江에 있는데 이 박돌천을, 천하 자를 빼고 '제일천'이라고 한 이유는 또 무엇인가? 아마도 육우陸羽-당나라 때의 차 전문가의 인정을 받지 못해서 천하 자를 뺀 모양인데, 내가 보기에 이 박돌천이 음료용으로서의 물의 질은 몰라도, 감상용으로는 천하 제일이 아닌가 싶다. 강물이나 계곡 물도 아니고 폭포수도 아닌, 갇힌 물이 감상과 즐김의 대상이 될 수 있다는 것을 이를 보고 알게 되었다.

박돌천은 춘추전국 시대부터 록濼으로 불렸다. 그러던 것이 물이 용솟음칠 때 "복도 복도卜嘟,卜嘟"라는 소리를 내기에 그 소리를 빌려 박돌천으로 불리기 시작했다고 한다.

원나라 때의 유명한 서예가 조명부趙孟頫가 "박돌천"을 노래하기를

록수는 천하에 발원지가 없으니
평지에서 솟아난다네, 백옥병을 통해서.

濼水發源天下無록수발원천하무
平地湧出白玉壺평지용출백옥호

청나라 건륭제가 이곳에 와서 박돌천을 감상하고 난 뒤, 감탄 끝에 激湍격단-몹시 세게 흐르는 물이라는 글씨와 아울러 천하제일천이라는 이름을 내렸다고 한다.

연못 동편에 내학교來鶴橋-학이 찾아오는 다리라는 다리가 있고 그 남단에 고색창연한 패루牌樓가 서 있다.

박돌천 공원 내에는 이 박돌천 말고도 수옥천漱玉泉-옥을 헹구는 샘, 유서천柳絮泉-버들개지의 샘, 와우천臥牛泉-누운 소의 샘 등이 있다. 이 중에서도 수옥천은 정사각형의 돌 난간을 두르고 있는 깨끗하고 아담한 샘이다. 물이 솟아오르는 소리가 마치 옥玉을 헹구는 듯한 소리가 난다고 하여 수옥이라고 이름지어졌다. 송나라 때 뛰어난 여류 시인인 이청조李清照의 시집 수옥사漱玉詞는 여기서 따온 것이다.

이 공원에서 샘 외에 유명한 것이 이청조의 기념당과 현대의 화조花鳥 화가인 왕설도王雪濤의 기념관이다. 이청조가 제남 출신인지 내 알지 못했고 가이드도 안내하지 않으니 찾아볼 수 없는 일이다. 가이드는 다만 왕설도 기념관에 들러 그림이나 하나 사라고 은근히 권한다. '중남해 진장 서화집中南海珍藏書畫集'과 '왕설도 화조 연구서'를 구입했다. 중남해는 북경의 자금성 서쪽에 있는 호수인데 한때 모택동의 거처가 있었다. 그러니 이 서화집은 주로 모택동에 대한 예찬과 축수를 위한 것들을 모은 것이라 명작들뿐이다.

여몽령

이청조(송)

간밤에, 비 내리고 바람 불더니
곤히 자고도 아직 술 깨지 않아,
발 걷는 시녀에게 물어 봤더니
해당화는 여전히 붉게 폈다고.
아느냐? 너는 아느냐?
푸른 잎은 윤이 나고 붉은 꽃은 시들 때인 것을.

如夢令여몽령

李淸照(宋)

昨夜雨疏風驟작야우소풍취
濃睡不消殘酒농수불소잔주
試問捲簾人시문권렴인
却道海棠依舊각도해당의구
知否知否지부지부
應是綠肥紅瘦응시록비홍수

※ 이 작품의 장르는 사詞이다. 당나라 때 생겨나서 송나라 때 유행한 새로운 문학 형식의 하나인데 곡조에 맞추어 노래 부르도록 된 것이다.

작가소개 이청조(李淸照, 1084~1151?) : 북송 때의 제남의 여류 시인이다. 문학적 분위기가 짙은 사대부 집안에서 태어났고 금석학자金石學者인 남편을 만나 안정된 생활을 했다. 강남으로 피란 간 후 남편이 죽자 과부의 슬픔, 조국과 고향에 대한 정을 간곡하게 표현하였다. 그녀는 빼어난 여류 사인女流詞人이었다.

제남은 지하의 샘물로 인해, 지반이 떠 있는 상태의 도시라고 말할 정도로 샘의 고장이다. 그래서 제남을 일컫기를 가가천수家家泉水-집집마다 샘물요, 호호수양戶戶垂楊-집집마다 버들이라고 하면서 찬미하고 있다.

제5장 태산泰山

태산에 가기 위해서는 태안泰安이라는 도시부터 들러야 한다. 제남에서 남으로 승용차를 이용하여 한 시간 반 정도면 도착할 수 있다. 이 정도면 중국에서는 비교적 가까운 거리인 셈이다. 태안시에서는 어디서든지 태산이 보인다. 서울에서 삼각산을 어디서나 볼 수 있는 것처럼. 그렇지만 태산은 우리의 일반적인 선입관과는 달리, 엄청나게 높고 아주 험악한 그런 산은 아니다. 다만 "웅장한 산이로구나"라는 느낌을 갖게 한다. 내 보기에는 산의 형세가 서울의 삼각산보다는 관악산에 가깝다는 느낌이 든다. 바위가 많은 악산惡山으로 보이기 때문이다.

두보가 무슨 이유에서인지는 몰라도 태산에 등정하지는 않고 바라보면서 지은 시가 유명하다.

태산을 바라보며

두보(당)

오악의 으뜸인 태산은 어떤고 하니
제나라와 노나라까지 푸르름이 끝이 없네.
조물주가 신령함과 빼어남을 모았고
산의 음양이 어둠과 밝음을 나눴도다.

층층 구름 피어올라 가슴을 씻어내고
돌아가는 새를 보며 눈을 부릅뜨누나.
내 반드시 이 다음 정상에 올라
뭇 산들이 작음을 알아 보리라.

望嶽 망악

杜甫(唐)

岱宗①夫如何 대종부여하
齊魯②青未了 제로청미료
造化③鍾④神秀⑤ 조화종신수
陰陽割昏曉⑥ 음양할혼효

盪胸生層雲 탕흉생층운
決眥入歸鳥 결자입귀조
會當凌絕頂 회당능절정
一覽衆山小⑦ 일람중산소

① 대종岱宗 : 태산의 별명. 오악五岳의 으뜸이기에 대종이라 한다.
② 제로齊魯 : 제나라와 노나라의 땅. 제나라는 태산의 북쪽에 있고 노나라는 태산의 남쪽에 있다.
③ 조화造化 : 자연의 조화나 이치, 또는 조물주.
④ 종鍾 : 모으다.
⑤ 신수神秀 : 신령스러움과 빼어남.
⑥ 혼효昏曉 : 저녁과 새벽. 어둠과 밝음.
⑦ 중산소衆山小 : 공자는 동산東山에 올라 노나라가 작다고, 태산에 올라 천하가 작다고 말하였다. 공자의 높은 성인의 경지를 말한다.
※ 이 시는 현전하는 두보의 시 중에 가장 오래된 것이다. 25세 경에 지은 것으로 알려져 있다.

태산은 암산岩山이어서 그런지 수목의 분포가 그리 넓지 않은 듯하다. 산 아래에서 멀리 정상 쪽으로 눈을 돌리면 거대한 바위 산에 측백나무들이 담쟁이 오르는 것처럼 숲을 이룬 것은 이 태산의 독특한 모습이라 할 수 있다.

태산은 차를 타고 오를 수도 있다. 오악의 으뜸으로서 하늘에 제사지내는 봉선封禪 행사를 하는 산이 바로 태산인데, 이렇게 쉽게 차를 타고 오를 수 있다는 것은 행운인지, 아니면 태산에 대한 모독인지 알지 못하겠다. 하여튼 중국에까지 와서 이런 생각까지 할 필요는 없으니 편하게 차를 이용하여 중천문中天門까지 이르렀다. 산자락에서 중천문까지는 5.5km의 거리인데 승용차로 한 20분 걸렸다.

이 중천문에는 케이블 카 정류장이 있다. 막상 와 보니 케이블 카는 아득히 중간 지점에 매달려 있고 운행을 하지 않는다. 이유를 물어 보니 한겨울이라 손님이 적어 운행할 수 없다는 것이다. 그렇다고 하나 여기까지 와서 무턱대고 걸어 오를 수도 없는 노릇이다. 가이드 보고 복무원들에게 돈이라도 좀 쥐어 주든지 무슨 방도가 없겠느냐고 했다. 갔다 오더니 턱도 없는 짓이라고 머리를 흔든다. 지니고 다니던 기념품서울 남대문시장에서 산, 여자들이 쓸 수 있는 브로치, 머리핀 등을 궁여지책으로 몇 개 줘 보냈더니, 얼마 안 되어 그만 케이블 카가 슬슬 중턱에서 내려오는 것이 아닌가? 어찌된 일이냐고 물어 보니 기념품은 받더라는 것이다. 그러더니 여직원 하나가 와서 대뜸 우리를 실내로 안내해 준다. 아주 넓은 공간의 VIP실이었다. 홀 중앙에는 길고 큰 탁자에, 십여 개의 의자가 놓여 있는 고급 방임이 틀림없다. 가이드가 십여 차례나 여기에 왔어도 이 방에 들기는 처음이란다. 또 차를 내어 와서 들어라 한다. 밖에서 추위에 떨던 우리 일행에게는 참으로 황송한 대접이 아닐 수 없다.

주위를 둘러보다가 벽에 커다란 그림이 하나 걸려 있어, 아무래도 중국풍의 그림이 아닌 듯하여 다가가서 보니 아주 친숙한 산수화가 아닌가! 더구나 그림 하단에는 우리 한글로 금강산[북한 글씨체로]이라고 쓰여 있으니 더욱 놀랍다. 금강산 전경을 비단실로 수놓은 것이었다. 알아본 바 이는 북한의 김일성이 태산을 방문하여 기념으로 남기고 간 것이란다. 1994년인가 김일성이 여기에 들렀을 때 수하 일행들은 케이블 카를 타고 정상 유람에 올랐으나 본인은 정작 가지 못하고 이곳에서 자리만 지켰다고 한다. 이유는 그가 고소 공포증이 있기 때문이었다.

케이블 카를 기다리는 그 사이에 여 복무원이 아까 줘 보낸 기념품을 도로 가져 왔다. 깜짝 놀라 이유를 물으니 너무 귀한 것이라 받을 수 없다는 것이다. 참으로 황당하다. 그래서 “우리는 이 제품을 만드는 회사 사람인데, 중국에 와서 홍보차 기념으로 주는 것이니 안심하고 받으라.” 하고 권하니 그때서야 도로 가지고 가더라. 원 싱겁기는.

중천문에서 케이블 카를 타고, 길이 2078m를 8분 가량 가서 내리면, 정상까지 한 1Km정도 남는다. 산 아래를 굽어보니 운무가 끼어 멀리까지 조망할 수 없어 태안 시가지는 보이지 않는다. 군데군데 응달에는 잔설이 있다. 석경[石徑]에 암벽을 끼고 돌아서 얼마를 걸으면 남천문[南天門]을 만난다. 여기에서 아래를 보면 계단을 걸어서 올라오는 사람들의, 힘에 부친 모습을 볼 수 있다. 유람객들, 짐꾼들 심지어 가마 메고 올라오는 사람들이 마지막 안간힘을 쓰고 있다. 산 아래에서 남천문까지의 계단이 6700여 개나 된단다. 몸소 힘들게 올라와야만 태산 등정의 희열이 더욱 클 것이라고 생각된다. 태산에 오르면 10년이 젊어진다는 말도 이런 뜻에서 나온 말일 것이다. 남천문은 태산 정상으로 가는 마지막 큰 관문이다. 이를 통하지 않고서는 정상으로 갈 수 없는 것이다.

남천문을 지나 오른쪽으로 오르면 천가天街라고 쓰인 석패방石牌坊-미관이나 표시를 위해 세운 문짝 없는 돌문이 서 있다. 이 거리에는 식당, 상가, 여관 등이 즐비하게 자리잡고 있다. 지금은 한겨울철이라 거리는 스산하고 인적은 드물다. 하늘에서 불어오는 바람이 볼을 에는 듯하다. 이 산꼭대기에 이 많은 석조 건물들을 지어 놓았으니, 이런 건설의 수고야말로 중국 아니면 어느 나라에서 가능하겠는가?

남천문에서 천가를 지나 한 500m를 완만하게 오르면 벽하사碧霞祠가 있다. 송나라 때1008~1016 창건된 것인데 명청 시대에 와서 대규모로 확장하였다. 태산의 여신 벽하원군碧霞元君이 모셔져 있다. 이곳에서 중국식 상투를 틀어 올린 중국의 전형적인 도인의 모습을 볼 수 있다.

벽하사에서 오른쪽으로 나와 계단을 오르면 넓은 마당에 암벽이 병풍처럼 둘러 있다. 바위 벽을 깎고 다듬어 놓고서 빈 곳 하나 없이 크고 작은 글자를 써서 새겼다. 여하튼 새겨 넣어 남기기를 좋아하는 민족이다. 그 중에서도 오른쪽 끝에 가장 넓게 암벽을 깎아 만든 것은 당나라 현종이 봉선할 때 지은 기태산명비紀泰山銘碑이다. 높이가 12.3m, 폭이 5.3m인 이 거대한 비면碑面에는 1000자가 새겨져 있다고 한다. 예서隸書로 쓰였으며 당대의 정치 경제와 서법 연구에 큰 도움이 되는 자료이다. 그 당시 따라온 추종 신하들의 이름도 적혀 있다. 그때에도 글씨에는 금박金箔을 들였는데 근래에 와서 1983년에 다시 금박을 덧칠했다고 한다.

봉선이란 하늘로부터 신임 받은 황제가 천하의 태평함이 지상에서 실현된 것을 하늘에 보고하는 형식의 의식인데 평범한 황제에게는 허락되지 않았다. 국태민안의 태평성세를 구가했다고 믿는 큰 덕을 가진 황제만 봉선할 수 있었다. 시황제, 한무제, 광무제, 당나라 현종 등 역대 봉선한 황제의 수는 72명이다.

태산은 중국 오악 중에 높이는 3위에 불과하지만 오악의 장長으로 불린다. 이는 태산이 동쪽에 치우쳐 있어 그 방위의 특수성에 기인한다. 아무래도 동쪽에서 부터 봄이 시작되고 만물의 기운이 생성된다고 여겼기 때문일 것이다.

또 역대 황제들이 이곳에서 봉선 의식을 행하였기에 오악의 으뜸이 될 수 있었을 것이다.

왼쪽으로 올라서면 호텔[대정빈관岱頂賓館-한 200명 투숙이 가능하다고 함]이 있어 점심을 이곳에서 먹으려고 했더니, 이 추운 겨울에 손님이 없어 호텔을 폐쇄했다고 한다. 그 뒤쪽으로 계속 오르면 옥황정[玉皇頂]에 이른다. 주위에 벽돌로 담장을 둘렀다. 옥황정 대문 앞에 키가 훤칠하고 모자를 쓴 비석[높이 6.0m, 폭 1.2m, 두께 0.9m]이 하나 서 있다. 이것은 글씨를 새겨 넣지 않은 무자비[無子碑]이다. 진시황 아니면 한무제가 자신의 공적을 글로 다 써서 새길 수 없다고 하여, 혹은 자신의 공적을 감히 적어 낼 인물이 없어서 그냥 돌만 세웠다는 설이 있다. 그런데 곽말약[郭沫若, 1892~1978, 문학가, 사학가, 정치가]의 설에 의하면 한무제가 세운 비석이 맞고, 무자비로 남긴 것은 무제에게 마음에 드는 문장이 없었기 때문이라고 한다. 무제가 7번이나 태산에 올랐다고 하며 청나라 건륭제는 11번 올라 최고의 기록을 남기고 있다.

진시황 또는 한 무제가 세웠다는 무자비

옥황정[玉皇頂] 대문에 들어서면 마당 중앙에 '태산극정[泰山極頂, 1545m]'이라는 비석이 세워져 있다. 드디어 태산 정상에 오른 것이다. 이곳 태산 정상에 있는 옥황정은 도교의 신인 옥황상제를 모시는 곳이다. 애초에는 하늘에 제사지내던 곳, 즉 황제들의 봉선 의식을 거행하던 곳이었던 것이 이제 뒤에 나타난 도교의 신에게 자리를 양보한 꼴이 되었다.

태산에서 노닐며	遊泰山①유태산
이백(당)	李白(唐)
사월에 드디어 태산에 오르는데	四月上泰山 사월상태산
돌길은 평평하여 어도가 열렸더라.	石平御道②開 석평어도개
육룡이 만학을 지나갔으니	六龍過萬壑 육룡과만학

산골짝은 이리저리 돌아 얽혔네.	澗谷隨縈迴 간곡수영회
말발굽 자취가 푸른 봉우리 감았고	馬跡遶碧峰 마적요벽봉
이제는 푸른 이끼 가득하도다.	於今滿靑苔 어금만청태
물줄기는 절벽을 씻어 내리니	飛流灑絶巘 비류쇄절헌
물은 급하고 솔바람 소리 애절쿠나.	水急松聲哀 수급송성애
북쪽을 바라보니 바위 봉우리 기이하고	北眺崿嶂奇 북조악장기
비스듬한 낭떠러지 동쪽 향해 꺾였네.	傾崖向東摧 경애향동최
부채처럼 생긴 돌이 동굴을 막았고	洞門閉石扇 동문폐석선
땅 아래서 구름 우레 일어나더라.	地底興雲雷 지저흥운뢰
높이 올라 봉래 영주 바라보며	登高望蓬瀛③등고망봉영
금은대를 상상해 보노라.	想象金銀臺④상상금은대
하늘 문에 기대어 길게 휘파람 부니	天門一長嘯 천문일장소
만리에 맑은 바람 불어오도다.	萬里淸風來 만리청풍래
선녀 너댓 명이	玉女四五人 옥녀사오인
하늘에서 하늘하늘 내려오더니,	飄颻下九垓⑤표요하구해
웃음을 머금고 흰 손 뻗어서	含笑引素手 함소인소수
나에게 유하주를 따르어 주네.	遺我流霞⑥杯 유아유하배
머리를 조아리고 재배하자니	稽首再拜之 계수재배지
내 신선이 아님이 부끄러워라.	自愧非仙才 자괴비선재
아! 드넓은 이 작은 우주에서	曠然小宇宙 광연소우주
속세를 버렸으니 얼마나 유유한가?	棄世何悠哉 기세하유재

① 태산泰山 : 산동통지山東通志에 이르기를, "태산은 둘레가 160리이며 산 아래에서 정상까지는 40여리이다. 산 위에는 돌 표지表識가 하나 있는데 이는 진秦나라 때의 무자비無字碑이다"라고 했다.

② 어도御道 : 황제가 태산에 오르기 위해 닦은 길. 진시황은 황제로 등극한 지 3년째인 BC 219년에 봉선을 위해 태산에 올랐다. 이때 시황제는 명을 내려

거침없이 산을 허물고 나무를 잘라 차도車道를 만들었고, 정상에 올라 비를 세워 자신의 덕을 기렸다.

③ 봉영蓬瀛 : 신선이 산다는 봉래산蓬萊山과 영주산瀛州山. 우리나라 금강산을 봉래산, 한라산을 영주산이라고도 한다.

④ 금은대金銀臺 : 신선이 기거한다는 집.

⑤ 구해九垓 : 구천九天, 즉 하늘을 뜻한다.

⑥ 유하流霞 : 신선이 마신다는 술.

※ 이 시는 이백이 742년, 그의 나이 42살에 태산을 유람하며 지은 것이다.

옥황정 오른쪽의 구릉에는 길이 6m 가량의 바위 하나가 비스듬히 삐져나와 있다. 이곳에 올라 감상하는 태산 일출이 가장 좋다고 한다. 이 바위 이름은 공북석拱北石이다. 북쪽을 향해 절하는 모양의 돌이기에 지어진 이름인 것 같다.

멀리 시야를 다하면 대기권이 암갈색을 띠고 있고 산 밑은 놀에 의해 희미하게 보인다. 다만 높이 솟은 봉우리들은 구름에 잠겨 섬처럼 드문드문 떠 있다. 대기권 위로는 하늘이 눈이 시릴 정도로 새파랗다. 이곳에서 보니 태산이 높기는 높은 모양이다. 공자가 정상에 올라 천하가 좁다고 했던가? 공자가 천하를 굽어봤던 곳이라 생각하니 내가 이 자리에 서 있음이 감개무량하다. 2천 5백 년의 세월이 순식간에 교차하는데 공자와 나는 정상에서 느끼는 생각이 서로 다를 뿐이지 감동이야 같지 않을까?

태산의 4대기경四大寄景은 동승東昇-일출 광경, 반조返照-일몰 광경, 운해雲海-구름바다, 황하黃河의 금띠이다.

천가天街로 내려와서 점심 식사를 했다. 추워서 음식 맛을 모를 지경이다.

하산을 하려고 케이블 카 정거장으로 갔으나 운행을 하지 않는다. 우리 일행을 태워 올려 주고는 오늘 운행은 그것으로 끝난 것이다. 다시 중천문까지는 걸어서 내려가야 한다. 여기

남천문으로 오르는 계단

저기 구경도 하면서 천천히 걸어 내려가는 것이 그리 싫지는 않다. 계단은 어도御道라서 그런지 정말 잘 닦여 있다. 폭은 족히 4m 정도는 될 것 같고, 남천문 가까이 가파른 곳에서는 계단 길 양쪽에 허리 높이의 담을 쌓았으며, 그 담에는 잡고 올라가기 쉽게 철봉 손잡이까지 설치해 놓았다. 우리가 내려올 쯤에는 올라가는 사람은 거의 보이지 않았다.

남천문에서 중천문 중간쯤에 오대부송五大夫松이 있다. 시황제가 봉선하러 왔을 때 비가 갑자기 내려서 비를 피했다는 소나무인데 황제가 오대부라는 벼슬을 주었다는 데서 그 이름이 붙여졌다. 지금은 석패방이 세워져 있으며 집도 지어 놓고서 그 당시의 일을 기념하고 있다. 그때의 그 소나무는 없어졌지만 그 자리에 소나무 두 그루가 정정하게 자라고 있다. 이쯤에 오면 바위와 잘 어울린 굵직굵직한 소나무들이 주위에 많이 자라고 있어 풍광이 좋다. 남천문에서 중천문까지 걸어 내려오는데 두 시간 반이 걸렸다. 걸어온 계단의 수는 1594개라 한다.

2006년에 우리나라 어느 한 효자가 의자를 지게처럼 만들어 아버지를 지고 금강산 유람을 시켜 드렸다. 중국 곡부의 한 교포 기업인이 이 효자에 대한 기사를 보고 감격하여 이씨 부자를 태산과 곡부에 초청하였다. 지게 의자에 아버지(91세)를 태우고 태산에 올랐다. 효경 속의 공자도 감탄할 일이라며 중국 언론(신문과 TV)에서는 대서특필하였다. 곡부의 유명 인사들이 그를 다투어 만나기를 원했다. 그 중 만나지 못한 곡부 시인 협회 부회장 궈위 씨가 아쉬움에 다음의 시를 남겼다. 이 효자의 이름은 이군익 씨(41세)이고 교포 기업인은 권혁범 씨이다.

군익의 효행에 세인들 감동하고	軍翼孝行感世人군익효행감세인
혁범의 의리는 맑고도 참되도다.	赫範義擧淸亦眞혁범의거청역진
공자의 옛 땅에 아름다운 이야기 남겼으니	孔子故里傳佳話공자고리전가화
한국 중국 두 나라의 효심은 같구나.	中國韓國同此心중국한국동차심

태산은 중국에 있는 산이지만 우리와도 친숙한 산이다. 태산과 연관된 말들

이 많기도 하다.

- 갈수록 태산이다.
- 티끌 모아 태산이다.
- 태산이 높다 하되 하늘 아래 뫼이로다. 오르고 또 오르면 못 오를 리 없건만은 사람이 제 아니 오르고 뫼만 높다 하더라. [조선, 양사언1517~1584의 시조]
- 산은 티끌도 마다하지 않기에 태산이 될 수 있고, 물은 한 방울의 물도 사양하지 않기에 바다가 될 수 있다.
- 움직이지 않음이 태산 같다穩如泰山-온여태산.
- 태산북두泰山北斗-태산과 북두성-세상 사람들로부터 가장 존경받는 사람을 일컫는다.
- 태산 명동鳴動에 서일필鼠一匹이라태산을 요동치게 하더니 겨우 쥐 한 마리 잡았다는 뜻-크게 떠벌리기만 하고 결과는 보잘것 없음을 이르는 말.
- 태산을 넘으면 평지를 본다고생 끝에 낙이 온다.
- 태산압란泰山壓卵-큰 산이 알을 누른다-큰 위엄으로 상대방을 여지없이 압박하다.
- 태산준령泰山峻嶺-큰 산과 험한 고개.
- 상전桑田이 벽해碧海되고 태산이 평지된다시대의 변천이 매우 심하다.
- 태산 중악中岳 만장봉萬丈峰이 모진 광풍에 쓰러지거든실현될 가망이 전혀 없다.
- 죽음이 태산보다 중할 수도 있고 혹은 기러기 털보다 가벼울 수도 있다.

대묘岱廟

태안시에 있는 대묘로 이동했다. 후문으로 들어가는데 문은 성루城樓처럼 높다랗다.

대묘는 동악태산신東岳泰山神을 모신 곳이며, 봉선을 하기 위해 찾은 황제가 대전大典을 거행하고 난 뒤 묵기도 하는 곳이다.

중국에서 '3대 고대 건축물'을 꼽으라고 하면 북경 자금성의 태화전太和殿, 곡부 공묘의 대성전大成殿, 그리고 이곳 태안에 있는 대묘岱廟의 송천황전宋天貺殿이 그것이다. 이 천황전이 대묘의 중심이다.

천황전은 북송 때인 1009년에 세워졌다. 황제 진종이 봉선할 때 건조하였기에 친황天貺-貺은 주다의 뜻이다. 그래서 천자가 태산신을 위해 지어 주다의 의미이라는 이름이 붙여졌다. 동서 길이 48.7m, 남북 넓이 19.8m, 높이 22.3m의 크기인데 지붕은 이중으로 되어 있고 황색 유리 기와를 이었다. 정면에서 보면 9칸이나 되는 규모가 큰 건축물이다.

내부의 벽화태산 신의 순행을 그린 송나라 때의 것가 귀중한 유물이다 하여 급히 몇 장의 사진을 몰래 찍었지만 나중에 현상해서 보니 잘 나오지는 않았다. 중앙에는 동악태산신의 위패와 그의 소상이 모셔져 있다.

대묘에 있는 송천황전

대묘 앞뜰은 꽤나 넓은데 마침 어느 전통 무용팀이 와서 천황전을 배경으로 삼아 무용 연습을 하고 있다. 대묘 왼쪽에 동어좌東御座라는 집이 있는데 황제의 침소로 쓰이던 곳이란다. 여기저기 고목이 된 측백나무들이 많아 고풍스러움을 진하게 풍기고 있다. 해그름에 날씨는 더욱 오슬오슬하고 스산하다.

제6장 곡부曲阜

BC 11C 주나라의 무왕이 그의 아우 희단姬旦-주공(周公)을 이 곡부에 제후로 처음 봉하니, 노魯나라가 비로소 세워지게 된다. 노나라는 주공의 나라이고 공자의 나라이다.

곡부성을 다니다 보면 가장 크게 눈에 띄는 것은 원통형의 옹성甕城이다. 높이가 7~8m쯤 될까? 이것이 곡부의 남문인 앙성문仰聖門이다. 아치형 성문 바로 위에는 만인궁장萬仞宮牆-만 길이나 되는 궁의 담장이라는 붉은 글씨가 쓰여 있다. 공자에 대한 존경을 담장에 비유한다면 그 담은 수 인數仞-仞은 8척 정도가 아니라 만 인萬仞이나 된다는 것이다. 담장은 벽돌로 쌓은 것이지만 자세히 보면 이어진 형태가 다르다는 것을 알 수 있다. 이는 오랜 세월에 걸쳐 고치고 보수한 흔적 때문일 것이다.

앙성문(남문)

이 곡부에는 3공孔이 있는데 하나는 공묘孔廟-공자에 제사지내는 곳, 또하나는 공부孔府-공자의 직계 자손이 대대로 살아온 저택, 그리고 공림孔林-공자 가문의 역대 묘역이다. 이곳 곡부는 공자에 의한, 공자를 위한, 공자의 땅임을 실감케 한다.

연주 성루에 올라	登兗州①城樓 등연주성루
두보(당)	杜甫(唐)
동군에서 아버지를 찾아 뵈올 때	東郡②趨庭③日 동군추정일

남루에 올라 비로소 마음껏 둘러본다. 南樓縱目④初남루종목조
뜬 구름은 동해와 태산으로 이어졌고 浮雲連海岱⑤부운련해대
넓은 들은 청주와 서주 땅으로 뻗어 있다. 平野入青徐⑥평야입청서

외딴 봉우리에 진나라 비석이 아직 있고 孤嶂秦碑在고장진비재
황량한 성터엔 노나라 궁궐만 남아 있다. 荒城⑦魯殿⑧餘황성노전여
이제까지 회고의 정 많았으니 從來多古意종래다고의
멀리 바라보며 홀로 서성이노라. 臨眺⑨獨躊躇임조독주저

① 연주兗州 : 전국 시대에 노魯나라 지역, 산동성에서 곡부와 제녕濟寧사이에 있다.
② 동군東郡 : 연주 일대의 한나라 때 이름.
③ 추정趨庭 : 아버지를 찾아 뵙는 일. 또는 아버지를 모시면서 배움을 받는 것. 여기서는 전자의 뜻이다. 두보의 아버지 이름은 두한杜閑이며 연주 도독부의 사마司馬 벼슬에 있었다.
④ 종목縱目 : 자유롭게 마음껏 바라보다.
⑤ 해대海岱 : 바다동해와 태산.
⑥ 청서青徐 : 산동성에 있는 청주青州와 서주徐州.
⑦ 황성荒城 : 황폐된 성터 즉 곡부성을 뜻한다.
⑧ 노전魯殿 : 노나라 궁전, 한나라 경제의 아들 노공왕魯共王이 세운 영광전靈光殿을 말한다.
⑨ 임조臨眺 : 높은 곳에서 바라보다.
※ 이 시는 두보가 과거 시험에 떨어진 뒤 연주사마 벼슬에 있는 아버지를 찾아뵈올 때 쓴 것이다.

우리 일행이 투숙한 호텔은 궐리빈사闕里賓舍인데 전통 양식의 옛날 궁궐처럼 지어 놓았다. 우리나라 경주 불국사 근처에 있는 여러 숙소나 점포들이 전통 양식에 따라 지어진 것처럼 이곳 곡부에서도 고풍스러운 풍모를 잃지 않으려는 의지가 보인다. 이런 고도古都에서는 서양식이 어울리지 않는 것이다.

호텔 입구에는 큰 유리문이 있는데 거기에 빨간 천의 현수막 하나가 걸려 있다. 有朋自遠方來 不亦樂乎친구가 있어 멀리서 찾아오니 즐겁지 아니한가?라는 논어의 첫문구가 쓰여 있어 손님을 반갑게 맞이하고 있다. 호텔 객실도 정갈하고 품위가

있어 마음에 든다.

저녁 먹고 재래 시장에 나가 보았다. 상점은 모두 철시撤市했지만 음식을 파는 몇몇 노천 식당들이 더운 김을 풍기고 있다. 몇 가지 기이한 음식을 시켜 놓고 그네들과 필담을 하는데, 말은 통하지 않지만 한자漢字로 의사가 소통되는 것이 신기한 모양인지 우리 주위에 사람들이 모여든다. 순박한 사람들이다.

곡부에는 공씨孔氏들이 많이 산단다. 곡부시의 인구가 한 60만 명 된다는데 10만 이상이 공씨 성을 가진 사람들이라고 한다. 공자의 직계 자손으로 77대 연성공衍聖公-송나라 때 황제가 공자의 직계 자손에 내린 세습 칭호인 공덕성孔德成씨가 있다. 그는 공산당을 피해 대만에서 살다가 2008년 10월에 88세로 사망했다. 그의 누나 공덕무孔德懋는 지금 북경에 있다고 한다.

이곳 시장 사람들과 늦게까지 어울려도 크게 위험을 느끼지 않는 것은 이곳이 공자의 고향 즉 예향禮鄕이기 때문일 것이다. 이때 같이 찍은 사진을 그 시장 사람들에게 부쳐 주었다.

노나라 유학자를 조롱하며	嘲魯儒조로유
이백(당)	李白(唐)
노나라 늙은이가 오경을 말하는데	魯叟①談五經②로수담오경
백발이 되도록 장구에만 매달린다.	白髮死章句③백발사장구
경국과 제세의 대책을 물어보면	問以經濟策문이경제책
망연히 안개 속에 떨어진 듯 헤맨다.	茫如墜烟霧망여추연무
발에는 먼 길 떠날 때의 신발을 신고	足着遠遊履족착원유리
머리에는 방산건을 쓰고 있다.	首戴方山巾④수대방산건
느릿느릿 걸으며 바른 길을 따른다고	緩步從直道완보종직도
떠나기도 전에 벌써 먼지부터 일어난다.	未行先起塵미행선기진
본시 진나라의 승상부에서는	秦家丞相府⑤진가승상부

유학자를 소중히 여기지 않았다.	不重褒衣⑥人[무중포의인]
그대는 숙손통이 아니기도 하지만	君非叔孫通⑦[군비숙손통]
나하고는 근본부터 부류가 다르다.	與我本殊倫[여아본수륜]
돌아가는 세상 형편 그렇게도 모르니	時事且未達[시사차미달]
문수가에 돌아가서 밭이나 일구세.	歸耕汶水⑧濱[귀경문수빈]

---

① 노수[魯叟] : 노나라의 늙은 유학자.
② 오경[五經] : 유학의 다섯 경서[經書]. 즉 시경[詩經], 서경[書經], 주역[周易], 예기[禮記], 춘추[春秋].
③ 장구[章句] : 문장과 구절.
④ 방산건[方山巾] : 유학자들이 쓰는 모자.
⑤ 진가승상부[秦家丞相府] : 진나라 재상인 이사[李斯]를 말하는데 진왕[통일 후 시황제가 됨]을 도와 천하 통일에 기여했다. 순자[筍子]에게서 배우고 여불위[呂不韋]의 식객으로 있다가 진왕에 의해 등용되었고 천하 통일 후 재상이 되었다. 군현제[郡縣制] 및 도량형과 문자 통일을 이룩하는데 힘쓰고 분서갱유를 진언했다. 2세 황제 때 환관 조고[趙高]의 참소로 처형되었다.
⑥ 포의[褒衣] : 유학자들이 입는 도포.
⑦ 숙손통[叔孫通] : 한나라 유방이 천하 통일을 이루고 보니 공신들이란 것들이 거의가 무뢰배들이었다. 그래서 조정의 위엄을 세우기 위해 숙손통이 노나라에 가서 유학자 30명을 데리고 와서 의식과 예절을 만들었다. 그런데 유학자 두 명이 따르지 않고 비난을 일삼으니 숙손통이 "너희야말로 시세의 변화를 모르는 썩은 선비다"라고 하였다.
⑧ 문수[汶水] : 산동성에 있는 강 이름.
※ 이 노래는 740년 동로[東魯-곡부 일대]에서 살 때 지은 것으로 알려져 있다.

공묘[孔廟]

다음날 아침 궐리가[闕里街]를 걸어서 공묘로 갔다. 이 길은 공묘 옆 담장을 따라 나 있다. 그리 넓지 않은 깨끗한 골목인데 주로 점포들이 이어져 있다. 궐리가임을 알리는 패방이 높이 세워져 있다.

궐리가를 빠져나와 어제 본 만인궁장을 지나면 공묘이다. 공자는

B.C.479년 4월에 서거했다. 만 73세였다. 공자가 죽자 1년이 지난 뒤 노나라 애공이 공자를 흠모하여, 공자가 살던 집에 묘廟-사당를 세우고 세시봉사歲時奉祀-설날에 제사지냄한 것이 공묘의 시작이다. 그 후 한나라 무제가 유교를 숭상하여 공묘를 확충하였고, 나중에 역대 황제들이 다투어 개수하거나 재건하기를 61회나 했다는 기록이 남아 있다. 급기야 명청 시대에 이르러 지금의 공묘가 이루어진 것이다. 공묘의 대성전大成殿에 이르는 문과 전각들을 순서대로 나열하면 대체로 다음과 같다.

ㄱ. 金聲玉振坊금성옥진방 : 이것은 석방石坊인데 붉은 글씨로 이 다섯 자가 새겨져 있다. 두 돌기둥 위에는 일각수一角獸-외뿔 짐승가 조각되어 있다. 일명 벽사辟邪-사악함을 물리치다라고도 하는데 통상 봉토封土를 받은 사람에게 허락된다. 금성金聲은 음악 연주 때 처음을 알리는 종소리이며 옥진玉振은 마지막에 치는 경磬인데 음악을 끝맺는다는 의미를 갖고 있다. 그래서 금성옥진방은 결국 공자가 시작과 끝을 완성한 자임을 상징하는 것이다. 매표소 옆에 있다.

ㄴ. 欞星門영성문

ㄷ. 聖時門성시문

ㄹ. 弘道門홍도문

ㅁ. 大中門대중문

ㅂ. 同文門동문문

ㅅ. 奎文閣규문각 : 규문은 학문을 관장하는 별인데 공자를 상징한다. 높이 28m에 3층 목조 건물로서 서적을 보관하는 매우 훌륭한 건축물이다.

ㅇ. 13碑亭13비정 : 당송唐宋 이래의 역대 비석을 13채의 정자에 보호하고 있다. 이 앞의 고목인 측백은 당당한 기상을 보여 주고 있다. 비석만 오래된 것이 아니고 나무들도 돌만큼 나이를 먹었다.

ㅈ. 大成門대성문 : 대성전의 출입 정문이다. 앞면의 기둥은 6개인데 돌기둥이다. 특히 가운데 두 개는 용 무늬를 아로새겼다. 대성문을 지나 안에 들면 공자가 친히 심었다는 회檜-전나무나무가 있다. 이 나무는 여러 차례

죽었다가는 또 다시 살아나서 자란 것이다. 이것은 공자 후손의 흥성을 상징한다고 한다. 현재 이 나무는 청나라 옹정 1년1732년에 새 뿌리에서 자라난 것이다.

ㅊ. 행단杏壇 : 공자가 제자들을 가르치던 곳이다. 2층 지붕의 아담한 정자인데, 바깥 난간은 돌로 만들었고 안에 있는 난간은 나무로 되어 있다. 이 행단 안에는 행단찬杏壇贊이라는 시를 새긴 비석이 세워져 있다. 이 앞에서 한 노인이 두 손 모아 연신 절을 하고 있다. 공자를 진정으로 존경하는 사람일 게다.

ㅋ. 대성전大成殿 : 대성전은 공자에 제사하는 공묘의 주전主殿이다. 북경에 있는 자금성의 태화전을 얼핏 닮았다. 2단 지붕에 누런 유리 기와를 얹었고 전면 중심에 세로로 대성전大成殿이라고 쓰인 금 글씨의 편액이 걸려 있다. 이 글씨는 청나라 옹정제가 쓴 친필이다. 대성전은 송나라 때인 1021년에 창건되었고 문선왕전文宣王殿으로 불리다가 1114년에 대성전으로 개칭되어 오늘에 이른다. 지금의 대성전은 명대에 이루어진 규모인데 청나라 때인 1725년에 다시 수리한 것이다. 길이가 45.6m이며 9칸이고 너비는 24.6m이며 5칸이다. 높이는 24.8m이다.

대성전

대성전 아래층의 지붕 처마를 떠받치는 돌 기둥들이 4면을 빙 둘러 28개가 있다. 전면의 10개는 각각 구름과 어울린 두 마리의 용을 아로새겼다. 실물에 가까울 정도로 사실적 조각의 극치를 보여 주고 있다. 나머지 18개의 기둥은 6각형의, 조각이 없는 민무늬의 돌 기둥이다. 특히 용을 새긴 기둥을 용주龍柱라고 하는데 명나라 때인 1500년에 황제의 명에 의해 세워졌다. 용주의 높이는 6.1m, 직경은 0.85m이며 한 개의 돌로 되어 있다. 용주 밑 부분은 바다와 산이 조각되어 있다. 지금은 철망을 둘러 손 닿는 부분까지를 보호하고 있다.

용은 황제의 상징이므로 황제가 이곳에 들를 때 황제의 노여움을 살까 봐 또는 용주의 훌륭함이 황궁의 것을 능가할 정도이기에 황제특히 건륭제의 비위를 거스르게 할까 봐 황제가 도착하기 전에 붉은 비단을 가지고 감싸서 못 보도록 했다는 것이다. 하여튼 그 후 문화혁명 때 훼손되지 않은 것은 큰 다행이라 할 수 있다.

대성전에 들면 공자의 상을 모신 감龕이라는, 청홍록青紅綠색으로 화려하게 꾸민 방이 있고 이 안에는 3.35m의 공자의 소상이 안치되어 있다. 12줄의 면류관을 쓰고 두 눈을 부릅뜨고 두 대문니가 드러나 보이며 두 손을 모은 엄숙함을 갖춘 단정한 모습이다. 그 앞 위패에는 至聖先師孔子神位지성선사공자신위라고 쓰여 있다. 이 방감위에는 萬世師表만세사표-만세의 모범, 斯文在兹사문재자-유학이 여기에서 시작되다라고 쓰인 두 현판이 걸려 있다.

공자 상, 양측에는 사배四配라 하여 복성復聖-공자 다음의 성인인 안회顔回, 술성述聖-공자를 잇는 성인인 공급孔伋-공자의 손자인 자사를 말함, 종성宗聖-공자 학문의 정통을 잇는 성인인 증삼曾參-증자, 아성亞聖-공자 버금가는 성인인 맹가孟軻-맹자의 이름 등이 배치되어 있다. 이들의 높이는 2.6m이다. 그 다음 양측에는 십이철十二哲-안회를 빼면 11명인 자공子貢, 자로子路, 주희朱熹 등이 앉아 있다. 이들의 높이는 2m이다.

대성전은 외관만이 아니고 안에 있는 모든 것들도 매우 화려하고 장엄하게 꾸며져 있어 놀라울 따름이다.

노나라를 지나다가 공자에게 제사지내고 탄식하다.

이융기(당)

공자는 어떠한 사람이길래
일생을 바쁘게만 살았던가?
땅은 아직도 추씨의 고을인데

經鄒魯[1]祭孔子而歎之

경추로제공자이탄지

李隆基(唐)

夫子[2]何爲者부자하위자
栖栖[3]一代中서서일대중
地猶鄒氏邑지유추씨읍

집은 노나라 왕궁이 돼 버렸네.　　宅卽魯王宮④택즉노왕궁

봉황이 오지 않음을 탄식하고 불우함을 한탄하며　　歎鳳⑤嗟身否⑥탄봉차신비
기린의 죽음을 슬퍼하고 도의 끝남을 원망했더라.　　傷麟⑦怨道窮상린원도궁
지금 두 기둥 사이의 제물을 보니　　今看兩楹奠⑧금간양영전
그때의 그 꿈과 서로 같구나.　　當與夢時同당여몽시동

---

① 추로鄒魯 : 공자의 아버지인 공숙량흘孔叔梁紇이 추읍鄒邑에서 대부大夫가 되었고, 공자는 노나라에서 사구司寇 벼슬을 하였다. 그래서 추로는 공자의 고향을 말한다.

② 부자夫子 : 공자의 존칭.

③ 서서栖栖 : 바쁜 모양.

④ 노왕궁魯王宮 : 노왕은 한나라 경제의 5째 아들인 노공왕魯恭王을 말한다. 그는 공자의 집을 헐고 자기의 궁전을 넓혔다.

⑤ 탄봉歎鳳 : 봉은 상상 속의 상서로운 길조吉鳥인데, 성인이 세상에 나오면 봉황이 이에 응하여 나타난다고 한다. 공자는 "봉이 나타나지 않으니 나는 끝이다"라고 한탄하였다.

⑥ 신비身否 : 자신의 불우함.

⑦ 상린傷麟 : 기린은 상상 속의 상서로운 동물인데 성군聖君이 등장해 천하에 도가 행해지면 나타난다는 동물이다. 어떤 사람이 기린임을 알아보지 못하고 잡아 죽였다는 말을 듣고 공자는 눈물을 흘리며 내 도는 다하였다고 탄식했다.

⑧ 양영전兩楹奠 : 두 기둥 사이의 제물. 즉 정당正堂-본채의 대청에서의 제사지냄을 말한다. 공자가 말년에 제사를 받는 꿈을 꾸고는 세상에 오래 살지 못할 것을 깨닫고서 병석에 누워 7일만에 죽었다. 또 공자는 "나는 꿈에 두 기둥 사이에서 제사지냈다"라고 말했다.

작가소개 이융기(685~762) : 당나라 예종의 셋째 아들이다. 조부는 고종 이치이고 조모는 무측천이다. 모친은 무측천에게 죽임을 당했다. 무측천이 죽은 뒤 위황후와 안락공주 일당을 제거하고 황실의 안정을 회복했다. 28세에 아버지 예종의 양위를 받아 황제에 즉위했다. 그는 민생의 안정을 꾀하고 경제를 다지고 새 병제를 정비하였다. 이로써 '개원開元의 치治'라는 태평시대를 이루었다. 노년에 양귀비에 빠져 국정을 돌보지 않았기에 안록산의 난을 당하게 된다. 아들 숙종에게 양위하고 상황으로 지내다가 78세에 죽었다. 묘호는 현종이고 시호는 명황이다. 시, 음악 서예에 두루 능하였다.

ㅌ. 침전寢殿 : 대성전 뒤에 침전이 있다. 공자의 부인 기관亓官씨에게 제사지내는 곳인데 안에 부인의 위패가 모셔져 있다. 송나라 때인 1008년에 운국부인鄆國夫人이란 칭호를 내렸기에 침전 이름을 운국부인전이라고도 한다. 기관은 송나라 사람인데 19세에 공자에게 시집와서 공자 나이 66세에 죽었다. 亓官기관의 亓는 基기의 옛글자이다.

대성전 동쪽, 회랑 왼편에 공택고정孔宅故井이라고 쓰여진 우물이 있고 또 그 옆에 높이 3m, 길이 15m의 노벽魯壁이 서 있다. 고정은 공자가 생전에 물을 길어 먹던 우물이다. 그러니 현재 공묘에서 가장 오래된 시설물인 것이다. 물 푸는 구멍은 원통형의 화강석으로 만들어져 있는데 사람이 빠지지 않을 정도로 좁다. 지금은 돌 난간을 만들어 보호하고 있다.

공묘 내에 있는 노나라 벽과 옛날 우물

노벽은 누런 기와를 인 붉은 담일 뿐인데 공묘에서 가장 큰 의의가 있는 유적이 아닐까 한다. 공자의 학문과 사상을 이 노벽이 지켜 주었기 때문이다. 진시황이 분서갱유할 것이라는 소문이 퍼졌을 때 공부孔鮒–공자의 9세손는 전해 내려오는 논어, 상서尙書, 효경, 예기 등의 경전을 집의 담장 속에 숨기고 자신은 숭산崇山에 피신하였다. 그 후 잊혀졌다가 서한西漢 초기경제 때인 BC 154년 노공왕魯恭王 유여劉餘가 자기 궁실을 확장하려고 공자의 고택을 허물 때 이 경전들이 발견된 것이다. 후인들이 공자의 9세손 공부가 경전을 감춘 그 일을 기념하기 위해 세운 것이 이 노벽이다. 하여튼 이 우물과 노벽이 서 있는 이곳이 노나라 애공哀公이 3칸의 사당廟을 처음 세운 데이기에, 공묘 전체에서 가장 유서가 깊은 곳이라 할 수 있다.

문화혁명 때 공자는 핍박을 받는다. 그래서 한동안 공묘에서는 제사지내는 의식이 사라졌다. 나중에 다시 공자에게 제사를 드리려고 하니 어떻게 옛날처럼 의식을 행할지 알지 못하게 되었다. 공묘에 제사지내는 의식이 남아 있는 데는 우리나라 성균관뿐이다. 그래서 우리 성균관 유학자들이 중국에 가서 되가르쳐 주게 되었다는 것이다.

중국인들에게 역사상 누가 가장 위대하냐고 물어 보면 통상 공자라고 답한다.

공부孔府

공부는 공묘의 동쪽에 인접해 있다. 공부의 입구에는 잡상인들로 붐빈다. 다 순박하고 정겨운 사람들로 보인다. 이 공부는 봉건 영주의 공관으로서 이 지역 백성을 다스리는 관청의 기능을 하였고 공씨 가족들의 거주지이기도 했다.

공부의 중심 건축물은 대당大堂인데 연성공衍聖公-공자의 적자 후손에게 내리던 칭호이 주요 안건을 처리하던 곳이다. 넓은 마당에 오래 된 측백 두 그루가 마주 서 있어 근엄한 분위기를 자아낸다.

대당大堂, 이당二堂, 삼당三堂을 지나 내택문內宅門 뒤에는 탐獖이라는 동물을 그려 놓은 탐벽獖壁이 있다. 기린하고 비슷하게 생긴 기괴한 짐승으로, 돈이나 음식을 끝없이 탐하고 심지어 사람까지 잡아먹는다고 한다. 공자 자손의 탐욕을 경계하는 그림이라는데 매우 인상적이다. 탐욕이 집안과 나라를 망치는 첩경임을 그들은 일찍부터 알았으니 공씨의 2500여 년의 흥성은 다 이유가 있다고 할 것이다.

공림孔林

공부에서 나와서는 마차를 타고 공림까지 이동했다. 연도의 2~3백년은 되었을 성 싶은 측백나무가 가로수로 자라고 있으니 고도古都다운 면모를 과시한다. 다 청나라 때 심은 것이라고 한다.

통상 중국에서는 성인의 묘를 임林이라 하는데, 임으로 불리는 묘는 촉한의 장수 관우의 무덤인 관림關林과 이곳 곡부의 공자 무덤인 공림孔林 둘뿐이다.

지성림至聖林이라는 패방을 지나면 공림의 시작이다. 이곳에서 공자 무덤까지는 짧지 않은 거리라 자전거를 빌려 타고 다녀올 수 있도록 배려를 해 놓았다. 대부분의 자전거는 핸들이 돌아가거나 브레이크가 잘 듣지 않는 것들이라서 서로 부딪혀 넘어지기도 했다. 연도에 수백 년은 됨직한 측백이 시립해 있고 공자 묘 가까이에는 석수石獸-무덤 앞에 세운 돌로 만든 짐승의 상와 문인석文人石이 마주 서 있다. 이것들은 다 송나라, 명나라 때 만들거나 세운 것이라 한다.

근처 후미진 곳에서는 도장 파는 장사치들이 많은데 간단한 한국말로 도장을 새기란다. 공자 무덤에 참배하고 오는 사이에 새겨 놓겠다는 것이다. 여기도 우리나라 사람들이 많이 다녀가는 명승지임을 실감하겠다. 이 때는 1994년 겨울이다.

묘역에 진입해서 우선 보기에는 자사子思의 묘가 제일 앞에 있고 그 뒤에 그의 아버지 공리孔鯉의 묘가 있고, 공리의 묘 서쪽에 그의 아버지인 공자의 무덤이 있다.

이들 각 묘 앞에는 비석이 겹쳐서 두 개씩 있고 후대에 다시 하나 더 세웠기 때문임 그 앞에 상석床石이, 상석 앞에 분향대가 있다. 무덤 봉분 주위에는 검은 벽돌로 담장을 쳤고 또 둘레에 3~4m 간격으로 측백나무가 심어져 있다. 거의 2~3 백년은 된 고목들이다.

ㄱ. 자사子思 의 묘墓

자사 B.C.483~402의 이름은 공급孔伋이다. 자사는 그의 자字인데 공자의 손자이다. 증자曾子-공자의 제자, 이름은 증삼에게서 배웠으며 맹자의 스승이기도하다. 자사의 묘는 공자의 무덤 남쪽 20m 떨어져 있다. 송나라 휘종 때1102년 자사를 기수후沂水候에 봉하였고, 원元나라 문종 때 1330년에 기술성공沂述聖公이란 칭호를 내렸다. 무덤 앞의 비석은 두 개인데 앞에 보이는 '沂國述聖公墓기국술성공묘'란 비석은 명나라 때에, 뒤에 있는 '三世祖墓3세조묘' 비석은 금나라 때 세운 것이다.

ㄴ. 공리孔鯉의 묘

공리는 공자의 아들이다. 공자 무덤에서 동남쪽으로 5m 지점에 있다. 공리는 나이 50살에 공자보다 먼저 죽었다. 그 뒤 공자가 서거하자 시신을 공리 무덤 옆에 매상했다. 송나라 때인 1102년에 공리에게 사수후泗水侯란 호칭이 내려졌다. 무덤 앞의 비석은 두 개다. 앞에 보이는 '泗水侯墓사수후묘' 비석은 명나라 때, 뒤에 있는 '二世祖墓2세조묘' 비석은 원나라 때 세운 것이다.

ㄷ. 공자의 묘

공자의 이름은 공구孔丘이며 자는 중니仲尼이다. B.C. 552년에 태어나서 B.C. 479년에 죽었다 향년은 73년이다. ※석가모니B.C.563?~483?는 80살, 소크라테스B.C.469경~399는 70살, 예수B.C.3~A.D.30는 33살까지 누림

공자의 무덤은 공림 전체에서 중남부中南部에 있다. 무덤 높이는 5m, 동서 길이는 30m, 남북 길이는 28m이며 무덤 앞에 역시 비석이 두 개 있다. 앞의 '大成至聖文宣王墓대성지성문선왕묘' 비석은 명나라 때인 1443년에 공자 59대손 연성공 공언진孔彦縝과 58대손 곡부曲阜 지현知縣 공공당孔公堂이 세웠다. 뒤에 있는 '선성묘宣聖墓'란 비석은 51대 자손 공원조孔元措가 세운 것이다.

공자의 무덤

인류 역사상 최고의 성인이라는 공자의 무덤 앞에 서니 이런 생각 저런 생각에 발길이 떨어지지 않는다. 과연 공자는 가장 훌륭한 삶을 살았다고 할 수 있는가? 그는 인간이 지향해야 할 바른 길만 제시했는가? 공자는 정말 우리들을 형식으로 구속도 했는가? 공자의 사상으로 우리들은 덜 자유로워졌는가? 공자의 영향이 미치지 못한 오랑캐들은 야만이고 불행했던가? 성인과 범인凡人의 차이는 무엇인가?

ㄹ. 자공子貢의 여묘廬墓 자리

이것은 공자 묘 서쪽에 있다. 사기史記에 "공자가 서거한 후 제자 자공은 무덤 옆에서 초막을 짓고 6년간 시묘살이 했다"라고 전한다. 지금 이 가옥은 명나라 때1523년 이를 기념하기 위해 건립하였다.

자공BC520~456은 성姓은 단목端木이고 이름은 사賜이다. 공자보다 31살 적다.

자공은 그의 자字이다. 위衛나라 사람으로 달변가였으며, 정치적 수완이 좋았고, 이재理財-재물을 유리하게 잘 다루어 씀와 이식利殖-재물을 불려나감에 능하여 공자를 많이 도왔다. 노나라와 위나라에서 재상을 지냈으며 제나라에서 죽었다. 그는 공문십철孔門十哲의 한 사람이다.

자공이 어느 날 공자에게 물었다. "저를 어떻게 생각하십니까?" "너는 그릇이니라." "어떤 그릇입니까?" "호련瑚璉-종묘宗廟의 제사에 쓰이는 옥으로 만든 그릇이니라."

ㅁ. 자공이 심은 해楷나무

공자의 묘에 이르기 전에 자공이 심었다는 해나무의 잔해殘骸가 새까맣게 변한 채 숯덩이처럼 남아 있다. 거의 밑둥만 남아 있는데 만져보면 얼마나 단단한지 손톱으로 긁을 수조차 없었다.

사구성에서 두보에게 부치다 이백(당)	沙邱城①下寄杜甫 사구성하기두보 李白(唐)
나는 무슨 일로 여기에 와서	我來竟何事아래경하사
이 사구성에 높이 누웠나?	高臥沙邱城고와사구성
성 가에 오래된 나무가 있어	城邊有古樹성변유고수
밤낮으로 가을 소리 그치지 않는데.	日夕連秋聲일석련추성
노나라 술은 마셔도 취하지 않고	魯酒不可醉로주불가취
제나라 노래는 공연히 정만 더하네	齊歌空復情제가공복정
그대 향한 그리움 문수와 같으니	思君若汶水②사군약문수
도도히 남쪽으로 가는 물에 부치노라.	浩蕩寄南征호탕기남정

① 사구성沙邱城 : 산동성 임청현臨淸縣 서쪽에 있는데 곡부와 가깝다.
② 문수汶水 : 산동성 중심을 흐르는 강이다.
※ 이백은 두보와 관련된 시, 4수를 남겼는데 이 시는 746년 가을에 쓴 것으로 가장 나중의 것이다.

안묘顔廟

공부에서 동북쪽으로 그리 멀지 않은 곳에 안묘가 있다. 안묘는 안회顔回를 모신 사당이다. 안회의 자字는 자연子淵이다. 춘추 말기 노나라 사람인데 B.C. 521년에 태어나 B.C. 490년에 죽었다. 공자보다 30살 아래이며 공자의 최고의 수제자였다. 가난을 즐거움으로 알았던 그는 29살에 머리가 세어지더니 32살에 죽었다. 안회가 죽자 공자가 탄식하기를 "하늘이 나를 망쳤구나. 하늘이 나를 망쳤구나!" 하였다. 공자가 지나치게 슬퍼하니까 딴 제자가 "너무 슬퍼 마십시오"라고 했다. 이때 공자는 말하길 "내가 그를 위해 슬퍼하지 않으면 누구를 위해 슬퍼하겠느냐?"라고 하였다. 안회가 살던 곳을 누항陋巷이라 했는데 누추한 거리, 가난한 동네라는 뜻이다.

공묘와는 달리 찾는 사람도 거의 없고 여러 부속 건물들은 방치되어 있으며 여기저기 손 안 간 곳이 많다. 안회의 일생처럼 쓸쓸하고 스산한 분위기가 감돈다. 때가 겨울이기도 하지만.

안묘의 중심 건물은 복성전復聖殿이다. 안회를 복성復聖-공자 다음의 성인이라고 하는데, 이는 원나라 때인 1330년 문종文宗이 안회를 추봉하여 연국兗國의 복성공으로 봉했기 때문이다. 이 복성전은 명나라 때인 1594년에 세워졌고 높이 17.48m, 길이 36.43m, 폭21.65m이다. 정면에서 보면 7칸이며공묘는 9칸 앞면의 돌기둥은 8개인데 중심의 4개는 용무늬를 아로새겼고 나머지는 민자 기둥이다. 공묘의 전면 기둥은 10개이며 전부 다 용무늬 기둥임.

복성전 내부에는 안연의 소상塑像을 모신 감실이 소박하게 꾸며져 있다. 안회가 쓰고 있는 면류관의 줄은 9개이다.공자는 12개임

마당 한쪽 곁에는 누항고지陋巷故址라고 쓰여진 비석이 서 있다. 이는 명나라 때 세워진 것이라는데 그 주위에는 측백나무가 듬성듬성 심어져 있고 겨울철 시든 풀만 더부룩하다.

공자가 광匡이란 곳에서 위난을 당했을 때 안회가 늦게 도착하자 공자가 말했다. "나는 네가 꼭 죽은 줄로만 알았다." 안회가 말했다. "선생님께서 살아계시는데 제가 어찌 죽을 수 있겠습니까?" 공자는 평소에 안회를 칭찬하여

말하길

"어질구나 안회여! 도시락 밥을 먹고 한 바가지 물을 마시고 누추한 거리에서 살아가는구나. 남들은 그 근심을 감당하지 못하는데 회는 그 즐거움을 고치지 않으니 어질구나. 회여!"

賢哉回也현재회야! 一簞食일단식 一瓢飮일표음 在陋巷재누항 人不堪其憂인불감기우, 回也회야 不改其樂불개기락 賢哉回也현재회야!

공자의 어머니의 성이 안씨顔氏이다. 안회가 자기의 어머니와 종씨이니 친척간일 수도 있겠다. 그래서 더욱 안회를 사랑했는지도 모를 일이다.

사람이 일생을 살면서 가난 속에서 산다는 것은 엄청나게 힘든 일이다. 재물을 의식적으로 멀리할 필요가 없는 것이라면, 자공子貢처럼 이재理財에 밝거나 재물 복이 있는 사람은 부유하게 살 수 있을 것이고, 그렇지 못한 사람은 자기 운에 없는 거라 생각하고 검약하게 살든지 안회처럼 안빈낙도하며 살아가야 할 것이다. 안회의 안빈낙도 같은 것은 일 개인의 행복과 만족으로 끝나지만 자공과 같은 큰 화식貨殖-재산을 늘림은 일신을 넘어 더 많은 사람이 행복할 수 있도록 한다. 공자의 활약에는 안회보다도 자공의 도움이 더 컸다고 생각하는 것이다.

주공묘周公廟

주공묘는 주周나라 창업 공신이며 그 제후국인 노魯나라의 시조인 주공을 모신 사당이다. 곡부성에서 동북쪽으로 1km정도 떨어진 거리에 있다. 안묘에서 그리 멀지 않는 데도 주공묘가 곡부에 있는지 몰랐으니 가보지 못하였다. 참으로 애석한 일이다. 주공의 성명은 희단姬旦이다. 주나라 문왕의 아들이자 무왕의 아우이며 성왕成王의 숙부이었다.

평생에 공자가 가장 존경한 분이 주공 단周公旦이었다. 꿈에서조차 주공을 만나 뵙기를 바랐다는데 공자는 노나라 시조인 주공이 자랑스러웠을 것이다.

주공은 주나라 도읍인 낙양에 머물면서 성왕을 도와야 했기에 자신의 영지領地인 노나라에는 아들 백금伯禽을 내려 보냈다. 주나라 건국 후 조카인 성왕이 아직 나이 어려 제후들의 반란을 염려했기 때문이다. 결국 성왕의 삼촌들의 반란을 눌러 주나라의 기반을 잡아 놓았다. 우리나라 조선 시대 때 세종의 아들 수양대군은 평소에 어린 조카 단종을 지켜 내어 조선을 반석에 올려놓겠다고 장담하면서 주공 단이 되겠다고 하였으나 끝내 자기가 찬탈하였다.

주공이 백금을 봉지[封地]인 노나라로 보낼 때 다음과 같이 훈계했다. “나는 문왕의 아들이고 무왕의 아우이고 임금의 숙부이니 참으로 존귀한 신분이다. 그런데도 머리 감다가 세 번이나 머리를 감아쥐었고, 밥을 먹다가 세 번이나 뱉고 일어서서 어진 사람을 대접했다. 그래도 천하에 어진 사람을 놓치지 않을까 두려워하고 있다. 너도 노나라에 가거든 명심해서 교만하지 마라.”

강태공 여상[呂尙-제나라 시조]은 제후로 부임한 지 불과 5개월만에 주공에게 정사를 보고했다. 주공이 “매우 빠르구먼”이라고 말하자 태공망은 “저는 군신의 예를 간소화하고 백성들의 풍속을 존중하며 정사를 베풀었기 때문입니다”라고 했다.

한편 주공의 아들 백금은 자기 임지인 노나라에 부임한 지 3년만에 주공에게 정사를 보고하였다. 주공은 “매우 늦었구나”라고 했다. 백금은 “이 고장 풍속과 규범을 고치고 정비하며 3년 상[喪]을 지키도록 지도하느라고 늦었습니다”라고 답했다. 주공은 한숨을 내쉬며 “대체로 나라의 명령이 번잡하면 백성은 달갑지 않는 법이다. 속박을 느끼지 않고 스스로 따라오도록 하는 것이 정치의 요체인데 슬프다, 우리 노나라는 언젠가 제[齊-강태공의 영지의 나라]나라의 속국이 될 것이다”라고 말했다. 그의 예언처럼 결국 노나라는 춘추 시대에 제나라에 억눌려 지내게 된다.

당나라 때 이백의 아들 이름이 백금[伯禽]이었다. 이백이 안륙[安陸]에서 이 지역으로 이사오고 난 뒤 아들을 얻었기에, 주공의 아들인 백금의 이름을 본뜬 것이다. 그래서 이곳 사람들로부터 비난을 받았다는 이야기가 전한다. 이백은 37세에 이 아들을 얻었다.

석문에서 두보를 전송하며　　魯郡①東石門②送杜二甫

로군동석문송두이보

이백(당)　　李白(唐)

이별의 술자리 며칠째인가?
물가의 누대를 두루 돌았네.
이제 석문에서 헤어지면은
언제 다시 술자리 벌여 볼런지?

醉別復幾日 취별부기일
登臨③遍池臺 등림편지대
何時石門路 하시석문로
重有金樽④開 중유금준개

사수에 가을 기운 이미 내리고
조래산에 바다 색 다시 비친다.
쑥처럼 각자 먼 길 떠날 터이니
손에 든 잔이나 기울여 보세.

秋波落泗水⑤ 추파락사수
海色明徂莱⑥ 해색명조래
飛蓬各行遠 비봉각행원
且盡手中杯 차진수중배

---

① 노군魯郡 : 연주兗州 땅을 말하는데 지금의 곡부曲阜가 여기에 해당한다.
② 석문石門 : 석문산을 말하는데 곡부의 동북에 있다.
③ 등림登臨 : 산을 오르고 강을 찾아다니다. 명승지를 유람하다.
④ 금준金樽 : 금 술동이.
⑤ 사수泗水 : 산동성山東省에 있는 강 이름. 곡부를 지나간다.
⑥ 조래徂莱 : 산동성 태안현 동남쪽에 있는 산 이름.

※ 이 시는 곡부 석문산에서 이백이 745년 가을에 두보와 마지막으로 헤어지면서 부른 노래이다. 이백과 두보는 천보 3년744년에 양송梁宋-하남성의 개봉과 상구 지역에서 처음 만나 같이 노닐다가 오래지 않아 잠시 나뉜다. 이듬해 봄에 둘은 산동성 연주兗州-곡부 일대에서 다시 만나 돌아다니더니 가을에 헤어지게 된다. 중화민국의 문학자인 문일다聞一多라는 이는 이백과 두보의 만남을 "우리 4천년 역사상 이만큼 중대하고 신성하고 기념해야 할 만남은 없었다." 또 "창공에서 태양과 달이 만난 것처럼 기이하고 상서롭다"라고 했다.
두보를 위한 이백의 시는 4수, 이백에 대한 두보의 시는 10수가 전한다. 처음 만날 때 이백과 두보의 나이는 각 44살, 33살이었다.

제7장 항주杭州

항주는 중국의 6대 고도 중에 하나이다. 당나라 때부터 "위에는 천당이 있고 아래에는 소항蘇杭-소주 항주이 있다"라는 말이 전해올 정도로 살기 좋은 곳이다.

수양제가 진강鎭江에서 항주까지 인공 운하를 연 후에 항주는 크게 발전하게 된다. 당대에 이르러 항주는 더욱 번성하여 육정六井을 파고 서호西湖를 준설하여 동남東南땅의 요지가 되었다.

그 후 항주는 오월吳越, 907~978과 남송南宋, 1127~1279의 도읍이 되어 크게 번영하였다. 특히 남송 시대에 이르러 서호10경이 형성되었다. 마르코 폴로Marco Polo, 1254~1324 가 세계에서 가장 아름다운 도시라고 경탄한 곳이 바로 항주이다.

참고로 마르코 폴로에 대해 말하자면 그는 이탈리아의 상인이며 여행가였다. 1271년 17살에 동방 여행을 떠나 중앙아시아를 거쳐 중국당시는 원나라에 들어가서 곧 쿠빌라이의 신하가 되었다. 1295년에 고향 베네치아로 돌아갔다. 이야기 작가 루스티켈로를 감옥에서 만나 25년 간에 걸친 아시아 견문록을 짓게 되었다. 이가 동방견문록이다.

상해에서의 거리는 불과 180여km이고, 기차로는 3시간여, 비행기로는 30분 정도 걸리는 비교적 가까운 거리에 있다. 북경까지 이어지는 경항京抗운하길이 1700여km는 이곳이 기점이다.

영은사靈隱寺와 비래봉飛來峰

영은사와 비래봉은 서호西湖 서쪽에 있으며 서호에서 그리 멀지 않은 거리에 있다.

비래봉은 영은사 앞에 있다. 영취봉靈鷲峰이라고도 한다. 산의 높이는 168m 이며 산등성의 길이는 약 800여m가 된다고 한다. 서기 326년 인도의 승려

혜리慧理가 항주에 와서 이곳의 아름다운 산세를 보고서 "아, 이것은 천축天竺-인도의 영취산에 딸린 봉우리인데 언제 이리로 날아 왔나?"라고 하여 이 산을 비래봉으로 부르게 되었다.

산의 석질은 석회암이다. 72개의 석굴이 있고 그 안에 330여 개의 불상 조각들이 있다. 이는 주로 송나라와 원나라 때 조성된 것이다. 들쭉날쭉하고 울퉁불퉁한 바위에 감실을 만들어 조각을 한 것이 놀랍고 그 정성이 대단하다. 그러나 크고 작은 감실이 지나치게 많은데다가 잡다한 글씨들이 여기저기 마구 새겨져 있어 자연스럽게 조화를 이루지 못한 것이 아쉽다. 불상이나 감실을 하나라도 더 만들어 자기의 신심信心을 보이려는 마음이 앞섰기 때문이리라. 그러나 이 겨울에도 잎이 지지 않은 푸른 나무들은 암석과 잘 어울려 나름대로 운치가 있어 보인다.

영은사 입구에는 동네 아가씨들이 서성거린다. 영은사를 안내해 주고 그 대가로 손님을 자기 집농가에 데리고 가서 용정차龍井茶를 사게끔 하는 것이다. 나도 관광을 마치고 농가에 따라가서 용정차 1kg을 샀다. 용정차는 항주의 특산품이다.

영은사는 인도의 승려 혜리에 의해 동진東晋 때인 326년에 창건되었다. 첫번째 만나는 건물이 천왕전인데 운림선사雲林禪寺라는 편액이 걸려 있다. 이는 청나라 강희제의 글씨이다. 강희제가 남방 순행시에 이 절에 들러 영은사 친필 현판을 걸고자 글씨를 쓰는데, 영靈자의 우雨를 너무 크게 쓰다 보니 아래 자획을 쓸 수가 없어 운雲자로 써 버렸다고 한다. 무식한 만주족 군왕에 대한 은근한 조롱의 뜻이 담긴 것 같다. 그러나 이는 잘못 전해진 것으로 알려져 있다. 강희제가 주지와 함께 아침에 북고봉北高峰에 올라 조망해 보니 절이 새벽 안개 속에 잠겨 그윽한 구름 숲雲林-운림의 경색을 보였다는 것이다. 그래서 절로 돌아와 운림선사라는 제자題字를 쓰게 된 것이다.

천왕전 안에는 사천왕상과 미륵보살상 그리고 남조 시대의 목조 예술의 걸작이라 일컬어지는 위태천韋馱天 보살상이 있다.

천왕전 앞뜰 양가에 돌로 만들어진 경동經幢-불경을 새긴 돌기둥이 있다. 송나라 때인 969년에 고대의 정기旌旗-깃대 형식에 근거하여 돌로 만들어 세운 것이다. 아래 기단 부분에는 용 조각이 근사하고 상부에는 연꽃 모양과 나는 구름 조각이 아름답다. 동쪽의 것은 훼손이 심하고 서쪽의 것이 비교적 잘 보존되어 있다.

천왕전 뒤에 대웅보전이 자리잡고 있다. 겉으로는 3층 건물처럼 보이는데 높이가 자그마치 33.6m이다. 이 안에 거대한 석가여래상이 안치되어 있다. 높이가 19.6m이라니 가히 놀랄 만한데 한참을 올려봐야 했다. 대웅보전 앞 마당에는 큰 고목들이 군데군데 버티고 있어 고찰의 역사를 말해준다. 그리고 뜰 양편에 탑이 서 있다. 이는 북송 때인 960년에 만들어진 것이다. 8각 9층 석탑인데 우리나라 오대산 월정사의 탑(이것도 8각 9층탑)과 모양이 흡사하여 그 연원 관계를 알 수 있을 것 같다. 처마 부분에 특히 손상이 심하다.

영은사의 대웅보전과 8각 9층 석탑

영은사

낙빈왕(당)

영취산은 울창하고 바위도 우뚝한데
절은 용궁같이 깊이 잠겨 적막하다.
누각은 창해에 뜨는 해를 바라보고
산문은 절강에 드는 조수를 대하느니.

계수나무 열매는 달빛 속에 떨어지고
하늘의 향기는 구름 밖에서 날아 내린다.
담쟁이 더듬으며 먼 탑에 오르고
나무에 홈 파내어 먼 샘물 끌어온다.

서리가 엷으니 꽃이 다시 피고
얼음은 얇으니 잎이 교대로 진다.

靈隱寺 영은사

駱賓王(唐)

鷲嶺①鬱岩嶢 취령울암요
龍宮②鎖寂寥 용궁쇄적료
樓觀滄海日 루관창해일
門對浙江潮 문대절강조

桂子月中落 계자월중락
天香③雲外飄 천향운외표
捫蘿登塔遠 문라등탑원
刳木④取泉遙 고목취천요

霜薄花更發 상박화경발
氷輕葉互凋 빙경엽호조

젊어서부터 불교를 지향하더니
마음 열어 속세의 번뇌 씻노라.
천태산 드는 길에서 기다린다면
석교를 건너는 나를 보리라.

夙齡⑤向遐異⑥숙령향하이
披對滌煩囂피대척번효
待入天台路대입천태로
看我渡石橋⑦간아도석교

① 취령鷲嶺 : 영취산. 여기서는 비래봉.
② 용궁龍宮 : 영은사 절을 뜻한다.
③ 천향天香 : 계수나무의 향기. 달에는 500장 높이의 계수나무가 있다고 한다. 항주에는 계수나무가 잘 자라지 않는 곳인데 후당後唐 천성天成 연간926~929에 영은사에 계수나무 씨가 떨어졌으므로, 이를 달에서 떨어진 것으로 여겼다는 전설이 있다.
④ 고목刳木 : 물을 끌어오기 위해 나무에 홈을 파다.
⑤ 숙령夙齡 : 젊은 시절.
⑥ 하이遐異 : 세속과 많이 다르다는 뜻으로 불교를 말한다.
⑦ 석교石橋 : 천태산의 돌다리는 너비가 한 자도 안 되지만 길이는 수십 보가 된다고 한다. 그리고 이 깊은 시내를 건널 때에는 자신의 몸을 잊은 뒤에야 건널 수 있다고 한다. 그래서 석교를 건넌다는 것은 생사를 초월한 열반의 세계에 들어감을 비유하는 것이다.
※ 당나라의 시인 송지문宋之問이 귀양에서 풀려 장안으로 돌아오는 길에 이 영은사에 들렀다. 달 밝은 밤, 절 앞을 서성이며 첫구 鷲嶺鬱岩嶢취령울암요 龍宮鎖寂廖용궁쇄적료를 얻었지만 다음 구를 잇지 못하고 고민을 하고 있으니까, 한 노승이 무슨 일로 잠 못 이루고 끙끙대냐고 물었다. 송지문이 사정을 이야기하자 노승은 樓觀滄海日루관창해일 門對浙江潮문대절강조라고 하면 어떠냐고 하였다. 이로써 송지문은 시상詩想이 트여 시를 완성할 수 있었다. 다음날 아침 노승을 찾으니 그는 이미 자취를 감추었고 절 사람들에게 물어 보니 그 노승이 낙빈왕이라 하였다. 이 일화 때문에 이 시의 작가를 송지문이라고 하는 데도 있다.

작가소개 낙빈왕(駱賓王, 640?~684?) : 그는 절강성 의오義烏사람이다. 7살에 능히 시를 지을 줄 알았다. 무측천武則天의 정치를 자주 비판하다가 절강성 임해臨海의 현승縣丞으로 좌천되고는 이내 벼슬을 그만두었다. 서경업徐敬業이 무측천을 치고자 할 때 격문을 지어 주었는데 무측천이 이를 보고 놀라며 누구의 글이냐 묻고는 이런 인재를 등용하지 않는 것은 재상의 잘못이라고 했다. 서경업이 패하자 그는 어디로 사라졌는지 알 길이 없었다. 초당4걸 중의 한 사람이다.

이른 가을 천축의 영은사에서 / 早秋寄題天竺靈隱寺[조]

추기제천축영은사

가도(당)	賈島(唐)
절 앞뒤 산봉우리에 가을이 찾아드니	峯前峯後寺新秋[봉전봉후사신추]
높은 곳 창문에서 옥주가 뵈리로다.	絶頂高牕見沃州①[절정고창견옥주]
사람은 선정[禪定]에 들고 귀뚜라미 소리만	人在定中②聞蟋蟀[인재정중문실솔]
일찌기 학 깃든 곳 원숭이가 매달렸네.	鶴曾棲處挂獼猴③[학증서처괘미후]
야밤에 산바람이 빈 강물을 지나가고	山風夜度空江水[산풍야도공강수]
물가에 찬 달은 옛 석루를 비추누나.	汀月寒生古石樓[정월한생고석루]
마음은 배 띄우고자 하나 몸이 따르지 못했으니	心憶懸帆身④未遂[심억현범신미수]
그 옛날 이곳은 사공이 놀던 데라.	謝公⑤此地昔曾遊[사공차지석증유]

① 옥주[沃州] : 진대[晋代]에 고승[高僧]이 은거한 곳.
② 정중[定中] : 선정[禪定]에 이르다. 삼매경에 들다.
③ 미후[獼猴] : 큰 원숭이.
④ 현범[懸帆] : 배 띄우다. 속세를 떠나 은거하다.
⑤ 사공[謝公] : 남조[南朝] 송[宋]나라의 사령운[謝靈運,397~435]을 말한다. 그는 산에 오를 때는 나막신의 앞굽을 빼고, 산에서 내려올 때는 뒷굽을 빼서는 수월하게 산행을 즐겼다고 한다. 전진[前秦]의 부견[符堅] 군대를 비수[肥水]에서 격파한 사현[謝玄]의 손자이다. 부유하게 자라서 그런지 사치스럽고 고집이 세었다. 벼슬에 올라서도 공무를 등한시하고 사냥이나 유람을 즐기다가 반역의 모함에 걸려 49세에 죽었다.

작가소개 가도(賈島, 799~843) : 자는 낭선[閬仙]이고 범양[范陽-지금 하북성 탁현涿縣] 사람이다. 과거에 여러 차례 낙방하고 난 뒤 가난에 못 이겨 승려가 되었다. 그의 시작[詩作] 열의는 대단하여 왕공이나 귀인도 몰라볼 정도였고, 좌선이나 식사 중 또는 길 가는 도중이라도 시를 놓지 않았다. 퇴고[推敲]는 그의 고사이다. 한유[韓愈]로부터 배운 바가 많았다. 환속하여 진사에 급제하고 장강주부[長江主簿]에 올랐기에 그를 가장강[賈長江]이라 불렀다. 죽을 때 집에는 일전 한푼 없었고 오직 병든 나귀와 낡은 거문고 하나뿐이었다. 그는 모습이 맑았고 뜻은 고상하였다. 선[禪]을 말하고 불교를 받아들였다. 그의 삶은 쓸쓸하였고 생계는 순탄하지 못하였다.

서호西湖

전당호의 봄 나들이	錢塘湖①春行전당호춘행
백거이(당)	白居易(唐)
고산사 북쪽에 가정의 서편으로	孤山寺②北賈亭③西고산사북가정서
수면이 잔잔하고 구름은 낮게 깔렸네.	水面初平雲脚低수면초평운각저
몇 곳에는 이른 꾀꼬리들 따뜻한 나뭇가지 다투고	幾處早鶯爭暖樹기처조앵쟁난수
뉘 집에는 새로 온 제비들 봄 진흙을 쪼는구나.	誰家新燕啄春泥수가신연탁춘니
어지러이 핀 꽃들 차츰 사람 눈 현혹하고	亂花漸欲迷人眼란화점욕미인안
얕게 자란 풀들 겨우 말 발굽 덮을 정도라.	淺草纔能沒馬蹄천초재능몰마제
사랑스런 호수 동편 다녀도 늘 부족한데	最愛湖東行不足최애호동행부족
백사제방만 푸른 버들 그늘 속에 뻗었구나.	綠楊陰裡白沙堤④록양음리백사제

① 전당호錢塘湖 : 서호西湖를 말한다.
② 고산사孤山寺 : 서호 서북쪽에 섬이 하나 있는데 여기에 고산이라는 산이 있다. 이 산에 있는 절이다.
③ 가정賈亭 : 고산사 북쪽에 있는 정자인데 가전賈全이 세웠기에 가정이라 한다.
④ 백사제白沙堤 : 서호 서북쪽에 있는 고산으로 이어지는 제방이다.
※ 백거이가 823~4년경에 항주 자사로 있을 때 지은 시이다. 서호를 읊은 시 중에 최고의 작품으로 알려져 있다.

작가소개 백거이(772~846) : 자는 낙천樂天이며 태원太原 출신이다. 한림학사와 좌습유에 역임하다가 상소 사건에 연루되어 강주사마江州司馬로 좌천된다. 항주자사를 거쳐 형부시랑을 마지막으로 벼슬을 그만두고 생을 마쳤다. 원진元稹과는 교칠膠漆-아교와 옻칠로 붙인 것같이 가까웠고 시풍도 비슷하여 원백元白이라 불렸다. 원진이 죽자 유우석劉禹錫과 이름을 나란히 하여 다시 유백劉白이라고도 일컬어졌다.

중국의 수많은 호수 중에 아름다운 호수를 들으라면 서호를 꼽는다. 서호라는 호수가 많이 있어도 그 중에서 항주의 서호가 으뜸이다. 원래야 질펀한 호수에 지나지 않았겠지만 남송 시대부터 인공미를 더하고, 그 아름다움에 이름을 붙이고 또 그것을 노래하다 보니 더 유명하게 된 것이 아닐까?

서호는 넓기도 하지만 물도 맑다. 호수 변에는 산이 있고 숲이 우거져 물에 그림자를 드리운다. 호심湖心에는 숲으로 덮인 섬들이 수면에 떠 있는데 물결 너머 운무에 가려 세속의 먼지를 떠난 듯하다. 군데군데 섬과 섬을 잇는 무지개 다리는 자연과 인공의 조화를 이루어 그림 속에서나 볼 수 있는 풍경이다. 겨울의 서호는 하늘과 한빛인데 한없는 바람이 호수면을 쓸어 온다.

겨울의 서호

서호의 아름다움을 이해하려면 먼저 서호10경의 뜻을 대강 알면 될 것이다.

1. 단교잔설斷橋殘雪

   겨울에 쌓인 눈이 단교의 중간 지점부터 녹기 시작할 때, 보석산寶石山 산정에서 내려다보면, 눈 녹은 부분이 다리가 끊어져 있는 것처럼 보인다.

2. 평호추월平湖秋月

   호수면과 거의 같은 높이의 전망대에서 바라보는, 가을 밤의 달과 호수에 비친 달 그림자가 황홀하다는 것이다. "만경의 호수는 평평하여 항상 거울 같고, 사계절의 달 뜨는 호수는 가을이 가장 좋도다"라고 하는 시구가 있다.

3. 소제춘효蘇堤春曉

   소동파가 1089년부터 2년간 항주 자사로 재임하는 동안 20만 명을 동원하여 축조한 제방이 소제인데 길이는 2km이다. 이 소제에는 6개의 다리가 이어져 있다. 춘하추동에 조석으로 그 묘한 아름다움이 변한다는 소제는 봄의 새벽을 최고의 아름다운 경치로 친다.

4. 곡원풍하曲院風荷

송나라 때 궁정에서 사용하는 술을 제조하는 곡원曲院이 이곳 서호에 있었다. 그 뜰에 심어진 수많은 연꽃의 향기가 바람에 날려 주위에 감돈다. 연꽃이 일제히 피는 여름에는 하늘거리는 푸른 잎과 흰 연꽃의 어우러짐이 무척이나 싱그럽다.

5. 화항관어花港觀魚

화가산花家山의 계곡 물이 서호에 흘러드는 곳을 화항花港이라고 하는데, 봄에 모란이 다투어 피는 이곳에서 분홍빛 잉어를 바라보는 경치가 대단하다는 것이다.

6. 남병만종南屛晩鐘

남병산 중턱에 있는 정자사淨慈寺의 종소리가 안개 낀 황혼 무렵의 정경을 건너오면 더 할 수 없는 정취가 있다.

7. 뇌봉석조雷峰夕照

석양에 비치는 뇌봉산의 탑이 아름답기 그지없다.

8. 유랑문앵柳浪聞鶯

버드나무 가지에서 지저귀는 꾀꼬리의 소리가 듣기 좋다는 것이다. 문앵관聞鶯館이라는 정자가 있어 꾀꼬리 소리를 들을 수 있다.

9. 삼담인월三潭印月

달 밝은 밤, 호수에 배를 띄우면 월광담月光潭에 비친 3개의 탑을 볼 수 있으니 기이한 아름다움이 아닐 수 없다.

10. 쌍봉삽운雙峰揷雲

서호 주위의 두 산봉우리, 남고봉南高峰과 북고봉北高峰을 쌍봉이라 한다. 비구름이 낮게 깔린 날 두 봉우리에 구름이 끼어 있는 광경은 산수화를 방불케 한다.

남송 시대부터 전해 내려오는 이 서호10경은 그 실경實景이 남아 있지 않는 것도 있다. 뇌봉탑은 허물어졌고 곡원 또한 흔적이 사라졌다. 그래서 근대에 신10경을 공모에 의해 제정했지만 옛날의 아취는 대부분 사라진 것들이다.

서호10경과 같은 경치가 우리나라엔들 없겠는가마는 대상을 아끼고 사랑하고 의미를 부여하는 데서 자연은 한층 아름다워지고 인간에게 더 가까워지는 것이다.

처음에는 맑았다가 나중에는 비가 내리는 서호에서 술을 마시며	飮湖上初晴後雨음호상초청후우
소식(송)	蘇軾(宋)
물빛이 퍼질 때 맑은 날 더욱 좋고	水光瀲灩[①]晴方好수광렴염청방호
산색이 내 끼일 제 가랑비 역시 기묘하네.	山色空濛[②]雨亦奇산색공몽우역기
서호를 서시西施에 비기자 하니	欲把西湖比西子[③]욕파서호비서자
옅은 화장 진한 치장 다 고울 뿐이라.	淡粧濃抹總相宜담장농말총상의

① 염염瀲灩 : 잔잔한 물결이 퍼져가는 모양.

② 공몽空濛 : 비구름이 자욱한 모양.

③ 서자西子 : 춘추 시대 월나라 미녀인 서시西施를 뜻한다. 중국의 4대 미녀 중의 한 사람이다. 중국의 4대 미녀는 서시, 한나라 원제 때의 왕소군, 후한 말의 초선, 당나라 현종 때의 양귀비이다.

작가소개 소동파(1036~1101) : 이름은 소식蘇軾이며 동파는 호이다. 자는 子瞻자첨이다. 그의 부친은 소순蘇洵, 1009~1066이고 세 살 아래 동생은 철轍,1039~1112이다. 고향은 사천성 미산현眉山縣인데, 아미산과 가까운 곳이다. 21세 때 도성開封(개봉)에 들어가 8월에 두 형제 모두 진사에 합격했다. 구양수歐陽修, 1007~1072를 스승으로 모시고 고문운동古文運動에 참여했다. 그러나 동문 선배인 왕안석王安石, 1021~1086의 신법당新法黨과의 정치적 갈등으로 거의 평생을 지방 관리로 전전했다.

악묘岳廟

서호의 북서쪽, 소제蘇堤의 북단에 이민족 금나라의 침략에 맞서서 싸운, 남송 시기의 중국 최고의 애국 영웅 악비岳飛1103~1142의 사당과 무덤이 있다. 1221년에 창건된 이 사당은 현재 국가에서 관리하는 보물이다. 2층 처마 밑에 악왕묘라는 화려한 현판이 걸려 있다. 묘당 안 한복판에는 무장 차림의 악비 소상이 의자에 좌정하고 있으며 그 위에는 그의 서체로 된 환아하산還我河山-내 조국 산천으로 돌아가자이라는 편액이 가로 걸려 있다.

참고로, 대만의 금문도金門島는 대륙에 대한 반격의 전초 기지인데 여기에 "환아하산"이란 악비의 글구가 새겨져 있다. 장개석의 국민당이 공산당을 중국에서 몰아내고 대륙으로 돌아가고자 하는 의욕은 악비가 여진족을 밀어내고 황하 이북 땅을 회복하고자 하는 의지에 못지 않은 것이다.

악묘 서편에 악비의 무덤이 있다. 무덤은 그리 크지 않지만 잔디가 잘 다듬어져 있고 무덤을 에워싼 병풍석이며 앞에 놓인 상석床石이 단정하게 정비되어 있다. 무덤 앞에는 송악악왕묘宋岳鄂王墓라고 쓰여진 비석이 세워져 있다. 묘소 앞 계단 아래의 쇠창살 안에는 양손이 뒤로 묶이고 무릎을 꿇린 네 개의 철제 상의 인물이 갇혀 있다. 최고의 충신 악비를 모함하여 죽인 간적 진회秦檜와 그의 아내 왕씨 그리고 장준張俊과 만사설萬俟卨이다. 이들은 수백 년의 세월 속에 악비에게 무릎 꿇고 사죄하고 있는 것이다. 악비의 참배객들이 여기에 침을 하도 뱉아서 '위생상 침을 뱉지 마시오'라는 경고문이 있다. 우리나라에서는 간신이라도 죽은 뒤에까지 이렇게야 욕을 보이지 않는데 중국인들의 성정性情이 놀랍다. 이렇게 한다고 해서 간신과 역적들이 등장하지 않겠느냐마는 후대에 큰 경계가 될 수 있을 것이다.

악비는 1125년 여진족이 침범했을 때 일개의 병사에서 시작하여 주장[主師]까지 올라, 악가군岳家軍을 거느리고 금나라 군사들의 간담을 서늘하게 한 명장이었지만, 황제 고종은 간신 진회의 간계를 받아들여 막수유莫須有-아마 그럴 수도 있을 것이다라는 죄명을 씌워 처형하니 이때 나이 39세였다. 21년 후 누명을 씻고 그의 시신을 서하령棲霞嶺 기슭에 이장하였다가 서호의 지과사智果寺를 악비의 사당으로 개조하면서 이리로 옮겼으니 이가 오늘의 악비묘인 것이다.

악비의 무덤은 전국 중점 문물 보호 단위이다.

악비는 우리나라 조선 시대 병자호란 시기의 임경업 장군과 흡사한 점이 많다는 생각이 든다. 임경업1594~1646은 병자호란 때 청나라에 대항할 수 있는 최고의 장군이었으나 1646년 심기원沈器遠의 모반 사건에 관련되었다고 모함받아 죽임을 당한다.

악비는 죽을 때 "10년의 공이 하루 아침에 무너지는구나!"라고 한탄했고 우리의 임경업은 "천하가 아직 평정되지 않았는데 어찌 나를 죽이나?"라고 했다. 이들이 모함으로 죽지 않고 자기의 경륜을 발휘했다면 두 나라는 치욕의 역사를 면했을지도 모를 일이다.

호포천虎跑泉

호포천은 서호 남쪽에 있는 샘이다. 호랑이가 파낸 샘이라는 뜻이다. 신선이 두 마리의 호랑이를 부려서 샘을 파게 했다는 전설이 남아 있다. 이 샘물은 표면 장력이 대단하여 찻잔에 물을 부어서 잔 위로 3mm나 올라 있어도 물이 넘치지 않는다고 한다. 이래서 이 물로 끓인 차 맛이 가장 부드럽다고 한다. 암벽이 에워싼 물웅덩이에는 호랑이 조각이 놓여 있고 돌을 쌓아 만든 더미 위에 신선이 비스듬히 누워 팔베개를 하고 있다. 천하제3천이라는 칭호를 얻은 물답지 않게 혼탁하여 마실 수는 없을 것 같다.

항주에서 봄을 바라본다.	抗州春望항주춘망
백거이(당)	白居易(唐)
망해루가 새벽 놀 속에서 밝게 빛나고	望海樓①明照曙霞망해루명조서하
호강 제방은 비갠 모래톱에서 희게 뻗었다.	護江堤②白蹋晴沙호강제백답청사
파도소리가 밤에 오자서 사당까지 들리고	濤聲夜入伍員③廟도성야입오원묘
버들 빛은 봄에 소소의 집에서도 숨었다.	柳色春藏蘇小④家류색춘장소소가
여인의 붉은 소매에 폐체꽃 무늬 자랑하고	紅袖織綾夸柿蔕홍수직릉과폐체
주막의 푸른 깃발에 배꽃 따라 술을 판다.	青旗酤酒趁梨花청기고주진이화
누가 열었나? 절 서남쪽 길을	誰開湖寺西南路수개호사서남로
여인의 초록색 치마 허리 같은 길이 비껴나 있다.	草綠裙腰一道斜초록군요일도사

① 망해루望海樓 : 성동루城東樓라고도 부른다.

② 호강제[護江堤] : 전당강[錢塘江]의 제방이다.

③ 오원[伍員] : 춘추 시대 오나라의 오자서이다. 그는 원래 초나라 사람인데 아비와 형이 초왕에게 살해당하자 오나라로 피신한다. 오왕 합려를 도와 초나라를 쳐서 부형[父兄]의 원수를 갚는다. 그리고 다시 합려의 아들인 부차를 도와 월나라를 굴복시킨다. 그러나 자기의 충간을 듣지 않은 부차에게 오히려 죽임을 당한다. 이때 그는 오왕 부차를 원망하며 죽은 후에 물 위를 달리는 파도가 되었다고 한다. 이 파도를 자서도[子胥濤]라고 한다. 오나라 사람들은 그를 위해 사당을 세워 위로했다. 항주의 오공산[五公山] 위에 그의 사당이 있다.

④ 소소[蘇小] : 남제 시대[南齊時代] 전당[錢塘-항주]의 유명한 기생인 소소소[蘇小小]를 말한다. 서호에 그녀의 사당이 있다고 한다.

육화탑[六和塔]

일명 육합탑[六合塔]이라고도 한다. 육합은 천 · 지 · 동 · 서 · 남 · 북의 화합을 뜻한다. 전당강[錢塘江]변의 월륜산[月輪山] 위에 우뚝 세워져 있다. 북송 때인 970년에 건립되었다. 전당강의 대역류를 진정시키기 위해 세운 것으로 높이는 59.89m나 된다. 7층 탑이지만 밖에서 보면 13층으로 보인다. 각 층 모서리에는 풍경이 달려 있는데 104개나 된다. 바람이 불어 풍경이 울릴 때면 그 맑은 소리가 대단하단다.

항주의 육화탑

전국 중점 문물 보호 단위이다.

항주의 남쪽을 흐르는 절강성 제일의 강인 전당강은 추도[秋濤-가을 밀물]로 유명하다. 이것은 대개 음력 8월 18일 전후에 나타나는 해수의 대역류 현상으로 흔히 남미의 아마존강의 대역류와 비교된다. 항주만[杭州灣]으로 이어지는 하구 근처에서는 100km에 달하는 강의 폭이 상류로 갈수록 급격히 좁아져서, 육하탑 부근에서는 2km 미만으로 줄어든다. 이런 지형적 조건에다가 태양과 달의 인력의 영향을 받아 만조[滿潮] 때라도 되면 이 대역류 현상이 나타난다는 것이다. 특히 8월 18일에 최대의 장엄한 해조의 유입은 순식간에 가옥 · 전답 · 가축들을 삼켜 버린다고 한다. 기록에 의하면 최고 8.92m까지 솟은 적이 있다고 한다. 당나라 시인 유우석劉禹錫이 그 조수潮水를 노래했다.

팔월의 파도 뭍으로 밀려와 울부짖고	八月濤聲濤地來팔월도성도지래
수십 척의 거센 물결 산에 부딪혀 돌아서네.	頭高數丈觸山回두고수장촉산회
잠깐 사이 쳐들어와 바다 문으로 사라지는데	須臾却入海門去수유각입해문거
휘감아 올린 모래더미 눈사태를 일으키누나.	捲起沙堆作雪堆권기사퇴작설퇴

먼 옛날 춘추 시대에 오나라와 월나라가 다툴 때에 이런 이야기가 전한다. 월나라의 왕 구천이 오나라 왕 부차를 멸망시켰다. 구천은 그 공과 영화를 그 신하들과 함께 나누지 않았다. 그래서 일등 공신 범려는 구천 곁을 떠나 몸을 지켰다. 그러나 역시 일등 공신인 문종은 구천 곁을 지키다가 자살을 강요당해 죽게 된다. 죽을 때 그는 "내가 범려의 말을 듣지 않다가 오늘날 이 지경이 되었구나. 참으로 나는 어리석다." 다시 그는 "백년 후에 사람들은 반드시 나와 오자서를 충신이라고 할 것이다. 그러니 뭣을 탄식하리오." 하면서 칼을 물고 엎어졌다. 와룡산에 문종을 묻은 지 1년이 지났다. 어느 날 해일이 넘쳐 들어와 와룡산을 뚫고 마을을 휩쓸었다. 안전한 곳으로 피신한 마을 사람들은 이상한 광경을 보았다. 빠져나가는 해일을 따라 오자서와 문종이 앞뒤로 물결을 타고 어디론가 가고 있었던 것이다. 오늘날도 전당강에 바다 조수가 밀려들 때면 사람들이 말하기를 "앞의 물결은 오자서요, 뒤따라가는 물결은 문종이다"라고 한다.

원통하게 죽은 영혼들은 길이 평안하게 잠들지 못하나 보다. 일반 백성들이 그 원통한 마음을 풀어 주려는 의도가 사물에까지 전이되어 전설이 되고 마는 것이다.

이 강 위에 가설된 전당대교는 길이가 1453m이다. 겨울철에도 거의 교각의 허리까지 물에 잠기고 있어 이 전강의 수량이 풍부함을 알겠다.

제8장 소흥[紹興]

소흥은 항주에서 동쪽으로 60km 정도 떨어져 있으며 기차로 1시간이면 이르는 곳이다. 소흥 역시 소주처럼 운하의 도시여서 동양의 베니스로 불린다.

춘추 시대에는 월나라의 도읍지였다. 이때에 월왕 구천이 오왕 부차와의 싸움에서 패한 뒤 부차에 대한 설욕을 잊지 않고자 상담[嘗膽-쓸개를 맛보다]하던 곳이 바로 이 땅이기도 하다. 그 옛날 구천이 오왕 부차에 쫓겨 끝내 목숨을 구걸한 곳인 회계산[會稽山]은 이곳 소흥 남쪽에 있다.

소흥은 중국의 4대 미녀 중의 제일 미녀인 서시[西施]의 고향이며, 당나라 때 이백을 적선인[謫仙人-하늘에서 귀양 온 신선]이라고 불렀던 사명광객[四明狂客] 하지장[賀知章]의 고향이다. 청나라 말기 여성 혁명가 추근[秋瑾]을 낳은 곳이며 근대에는 노신의 고향이기도 하다. 그리고 주은래의 원적지[할아버지가 살았던]이다.

하자장은 744년, 나이 86살에 벼슬을 접고 낙향한다. 이때 지은 시가 유명하다.

고향에 돌아와서

하지장(당)

(1)

어려서 집을 떠나 늙어서 돌아오니
고향 말씨 예 같으나 귀밑털만 희끗희끗.
아이들 서로 보며 알아보지 못하고
웃으며 손님은 어디서 왔느냐고.

回鄕偶書①회향우서

賀知章(唐)

(1)

少小離家老大回[소소리가노대회]
鄕音不改鬢毛衰[향음부개빈모쇠]
兒童相見不相識[아동상견불상식]
笑問客從何處來[소문객종하처래]

(2)
고향을 떠난 후 많은 세월 흐르고
근래에 세상살이 반은 헛되이 보냈네.
문 앞에 경호수가 아직 남아 있으니
봄바람에 여전히 옛날 물결 이누나.

(2)
離別家鄉歲月多 이별가향세월다
近來人事半消磨②근래인사반소마
唯有門前鏡湖水 유유문전경호수
春風不改舊時波 춘풍불개구시파

---

① 우서偶書 : 흥에 따라 글을 써 내려가다는 뜻이다.
② 소마消磨 : 헛되이 보내다. 점차 없어지다.

작가소개 하지장 (659~744) : 자는 계진季眞이고 월주 영흥越州永興 사람이다. 영흥은 지금의 소흥이다. 695년에 진사에 급제하고 집현원 학사, 태자빈객, 비서감을 거쳤다. 그는 초서와 예서에 능했고 성격이 활달하고 언변이 훌륭했다. 고모의 아들 육상선陸象先이 말하길 "계진은 청담과 풍류를 즐겨 내 하루라도 못 보면 비루함이 생긴다"라고 했다. 만년에 자칭 사명광객四明狂客이라 하면서 고향 회계소흥로 은퇴했다. 은퇴시 현종이 경호鏡湖와 섬천剡川을 하사하고 시를 지어 태자와 함께 전송했다.

하지장이 죽고 3년 뒤인 747년에 이백이 소흥 유람 중 그의 무덤을 찾아 지은 시가 전한다.

술을 대하여 하지장 대감을 생각하며 아울러 서序를 짓다.

이백(당)

對酒憶賀監幷序 二首 대주억하감병서 이수

李白(唐)

태자빈객 하공賀公이 장안 자극궁紫極宮에서 나를 보고 적선으로 불렀다. 금거북이를 풀어 술과 바꾸어 즐겼는데 그가 죽고 난 뒤 술을 대하니 쓸쓸한 회포가 있어 이 시를 짓는다.

(1)
사명에 미친 손이 있었으니
그가 바로 풍류객 하계진이라.
장안에서 서로들 한번 보고서
나더러 적선이라 불렀더라.

(1)
四明①有狂客 사명유광객
風流賀季眞②풍류하계진
長安一相見 장안일상견
呼我謫仙人③호아적선인

그 옛날 잔 속의 물질 좋아도 하더니만
지금은 솔 아래서 티끌이 되었구나.
금 거북을 술하고 바꾸어 마시던 곳
문득 생각하니 눈물이 수건 적시네.

舊好杯中物④구호배중물
今爲松下塵금위송하진
金龜⑤換酒處금구환주처
却憶淚沾巾각억루점건

① 사명四明 : 산 이름.
② 하계진賀季眞 : 하지장의 자字는 계진이다.
③ 적선인謫仙人 : 신선 세계에서 인간 세계로 귀양 온 신선.
④ 배중물杯中物 : 잔 속의 물질 즉 술을 뜻한다. 도연명의 '책자責子-자식을 탓하다'에 나오는 시어이다.
⑤ 금구金龜 : 관리들 예복 주머니. 허리에 매다는 일종의 노리개이다.

(2)
광객이 사명으로 돌아가니
산음의 도사가 환영하더라.
칙령으로 경호수 하사하시니
누대와 호수도 영광이로다.

(2)
狂客歸四明광객귀사명
山陰道士①迎산음도사영
勅賜鏡湖②水칙사경호수
爲君臺沼榮위군대소영

사람은 가고 이제 옛집만 남아
부질없이 연꽃만 피어났구나.
생각하면 아득히 꿈만 같아서
처연히 내 마음을 슬프게 하네.

人亡餘故宅인망여고택
空有荷花生공유하화생
念此杳如夢념차묘여몽
凄然傷我情처연상아정

① 산음도사山陰道士 : 산음은 소흥이다. 예전에 이곳에 살던 한 도사가 왕희지의 글씨가 탐이 나서, 왕희지가 좋아하는 거위를 주고 황정경黃庭經을 써 달라고 하여 교환하였다. 여기서는 산음으로 돌아가는 하지장을 왕희지에 비긴 것이다.
② 경호鏡湖 : 산음에 있는 호수이다. 하지장이 벼슬을 그만두고 고향으로 돌아가려 하자 현종은 경호鏡湖와 섬천剡川의 땅을 하사하였다.

서시의 바위

누영(당)

그 옛날 서시가 빨래하던 나루터
돌 위의 푸른 이끼 사람을 비감케 하네.
고소성에 한번 간 후 돌아오지 않는데
언덕 옆의 도리화 누굴 위한 봄이더뇨?

西施石①서시석

樓潁(唐)

西施昔日浣紗津 서시석일완사진
石上青薹思殺人 석상청대사살인
一去姑蘇②不復返 일거고소불부반
崖傍桃李爲誰春 애방도리위수춘

① 서시석西施石 : 회계의 토성산土城山 아래에 있는 빨래하던 바윗돌.

② 고소姑蘇 : 지금의 소주시. 월왕 구천이 미인계로 오왕 부차에게 서시를 바치자 부차는 서시를 위해 고소대를 쌓고 환락에 빠졌다.

작가소개 누영 : 천보天寶 연간 안팎으로 생존하였고 진사에 급제하였다.

난정蘭亭

난정은 소흥 시내에서 서남쪽에 있다. 일찍이 월왕 구천 시대부터 이곳에 난을 심었고, 한나라 때에 이곳에 역정驛亭을 세웠기 때문에 난정이라 불려 왔다. 동진 시대 왕희지의 글, 난정집서蘭亭集序가 지어진 후 서예가들의 정신적 고향이 되었다.

유상곡수

시골 길을 한참 가서야 대나무 숲이 우거진 곳에 난정의 입구가 보인다. 성급 중점 문물 보호 구역임을 알리는 표지판을 지나 차에서 내려 얼마를 더 걸어가면 아지鵝池라는 작은 연못이 나온다. 왕희지가 특히 거위를 좋아하여 붙여진 이름이다. 연못 옆에는 鵝池아지라고 쓴 비석이 세워져 있는데 왕희지의 글씨체이다.

이 아지 연못으로 굽이쳐 흘러드는 물길이 있으니 저 유명한 유상곡수流觴曲水이다. 너비는 발을 가볍게 뻗어 건널 수 있을 정도인데 별로 다듬지 않은 돌들을 이어붙여 도랑을 만들어 놓고서, 이리저리 물길을 잡아 굽이쳐 흐르게 하고 있다.

동진 시대에 왕희지는 영화永和 9년서기354년 3월 3일에 손들을 이곳에 초청하여 유상곡수의 잔치를 베풀었다. 유상곡수라는 것은 아홉 굽이의 물의 흐름을 만들어 놓고 사람들이 물가에 앉아, 위에서 떠내려 오는 술잔을 받아서 마시며 시를 짓는 풍류적 모꼬지인 연회의 장소이다. 이때 모인 사람이 42인또는 43인이라고도 함이며 이들이 지은 시37수를 시집으로 내었는데 왕희지가 그 서문을 썼다. 이가 바로 그 유명한 난정집서蘭亭集序이다.

지금의 것이 그 당시 왕희지 일행들이 연회할 때의 그 곡수이겠는가만은 그때의 멋을 상기할 수 있도록 꾸미고 다듬어 놓았다. 다만 수량이 많고 물살이 세어서 술잔을 띄워 흘려 보내기에는 무리인 것 같다. 우리나라 경주 포석정鮑石亭과는 규모 면에서는 견줄 바가 아니다. 하지만 돌을 가지고 조개 모양을 만들어 물길을 트고서 술잔을 띄운 아취는 포석정이 이를 능가한다 할 것이다. 주위에는 대나무와 잡목들이 우거져 겨울인데도 아늑한 느낌을 주고 있다.

난정집서또는 난정기

왕희지(동진)

영화 9년 계축년, 늦봄 초엽에 회계 산음의 난정에 모여 계사음력 3월3일 물가에서 재앙을 물리치고 복을 구하는 연중 행사의 하나를 행하였다. 많은 현인들과 젊은이 늙은이 다 모였다.

이 땅은 산이 높고 고개가 험하며 무성한 수풀과 긴 대나무 숲이 있으며 또한 맑은 물의 흐름과 거센 여울이 있어 좌우의 그림자가 비치어 이어져 있다. 물을 끌어 대어 유상의 곡수를 만들어서 차례로 자리에 벌여 앉았다. 비록 사죽絲竹이나 관현管絃 따위의 음악의 성대함은 없으나 한 잔의 술에 한 수의 시는 그윽한 정서를 펴기에 족하다.

이 날은 천기가 맑고 명랑하여 은혜로운 봄바람이 화창하였다. 우러러 우주의 큼을 보고, 굽어서 만물의 무성함을 살폈다. 자유롭게 눈을 들어 바라보고 가는 대로 마음을 달려 보니, 보고 듣는 즐거움을 다하기에 족하다. 이는 진실로 즐거운 일이다.

무릇 사람이 평생을 우러러보고 굽어보며 살아감에 있어서, 어떤 이는 회포를 취하여 실내에서 서로 말하기도 하고, 또 어떤 이는 대자연에 몸을 맡겨 속박에서 벗어나기도 한다. 비록 나아가고 멈춤은 만 가지가 다르고 고요함과 시끄러움이 같지 않더라도, 그 만나는 바를 즐겨 잠시 자기 마음에 드는 때를 당해서는, 스스로 만족하여 늙음이 바야흐로 다가옴을 알지 못하는 것이다. 그 마음 가는 바가 벌써 권태로워져서 정[情]도 일에 따라 바뀌는 데에 미치면, 감개함이 이에 따르게 되고 지난날에 즐긴 바는 잠깐 동안에 묵은 자취가 되어 버리니 회포를 일으키지 않을 수 없을 것이다. 하물며 목숨의 길고 짧음이 변화에 따라 마침내 끝남의 기약이 있을 때에는 더욱 그러하다. 고인이 말하길 생사야말로 또한 대사라 하였으니 어찌 애통하지 않으랴!

매번 옛 사람이 감회를 일으킨 까닭을 볼 적마다 내 마음과 동일함을 느껴서, 아닌게 아니라 글에 임하여 슬퍼 마지 않았다. 그리고 그것을 슬퍼하지 않도록 깨치지를 못하였다. 진실로 삶과 죽음이 같다는 것은 허황된 말임을 알겠고, 장수와 요절을 같이 보는 것도 망령된 것임을 알겠다. 후세 사람이 지금의 우리들의 일을 보거나 또 지금의 우리가 옛 사람의 일을 보거나 매양 한가지일 것이다. 참으로 슬프도다! 이런 까닭에 지금의 이 사람들의 이름을 나란히 적어 그 지은 바를 기록하니, 비록 세상이 달라지고 일이 달라도 심회를 일으키는 까닭은 일치할 것이다. 훗날 이를 보는 자 역시 이 글에 감동이 있을 것이다. 최인욱 선생의 번역 참조

蘭亭集序 난정집서

王羲之(東晋)

永和①九年 영화구년 歲在癸丑 세재계축 暮春之初 모춘지초
會于會稽山陰之蘭亭 회우회계산음지난정 修禊事也 수계사야
群賢畢至 군현필지 少長咸集 소장함집
此地有崇山峻嶺 차지유숭산준령 茂林修竹 무림수죽
又有清流激湍 우유청류격단 映帶左右 영대좌우

引以爲流觴曲水인이위류상곡수 列坐其次열좌기차
雖無絲竹管絃之盛수무사죽관현지성 一觴一詠일상일영
亦足以暢叙幽情역족이창서유정
是日也시일야 天朗氣淸천랑기청
惠風和暢혜풍화창 仰觀宇宙之大앙관우주지대
俯察品類之盛②부찰품류지성 所以游目騁懷소이유목빙회
足以極視聽之娛족이극시청지오 信可樂也신가악야

夫人之相與부인지상여 俯仰一世③부앙일세
或取諸懷抱혹취제회포 晤言④一室之內오언일실지내
或因寄所託⑤혹인기소탁 放浪形骸之外⑥방랑형해지외
雖趣舍⑦万殊수취사만수 靜躁不同⑧정조불동
當其欣於所遇당기흔어소우 暫得於己잠득어기
快然自足쾌연자족 曾不知老之將至증불지로지장지
及其所之旣倦급기소지기권 情隨事遷정수사천 感慨係之矣감개계지의
向之所欣향지소흔 俛仰之間⑨면앙지간 以爲陳迹이위진적
尤不能不以之興懷우불능불이지흥회
況修短隨⑩化황수단수화 終期於盡종기어진
古人云고인운 死生亦大矣사생역대의 豈不痛哉개불통재

每覽昔人興感之由매람석인흥감지유 若合一契⑪약합일계
未嘗不臨文嗟悼미상불림문차도 不能喩之於懷불능유지어회
固知一死生⑫爲虛誕고지일사생위허탄 齊彭殤⑬爲妄作제팽상위망작
後之視今후지시금 亦猶今之視昔역유금지시석
悲夫비부 故列叙時人고렬서시인 錄其所述녹기소술
雖世殊事異수세수사이 所以興懷소이흥회 其致一也기치일야
後之覽者후지람자 亦將有感於斯文역장유감어사문

① 영화永和 9년 : 동진東晋의 목제穆帝때인 서기 354년.
② 품류지성品類之盛 : 만물의 무성함.
③ 부앙일세俯仰一世 : 아래 위를 보면서 살아가는 인간 생활.

④ 오언晤言 : 상대하여 말하는 것.
⑤ 인기소탁因寄所託 : 자기의 심신을 의탁하는 곳 즉 환경에 몸을 맡기다.
⑥ 방랑형해지외放浪形骸之外 : 현실의 속박에서 벗어나 자유로워지다. 유유자적함을 뜻한다.
⑦ 취사趣舍 : 나아가고 멈추다.
⑧ 정조부동靜躁不同 : 고요함과 시끄러움이 같지 않다.
⑨ 면앙지간俛仰之間 : 머리를 숙였다 치켰다 하는 사이. 얼마 안 되는 삶의 기간. 조선 시대 송순의 호가 면앙정이었다.
⑩ 수단修短 : 사람 목숨의 길고 짧음.
⑪ 합일계合一契 : 조각을 맞추다. 동일하다.
⑫ 일사생一死生 : 죽음과 삶을 동일시하다.
⑬ 제팽상齊彭殤 : 700세를 산 팽조彭祖와 단명한 유자幼子를 나이에 있어 차이가 없다고 본다. 우주의 영원성에서 본다면 팽조의 700세도 순간에 지나지 않고, 어려서 죽은 유자도 하루살이 생명에 비하면 장수한 것이다. 그래서 팽상은 같다는 것이다. 상殤은 미성년에서 죽은 사람을 말한다.

작가소개 왕희지(321~379) : 자는 일소逸少이며 회계會稽 출신이다. 동진東晋의 개국 공신인 왕도王導의 조카이며 왕광王曠의 아들이다. 벼슬이 우군장군右軍將軍에 올랐기에 왕우군이라 불린다. 16살에 극감郗鑒의 사위가 되어 슬하에 7남 1녀를 두었다. 막내 헌지獻之도 글씨에 능하였다. 희지는 해서, 행서, 초서의 3체를 완성한 중국 최고의 서예가이다. 서성書聖으로 불린다. 왕희지의 글씨를 병적이다시피 사랑한 이가 당태종 이세민이다. 난정집서의 원본은 그의 무덤 소릉昭陵에 배장陪葬(-시신과 함께 묻는 일) 되었다고 한다.

난정집서는 왕희지 집안에 내려오는 가보였다. 그의 후손 왕지영王智永의 대에까지 전해졌는데 지영은 자식을 보지 못하고 출가해 버렸다. 그러니 난정집서는 그의 제자인 변재辨材에게 맡겨졌다. 그는 서화에 소양이 있는 사람이었기에 소중히 간직하며 세상에 알리지 않았다. 그러다가 당 태종이 백방으로 물색하다가 변재의 수중에 있음을 알고 소익蕭翼이라는 어사를 보내어 구입해 보려 했다. 소익은 이왕(왕희지와 왕헌지)의 서첩을 가지고 그에게 접근하였다. 소익의 인격과 지식에 감동을 받은 변재가 어느 날 술자리에서 취하자 난정집서가 있는 곳을 무심코 발설해 버렸고 소익은 변재가 외출한 사이에 몰래 난정집서를 챙기고 말았다. 이 사실을 알고서 변재는 충격을 받아 죽었다고 한다. 당 태종은 이 난정집서를 그야말로 애지중지하다가 자신의 무덤에 함께 묻어 달라고 했다는 것이다.

왕우군王右軍 기념관 입구에는 아담한 연못이 조성되어 있는데 墨池묵지라는 팻말을 꽂아 두었다. 물이 검어질 정도로 벼루를 많이 씻었다는 이야기인데 그만큼 글씨 연습을 많이 했다는 것이리라. 우리나라의 명필 추사秋史 김정희金正喜도 70평생 벼루 10개를 구멍 내었고, 붓 1000자루를 몽당붓으로 만들었다고 하니 명필은 노력에서 나오는가 보다.

기념관 건물에는 복도식 회랑이 길게 뻗어 있고 비석이나 족자와 같은 많은 기념물이 전시되어 있다. 이곳의 건물들 거개가 물로 에워싸여 있다는 느낌이 든다. 연못에는 잎이 떨어진 수초의 줄기만 어지럽게 화살이 꽂힌 듯 남아 있다. 이때는 겨울1992년 1월이었다.

회랑 난간에는 난초 분이 띄엄띄엄 간격을 두고 놓여 있다. 가만히 보면 모래나 자갈에 심어져 있지 않고, 보통 흙에 심어져 있으면서 잘 자라고 있으니 우리와 재배 방식이 다르다는 것을 알겠다.

왕우군	王右軍왕우군
이백(당)	李白（唐）
왕우군은 본성이 맑고 진솔해	右軍本淸眞우군본청진
세속 풍진 속에서도 산뜻하였네.	瀟灑①在風塵소쇄재풍진
이 산음 땅에서 도사를 만났는데	山陰遇羽客②산음우우객
거위를 좋아하는 빈객을 사랑했더라.	愛此好鵝賓③애차호아빈
흰 비단에 쓸어내듯 도경을 베끼니	掃素寫道經④소소사도경
필치가 정묘하여 입신의 경지더라.	筆精妙入神필정묘입신
다 쓰고는 거위를 조롱에 넣어 감에	書罷籠鵝去서파롱아거
주인에게 어찌 이별 따위를 고하랴?	何曾別主人하증별주인

① 소쇄瀟灑 : 산뜻하고 깨끗하다. 우리나라 전남 담양에 소쇄원이라는 정원이 있다.

② 우객[羽客] : 선인[仙人] 또는 도사[道士].
③ 아빈[鵝賓] : 거위를 좋아하는 손, 즉 왕희지를 가리킨다.
④ 도경[道經] : 노자[老子]의 도덕경, 또는 황정경[黃庭經]이라고도 한다.
※ 중국 제일의 서예가인 왕희지가 산음의 도사를 위해 도덕경을 베껴 주고 그 대신으로 거위를 얻어 가지고 돌아온 고사를 노래한 작품이다. 왕희지는 그의 명필을 가지고 어려운 이들을 위하여 부역을 면제해 달라는 간청문을 써 주기도 했다.

왕우군이 거위를 바꾸다. 右軍換鵝[우군환아]

이규보(고려) 李奎報(高麗)

힘들여 섬계등지[剡溪藤紙]에 글씨를 써 주고 費盡溪藤[①]始掃殘[비진계등시소잔]
흰 거위를 바꾸어 조롱에 넣어 돌아오다. 滿籠剛換白鵞還[만롱강환백아환]
어리석은 노파는 거위를 삶아 놓고 기다리니 不如癡姥烹相待[불여치모팽상대]
산음의 한 조각 인색함을 부순 것만 못하네. 破却山陰一段慳[파각산음일단간]

① 계등[溪藤] : 섬계의 등나무로 만든 종이.
※ 원래 왕희지는 거위를 좋아하여서 산음의 한 도사가 거위 여러 마리를 키우고 있는 걸 알고 그 중 한 마리를 달라고 요구했다. 황정경[또는 도덕경] 한 벌을 써 주면 바꾸어 주겠노라고 하니 황정경을 써 주고 거위를 조롱에 넣어 돌아온 고사가 있다. 그리고 또 하나는 회계에 어느 노파가 거위를 기르고 있었는데 그 거위는 울기를 잘하였다. 왕희지가 이 소문을 듣고 친구와 그 집에 거위를 보러 찾아갔다. 이때 노파는 왕희지가 온다는 말을 듣고 거위를 잡아서 삶아 놓고 기다렸으므로 기가 막혀 여러 날 탄식하였다는 것이다. 인색한 도사에게 황정경을 써 주고 작별도 고하지 않고 돌아온 것이 노파가 거위를 삶아 대접하려 했던 것보다는 낫다는 것이다.

작가소개 이규보(1168~1241) : 고려 시대의 문신이다. 자는 춘경[春卿]이고 호는 백운거사[白雲居士]이다. 벼슬은 문하시랑평장사[門下侍郎平章事]에 이르렀다. 그의 시풍은 당대에 풍미[風靡]하였다.

왕희지에게는 일곱 아들이 있었는데 막내 아들 헌지[獻之]가 글씨에 빼어나 그의 아비와 함께 2왕[二王]으로 불렸다. 헌지는 어려서 총기는 있었으나 놀기를 좋아했다. 어느날 大 자를 써 놓고 놀러 나가려는 참에 아버지가 와서는 점 하나를 찍어 太 자로 만들었다. 헌지는 이를 들고 어머니께 자랑했다. 어머니는 점 하나만 잘 썼구나 했다. 이에 헌지는 부끄러움을 느껴 아버지께 어떻게 하면 글씨를 잘 쓸 수 있느냐고 여쭈었다. 아버지는 마당에 있는 18개의 물독을 가리키며 저 물을 글씨 연습에 다 쓰면 그 답을 알 수 있을 것이라 했다. 그는 연습을 거듭하여 대성하였다. 송[宋]나라 양흔[羊欣]의 고래능서인명[古來能書人名]에는 다음과 같이 기록되어 있다.

"헌지는 예서와 초서에 능하다. 필세[筆勢]는 부친에 미치지 못하나 미취[媚趣–곱기]는 부친 이상이다."

세설신어[世說新語]에는 다음과 같은 이야기가 전한다.

동진 효무제 12년[374년]에 왕희지의 아들 왕미지[王微之]와 왕헌지 두 형제가 똑같이 중병에 걸렸다. 왕헌지가 먼저 죽었다. 미지가 주위 사람에게 물었다. 어찌 요즘 헌지의 소식이 없느냐고. 이에 이미 세상을 떴다고 하였다. 미지는 조금도 내색하지 않고 문상하였다. 다만 헌지의 생전에 쓰던 거문고를 영전에서 뜯었는데 곡조가 맞지 않았다. "자경[子敬–왕헌지의 자]아! 자경아! 사람이 죽으니 거문고마저 따라 죽고 말았구나"라고 하였다. 그리고 한 달 뒤 자유[子猶–왕미지의 자]도 세상을 뜨고 말았다.

또 하나의 이야기. 왕미지가 산음[山陰]에 살고 있었다. 어느 날 밤 큰 눈이 내렸다. 술을 마시며 시를 노래하다가 문득 섬현[剡縣]에 살고 있는 대안도[戴安道–동진 시대의 유명한 서화가]가 생각났다. 한밤중에 배를 타고 찾아가니 새벽녘이 되었다. 그는 갑자기 배를 돌려 돌아오고 말았다. 사람들이 그 까닭을 물으니 "흥이 나서 갔는데 이미 흥이 다했으니 돌아온 것뿐이오. 그러니 그를 굳이 만날 필요가 있겠소?" 했다.

뒤뜰 왼편에는 어비정[御碑亭]이 있다. 청나라 강희제가 왕희지의 난정서를 베껴 쓴 것을 돌에 새겨 비각에 보호하고 있다. 계유년[1693년] 춘일에 썼다고 되어 있다.

이 난정 너머 뒤편에는 제법 큰 여울이 흘러 난정을 감싸며 흐르고 있다. 개울과 산 언덕이 조화를 이루어 산자수명한 곳이란 생각이 든다. 이 물 건너편 산기슭에 왕희지와 관련되는 기념 자료들을 전시하고 있는 건물이 한 채 있는데 거기에는 잡다한 기념품도 팔고 있다. 특히 양질의 붓이 마음에 들어 몇 자루 샀다.

월녀의 노래(3수)

이백(당)

(3)
약야계에 연 따는 아가씨
객 보고서 뱃노래 부르며 돌아가네.
살며시 웃으며 연꽃 속에 들어가
부끄러운 듯 나오질 않네그려.

(4)
동양 땅에 흰 발의 아가씨
회계 땅에 흰 배 탄 낭군님.
서로 보다가 달이 지지 않아
공연히 애간장이 끊어지네.

(5)
경호의 물 달처럼 아름답고
야계의 계집애들 눈같이 희구나.
새 단장이 새 물결에 흔들리니
이 둘은 진기한 풍경이로세.

越女詞월녀사

李白(唐)

(3)
耶溪①採蓮女야계채련녀
見客棹歌回견객도가회
笑入荷花去소입하화거
佯羞不出來양수불출래

(4)
東陽②素足女동양소족녀
會稽素舸郎회계소가랑
相看月未墜상간월미추
白地③斷肝腸백지단간장

(5)
鏡湖④水如月경호수여월
耶溪女如雪야계녀여설
新粧蕩新波신장탕신파
光景兩奇絶광경양기절

---

① 야계耶溪 : 약야계. 절강성 소흥 남쪽을 흐르는 시내.
② 동양東陽 : 절강성의 남쪽에 있는 현 이름.
③ 백지白地 : 이유 없이. 공연히.
④ 경호鏡湖 : 약야계는 회계 남쪽에서 북쪽으로 흘러 경호로 들어간다.
※ 이 시들은 이백이 26살(726년)에 이곳 소흥에서 노닐 때 지은 것이다.

심원沈園

심원	沈園심원
육유(송)	陸游(宋)
성 위에 해 기우니 화각 소리 구슬프고	城上斜陽畵角①哀성상사양화각애
심원의 연못과 누대 옛 모습 아니로다.	沈園非復舊池台심원비부구지대
다리 아래 푸른 봄물 더욱 가슴 아파라,	傷心橋下春波綠상심교하춘파록
기러기의 놀란 그림자 비추던 곳이기에.	曾是驚鴻②照影來증시경홍조영래

① 화각畵角 : 옛날 군악기軍樂器의 일종인데 7가지 색채를 입혔다. 통상 성루城樓에서 시간을 알릴 때 불었다.

② 경홍驚鴻 : 놀란 기러기. 여기서는 육유의 아내 당완唐琬을 말한다. 당완은 원래 육유의 이종 사촌 누이 동생이었다. 결혼 후 두 사람의 금슬은 매우 좋았다. 그러나 육유의 어머니는 당완을 몹시 싫어했다. 결국 이혼하게 되고 당완은 조사정趙士程이라는 이에게 개가했다. 곧이어 육유도 재취하였다. 1155년 봄에 육유가 심원에 들렀다가 우연히 당완을 만나게 되는데, 당완은 육유를 살뜰히 접대해 주었으나 서로는 매우 서먹하였던 것이다. 이때 육유는 담장에다가 채두봉釵頭鳳이라는 시를 적어 두고 왔는데, 그녀는 그 시를 읽고 자신의 운명을 더욱 비감하게 생각했다. 이로부터 당완은 시름시름 앓다가 세상을 뜨고 말았다. 1199년 75세의 나이에 육유는 다시 이곳 심원을 찾아서 옛일을 회상하며 이 시를 지은 것이다.

작가소개 육유 (1125~1210) : 호는 방옹放翁이고 남송 때의 산음山陰 사람이다. 산음은 지금 절강성 소흥이다. 어려서부터 항금구국抗金救國-금나라에 항거하여 나라를 구하다의 신념이 대단하였다. 전선을 누비며 전력을 다했지만 북벌을 이루지 못했다. 그러나 그의 시 세계는 더욱 넓고 풍부해졌다. 육유는 중국 역사상 걸출한 애국 시인으로 꼽힌다.

심원은 심씨원沈氏園으로도 불리는데 소흥 시내에 있다. 송나라 시인 육유가 거처하던 곳이다. 한길에서 골목길을 따라 들어가면 한적하고 고즈넉한 분위기의 정원이 나타난다. 시내에 이런 장소가 있으리라고는 의심이 갈 정도로 수수롭고 아담하다. 자그마한 공원 같은 느낌의 경내에는 작은 연못이 있어 정자가 물에 떠 있고, 여기저기 노란 매화[남매-섣달에 피는 매화]가 피어 있다. 찾는 이는 드물다. 육유와 그의 아내와의 안타까운 사랑을 아는지 모르는지 으슥한 곳에 남녀 한 쌍이 밀착하여 벤치에 앉아 있음이 눈에 띌 뿐이다.

소흥 시내에 있는 심원

육유는 오랑캐의 먼지를 쓸어 버리고 국난을 평정하는 것을 본분으로 알고, 금나라에 항거하는 데에 온 힘을 다 바쳤던 진정 의로운 인물이었다.

분함을 적으며

육유(송)

어렸을 적 어찌 세상의 어려움을 알았겠나?
북으로 중원 바라보니 기세 산과 같았더라.
누선 타고 눈 오는 밤 과주를 건넜고
철마 타고 가을바람에 대산관을 넘었도다.

변방 장성 수자리 공연히 자부하나
거울 중 귀밑머리 이미 먼저 희끗희끗
출사표는 참으로 세상에 전하거늘
천년의 세월에 버금갈 이 그 누군가?

書憤 서분

陸游(宋)

早歲那知世事艱 조세나지세사간
中原北望氣如山 중원북망기여산
樓船夜雪瓜洲渡 루선야설과주도
鐵馬秋風大散關 철마추풍대산관

塞上長城空自許 새상장성공자허
鏡中衰鬢已先斑 경중쇠빈이선반
出師一表眞名世 출사일표진명세
千載誰堪伯仲間 천재수감백중간

검문산 도중에 가랑비 맞으며

육유(송)

나그네 옷에 먼지와 술자국만 남았고
먼 길 떠돌았으니 내 마음 쉴 곳이 없네.
아! 이 한 몸 시인으로 그치고 말 것인가?
가랑비 속에 나귀 타고 검문에 들도다.

劍門[①]道中遇微雨 검문도중우미우

陸游(宋)

衣上征塵雜酒痕 의상정진잡주흔
遠遊無處不消魂 원유무처불소혼
此身合是詩人未 차신합시시인미
細雨騎驢入劍門 세우기려입검문

① 검문劍門 : 사천성 검각현劍閣縣 북쪽에 있다. 한 사람이 창을 가지고 지키면 만 사람이 주저한다고 하는 곳이다.

노신기념관魯迅紀念館

심원을 둘러보고 난 뒤, 큰 길로 다시 나와 서쪽으로 걸어 얼마 안 가서 우측에 노신 기념관을 만나게 된다. 허름하고 소박한 가옥이다. 출입문 입구에는 노신고거魯迅故居라는 팻말이 붙어 있다. 그는 여기서 1881년에 태어났다. 중국인이 존경해 마지 않는 노신의 옛집이라 그런지 주위가 아주 깨끗하게 정비되어 있다.

가이드한족는 한번 들어가 보기를 원하는 듯한데 당시 나는 근대 중국 작가에 큰 매력을 느끼지 못하던 터였다. 날도 어두워지고 시간에 쫓겨 대문에서 기웃거리기만 하고 들어가 보지는 않았다. 지금 생각하면 아쉽기만 하다. 그후 몇 년 뒤 북경을 방문했을 때 부성문阜城門 북측에 있는 노신기념관을 이때는 진심으로 보기 원해 찾아갔으나 문을 닫으려는 시각이라 헛걸음한 적이 있었다. 이래저래 노신과의 인연은 없는 듯하다.

> "혹한을 무릅쓰고 2000여 리를 거쳐 20여 년 동안 소식을 전하지 못하던 고향으로 나는 돌아왔다. 계절은 한겨울, 고향에 가까이 옴에 따라 날씨도 흐리고 차디찬 바람이 선창에 불어와 우우 하고 소리를 내었다. 배 사이로 바라보면 회황색의 하늘 아래, 여기저기 외로운 듯이 마을들이 누워 있고 아무런 활기도 없다. 끊임없이 내 마음에 비애가 일어난다." 〈노신의 '고향'에서〉

중국인들은 지금도 노신을 "몸집은 왜소하고 56년의 짧은 생을 살았지만, 작가와 사상가로서 그리고 강인한 정신력으로 중국과 세계를 뒤흔들고 감동시켰다"라고 말한다. 그리고 "그의 발자국은 아직도 뚜렷하고 영혼은 멀리 있지 않다"라고 생각한다.

부산공원府山公園

부산공원은 소흥시에서 가장 큰 공원이다. 마애 석각이나 역사 기념비 등이 있지만 월왕전越王殿과 월왕대越王臺가 있어 유명한 곳이다. 출입문 격인 월왕대를 지나 잘 다듬어진 돌길과 돌계단을 몇 번 걸어 오르면 월왕전에 이른다. 이는 높이 쌓은 석축 위에 세워져 있다. 내부에는 월왕 구천의 상담嘗膽-쓸개를 맛 보며 복수심을 키움과 복국설치復國雪恥-설욕하여 나라를 다시 회복함와 연관된 벽화들이 그려져 있다. 월왕 구천을 중심으로 많은 인물들이 그려져 있는데 매우 상징적이면서도 구체적이기까지 하다. 서시와 범려의 그림도 눈에 띈다.

월왕전

월나라에서의 회고

이백(당)

월왕 구천이 오나라를 파하고 돌아오니
의사義士들도 집에서 비단 옷만 입었더라.
꽃 같은 궁녀들은 봄 궁전에 가득했으나
지금은 한갓 자고새만 날아다니네.

越中①覽古 월중람고

李白(唐)

越王句踐破吳歸 월왕구천파오귀
義士還家盡錦衣 의사환가진금의
宮女如花滿春殿 궁녀여화만춘전
只今惟有鷓鴣②飛 지금유유자고비

① 월중越中 : 월나라의 도읍지인 회계 즉 지금의 소흥을 말한다.
② 자고鷓鴣 : 꿩과의 새. 메추리와 비슷하다.
※ 이백이 726년에 소흥에서 노닐 때 지은 시이다.

춘추 시대에 오왕 합려가 월왕 구천에게 패하여 죽자 그의 아들 부차?~BC473는 아버지 원수를 갚으려고 아침 저녁으로 신薪-땔감 위에 누워 와신臥

薪 신하들로 하여금 그의 방문 앞에서 “부차여, 그대는 월왕이 그대의 아비를 죽인 일을 잊었는가?”라고 외치게 했다. 이리하여 그 이듬해에 부차는 부초산夫椒山에서 월나라를 격파했다. 월왕 구천은 회계산에 들어가 사신을 보내어 오나라와 화친을 청했다. “나는 오왕의 신하가 되고 내 아내는 왕의 종이 되겠으니 허락해 주십시오.” 하면서 간청했다. 오자서가 “절대 불가합니다.” 했으나 백비가 뇌물을 받아 먹고 부차를 설득하여 월나라의 청을 들어 주었다.

월왕 구천은 오나라에서 굴욕의 불모 생활을 끝내고 귀국하자 그의 방에 쓸개를 달아 놓고 이것을 핥으며상담-嘗膽말했다. “너는 회계에서의 수치를 잊었는가?” 하였다. 그리고 그는 몸소 밭에 나가 일했고 그 부인도 손수 베틀에서 옷감을 짰다. 고기를 먹지 않고 물들인 옷을 입지 않았다. 가르침을 청하고 손님을 우대했다. 죽은 이에게는 정중한 조의를 표하며 민심을 사고 국력을 모았다. 내치內治는 문종文種에게 맡기고 오직 범려范蠡와 전략 전술을 연구하였다. 그리고 천하 절색 서시를 미인계로 오나라에 바쳤다. 오나라에서는 백비가 오자서를 모함하니 오왕은 오자서를 자살케 하였다. 오자서는 죽음에 임해 아내에게 유언했다. “내 묘에는 가檟나무를 심으시오. 가나무로 부차의 관을 만들게 될 것이오. 그리고 내 눈을 빼어 동쪽 성문에 걸어 주시오. 그러면 월나라 군사가 오나라를 멸하는 것을 지켜 보겠소”라고 했다.

월나라는 20년 동안 경제력과 군사력을 키워 마침내 오를 공격했다. 오는 세 번 싸워 세 번 패했다. 부차는 고소성에서 포위당했다. 월에게 화친을 청했으나 범려는 들어 주지 않았다. 그제서야 부차는 “아, 내가 잘못했다. 오자서를 만날 낯이 없구나.” 하고 복면을 쓰고는 목을 찔러 자살했다.

오나라를 멸망시킨 최고의 공신인 범려는 사직하며 말했다. “월왕 구천의 인상은 목이 길고 입은 까마귀같이 뾰족하니, 이런 인상의 사람과는 고난은 같이 할 수 있지만 환락은 함께할 수 없으니 나는 떠나야겠다.” 그는 제나라로 가서 큰 부자가 되고 지혜 있음이 드러나 재상까지 올랐다. 다시 그는 사직하고 노나라로 가서 도주공陶朱公이라 일컫고 수만 금의 재산을 이루었다. 노나라 사람이 부자가 되는 법을 물으니 “다섯 마리의 암염소를 기르시오.”

하였나. 그 또한 거부가 되었다.

말 없는 이별

無語別무어별

임제(조선)

林悌(朝鮮)

열다섯 살 월계의 아가씨는
부끄러워 말 못하고 헤어졌어요.
돌아와 문 굳게 닫아 걸고는
배꽃 아래 흰 달 보며 눈물 흘려요.

十五越溪①女십오월계녀
羞人無語別수인무어별
歸來掩重門귀래엄중문
泣向梨花月읍향리화월

① 월계越溪 : 소흥紹興에 있는 시내 이름.

※ 작가 임제가 중국 소흥에 가서 지은 시는 아니다. 다만 당시唐詩의 시제와 시의를 본떠서 지은 것이다.

작가소개 임제(1549~1587) : 호는 백호白湖이다. 본관은 나주. 1577년에 알성문과謁聖文科에 급제하여 예조정랑禮曹正郎을 지내다가 당파 싸움을 개탄하여 벼슬을 그만두었다. 일찍이 서도병마사西道兵馬使로 부임해 가는 길에 황진이 무덤에 절을 하였다. 이것이 말썽이 되어 부임도 하기 전에 파직되었다. 그는 젊어서부터 방랑과 술과 친구를 좋아하였고 호협한 성격으로 유명하였다. 그는 평소에 "중국의 6조나 5대 시대에 태어났더라면 천자天子는 한번 해먹었을 텐데"라고 큰소리쳤다. 또 그는 임종에 가까워 가족들이 우는 것을 보고 다음과 같이 말했다. "사해제국四海諸國-천하의 여러 나라에서 황제라고 칭해 보지 않은 나라가 없는데 유독 우리만이 그래 보지 못했다. 이런 소국에서 태어났다가 죽는데 무엇이 그리 아깝다는 것이냐? 울지 마라."

제9장 소주蘇州

하늘에 천국이 있다면 지상에는 소주와 항주가 있다는 말이 전할 정도로 살기 좋은 곳이 소주 지방이다. 사방 수로水路가 연결되어 있어 교통이 편리하고, 벌이 넓어 수확되는 물산 또한 풍부하며, 역사가 깊어 명승고적이 많이 산재해 있다. 이런 조건 때문에 소주는 일찍부터 문명이 개화됐고 문화 수준이 높았다. 청나라 때에 과거 시험 합격자들 중에서 이곳 출신들이 타 지역에 비해 월등히 많았다는 것은 이 지역이 경제적으로 안정되고 문화적 자긍심과 학구열이 높았음을 증명하는 것이다.

이러한 문화적 전통은 소주의 자존심이 아닐 수 없다. 그래서인지 소주인들은 배타적인 경향이 짙다는 느낌을 받게 된다. 내가 중국에 여러 곳을 다녀 보았지만 그 중 가장 불친절하고 바가지 씌우고 비호감적인 곳은 하남성의 소림사 주변과 이곳 소주가 아닌가 한다.

그러나 소주는 아름다운 고장이다. 소주의 정원 즉 원림園林들이 훌륭하다. 바둑 줄처럼 이어진 수로 위에 구름다리가 멋있다. 소주의 비단이 곱고 이를 걸친 여인들이 아름다운 곳이다. 풍교야박楓橋夜泊이란 유명한 시가 탄생된 풍교와 한산사寒山寺가 있어 친숙한 데가 이 소주이다. 특히나 청나라 때 심복沈復이 '부생육기浮生六記'를 지은 곳이기에 더욱 애정이 가는 것이다. '부생육기'는 청나라 때 소주의 정원을 자랑하고 원예를 즐기며 고운 아내를 사랑하면서, 삶을 아름답게 그러나 한편으로 불우하게 살다가 간 한 선비의 인생 수필이다.

풍교楓橋

한산사로 향하는 길목에 닥지닥지 붙은 기념품 가게를 따라가다 보면 아름다운 무지개 다리를 만난다. 한산사 앞에 놓여 있어 풍교인가 생각했으나 이는 강촌교江村橋이다. 한산사 산문에서 오른쪽으로 꺾어 한 200m 정도 가면 철령관鐵嶺關이 있다. 이는 왜구를 막기 위해 명나라 때 만든 관문이다. 이 철령관을 지나야 풍교가 나타난다.

이곳에서 바라보는 강 풍경은 그런대로 한적하다. 물길은 제법 넓은데 배들이 나란히 정박해 있거나 또는 멀리 운무 속으로 사라진다. 하안河岸에는 방축을 쌓았고 가옥들이 연이어 들어서 있어 강풍어화江楓漁火-강 단풍과 고기잡이 불의 정경은 이제 어디에도 찾아 볼 수 없다.

풍교 위에서 바라다본 정경

풍교에서 하룻밤을 보내며	楓橋夜泊풍교야박
장계(당)	張繼(唐)
달 지자 까마귀 울고 서리는 하늘에 가득	月落烏啼霜滿天월락오제상만천
강 단풍에 고기잡이 불 시름겨워 졸고 있네.	江楓漁火對愁眠강풍어화대수면
고소성 밖 한산사	姑蘇城外寒山寺고소성외한산사
깊은 밤 종소리 배까지 들리도다.	夜半鐘聲到客船야반종성도객선

작가소개 장계 (756년 전후에 생존) : 자는 의손懿孫이며 양주襄州사람이다. 천보 12년753년에 과거에 급제하였다. 그는 장안에서 시명詩名을 떨치기도 했고 기개와 절개의 긍지가 높았다. 또 유식하고 담론을 좋아했다고 전해진다. 벼슬은 검교사부랑중檢校祠部郎中에 이르렀다.

장계는 이 시 한 편으로 일약 천하에 이름을 날린다. 이 작품 외에는 훌륭한 것이 별로 없었던지 큰 시인으로 알아 주지는 않았다. 그래서 그런지 천고의 절창 '풍교야박'에 시비를 거는 사람이 많았다. 霜滿天[상만천]은 霜滿地[상만지]가 마땅하다느니, 江楓[강풍]은 江橋[강교]나 風橋[풍교]로 대체해야 한다느니, 愁眠[수면]을 愁眠山[수면산]으로 해석하여 지명으로 고집하기도 하였다. 그리고 한밤중에는 까마귀가 울지 않는다고 하고 더구나 야밤에 소주 지방에는 종이 울리지 않았다고 하는 이들도 있었다. 그러나 이런 것들은 다 맞지 않는 터무니 없는 주장들이다. 장계의 이 시가 너무 잘 지어졌기에 몇몇 호사가[好事家]들의 질투에서 나온 것일 뿐이다.

구섭우[邱燮友]가 편찬한 '당시 300'수에는 다음과 같은 내용이 적혀 있다. 2차 세계대전 후 모 대학 입학 고사 물리 시험에 이 시의 후반 두 구를 인용하여 출제를 했다. "한산사 종소리가 밤중에 객선에 도달했다는데 대낮에는 객선에 도달하지 못하는 이유가 무엇인가?"라고 물었다. 시를 가지고 음파의 전달을 활용하여 물리 시험에 응용한 것이다. 한낮의 공기는 더워 위로 올라가기에 낮에는 종소리를 배에서 듣지 못하는 것이고, 밤의 공기는 차가워서 음파가 아래로 전해지기에 강가에서 들을 수 있다는 것이다.

입학 시험의 물리 과목에까지 출제의 보기로 등장할 만큼 이 시는 대중적이고 절창인 것이다.

다시 풍교에서 하룻밤을 자다.

장계(당)

백발 되어 꿈속처럼 또다시 찾아오니
청산은 의구하여 옛모습 그대로다.
까마귀 울고 달이 진 한산사
베개를 돋워 베니 아직도 깊은 밤 그 종소리 들리도다.

重宿楓橋[중숙풍교]

張繼(唐)

白髮重來一夢中[백발중래일몽중]
靑山不改舊時容[청산불개구시용]
烏啼月落寒山寺[오제월락한산사]
攲枕猶聽半夜鍾[기침유청반야종]

※ 이 시는 장계가 다시 풍교에 들러 지었다는 것이지만 아무래도 후인[後人]의 위작[僞作]인 듯하다.

한산사寒山寺

한산사는 소주 시내에서 서쪽 편에 있다. 풍교로楓橋路를 죽 따라가면 만나게 되는데 풍교 가까이 운하의 물길이 닿는 곳에 있다.

한산사는 육조 시대의 양梁나라 천감天監 연간502~519년에 세워졌다. 전하는 말에 의하면 당나라 초기에 두 승려 한산寒山과 습득拾得이 이곳에서 주지로 있은 후 한산사라는 이름으로 불리게 되었다고 한다. 후에 장계의 '풍교야박'이란 시로 인해 그 명성이 더욱 크게 떨쳐졌다.

한산사의 주요 건축물로는 대웅보전大雄宝殿을 위시하여 무전廡殿-편전偏殿 장경루藏經摟, 비랑碑廊, 종루鍾樓, 풍교제일루楓橋第一樓 등이 있다. 이들은 널리 알려져 유명한 것과는 달리 오히려 조촐한 느낌을 주는 건축물들이다.

무전 안에는 한산과 습득의 조각상과 향장목香樟木을 조각해서 만든 오백나한상이 진열되어 있다. 한산과 습득의 조각상은 금색을 입혔는데 한산은 오른손에 연꽃을 쥐고 있고, 습득은 약간 엉거주춤한 자세로 물병을 두 손으로 받쳐 들고 있다.

대웅보전에는 불상을 중심으로 좌우 벽과 뒷벽에 한산자의 시 36수와 위응물韋應物을 위시한 역대 시인들의 시작 10여 수가 새겨져 있다.

절 뒷쪽 오른편 조금 치우친 곳에 종루가 있다. 2층으로 된 조그마한 누각이다. 우리나라 절에 있는 종루는 벽이 없이 사방이 틔어 있으나 이는 벽에 창문을 낸 모양인데 망루와 비슷하다. 벽은 누런 색으로 칠해져 있고 종은 2층에 매달려 있다.

당송 시대에 소주 지방의 절에서는 밤에 타종하는 습속이 있어, 이를 반야종半夜鍾이라 했다. 그러나 장계의 '풍교야박'에 나오는 그 옛날의 종은 없어진 지 오래다.

한산사의 고종에 얽힌 전설은 다음과 같다. 당나라 초에 서역 불국에서 청동고종青銅古鍾이 한산사 산문 입구 근처 하안까지 떠내려 왔는데, 절의 승려들이 끌어낼 수가 없었다. 이때 습득이 장대를 가지고 그 종에 뛰어 올라 힘을 썼으나 오히려 동으로 떠내려가 일본에 도착한 것이다. 한산이 습득을 잊지 못해 그 종과 비슷한 것을 만들어 한산사에 걸어 놓게 되었다. 습득이 고종을 타고 일본으로 갔다느니, 일본에 습득사寺가 있다느니 하는 전설 때문인지 이 절에 일본 관광객이 많이 오는 모양이다.

그 당시의 종은 없어지고 명나라 가정嘉靖년간에 다시 만들었으나 그것도 명나라 말기 난세 통에 잃어 버렸다고 한다. 일설에는 왜변을 만나 녹여서 대포를 만들었다고 하며 또는 왜구가 약탈해 갔다고도 한다. 1904년에 강소江蘇의 순무巡撫인 진기룡陳夔龍이 한산사를 중수할 때, 종과 종루를 다시 만들었다. 이 것이 지금의 것이다.

지금은 돈을 몇 푼 내면 종을 쳐 볼 수 있다. 우리나라 에밀레종성덕대왕신종에 비하면 하찮은 것이다. 종 만드는 기술은 중국이나 일본보다 우리가 월등하다는 생각이 든다.

비랑碑廊에는 송대 이래 역대 명인들의 묵적墨跡인 석각들이 모여 있다. 이 중에는 악비岳飛, 문정명文征明, 당인唐寅, 유월兪樾, 강유위康有爲 등의 글이 있다. 특히 장계의 시 '풍교야박'을 유월이 쓴 것이 있어 눈길을 끈다. 그 탁본을 팔기도 하는데 지금은 가짜가 많다.

소주의 4대 원림園林

소주의 유명한 원림 4개는 유원留園, 사자림獅子林, 졸정원拙政園 창랑정滄浪亭 등이다. 처음 들러서 구경해 보면 매우 놀라운 것이지만, 두세 번 보다 보면 그렇지 않다는 느낌이 든다. 그 지나친 인공미가 우리나라의 담양의 소쇄원瀟灑園이나 보길도에 있는 부용원芙蓉苑, 경북 영양에 있는 서석지瑞石池 등의 자연미를 넘지 못한다고 생각하기 때문이다. 이는 가령 북경의 황실 정원인 이화원이 우리나라 서울 창덕궁의 비원과 비교될 때, 인공의 웅장한 미이냐 자연과의 조화의 미이냐를 따지는 문제와 같은 것이다. 사람마다 미적 기준이 다르기도 하지만.

정원의 3대 주안점은 수지水池, 축산築山, 건축建築등 세 부분의 조화이다. 소주의 정원은 대체로 물을 중심으로 조성되어 있다. 누각과 행랑도 물을 따라 세워져 있다. 물 위에는 각지게 꺾인 석교가 놓여서 아치를 더하고, 나무들과 괴석들이 물에 비치어 은은한 아름다움을 풍긴다.

졸정원

행랑에는 창문틀 창살이 독특한 아름다움을 풍긴다. 사방무늬나 넝쿨손 무늬의 창을 통해서 비치는 정경은 은근히 멋스럽다.

바위를 쌓아 언덕처럼 꾸며 놓기도 하고, 또 정원 군데군데 암석을 세워 놓고 허전함을 메우기도 했다. 이것들은 태호석太湖石이라는 것인데 파이고 구멍 나고 주름진 것으로 태호太湖에서 나는 석회암 돌이다. 태호석 아래 밑둥에 불을 피우면 연기가 모든 구멍을 통해서 나와야 최고의 태호석으로 간주된다고 한다. 기괴한 멋은 있을지 모르나, 수도 많은데다가 이리저리 붙여 쌓아 둔 것을 보면 자연스러운 멋은 없다 할 것이다. 그러니 한·중·일 삼국의 정원의 특색은 그 민족성 만큼이나 다른 것이다.

참고로 중국의 4대 정원은 북경의 이화원, 하북성 승덕承德의 피서산장避暑山莊 그리고 소주의 유원과 졸정원이다. 이 소주에 두 개나 있다는 것은 소주가 정원의 도시임을 말해 주는 것이다. 우리나라의 3대 정원은 영양의 서석지, 담양의 소쇄원, 보길도의 부용원이다.

소주의 운하運河

소주는 도로만큼이나 사통팔달하는 수로가 있어 수향水鄕의 도시이다. 시내의 수로에는 주로 화물선이 내왕을 한다. 폭이 그리 넓지 않고 배 두 척이 겨우 교차할 수 있을 정도이다. 물은 오염되어 시궁창 물이지만 소주 사람들은 이 물에 크게 의존하는 것 같다.

물가의 오래된 낡은 집들이 물길 따라 간격 없이 다닥다닥 붙어 있고, 건물에서 운하 쪽으로 계단을 만들어 놓아 이를 오르내리며 이 물을 이용할 수 있도록 했다. 운하 위로는 다리가 군데군데 놓여 있다. 모든 다리는 배가 지나다닐 수 있도록 만든 높은 아치형이다. 그런대로 멋을 풍기는 것이 유원留園 근처에 있는 광제교廣濟橋와 신민교新民橋이다. 영화 촬영의 배경이 될 정도로 풍치가 있는 곳이지만 통행이 빈번하고 시장이 서는 삶의 현장이기도 하다.

호구虎丘

호구는 소주의 서북쪽으로 7km 지점에 있다. 호구의 높이는 34.3m이다. 산이랄 것도 없는 얕으막한 언덕인데 원래 해용산海涌山으로 불렸었다. 춘추 시대에 오왕 합려는 이곳에 행궁을 세웠고 죽어서는BC496 이곳에 묻혔다. 사기에는 오왕 부차가 그의 아비 합려를 장사지낼 때 10만 명을 동원하여 묘역을 만들었는데 장사한 지 3일만에 백호白虎가 그 무덤 위에 버티고 있었기에 이름하여 호구산이라 했다는 것이다.

시내에서 호구에 가까이 접근하면 먼저 호구사탑이 우뚝 솟아 보인다. 호구는 소주에서 가장 인기 있는 유적지인 동시에 유원지이어서 그런지, 입구에는 가게들이 밀집해 있고 사람들로 늘 붐빈다.

소주의 호구(멀리 보이는 것은 호구사탑)

표 받는 정문에는 오중제일산吳中第一山이라는 현판이 달려 있다. 경내에 일단 들어서면 연도 오른쪽에 누운 큰 돌 하나가 세로로 갈라져 있다. 길이 1.5m, 폭 1m 정도 될까, 크다면 큰 이런 바위가 자로 잰 듯이 쪼개져 있어 범상치 않다. 이가 시검석試劍石이다. 이곳 오나라는 명검의 산지인데 오왕 합려가 간장干將이 바친 천하의 명검 막야莫耶를 돌에다 시험한 흔적이란다.

얼마 안 가서 시야가 확 트이는 넓은 공간이 나온다. 천인석千人石이라는 곳이다. 글자 그대로 천여 명을 용납할 수 있는 바위 마당이다. 부차가 그의 아비의 거대한 무덤을 만들고는 그 비밀을 막기 위해 인부 1,000여 명을 죽였기에 천인석이라고 불리기도 하고 또 남북조 시대의 양梁나라 때502~557년 대중 1,000명이 이 바위에 앉아 설법을 들었다는 데서 그 이름이 유래한다고도 한다.

천인석 건너편 석벽에는 虎丘劍地호구검지라는 붉은 글씨가 힘찬 서체로 쓰여 있다. 당나라 때 명필 안진경顔眞卿, 709~784년의 글씨이다.

검지劍地에 얽힌 전설 한 토막은 이렇다.

오왕 합려가 월왕 구천에 패하여 죽자 그의 아들 부차는 아비를 해용산에 장사지냈다. 이때 인부들은 산을 파고 굴을 뚫었다. 하관할 시에는 그 옛날 자객 전져專諸-諸의 옛날 음은 져이다가 썼던 비수인 어장魚腸도 함께 매장했다. 그리고 칼 3,000자루, 갑옷 6,000벌, 수많은 황금과 구슬로 그 무덤 속을 채웠다. 뿐만 아니라 산역山役한 인부들도 모조리 죽여 순장했다. 그 후 3일째 어떤 이가 바라보니 합려 능 위에 큰 백호 한 마리가 쭈그리고 앉아 있었다. 그래서 이때부터 해용산을 호구산으로 불렀다. 어느 유식한 이가 말하길 능 속에 워낙 많은 황금을 묻었기에 그 정기가 백호로 변해 나타난 것이라 했다.

나중에 6국을 통일한 진시황도, 삼국 시대의 오나라 황제 손권도 사람을 시켜 합려의 무덤을 파헤친 일이 있었지만 황금과 칼을 전혀 찾지 못했다. 무덤은 훼손된 채 물이 고여 큰 못이 되었으니 이가 바로 검지劍地이다. 그런데 내가 이 웅덩이 위에서 자세히 보니 그 형태도 칼 모양으로 생겼음이 분명하다. 깊이가 8m 가량 된다고 하니 크기에 비해 아주 깊은 연못이다.

참고로 오나라에서 공자公子 광光이 임금 요僚를 죽이고 왕이 되었으니 이가 합려이다. 이때 요를 죽인 자객이 전져이다. 합려의 아들이 바로 부차이다.

오른쪽 계단 위로 오르면 호구사탑이 있다. 북송 때936년에 세운 것으로 벽돌로 쌓은 8각 7층의 천년 고탑이다. 각 층의 8면마다 문이 나 있는 것으로 보아 옛날에는 올라갈 수 있었던 모양이다. 지금은 15도 정도 기울어져 있는 것이 특색이다. 원래 이름은 운암사탑雲岩寺塔이고 높이는 47.5m이다. 산보다 더 높다.

천인석 서쪽에서 계단을 타고 둥근 문을 들어서면 돌다리 아래로 길죽한 연못을 볼 수 있다. 사면이 석벽이고 암반에 고인 물이다. 암벽에는 第三泉제3천이란 푸른 글씨가 새겨져 있다. 당나라 때에 다신茶神이라 일컬어지던 육우가 이 호구에서 지낼 때 샘을 파고서는, 이 물을 표준으로 삼아 전국 각지의 수질을 비교하였다고 한다. 그는 다경茶經을 저술하고서 산의 물을 상, 강의 물을 중, 우물 물을 하로 나누어 수질을 등급하였다. 그 산의 물이 바위 웅덩이에 흘러 고이는 것을 또한 최상으로 쳤다. 이 제3천은 바위 웅덩이의 물에 해당한다. 그리고 당나라 장우신張又新이 지은 전다수기煎茶水記에는 "유백온劉伯溫이 물을 7등급으로 나누어 논할 때 호구의 돌 우물을 제3등급에 두었다"라고 했다. 그래서 이곳의 물을 천하제3천으로 정평이 나게 된 것이다.

이 연못 위에는 돌다리가 놓여 있다. 그 중간에 둥근 구멍이 뚫어져 있는데 물을 긷도록 한 것이다. 이 물은 검지와 이어져 있다.

청나라 때 소주 출신의 한 선비인 심복沈覆이 지은 '부생육기浮生六記'에 다음과 같은 내용이 있다.

"가령 우리 고향의 호구에 있는 절 같은 곳에는, 종일토록 눈으로 보는 것은 소년들과 기생들의 요사스러운 모습이고, 귀로 듣는 것은 거문고와 피리의 흥겨운 소리이며, 코로 맡는 것은 요리와 술의 향긋한 냄새가 아니오? 그러니 어찌 몸은 마른 나무 같고 마음은 식은 재같이 되겠소?"

고소대에서 옛날을 회고하며

이백(당)

옛 동산 거친 소대 버들 빛이 새로운데
마름 노래 맑은 가락 이 봄 어이 견디리.
지금에 높이 뜬 서강의 저 달은
일찍이 오나라 궁궐 그 미인 비췄으리.

蘇臺①覽古소대람고

李白(唐)

舊苑荒臺楊柳新구원황대양류신
菱歌②淸唱不勝春능가청창부승춘
只今惟有西江月지금유유서강월
曾照吳王③宮裡人증조오왕궁리인

① 소대蘇臺 : 고소대. 고소산 위에 있던 누대. 고소산은 소주시 서남쪽에 있다.

② 능가菱歌 : 여인들이 마름 딸 때 부르는 노래.

③ 오왕吳王 : 부차夫差. 춘추 시대 와신臥薪-장작더미 침상에 눕다하면서까지 절치부심하여 자기 아버지 합려를 죽인 월왕越王 구천勾踐을 격파하여 원수를 갚았다.

북사탑北寺塔

북사탑은 소주시 북쪽에 있으며 졸정원과 가까이에 있다. 원래 이름은 보은사탑인데 삼국 시대 손권이 그의 어머니 오 부인을 위하여 세웠기 때문에 붙은 이름이다. 현존하는 건축물은 남송 때 만들어진 것이고 명청 시대에 여러 번 수리하였으며, 최근 1965년에서 1967년 사이에 전면적으로 보수하였다.

8면 9층 탑인데 층마다 기와 지붕으로 처마를 삼아 층 구분이 확연하다. 높이가 74m나 되기에 올라가서 소주 시가를 굽어보면 정경이 좋다. 사방을 둘러보아도 산은 보이지 않고 주위에 2, 3층의 연립 주택과 온통 전통 가옥의 지붕들만 깔렸다.

보통 우리는 실물을 가까이서 보게 되면 더 크고 웅장하다는 느낌을 갖게 된다. 경주의 불국사의 다보탑과 석가탑도 곁에서 보면 제법 크다는 느낌이 드는 법인데 이런 북사탑과 같은 중국의 탑 아래 서 보면, 정말 그 굉대함에 압도되지 않을 수 없게 되는 것이다.

중국 탑의 축조 의의를 나름대로 간단히 정리해 보면 다음과 같다. 강가에 있는 탑은 인공의 힘을 모아 자연의 힘을 눌러 자연 재해를 극복하려는 의지에서 세운 것이다. 절에 있는 탑은 종교적불교적 발원에서 나온 것이거나 사리를 모신 불탑으로 죽음을 기리기 위한 것이다. 또 하나는 보은을 위해 세운 탑인데 이 북사탑이 이에 속한다고 할 것이다.

위군魏君을 소주로 보내며

황보염(당)

하 깊은 가을밤에 그대를 보내려니
절절한 풀벌레 소리 차마 듣기 어렵네.
이 배 타면 내일쯤 비릉에 이를 텐데
머리 돌려 고소성 바라보니 흰 구름만 이누나.

送魏十六①還蘇州송위십륙환소주

皇甫冉(唐)

秋夜沈沈②此送君추야심심차송군
陰蟲切切③不堪聞음충절절불감문
歸舟明日毘陵④道귀주명일비릉도
回首姑蘇⑤是白雲회수고소시백운

① 위십육魏十六 : 위씨 형제 중 16번째 사람.
② 심심沈沈 : 깊고 깊다.
③ 절절切切 : 절절하다. 매우 간절하다.
④ 비릉毘陵 : 소주와 단양丹陽 중간에 있다. 지금의 강소성 상주시常州市이다.
⑤ 고소姑蘇 : 소주의 별칭. 소주성 서남쪽에 고소산이 있어 그 이름을 따온 것이다. 산 위에는 오왕 부차가 지었다는 고소대姑蘇臺가 있었다고 한다.

작가소개 황보염(714~767년) : 자는 무정茂政이다. 756년에 진사에 급제했다. 장구령張九齡이 그를 한번 보고 그의 재주를 칭찬한 적이 있다.

반문盤門

반문은 소주 서남쪽에 있는데 춘추 시대 오나라의 소주 성문 중의 하나였다. 물길이 성을 돌아 흐르기 때문에 盤門반문이라 일컬어 왔다. 원래는 蟠門반문이라 했다. 처음 건축 당시 나무로 반룡蟠龍을 조각하여 성문 위에 두었기에 그렇게 불렀다는 것이다.

반문은 수륙水陸 양문兩門인데다가 옹성甕城이다. 이런 형태를 갖춘 시기는 원나라 때로 보고 있다. 지금의 모습은 1986년에 중건한 것이다. 아랫부분은 화강석으로, 윗부분은 벽돌로 쌓았다. 물을 끼고 있는 성이기에 하단은 벽돌 사용이 불가한 것이다.

성벽에 올라 보면 완만한 굴곡의 선으로 된 성곽임을 알 수 있는데 두께가 족히 10m는 될 성 싶다.

이 반성은 소주성일명 합려성의 일부분으로서 오자서가 성을 쌓은 이래 2500여 년의 세월을 견뎌 온 것이다. 성루 서쪽에 오자서 사당이 있다.

합려성을 지나며

두목(당)

그 옛날 성터에 풀은 시들어
나그네의 시름은 끝이 없어라.
옛날의 그 사람들 지금 어디에

經闔閭城경합려성

杜牧(唐)

遺踪①委衰②草견종위쇠초
行客思悠悠행객사유유
昔日人何處석일인하처

강물만 하염없이 흘러가는데.	終年③水自流[종년수자류]
먼 수자리 마을에 한 줄기 연기	孤烟村戍遠[고연촌술원]
해문에 가을비만 어지럽구나.	亂雨海門秋[란우해문추]
노래 그치자 홀로 돌아가노니	吟罷獨歸去[음파독귀거]
바람과 구름 모두 쓸쓸도 해라.	風雲盡慘愁[풍운진참수]

① 견종[遺踪] : 지난 자취.
② 위쇠[委衰] : 시들다.
③ 종년[終年] : 늘, 언제나.

고소대 姑蘇臺[고소대]

정몽주(고려) 鄭夢周(高麗)

석양에 시든 풀 가을은 저물어 가고	衰草斜陽欲暮秋[쇠초사양욕모추]
고소대 위에 서니 사람을 시름케 하네.	姑蘇臺上使人愁[고소대상사인수]
앞 수레 엎어진 걸 뒷 수레가 경계치 못했으니	前車未必後車戒[전거미필후거계]
고금에 몇 번이나 고라니와 사슴이 놀았던가?	今古幾番麋鹿①遊[금고기번미록유]

① 미록[麋鹿] : 고라니와 사슴. 춘추 시대에 오나라의 충신 오자서가 월나라의 침공을 경계하라고 오왕 부차에게 누차 간했다. 그러나 듣지 않자 오나라가 망할 것을 탄식하며 말하길 "마침내 고소대에 들 사슴들이 노는 것을 보리라." 하였다. 오나라가 망한 뒤에, 이 땅에 나라를 세운 왕들도 이를 거울로 삼아 경계할 줄 몰랐다는 것이다.

※ 정몽주는 명나라 초기, 주원장 시대에 고려의 사신으로 3번이나 중국에 다녀왔다. 이때는 도성이 남경이었기에 오고 가는 길에 여러 명승지에 들를 기회가 있었던 것이다.

작가소개 정몽주(1337~1392) : 고려 말기 문신이며 학자이다. 자는 달가[達可]이고 호는 포은[圃隱]이며 시호는 문충[文忠]이다. 영천[永川] 사람이며 본관은 연일[延日]이다. 1360년에 문과에 장원 급제하여 벼슬이 우문관 대제학[右文館大提學]에 이르기까지 중국과 일본에 대한 외교적 능력을 발휘하여 공을 세웠다. 유학 보급에 힘썼고 성리학에 밝았기에 해동 성리학의 조종[祖宗]으로 불린다. 이성계 일파의 신흥 세력과 결탁을 거부하여 고려 왕조에 충절을 지켰다. 여말3은[麗末三隱-포은 정몽주, 목은 이색, 도은 이숭인]의 한 사람이다. 조선조 태종 1년[1401년]에 영의정에 추증되었다.

영암산靈岩山

영암산은 소주 서쪽 교외의 목독진木瀆鎭 서북에 있다. 높이는 182m인데 산 위에 영지靈芝 모양의 바위가 있어서 영암산이란 이름을 얻었다.

이 영암산 위에는 오왕 부차가 절세 미인 서시를 위해 지은 관왜궁館娃宮이 있었다고 하며, 일설에 의하면 월왕 구천과 그의 신하 범려가 오왕 부차에게 패한 후 이곳에서 감금 생활을 했다고 한다.

영암산은 널리 알려진 유적지여서 그런지 이 일대를 잘 가꾸고 다듬어 놓았다. 산길은 바닥에 벽돌을 깔고 돌계단을 만들어 놓아 쉽게 오를 수 있도록 했다. 대나무와 소나무들이 우거진 숲을 오르다가, 바위가 훤하게 드러난 곳에 이르면 산 아래를 조망할 수 있다. 넓은 평야가 시원하게 펼쳐져 있다. 물줄기 하나가 아득히 멀리서 산 밑까지 바로 뻗어 온 것이 보이는데 소주로 이어진 운하라 한다. 이런 물길이 있었기에 고소성과 관왜궁의 연결이 가능했으리라 짐작된다.

산 정상은 의외로 넓어서 영암사를 비롯하여 많은 유적이 흩어져 있다. 대부분 오왕 부차와 서시와 관련된 것들이다. 그 옛날 이곳에 행궁이 있었다는데 그것이 관왜궁이다. 오나라 사람들은 미녀를 왜娃라고 불렀으니 천하 절색 서시를 위한 궁이 관왜궁인 것이다.

오왕정

오왕정吳王井이라는 우물이 있다. 외곽 둘레가 10m 정도 되는 원형의 우물인데 중간에 큰 돌을 다리처럼 가로 질러 놓고 물을 길러 낼 수 있도록 했다. 이런 산꼭대기에 물이 나온다는 것도 희한한 일인데 가뭄에도 마르는 일이 없었다고 한다.

오왕과 미인이 반쯤 취한 것을 노래하다. 口號吳王①美人②半醉구

호오왕미인반취

이백(당) 李白(唐)

바람 불어 연꽃 향기 수전을 감싸면	風動荷花水殿③香풍동하화수전향
고소대서 오왕이 잔치를 베풀지요.	姑蘇臺上宴吳王고소대상연오왕
술에 취한 서시 춤 여린 듯 어여쁜데	西施醉舞嬌無力서시취무교무력
동쪽 창 백옥상에 기댄 채 미소지어요.	笑倚東窗白玉床소의동창백옥상

① 오왕吳王 : 부차夫差, 재위 BC496~BC473.
② 미인美人 : 월왕 구천이 부차에게 미인계로 보내 준 서시를 가리킨다.
③ 수전水殿 : 물가에 지은 궁전.
※ 748년 가을, 48살에 지은 것이다.

향섭랑響屧廊이란 것도 있다. 열국지列國志에 다음과 같이 기술되어 있다.

범려가 구천의 명을 받아 서시와 정단鄭旦 두 미녀를 데리고 가서 오왕 부차에게 바친다. 부차가 보니 한 쌍의 선녀가 하강한 듯하다. 곁에 있던 오자서가 간하길 "신이 듣건대 하나라가 말희妺姬 때문에 망했고 은나라가 달기妲己 때문에 망했고 주나라는 포사褒姒 때문에 끝장났다고 합니다. 무릇 아름다운 여자란 나라를 망치는 요물이니 물리치길 바랍니다"라고 했다. 그러나 부차는 그의 말을 무시하고 서시와 정단을 총애했다. 그런데 요염하고 비위 잘 맞추기는 정단보다 서시가 뛰어났다. 자연 서시가 부차의 사랑을 독차지했다. 정단은 오궁吳宮에 거처하면서 서시를 질투하다가 병이 나서 1년을 넘기지 못하고 죽었다.

부차는 왕손인 웅雄에게 명하여 영암산에다가 관왜궁館娃宮이란 별궁을 짓도록 했다. 구리로 만든 도랑에 물이 흐르게 하고 옥으로 난간을 만들고 주옥으로 궁실을 장식했다. 더욱이 풍류가 있게끔 향섭랑이란 복도를 만들었다. 그것은 땅을 파서 큰 독을 열 지어 반쯤 묻고 그 위에 널판자를 깔아서 만든 복도이다. 섭屧이란 나무로 만든 신이다. 그러니 서시와 궁녀들이 향섭랑을 걸을 때에는 부드럽고 아득하며 명랑한 음향이 울려 퍼졌다는 것이다.

내 지금 여기 향섭랑이란 것을 보니 전철 차량 한 량 정도의 공간인데 바닥은 검은 벽돌을 깔았고 벽은 흰색으로 덧칠했다. 어둡고 침침하여 그 옛날 서시가 다녔던 모습은 상상하기 어렵다. 이곳에 관왜궁이 있었다는 것만은 사실이라 하더라도 향섭랑의 구체적 위치와 모습은 파악하기 힘든 일이다. 다 2500년 전의 일이기 때문이다.

오서곡

이백(당)

고소대 위에서 까마귀가 깃들 제
오왕의 궁중에 서시가 취해 있네.
오나라 노래 초나라 춤 끝나지 않았는데
푸른 산은 이미 해의 반을 물고 있구나.

은 화살 금 항아리 물시계에 물은 많아지고
일어나 보니 가을 달 강물에 지더라.
동쪽 하늘 밝아 오니 이 환락을 어이하리.

烏棲曲[오서곡]

李白(唐)

姑蘇臺上烏棲時[고소대상오서시]
吳王宮裏醉西施[오왕궁리취서시]
吳歌①楚舞②歡未畢[오가초무환미필]
靑山欲銜半邊日[청산욕함반변일]

銀箭金壺③漏水④多[은전금호누수다]
起看秋月墜江波[기간추월추강파]
東方漸高奈樂何[동방점고나락하]

① 오가[吳歌] : 오나라의 노래, 즉 궁녀의 노래.
② 초무[楚舞] : 초나라의 허리가 가는 미녀의 춤. 당나라 시인 두목[杜牧]의 시 중에 楚腰纖細掌中輕[초요섬세장중경-초나라 여인의 허리는 가늘어 손바닥 위에서도 가볍다]이라는 시구가 있다.
③ 은전금호[銀箭金壺] : 은 화살[은전]은 물시계의 눈금, 금 항아리[금호]는 물시계의 물통이다. 이것들은 물시계의 장치들이다.
④ 누수[漏水] : 물시계의 물.
※ 낮부터 새벽까지 서시와 더불어 환락을 다하는 것은 망국의 길임을 노래하면서, 이백은 마땅히 군주된 자는 이를 경계해야 됨을 은근히 말하고 있다. 이는 당나라 현종이 양귀비에 빠진 것을 경계한 것으로 볼 수 있을 것이다. 실제로 경계와 비판을 위해 쓴 것이 아니라 하더라도 감상은 그렇게 할 수도 있다는 것이다. 특히 하지장이 이백의 '촉도난'과 이 '오서곡'을 보고서 이백을 천상에서 귀양 온 신선이라고 했다.

완화지[玩花池-꽃을 감상하는 연못]라는 연못도 있다. 돌로 사각의 축대를 쌓아 물을 가두어 놓았는데 중심에 석조탑石造塔이 하나 서 있고 그 주위에 연꽃이 자라고 있다. 이곳에서 서시는 자신의 아름다운 모습을 비추어 보며 화장을 하였고 그럴 때마다 오왕 부차는 그 곁에 서서 서시의 화장을 도왔다는 것이다.

관음동觀音洞이라는 곳은 그 옛날에는 서시동西施洞으로 불렸었다. 부차와 서시가 함께 이 동굴에 들어가서 놀았다고 한다. 동굴 밖에는 바위 하나가 약간 파여 있는데 이는 서시의 자취라 한다. 그리고 이 동굴은 부차가 월왕 구천과 그의 신하 범려를 구금시켰던 곳이라고도 한다. 지금은 동굴 입구에 지붕을 내고 돌기둥으로 받쳐 놓아 굴인지 언뜻 알 수가 없다. 요즘은 안에 관음상을 모시고 있다.

영암산에서 가장 큰 건물은 영암사이다. 진대晋代에 이르러 개인 저택을 절로 만들어 수봉사秀峰寺라 했고 당대에 와서 영암사라 칭했다. 옛날의 관왜궁 유적지 위에 건설했다는 것이다. 이 절에는 8각 7층의 영암탑이 높이 서 있다. 송대에 세운 것이다.

천평산天平山

천평산은 소주에서 서쪽으로 15km 떨어져 있고 영암산에서는 4km 정도의 거리에 있다. 소주 서남쪽의 여러 산들 중에는 가장 높다는데 해발 201m이다. 산 정상이 평평하여 이렇게 이름지었다. 또 범중엄范仲淹, 989~1052의 고조부를 이 산에 장사지냈다고 하여 범문산范文山으로도 불린다.

범중엄은 북송 때 사람으로 소주 오현吳縣 출신이다. 두 살 때 아버지를 잃고 어머니가 주朱씨에 재가하자 그 집 성을 따랐다. 어려서부터 지조가 있었고 장성하여서는 외가에 가서 공부하여 진사에 올랐다. 그는 벼슬에 오르자 원래의 성과 이름을 되찾았다. 서하西夏-1032~1227년까지 중국 서북 지역에 존속했던 탕구트족 국가 방어에 힘썼고 범씨의장范氏義莊을 만들어 동족同族의 상호 부조에 정성을 다했다.

천평산 입구 대문에는 만홀조천萬笏朝天이라는 글씨가 새겨져 있다. 산 아래에는 큰 연못이 있고 산의 그림자가 은은하게 비친다. 겨울1996. 1.인데도 산은 푸른 숲으로 덮여 있다. 우거진 숲을 가만히 보면 수많은 바위들이 그 가운데 박혀 있다. 이 형상이 옛날 관리들이 제왕을 알현할 때 손에 들고 있는 홀笏모양 같다고 하여 만홀조천이라 칭하게 된 것이다. 만홀조천은 만조백관이 홀을 들고 천자에 조례한다는 뜻이다.

고의원

연못 건너편 산기슭 아래에 고의원高義園이 있다. 범중엄은 어렸을 때 집이 가난하였다. 그는 관리가 된 후에 자기 집을 포기하고 의장義莊-의로운 장원을 세워 가난한 사람들을 도왔다. 그래서 이를 기리기 위해 청나라 건륭황제가 고의원이라 한 것이다. 천평산의 명성은 범중엄과 밀접한 관계가 있다고 할 것이다.

입구에 돌로 만든 패방牌坊이 멋있다. 이 고의원은 천평산에 의지하여 건축된 것이어서 뒷채로 갈수록 높아지는데 보보고승步步高升-걸을수록 높이 오르다의 뜻이 있다. 당대 시인 백낙천이 일찍이 이곳에 거주하였기에 낙천루樂天樓라 불리는 것도 있다.

산에 오르는 길은 잘 다듬어져 있다. 공을 들여 놓은 돌 계단 길이다. 중턱쯤에 이르면 겨우 사람 하나 통과할 수 있는 바위 문을 만난다. 이름하여 일선천一線天인데 그야말로 하늘만 보이는 바위 틈새이다. 산정에 오르면 운동장처럼 평평한데 헬기장으로 쓰면 딱 좋겠다는 생각이 든다. 주위를 둘러보면 산이 몇 개 있어도 민둥산이 많고 숲과 기암 괴석을 갖춘 이만한 산은 없어 보인다.

괴석怪石, 청천淸泉, 홍풍紅楓이 천평산의 3절絶이다. 이곳의 단풍나무는 범중엄의 17세손 범윤감范允監이 복건성福建省에서 가져다 심은 것인데, 380그루가 남아 있어 능히 400년의 수령은 될 것이라고 한다. 그리고 다성茶聖 육우가 이곳의 백운천白雲泉의 물 맛을 보고 오중제일천吳中第一泉이라 품평했다고 한다.

흰구름 샘

백거이(당)

천평산 꼭대기에 흰구름과 샘이 있어
구름은 무심하고 물은 한가한 법.
하필 그리 바쁘게 산 아래로 달리며
물줄기를 더하며 인간세로 향하는가?

白雲泉백운천

白居易(唐)

天平山上白雲泉천평산상백운천
雲本無心水自閑운본무심수자한
何必奔冲山下去하필분충산하거
更添波浪向人間경첨파랑향인간

청나라 건륭황제는 강남에 6차례나 다녀갔는데 이 천평산에 4번 올랐다고 한다. 그만큼 단풍이 곱고 풍광이 아름다워 마음에 들었던 모양이다. 그의 시비가 마당에 서 있고 겨울 저녁 햇살을 받아 그림자를 길게 늘어뜨리고 있다.

사도묘司徒廟

소주시에서 서쪽 태호太湖 쪽으로 가면 오현吳縣 광복진光福鎭이 있는데 이곳에 사도묘가 있다. 여기서 사도라면 등우鄧禹, A.D.2~A.D.58년를 말함인데 그는 후한의 중흥 시조 광무제 유수를 도와 한나라의 왕조를 다시 잇게 한 인물이다. 그 공으로 대장군과 사도에 임명되었다. 그 후 그가 이곳 광복光福에 은거하였으니 광복을 등위鄧尉로 칭하게 되었다.

측백나무

이곳 사당 앞뜰에는 등우가 손수 심었다는 측백나무 4그루가 지금도 철석처럼 끈질기게 살아 있다. 2천년을 견뎌 왔으니 풍상을 겪은 그 힘든 모습은 가히 장관이라 할 것이다. 한 그루는 누워 있고, 어느 나무는 꼿꼿이 서 있고 다른 나무는 뒤틀려 부러져 있고, 그 옆의 나무는 찢어져 있다. 이는 淸奇古怪청기고괴-맑고 기이하고 오래고 괴이하다라는 단어로 압축된다. 청나라 건륭제가 붙인 것이다.

제10장 진강鎭江

진강은 양자강 남안에 발달한 도시인데 삼국 시대에 한때 오나라의 도읍지가 된 후부터 역사에 주목을 받게 된다. 그리고 수나라 양제 때 와서 낙양에서 항주를 잇는 대운하가 건설되고서 이 진강은 교통의 요지가 되었다.

삼국 시대에는 경구京口로, 남조南朝 때에는 서주徐州로, 수나라 때에는 윤주潤州로 일컬어지다가 송나라 때부터 지금까지 진강으로 불린다.

지금은 상해에 가까운 탓인지 양주보다 더 활기가 넘친다. 우리나라의 익산시와 자매 결연을 맺은 도시이다.

윤주성에 올라

구위(당)

하늘 끝 강성에 저녁 해 지려는데
나그네 되어 올라 보니 더욱 착잡하다.
봄날의 조수에 섬들이 아득하고
그치려는 빗속에 무지개가 아련하다.

새들은 돛단배를 따르며 멀리 날아가고
안개는 외나무와 어울려 낮게 깔린다.
고향 산은 어디에 있는가?
광릉의 서쪽은 뵈지 않는데.

登潤州城등윤주성

丘爲(唐)

天末江城①晚천말강성만
登臨客望迷등임객망미
春潮平島嶼춘조평도서
殘雨隔虹霓②잔우격홍예

鳥與孤帆遠조여고범원
煙和獨樹低연화독수저
鄕山何處是향산하처시
目斷廣陵西③목단광릉서

---

① 강성江城 : 윤주성潤州城.
② 홍예虹霓 : 무지개.

③ 광릉서[廣陵西] : 고향이 있는 광릉 서쪽을 바라보지만 보이지 않는다. 고향이 윤주에서 멀리 떨어진 가흥[嘉興]이기 때문이다. 광릉은 양주이다.

작가소개 구위(694~785) 또는 (701~804년간에 생존) : 구위는 절강성의 가흥[嘉興] 사람이다. 왕유가 그를 사랑하여 시를 주고 받았다. 계모에게 효성이 지극하여 마당에 영지[靈芝]가 자라났다고 한다. 관직은 태자우서자[太子右庶子]에 이르렀는데 이때 나이가 여든이 넘었다. 그는 현의 관청을 지날 때면 반드시 말에서 내려 걸어갈 정도로 예절이 반듯하였다. 당재자전[唐才子傳]에서는 아흔 여섯에 죽었다고 기록되어 있다.

윤주의 자화사에 올라

登潤州慈和寺上房[등윤주자화사상방]

최치원(신라)

崔致遠(新羅)

절에 올라 잠시나마 세속을 벗어나서
흥망을 읊조리니 한이 더욱 새로워라.
화각 소리 가운데 아침저녁 물결 일고
청산의 그림자 속에 고금의 인물 몇이던가?

登臨蹔隔路岐塵[등임잠격노기진]
吟想興亡恨益新[음상흥망한익신]
畫角①聲中朝暮浪[화각성중조모랑]
靑山影裏古今人[청산영이고금인]

옥수에 서리 치면 꽃이 견딜 수 없지만
금릉에 바람 따뜻하면 풀은 절로 봄이로다.
사조에 대한 믿음이 지금도 남았으니
길이 시인의 마음을 상쾌하게 하도다.

霜摧玉樹花無主[상최옥수화무주]
風暖金陵②草自春[풍난금릉초자춘]
賴有謝家③餘境在[뢰유사가여경재]
長敎詩客爽精神[장교시객상정신]

① 화각[畫角] : 뿔에 그림을 새겨 넣은 군악기.
② 금릉[金陵] : 지금의 남경[南京].
③ 사가[謝家] : 남조[南朝]의 시인인 사조[謝眺]를 말한다. 이백이 존경했던 시인이었다.

작가소개 최치원(857~?) : 신라 시대의 학자이며 경주 최씨의 시조이다. 자는 고운[孤雲] 또는 해운[海雲]이다. 12세[경문왕8년, 868년]에 당[唐]에 유학하여 18살[874]에 과거[빈공과]에 급제하여 선주[宣州]의 표수현위[漂水縣尉]가 되었다. 황소의 난 때 토황소격문[討黃巢檄文]으로 이름을 날렸다. 29세[885년]에 아버지의 병환을 핑계로 귀국하였다. 894년에 시무책[時務策] 10여 조[條]를 상소하였으나 실효를 거둘 수가 없었다. 난세를 한탄하며 가야산에 들어가 여생을 마쳤다. 문창후[文昌侯]로 추봉되었다.

초산焦山

초산은 진강시의 동북쪽, 장강 가운데 있는 섬이다. 높이는 71m이고 둘레는 2000여m이다.

한나라 말엽에 유명한 학자 초광焦光이 이곳에 은둔했기에 초산이라는 명칭이 붙었다. 또 섬 가득히 수목이 우거지고 푸른 빛이 완연하여 부옥浮玉-물에 뜬 옥구슬 같아 보이기에 부옥산이라고도 한다. 초산에는 정혜사定慧寺와 같은 사원의 누각들이 숲 속에 숨어 있어 외부로 노출되지 않는다. 산은 보여도 절은 보이지 않는다는 것이다. 그래서 자고로 "초산은 산 속에 절이 있다"라는 말이 생겼다.

초산은 장강 가운데 섬이기에 배를 타고 건너야 한다. 먼저 정혜사를 찾아가니 절 입구 산문에는 초산 정혜사焦山定慧寺라는 금 글씨의 편액이 세로로 걸려 있다. 초산 글씨는 가로로, 정혜사 글씨는 세로로 쓰여 있다. 아담한 글씨체가 붉은 색 바탕에 양각되어 있어 오히려 기품이 있어 보인다. 청나라의 강희제가 내린 글씨란다. 절은 동한 때 세워졌으니194년 1800여 년의 역사를 가지고 있다. 대웅전을 지을 때 못을 사용하지 않았다고 한다. 우리나라에서는 못을 쓰지 않고 짜 맞추는 방식을 '짜맞춤 결구법'이라고 하는데 이런 방식은 재목들끼리의 이탈이 없고 완전히 고정되어 건물이 더 튼튼하고 안정적이라는 것이다.

정혜사 옆문을 빠져 나가면 암벽에 새겨진 마애석각이 하나 보인다. 내 보기에는 별 것도 아닌 듯한 글씨를 보호하려고 지붕을 만들어 걸쳐 놓은 걸 보면, 유물의 애호와 보존에는 우리보다 중국인이 나은가 싶다. 조금 더 나아가면 큰 바위 벽에 부옥浮玉이라는 푸른 글씨가 새겨져 있어 이곳이 부옥산임을 알리고 있다. 삼조동三詔洞에 이르면 굴 안에 초광焦光의 흰 소상이 단정히 앉아 있다. 초광은 동한 때 황제가 3번이나 벼슬에 불렀지만 출사出仕를 거부하고 이곳에 은둔했다. 동굴 앞에는 지붕을 내어 굴을 보호하고 있다.

장관정壯觀亭은 초산의 서남쪽 허리쯤에 있다. 돌을 기둥으로 하여 세운 정자이다. 이백李白의 '廬山謠寄盧侍御虛舟려산요기노시어허주'란 시에 있는 '登高壯觀天地

間[등고장관천지간-이곳에 오르니 천지 간의 장관이다]'이라는 시구에서 인용하여 이름을 붙인 것이다. 초산에서는 이곳에서의 전망이 가장 좋다. 흐르는 듯한, 마는 듯한 장강의 굽이와 끝없는 모래사장이 물길 따라 이어진 곳, 이것이 양자강이다. 정자의 돌기둥에는 주련이 새겨져 있다. "강과 하늘을 두루 둘러보니 마음은 즐겁고 정신은 맑아진다[江天共一覽, 心迹喜雙清]." 정자 앞에는 오래 묵은 향나무가 한 주 서 있는데 육조[六朝] 때 심은 것이란다. 그렇게 오래 된 것 같지는 않는데.

초산 동쪽 봉우리에 흡강루[吸江樓]가 있다. 옛날에는 누각 안에 나무로 만든 4면 불상을 안치하고서 사면불정[四面佛亭]이라 불렀다고 한다. 2층으로 된 8각정 건물인데 1981년에 중건한 것이다. 1층에는 강산승개[江山勝槪-강산의 빼어난 풍경]라는, 2층에는 흡강루[吸江樓-강물을 빨아들일 듯한 누각]라는 편액이 걸려 있다. 양자강에서 일출 감상하기에 가장 좋은 곳으로 알려져 있다. "물과 하늘이 모두 붉으니 참으로 장관이다[水天皆赤 眞偉觀也]"라는 육유[陸游-송나라 시인]의 싯구가 전한다. 한 점의 산이라고는 보이지 않고 오직 물과 모래밖에 없는 일망무제의 정경을 바라볼 수 있는 곳이다.

흡강루 가까이에 작은 집 한 채가 있는데 이곳의 대련구가 눈길을 끈다. "집은 모름지기 단아해야지 어찌 커야만 하랴? 꽃의 향기는 많음에 있지 않도다[室雅何須大, 花香不在多]".

이 초산의 북편, 장강쪽으로 내려가면 송료산이 있다. 높이가 10m나 될까 말까하는 작은 암석 봉우리인데 그래도 군데군데 나무들이 뿌리를 내려 자라고 있다. 북쪽으로 작은 물길 건너편에 또 이만한 크기의 바위산 봉우리가 있으니 이름은 이산[夷山]이라 한다. 747년에 이백이 여기까지 와서 이를 노래했다.

송료산

초산에서 멀리 송료산을 바라보다.

이백(당)

석벽에서 송료산을 바라보니
마치 푸른 하늘에 잠겨 있는 듯.
오색의 무지개를 어디서 얻어 와서
허공을 가로질러 긴 다리 만들었나?
신선이 진정 나를 사랑한다면
손 들며 내려 와서 부를 터인데

焦山杳望松寥山초산묘망송료산

李白(唐)

石壁望松寥석벽망송료
宛然①在碧霄완연재벽소
安得五綵虹안득오채홍
架天作長橋가천작장교
仙人如愛我선인여애아
擧手來相招거수래상초

① 완연宛然 : 마치. 분명하다.

큰 홍수에는 이들도 물에 잠기리라 여겨지지만 수만 년 견뎌 온 암산이라 무너지거나 떠내려가지는 않겠다는 생각이 든다. 강 가운데서 이 초산과 이산은 서로 마주 보고 있는 형국이어서 해문海門이라 일컬어진다.

1842년 7월에 영국군에 저항했다는 포대 진지를 돌아서면 초산 비림焦山碑林에 이른다. 육조 이래 역대 비석 400여 점이 보관되어 있는데 국가에서 직접 관리하고 보호한다. 서안의 비림 다음가는 가치 있는 곳이다. 당나라의 안진경顔眞卿, 송나라의 미불米芾, 원나라의 오진吳鎭, 명나라의 문징명文徵明, 청나라의 정판교鄭板橋 등의 필적이 이곳에 모여 있다.

예학명瘞鶴銘-학을 묻은 일을 기록하다이라는 특별한 비석이 있다. 비석을 유리로 덧대어 감싸서 보호하고 있으니 아주 귀중한 것임을 알 수 있다. 5개의 덩어리로 깨져 나누어진 것을 붙여 놓았다. 93자가 남아 있고 11자는 마모가 심해 알아보기가 어렵다. 원래 뇌굉암雷轟岩에 새겨진 것인데 벼락을 맞아 물속에 떨어진 것이란다. 학을 애도하는 내용이며, 서법은 남조의 풍격을 갖추고 있고, 예서에서 해서로 넘어가는 과도기의 글씨체이다. 황정견黃庭堅-송나라 시인이 이것을 '대자大字의 조祖'라 일컬었으며, 많은 사람들이 동진의 왕희지의 글씨라고 말들 한다.

왕희지는 학 키우기를 좋아했다는데 그가 처음 초산에서 노닐며 한 쌍의 학을 보고 난 뒤, 수 년 후 다시 초산에 왔을 때 그 학들은 이미 죽고 없어졌다. 그래서 묘지명을 짓게 되었다는 것이다. 이것을 이 초산 잔도棧道 바위 위뇌굉암에 새겼었는데, 후에 산이 무너져 수중에 떨어지게 되었다. 세월이 흘러 북송 연간에 이르러 겨울에 물이 말랐을 때 우연히 발견되었다. 송대의 구양수가 이의 중요성을 간파한 후 보호하게 되면서 지금까지 전해 내려온다는 것이다.

대체로 중국의 명승지꼭 명승이 아니라도에서는 매점이나 상점에 기념품이나 족자, 탁본 이외에 흔히 책자冊子도 판다. 이런 책들은 대개가 그 명승에 대한 소개나 설명을 위주로 하고 일화나 전설을 덧붙인 것들이다. 이것들은 그 지역 명승이나 고적에 대한 애정과 자부심의 소산에서 나온 것이라 생각된다. 이런 소치所致는 안내 책자를 별로 내지 않는 우리와는 다른 경향을 보이는 것이어서 높이 평가할 수밖에 없다. 책의 가격도 매우 싼 편인데 1990년대만 해도 작은 책자들은 우리돈 천원 미만비싸야 몇천원이면 살 수 있었다. 정가가 쓰여 있어 물건 살 때 가장 안 속을 수 있는 것이 책이다. 옛날에 나온 책들은 다른 잡화에 비해 워낙 싼 편이어서 정가를 몰래 올려 파는 경우가 허다해졌다. 새로 적은 가격 딱지를 기존 가격표 위에 덧붙이는 것이다. 이곳 초산 비림에서 예학명 탁본과 왕희지 글씨 교본은 열 배의 가격을 받고 있었다. 그래도 한국보다는 훨씬 싼 편이니 구입하게 된다.

북고산北固山

북고산은 진강鎭江시에서 동북으로 장강 변에 있는 작은 산이다. 초산에서 금산金山까지는 7km가 된다는데 그 중간에 북고산이 있다. 이곳은 삼국 시대 동오의 손권이 활약하던 곳이다. 육조 시대 양梁나라 무제가 이곳에 올라 북고北顧-북쪽을 돌아보다라고 한 후에 음이 변하여 북고北固가 되었다고 한다.

북고산 아래에 머물며 次北固山下차북고산하

왕만(당) 王灣(唐)

나그네 길 청산 밖으로 뻗어 있고	客路靑山外객노청산외
떠날 배 녹수 앞에 매여 있네.	行舟綠水前항주녹수전
조수가 평평하여 강기슭이 넓은데	潮平兩岸闊조평량안활
바람이 바로 불어 돛을 다노라.	風正一帆懸풍정일범현
바다의 해는 날이 새기 전에 떠오르고	海日生殘夜①해일생잔야
강의 봄은 해가 다하기 전에 찾아오네.	江春入舊年①강춘입구년
고향 가는 편지는 어느 곳에 이르렀나?	鄕書何處達향서하처달
기러기는 이미 낙양 근처에 있을 텐데.	歸雁洛陽邊귀안낙양변

① 해일생잔야海日生殘夜 강춘입구년江春入舊年 : 이 시구는 압권이다. 장설張說-당나라 시인은 이 시구를 정사당政事堂 벽에 걸어 두고 시 짓기의 모범으로 삼았다고 한다.

작가소개 왕만(722년 전후에 생존) : 개원開元 11년723년에 진사에 급제했다. 학사 기무잠綦毋潛과 절친한 사이였다. 주로 양자강 지역을 왕래하며 많은 시문을 남겼다. 지취志趣-의향, 지향, 뜻가 높고 멀어 함부로 그를 가볍게 여기지 못했다.

출입 대문에는 북고승경北固勝境-북고산의 빼어난 명승의 땅이라는 현판이 걸려 있다. 문을 들어서면 넓은 정원 중앙에 흰 대리석의 인물 조각상이 서 있다. 삼국지연의에 나오는 유비와 손권이 칼을 맞잡고 겨누며 서 있는 모습이고 그 뒤로 작은 연못 안에는 큰 돌들이 놓여 있다. 돌은 칼로 잘려진 형태이다. 이는 유비와 손권이 서로의 다짐을 증명하기 위해 칼질해서 그렇게 됐다는 것인데 삼국지연의에는 이 일이 자세히 기록되어 있다.

유비가 손권의 여동생 손상향孫尙香과 결혼하러 왔다가 잔치가 파하자, 감로사 뜰에 놓여 있는 큰 돌을 발견하고 하늘 우러러 축원하였다. "나 유비가 무사히 이곳 오吳에서 형주로 돌아가 왕업을 성취할 수 있으면 이 돌이 두 조각나게 하소서." 하고 칼을 내려치니 두 조각이 나 버렸다. 이를 본 손권도 속으로 "앞으로 형주 땅을 얻고 동오가 크게 일어나겠거든 이 돌을 끊게 하소서." 하고 내려치니 역시 바위가 쪼개졌다는 것이다.

연못에는 얼음이 얇게 얼어 있다. 언덕으로 올라가다가 왼쪽을 보면 큰 기중기가 있는 공장이 있다. 조선소라 한다. 이를 왼편에 두고 계속 오르면 능선 길이 나온다. 100여m 정도 가다가 감로사에 조금 못 미친 곳에 철제 탑 하나가 괴물처럼 고철이 되어 서 있다. 훼손도 심하지만 많이 삭기도 했다. 당나라 때에 석탑이었던 것을 송나라 때 철탑으로 고쳐 세웠다. 이는 벼락 맞기에 딱 좋은 조건이어서인지 원래 9층이던 것이 지금은 4층으로만 남아 있다. 높이는 8m이다.

감로사의 산문이 성벽처럼 가로막고 있다. 게다가 전면에는 깃발까지 꽂아 두었으니 절이라기보다는 꼭 요새의 성문 같다. 이 절은 동오 감로甘露 원년 265년에 창건되었다고 한다. 처음에 산 아래에 있던 것을 송나라 때 산 위로 옮겼다. 지금의 감로사는 청나라 광서 연간에 개축한 것이다. 이 절은 삼국지에서 손권이 유비를 데릴사위로 만들려는 계획과 연관지어져서 유명하게 되었는데 이것은 어디까지나 전설로 이해해야 할 것이다. 절에서 남조의 양梁나라 때의 가마솥이 발견된 걸로 보아, 삼국 시대 이후에 창건된 것으로 짐작된다. 다만 이곳이 군사 요충지였기에 유비와 손권이 이곳에서 올라 대사를 논의했을 가능성은 있다고 보는 것이다.

참고로 263년 위나라가 촉나라를 멸망시켰고, 265년에 진晋나라가 위 나라를 찬탈하여 없앴고, 280년에 진나라가 오나라를 멸망시키고 삼국을 통일했다.

혜소의 감로사란 시의 운을 받아서

김부식(고려)

속세의 나그네들 오지 않는 곳
올라가 둘러보니 생각이 맑아.
산세는 가을이라 더욱 좋고
강 빛은 밤인데도 외려 밝도다.

흰 물새 높이 날아가 버리고

甘露寺①次惠素②韻 감로사차혜소운

金富軾(高麗)

俗客不到處 속객불도처
登臨意思清 등림의사청
山形秋更好 산형추갱호
江色夜猶明 강색야유명

白鳥高飛盡③ 백조고비진

돛단배 하나 날리듯 떠나가네.　　孤帆獨去輕고범독거경
부끄러워라, 달팽이 뿔 위에서　　自慙蝸角上④자참와각상
반평생 공명 찾아 헤매었으니.　　半世覓功名반세멱공명

① 감로사甘露寺 : 고려 시대에 개성 오봉산五峰山에 있던 절. 고려 때 이자연李子淵이 원나라에 갔을 때 윤주潤州-진강의 감로사를 둘러보고 주위 경관에 매료되었다. 귀국하여 그런 곳을 우리나라에서 찾아 헤매기를 6년이나 하였는데 드디어 찾아내었으니 개성 근처 오봉산五峰山 남쪽 서호西湖 기슭이었다. 이곳에 형태나 규격을 감로사의 본을 받아 지었고 절 이름도 감로사라 했다고 한다.
이자연1003~1061은 고려 초의 문신이다. 본관은 경원慶原이며 1024년에 문과에 장원 급제했다. 벼슬은 문하시중에 올랐고 시호는 장화章和이다. 딸 셋을 문종에게 시집보냈는데 그 중 인예태후가 순종, 선종, 숙종을 낳아 경원 이씨 가문을 권문 세족으로 만들었다.
나를 안내하던 가이드가 고려의 이자연에 대해 언급하는 걸 보고 그의 식견에 놀랐다. 그는 진강시鎭江市의 한 공무원이었다.
② 혜소惠素 : 고려 인종 때의 고승. 시에 능하였고 김부식과 친하였다.
③ 백조고비진白鳥高飛盡 고범독거경孤帆獨去輕 : 이백의 시 '독좌경정산獨坐敬亭山'에 衆鳥高飛盡 孤雲獨去閑새떼들 높이 날아가 버리고, 구름 한 조각 한가히 흐른다이란 시구가 있다.
④ 와각상蝸角上 : 백거이의 시 '대주對酒'에 蝸牛角上爭何事, 石火光中寄此身달팽이 뿔 위에서 무슨 일 다투는가? 부싯돌 빛 가운데 이 몸을 맡겼는데이란 시구가 있다.

작가소개 김부식(1075~1151) : 본관은 경주慶州이고, 호는 뇌천雷川이다. 문하시중까지 올랐고 묘청의 난을 평정하였다. 나중에 삼국사기를 편찬하였다. 시호는 문열文烈이다. 그는 중국 송나라의 소식蘇軾-소동파을 극히 흠모하였음이 그의 이름을 통해서도 드러난다. 소식의 식軾을 차용하여 부식富軾이 되었고, 소식의 동생 소철蘇轍의 철轍자를 빌려 그의 동생 이름이 부철富轍이었던 것이다. 이 형제들도 다 시문에 뛰어났다.

감로사 옆 회랑 담벼락에 '天下第一江山천하제일강산'이라는 큰 글씨가 새겨진 돌이 박혀 있다. 흰 바탕에 푸른 글씨가 음각되어 있는데 힘찬 필체가 장강의 기세처럼 활달하다. 처음 남조 대동大同 10년544년 3월에 양梁나라 무제가 북고산에 올라 '天下第一江山'이라는 6자를 하사하여 산 암벽에 새겼다. 그 후에 훼손이 거듭되다가 청나라 강희제 4년[1665년]에 오거[吳琚]가 다시 본을 떠서 돌에 새겼다. 돌의 높이는 1m이고 길이는 4m이다. 天자 오른쪽에 세로로 연릉오거서[延陵吳琚書-연릉의 오거가 쓰다]라고 붉은 글씨가 새겨져 있다. 1967년에 '一江山' 3자가 파손되어 1987년에 탁본을 가지고 다시 복원하였다.

천하제일강산 비석

우리나라에서도 대동강의 부벽루에 천하제일강산이라는 현판이 걸려 있었다는데, 중국의 사신들이 이곳에 들러 이를 보고는 늘 떼어 버리라고 했단다. 천하에 제일강산은 두 군데가 있을 수 없다면서 말이다. 어쨌든 웅혼한 멋이야 이곳 장강 일대가 제일이겠지만 미려한 멋이야 우리의 대동강 이 일대가 제일이 아닐까? 고려의 김황원[金黃元]은 대동강의 천하제일경을 다음과 같이 노래했다.

긴 성 한 면에 강물이 도도히 흐르고	長城一面溶溶水[장성일면용용수]
넓은 들 동쪽 머리에 점점이 산이로다.	大野東頭点点山[대야동두점점산]

※ 김황원이 부벽루에 올라 이 시구를 얻고서 나머지 시구를 채우지 못해 울면서 내려왔다고 한다.

작가소개 김황원(1045~1117) : 고려 시대의 문신이다. 본관은 광양[光陽]이고 자는 천민[天民]이며 시호는 문간[文簡]이다. 예부시랑, 한림학사 등을 역임했다. 청렴하고 강직하여 아부를 몰랐다. 그의 고문[古文]은 해동 제일이란 평판을 얻었고 시문에서도 정지상 이전에는 제일인자였다. 문학이 영달의 수단이 되는 것을 강력히 반대했던 인물이었다.

눈 온 후의 다경루 / 多景樓雪後다경루설후

이제현(고려) / 李齊賢(高麗)

누에 올라 허공에 가득한 눈 반갑더니 — 樓高正喜雪漫空루고정희설만공
눈 갠 후 바라보니 한층 더 장관일세. — 晴後奇觀更不同청후기관경부동
만리의 하늘은 은세계를 감싸고 — 萬里天圍銀色界①만리천위은색계
육조의 산들은 수정궁을 끼고 있네. — 六朝山擁水精宮②육조산옹수정궁

창해의 해가 취한 눈을 밝게 흔들고 — 光搖醉眼滄溟日광요취안창명일
초목의 바람은 시의 창자를 맑게 투과한다. — 淸透詩腸草木風청투시장초목풍
우습구나, 무슨 하찮은 사업 한답시고 — 却笑區區何事業각소구구하사업
십년 세월 거리 헤매며 땀 뿌렸나? — 十年揮汗九街中십년휘한구가중

① 은색계銀色界 : 눈 내린 경치를 비유한 것.
② 수정궁水精宮 : 이도 역시 눈 내린 경치를 비유한 것.
※ 지은이가 원나라에 와서 보타산을 다녀온 적이 있는데 이 시는 대도大都(지금의 북경)로 돌아가는 길에 지은 것으로 추정된다. 때는 1319년 12월경이었다. (지영재의 '서정록을 찾아서'에서 참조함)

작가소개 이제현(1287~1367, 충렬왕13~공민왕16) : 고려 시대 때의 문신이다. 자는 중사仲思이며 호는 익재益齋이다. 시호는 문충文忠이며 본관은 경주이다. 충선왕이 모함으로 유배되자 원나라에 부당함을 밝혀 풀려나게 했다. 벼슬은 문하시중에 올랐고, 당대에 최고의 명문장가였다. 그는 원나라 때 대도大都에서 사천성 아미산까지 여행하고 서정록西征錄을 남겼다.

다경루多景樓에는 '天下江山第一樓천하강산제일루'라는 현판이 걸려 있다. 기둥과 난간은 붉은 색으로 칠해져 있으나 조금은 허술한 누각이다. 천하에 제일의 누각이라기보다는 천하 제일의 경관을 볼 수 있는 누각이라는 뜻일 게다.

문이 잠겨 올라 갈 수 없지만 어쨌든 이곳에서 바라 본 강산이 천하에 제일이라 했던 모양인데 과연 그런지? 겨울이라 장강의 물은 많이 빠져 있고 물 흐름이 넓은 데에는 배들이 오르내리고 있다. 동쪽으로는 아까 본 초산이 옥처럼 푸르고, 서쪽으로는 대강이 끝없이 밀려오는 가운데 금산金山의 탑과 전각들이 산을 덮고 있다. 이 외에는 아득한 하늘과 끝없는 평야만 보일

뿐이다. 중국 산천의 웅위함을 이곳 아니면 어디에서 볼 수 있을까?

다경루

다경루는 당나라 때 처음 건립되었다. 여러 차례 성쇠를 거듭하다가 청나라 때 중건되었다. 이름은 이덕유李德裕-당나라 때 재상의 '다경현창유多景懸窓牖-다채로운 경치가 창문에 걸려 있다'라는 시구에서 따온 것이다.

다경루는 감로사 뒤에 위치해 있는데 전해오기를 유비가 손권의 누이 손상향孫尙香과 혼인하기 위해 감로사로 초빙되었을 때, 오나라 국태國太-손권의 모친가 이곳에서 그를 맞이하였기에 상서루相婿樓라 불렀다. 또 손권의 누이 손상향이 유비에게 시집가기 전에 여기에서 머리를 빗질했다 하여 소장루梳粧樓라고도 했다.

다경루에서 계담에게 주다.

정몽주(고려)

평생의 호연지기 펴 보려거든
모름지기 감로사 다락 앞에 와 보라.
옹성의 화각소리 석양 속에 들리고
고포의 돛단배 가랑비 속에 돌아가느니.

옛 가마엔 아직도 양나라 세월 남아 있고
높은 다락은 바로 초나라 산천 누르고 있네.
누에 올라 반나절 스님 만나 얘기했더니
동한의 팔천 리 길 내 잠깐 잊었노라.

多景樓贈季潭 다경루증계담

鄭夢周(高麗)

欲展平生氣浩然① 욕전평생기호연
須來甘露寺樓前 수래감로사루전
瓮城②畫角③斜陽裏 옹성화각사양리
菰浦歸帆細雨邊 고포귀범세우변

古鑊④尙留梁⑤歲月 고확상류량세월
高軒直壓楚⑥山川 고헌직압초산천
登臨半日逢僧話 등림반일봉승화
忘却東韓⑦路八千 망각동한로팔천

① 기호연氣浩然 : 호연지기. 자유롭고 느긋한 큰 마음.
② 옹성瓮城 : 큰 성문을 지키기 위해 성문 밖으로 빙 둘러서 쌓은 성.

③ 화각畫角 : 뿔에 그림을 그려 넣은 군악기.

④ 확鑊 : 가마솥.

⑤ 양梁 : 남조 시대의 송, 제, 양, 진 중 양나라. 이 지역은 양나라의 영역이었다.

⑥ 초楚 : 춘추전국 시대의 초나라. 이 지역은 초나라의 영역이었다.

⑦ 동한東韓 : 우리나라 고려高麗.

※ 정몽주는 원·명元·明 교체 시기에 3차례나 중국에 다녀온 적이 있었다. 그때에 지은 시이다.

다경루에서 서쪽으로 돌아 나가면 한석狠石이 있다. 양羊 모양의 석상이라지만 어떤 짐승인지 분명하지 않는데다 훼손이 심하여 잘 알아볼 수도 없다. 배 옆구리 부분에 狠石한석이라는 글씨가 새겨져 있다. 일찍이 손권이 여기에 앉아 유비와 더불어 조조를 막아 내기 위한 대책을 의논했더란다. 여러 차례 소실과 파손이 반복되었으나 1890년 진강시에 있던 것을 이 자리에 갖다 놓았다고 한다.

북고산 북동쪽 귀퉁이에 천하제일정이라는 정자가 있다. 가는 곳마다 '천하제일'자를 붙여 놓았으니 진정 천하제일을 좋아하는 민족이다. 능운정凌雲亭 또는 제강정祭江亭이라고도 한다. 일찍이 삼국 시대 유비와 손권의 동맹이 깨진 후에 유비가 동오를 치다가 육손에게 크게 패하여 삼협 백제성에서 병사하자, 그의 부인 손상향이 망부유비에게 제사를 지내고 강에 투신하여 자진했다는 곳이다. 그래서 제강정이라는 현판이 걸려 있는 것이다. 4기둥이 돌로 되어 있는데 원래는 나무로 견뎌 오다가 청나라 도광道光 연간에 돌기둥으로 바뀐 것이다. 북고산에서 가장 높은 곳에 위치하고 대강에 임하여, 시야가 탁 트인 일망무제의 웅위한 광경을 바라보며 호연지기를 느껴볼 만한 곳이 바로 여기가 아닐까? 정자 기둥에는 이런 대련구가 있다.

나그네의 마음 흐르는 물에 씻어 버리니　客心洗流水객심세류수
호탕한 마음은 뭉게구름처럼 피어난다.　蕩胸生層雲탕흉생층운

경구의 북고정에 올라 느낀 바 있어

신기질(남송)

어디에서 신주를 바라보랴?
눈 가득히 북고루의 풍경뿐이로다.
천고의 흥망, 크고 작은 일 다 아득한데
다함 없는 장강은 도도히 흘러만 가네.

젊은 나이에 일만 군사 거느린 손중모
동남에 웅거하여 싸움을 쉬지 않았더라.
천하 영웅 중에 적수가 누구더냐?
조조와 유비뿐이러니 아들을 낳으려면
손중모 같게만 하여라.

南鄕子登京口①北固亭有懷남향자등경구북고정유회

辛棄疾(南宋)

何處望神州②하처망신주?
滿眼風光北固樓만안풍광북고루
千古興亡多少事천고흥망다소사
悠悠,不盡長江滾滾流유유부진장강곤곤류

年少万兜鍪③년소만두무
坐斷東南戰未休좌단동남전미휴
天下英雄誰敵手천하영웅수적수?
曹劉,生子當如孫仲謀④⑤조유생자당여손중모

---

① 경구京口 : 진강鎭江.
② 신주神州 : 중국을 가리킨다. 여기서는 금金나라에 점령당한 중원中原 땅.
③ 두무兜鍪 : 투구 즉 군사를 말한다.
④ 생자당여손중모生子當如孫仲謀 : 조조가 손권을 칭찬한 말. 조조는 일찍이 아들을 낳으려거든 손중모 같게만 하여라고 했다.
⑤ 손중모孫仲謀 : 중모는 손권의 자字. 19살에 형 손책의 뒤를 이어 강동 땅을 다스렸다. 시호는 대황제.
※ 이 작품의 갈래는 사詞이다.

작가소개 신기질(1140~1207) : 남송 때의 사람이며 산동성 제남 출신이다. 21살에 항금抗金-금나라에 항거하다의 기치를 높이 세웠으나 의군義軍은 실패하였고, 남송으로 내려가 항금 작전 계획을 올렸으나 가납되지 않았다. 그는 강직하고 결단력이 있었으나 오히려 시기의 대상이 되어 모함을 받아 사직하고, 20여 년간 강서江西의 농촌에서 한가히 지냈다. 그러나 그의 비분강개는 식지 않아 술로 세월을 보내며 사작詞作에 골몰했다.

북고산 뒷 봉우리, 서북쪽에 작은 길이 바위 절벽을 끼고 나 있는데, 산 아래에서 능선 따라 오를 수 있도록 되어 있다. 이 길은 류마간溜馬澗, 주마파駐馬坡, 주마간走馬澗 등으로 불린다. 삼국 시대 유비가 동오에 결혼하러 왔을 때 어느 날 손권과 더불어 감로사에서 술을 마시다가 장강을 오르내리는 배들을 보고 찬탄하기를 "남인南人들은 배를 잘 타고 북인北人들은 말을 잘 탄다고 하더니 진실로 맞도다." 했다. 말을 마치자 손권이 말을 몰아 나는 듯이 타고 소로를 달려가서는 돌아왔다. 유비도 말을 타고 질풍같이 달려가서 급히 돌아오니 두 사람이 말을 멈추고 서로 웃었다는 곳이다. 명나라 때 계단을 놓았고 지금도 암벽에 '유마간말을 타고 미끄러지듯 내려오던 골짜기'이라는 글자가 새겨져 있다.

북고산은 한국에서라면 어디를 가도 볼 수 있는 평범한 산에 지나지 않는다. 그러나 역사적 사실을 잊지 않으려는 중국인의 의식과 작은 일도 크게 만들려 하고, 없던 일도 끼워 맞추어 후세에 교훈과 자랑으로 남기려는 사고 방식이 이 북고산을 더욱 의미 있고 가치 있는 산으로 만들어 놓은 것이다.

금산金山

금산은 진강시의 서북쪽에 있다. 원래 장강의 가운데 떠 있는 수려한 작은 섬이었다. 그래서 '강 가운데 한 송이 연꽃'이라 했다. 당나라 시인 장호張祜의 시 '윤주금산사潤州金山寺'에 "나무 빛은 중류에서 보이고, 종소리는 양안에서 들린다樹色中流見 鐘聲兩岸聞"란 시구가 있는데, 당대에는 종소리가 강 양안에서 들렸다고 하니 금산이 섬이었다는 것을 알 수 있다. 청나라 도광道光 연간에 드디어 남안에 붙어 버렸다.

일천공원에서 바라다본 금산

금산의 둘레는 520m이며 높이는 43.7m이다. 금산은 산 아래에서부터 위에 이르기까지 건물들로 꽉 차 있어서 혼연일체의 모습을 보이는데 "금산사 속에 산이 있다"라는 말이 생겨났을 정도로 특이한 경관을 자랑한다. 길이라고는 오직 계단 밖에 없는 듯하다. 이리 오르고 저리 오르고 하다 보니 산 정상이다. 아래에서 위로 층층이, 겹겹이 누각과 정자가 세워져 있어 "누樓 위에 각閣이 있고 누 밖에 각이 있다"는 말이 실감난다.

일반 사찰은 산문이 주로 남쪽을 향하는데 이 금산사는 산문이 서쪽으로 향해 있다. 그래서 탐방객들은 산문에 서면 장강이 동으로 흘러가고 뭇 산들은 서에서 오는 것을 조망할 수 있다는 것이다.

금산사는 동진 때 건립되었다. 원명은 택심사澤心寺였는데 당나라 때 금산사로 널리 불리게 되었다.

강천일람江天一覽이라고 쓰인 비석이 금산의 정상에 세워져 있다. 이 글씨는 청나라 강희제의 친필이라는데 재미있는 일화가 있다. 그가 이곳을 둘러보고 소감을 강천일람으로 요약해서 쓰려는데 '강천일'까지는 잘 썼으나'람'자가 갑자기 생각나지 않아서 강천일람이라고만 입으로 되뇌이었다. 이때 한 신하가 이 상황을 간파하고서 '신금견가臣今見駕'라고 말했다. 이에 황제가 불현듯 그 암시하는 바를 깨닫고서 마저 썼다는 이야기이다. 그래서 '覽'자는 나중에 써서 그런지 글씨체가 다른 것보다 약간 작다.

산 정상에 30m나 되는 자수탑慈壽塔이 산을 누르고 있다. 8면으로 된 7층탑인데 늦은 시간이지만 등정이 가능하였다. 오른편 동쪽으로 북고산이 가깝게 자리잡고 있고 저 멀리 초산이 외롭게 떠 있다. 왼편 서쪽으로는 바둑판 같은 저수지가 깔려 있다. 아마도 양어장인 모양이다. 천지에 땅거미가 밀려드니 오직 저수지만 하늘 빛에 반사되어 반짝이고 장강은 어둠 속으로 사라져가고 있었다. 아! 광막한 지평선, 아득한 장강의 흐름, 여기는 천하제일의 강산이라!

자수탑 옆에는 천지동경天地同庚-천지와 같은 나이 즉 만수무강과 같은 뜻이라는 글씨가 벽에 음각되어 있다. 청나라 서태후의 회갑을 축수하기 위함이라는데 아부성이 짙다. 18세 소년 이원안李遠安이 쓴 글이라 한다.

양자강을 건너며 　　　　 渡揚子江도양자강

정선지(당) 　　　　 丁仙芝(唐)

계수나무 노 저어 중류에서 바라보니 　　 桂楫①中流望계즙중류망

끝없는 물결에 양 기슭이 밝아 보인다.	空波②兩畔明공파양반명
숲은 양자역으로 틔였고	林開揚子驛림개양자역
산은 윤주성에서 솟았구나.	山出潤州城③산출윤주성

바다가 다한 곳에 강기슭이 고요하고	海盡邊陰靜해진변음정
강 물결 차가운 곳에 북풍이 일어난다.	江寒朔吹④生강한삭취생
또다시 단풍 지는 소리 들으니	更聞楓葉下경문풍엽하
우수수 가을 소리 지나가누나.	淅瀝⑤度秋聲석력도추성

① 계즙桂楫 : 계수나무로 만든 노. 노의 미화.
② 공파空波 : 끝없는 물결. 여기서 공空은 가없다, 끝없다. 한량없다는 뜻으로 보았다.
③ 윤주성潤州城 : 진강의 또 다른 이름.
④ 삭취朔吹 : 북풍.
⑤ 석력淅瀝 : 비나 싸락눈이 오는 소리의 의성어.

작가소개 정선지(725년 전후에 생존) : 개원開元 13년725년에 진사에 올랐다. 절강성 항주 서쪽에 있는 여항현余杭縣의 현위縣尉를 역임했다.

천하제일천天下第一泉

진강에 있는 천하제일천은 중령천中泠泉이다. 원래 장강 가운데 있던 것인데 청나라 함풍咸豐·동치同治 연간에 금산이 뭍으로 붙을 때 샘도 역시 강안에 올라 지금에 이른다. 당나라 때 차 전문가인 다성茶聖 육우가 중령천의 물에 천하제일의 품격을 내렸다. 그 후 당나라 명사 유백추劉伯芻도 중국 전역의 물을 7등급으로 나누어 품평할 때 이 중령천을 제일로 삼았다. 현재는 일천공원一泉公園에 가면 볼 수 있다.

육우는 도대체 어떤 사람인가? 어떻게 어디서 태어났는지 알 수가 없다. 호북성의 경릉竟陵에 있는 용개사龍蓋寺에 육陸씨 성姓의 지적선사智積禪師가 있었는데 물가에 버려진 아이 하나를 거두어 제자로 삼았다. 그래서 스님의 성을 받아 육씨가 되었다. 그는 자라면서 총명하고 해박했으나 삭발하고 승려가 되는

섯을 부끄럽게 여겼다. 주역으로 장래의 운명에 대해 점을 쳐 보니 "기러기가 뭍陸-육으로 나가서 그 깃羽-우을 의식에 쓸 수 있다"라는 문구를 얻었다. 그래서 육陸 자와 우羽 자를 따와서 성과 이름으로 삼았다고도 한다. 천보天寶 연간에 우령사羽伶師-광대들을 관리하고 교육하는 관리가 되었으나 도망나왔다. 이러하니 그 행동은 깨끗하나 그 행적은 때가 묻은 것이라 할 수 있다. 그의 모습은 부스스하고 말소리는 시원찮으나 논리는 정확했다. 약속한 일이 있으면 호랑이가 길을 막아도 이행하였다. 남의 훌륭한 일을 자신의 일처럼 좋아했다. 초계苕溪-오흥(吳興)을 거쳐 태호(太湖)에 흘러드는 물가에 오두막을 지어 놓고 독서하며 고승, 명사들과 술 마시고 담소했다. 가지고 있는 것은 조각배 하나, 두건, 짚신, 저고리, 가죽 치마밖에 없었다. 오직 산을 즐기고 물을 좋아하며 살았다. 그는 차 마시기를 즐겨하여 다경茶經 3권을 지었다. 그는 당시에 벌써 다선茶仙으로 불렸다. 천하가 육우 때문에 차에 대한 지식이 넓어졌다. 음중팔선의 한 사람인 이적지의 아들인 어사대부 이계경李季卿이 강남에서 그를 만나 차를 끓여 주기를 요청했다. 양자강의 천하제일천인 중령수中泠水를 가지고 육우가 차를 끓여 주자 그 보답으로 노비를 주었다. 그는 불쾌하게 생각하여 훼다론毁茶論-차의 멋을 훼손시키는 것에 대한 이론을 지었다. 찻집에서는 그의 모습을 도자기로 만들어 부뚜막에 모셔 놓고 다신茶神으로 숭상했다.

작은 다리를 건너 중령천이라고 쓰인 대문을 지나면 큰 웅덩이의 우물을 만난다. 대리석으로 사각형의 난간을 만들어 보호하고 있다. 육안으로는 깊이를 측량할 수 없으나 물이 솟아오르고 있는 형상은 똑똑히 목격할 수 있다. 4각의 샘, 안쪽 벽면은 돌벽돌로 가지런히 쌓아 올려 깨끗함을 유지하고 있고 남쪽 면에는 天下第一泉천하제일천이라는 글씨를 음각해 놓았다.

중령천

옛날 이 샘이 양자강의 강심江心에 있을 때에는 배를 타고 들어가 물이 솟아 오르는 곳에서 뚜껑이 있는 쇠 바가지로 물을 퍼내어 사용했다고 한다. 그러니 특별한 노고나 위험과 관련지어 제일천이라 한 것이 아닐까? 아니면 이런 노고를 감수하면서도 떠다 먹을 가치가 있는 최고의 물이었는지도 모를 일이다. 물을 퍼 낼 때도 시간이 정해져 있어 자시와 오시가 좋았다고 한다. 이 물은 표면 장력이 엄청나서 잔 위로 물이 2~3㎝ 올라도 넘치지 않았기에 잔은 차도 물은 넘치지 않는다는 말이 전한다. 광물질이 많이 용해되어 있었던지 비취색을 띠고 있고 차를 달이면 맑고 향기롭고 시원하고 감미로웠다고 한다. 이런 명성 때문에 고관대작들이 이 물로 차를 다려 마시기 위해 구름처럼 모여들었던 것이다.

일천공원에는 탑영호塔影湖라는 호수가 있는데 이 물 그림자 너머로 금산의 모습이 또렷이 보인다. 전각과 정자의 지붕으로 온 금산을 싸고 있는데 오직 자수탑만 우뚝하다.

호수가에는 부용루芙蓉樓라는 누각이 회랑을 거느리고 금산을 향해 서 있다. 당나라 때에 처음 지어진 것이다.

부용루에서 신점을 보내면서	芙溶樓送辛漸부용루송신점
왕창령(당)	王昌齡(唐)
밤에 찬비가 강을 따라 오 땅에 들어오고	寒雨連江夜入吳한우연강야입오
새벽에 나그네를 떠나보내니 초산마저 외롭구나.	平明①送客楚山孤평명송객초산고
낙양의 친구들이 내 소식 묻거들랑	洛陽親友如相問낙양친우여상문
한 조각 얼음 같은 마음이 옥병에 있다 하게.	一片氷心在玉壺②일편빙심재옥호

① 평명平明 : 새벽.
② 옥호玉壺 : 옥으로 만든 병.
※ 왕창령이 지은 이 시 속의 부용루는 지금의 이곳이 아니고 시내에 있었다. 왜냐하면 당나라 때에는 이곳은 강이었기 때문이다.

작가소개 왕창령(698~757) : 태원太原 사람이다. 또는 강녕江寧-지금의 남경 출신이라고도 한다. 727년에 진사에 급제했다. 전란 중에 고향으로 돌아왔다가 자사刺史 여구효[閭丘曉]의 미움을 받아 처형당하였다. 나중에 장호[張鎬]가 여구효를 죽이려고 하니 노부모가 계시니 살려 달라 했다. 이때 너는 왕창령의 부모는 누가 모시라고 그를 죽였느냐고 하니 여구효는 몹시 부끄러워했다. 그의 시는 뛰어나 특히 7언절구는 이백을 제외하면 최고였을 것이다. 당시 사람들이 말하길 "시 짓는 이들은 왕창령을 선생으로 삼아야 한다."라고 했다. 그는 왕지환[王之渙]과 신점[辛漸]과 친했다.

만세루 / 萬歲樓[①만세루]

왕창령(당) / 王昌齡(唐)

강 위에 우뚝 솟은 만세루	江上巍巍萬歲樓[강상위위만세루]
얼마의 세월이 지났는지 알 수 없어라.	不知經歷幾春秋[부지경력기춘추]
해마다 산이 늘 거기 있음을 즐겁게 바라보고	年年喜見山長在[년년희견산장재]
날마다 강이 홀로 흐름을 쓸쓸히 보노라.	日日悲看水獨流[일일비간수독류]
원숭이가 어찌 저문 산을 떠나랴?	猿狖[②]何曾離暮嶺[원유하증리모령]
가마우지들 공연히 찬 물가를 떠다니는데.	鸕鶿[③]空子泛寒洲[노자공자범한주]
누가 차마 여기 올라 안개 속에서 바라보나?	誰堪登望雲煙裏[수감등망운연리]
해질 무렵 끝없이 객수를 자아내는데.	向晩茫茫發旅愁[향만망망발려수]

① 만세루는 진강 시내 중심에 위치해 있었는데 현재는 시내의 북쪽 운하 기슭에 있으며 명칭을 만복루[萬福樓]로 고쳤다.

② 원유[猿狖] : 검은 원숭이.

③ 노자[鸕鶿] : 가마우지.

※ 왕창령이 강녕승[江寧丞]으로 있으면서 진강에 가끔씩 방문하였다는데 아마 이때가 743년 전후였을 것이다. 강녕은 남경이다.

제11장 양주揚州

진강에서 양주로 가기 위해서는 북으로 양자강을 배로 건너가야 한다. 남경에 장강대교는 있어도 아직 이곳 진강에는 그런 큰 다리가 없다. 배는 여객선이 아니고 사람·화물 할 것 없이 싣고 나르는 거대한 그릇배 같은 것이다. 짐 실은 이삼십 대의 차량들을 거뜬히 얹고서 유유히 건넌다. 겨울의 해는 짧아 이미 지고, 강심에서 양안을 바라보니 불빛만 가물거린다. 20여 분 가량 걸려 선착장에 배를 대니 이곳은 과주瓜州이다. 과주는 오이처럼 생긴 모래톱에 형성된 항구이다. 옛날에는 과주와 양주의 중간에 있는 양자진揚子鎭이 장강의 선착장이었다. 장강도 이 양자진을 지나면 양자강으로 불렸다. 과주에서 양주까지는 승용차로 삼십 분이면 도착할 수 있다.

밤에 정로정을 떠나면서

이백(당)

배 타고 광릉으로 내려가는데
강 달은 정로정에 밝았더라.
산꽃이 단장한 여인의 뺨 같고
강 불빛은 흐르는 반딧불 같구나.

夜下征虜亭①야하정로정

李白(唐)

船下廣陵②去선하광릉거
月明征虜亭월명정로정
山花如綉頰산화여수협
江火似流螢강화사유형

① 정로정征虜亭 : 강소성 남경에 있었던 정자. 동진 때 재상宰相을 지낸 사안謝安이 세웠다.

② 광릉廣陵 : 양주揚州.

※ 이백이 726년에 금릉남경에서 광릉양주으로 내려가면서 지은 시이다.

양주는 장강 북안北岸에서 경항대운하京杭大運河-북경에서 항주까지 이어지는 운하가 이 장강과 만나는 곳에 있다.

춘추전국 시대에 오왕 부차가 이곳에 한성邗城을 건설한 이래 한나라 때 광릉으로, 수나라 때부터는 양주로 불리게 되었다. 수당隋唐에 이르러 남북 교통의 중추가 되어 장강 유역에서 최고의 번영을 누리면서 발전하였다.

상업이 번창하고 교통이 편리하다 보니 수많은 조선漕船-물건을 운반하는 배들이 모인다. 상려商旅-타향으로 떠돌아다니면서 장사하는 사람들도 열의 아홉이 이곳을 거치게 된다. 양곡, 소금, 차 그리고 각종 공예품 등이 이곳에 모였다가 흩어진다. 그래서 양주는 多富商大賈다부상대가-부자 상인과 큰 장사꾼이 많다와 號天下繁多호천하번다-천하에 번성한 곳으로 일컬어지다로 널리 알려지게 되었다. 양주의 이런 조건들이 명사와 시인묵객들을 불러모으게 되고 그들에 의해 수많은 명편이 남게 되었다. 수나라 양제, 청나라의 강희제와 건륭제 및 당나라 시인 장약허, 맹호연, 이백, 백거이, 유우석 등 명인들이 이 양주에서 놀았다. 송나라 때 문호文豪 구양수, 소동파 등이 일찍이 양주 태수를 역임했고 왕안석도 이곳 양주에서 시를 남겼다. 이 중에서도 걸출한 양주 최고의 시인은 장약허가 아닐까?

봄 강에 꽃 피고 달 밝은 밤	春江花月夜춘강화월야
장약허(당)	張若虛(唐)
봄 강의 조수가 바다로 이어 평평하고	春江潮水連海平춘강조수연해평
바다 위의 명월은 밀물과 함께 떠오르네.	海上明月共潮生해상명월공조생
출렁이는 물결 따라 천만리에 퍼지니	灩灩隨波千萬里염염수파천만리
봄 강 어디엔들 달 밝지 않은 곳 있으랴?	何處春江無月明하처춘강무월명
강물이 굽이쳐 꽃 들판을 감아 돌고	江流宛轉遶芳甸강류완전요방전
달이 꽃 숲을 비춰 온통 싸락눈 같아라.	月照花林皆似霰월조화림개사산
공중에 흐르는 서리 나는지 알 수 없고	空裏流霜不覺飛공리유상부각비
물가의 흰 모래 보아도 뵈질 않네.	汀上白沙看不見정상백사간부견

강과 하늘이 한 빛이니 티끌조차 없고
교교한 공중에 외로운 달만 둥글구나.

江天一色無纖塵 강천일색무섬진
皎皎空中孤月輪 교교공중고월윤

강가에서 어떤 이가 처음 달을 보았으며
강의 달은 언제 처음 사람을 비췄을까?

江畔何人初見月 강반하인초견월
江月何年初照人 강월하년초조인

사람의 삶 대대로 다함이 없고
강위의 달 해마다 변함이 없네.

人生代代無窮已 인생대대무궁이
江月年年祇相似 강월연연지상사

강의 달이 누구를 기다리는지 알 수 없고
다만 장강의 물 흐름만 내려보도다.

不知江月待何人 불지강월대하인
但見長江送流水 단견장강송유수

흰 구름 한 조각 유유히 떠가고
푸른 단풍 포구에서 시름겨워라.

白雲一片去悠悠 백운일편거유유
青楓浦上不勝愁 청풍포상부승수

어느 누가 오늘 밤에 조각배를 띄웠으며
어디에서 달 밝은 누각을 그리는가?

誰家今夜扁舟子 수가금야편주자
何處相思明月樓 하처상사명월루

가련하게도 누대 위의 달은 배회하면서
외로운 여인의 경대를 비추리라.

可憐樓上月徘徊 가련누상월배회
應照離人[①]粧鏡臺 응조이인장경대

주렴에 걸린 달은 걷어도 떠나지 않고
다듬잇돌 비춘 달은 떨쳐도 다시 오네.

玉戶簾中卷不去 옥호염중권부거
擣衣砧上拂還來 도의침상불환래

이때에 달을 봐도 소식 들을 수 없으니
달빛을 따라가서 님을 비춰 주고지고.

此時相望不相聞 차시상망부상문
願逐月華流照君 원축월화유조군

기러기 떼 멀리 날아가도 달빛을 건널 수 없으나
어룡은 숨거나 뛰어올라 파문을 남기네.

鴻雁長飛光不度 홍안장비광불도
魚龍潛躍水成文 어룡잠약수성문

어젯밤 빈 못에 꽃 지는 꿈 꾸었는데

昨夜閒潭夢落花 작야한담몽락화

가련하나, 봄이 반 지나도 아직 집에 못 돌아가. 可憐春半不還家[가련춘반부환가]

강물에 흐르는 봄은 가서는 다하려 하고 江水流春去欲盡[강수유춘거욕진]
강못에 지는 달은 다시 서쪽으로 기울도다. 江潭落月復西斜[강담낙월복서사]

지는 달은 깊이깊이 바다 안개에 숨고 斜月沈沈藏海霧[사월침침장해무]
갈석에서 소상까지 길은 끝이 없어라. 碣石②瀟湘③無限路[갈석소상무한노]

달빛 타고 집에 돌아간 사람 그 몇이던가? 不知乘月幾人歸[불지승월기인귀]
지는 달이 내 마음 흔들어 강가 나무에 가득케 하도다. 落月搖情滿江樹[낙월요정만강수]

---

① 이인[離人] : 남편과 떨어져 있는 여인.
② 갈석[碣石] : 하북성 북쪽의 산 이름. 북쪽 지방을 가리킨다.
③ 소상[瀟湘] : 호남성에 있는 강 이름. 남쪽 지방을 가리킨다.
※ 장약허의 이 '춘강화월야'는 시[詩] 중의 시요, 정봉상[頂峰上]의 정봉이라는 예찬을 받고 있으며 '以孤篇壓倒全唐[이고편압도전당-이 한편이 전당시를 압도한다]'이라는 찬탄을 누리게 된 명편이다.

작가소개 장약허(711년 전후에 생존) : 양주 사람이다. 개원 연간에 하지장, 장욱, 포융과 함께 오중4사[吳中四士]로 불렸다.

"천하의 달 밝은 밤을 3등분한다면 2등분도 마다하는 것이 양주이다"라는 말은 지나친 과장이라고 하더라도 양주의 달밤은 천하에 으뜸인 것이다.

양자진을 떠나면서 원대교에게 보냄 初發陽子寄元大校書

초발양자기원대교서

위응물(당) 韋應物(唐)

쓸쓸히 친구를 떠나 淒淒去親愛[처처거친애]
두둥실 배 타고 안개 속으로 들어가네. 泛泛入煙霧[범범입연무]
낙양의 사람은 배 저어 돌아가고 歸棹洛陽人[귀도낙양인]
광릉의 나무들만 종소리와 함께 남았구나. 殘鐘廣陵①樹[잔종광릉수]
오늘 아침 이렇게 헤어지면은 今朝此爲別[금조차위별]

그 어디서 또 다시 만나게 될까? 何處還相遇[하처환상우]
세상사 물결 위의 배와 같으니 世事波上舟[세사파상주]
오르내리락 어찌 머물 수 있으리. 沿洄[②]安得住[연회안득주]

① 광릉[廣陵] : 양주.
② 연회[沿洄] : 물 따라 오르고 내리다.

작가소개 위응물(?~789?) : 경조[京兆-도성] 사람이다. 임협[任俠-협객]을 숭상했다. 그는 성품이 고결하여 적게 먹고 욕심을 줄였다. 집에서는 반드시 향을 피우고 마당을 쓴 뒤 단정히 앉아 만물 밖의 세계에 대해 명상하곤 했다. 그는 소주자사를 거치고는 관직을 그만두고 영정사[永定寺-소주성 밖에 있는 절]에 은거하면서 세속과 인연을 끊었다.

촉강[蜀岡]의 대명사[大明寺]

양주의 서북쪽 구릉 지대가 촉강이다. 사천성인 촉[蜀]에서 뻗어온 지맥의 동쪽 끝에 해당되므로 이런 이름이 붙여진 것이다. 촉강에는 3개의 봉우리가 있는데 그 중 중봉[中峰]에 대명사가 있다. 이 절은 육조 때인 송나라 효무제 대명[大明] 연간[457~464]에 창건되었기에 이때의 연호를 절 이름으로 삼았다. 수나라 때에 이르러 서령사[棲靈寺]로 개명했고 아울러 서령탑도 세웠다. 그러나 얼마 되지 않아 원래의 이름 대명사를 회복했다. 예부터 이곳은 회동제일관[淮東第一觀-회수 동쪽에서는 제일의 장관이다]으로 불렸다.

청나라 건륭제가 이 절에 행차했을 때[1765년] 대명[大明]이란 글자가 명나라에 대한 기억을 되살리게 할까 봐, 법정사[法淨寺]라는 이름으로 고치게 했다. 따지고 보면 이는 나라의 흥망, 존폐와 관련된 것도 아니고 게다가 육조 시대의 연호에 지나지 않는 것인데 그렇게 명칭에 집착했다면 청나라는 한족의 한자마저도 쓰지 말아야 했을 것이다.

대명사의 산문은 누런 벽면에 아치형 문이 3개나 되는데 그 중 가운데의 한 개만 이용된다. 산문 안에 있는 불상을 돌아 경내로 들어가면 마당은 그리 넓지 않는데 대웅전 앞 뜨락 양편에는 오래된 향나무가 이 절의 역사와 함께

하고 있다. 대웅전은 사롱이 3단으로 되어 있는 웅장한 건물인데 주위 건물들과 가까이 붙어 있어 사찰치고는 조금 답답함을 느끼게 한다. 중국 사찰 특유의 향내가 머리를 어지럽힌다.

촉강의 대명사

절 주위에는 감진鑑眞기념당과 평산당平山堂, 곡림당谷林堂, 구양사歐陽祠, 천하제5천天下第五泉 등이 있다. 당나라 때 고승인 감진은 66세 때 일본으로 건너가 일본 불교의 율종律宗의 시조가 되었다. 또 언어, 문학, 의학, 서예, 인쇄술, 건축, 예술 등 다방면에 영향을 끼쳐서 일본 문화의 은인이 되어 육성育聖으로 숭앙받았다.

평산당은 북송 때 유명한 문학가 구양수가 양주 태수 재임시에 세운 것1048년이다. 당堂에 올라 먼 산을 바라보면 그 능선이 당의 난간과 수평으로 보인다 해서 평산당이라 이름지은 것이다. 구양수는 이곳에 거처할 때 문선文仙으로 불렸다.

평산당 뒤에 곡림당이 있다. 이는 소동파가 구양수를 기념하기 위해 지은 것이다. 소동파는 이곳에서 생활하면서 북송 문단의 태두가 되어 사선詞仙으로 불렸다.

산은 높은 데에 있지 않고 신선이 있으면 명산이라는 말이 있다. 이 촉강은 높이가 100m에도 미치지 못하지만 이 3인감진, 구양수, 소동파의 선기仙氣가 아직도 남아 있으니 촉강을 명산이라 부를 수 있을 것이다. 막상 이곳 촉강에 서 보면 양주 시가는 잘 보이지 않고 다만 대나무와 잡목의 숲이 눈 아래 아득히 펼쳐져 있다.

이곳 촉강의 차는 사천성 아미산峨眉山과 몽산蒙山 꼭대기에서 나는 차와 향이 같다고 할 정도로 유명하다. 그래서 공물로 진상되었다.

훌륭한 차는 좋은 물로 끓여야 하는 법이다. 이곳에는 당나라 때부터 제5

천으로 이름난 샘물이 있었다. 구양수, 소동파 등이 애용하였단다. 지금 이 샘물을 먹는 사람은 없지만 그 옛날의 명성을 날리던 모습은 아직도 그대로 남아 있다. 샘 주위는 벽돌을 깔아 깨끗이 해 놓았고, 돌 한 개를 가지고 다듬은 정육각형의 우물 입구는 무릎에 닿을 정도의 높이로 툭 튀어 나와 있다. 우물 구멍이 좁아 물 푸기가 쉽지는 않았겠다는 생각이 든다.

백낙천과 같이 서령사 탑에 올라서　同樂天登棲靈寺搭

동락천등서령사탑

유유석(당)　劉禹錫(唐)

걸음걸음 손잡고 끌어 주니 힘든 줄 몰라	步步相携不覺難[보보상휴부각난]
구름 밖의 구층 탑 난간에 기대었네.	九層雲外倚欄干[구층운외의란간]
홀연히 웃음소리 허공에서 들리니	忽然笑語半天上[홀연소어반천상]
수많은 유람객들 눈을 들어 보더라.	無數游人擧眼看[무수유인거안간]

작가소개 유우석(772~842) : 자는 몽득[夢得]이며 하북성 정현[定縣] 사람이다. 783년에 진사에 급제했다. 당시 재상까지 올랐던 왕숙문[王叔文]이 그를 재상감이라고 칭찬했다. 정작 그는 위세를 믿고 많은 사람들에게 상처를 주었다. 급기야 협사란정[挾邪亂政-사악함을 끼고 조정을 문란케 하다]이라는 평을 받고 파직당한다. 그는 자사[刺史]로 여러 지방을 전전할 때 당시 중승[中丞] 배도[裴度]가 그를 옹호했다. "파주[播州]는 원숭이나 사는 곳이고 유우석의 어미는 여든이 넘었습니다. 이렇게 노모와 아들을 결별시킴은 폐하의 효치[孝治]를 상하게 하는 것이니 내지로 옮겨 주십시오"라고 주청하였다. 그는 도성으로 돌아온 후 다음과 같이 노래했다.

처음 유배에서 십 년만에 돌아와 수레에서 내려 보니
도사가 심은 복숭아 놀처럼 무성하네.
다시 십사 년만에 와 보니 한 그루도 안 남아
다만 귀리와 바람꽃만 봄바람에 흔들릴 뿐이로다.

始謫十年還輦下[시적십년화연하]
道士種桃其盛若霞[도사종도기성약하]
又十四年而來無復一存[우십사년이래무부일존]
唯兎葵燕麥動遙春風耳[유토규연맥동요춘풍이]

대명사의 서령탑은 수나라 문제 때인 601년에 세워졌다. 한때 이백, 고적,

유우석, 백거이 등이 이곳에 올라 여러 편의 시를 남겼을 정도로 유명한 탑이다. 당나라 때 843년에 화재로 인해 훼손되었다가 1991년에 다시 세우게 되었다. 높이가 70m인 4각 9층 탑이다. 9층 중 1층만 모습이 다르고 나머지 위로의 8층은 모양이 똑같다. 1층은 지붕이 크고 처마가 길다. 2층부터 9층까지는 처마가 조금씩 작아지면서 매우 안정된 느낌을 준다. 이 서령탑을 수서호瘦西湖에서 멀리 바라보면 '이십사교'와 어울려 가장 멋지게 보인다.

백낙천과 양주에서 처음 만난 자리에서 화답하여 주다	酬樂天揚州初逢席上見贈수락천양주초봉석상견증
유유석(당)	劉禹錫(唐)
파산과 초수는 언제나 처량한 곳	巴山楚水凄凉地파산초수처량지
스물세 해 동안 이내 몸을 버려 두었네.	二十三年棄置身이십삼년기치신
옛 생각에 공연히 문적부를 읊다가	懷舊空吟聞笛賦①회구공음문적부
고향에 이르면 문득 딴 사람이 된 듯.	到鄕翻似爛柯②人도향번사난가인
잠긴 배 옆으로 수많은 배 지나가고	沈舟側畔千帆過침주측반천범과
시든 나무 앞머리에 온갖 나무 봄이로다.	病樹前頭萬木春병수전두만목춘
오늘 그대의 노래 한 곡 들으며	今日聽君歌一曲금일청군가일곡
잠시 한 잔 술로 흥을 돋워 보노라.	暫憑杯酒長精神잠빙배주장정신

① 문적부聞笛賦 : 진晋나라 때 죽림칠현 중의 한 사람들이었던 상수向秀가 이미 죽은 친구 혜강嵇康의 집을 방문했다가 이웃집에서 부는 피리 소리를 듣고 슬픔에 겨워 지었다는 사구부思舊賦를 가리킨다.

② 난가爛柯 : 도끼 자루가 썩다는 뜻인데 바둑 두는 재미를 나타내는 말이다. 나무꾼이 바둑 두는 구경을 하다가 도끼 자루 썩는 줄 몰랐다는 이야기에서 나온 말이다.

※ 이 시는 작가가 낙양으로 돌아가는 길에 양주에서 백거이를 처음 만나 지은 것이다.

이곳 촉강의 풍경은 중국의 국가 중점 명승구이다.

수서호瘦西湖

수서호는 양주 서쪽 교외에 있다. 중국에서는 서호라고 불리는 호수가 40여 개나 된다는데 그 중 최고로 꼽히는 것은 단연 항주의 서호일 것이다. 이곳 양주의 서호는 좁으면서 길고, 꺾여 있으면서 수려하기에, 여윌 수瘦자를 덧붙여 수서호라 한 것이다. 원래는 자연적으로 생긴 물길이었는데 청나라 건륭제가 남방 순방 때, 배를 타고서 바로 촉강의 평산당에 이르기 위해 새로 정비한 것이다. 이때 백탑白塔과 연화교 등을 함께 세웠고 이들은 소금산小金山, 월관月觀 등과 조화를 이루어, 북방의 웅장한 멋과 남방의 수려한 멋이 잘 어우러진 독특한 풍치를 자아낸다.

평산당에서 이곳으로 바로 내려오면 수서호라는 큰 편액이 걸린 북문에 이르게 된다. 문에 들어서서 정면으로 보이는 것이 연화교蓮花橋 즉 오정교五亭橋이다. 이 다리는 아치형으로 되어 있으며 총 길이는 55.3m이다. 조형이 아름다우면서도 독특하고 장중하다. 다리 위에는 5개의 정자가 있어 오정교로 불리는데 4개의 돌 축대 위에 세워져 있다. 크고 작은 아치형 구멍이 15개나 된다. 오정교의 황색의 기와 지붕은 건너편의 백색의 탑과 잘 어울린다. 주위에 심어진 나무는 거의가 수양버들이다.

원래 오정교는 청나라 때 1757년에 남방으로 순행하던 건륭황제를 위로하기 위해 양주의 한 부호인 소금 장수가 만든 것이다. 그러니 자연히 궁궐의 모양을 닮게 하여 정자의 지붕은 누런 색, 기둥은 붉은 색으로 꾸몄으니, 작은 궁전이 물 위에 떠 있는 것 같다는 것이다. 건륭제는 경관은 마음에 들었지만 아무래도 조경이 북경의 북해北海에 못 미친다고 생각한 모양인데 이는 백탑라마식 불탑이 없었기 때문이었다. 그래서 그 부호는 황제의 측근에 뇌물을 주고 북경 북해의 백탑의 그림을 입수하여 하룻밤 사이에 완성했다고 한다. 이 정도면 황제에 대한 아부의 정도나 양주의 경제력이 대단함을 입증한 셈이다.

항주는 호산湖山-호수와 산이 뛰어나고, 소주는 시사市肆-시장, 저잣거리가 훌륭하고, 양주는 원정園亭-정원과 정자이 빼어나다 했는데, 이 세 곳에 대해 우월을 가릴 수 없다는 것이 옛 중국인들의 평가이다.

오정교를 지나서 서쪽으로 한참을 가다가 다시 구곡교九曲橋를 건너서 이르는 데가 희춘대熙春臺이다. 건륭제의 장수를 빌기 위한 건축물이기에 기세가 범상치 않다. 옛날의 것은 이미 훼손되었고 지금의 것은 1991년에 신축한 것이다.

오정교

희춘대 앞에는 모택동이 당나라 시인 두목杜牧의 시寄揚州韓綽判官를 쓴 비석이 세워져 있다. 흰 대리석에 금 글씨로 새겼다.

양주의 한작 판관에게 보내며	寄揚州韓綽判官기양주한작판관
두목(당)	杜牧(唐)
푸른 산은 은은하고 물길은 아득한데	青山隱隱水迢迢청산은은수초초
가을이 다 가도록 강남의 풀 시들지 않아.	秋盡江南草未凋추진강남초미조
아! 이십사교 달 밝은 밤에	二十四橋明月夜이십사교명월야
그대는 어디서 피리소리 듣고 있는가?	玉人①何處教吹簫옥인하처교취소

① 옥인玉人 : 아름다운 사람이란 뜻으로 남녀에게 다 일컬을 수 있다. 여기서는 한작韓綽을 가리킨다.

희춘대 앞의 마당은 꽤 넓다. 이곳에서 동쪽으로 멀리 오정교 쪽을 바라보니 거울 같은 수면 위에 그림배가 한가롭고, 오른쪽의 버들 숲 속에 백탑은 촛대처럼 우뚝하다. 좌로 눈을 돌리면 이십사교二十四橋가 저 멀리 촉강의 서령탑을 배경으로 잔 물결 위에 무지개처럼 떠 있다.

이십사교는 아치형의 중국 전통 양식의 평범한 다리이지만 이를 중심으로 주위의 모든 것이 물 속에 비치면서 드러나는 은은한 대칭의 풍경은 그림 같

이십사교

다 할 것이다. 이십사교는 홍작교紅芍橋로도 불린다는데 '양주고취사揚州鼓吹詞'에 말하길 "이 다리는 옛날 24명의 미인이 이곳에서 통소를 불었기에 이런 이름을 얻었다. 또 송대의 심괄沈括이란 자가 보필담補筆談 중에서, 스물네 개의 다리에 대해 일일이 고증을 했으며 다리의 고장이라고 해도 손색이 없다고 말한 것으로 보아 24개의 다리가 있었다"라고 했다. 이러고 보니 이십사교는 하나의 다리 이름으로 볼 수 있고 또 24개의 다리일 수도 있다는 것이다. 지금의 이십사교는 길이도 24m, 너비도 24m, 난간 기둥도 24개, 축대의 층수도 24층이라 한다.

1991년 10월 21일 북한의 김일성이 중국의 강택민과 더불어 이곳에 들렀다고 하니, 이십사교를 바라보며 모택동이 쓴 두목의 시를 희춘대 앞에서 감상했으리라. 지금 둘 중의 한 명은 건재하나, 다른 사람은 이미 이 세상 사람이 아니니 인생은 허망한 것이다.

양주를 지나면서

정몽주(고려)

초나라 땅 산천을 지나가면서
수나라의 궁궐을 그려 보누나.
지난날의 흥망을 그 누가 탄식하나?
지금의 번화는 오히려 즐길 만한데.

선화는 아련하여 찾기 어렵고
관류는 늘어져서 꺾을 만하네.
저녁 되어 목란주 갖다 대나니
아! 이십사교 달밝은 밤이로구나.

過楊州과양주

鄭夢周(高麗)

經過楚地山川경과초지산천
像想隋家宮闕상상수가궁궐
往時興廢誰嗟왕시흥폐수차
此日繁華可悅차일번화가열

仙花杳杳難尋선화묘묘난심
官柳依依堪折관류의의감절
晩來偶泊蘭舟만래우박란주
二十四橋明月이십사교명월

※ 지은이가 중국에 사신으로 와서 양주를 지나며 지은 시이다. 당시 중국은 명나라가 건국하여 남경에 도읍을 정하고 있을 때였다.

갔던 길을 되돌아와 다시 오정교를 건너 동으로 내려가면 호수 속에 소금산小金山이라는 삼각형의 작은 섬을 볼 수 있다. 진강의 금산金山을 닮았기에 그렇게 이름지어진 것이다. 이곳에 조어대釣魚臺라는, 4면이 트인 작은 누각이 하나 있는데 이름처럼 호심湖心에서 낚시하기에 좋아 보이는 곳이다.

청나라 시대에 수서호에서 평산당까지 수로를 만들 때, 준설한 모래흙으로 쌓은 작은 산이 바로 소금산이다. 파낸 것이 모래흙이다 보니 잘 쌓아지지 않아서 나무 말뚝을 박아 가면서 층층으로 흙을 포개어 쌓았다고 한다. 그 공이 대단하였으니 그 흙의 양만큼 금金을 들였다는 것이다. 이곳에도 김일성이 방문했었던지 강택민과 함께 여러 군중을 대동하고 찍은 사진이 걸려 있다.

호수의 물길을 따라 남으로 꺾이면서 뻗은 긴 제방 길이 장제춘류長堤春流-긴 뚝에 봄이 흐른다이다. 뚝 양쪽에는 오래된 버드나무가 나란히 도열해 있다. 지금은 겨울이지만 연두빛 버들가지가 늘어진 봄에는 더욱 풍치 있는 산책로가 아닐까 생각해 본다.

이곳에는 전설이 전한다. 장제長堤라는 청년과 춘류春流라는 처녀가 서로 사랑했는데 양주의 총병總兵이 이를 시기하여 장제를 죽이고 만다. 춘류가 비통해 하며 따라 죽으니 비바람이 크게 일고 땅이 요동을 쳤다. 이 와중에 총병이 죽고 이곳에 곧고 평평한 제방이 수서호 호반에 나타났다는 것이다. 좋은 일에는 마가 많고 다정에는 시기가 끊이지 않는 법이다. 그러니 아름다운 풍광에 슬픈 이야기가 깃들게 되었나 보다. 장제춘류는 양주의 24경 중의 하나이다.

수서호의 물줄기는 고운하古運河로 이어지고 고운하는 다시 경항京杭대운하로 연결된다. 양주도 소주 못지않은 운하의 도시요, 교량의 도시며, 물의 고장이다.

유낭중의 '봄에 양주로 돌아가려고 남쪽 성곽에서 이별하다' 라는 시에 답하여

酬柳郎中春日歸揚州南郭見別之作

수류랑중춘일귀양주남곽견별지작

위응물(당)

韋應物(唐)

삼월 광릉엔 꽃이 한창인데
그대 만나 꽃 속에서 취하도록 마시고자.
남북으로 다니기가 그리 멀지는 않아
저녁 조수로 가서 아침 조수로 올 수 있으니.

廣陵①三月花正開 광릉삼월화정개
花裏逢君醉一迴 화리봉군취일회
南北相過殊不遠 남북상과수불원
暮潮歸去早潮來 모조귀거조조래

① 광릉廣陵 : 양주의 옛 이름.

개원个園

개원은 양주 시내 중심의 염부동로鹽阜東路 변에 있는 정원이다. 여기에는 대나무가 유독 많이 심어져 있어 대나무 잎의 형상을 따서 个園개원이라 한 것이다. 个개 자가 대나무 잎처럼 생겼기 때문이다.

흙과 바위들을 가지고, 붙이고 포개고 쌓고 꾸며서 춘하추동 4계절의 특성을 잘 살려낸 정원으로 유명하다. 그래서 개원을 한 바퀴만 돌면 일 년의 4계절을 체득한 셈이 된다. "봄 산은 놀기에 마땅하고, 여름 산은 보기에 적당하고, 가을 산은 오르기에 좋고, 겨울 산은 은거하기에 적합하다"라고 하니 이 개원은 이런 계절의 감각을 띠고서 감상해야 할 것이다. 여하튼 큰 바위나 태호석을 가져다가 인위적으로 꾸며 놓은 정원에 놀라워하는 이도 있지만 소주에서 많이 보아 온 정원과 크게 다를 바가 없다. 다만 대나무의 가미가 독특할 뿐이다.

양주의 이른 기러기

楊州早雁양주조안

이익(당)

李益(唐)

강 위에 높이 나는 삼천의 기러기
해마다 해마다 고궁을 지나가네.
가련하다, 강 위의 저 달이여
뿌리 잘린 쑥대만 비출 뿐이니.

江上三千鴈 강상삼천안
年年過古宮 연년과고궁
可憐江上月 가련강상월
偏照斷根蓬 편조단근봉

마음을 달래며

遣懷[견회]

두목(당)

杜牧(唐)

실의에 빠져 강호를 술만 싣고 떠돌 적에
초나라 계집 허리는 가늘어 손바닥에도 가볍더라.
십년 세월 양주의 꿈 깨고 보니
청루에 박정하다는 이름만 남았도다.

落魄江湖載酒行[낙백강호재주행]
楚腰纖細掌中輕[초요섬세장중경]
十年一覺揚州夢[십년일각양주몽]
贏得①青樓②薄倖③名[영득청루박행명]

① 영득[贏得] : 얻다. 획득하다.
② 청루[青樓] : 기생집.
③ 박행[薄倖] : 박정[薄情]하다. 인정없고 쌀쌀하다.
※ 이 시는 천고의 절창으로 알려져 있다.

이백과 두목을 제쳐 두고 양주의 낭만을 이야기할 수 없을 것이다. 이백은 26살 때인 726년에 여산[廬山], 금릉[金陵]을 거쳐 처음 양주에 나타나서는 1년도 안 되어 30여만 금을 쓰면서 실의에 빠진 친구를 도왔다고 했다. 이백은 5차례 양주에 왔었다. 그만큼 그는 양주 땅이 좋았던 것이다.

두목은 31세에 처음 양주에 와서 우승유[牛僧孺]의 막하에서 장서기[掌書記]라는 직책을 맡는 것을 시작으로 낭만과 향락의 양주 생활에 빠져든다. 그가 당 제일 풍류재자[唐第一風流才子]로 불릴 수 있었던 것도 호방한 양주 생활에서 그 연유를 찾아야 할 것이다. 양주는 육조 이래 환락으로 유명한 고장이었기 때문이다. "10만 관의 돈을 허리에 차고, 학을 타고서 양주에 오른다"라는 말이 있는 것처럼 양주는 유혹과 매력의 도시였던 것이다.

송별

贈別[증별]

두목(당)

杜牧(唐)

(1)
간들간들 아리따운 열서너 살
이월 초봄 두구 가지 같구나.
봄바람이 십리의 양주 거리 지날 때
주렴 걷고 보아도 그대만한 이 없어라.

(1)
娉娉①嫋嫋②十三餘[빙빙뇨뇨십삼여]
豆蔻梢頭③二月初[두구소두이월초]
春風十里揚州路[춘풍십리양주로]
卷上珠簾總不如[권상주렴총불여]

① 빙빙娉娉 : 아리땁다.
② 요뇨嫋嫋 : 바람에 나뭇가지가 간들거리는 모양.
③ 두구소두豆蔻梢頭 : 두구 나무의 가는 나뭇가지. 두구는 콩과의 식물.

(2)
다정도 도리어 무정한 것 같으니
술잔을 두고서도 웃을 수 없음이라.
촛불도 유심하여 이별을 아끼는지
사람을 대신해 날 새도록 눈물 흘리네.

(2)
多情却似總無情다정각사총무정
惟覺樽前笑不成유각준전소불성
蠟燭①有心還惜別랍촉유심환석별
替人垂淚到天明체인수루도천명

① 랍촉蠟燭 : 촛불.
※ 이 시는 두목이 33살 때 양주에서 장안으로 떠나면서 사랑하는 여인에게 이별을 아쉬워하며 지어 준 시이다.

황학루에서 광릉으로 가는 맹호연을 보내며

이백(당)

벗은 서쪽으로 황학루를 이별하고
꽃피는 삼월에 양주로 내려가네.
외로운 돛단배 먼 그림자 푸른 하늘로 사라지니
오직 장강만 하늘 끝으로 흐르고.

黃鶴樓送孟浩然之廣陵

황학루송맹호연지광릉

李白(唐)

故人西辭黃鶴樓고인서사황학루
煙花三月下揚州연화삼월하양주
孤帆遠影碧空盡고범원영벽공진
唯見長江天際流유견장강천제류

※ 이 시는 728년 봄, 이백의 나이 28살에 12년 선배인 맹호연과 무창의 황학루에서 작별하면서 지은 것이다. 옛 책에서 평하기를 '말은 가까우나 정은 멀어, 손으로 거문고를 타면서 눈으로 기러기를 전송하는 것같다.'고 했다. 제24장 무창에서도 소개하였다.

양주는 우리나라 여수와 자매 결연을 맺은 도시이다. 강소성은 북한의 강원도와 자매 결연을 맺고 있다고 한다.

제12장 남경[南京]

남경을 세 번 방문했다. 한 번은 마안산[馬鞍山] 즉 당도[當涂]에 있는 이백의 묘를 찾기 위해서이고[1996년 1월], 두 번째는 진강과 양주를 들르기 위해서이며[1997년 1월], 그리고 세 번째는 중국이백연구회 회장인 욱현호[郁賢皓-남경사범대학교 교수] 선생을 만나기 위해서였다[2000년 1월].

욱현호 선생을 만날 수 있었던 것은 큰 행운이었는데 중국에서 사업하는 친구의 도움이 있었기에 가능했다. 상해에서 자기 직원 1명[한족]을 붙여 주어 남경 모 호텔에서 욱 선생을 만나게 해 준 것이다.

점심을 같이 들면서 이백과 이백 시에 대한 여러 궁금증을 물어 보았고 또 이백 연구를 위해 남경사범대학교에 유학할 수 있는지 그 여건을 타진해 보았다. 자리를 파하고 그는 이 학교 기숙사를 안내해 주었고 자기 집에까지 초대하여 자신의 저서 이백대사전을 선물하였다.

욱 선생은 한학을 연구하는 우리나라 학자들도 여러 명 기억하고 있었다. 대학자다운 풍모를 보이면서도 친절하고, 나에 대한 배려를 아끼지 않았다. 그는 상해 출신인데 조선족 통역이 이 지역 사투리를 잘 못 알아 듣는 듯했다.

남경은 중국의 역사와 문화의 도시로서 서안, 낙양, 개봉, 항주, 북경과 함께 중국의 6대 고도이다. 일찍이 10개의 왕조가 도읍으로 정하여 십조도회[十朝都會]라는 칭호를 얻었다. 그 10개의 왕조는 동오[東吳, 229~280] 동진[東晋 317~420]. 남조[南朝(宋.齊.梁.陳420~589)], 남당[南唐, 937~961], 명초[明初,1368~1420], 태평천국[太平天國,1851~1864], 중화민국 임시정부[1912] 등이다. 그러나 강남의 온한한 기후와 아름다운 풍광의 영향 탓인지 남조의 군주들은 거의가 향락에 탐닉하고 주색에 빠졌기에 왕조를 오래 버틸 수가 없었다. 제갈량이 용반호거[龍盤虎踞-용이 서리고 호랑이가 웅크림의 땅이라고 했지만 지리적 이로움만 가지고는 나라를 다스리고 지킬 수는 없었던가 보다.

남조

이상은(당)

오나라의 하늘과 땅 험하고 아득하여
금릉의 왕기는 북두성과 통했더라.
자랑마소, 이 땅이 천하를 나눈 데라고
다만 서비의 반쪽 화장 얼굴만 얻었을 뿐이니.

南朝①남조

李商隱(唐)

地險悠悠天險長지험유유천험장
金陵②王氣應瑤光③금릉왕기응요광
休誇此地分天下휴과차지분천하
只得徐妃④半面粧지득서비반면장

① 남조南朝 : 통상 동오, 동진, 송, 제, 양, 진의 6왕조를 일컫는다.
② 금릉金陵 : 남경을 가리킨다.
③ 요광瑤光 : 북두칠성의 자루 쪽 첫번째 별. 천자가 될 서광.
④ 서비徐妃 : 남조南朝 양梁나라 원제元帝, 재위 552~554의 애첩이었다. 원제의 애정이 식어지자 일부러 얼굴 반쪽만 화장하여 그를 화나게 하였다. 이 반쪽 화장은 천하의 절반을 뜻한다고 보았다. 천하의 반을 얻고 황제 노릇하는 남조의 임금을 비꼰 것으로 볼 수 있다.

작가소개 이상은(813~858) : 자字는 의산義山이다. 어려서 글에 능하여, 재상을 지낸 적이 있는 영호초令狐楚, 765~836의 인정을 받고 그의 아들 도綯의 도움을 받아 837년에 진사에 오른다. 그 뒤 영호초의 정적政敵인 왕무원王茂元의 사위가 되었다. 그러자 은혜를 저버렸다느니, 간사하고 경박하고 절조가 없다느니 하는 욕을 먹는다. 그러나 그는 성격이 강직하여 남이 감히 범접 못하였다. 그리고 권력에 아부한 적도 없었다. 광주 도독廣州都督으로 있을 때 어떤 이가 뇌물을 가져 오자 "내 본래의 성품은 바꿀 수 없다. 남이 알까 두려워하는 것이 아니다"고 하며 거절했다. 백낙천이 이미 늙어 은퇴하였지만 이상은의 문장을 좋아하여 "내 죽은 후에 자네 같은 인물이 있는 것으로 만족한다"라고 했다. 백낙천이 죽은 후 이상은이 아들을 낳자 낙천을 추모하여 백로白老라 이름지었다. 그러나 이 아들은 우둔했다. 둘째가 태어나자 곤사袞師라 했다. 이 아이가 총명하고 준수했다. 곤사가 백낙천의 후신後身인가?

역사를 노래하며

이상은(당)

북쪽 호수 남쪽 제방에 물은 질펀하고
한 조각 항복의 깃발 백 척 장대 위에.
삼백 년의 왕조가 새벽의 꿈 같으니
종산 어느 곳에 용이 웅크리고 있나?

詠史영사

李商隱(唐)

北湖南埭水漫漫북호남태수만만
一片降旗百尺竿일편항기백척간
三百年間①同曉夢삼백년간동효몽
鍾山②何處有龍盤종산하처유용반

---

① 삼백 년 간三百年間 : 삼국 시대의 오나라와 그 이후로 이어진 동진東晋, 송宋, 제齊, 양梁, 진陳 등 6왕조의 존속 기간이 300여 년이 된다.

② 종산鍾山 : 남경 동쪽에 있는 산인데 한때 제갈공명이 이 산을 보고 용이 서리고 호랑이가 웅크린 형세라고 말했다.

전국 시대 때 초나라가 월나라를 없앤 뒤 왕기王氣를 누르기 위해 석두산石頭山에 금金을 묻었기에 비로소 금릉金凌으로 불렸다. 진秦나라 때에는 말릉秣陵으로 개명되었다. 삼국 시대의 동오 시기에는 건업建業으로, 서진西晋 때에는 건강健康으로 일컬어졌다. 당나라 때에는 승주升州로, 송나라 때에는 강녕江寧으로 불렸다. 급기야 명나라에 이르러 남경으로 정착되었다. 이런 역사를 거치면서 남경은 강남의 문화 창달에 요람의 역할을 했다.

가이드가 일단 관광객들을 먼저 데리고 가는 곳은 남경장강대교이다. 장강의 웅혼함과 그 위에 놓인 거대한 다리의 위풍을 보여 주리라는 의도와, 그를 통한 중국 인민들의 위대함을 부각시키려는 저의도 있음을 알 수 있다. 여하튼 나도 장강이 얼마나 굉장한지 보고 싶었다.

겨울의 강폭이 약 2km 정도 되는 것 같은데, 여름에는 두 배가 넘는다고 한다. 우리의 한강이나 낙동강은 규모에서 비교가 안 된다는 것을 알 수 있다. 다리로 보나 강으로 보나 대륙의 웅혼함을 느낄 수 있다. 총 교량의 길이가 6700m이다. 러시아의 기술을 빌렸다고 한다. 이 대교가 없을 때에 기차로 양자강을 건너려면, 부교浮橋를 놓은 그 위에 철로를 깔아 통과했다고 한다. 고래로 이 장강은 남북을 분리하는 거대한 장애가 아닐 수 없는 것이다. 참고로 우리나라의 서해대교는 총 길이가 7310m이다. 이걸 감안해 볼 때 남경의 장강대교는 대단한 것이다.

의례 남경에서의 관광 시작은 종산[鍾山-해발448m]에서부터이다. 기슭에는 중산릉[中山陵]과 명효릉[明孝陵], 영곡사[靈谷寺] 등이 있다.

중산릉[中山陵]

중산릉은 장개석[1887~1975]이 그의 선배 혁명가 손문[1866~1925]을 위해 건립한 묘이다. 황릉에 맞먹을 정도로 거대하게 조성했다. 국부로 추앙 받는 손문을 영원히 기리기 위함이라지만 그가 봉건 왕조의 종식을 가져 온 인물이기에 그 규모는 지나치다는 생각을 갖게 한다.

입구 석방에는 博愛[박애]라는 글씨가, 출입 대문인 능문[陵門]에는 天下爲公[천하위공-손문의 친필 글씨임]이라는 문구가 새겨져 있다. 더 올라가면 中國國民黨葬總理孫先生於此[중국 국민당이 총리 손선생을 이곳에 장사지내다]라는 문구가 새겨진 비석을 만날 수 있다. 맨 마지막 건물이 손문의 시신을 모신 전당이다. 天地正氣[천지의 바른 의기]라는 글씨가 정면에 세로로 쓰여 있고 그 아래에는 삼민주의[三民主義]의 民生[민생], 民權[민권], 民主[민주]가 금 글씨로 쓰여 있다. 안쪽으로 들어가면 의자에 앉아 있는 손문의 흰 대리석 석상이 있고, 바로 뒷방, 원형의 구조물 속에는 그의 대리석상이 죽은 시신처럼 누워 있다. 이곳이 그의 무덤이다.

손문은 1866년 광동성 향산현[香山縣]에서 태어났다. 오직 일생을 청조 타도와 반제국주의 활동에 몸을 바쳤다. 그는 혁명의 완성을 보지 못하고 1925년에 북경에서 숨졌다.

시신이 안치된 이곳 묘당 앞에서 산 아래를 내려다보면 걸어 올라온 계단의 가로 선들만 보이고 계단의 면은 일절 보이지 않는다. 이는 그만큼 설계가 치밀하고 정성을 다했다는 이야기이다.

이 중산릉을 방문한 시기가 1996년 1월 18일인데, 이곳 남경은 40년만에 대폭설이 내렸다고 한다. 그래서인지 많은 시민들이 설경 구경 차, 이곳을 찾아 붐비고 있었다. 강남 지방의 대설로 어제 북경 발 남경 행 비행기가 뜨지를 못했다. 북경수도비행장 근처 호텔에서 일정에 없는 하룻밤을 보냈던 것이다.

명효릉明孝陵

명효릉은 명나라 시조 주원장의 묘이다. 중산릉 서편오른쪽에 자리잡고 있다. 주원장은 안휘성의 한 빈농 가정에서 1328년에 출생했다. 자라면서 황각사皇覺寺의 중 노릇도 하며 권법을 배웠고 한때 비적 생활도 했다. 원나라 말기 천하가 혼란한 와중에 반군에 가담하면서 점차 능력을 발휘하여 장군에 오르게 된다. 급기야 천하를 평정하여 황위에 등극한 입지전적 영걸이며, 승려 출신으로 황제가 된 유일한 인물이다. 우리나라에서도 승려 출신으로 임금에 오른 위인이 있었다. 바로 태봉국의 궁예?~918이다.

주원장은 재위 중인 1376년에 자기 능묘를 만들기 시작했다. 그의 부인인 마馬황후가 먼저 죽자 그녀를 먼저 묻었고 본인은 1398년에 묻히게 된다. 이때 순장한 궁녀가 46명, 궁인이 10여 명이나 된다고 하니 가히 참절한 이야기가 아닐 수 없다. 황제의 자손을 보지 못한 궁녀는 안타깝게도 순장을 면치 못하는 것이다. 잠깐, 여기서 마황후를 고려인이라고 주장하는 연구가 있는데 정설로 알려져 있다. 그렇다면 명나라 3대 황제 영락제와 그 이후 황실은 고려인의 피가 흐르는 것으로 볼 수 있다.

묘역 앞에는 신도神道-무덤으로 이어지는 길가 나 있다. 이 길 양쪽에는 12쌍의 석수石獸가 즐비하다. 그 중에서도 두 코끼리가 마주보고 있는데 앞다리를 앞으로 뻗어 조아리고 있는 모습이 기이하다.

주원장은 자기 묘역을 만들려고 명당을 찾고 보니 이곳 종산이 최적지였다. 이미 차지한 수많은 무덤들이 장애가 되어 모두 제거하라고 명했다. 마지막으로 손권삼국시대 오나라의 황제의 묘가 남아 있지 않는가? 그는 손권도 일세의 영웅이었으니 훼손치 말라고 했다. 그래서 황릉으로 뻗어야 하는 어도가 손권의 묘를 피하다 보니 굽어지게 된 것이라 한다. 지금의 손권 묘는 매화 밭으로 변해 버렸다. 황제의 무덤인지 그 누가 알아 볼까? 인생무상이 아닐 수 없다.

능 가까이 진입하면 벽돌로 쌓아 올린 거대한 구축물이 나타난다. 이는 명루明樓이다. 위에 올라가서 조망할 수 있도록 되어 있다. 바로 뒤가 주원장의 묘이다. 잡목이 빽빽하게 우거져 있는 작은 산만한 거대한 능묘이다. 무덤 축대에는 붉은 글씨로 '이 산은 명나라 태조의 묘이다.'라고 쓰여 있다.

명루 안에는 여러 사진들이 걸려 전시되고 있는데 특히 주목을 끄는 것이 주원장의 두 초상화이다. 그가 황제에 오르고 어진御眞을 그리는데, 사실적으로 그려진 자신의 그림이 마음에 들지 않아 화가를 죽이고 또 죽이곤 하였다. 마지막으로 한 화가가 황제에게, 본래의 모습은 사실 그대로 그리고 또 하나는 대외 제시용으로 위엄을 갖춘 용안龍顔을 그리자고 제안했다. 그래서 그는 살아 남았고, 어진도 두 개로 남게 된 것이다. 주원장의 원래의 모습은 말머리처럼 긴 상호에 코는 커서 주먹이 들락거릴 정도라고 하니, 가히 어진과 관련된 일화는 그 이유가 있다 할 것이다.

영곡사靈谷寺의 삼절비三絶碑

영곡사는 중산릉 왼쪽 즉 동편에 있다. 입구 석방에는 大仁大義대인대의라는 글씨가 새겨져 있고 자유중국의 청천백일기 모양의 문양이 3개나 박혀 있다. 1928년 여기 무량전無量殿에 국민당 정부가 혁명 열사들의 위패를 모셨기 때문인 것 같다. 이 무량전은 무량수불無量壽佛-수명이 한없는 부처인 아미타불을 찬미한 말을 모셨기에 지어진 이름이다. 명나라 때인 1381년 증축할 적에 벽돌만 사용하고 나무와 못은 전혀 사용하지 않았기 때문에 無樑殿무량전으로도 불렸다. 지금은 컴컴한 동굴 같은 내부에 혁명 열사들의 신주神主, 손문의 유언, 국가國歌 등이 전시되어 있고, 청나라 말엽과 혁명 시기의 애국 열사들을 인형으로 만들어 진열하고 있다. 성급 문물 보호 단위이다.

이 무량전을 서문으로 빠져나가면 숲속에 보공탑寶公塔과 삼절비三絶碑가 있다. 이 보공탑은 육조의 양나라 때의 고승 보지寶志의 묘탑이다. 탑은 사람 키 높이보다 조금 큰 6면체로 된 기단 위에 반구半球를 덮었고, 그 위에 라마식 불탑 모양처럼 생긴 것을 얹어 놓아 그 뾰족한 형상이 이채롭다. 이 보공탑 앞면에 거무스럼한 비석을 박아 세웠는데 이 비는 양나라 무제가 개선사開善寺를 건립할 때, 육조 시대의 화가 장승요張僧繇가 보지寶志의 모습을 그린 것이다.

당나라 때에 이르러 그림 비석이 풍우에 마모가 심하여 화가 오도자吳道子가

다시 그리고, 대시인 이백이 그 그림을 찬양하고, 서예가 안진경顔眞卿이 그 시를 써 놓았다. 그래서 후인들이 이 비석을 삼절비三絶碑라 칭하게 되었다.

비석 위쪽에 정토지남淨土指南-부처가 사는 청정한 땅을 가리키는 곳이라는 큰 글씨가 새겨져 있다. 이는 청나라 건륭황제가 남경에 들렀을 때 써 넣은 것이다. 그러나 원래의 비석은 훼손되었고 지금의 이것은 영곡사의 승려가 소장한 탁본을 가지고 다시 만든 것이다.

삼절비

금릉에서 옛일을 회고하며

유우석(당)

조수가 야성 물가에 밀려드니
해는 정로정으로 기울어가네.
채주에는 새 풀이 산뜻도 하고
막부산에는 옛 연기가 푸르도다.

흥망이 인사로 말미암으니
산천은 지형이 다 부질없어라.
후정화 한 곡조에
은근한 원망 차마 들을 수 없네.

金陵懷古금릉회고

劉禹錫(唐)

潮滿冶城①渚조만야성저
日斜征盧亭②일사정로정
蔡洲新草綠채주신초록
幕府③舊烟靑막부구연청

興廢由人事흥폐유인사
山川空地形산천공지형
後庭花④一曲후정화일곡
幽怨不堪聽유원불감청

① 야성冶城 : 금릉 서북에 있던 성인데, 지금은 남경의 조천궁朝天宮 일대에 그 옛 터가 있다. 오왕 부차가 이곳에서 병기兵器를 제련했기에 붙여진 이름이다.

② 정로정征盧亭 : 남경시 현무호玄武湖 북쪽에 있는 정자인데 동진東晋의 재상인 사안謝安이 세웠다.

③ 막부幕府 : 산 이름이다. 막부산은 육조 시대에 군사 요충지였는데 동진의 승상 왕도王導가 여기에 막부幕府-전쟁 중에 장수들이 사무 보던 곳를 차렸기에 막부산으로 불렸다고도 한다.

④ 후정화[後庭花] : 남조의 진[陳]나라 마지막 임금은 이름이 진숙보[陳叔寶(553~ 604)]이다. 호색한 그는 매일 궁녀와 내시들을 대동하고 주색에 탐닉했다. 수나라 군대가 수도인 이곳 건업으로 쳐들어오자 다급한 나머지 우물 속으로 숨었다가 발각되었는데, 꺼내 보니 그가 아끼던 처첩 두 명이 매달려 있었다. 이러하니 그는 후세에 두고두고 웃음거리가 되었다. 진후주[陳後主-진숙보]는 음탕한 궁체시를 지은 것으로 유명한데 그 시가 바로 옥수후정화[玉樹後庭花]이다. 그 마지막 구절이 "요희[妖姬]의 눈꺼풀은 꽃이 이슬을 머금은 듯하고, 옥수[玉樹]의 흐르는 빛은 뒤뜰을 비춘다[妖姬臉似花含露, 玉樹流光照後庭]"인데 이는 남녀의 사랑 행위를 묘사한 것이다. 옥수는 남성의 것을, 후정은 여성의 것을 빗댄 것이다. 이 시는 망국의 노래의 대명사이다.

진회[秦淮]

예부터 남경에서 가장 유명한 곳이 진회가 아니던가? 육조 이래로 "六朝金粉, 十里秦淮[육조 시대 금가루 흩뿌리던 곳, 이가 바로 십리 물길 진회이다]"라 하여 유구한 남경 문화의 중심이었다. 상가이면서 유흥가였고 문인들의 거리이었다. 적지 않은 시인 묵객들이 이곳에 노닐면서 많은 명편을 남겼다.

진회에 배를 대다

두목(당)

안개가 찬 강물을 휩싸고 달빛은 모래사장을 덮는데
밤들어 진회에 배를 대니 주점이 가깝도다.
기녀들은 망국의 한 아는지 모르는지
아직도 강 건너서 후정화를 부르네.

泊秦淮[박진회]

杜牧(唐)

煙籠寒水月籠沙[연롱한수월롱사]
夜泊秦淮近酒家[야박진회근주가]
商女不知亡國恨[상녀부지망국한]
隔江猶唱後庭花[격강유창후정화]

금릉의 주점에서의 이별

이백(당)

버들꽃 바람에 날려 주점에 향기 가득
오희들 술 걸러 길손 불러 맛 뵈네.
금릉의 자제들이 전송하러 와서는
가려 하나 못 가고 술잔만 비우누나.

金陵①酒肆留別[금릉주사유별]

李白(唐)

風吹柳花滿店香[풍취유화만점향]
吳姬壓酒喚客嘗[오희압주환객상]
金陵子弟來相送[금릉자제래상송]
欲行不行各盡觴[욕행불행각진상]

그대에게 물어 보노니 동류수와 더불어 請君試問東流水[정군시문동류수]
이별의 정 어느 것이 더 길고 짧은지를? 別意與之誰短長[별의여지수단장]

① 금릉[金陵] : 남경의 또 다른 이름.
※이백의 나이 26살, 726년에 지은 작품이다.

이곳 진회에는 사람들이 늘 붐빈다. 주위에 오의항[吳衣巷], 백로주[白鷺洲]공원, 공자묘[부자묘(夫子廟)] 그리고 부자묘 시장[夫子廟市場] 등이 있어 그런 모양이다. 더구나 좋은 식당들이 많아 밤에는 더욱 번화하다. 한국 식당도 눈에 띈다.

근처 주루[酒樓-식당]에 올라 술잔 들고 이국의 노랫가락을 들으며 진회하의 물을 굽어보거나, 진회하 따라 즐비한 우리 나라식의 포장마차에서 네온 불빛을 흘러 보내는 물길을 보며 술잔을 기울이면 만리의 객수를 잊을 만하다.

겨울에 눈이 내린 진회

부자묘 앞에 있는 문덕교[文德橋]를 건너면 미향루[眉香樓]를 만난다. 이는 명말 청초의 이향군[李香君]이라는 기생을 기리기 위한 집이다. 안휘성 마안산[馬鞍山]에서 마안산 이백연구회 회장[이자룡(李子龍)]에게 우리나라 조선의 황진이의 시를 써 보인 적이 있다.

송도 松都[①송도]

눈 속의 저 달이 지난 왕조 빛이라면 雪月前朝[②]色[설월전조색]
차가운 저 종소리 옛나라 소리일세. 寒鐘故國聲[한종고국성]
남녘 누각 쓸쓸히 홀로 서 있고 南樓愁獨立[남루수독립]
남은 성곽 저녁 연기 속에 누웠네. 殘郭暮烟橫[잔곽모연횡]

① 송도[松都] : 고려조의 도읍. 개성이라고도 했다.
② 전조[前朝] : 고려조를 뜻한다.

※ 이 시의 작가가 조선 시대 광해군 때의 권갑權鞈이라고 하는 데도 있다.

기녀가 지은 이 시가 어떠냐고 물었더니, 중국에서도 이에 필적하는 기녀가 있었다며 이향군에 대한 이야기를 들려 주었다.

이향군은 진회하의 미향루의 명기로서 이향李香이라고도 했다. 시, 서예, 거문고, 회화, 가무 등 다방면에 능하였다. 16살 때 복사復社-명나라 말에 결성된 시사(詩社)인데 애국심이 강해 반청(反淸)운동에 가담했다의 영수領袖격인 후방역侯方域과 만나 서로 좋아하게 된다.

후방역은 명나라 말엽에 호부상서 후순侯恂의 아들로서 15살에 동자 시험童子試驗에 장원한 수재였다. 그는 뜻이 크고 기개 있는 소년이었으며, 이향군은 아름답고 자상하고 다정한 기녀이었으니 두 사람의 정은 마치 벌이 향기로운 꽃을 사랑하는 것 같았다.

청명절에 후방역은 난취루媛翠樓의 합자회盒子會-폭죽놀이의 모임에 간 이향군을 찾아간다. 그는 누각 위의 이향을 바라보고 선추扇錘-부채 꼬리에 매어 늘어뜨린 장식를 떼어 던지니, 향군은 누상에서 이에 응하여 손수건에 앵두를 싸서 내려 던진다. 서로 정의情意가 투합된 것이다. 그 후 후방역은 궁선宮扇-부채에 시를 적어 준다.

이향과 같은 명기를 얻으려면 많은 돈을 수양 어미에게 주어야 하는데 후방역은 그럴 능력이 없었다. 이를 알고 완대술阮大鋮은 복사의 인물로부터 환심을 사기 위해 후방역에게 3백 금을 보내어 이향의 머리를 올리는데 자금으로 쓰게 한다. 완대술은 의롭지 못한 사람이라 이향군은 그의 호의를 완강히 거절하고 후방역을 꾸짖었다. 그녀는 반지 등을 팔고 사방에서 돈을 빌려 완대술에게 돌려 주었다. 완대술은 화가 나서 모함을 하니 후방역은 도피하게 된다. 후방역이 떠난 후 향군은 기녀 생활을 그만두고 일편단심 후방역이 돌아오길 기다렸다.

이즈음에 전앙田仰이라는 이가 이향군을 첩으로 맞이하려 하였다. 그러나 그녀는 한마디로 잘라 거절했으며 전앙이 계속 질기게 덤벼들자 그녀는 아예 머리를 찧으며 거부하여 후방역이 준 부채를 피로 물들였다. 양문총楊文驄은 풀에서 즙을 짜서 부채의 핏자국을 이용해 복숭아 꽃가지를 그렸다. 이래서 도화선桃花扇이 이루어지게 된 것이다.

청루青樓-기생집에는 모두 의기 있는 기녀들인데 영웅이라고 하는 사내들은 오히려 소인배들이다. 기녀는 목숨으로 자기 정조와 도덕적 대의를 지키려 했으나 사대부들은 오히려 원칙을 포기하고 수시로 다른 정권에 붙곤 하였다.

명나라가 망한 뒤 후방역은 조용히 지내지 못하고 청나라 순치順治 8년에 향시에 응했으나 부방副榜에만 올랐다. 그는 많은 사람들로부터 비난을 받게 된다.

이 이야기의 결말에 대해서는 대개 3가지 설이 있다. 첫째는 향군이 소주에서 후방역을 만났으나 장도사張道士에게 꾸짖음을 당하고 같이 출가하여 장도사의 제자가 되었다는 것이다. 둘째, 향군이 순조롭게 후방역에게 첩으로 들어갔으나 후방역이 변절하고 남하하자 집에서 쫓겨나 가엾게 죽는다. 셋째, 두 사람은 끝내 서로 만나지 못하고 향군은 도화선만 남기고 죽었다. 죽기 전에 "공자公子가 명나라를 위해 수절하고 청나라에 투항하지 않는다면 나는 죽어도 공자의 사랑을 잊지 않겠다"라는 말을 남겼다는 것이다.

이 이야기는 청나라 때 공상임孔尚任의 '도화선桃花扇'이라는 희곡을 바탕으로 한 것이다.

이곳 미향루에서 남으로 비파항琵琶巷으로 가다가 왼쪽으로 꺾으면 오의항烏衣巷이 나온다. 비교적 조용하고 한적한 거리인데 중국 전통 가옥들이 남아 있는 고풍스러운 곳이다.

오의항	烏衣巷①오의항
유우석(당)	劉禹錫(唐)
주작교 옆으로 풀꽃이 흐드러지고	朱雀橋邊野草花주작교변야초화
오의항 입구에 석양이 기울어가네.	烏衣巷口夕陽斜오의항구석양사
그 옛날 왕씨와 사씨의 집앞 제비들	舊時王謝②堂前燕구시왕사당전연
지금은 평민들 집으로 날아드누나.	飛入尋常百姓家비입심상백성가

① 오의항烏衣巷 : 동진東晋의 재상, 왕도王導와 사안謝安의 양 대가大家 자제들이 검은

옷을 즐겨 입었기 때문에 또는 삼국 시대 오나라 군대의 이곳 주둔 군사들이 검은 옷을 입었기 때문에 이곳을 '검은 옷 거리[오의항]'로 불렀다고 한다.

② 왕사[王謝] : 동진 때의 귀족 왕도와 사안을 말한다. 왕도는 동진의 개국 공신이며 승상으로서 세 황제를 보좌하여 신분이 높았지만, 집의 창고에는 비축해 놓은 쌀이 없었고, 옷은 비단을 겹쳐 입지 않았다. 사안도 동진의 승상을 지냈다. 그의 인품이나 풍채가 왕도보다 더 훌륭하다고 할 정도였다. 동진이 전진[前秦]의 부견[符堅-3대 황제]과의 비수[淝水]대전에서 이겼을 때 승전보를 듣고도 태연히 바둑을 두면서 기뻐하는 내색을 보이지 않았다. 손을 전송하고 난 다음 그제서야 기쁨을 참지 못하고 자기 방으로 돌아오다가, 턱에 걸려 신발 뒤축이 떨어지는 것도 몰랐다고 한다. 그는 큰 일에 당하여 감정을 억누르고 태연하기가 이와 같았다.

이곳에는 내연당[來燕堂-제비가 날아오는 집]이 있다. 유우석의 시에 나오는 것처럼 그 옛날 제비가 많이 날아들었던 사실을 기념하는 곳이다. 금릉 48경 중의 하나라고 한다.

오의항을 곧장 빠져나가면 백로주[白鷺洲]공원을 만난다. 원래 이 공원은 동화원[東花園]으로 불렸다. 명나라 시조 주원장이 개국 공신 서달[徐達]에게 내린 정원이었다. 호수가에 몇 개의 정자가 서 있는데 그 중 우향거[藕香居]에는 다음과 같은 대련구가 있다.

이곳은 동원의 옛터인데
그 이름은 태백의 시에서 나왔도다.

此地爲東園故址[차지위동원고지]
其名出太白遺詩[기명출태백유시]

이백은 무창의 황학루에 올라 최호의 '황학루' 시를 보고는 이보다 더 나은 시를 지을 수 없다고 탄식한 후, 이곳 금릉[金陵-남경]에 와서 봉황대[鳳凰臺]에 올라 그의 시운[詩韻]을 빌려 노래하였다. 이 노래에 백로주라는 지명이 나온다.

금릉의 봉황대에 올라서

이백(당)

봉황대 위에서 봉황이 노닐더니

登金陵鳳凰臺[①등금릉봉황대]

李白(唐)

鳳凰臺上鳳凰遊[봉황대상봉황유]

봉황은 가고 대는 비어 강만 절로 흐르네. 鳳去臺空江自流봉거대공강자류

오궁의 화초는 그윽한 길을 덮었고 吳宮②花草埋幽徑오궁화초매유경
진대의 의관은 옛 언덕을 이루었도다. 晉代衣冠③成古丘진대의관성고구

삼산은 하늘 밖에 반쯤 떨어져 있고 三山④半落靑天外삼산반락청천외
이수는 백로주에서 나누어져 흐르네. 二水⑤中分白鷺洲이수중분백로주

이 모든 것이 뜬 구름이 되어 능히 해를 가리니 總爲浮雲⑥能蔽日⑦총위부운능폐일
장안이 보이지 않아 사람을 시름케 하누나. 長安不見⑧使人愁장안불견사인수

---

① 봉황대鳳凰臺 : 남조의 송宋나라 원가元嘉 연간424~453에, 금릉 서남쪽에 이름 모를 진귀한 새 떼가 날아와 춤을 추었기에 이를 기념하기 위해 산 위에 대를 쌓고 봉황대라 했다.
② 오궁吳宮 : 오왕 손권이 금릉에 도읍하여 지은 궁전.
③ 의관衣冠 : 관복. 여기서는 고관 귀족의 무덤.
④ 삼산三山 : 남경 서남쪽에 있는 세 봉우리의 산.
⑤ 이수二水 : 진회하가 두 갈래로 흐르는 것.
⑥ 부운浮雲 : 뜬 구름. 소인小人 또는 간신을 상징한다.
⑦ 폐일蔽日 : 해를 가리다. 임금의 총명을 가리다는 뜻이다. 해는 임금의 총명을 상징한다.
⑧ 장안불견長安不見 : 동진의 임금인 원제元帝가 어린 태자나중에 명제가 됨에게 물었다. “장안이 가까우냐, 태양이 가까우냐?” “장안이 가깝습니다. 왜냐하면 장안에서 온 사람은 있어도 태양에서 온 사람은 없기 때문입니다.” 어느날 많은 신하들이 모였을 때 태자의 총명을 자랑하려고 또 다시 같은 질문을 했다. 그러나 이때 태자는 이렇게 답했다. “태양이 더 가깝습니다. 왜냐하면 태양은 눈으로 볼 수 있으나 장안은 보이지 않기 때문입니다.”

이 시 중의 백로주白鷺洲는 이곳 백로주공원은 아니다. 고증에 의하면 남경 서쪽 교외의 강동문江東門 밖에 있는 강동향江東鄕 백로촌白鷺村 일대가 그곳이라고 한다. 이곳에 백로주공원을 조성한 것은 다만 일 만들기를 좋아하는 중국인의 습성을 반영한 것에 지나지 않는다.

백로주에 배를 대고서 / 舟次[①]白鷺州주차백로주

정몽주(고려) / 鄭夢周(高麗)

백로주 가에 풍랑이 하늘에 닿았고
봉황대 아래에 풀들은 연기 같도다.
삼산과 이수는 옛날처럼 뿌옇는데
그 시절 이적선은 보이질 않네.

白露洲邊浪接天백로주변랑접천
鳳凰臺下草如煙봉황대하초여연
三山二水渾依舊삼산이수혼의구
不見當年李謫仙[②]불견당년이적선

① 주차舟次 : 배가 머물다. 배를 대다.
② 이적선李謫仙 : 이백을 말한다. 적선은 천상에서 귀양 온 신선이란 뜻이다.

현무호玄武湖

현무호는 종산鐘山 서편에 있다. 남경 기차역에서 빠져 나오면 바로 현무호가 보인다.

남조 때인 446년에 호수 가운데 흑룡이 출현한 후 현무호로 부르게 되었다. 나는 이 호수를 3차례나 방문했지만 다 겨울이어서 그런지, 운무가 자욱이 끼고 시야가 맑지 않아 큰 매력을 느끼지 못하였다. 호수에는 다섯 개의 섬이 떠 있는데 다리로 다 연결되어 있다. 호수의 둘레는 10여 km이다.

금릉의 그림 / 金陵圖금릉도

위장(당) / 韋莊(唐)

강 위에 비 뿌리고 강 둑의 풀 산뜻한데
육조시대 꿈만 같고 새는 부질없이 울어댄다.
아! 무정해라 대성의 버들이여,
옛날처럼 안개가 십리 강 둑 덮었으니.

江雨霏霏[①]江草齊강우비비강초제
六朝[②]如夢鳥空啼육조여몽조공제
無情最是臺城[③]柳무정최시대성류
依舊烟籠十里堤의구연롱십리제

① 비비霏霏 : 가랑비가 자욱이 내리는 모양.
② 육조六朝 : 동오東吳, 동진東晋과 남조南朝때의 송宋, 제齊, 량梁, 진陳 네 왕조가 모두 금릉金陵에 도읍을 정하였다.
③ 대성臺城 : 남경시 현무호 가의 궁성宮城. 옛날 오나라 때 건강궁建康宮이 있던

곳이다.

작가소개 위장(863~910) : 자는 단기端己이고 장안의 두릉杜陵 사람이다. 당나라 때인 894년에 진사에 급제했다. 오대십국五代十國시대에 왕건王建이 촉나라를 개국하자 그를 위해 심복이 되고 정책을 마련했다. 사천성 성도에 가서는 두보가 살던 완화계를 찾아 초당을 짓고 살았다. 그는 검소하여 스스로 나무하고 밥해 먹었다고 한다.

석두성石頭城

석두성은 남경시 중심에서 남서쪽 진회하秦淮河의 강변을 따라 쌓아 놓은 아주 오래된 성이다. 춘추전국 시대에 처음 쌓게 되었고 삼국 시대 211년 손권이 말릉林陵-남경을 다스릴 때 군사 요새로서 다시 수축였다. 229년에 정식으로 남경이 도읍이 되자 석두성은 비로소 도성이 된 것이다.

석두성

토성에다 다시 벽돌을 쌓아 올린 성인데 수차례 부분적으로 개수한 흔적이 뚜렷하다. 숱한 세월과 풍우에 시달려 훼손이 심하고 잡목과 잡풀들이 등성이를 덮고 있다. 남송 때 장강의 흐름이 북으로 이동하여 그 옛날의 물길로부터는 많이 떨어져 있다. 지금 남아 있는 성의 길이는 약 3km이다

석두성

유우석(당)

산은 고국을 에워싸서 빙 둘러 있고
물결은 빈 성을 치고 쓸쓸히 물러가네.
회수 동쪽 가에 예전의 달이
밤 깊자 낮은 담장 넘어오누나.

石頭城석두성

劉禹錫(唐)

山圍故國周遭在산위고국주조재
潮打空城寂寞回조타공성적막회
淮水東邊舊時月회수동변구시월
夜深還過女牆①來야심환과여장래

① 여장女牆 : 낮은 담장.
※ 이 작품은 천고의 절창으로 애송되어 왔다.

막수호莫愁湖

막수호는 남경시의 서남쪽에 있다. 1000여 년 전에는 진회하와 장강이 만나던 곳이었다. 후에 장강의 물줄기가 북으로 옮겨가다 보니 작은 호수가 생긴 것이다. 강남제일명호江南第一名湖, 금릉제일명승金陵第一名勝이라는 칭호를 얻었다. 둘레는 약 5km 정도가 된다는데 실제 그렇게 넓게 보이지는 않았다.

지금은 공원으로 조성되어 일반인들을 위해 유원지화되어 있다. 입구에 들어서면 회랑으로 싸인 작은 연못이 있고 그 중앙에 막수莫愁의 흰 대리석상이 태호석을 받침대로 해서 서 있다. 뽕잎을 담은 바구니를 들고 서 있는 아리따운 자태이다.

명 태조 주원장과 바둑의 달인이자 장군이었던 서달徐達이 바둑을 두었다는 승기루勝棋樓를 지나면 넓은 호수가 한눈에 들어온다. 잠깐, 바둑 이야기를 안 할 수가 없다. 늘상 주원장이 서달에게 바둑을 이겨 왔는데 어느날 서달에게 네가 이기면 이 막수호를 너에게 주겠다고 했다. 이 판도 결국 서달이 지고 만다. 그러나 자리를 바꾸어 앉기를 청하기에 황제가 그렇게 하여 바둑판을 보니 검은 바둑 돌로 만세萬歲-황제에 대한 상징적 예찬라는 글자가 만들어져 있지 않는가? 그래서 황제가 감격하여 서달에게 막수호를 내렸다고 한다.

호심에는 섬이 하나 떠 있고, 질펀한 수면 너머에 남경시가 바로 보인다. 뱃놀이를 할 수 있다 하여 우리 일행도 배 타고 한 바퀴 휘 둘러 보았다. 항주의 서호에서와 같은 큰 흥취는 일어나지 않는다. 그 옛날에는 제일 명승으로 불렸는지 몰라도 지금은 주위의 현대식 건물의 압박에 의해서인지 그렇게 풍치를 자아낼 만한 승경은 아니다. 다만 막수에 얽힌 전설만 애달프다.

보살만

위장(당)

사람마다 강남이 좋다고들 말하는데
나그네야말로 강남에서 늙어가기 제격일세.
봄물은 하늘보다 더 푸르고
그림배 안에서 빗소리 들으며 잠든다네.

술집에 계집애들 달처럼 어여쁜데
팔뚝은 눈서리보다 더 희구나.
늙기 전엔 고향 갈 생각 말게나.
고향 가면 강남이 그리워 못 살리니.

菩薩蠻보살만

韋莊(唐)

人人盡說江南①好인인진설강남호
遊人只合江南老유인지합강남로
春水碧于天춘수벽우천
畫船聽雨眠화선청우면

壚邊人②似月로변인사월
皓腕凝霜雪호완응상설
未老莫還鄕미로막환향
還鄕須斷腸환향수단장

① 강남江南 : 보통 양자강 이남 하류 지역을 말한다. 구체적으로 강소江蘇, 안휘安徽 두 성省의 남부 지역과 절강성浙江省 북부 지역을 가리킨다.
② 노변인壚邊人 : 술집 아가씨.
※ 이 작품의 갈래는 사詞이다.

전설에 의하면, 막수는 하남성 낙양 사람으로 일찍 어머니를 여의고 아버지와 함께 의지하면서 살았다. 얌전하고 총명하였다. 이웃 아이들이 글을 읽으면 그것을 듣고 익혀 글을 알았을 뿐만 아니라 시문도 더러 읊을 줄 알았다. 그리고 뽕 따기, 누에치기, 베짜기, 자수 등에도 뛰어났다.

막수는 아버지로부터, 약재를 구하여 병을 치료하는 의술도 배웠다. 15세 되던 해에 아버지가 약초를 캐다가 벼랑에서 떨어져 죽게 되자, 막수는 살림이 어려워 몸을 팔아 아버지의 장례를 치를 수밖에 없게 되었다. 이때 건강健康-지금의 남경 사람인 노원외盧員外-원외는 벼슬하지 않은 선비라는 이가 낙양에 와서 장사를 하고 있었다. 그는 막수의 순박함과 아름다움에 이끌려서 동정심을 발휘하여 그녀를 도와 아버지의 장례를 치러 주었다. 그리고서는 그녀를 데리고 건강으로 돌아왔다.

막수는 노씨 댁에 시집와서 노원외의 며느리가 되었던 것이다. 막수는 결혼한 후 남편과 금슬이 좋았으며 다음 해에 아들까지 하나 낳았다. 부유한 생활을 하였으나 막수는 아버지가 몹시 그리웠고 고향 떠난 쓸쓸함을 견디기 어려웠으니 평소 웃음을 보이지 않았다. 다만 가난한 사람의 병을 돌봐 줄 때에야 비로소 웃음을 띠곤 하였다. 그래서 가난한 사람들은 막수의 웃음을 보면 모든 걱정 근심이 사라진다고 말들 했다. 이렇게 세월이 흐르면서 막수녀의 이름도 서서히 세상에 알려지게 되었다.

노원외는 일찍이 양나라에 벼슬을 한 적이 있었는데 하루는 양무제梁武帝가 수서문水西門 밖에 있는 노씨 댁 정원에 모란이 피었다는 소식을 듣고 변복을 하고 노원외의 집을 찾아 와서 꽃 구경을 하게 되었다. 모란꽃이 매우 아름다운 것을 보고 꽃에 취하여 노원외에게 이 꽃들은 누가 심은 것이냐고 물었다. 노원외는 며느리가 심은 것이라 했다. 양무제는 마음이 동하여 막수를 대령시키라 하였다. 양무제는 막수의 미모에 반해 버렸다. 궁에 돌아간 후 무제는 막수 때문에 침식마저 잊다가 독한 흉계를 획책하여 노공자를 죽이고는 막수를 궁으로 불러들여 비妃로 삼으려 했다.

막수의 상

막수는 이 사연을 알고 비분에 잠겨 깨끗이 죽을지언정 더럽게 살지는 않겠다고 하면서 석성호石城湖에 몸을 던져 자진하였다. 인근의 백성들은 이 사실을 알고 호숫가에 모여 제사지내 주었다. 그토록 착한 막수녀가 호수에 투신자살했다는 사실이 믿어지지 않았다. 나중에 어떤 이는 깊은 밤에 막수의 울음 소리를 들었다고 하고, 또 어떤 사람은 하늘에서 쪽배가 내려와 막수를 싣고 유유히 가 버리더라고도 했다. 사람들은 그녀를 기려 석성호를 막수호로 고쳐 불렀던 것이다.

양무제는 이 소식을 듣고 스스로 부끄러움을 느껴 '하중지수가河中之水歌'를 지었다고 한다.

부모야 이름을 지을 때 평생 시름없이 살기를 바라면서 막수[莫愁-시름이 없음]라 하였지만 운명은 이름대로 살도록 놔 주지 않는 모양이다. 한갓 이름이 삶을 바꿀 수는 없었지만 천추에 아름다운 이름을 드리웠으니 가상한 일이 아닐 수 없다.

금릉에는 또 한 명의 유명한 여인이 있었다. 그녀의 이름은 두추랑[杜秋娘]이다[당나라 시인 두목(杜牧)이 그녀를 금릉 사람이라고 주장함]. 처음에 이기[李錡]라는 사람의 첩이 되었다. 뒤에 궁중에 들어가 헌종[憲宗]의 총애를 받고, 목종[穆宗] 때에는 태자의 보모로 있다가 태자가 죄를 입는 바람에 고향으로 쫓겨났다. 늙어서 매우 곤궁하게 지내다가 죽었다. 그녀의 유명한 시 한 편이 전한다.

금루의

두추랑(당)

그대에게 권하노니 금루의를 아끼지 말아요.
그대에게 권하노니 젊은 때를 아껴요.
꽃 피며는 당장에 꺾을 일이지
꽃 지길 기다려 빈 가지 꺾지 말아요.

金縷衣①[금루의]

杜秋娘(唐)

勸君莫惜金縷衣[권군막석금루의]
勸君惜取少年時[권군석취소년시]
花開堪折直須折[화개감절직수절]
莫待無花空折枝[막대무화공절지]

① 금루의[金縷衣] : 금실을 박아 넣은 화려한 비단 옷.

중화문[中華門]

중화문은 남경의 정남쪽 성문이다. 오대[五代] 때인 917년에 처음 축성되었다. 진회하 풍경지구와 가까운 거리에 있다. 남경에 있는 13개의 성문 가운데 가장 크고 위풍이 당당한 것이다. 다른 성문과 달리 4중으로

중화문 위에서 내려다본 진회

되어 있고, 3개의 공간을 가지고 있는 직사각형의 옹성甕城이다. 하여튼 방어하기에 용이하도록 만든 복잡한 구조의 성문이다. 아랫부분은 돌로 쌓았고 윗부분은 벽돌로 되어 있다. 이 옹성에는 27개의 석굴이 있어 3000여의 병사를 숨길 수 있다 하니 그 규모를 짐작할 수 있다. 전국 중점 보호 단위의 유적이다.

성벽도 높아가장 높은 데는 19m 이곳에 오르면 남경 시내의 전경을 두루 굽어 볼 수 있다. 남쪽에는 성벽을 따라 진회하秦淮河가 흐른다. 이 중화문에서 곧장 남으로 이어진 다리가 장간교長干橋이다. 그리고 중화문을 중심으로 오른쪽 둑길이 서장간항西長干巷이고 왼편 둑길이 동장간항東長干巷이다. 이쪽 지역이 옛날 장간長干으로 불렸던 곳인 모양이다. 성 앞 진회하에는 배들이 몇 척 정박해 있다.

장간의 노래

최호(당)

(1)

당신 댁은 어디에 있나요?
첩의 집은 횡당에 있어요.
배를 멈추고 잠깐 물어 보아요.
혹시 고향 사람인가 하고요.

長干行장간행

崔顥(唐)

(1)

君家何處住군가하처주
妾住在橫塘①첩주재횡당
停船暫借問정선잠차문
或恐是同鄕혹공시동향

① 횡당橫塘 : 삼국 시대 오나라의 손권이 쌓은 진회하의 제방.

(2)

우리 집은 구강 가에 있는데
오나가나 구강 곁이지요.
같은 장간 사람이지만
어려서 집 떠나 서로 모르네요.

(2)

家臨九江①水가임구강수
來去九江側래거구강측
同是長干人동시장간인
生少不相識생소불상식

① 구강九江 : 현재 강서성의 구강시.

※ 이 장간행 두 수는 남녀가 서로 주고받는 형식이다. 제1수는 여자가 노래한

것이고 제2수는 남자가 노래한 것이다.

작가소개 최호(704?~754) : 변주[汴州] 사람이다. 당나라 현종 개원 13년[725년]에 진사에 급제했다. 성격이 낭만적이고 노름과 술을 즐겼다. 미녀를 택하여 아내로 삼았다가 곧 버리기를 서너 번이나 했다. 벼슬은 사훈원외랑[司勳員外郎]에서 그쳤다.

장간의 노래 / 長干行[장간행]

이백(당)	李白(唐)
첩의 머리가 막 이마를 덮으려 할 때	妾髮初覆額[첩발초복액]
꽃을 꺾으며 문 앞에서 놀았어요.	折花門前劇[절화문전극]
낭군은 죽마를 타고 와서	郎騎竹馬來[낭기죽마래]
상을 돌며 푸른 매실로 장난쳤어요.	遶牀弄青梅[요상롱청매]
장간 마을에서 같이 살면서	同居長干里[동거장간리]
우리 둘은 조금도 싫지 않았죠.	兩小無嫌猜[양소무혐시]
열네 살에 당신의 아내가 되어	十四爲君婦[십사위군부]
부끄러워 얼굴을 들지 못했죠.	羞顔未嘗開[수안미상개]
머리 숙여 어두운 벽을 향하여	底頭向暗壁[저두향암벽]
천 번을 불러도 한번 돌아보지 않았죠.	千喚不一回[천환부일회]
열다섯에 겨우 눈썹을 펴고	十五始展眉[십오시전미]
티끌이나 재 되도록 같이 살자 했어요.	願同塵如灰[원동진여회]
언제나 기둥 안은 신의를 지키겠거니 했지만	常存抱柱信①[상존포주신]
망부대에 오를 줄 어찌 알았겠어요?	豈上望夫臺②[기상망부대]
열여섯에 당신은 멀리 떠나서	十六君遠行[십육군원행]
구당의 염여퇴로 갔었지요.	瞿塘③灩澦堆④[구당염여퇴]
오월이 되어도 배 댈 수 없고	五月不可觸[오월부가촉]
원숭이 소리가 하늘에서 슬프다죠.	猿聲天上哀[원성천상애]
문 앞의 해묵은 발자취에는	門前遲行跡[문전지행적]
하나하나 푸른 이끼 돋았고요.	一一生綠苔[일일생록태]

이끼 심해 비질할 수 없는데　苔深不能掃[태심부능소]
이른 가을 바람에 낙엽이 졌어요.　落葉秋風早[락엽추풍조]

팔월 되어 나비 두 마리 찾아와서는　八月蝴蝶來[팔월호접래]
서쪽 뜰 풀밭 위로 날아 다녀요.　雙飛西園草[쌍비서원초]
이를 보니 내 마음 심히 상하여　感此傷妾心[감차상첩심]
시름겨워 청춘이 늙어 간다오.　坐愁紅顔老[좌수홍안노]

일찍든 늦든 삼파로 내려오면　早晩下三巴[⑤조만하삼파]
미리 집에 편지를 보내 주셔요.　預將書報家[예장서보가]
마중 길 멀다 하지 아니하고　相迎不道遠[상영부도원]
곧바로 장풍사로 달려가리다.　直至長風沙[⑥직지장풍사]

---

① 포주신[抱柱信] : 다리 기둥을 안으면서까지도 약속을 굳게 지킨다는 뜻이다. 장자[莊子]의 도척편[盜跖篇]에 있는 이야기 한 토막. 미생[尾生]이 사랑하는 여자와 다리 밑에서 만나기로 약속을 했는데 여자는 오지 않고 홍수가 났다. 물이 불어 밀려들어도 미생은 거기서 떠나지 않고 다리 기둥을 안은 채 죽었다는 것이다.
② 망부대[望夫臺] : 아내가 남편을 전장에 보내고 늘 높은 곳에 올라 남편 돌아오길 기다리다가 돌이 되었다는 곳이다. 망부석과 같은 뜻이다.
③ 구당[瞿塘] : 사천성 삼협 중의 하나인 구당협.
④ 염여퇴[灩澦堆] : 사천성 구당협의 상류의 있는 바위. 이는 겨울 갈수기에는 물이 줄어서 드러나고, 여름에는 물 속에 잠겨 배가 가까이 닿을 수 없다고 한다.
⑤ 삼파[三巴] : 파군[巴郡], 파동[巴東], 파서[巴西]를 말한다. 낭백[閬白]의 물이 동서로 굽이쳐 흐르는 것이 파자[巴字]와 같아서 붙여진 이름이다.
⑥ 장풍사[長風沙]: 안휘성에 있는 지주[池州] 부근의 지명.
※ 이 시는 725년 경(이백 나이 25살)에 금릉을 지나면서 지은 것이다.

월녀의 노래

이백(당)

(1)
장간의 오나라 계집아이는
눈과 눈썹이 별처럼 달처럼 고와라.
나막신 신은 발은 서리처럼 흰데
까치머리 버선도 신지 않았네.

越女詞월녀사

李白(唐)

(1)
長干吳兒女장간오아녀
眉目艷星月미목염성월
屐上足如霜극상족여상
不著鴉頭襪①불착아두말

① 아두말鴉頭襪 : 끝이 뾰족한 버선.

(2)
오나라 계집애는 살결이 희고
배 흔드는 놀이를 좋아한다네
눈 웃음쳐 춘심을 자아내고는
꽃을 꺾어 행인을 희롱하더라.

(2)
吳兒多白皙오아다백석
好為蕩舟劇호위탕주극
賣眼擲春心①매안척춘심
折花調行客절화조행객

① 춘심春心 : 봄철에 느끼는 연정.

강남을 그리며

백거이(당)

강남이 좋을시고
그 풍경 일찍부터 알고 있었네.
해가 뜨면 강 꽃이 불보다 더 붉고
봄이 오면 강물은 쪽처럼 푸르러
그 누가 강남을 잊을 수 있으리.

憶江①南억강남

白居易(唐)

江南好강남호
風景舊曾諳풍경구증암
日出江花紅勝火일출강화홍승화
春來江水綠如藍춘래강수녹여람
能不憶江南능불억강남

① 강남江南 : 양자강 하류 이남의 지역 즉 강소, 안휘 두 성省의 남부 지역과 절강성 북부 지역을 말한다. 넓게는 양자강 이남 지역을 일컫기도 한다.
※ 이 작품의 갈래는 사詞이다.

제13장 황산黃山

마안산시馬鞍山市-안휘성 소재에서 만난 마안산이백연구소馬鞍山李白硏究所 소장인 이자룡李子龍선생과 마안산호텔 총경리사장는 여기까지 온 김에 황산黃山에도 가보는 것이 어떻겠느냐고 제안을 했다. 눈이 온 지금1996.1.19 황산의 설경은 보기 힘든 장관일 것이라며. 그러나 우리의 일정은 미리 정해져 있고 그 일정속에는 여산廬山 탐방도 포함되어 있어 황산 유람은 다음을 기약할 수밖에 없었다. 그 이후 여름과 겨울, 두 차례나 황산을 방문할 기회를 가졌었다.

안휘성은 내륙에 치우쳐 있어 경제 발전이 낙후되었다. 하지만 이곳 황산 일대는 이 천하 절경의 덕택으로 관광객들이 모여들어 바야흐로 활기를 띠는 곳이다. 북경과 상해에서는 황산까지 직행 항로가 있다.

명나라 때 유명한 지리학자이며 여행가인 서하객徐霞客이 일찍이 두 번 황산에 올라 칭탄하여 말하길 "오악五岳을 본 후로는 산이 보이지 않고, 황산을 본 후로는 오악이 보이지 않는다"라고 했다. 이처럼 서하객은 황산을 중국의 명산 중에 으뜸으로 꼽았는데 그것에는 이유가 있었다. 태산동악의 웅위함, 화산서악의 깎아지른 듯한 빼어남, 아미산의 맑고 시원함, 형산남악의 자욱한 구름안개, 여산의 날아 내리는 폭포, 안탕雁蕩-절강성 동남부에 있는 산으로 산꼭대기에 호수가 있어 가을에 기러기가 날아와 서식하기에 안탕으로 불린다의 기묘한 암석 등의 특색이 이 황산에 집합되었기 때문이다.

황산에는 72개의 봉우리, 16개의 샘, 24곳의 계곡, 2개의 호수, 그리고 무수한 기암 괴석, 깊은 연못, 이름난 폭포 등이 있어 여타의 명산과는 차별을 두어야 한다는 것이다. 황산지黃山志에 의하면 황산에는 36개의 큰 봉우리와 36개의 작은 봉우리가 있다고 한다. 그 중 연화봉蓮花峰은 황산의 최고봉인데 해발 1864m이다. 광명정光明頂은 1840m이며 운해와 일출 보기에 좋다. 천도봉天都峰은 가장 험준한 봉우리로 붓을 꽂은 듯한데 높이는 1810m이다.

황산은 4절絶이라 하여 명송名松, 괴석, 운해, 온천 등이 특히 유명하다. 그래서 천하제일기산天下第一奇山으로 불린다.

온처사가 황산 백아령 옛집으로 돌아감을 전송하며

이백(당)

황산은 그 높이가 사천 길인데
서른둘이나 되는 연꽃 봉우리.

붉은 낭떠러지가 돌기둥 끼고
봉우리들은 금빛 연꽃 같구나.

그 옛날 정상에 올랐을 때
천목산의 소나무를 굽어보았지.

선인이 단약을 만들던 곳에
신선되고는 종적만 남겼도다.

온백설에 대해 들어오다가
지금 홀로 가서 만나게 되었네.

빼어남을 모았으니 오악이 양보하고
바위에 올라 보니 만 겹을 지났도다.

백아령에 돌아가 편히 쉬면서
단사의 우물물을 마실 일이라.

봉황이 때마침 나를 데리러 왔으니
구름 수레 마땅히 가지런히 하고서,

送溫處士①歸黃山白鵝嶺舊居송온처사귀황산백아령구거

李白(唐)

黃山四千仞②황산사천인
三十二蓮峰삼십이련봉

丹崖夾石柱단애협석주
菡萏金芙蓉함담금부용

伊昔昇絶頂이석승절정
下窺天目③松하규천목송

仙人煉玉處선인련옥처
羽化④留餘蹤우화류여종

亦聞溫伯雪⑤역문온백설
獨往今相逢독왕금상봉

採秀辭五岳채수사오악
攀巖歷万重반암력만중

歸休白鵝嶺귀휴백아령
渴飮丹沙井⑥갈음단사정

鳳吹我時來봉취아시래
雲車爾當整운거이당정

능양산 동으로 가고 가서는 去去陵陽⑦東[거거릉양동]
방주 모인 곳으로 가고 또 가야지. 行行芳柱⑧叢[행행방주총]

계곡이 돌고 돌아 열여섯 번에 廻谿⑨十六度[회계십륙도]
푸른 산봉우리 맑은 하늘에 다하네. 碧嶂盡晴空[벽장진청공]

다른 날 돌아와 다시 찾아든다면 他日還相訪[타일환상방]
천교에 올라 채색 무지개 밟으리라. 乘橋⑩躡彩虹[승교섭채홍]

---

① 온처사[溫處士] : 온씨 성의 처사. 처사는 벼슬하지 않고 초야에 묻혀 있는 선비이다.
② 천인[千仞] : 천 길.
③ 천목[天目] : 산 이름. 절강성의 항주 천목산[天目山]을 말한다. 천목산이 아래로 보인다는 것은 황산의 빼어남을 강조한 것이다.
④ 우화[羽化] : 선인[仙人]이 모습을 풀고 가 버린 것을 말한다.
⑤ 온백설[溫伯雪] : 온백설자[溫伯雪子]를 말한다. 공자 시대에 노나라의 현자인데 이백이 온처사[溫處士]를 이에 빗대어 표현한 것이다.
⑥ 단사정[丹沙井] : 황산에 있는 주사천[硃砂泉]을 말한다.
⑦ 능양[陵陽] : 능양산[陵陽山]. 선주[宣州] 경현[涇縣]에서 서남쪽으로 130리에 있다.
⑧ 방주[芳柱] : 아름답고 빼어난 바위 기둥들.
⑨ 회계[廻谿] : 굽은 계곡.
⑩ 승교[乘橋] : 다리를 건너다. 이 다리는 천교[天橋] 또는 선인교[仙人橋]라고 하는데 황산에서 가장 험한 곳으로 알려져 있다. 황산 연단대[鍊丹臺]에 있다.
※ 이백이 754, 755년 사이에 지은 작품이다.

산기슭에 있는 운곡산장[雲谷山莊] 쪽에서 백아령[白鵝嶺, 1768m]까지는 케이블 카가 설치되어 있다. 길이는 2804m이며 8분 정도 타고 가면 된다. 걸어서 오르면 3시간이 족히 걸릴 거라고 한다. 이래에서 위까지의 표고 차이는 774m이다.

백아령 케이블 카 정거장에서 북해빈관[北海賓館]까지 짐을 날라 주겠다는 짐꾼들이 달라붙는다. 삯으로 80원[元-우리 돈으로 만이천 원 정도] 달라는데 과하다. 중국도 흔한 것이 시간과 인력이라지만 이제는 더 이상 아닌 모양이다.

해발 1600m 정도에 북해빈관이 자리잡고 있다. 천하 명산이라며 아끼고 보호해야 할 곳에 케이블 카를 설치하고 호텔을 지어 놓은 것을 보면, 중국인들은 일단 자연 위주가 아니고 사람 중심인 듯한 인상을 받게 된다. 우리나라에서는 도로 하나 내자면 도롱뇽이 어떻고 생태가 어쩌고 하면서 난리를 치는데 우리하고는 자연을 대하는 생각이 다른 것이다. 필요하면 삭도索道-케이블 카도 놓고 수직 승강기도 차려 놓고 관광객들을 유치하는 것이다. 나는 이런 일들을 아미산峨眉山, 장가계張家界, 곤명昆明의 석림石林 등지에서 익히 보아 왔다. 이익이 되고 효용에 미치면 산 꼭대기에도 호텔을 세우고, 소용에 맞고 편익을 준다면 돌을 깎아 계단을 만들고 암석에 구멍을 뚫어 능히 길을 만들어 내는 사람들이 중국인이다. 사회주의 국가 체제하에서는 생태나 환경 문제를 들먹이며 저항하는 사람이 없기 때문이기도 할 것이다.

1600m 높이의 산봉우리 위에 호텔이, 그것도 준수한 호텔이 있으리라고는 상상할 수도 없다. 1958년에 지었고 면적이 1901㎡인 3층 건물이다. 마당에 나서면 그야말로 선경이나 다름없다. 사방 어디를 둘러봐도 기이한 봉우리들이 바다처럼 넘실대고 바다를 건너온 바람은 세속의 티끌을 씻어 내린다. 해 지자 얼굴을 내민 달은 거울처럼 맑다. 산 아래에는 기온이 30℃가 넘지만은 이곳은 17℃정도일 거라고 한다이때가 1996년 8월. 물론 한낮 기온은 아니지만 새벽녘에는 파카 옷을 입을 정도이다.

먼저 시신봉始信峰으로 가 본다. 황산이 대단한 산이라고 비로소 믿게 된다는 곳이다. 봉우리는 높고 뾰족하며 계곡은 바닥이 안 보일 정도로 깊고 침침하다. 암산 봉우리들은 세로로 터지고 갈라지고 손톱으로 할켜 놓은 듯, 장작을 묶어 세워 놓은 듯, 거기에다가 소나무들은 담쟁이가 달라붙은 듯한데 이런 곳이 시신봉이다.

비닐 봉지 하나가 바위 틈 소나무에 걸려 있으니 관리인 하나가 몸에 끈을 묶고 아래로 내려가서 장대 갈고리로 낚아 올린다. 자연 보호에 무척 힘을 쏟고 있다. 등산로에는 도처에 쓰레기통을 만들어 두었다. 함부로 투기하면 과감히 벌금을 부과한다.

북해빈관에서 서쪽으로 돌아가면 배운정排雲亭이 있다. 구름을 배웅하는 곳이다. 베트남의 지도자 호지명胡志明, 1890~1969이 이 곳에 와서 지어 준 이름이란다. 주름치마를 펼쳐서 늘어뜨려 놓은 듯한 암벽이 희뿌연 연하에 가려 앞을 가로 막는다. 고함을 치면 메아리가 되돌아온다는데 실제로 해 보니 실감할 수는 없었다. 어느 다른 여행 단체가 와서 고함을 지르는데 '야호'라고 한다. 가만히 보니 이들은 일본인들인데 야호라고 외치니 의외가 아닌가? 아차 우리가 일본인들의 언어를 이제까지 써 왔구나 하는 생각이 들어 순간 당황스럽다. 일제 시대 때 들어온 말일 것인데 어원이 뭘까? 영어의 '에코-echo : 메아리'에서 따온 것이란 것을 쉽게 알 수 있다. 나는 야호라고 부를 수 없어 우리식으로 '어이' 하고 고함을 쳐 보았다.

시신봉

광명정으로 가는 길 오른편에 비래석飛來石이 있다. 바위 등성이 위에 거대한 바위 하나가 얹혀 있다. 그것도 세워져 있으니 멀리서 날아와 놓였다는 것이다. 높이는 12m이며 무게는 360톤이 된다고 한다. 이 돌은 옮겨진 것이 아니고 바닥 암석과 붙어 있는 것이라는 조사 결과가 나왔다고 한다. 붙은 면적이 좁기에 얹혀 있는 것처럼 보일 뿐이라는 것이다. 다만 지진이 일어나지 않는 곳이라서 다행히 그대로 서 있는 것이다. 우리나라 설악산의 계조암繼祖庵 앞에 있는 흔들바위와는 성질상 다르다.

옥병루玉甁樓

광명정은 황산에서 두 번째 높은 봉우리이다. 1840m이라는데 이곳에는 1955년에 기상대가 설치되어 있어 경관을 여지없이 손상시키기에 충분하다. 광명정 정상에 서면 연화봉과 천도봉이 아득히 보인다. 앞쪽에 있는 연화봉과 그 뒤편에 있는 천도봉 사이의 암벽에 그것도 매달아 걸어 놓은 듯,

끼워 놓은 듯 지은 것이 옥병루호텔이다. 참으로 인력으로 저런 곳에 호텔을 지어 놓았으니 엄청난 공이 아닐 수 없다.

광명정에서 연화봉으로 가는 길은 좀 멀기는 하지만 그리 힘들지는 않다. 어차피 산등성이에 오른 상태인데다가 워낙 길을 잘 다듬어 놓았기 때문이다. 암석을 쪼아 계단을 만들고, 큰 바위를 뚫어 관통해 놓았고, 위태로우면 난간을 만들어 놓았다. 감히 훼손이 아니냐고 하지만 그런대로 세월이 지나면 풍화에 의해, 인공적인 것도 옛 것이 될 터이고 그러면 자연에 가까워질 법도 한 것이다.

우리나라 설악산의 울산바위 같은 지형의 산등성이를 혹은 서울의 도봉산의 포대[砲臺]능선 같은 길을 오르락내리락하면서, 가끔씩 아슬아슬하게 낭떠러지에 붙어 걷다가 보면, 연화봉을 지나고 천도봉 가까이에 있는 옥병봉[玉屛峰, 1716m]에 다다른다. 이 봉우리 36m 아래 지점에 옥병루빈관이라는 호텔이 있다. 1차 방문시[1996.8]에는 광명정에서 멀리 바라보기만 했는데 2차 방문시[1999.1] 한겨울에는 여기에서 1박까지 하게 되었다.

연화봉(앞)과 천도봉(뒤)

해가 지려니까 기온이 급강하하여 매우 춥다. 이 호텔에는 손님이 아버지와 나 둘밖에 없다. 한겨울 손님이 없을 때에는 직원들이 철수하여 당분간 패쇄한다는데, 상해에서 친구가 예약을 해 놓은 상태이기에 오직 우리 부자를 위해 기다려 주고 있었다. 고마운 일이다.

밤 되어 종업원 한 명이 호텔 로비에서 난방도 없이 간이 침상 위에서 자는 것을 보고 매우 놀랐다. 로비에 진열되어 있는 상품들 때문인 것 같으나 안쓰러운 장면이었다.

객실 내에서도 난방이 잘 되지 않아 아버지와 나는 옷을 잔뜩 입고 추운 황산의 겨울 밤을 보내야 했다. 깊은 밤 깊은 산속에서의 천지는 괴괴한데 우리 부자는 잠을 들지 못했다. 이때 아버지는 당신의 과거담을 가장 따뜻하게 들려 주셨다. 당신의 소아 시절에 머리에 종기가 나서 어렵게 치료했던 일, 일제 시대의 어려웠던 집안 경제 사정, 소학교 마치고 중학교(공업 학교) 진학할 때 색맹으로 불합격된 일, 어린 나이에 일본으로 건너가 각기병으로 고생하며 향수병에 시달린 일, 근근이 의숙義塾-의연금으로 세운 교육 기관에 다니던 일, 학비가 없어 대학을 중퇴해야 했던 일, 우리 조부와 삼촌들에 대한 가족 이야기, 직장에 임시 직원으로 들어가 정년 퇴임하기까지의 숱한 역경과 애환 등의 이야기를 이 황산의 계곡 깊이만큼이나 그윽하게 들을 수 있었다. 아버지와 함께 보낸 이때의 황산의 겨울 밤은 육친의 정을 가장 따스하게, 가장 가까이 느낄 수 있었던 시간이었다. 아버지는 그 후 4년만인 2003년 추석을 겨우 쇠시고 닷새만에 돌아가셨다. 아! 내년 봄까지만 살았으면 하시던 우리 아버지.

옥병루빈관 앞뜰에서 보는 낙조가, 아득히 넘실대고 굽이치는 능선과 함께 어울려 황홀하다. 새벽의 일출 또한 검은 노송들과 어울린 명랑한 아름다움이 있다. 저 멀리 땅 밑에서 탁구공만한 백열 전구가 어둠을 밝히며 돋아 오르고 있었다.

황산의 문수원文殊院에 가보지 못하면 황산의 진면목을 보지 못한 것이라 한다. 문수원은 이 옥병루빈관의 전신인 절이었다. 문수원이 해방 전에 병화로 훼손된 것을 해방 후 이 자리에 호텔을 세우고, 옥병봉 앞에 있다 하여 옥병루빈관이라 이름지은 것이다.

참고로, 중국에서는 봉건 전제 군주주의를 타도하고 외세 열강과 국민당 정부를 몰아내고 신중국을 건설한 것을 해방이라 한다. 해방 기념일은 1949년 10월 1일이다.

이곳 옥병루 옆에는 영객송이 있다. 모자를 쓰고 손을 내밀면서 손님을 맞이하는 형상이어서 가장 귀한 소나무로 대접 받고 있다. 수령이 천 년은 된다고 한다. 황산은 원래 소나무로 유명한데 "바위로 이루어지지 않은 봉우리가 없고, 소나무와 함께하지 않은 바위가 없으며, 소나무가 없으면 기묘하지가 않다"라는 말이 전할 정도이다. 황산의 소나무는 해발 800m이상의 바위 틈에 시 생장하기에 그 나이가 수백 년에서 천 년에 이르는 것이 보통이다. 그러니 그 형상이 곧고 씩씩한 것도 있지만 암벽에서 힘겹게 자라 뒤틀리고 못난 것이 오히려 기묘하다. 황산에서 10대 명송名松이 있는데 그 중 제일이 영객송이다. 총리 주은래周恩來는 이것을 중국 제일의 일과보수一棵寶樹-한 그루의 보배로운 나무라고 칭찬했다.

여름에 방문했을 때 백아령 쪽에서 언뜻 운해 구경을 했었지만 그것도 잠시였고 장관을 이루는 운해는 보지 못했다. 2차 방문시 겨울에 구름은커녕 아침이나 저녁에 운무조차 구경 못했다. 이 겨울에 눈 한번 오지 않았는지 잔설마저 없었다.

옥병루에 서면 뒤가 연화봉이고 앞이 천도봉이다. 천도봉은 매우 가파른 바위 봉우리인데 암벽을 트고 쪼아서 계단을 만들어 정상에 오르도록 하고 있다. 마치 낡은 허리띠를 드리운 듯한 길이 계단을 타고 하늘에 오르고 있었다. 그 옛날 등정이 어렵던 시절에 천도봉에 최초로 오른 사람은 문수원의 승려인 보문화상普門和尙이라고 하며 그 이후에 서하객이 오른 것으로 알려져 있다. 지금은 1400개의 돌 계단이 다듬어져 있어 대체로 쉽고 안전하게 천도봉 정상에 오를 수 있다.

가이드가 황산에서 한국인 안내하기가 참 힘들다고 한다. 왜냐하면 등산들을 좋아하여 꼭 정상에 올라야만 직성이 풀린다고 하는데, 정상까지 매번 따라 올라가지 않을 수 없다는 것이다.

여름 방문시 우리 일행 중에 한 분은 황산이 우리나라 설악산만 못하다고 한다. 설악산에는 폭포가 좋고 산세가 우람하며 가까이 바다 또한 있지 않느냐고 한다. 맞는 말이다. 그러나 산은 나름대로 다 특장이 있기 마련인데 황산의 깊은 계곡과 바위, 소나무는 이곳 아니면 볼 수 없는 천하의 일품이 틀림없다.

명현천鳴弦泉과 취석醉石

두 번째 황산 방문시에 이백이 이 황산에서 노닐었다는 전설이 있는 취석을 기어이 찾아보았다. 산자락에서 작은 군부대 곁을 지나 한 시간을 족히 걸어야 했다. 드디어 허름한 정자 가까이에 이르니 책을 포개놓은 듯한 절벽에 명현천鳴弦泉-현악기가 우는 듯한 샘물이라는 노란 글씨가 뚜렷하고 오른쪽 검은 바위에는 붉은 글씨의 취석이 분명하다. 명현천이라 새겨진 바위 오른편에 골을 따라 물이 바위를 겨우 적시듯 흘러내리고 있다. 이것이 명현천인가 보다. 여름철 물이 많을 때, 절벽을 쓸어 덮듯이 쏟아진다면 정말 현을 튕기듯한 소리가 날 것 같기도 하다. 물이 층층의 바위 면에 튕기듯 떨어지는 양상을 보이고, 또 가로로 금이 간 곳에는 공명 현상을 낼 수 있는 빈 공간들이 보이기 때문이다. 그렇다면 자연의 거문고 소리를 들으며 이백이 술에 취하지 않을 수 없었으리라. 그러나 내 이제 주위를 둘러보니 여기는 황산의 기경이 아니라 강남의 평범한 풍경일 뿐이다. 어쨌든 이백은 이 천연의 거문고 소리를 듣기 위해 여기까지 들른 모양이다.

황산의 명현천

황산지黃山志에 다음과 같은 사실이 전한다. "남조 송나라, 원가 연간元嘉年間, 424~453년에 신라국의 이승異僧이 황산에 와서 발우봉鉢盂峰 아래에 신라암新羅庵을 창건하고서 30여 년간 외부 왕래를 끊었다." 또 송나라 황산도경黃山圖經에도 다음과 같은 이야기가 실려 있다. "동국의 이승이 원적圓寂-죽음 전에 발우鉢盂-승려의 밥그릇를 공중에 던져서 봉우리 정상에 떨어지니 후인들이 이 봉우리를 발우봉 또는 척발봉이라 일컬었다. 또 운곡사 일대를 척발원으로 불렀다." 이런 사실을 참고할 때 우리의 신라 스님이 이곳에서 은거하여 수행한 사실이 있었음은 틀림없는 것 같다. 구화산의 김교각 스님보다 약 300년 전에 이 황산에 은거하여 크게 도를 떨쳤던 모양인데 이름이 알려지지 않았으니 아쉬운 일이다.

황산이 그 옛날에 여산만큼 명성을 크게 날리지 못한 것은 오지에 치우쳐 있었고 물길에서 많이 떨어져 있어 교통이 불편했기 때문일 것이다. 그래서 천하의 명인들이 찾아들지를 못했으니 구슬을 꿰지 못한 경우라 하겠다. 어떻든 지금의 황산은 중국 최고의 명산임에는 부인할 수 없다. 구름 바다, 이름난 소나무, 기이한 바위, 더운 샘물이 황산과 함께하는 한.

흡현歙縣의 태백루太白樓

황산시를 벗어나 흡현에 가면 태백루가 있다. 원래 일정에 없던 탐방이라 방문 승낙을 여행사 측으로부터 받아내기가 어려웠지만 근처까지 와서 태백루에 오르지 못하면 여한이 클 것이다.

태백루는 앞쪽으로 연강練江-신안강의 지류이라는 작은 강을 바라보며 수수하게 서 있는 누각이다. 길가에 주막처럼 우두커니 서서 먼지를 뽀얗게 덮어 쓰고 있었다. 방랑객인 이백의 이미지와 잘 어울리는 것 같다. 중국에서 몇 군데의 태백루제녕의 태백루, 마안산의 태백루, 안륙의 태백루를 보았지만 이는 가장 규모가 작고 서민의 정감을 느끼게 하는 친근감 가는 누각이다. 여러 차례의 보수를 거친 지금의 이 태백루는 명청 시대의 건축 구조 양식을 갖추고 있다고 한다.

있는 태백루

당나라 천보 13년754년 가을에 이백이 이곳 신안新安에서 은사 허선평許宣平을 찾았으나 만나지 못하였다. 그래서 그 허전함을 풀기 위하여 이 주막에서 술을 마셨다는데, 후인들이 이백의 흡주 기행을 기념하기 위해 태백루라는 이름을 붙였다는 것이다.

태백루 관리인이 덧붙이는 이야기는 이렇다. 이백이 낙양에서 지낼 때 어느 술집에서 벽에 쓰인 시 한 편을 읽고, 이는 필시 선인의 시임을 간파하고서는 수소문 끝에 여기까지 내려와서 그를 찾으려 하였다. 대나무 밑에서 자기를 만날 수 있을 것이라고 했으나 찾지 못하였다. 우연히 배를 타고 보니 한 노인이 대나무 장대로 노를 젓고 있고, 자신은 그 대나무 아래에 앉아 있음을 깨닫고서야 선인을 알아보았다는 것이다. 이 선인이 허선평이었다.

태백루 내부에는 탁자와 걸상이 놓여 있고 벽 중앙에는 이백의 전형적인 그림고개를 쳐들고 칼 차고 있는 오만한 모습 족자가 드리워져 있으며, 좌우에는 그의 행적을 상상하여 그린 그림이 걸려 있다. 관리하는 아가씨들이 안내도 하고, 고사도 들려 주고, 허선평의 시도 적어 주었다. 그 시는 다음과 같다.

허선평(당)	許宣平(唐)
은거하여 지내기 삼십 년만에	隱居三十載은거삼십재
남산 꼭대기에 방 한 칸 마련하여,	筑室南山巓축실남산전
고요한 밤중에 밝은 달을 즐기고	靜夜玩明月정야완명월
한가한 아침에 푸른 샘물 마시도다.	閑朝飮碧泉한조음벽천
초동들 언덕에서 노래 부르고	樵人歌隴上초인가롱상
새들은 바위 앞에서 희롱하누나.	谷鳥戲岩前곡조희암전
즐겁도다, 늙음을 알 리 없으니	樂矣不知老락의부지로
이제는 나이조차 잊어 버렸네.	都忘甲子年①도망갑자년

① 갑자년甲子年 : 나이.

작가소개 허선평 : 당나라 때 신선 중의 한 사람으로 알려져 있다.

태백루 뒤에는 신안비원新安碑園이라 하여 고대의 비석을 보호하며 진열하는 곳이 있다. 왕희지王羲之, 회소懷素, 안진경顔眞卿 등 역대 서법가의 진품이 있다고 하였으나 일일이 확인해 보지는 못했다.

중국의 대표적 명품 벼루는 단계연端溪硯과 흡연歙硯이다. 이 두 벼루는 먹을 갖다 대기만 해도 불에 촛물 녹듯이 한다는 것이다. 단계연은 한국에 널리 알려졌고 공급도 많아져서 마음만 먹으면 구입할 수 있다. 그러나 흡연은 우리나라에서 실물 구경도 어려워 이곳까지 온 김에 흡연 제조 공장을 들러 보았다. 공장은 크지만 일하는 사람은 별로 많지 않다. 벼루 면을 다듬는 작업이 힘들어 보이는데, 탁자 위에다가 원석을 얹어 놓고 조각도를 어깨에 대고서 손과 어깨 힘으로 갈아 내고 있다.

평소에 벼루에 관한 소양이 좀 있는 터라 어떤 돌이 좋은지 대충 알고 있다. 흡연은 면이 아이 살결처럼 부드럽고 금빛 무늬가 지나가면 최상급이라는데, 이에 가까운 벽돌 모양의 것을 하나 구입하였다. 홈을 파내지 않고 그냥 밋밋하게 벽돌처럼 다듬은 것은 석질이 좋지 않으면 감히 그렇게 할 수 없는 것이다.

제14장 구화산九華山

황산이나 구화산은 둘 다 양자강 남쪽 안휘성에 있는데 구화산은 황산에서 서북쪽으로 약 175km쯤 떨어진 청양현青陽縣에 있다.

황산에서 구화산에 가기 위해서는 도중에 태평호太平湖라는 큰 호수를 건너야 된다. 선착장 주변에는 음식점과 기념품 파는 가게가 즐비하다. 배를 타기 위해서 한 시간이나 기다렸다. 이 배는 바지선처럼 생겨 족히 10여 대의 차량을 싣고도 여유가 있어 보인다. 바람을 쐬며 뱃머리에 나서니 물은 맑고 산은 멀어 보인다. 구름은 높이 흐르고 산그림자 깊이 숨었다. 잠시 뒤 다시 뭍에 올라 차를 타고 구불구불 위태로운 산길을 돌고 돌아 이르니 한 작은 산성이 나온다. 이가 바로 구화산의 구화가九華街이다. 해발 600여m가 된다고 하나 덥기는 산 아래와 매한가지다.

구화산은 아미산峨眉山, 오대산五台山, 보타산普陀山과 더불어 중국 불교 4대 명산에 든다. 아미산3099m, 사천성은 보현보살의 성지聖地이고, 오대산3058m, 山西省은 문수보살의 산이며, 보타산291m, 항주의 만주산군도(灣州山群島) 중의 하나은 관음보살의 땅이다. 이곳 구화산1342m, 안휘성은 지장보살의 성지이다.

당나라 천보天寶 연간754년에 이백이 이곳 근처에 와서 배를 타고 아홉 개의 산봉우리를 바라보는데 연꽃을 꽂아 놓은 것처럼 수려하였으니, 노래하기를

기묘하게 두 기운 나뉘었으니	妙有分二氣묘유분이기
영산에 아홉 송이 연꽃이 피었도다.	靈山開九華[①]령산개구화

① 구화[九華] : 아홉 송이의 연꽃.

라고 했다. 이로써 예부터 불리던 구자산[九子山]이 구화산으로 일컬어지면서 지금까지 이르게 된 것이다.

풍경의 수려함 외에 주목 받는 이유는 신라 스님, 김교각[金喬覺]이 이곳에서 불사를 크게 일으켜, 도교 중심에서 불교 중심의 성산으로 만들었기 때문이다.

동자를 산 아래로 보내며	送童子下山[송동자하산]
김교각(신라•당)	金喬覺(新羅・唐)
사문의 길 적막하니 너는 집이 그리워	空門①寂寞汝思家[공문적막여사가]
운방을 이별하고 구화산을 내려가네.	禮別雲房②下九華[예별운방하구화]
대나무 난간 향해 죽마 타길 좋아하고	愛向竹欄騎竹馬③[애향죽란기죽마]
금지에서 금모래 모으길 게을리 했음이라.	懶於金地④聚金沙⑤[라어금지취금사]
병에 시냇물을 담아서 달을 부르지 못하고	添瓶澗底休招月[첨병간저휴초월]
사발에 차를 우려 꽃을 즐기지 못하였네.	烹茗甌中罷弄花[팽명구중파롱화]
잘 가게 자주 눈물 흘리지 말고	好去不須頻下淚[호거불수빈하루]
이 노승은 안개와 노을 벗하며 지낼 테니.	老僧相伴有烟霞[노승상반유연하]

① 공문[空門] : 만물은 모두 공[空]이라는 이치를 말한 불교의 법문을 뜻한다.
② 운방[雲房] : 스님이 거처하는 방.
③ 죽마[竹馬] : 아이들이 놀 때, 가랑이 사이로 걸터 타고 다니던 대나무 장대.
④ 금지[金地] : 불교.
⑤ 금사[金沙] : 불교 교리.

백세궁[百歲宮]

호텔에서 점심을 먹고 이 구화가 주위에 산재해 있는 명승지를 찾아 나섰다. 구화산에서 중심이 된다는 화성사[化城寺]와 가장 크다는 기원사[祇園寺]는 그냥 지나치기로 했다. 중국의 절은 많이도 보았고 그것도 대동소이함을 잘 알고 있어서이다.

미라 상태로 남아 있는 보살 즉 응신보살應身菩薩이 있다는 백세궁百歲宮으로 향해 올랐다. 황산을 보고 나며는 다른 산은 산 같지 않다고 하더니 명산인 구화산도 예외가 아니다. 산정으로 오르는 계단은 잘 다듬어져 있는데 가마꾼들이 사람을 태우고 거뜬히 오르내릴 정도니 알 만하다. 소나무와 대나무들이 빽빽이 들어선 숲은 울창하기는 해도 더위를 감해 주지는 못한다. 이 엄청난 더위에 관광객들도 뜸하다.

백세궁에 아주 귀하게 모시는 불상이 있는데 이는 무하화상無瑕和尙의 육신보살肉身菩薩이다. 입적한 후 3년 뒤에 다시 꺼내 보니 그의 시신이 썩지 않았다. 그래서 금칠을 하여 받들어 백세궁에 모셨다. 무화화상은 126살까지 살았기에 그를 높여 백세공이라 했다. 명나라 때인 1630년에 숭정황제가 무화화상을 응신보살應身菩薩 : 불교에 있어 삼신불(三神佛)의 하나인데 중생을 제도하기 위해 때에 따라 여러 가지 모습으로 나타나는 부처에 봉하였다. 자세히 보면 매우 작은 체구에 깡마르고, 두 팔은 가슴에 모으고 있고, 눈이 감겨 있으며, 입은 튀어 나오고, 입술이 보이지 않으며, 머리털은 없다. 모자를 씌우고 망토를 둘렀다. 표정 없는 미라 그것이다.

모름지기 시신은 썩어야 마땅한데 썩지 않음이 무슨 큰 자랑인가? 원래 구화산에는 7개의 육신보살이 있었다는데 문화혁명 때 6개가 파괴되고 지금은 이것 하나만 보존되고 있다는 것이다. 진한 향내가 거슬리고 오래 있을 분위기가 아니어서 금방 나와 버렸다.

백세궁을 나와 능선을 따라 걸어가면서 바라보는 경치가 훌륭하다. 좌측 맞은편에도 큰 능선이 있는데 이 구화산의 주봉인 시왕봉十王峰, 1342m이 보인다. 산기슭에서 시왕봉으로 오르는 길에는 곳곳에 암자나 절이 자리잡고 있다. 멀리서 보아도 족히 8좌는 될 것 같다.

백세궁에서 얼마 안 가서 비신처飛身處라는 글이 새겨진 큰 바위를 만난다. 이곳에서 교각 스님이 몸을 날려 시왕봉으로 옮겨 갔다는 것이다.

길가에 한 비구니가 건물이 철거된 자리에 과일을 몇 개 배설해 놓고서

울고 있다. 얼마나 구성진지, 가이드에게 이유를 알아보라 했더니, 한때 이곳에 작은 암자가 있었는데 당국의 정화 차원에서 강제 철거하였다는 것이다. 안타까운 일이다.

육신보전肉身寶殿

구화가로 도로 내려와서 좀 쉬었다가 신광령神光嶺에 자리잡은 육신보전으로 이동했다. 산문 격인 시왕전十王殿을 지나면 가파른 돌계단이 육신보전을 향하여 똑바로 놓여 있다. 매우 가팔라서 그런지 난간에는 쇠사슬을 감아 놓고서 그것을 잡고 올라갈 수 있도록 하고 있다. 돌 하나를 통째로 가로 놓아 계단 하나를 이루는데 전부 다 81계단이라 한다. 교각 스님이 99세까지 살았으니 9×9=81이라는 계산에서 나온 것이리라. 이 계단을 한 단계씩 밟아 오를수록 그만큼 더 육신보전은 높이 우러러 보였다.

육신보전

육신보전은 외관이 2층으로 된 매우 큰 건물이다. 1층 문 위에는 東南第一山동남제일산이라는 현판이 가로 걸려 있고, 그 위에는 月身寶殿육신보전이라 쓰여진 편액이 세로로 달려 있다. 월月은 육肉의 옛글자이다. 고기 육肉자의 肉身寶殿육신보전으로 써 붙이기가 뭐했던 모양이다.

10m 높이의 전각 안에는 7층 목탑이 있고 그 탑 가운데 항아리가 있고 그 항아리 안에 교각 스님의 육신이 모셔져 있다는 것이다. 이 지장탑 매 층마다 8칸의 불감佛龕-불상을 안치하는 방이 있고 이 불감 안에는 불상이 모셔져 있다. 그러니 지장탑에 있는 지장보살은 다 합하여 56존이나 된다. 정면에 있는 김지장보살상은 체청諦聽이라는 독각수獨角獸-외뿔 짐승에 걸터 앉아 있다. 이는 지장이 생전에 타던 짐승이라는데 백견白犬이라고도 한다. 앉아서 800가지를 듣고 누워서 3000가지를 듣는다는 특이한 능력을 가진 동물로 전한다. 그리고 좌측에는 그의 제자 도명道明이, 오른쪽에는 도명의 부친인 민공閔公이 시립해 있다. 아들 도

명이 먼저 교각 문하에 들었으니 부친의 사형이 되는 셈이다.

김교각 스님은 신라의 왕자로 알려져 있다. 어려서 출가하였고 24세당나라 천보 초년에 중국 구화산에 들어와 수련을 하였다. 전하기로 그는 바위에서 자고 계곡 물을 마시고 백토白土에 쌀을 조금 섞어 밥을 지어 먹고, 해가 뜨면 천태봉天台峰에서, 해가 지면 신광령神光嶺에 돌아와 수행하였다. 점차 그의 영향이 커져가니 사람들이 그를 동승洞僧-굴에서 수행하는 스님이라 불렀다.

김교각은 구화산에 수행한 지 75년이 지난 794년에 굴 속에 앉아서 입적하니 세수世壽가 99세였다. 3년 후에 그의 무덤인 항아리 뚜껑을 열어 보니 시신이 부드럽고 얼굴이 생전과 같았고 골절을 움직여 보니 쇠붙이 소리가 나는 것이었다. 불경에 의하면 부드러운 얼굴과 뼈 관절의 쇠붙이 소리는 보살의 환생으로 본다고 한다. 그래서 그를 지장보살의 화신으로 여기고 존중하여 김지장이라 칭했다는 것이다. 동시에 그가 묻힌 곳신광령에 지장탑을 세우게 된다797년. 이로써 구화산은 향화갑천하香火甲天下-불공 도량의 최고 성지란 칭호를 얻었고 연화불국蓮花佛國이니 동남제일산東南第一山이니 하며 지장보살의 화신 도량으로서 구화산의 향화香火-불공, 불교가 널리 천하에 퍼져 나갔다. "九華一千寺 撒在雲霧中구화일천사 살재운무중-구화산의 천 개의 사찰이 구름 안개 속에 흩어져 있다"라는 시구를 남길 정도이다.

우리가 육신보전에 들렀을 때는 마침 저녁 예불 드리는 중이었다. 스님들의 중국어 독경 소리가 그리 싫지 않을 뿐만 아니라, 교각 스님이 같은 동포라는 친근감 때문에 평소 안 하던 소원도 빌어 보았다. 육신보전은 국가 중점 보호 사원이다.

금사천金沙泉

지장보살에 참배를 마치고, 갔던 길로 되돌아오면서 상선당上禪堂 뒤에 있는 금사천金沙泉을 찾았다. 일찍이 이백은 구화산에 3차례 올랐었다. 천보 연간에 2차로 방문했을 때, 이 근처 초가에서 약초 재배하는 노인을 알게 되었다. 정분이 두터워지게 되었을 무렵, 노인은 이백이 시를 쓰고 난 뒤에 산 아래 도랑까지 내려가서 붓과 벼루를 씻는 것을 보고서, 부근에 한 줄기 샘물을 찾아

내어 그것들을 씻노록 만들어 주었다. 이백이 어느 날 필연을 씻는데 물 속에서 금모래가 반짝이는 것을 발견하게 된다. 그는 시로 읊기를

금모래의 물 빌려다가	聊借金沙水료차금사수
씻고 보니 아홉 송이 연꽃이 피었네.	洗開九芙蓉세개구부용

이라 했다. 오래지 않아 노인이 죽자 이백은 시신을 금사천 근처에 매장하고 샘 가까이 바위에 금사천金沙泉이라고 써서 노인을 추념하였다.

이즈음에 김교각도 구화산에 탁석卓錫-스님이 머물다하고 있었는데 스님의 시 가운데 聚金沙취금사라는 시구가 있는 것으로 보아 이백과의 교류가 있은 것으로 생각된다. 김교각의 생존 기간은 695년에서 794년이고 이백은 701년에서 762이다. 김교각이 6살 연상이다.

큰 바위가 몸을 담근 작은 물 웅덩이가 눈에 띈다. 이런 산 중턱에 물이 고여 있다고 해서 특이한 것이 아니라 다만 이백이 이곳에서 붓과 벼루를 씻었다고 하고, 그의 자취를 가장 가까이 느껴 볼 수 있는 현장이기에 예사롭지가 않은 것이다. 바위에는 금사천金沙泉이라고 새겨서 금칠을 해 놓았다. 이백의 필적이라 한다.

금사천

옆에는 관음보살상이 지키고 서 있고 시주함까지 마련되어 있으니 영 분위기에 어울리지 않는다. 샘터 주위에 봉숭아가 꽃을 피우고 있다. 한참 서성이다가 땅거미와 함께 산을 내려왔다.

태백서당太白書堂

기원사에서 개천을 따라 남으로 2~3백 보 가면 중심가에 태백서당이

있다. 서당 내에는 아주 큰 미루나무가 두 그루 서 있고 큰 물웅덩이도 있는데 우물 같지는 않지만 돌 난간을 만들어 보호하고 있다.

당나라 천보 말년에 이백이 이곳에 머물며 독서하던 곳이다. 이 독서당이 북송 연간까지 남아 있다가 남송 시기에는 없어진다. 그러다가 남송 때인 1237년에 이곳 청양현青陽縣 현령채원룡(蔡元龍)이 처음 태백서당을 지었고 명나라 때 와서는 사당으로 개조하였다. 그 후 1925년에 이르기까지 5칸 규모로 남았다가 해방 전쟁시 훼손되었다. 지금의 이 건물은 1990년에 다시 준공한 것이다.

현재 이 태백서당은 이백을 기리는 고적인지 장사를 위한 상점인지 구분이 안 간다. 서당 내에는 가라오케, 골동품 가게, 서화점, 음식점 등이 들어와 있다. 심지어 노점상까지 자리잡고 있으니.

기념품 가게에서 흡주연 벼루를 판매하고 있다. 그 중 연엽蓮葉을 본떠서 만든 것이 있는데, 돌로 조각했으리라고는 믿을 수 없을 만큼 얇고 정교하여 실물에 가깝다. 만지작거리다가 가격이 맞지 않아 결국 사지 못하였다. 한국에 돌아와서는 구입하지 못한 것이 못내 아쉽고 후회스러웠다.

구화가는 산속의 호젓한 시가지이다. 밤에는 연못 주위로 반딧불이 날고 있어 맑고 깨끗한 지역임을 말해 준다. 실로 오랜만에 반딧불 구경을 해 본다.

구화산은 중국 4대 불교 성지라는 명성에 힘입어 개발 사업에 주력하고 있다. 조만간 산 아래에서 시왕봉까지 케이블 카를 가설할 예정이며 지장보살을 기념하기 위한 99m 높이의 동상도 부용봉芙蓉峰에 세울 계획을 가지고 있다. 그리고 안휘성의 관광 개발 전략으로 황산과 구화산 간의 도로를 새로 건설하여 40km 정도 단축시키려고 한다.

한국 스님 두 분을 만났다. 금방 표가 난다. 말쑥하고 단정하기 때문이다. 가이드 말로는 요즘 한국 여행객들이 많아지고 있다고 한다. 이런 데불교 성지까지 와서도 가라오케에 꼭 가야 직성이 풀리는 사람들이 많다고 한다.

구화산을 바라보며 청양青陽 현령

위중감에게 주며

이백(당)

옛날 구강의 배 위에서
아득히 구화봉을 바라봤더니,
은하에는 녹수가 멀리 걸렸고
아홉 연꽃 봉오리 빼어났더라.

내 이제 손짓하고 싶지만
그 어느 누가 나를 따르지.
그대는 동도의 주인이 되어
이곳 구름 소나무 아래 누웠구려.

望九華贈靑陽令韋仲堪

망구화증청양령위중감

李白(唐)

昔在九江①上 석재구강상
遙望九華峰 요망구화봉
天河挂綠水 천하괘록수
秀出九芙蓉 수출구부용

我欲一揮手 아욕일휘수
誰人可相從 수인가상종
君爲東道主② 군위동도주
於此臥雲松 어차와운송

---

① 구강九江 : 여기서의 구강九江은 지주池州의 강을 말하는데, 이것이 구강의 하류로 이어지기에 구강이라 한 것이다.
② 동도주東道主 : 좌전左傳에 약사정若舍鄭으로 하여금 동도주로 삼았다는 기록이 있다.
※ 이 시는 754 또는 755년쯤에 쓰여졌다.

제15장 마안산馬鞍山

당도當塗

이백은 평생 동안 중국 대륙의 반 이상을 편력했다고 한다. 이곳 당도에는 7번을 찾았다. 그만큼 당도는 이백과 인연이 깊은 곳이다. 지금의 당도는 마안산시에 속하고 옛날에는 고숙姑孰으로 불렸다.

당도는 원래 고기魚와 쌀의 산지로 유명하다. 산천은 수려하고 그윽하며 경색은 아름답다고 했다. 또 예부터 남으로 용산龍山을 가르키고, 북으로 우저牛渚에 접하면서, 금강襟江이 호수를 끼고 있어서 험요險要-지세가 험하여 방어하기에 좋다하다고 했다.

일찍이 초나라의 항우는 한신韓信에게 해하垓下-안휘성의 작은 마을에서 패하여 오강烏江에서 자살한다. 이 오강이 마안산시에서 가깝다. 항우가 타던 말 오추의 말안장이 화하여 마안산馬鞍山이 되었다는 전설이 있다. 실제 마안산은 마안산시에서 서북쪽에 있으며 높이 154.2m이다. 항우는 성의 사면에서 들려오는 초나라 노래사면초가에 크게 놀라 "한나라가 벌써 우리 초나라 땅을 전부 빼앗았단 말이냐? 아니면 한나라 진陣 중에 초나라 사람이 저리도 많단 말이냐?" 하면서 통분했다.

힘은 산을 뽑도다, 기세는 세상을 덮었는데. 力拔山兮氣蓋世역발산혜기개세
때가 이롭지 못하도다, 오추가 나아가지 않으니. 時不利兮騅①不逝시부리혜추불서
오추가 나아가지 않도다, 이를 어찌하리? 騅不逝兮可奈何추불서혜가나하
우야, 우야! 이를 어찌할거나? 虞②兮虞兮奈若何우혜우혜나약하

① 추騅 : 오추烏騅라는 명마.
② 우虞 : 우미인. 항우가 총애하던 여인.

항우가 오강에 이르렀을 때 이곳 정장亭長-나루터 책임 벼슬아치이 배를 타고 강을 건너기를 청했다. 그러나 항우는 "내가 일찍이 군사를 일으켰을 때그의 나이 24살 강동의 자제 8천 명과 함께 이 오강을 건너 서쪽으로 향했소. 그런데 지금 단 한 사람도 살아서 돌아가는 이가 없소. 강동의 부형들이 나를 동정하여 왕으로 삼는다고 하더라도, 내 무슨 면목으로 그들을 다시 대하며 내 어찌 심중에 그것을 부끄럽게 여기지 않을 수 있겠소?" 하면서 스스로 목을 베어 죽었다BC202.

천 년의 세월이 흘러 당나라 때 한 시인이 이를 노래했다.

오강정烏江亭에서

두목(당)

승패는 병가에서 기약할 수 없는 법
수치를 참고 견딤이 대장부가 아니더냐?
강동의 자제들 준재들이 많았으니
권토중래하였다면 그 결과 누가 알랴?

題烏江亭제오강정

杜牧(唐)

勝敗兵家不可期승패병가불가기
抱羞忍恥是男兒포수인치시남아
江東子弟多俊豪강동자제다준호
捲土重來①未可知권토중래미가지

① 권토중래捲土重來 : 한번 패했다가 세력을 회복하여 다시 쳐들어오다.

남조의 대시인 사조가 일찍이 당도의 청산青山에 집을 짓고 오랫동안 거주했다. 이백은 평생 그의 풍모를 사모했고 그가 즐기던 고숙姑孰-당도의 옛이름의 산수를 사랑하여 이 작은 고장에 특히 집착했다. 여러 차례 당도와 채석采石에 머물면서 자연의 명승을 찾아 노래하여 50여 수의 명편을 남겼다. 특히 그 중에서도 '우저에서 하룻밤을 보내며 옛일을 회고하다夜泊牛渚懷古', '천문산을 바라보며望天門山', '횡강의 노래橫江詞' 등이 천고의 명작으로 꼽힌다. 이백은 만년에 표박하면서 곤핍하고 쓸쓸하여, 그의 아재비뻘되는 당도의 현령 이양빙李陽冰에 의지하다가 최후를 맞이하고 용산龍山에 묻혔다. 나중에 그의 손녀 대에 이르러 그의 묘는 청산으로 이장된다. 다음과 같은 대구가 전한다.

청산은 다행히도 적선의 뼈를 묻어 있고　　青山有幸埋仙骨청산유행매선골
취라산은 말없이 시인의 영혼을 위로하네.　　翠螺無言慰詩魂취라무언위시혼

중국이 개방된 후 청산의 태백사太白祠와 채석采石의 태백루에는 매년 20여만 명의 관광객들이 찾아든다고 한다. 또 대외 학술 교류도 활발하여 1980년 5월에 64개국의 114인이 참가한 학술 대회가 크게 열렸었다. 요즘 마안산시는 일흑일백一黑一白의 도시로 일컬어진다. 마안산시가 제철 도시이기에 석탄이 많아 흑黑이요, 이백李白의 도시이니 백白이라는 것이다.

이백 묘李白墓

이백의 무덤이 있는 곳, 당도에 간 때는 1996년 1월이었다. 눈이 엄청나게 내려서 40년만의 대설이라는데, 그 눈 덮인 강남 땅을 밟아 볼 줄이야!

시 외곽 산기슭에 자리잡은 마안산호텔에서 여장을 풀었다. 도심에서 벗어나서 조용한데다가 특히 이 호텔에서 이국의 나그네들을 분에 넘치게 환대해 주어 일행들 모두가 만족해 하였다. 쉽지 않은 일이다. 밤에는 추울까 봐 더운 물과 전기 담요를 갖다 주는 배려를 아끼지 않았다. 특히나 호텔 총경리우리나라로 치면 사장가 만찬까지 준비하여 초대해 주었으니 극진한 대접을 받았다 할 것이다.

다음날 아침에 마안산이백연구소 소장 이자룡李子龍 선생이 호텔로 찾아와 두 시간 정도 담소를 나누었다. 여행사의 특별한 배려 때문에 이런 만남이 가능했다. 지금은 사라졌지만, 이백 당시에는 삼협三峽이나 추포秋浦에 원숭이가 많았다는 사실과 이백 시에 나오는 청계淸溪의 금타조錦駝鳥가 지금도 존재하고 있음을 조사까지 하여 확인했다는 것 등, 여러 의문나는 점을 밝혀 주었다. 이백의 아내 이야기와 남경南京의 기생 출신인 이향군李香君의 고사에 대해서도 들려 주었다. 우리나라 고려조 이색의 '부벽루'와 황진이의 '송도松都' 그리고

신라 시대 최치원崔致遠의 '추야우중秋夜雨中' 등의 시를 같이 감상해 보기도 했다.

가을비 오는 밤에

최치원(신라, 당)

가을 바람에 괴롭게 읊조리자니
세상에 알아 주는 이 드물구나.
깊은 밤 창 밖에 비가 오는데
등불 앞에 마음은 만리를 달리네.

秋夜雨中추야우중

崔致遠(新羅, 唐)

秋風唯苦吟추풍유고음
世路少知音①세로소지음
窓外三更②雨창외삼경우
燈前萬里心등전만리심

① 지음知音 : 자기를 알아주는 진정한 벗.
② 삼경三更 : 자정子正 전후의 시각. 깊은 밤.

한밤중 빗소리를 들으며 고국을 그리는 노래라고 하니까, 이자룡 선생은 그렇지 않다고 하며 세상에서 자기를 알아주는 자가 없음을 한탄하는 노래라고 하였다.

최치원은 당나라 말엽 12살869년에 입당하여 18살에 빈공과賓貢科-외국인들에게 실시하던 과거 시험에 급제하여 선주宣州의 작은 고을 표수 현위漂水縣尉가 된다. 24세 때 황소黃巢의 난이 일어나자 회남절도사淮南節道使 고변高駢의 종사관이 되어 격황소서檄黃巢書를 지었다. "천하 사람들이 모두 너를 죽이려고 생각할 뿐만 아니라 땅 속의 귀신들까지도 너를 죽이자고 의논하였다"고 하는 구절에 이르렀을 때 황소는 자신도 모르게 침상에서 떨어졌다는 것이다. 이때 내가 '황소의 난'이라는 말을 쓰자 이자룡 선생은 '난'이라 해서는 안 된다고 한다. '정당하고 성공한 농민 전쟁'이라고 하면서 설명을 덧붙이기도 했다. 아! 지금의 중국이 노동자 농민의 천국인 공산 사회주의 국가임을 새삼 깨달았다. 이자룡 선생은 또 황진이의 시 '송도松都'란 시(180쪽에 소개됨)를 보더니 기녀의 신분으로 옛 일을 그리며 잊지 않은 것을 보니 절의가 있다고 하면서, 중국의 명청 교체 시기의 기생 이향군에 대한 이야기를 들려 주었다. 또 이색의 시

부벽루

이색(고려)

어제 영명사를 지나다가
잠시 부벽루에 올랐더라.
성은 비어 있고 달만 한 조각
돌은 늙었고 구름은 천년 세월이.

인마는 가서 돌아오지 않고
천손은 어디에서 노니는가?
휘파람 불며 바람 부는 계단에 기대어 보니
산은 푸르고 강만 유유히 흐르네.

浮碧樓부벽루

李穡(高麗)

昨過永明寺①작과영명사
暫登浮碧樓②잠등부벽루
城空月一片성공월일편
石老雲千秋석로운천추

麟馬③去不返린마거불반
天孫④何處遊천손하처유
長嘯倚風磴장소의풍등
山青江自流산청강자류

① 영명사永明寺 : 평양 금수산에 있는 절. 고구려 광개토대왕 때 지은 절이라 한다.
② 부벽루浮碧樓 : 금수산 동쪽, 청류벽淸流壁 위에 있는 누각. 대동강변에 있어 마치 강물 위에 떠 있는 것처럼 아름다워 평양8경에 속한다. 원래 영명사의 다락 건물로 영명루永明樓라고 불렸는데 고려 예종 때 이안李顔이라는 이가 부벽루로 고쳤다. 6.25때 불탄 것을 1959년에 복건했다고 한다.
③ 인마麟馬 : 동명성왕이 타고 하늘로 올라갔다는 기린 말.
④ 천손天孫 : 왕손 즉 동명성왕. 천제의 아들인 해모수의 자식이기에 천손이라 한 것이다. 성명은 고주몽高朱蒙이다.

작가소개 이색(1328~1396) : 고려 시대의 문신이자 학자이며 여말삼은麗末三隱의 한 사람이다. 호는 목은牧隱이며 본관은 한산韓山이다. 1341년에 진사가 되고 1348년에 원나라에 가서 성리학을 연구했다. 시호는 문정文靖이다.

를 보였더니 이런 시는 보기 드문 절창이라 하면서 이백의 시집에 넣어도 상등上等에 속할 것이라 한다. 특히 "城空月一片 石老雲千秋"가 가장 좋다고 한다.

이백은 죽어 청산青山에 묻혔다. 원래는 용산龍山에 매장되었던 것을 이백의 손녀가 범전정范傳正-이백과 교류가 있었던 범륜(范倫)의 아들인데, 환남(皖南) 지방에 관찰사로 부임하여 이백의 손녀 둘을 찾아내었다-이백이 죽고(762년) 반 세기 후의 일이다에게 요청하여 청산으로 이장한 것이다817년. 이백이 청산을 좋아했음을 안 그의 손녀가 이장을 부탁하니 범전정이

들어 준 것이다.

청산은 당도에서 남으로 7.5km쯤에 있다. 높이가 372m이고 둘레는 약 30km 정도 된다고 하는데 남제南齊의 시인 사조謝朓가 이곳에 집을 짓고 살았기에 사공산謝公山으로도 불린다. 용산은 당도에서 남쪽으로 약 5km 쯤 떨어져 있다. 높이 107m이라는데 자그마한 탑 하나가 서 있다. 용산 서쪽에 형산荊山이 있다. 전하기를, 이백의 두 손녀가 이 형산 부근 농가에 시집갔다고 한다. 그래서 역대 시인들이 끊임없이 찾아들었다는 곳이다.

구일에 용산에서 술을 마시다. 九日①龍山飮구일용산음

이백(당) 李白(唐)

구월 구일 용산에서 술을 마시니 九日龍山飮구일용산음
국화꽃이 쫓겨난 신하를 비웃구나. 黃花笑逐臣황화소축신
취하여 바라보니 바람이 모자를 날리고 醉看風落帽②취간풍락모
춤추며 사랑하니 달이 사람을 붙잡네. 舞愛月留人무애월유인

① 구일九日 : 음력 9월 9일. 일년 중에, 가장 큰 양陽의 숫자인 9가 겹치는 날이기에 중양절重陽節이라 한다. 이때 높은 곳에 올라登高 산수유 가지를 꺾어 머리에 꽂고 국화주를 마시며 그 해의 액땜을 하는 풍습이 있었다.

② 풍락모風落帽 : 동진 시대에 정서장군征西將軍 환온桓溫이 9월 9일에 용산龍山에 올라 술을 마실 때 막료인 맹가孟嘉가 취하여 바람에 모자가 날려간 것도 몰랐다. 이에 환온이 부하에게 그를 조롱하는 글을 짓도록 했다. 이 글을 본 맹가는 즉시 반박의 글을 지었다는데 그 문장이 탁월하여 좌중을 놀라게 했다고 한다. 환온이 맹가에게 왜 그리 술을 좋아하느냐고 물으니 "공은 술 가운데 아취를 모르십니다."라고 답했다. 또 "음악을 들을 때 현弦이 적笛에 미치지 못하고 적이 육성肉聲에 미치지 못하는데 그 이유는 뭔가?" 대답하기를 "차츰 자연에 가까워지기 때문입니다."라고 했다. 그는 아무리 술을 마셔도 문란해지는 법이 없었다고 한다.

※ 이백은 나이 62살에 죽는데 762년 이 해에 지은 시이다.

청산의 산자락에, 작은 개울 너머 숲속에 고색의 여러 건물들이 모여 있는데 이곳이 이백의 묘역이다. 개울에 얼음은 얼지 않았으나 물가에는 흰 눈

이 쌓여 있고 주위의 대나무는 한층 푸르다.

묘역 안의 통행로는 시멘트 블록을 깔아서 질벅거리지 않아 좋고, 잔설 사이로 누비고 다니는 것이 상쾌하기도 하다. 오른쪽으로 가다 보면 당나라 때 범전정이 쓴 이백묘비가 있는데 벽에 붙여 보존하고 있다. 비석이 홀로 서 있으면 훼손되고 깨질 염려가 크기 때문인 듯한데 중국에서 자주 볼 수 있는 모습이다. 이는 송나라 때 새긴 것이다. 그리고 십영정十詠亭이라는 정자를 만난다. 이백이 당도에서 노닐며 지은 고숙십영姑孰十詠을 새겨 놓은 비석을 보호하고 있는 곳이다. 옛날에는 고계하姑溪河 옆에 세워져 있다가 문화대혁명 중에 훼손된 것을 다시 중건한 것이다. 고숙십영은 이백의 말년인 761년에서 762년 사이에 지은 10수의 시인데, 힘겹고 지친 그리고 열정이 식은 그의 마지막 삶의 단편을 보여 주고 있다.

고숙 계곡에서

이백(당)

이 계곡에 물의 평온함을 사랑하고
흐름을 타지만 흥을 다하지는 않는다.
노 저으니 갈매기 놀랄까 두렵고
낚시 드리우며 고기 물기 기다린다.

물결이 새벽 놀 그림자에 넘실대고
언덕은 춘산의 봄빛에 일렁인다.
빨래하는 여인은 어디 사는 사람일까?
저 젊은 고운 얼굴 본 적이 없는데.

姑熟溪고숙계

李白(唐)

愛此溪水閑애차계수한
乘流興無極승류흥무극
擊楫怕鷗驚격즙파구경
垂竿待魚食수간대어식

波翻曉霞影파번효하영
岸疊春山色안첩춘산색
何處浣紗人하처완사인
紅顔未相識홍안미상식

앞뜰에 종려나무 두 그루가 서 있는 태백사太白祠는 지붕이 흰 눈으로 덮여 있고 처마가 붉은 색으로 칠해져 있어 외관상 단아하고 산뜻한 느낌을 주고 있다. 사祠 안에는 별다른 장식 없이 이백의 흰 대리석상이 안치되어 있다. 왼손으로 허리에 찬 칼을 잡고 오른손으로 뒷짐을 지면서 비스듬히 고개를 들어 밖을 응시하고 있다. 당당한 장부의 모습이 뚜렷하다. 벽 중앙에 '시무적詩

無敵-시에는 적수가 없다'이라는 편액이 걸려 있고 그 아래에는 이백고종李白高踪-이백의 종적이라는 글씨와 함께 이백의 당도에서의 자취를 그린 그림이 걸려 있다. '시무적'이라는 말은 두보의 시에서 따온 것이다.

봄날에 이백을 그리워하며

두보(당)

이백은 시로서는 적수가 없으며
표연한 생각은 무리 속에 으뜸이라.
새롭고 맑음은 유개부 같고
빼어나고 훌륭함은 포참군이로다.

위수 북의 봄날에 나무들 푸르고
강동의 해그름에 구름이 덮혔도다.
아! 어느 날에 한 동이 술 앞에 두고서
문장을 자세하게 의론해 볼꼬?

春日憶李白춘일억이백

杜甫(唐)

白也詩無敵백야시무적
飄然①思不群②표연사불군
淸新庾開府③청신유개부
俊逸鮑參軍④준일포참군

渭北⑤春天樹위북춘천수
江東⑥日暮雲강동일모운
何時一樽酒하시일준주
重與細論文중여세론문

---

① 표연飄然 : 가볍게 날리는 모양.
② 불군不群 : 무리 속에서 빼어나다.
③ 유개부庾開府 : 남조 시대의 문인인 유신庾信을 말하며 개부는 삼공三公에 준準하는 장군이다. 자는 자산子山이다. 시재가 빼어난 인물이었다.
④ 포참군鮑參軍 : 남조 시대의 문인인 포조鮑照를 말하며 참군은 무관 벼슬 이름인데 말단직이다. 자는 명원明遠이다. 한미寒微한 집안 출신이지만 재주는 뛰어났다. 유신과 포조는 둘 다 기재奇才로 이름이 높았다.
⑤ 위북渭北 : 위수渭水의 북쪽, 즉 두보가 있는 장안을 뜻한다.
⑥ 강동江東 : 강소성 일대, 즉 이백이 유람하던 곳을 뜻한다.
※ 746년이나 747년쯤에 지어졌다고 알려진 작품이다. 문인들은 서로 경멸한다고 위나라 문제 조비는 말했지만 두보는 선배 시인 이백을 존중해 마지 않고 있다.

후원에 이백의 묘가 있다. 봉분은 잔설과 함께 잔디와 잡풀로 덮여 있고 사람 가슴 높이 정도의 병풍석을 쌓아 둘렀다. 정면에는 唐名賢李太白之墓당명현이태백지묘라 쓴 비석을 병풍석과 일체가 되도록 붙여 세워 놓았다. 주위는 담장을 둘러쳐서 보호를 잘하고 있으며, 담장을 따라 대나무와 향나무가 자라고 있다. 묘역은 많은 공을 들여 가꾸어 놓은 흔적이 뚜렷하다. 이곳이 국가적 차원의 보호를 받는 대상이기도 하지만 이 지역 사람들이 이백을 사랑하고 아끼기 때문이리라.

이백의 무덤

이백의 시에 침미하다가 드디어 이백의 무덤 앞에까지 서게 될 줄이야! 이백이 죽은 후 이백을 사모한 이가 수없이 많았지만 해동의 출신들 중 그 누가 당도와 여기 청산까지 와 보았겠나? 중국이 개방되기 전까지 말이다. 신라의 최치원, 고려의 이제현과 정몽주, 한말韓末의 김택영도 이곳까지는 아마 미치지 못했을 것이다.

미리 준비해 간 태백주를 이백 무덤 위에 뿌려 먼저 그를 호로犒勞-음식이나 술로 위로하다한 후 우리도 거푸 몇 잔을 마시며 그의 호기豪氣와 함께했다. 태백주가 그의 일생만큼이나 독하다. 이때가 1996년 1월 19일 오전이었다.

<table>
<tr><td>

이백의 묘에서

백거이(당)

채석의 강변에 이백의 무덤
두른 밭에 끝없는 풀빛만 무성하고
가련하다, 거친 이랑 마른 샘만 남았으니.

일찍이 하늘을 놀래고 땅을 움직였는데
단지 시인의 운명 기구했으니
나도 떠돌이 신세 그대를 지나칠 수 없구려.

</td><td>

李白墓이백묘

白居易(唐)

采石江邊李白墳채석강변이백분
繞田無限草連雲요전무한초련운
可憐荒壟窮泉骨가련황롱궁천골

曾有驚天動地文증유경천동지문
但是詩人多薄命①단시시인다박명
就中淪落②不過君취중륜락불과군

</td></tr>
</table>

① 박명薄命 : 운명이 기구하다.

② 윤락淪落 : 몰락하여 타향에서 떠돌다.

태백루太白樓

태백루는 안휘성 마안산시 남쪽으로 5km 정도 떨어진, 장강 가까이 취라산翠螺山 기슭에 있다.

원래의 이름은 적선루였다. 당나라 원화 연간806~815년에 세워졌다고 하지만 상세한 것은 알 수 없다. 청나라 강희 원년1662년에 중건하면서 태백루로 이름을 바꾸었고, 이때 채석采石의 이백 의관묘 앞에 있던 이백사李白祠를 태백루 뒤에 옮겨 세웠다. 그래서 누樓와 사祠가 합쳐지게 된 것이다. 참고로, 이백의 의관묘는 두 군데에 있다. 하나는 사천성 강유江油의 청련향青蓮鄕에 있고 또 하나는 이곳 채석산에 있다.

현재의 건축물은 광서 3년1877년에 중수되면서 당이공청련사唐李公青蓮祠라고 불렸다. 그리고 1959년에 이백기념관을 또 세우게 되니 전체 면적이 15000㎡이고 건축 면적이 5000㎡나 된 것이다.

태백루에 들어가려면 唐李公青蓮祠당이공청련사라는 현판을 달아 놓은 대문을 지나는데, 대문의 지붕이 날아갈 듯 가볍게 담장 위에 얹혀 있다. 태백루를 정면에 서서 보면 위로부터 太白樓태백루, 그 밑에 謫仙樓적선루, 이 안쪽에 詩冠盛唐시관성당-시로써 성당의 으뜸이라고 쓰인 현판이 차례로 걸려 있다.

태백루

1층 대당大堂에 들어가면 이백이 술을 마시면서 달을 기다리는 그림타일 형태로 부착된과 삿갓 쓰고 지팡이 든 방랑자의 모습을 한 이백의 시의도詩意圖가 벽에 붙어 있다. 위만魏萬-당시 이백 흠모자, 이한림집을 편찬했다이라는 이가 이백을 처음 만나보고서는 눈에 빛이 나고 굶주린 호랑이같이 입술이 처졌다고 했는데 이 그림에서는 높은 콧등에 각이 진 턱, 훤출한 키가 전형적인 중국인의 모습이라기보다는 뭔가 서역인의 풍채를 보이는데 왜일까? 어머니가 혹시 서역인인가?

2층 대청에는 李白紀念堂이백기념당이라고 가로로 쓰인 편액이 걸려 있고, 이것 앞에 다리를 뻗은 이백 좌상이 나무 대 위에 놓여 있다. 왼손으로 바닥을 짚고 오른손으로는 술잔을 쥐고, 큰 시름에 한없이 먼 하늘을 바라보고 있는 모습이다. 이 좌상은 황장목黃腸木-질이 아주 좋은 소나무으로 조각해 만든 것이라 한다. 짙은 커피색으로 윤이 반질반질 난다.

태백루에 올라

곽말약(중국)

내가 채석기에 와서
천천히 태백루에 올랐노라.

나와 동향 이청련은
아직도 손에 술잔을 들고,

멀리 장강을 대하며
대곡주를 생각는가?

그대에게 술 삼백 말을 권하노니
시 삼만 수를 이루시라.

이제 붉은 깃발 천하에 펴져 있고
그대 찬란한 빛 우주에 가득하네.

登太白樓등태백루

郭沫若(中國)

我來采石磯아래채석기
徐登太白樓서등태백루

吾蜀李青蓮①오촉이청련
舉杯猶在手거배유재수

遙對江心洲요대강심주
似思大曲酒②사사대곡주

贈君三百斗증군삼백두
成詩三萬首성시삼만수

紅旗③遍地紅홍기편지홍
光輝④彌宇宙광휘미우주

① 청련青蓮 : 이백의 호號.
② 대곡주大曲酒 : 명주名酒 이름. 사천성 여주瀘洲에서 난다.
③ 홍기紅旗 : 붉은 깃발. 공산주의 신중국을 상징한다.
④ 광휘光輝 : 찬란한 빛. 이백의 찬란한 명성을 뜻한다.

작가소개 곽말약 (1892~1978) : 중국의 역사가, 문학가, 정치가였다. 사천성 출신이다. 일본 규우슈우대학 의학부를 졸업하고 1925년에 환국하여 북벌北伐에 참가했다가 곧 일본으로 망명하여 중국 고대사를 연구했다. 37년에 귀국하여 항일 문화 공작에 힘을 쏟았다. 그의 저서 '이백과 두보'는 탁월한 이백과 두보의 연구서로 손꼽힌다.

이백사는 태백루 뒤에 있다. 금 글씨로 李白祠이백사라고 쓰인 편액이 처마에 걸려 있고 바로 안쪽 출입문 위에는 氣蓋天下기개천하-기상이 천하를 덮다라는 현판이 붙어 있다. 두 현판의 글씨체가 대조적이다. 이백사의 글씨체는 날렵하고 기개천하의 것은 중후하다. 당堂 중앙에는 이백의 목각 조각상이 놓여 있는데 재질은 남목楠木이라고 하는데 황갈색이다. 두 손을 뒷짐지고 고개를 들어 달이라도 바라보는 형상인데, 초연한 그의 기세가 적선인謫仙人으로서의 위풍이 느껴진다. 양 옆의 기둥에는 대련구가 새겨져 있다.

봉래의 문장, 건안의 골격이요	蓬萊①文章建安骨②봉래문장건안골
청련거사는 적선인이라.	青蓮居士謫仙人청련거사적선인

① 봉래蓬萊 : 후한 때 나라에서 책을 보관하던 곳으로 장서실藏書室을 뜻한다. 원래는 동해의 선산仙山을 말함인데 도교의 비록秘錄을 보관했다고 한다.
② 건안골建安骨 : 건안은 후한 때의 헌제獻帝의 연호이다. 조조 3부자조조, 조비, 조식와 건안7자공융(孔融), 진림(陳琳) 왕찬(王粲), 서간(徐幹), 완우(阮瑀), 응창(應瑒), 유정(劉楨)들의 문체가 견실하고 풍골風骨-시적 기풍이 강하여 건안체라 하였다.

이백 조각상 뒤에 가로 걸린 현판에는 凌昂青雲능앙청운-기세가 푸른 구름처럼 높다이라 쓰여 있다.

태백사에서	太白祠태백사
시윤장(청)	施潤章(清)
태백이 고래 타고 가버린 뒤	太白騎鯨①去태백기경거
공연히 채석사만 남았구나.	空留采石祠②공류채석사
집 앞에는 천리의 물이요	當軒千里水당헌천리수
집 둘레는 만 가지의 솔이라.	繞屋萬松枝요옥만송지
산 달이 맑은 밤에 돋아오르고	山月長淸夜산월장청야
강 구름은 어느 때 다할 것이냐?	江雲無盡時강운무진시

누가 장차 한 동이 술을 가지고 誰將一樽酒[③]수장일순수
팔목 잡고 시를 의론하려뇨? 把臂共論詩파비공론시

① 기경騎鯨 : 전설에 이백이 죽고 난 뒤 고래를 타고 가 버렸다고 한다.
② 채석사采石祠 : 채석기에 있는 태백사를 말한다.
③ 일준주一樽酒 : 한 동이의 술. 두보가 그의 시 춘일억이백春日憶李白에서 "어느 날에 한 동이 술 앞에 두고서 글을 자세히 의론해 볼꼬?何時一樽酒, 重與細論文"라고 했다.

작가소개 시윤장(施潤章, 1618~1683) : 명나라 때 태어나서 청나라 때인 66세에 죽었다. 그는 시와 문장으로 이름이 높았는데 왕사정王士禎,1634~1711은 그의 5언시를 특히 좋아하여 평하기를 "온유하고 돈후하며, 사辭는 맑고 구句는 이름답다"라고 했다.

태백루 동편, 팽공사彭公祠라는 사당 옛터 위에 근년 들어 새로 이백기념관을 세웠다. 태백당太白堂, 첩취루疊翠樓, 청풍정淸風亭 등 여러 건축물들이 들어서 있다. 이곳에는 각종 이백 시집과 판본 및 역대 명인들이 이백을 노래하고 기린 시, 그림, 그리고 이백 연구 저서 등이 진열 전시되고 있다. 특히나 이백의 친필이라 전하는 上陽台帖상양대첩의 복사본이 눈에 띈다. 내용은 "山高水長 萬物千萬 非有老筆 淸壯可窮산은 높고 물은 길며 만물의 변화는 천태만상이로다. 내 노련한 필치는 아니지만 경치는 맑고 장려하기 그지없다"이다. 이백은 서법에도 뛰어났다고 전해진다. 원본은 북경고궁박물원에 있다.

이곳 이백기념관에서 흡주석으로 만든 벼루를 하나 샀다. 금가루가 흩뿌려진 듯한 무늬가 있는 귀한 흡연이다.

취라산翠螺山

이백기념관을 나와 오른쪽으로 오르면 취라산이다. 푸른 빛翠취의 고둥螺라이 수면에 떠 있는 것 같다고 해서 붙여진 이름이다. 이는 그만큼 푸른 숲이 우거졌다는 말인데, 한 책자에는 이곳의 나무 종류는 152종, 나무 수는 15만 6천여 그루가 된다고 한다. 별 걸 다 세어 본다고 하지만 그럴 만큼

애호의 정신이 돈독하다는 것을 말하는 것이다. 옛날에는 우저산牛渚山, 채석산采石山으로 불렸다. 이 산의 높이는 해발 131.4m이고 둘레는 5㎞이다.

밤에 우저에 배를 대고 회고하다.

이백(당)

우저의 서쪽 강에 밤이 드는데
푸른 하늘 한 조각 구름도 없네.
배에 올라 가을 달 바라보노니
공연히 사장군만 생각나누나.

나 역시 높이 읊을 수 있지만
이런 사람 다시 만날 수 없도다.
내일 아침 돛을 달아 떠나가면은
단풍잎은 분분히 떨어지리라.

夜泊牛渚懷古야박우저회고

李白(唐)

牛渚西江夜우저서강야
青天無片雲청천무편운
登舟望秋月등주망추월
空憶謝將軍①공억사장군

余亦能高詠여역능고영
斯人不可聞사인불가문
明朝挂帆去명조괘범거
楓葉落紛紛풍엽락분분

---

① 사장군謝將軍 : 이름은 사상謝尙 :308~357이며 동진의 진서장군鎭西將軍이었다. 원굉전袁宏傳에 다음과 같은 이야기가 전한다. 사상이 우저에서 근무하고 있을 때, 가을 달 밝은 밤에 측근 몇 명과 배를 띄우고 노닐었다. 때마침 원굉이 배에서 노래를 읊조리니 그 목소리는 맑고 시 또한 절묘하였다. 사상이 사람을 보내어 알아 보니 원굉이었다. 이에 사상은 원굉을 영접하여 함께 담론하며 아침이 될 때까지 그치지 않았다. 이로부터 두 사람에 대한 칭송이 자자하였다. 원굉은 문장이 절묘하고 시에 능했다고 한다. 이백은 자신을 원굉에 빗대면서 자기 역시 시를 능히 크게 읊조릴 수 있으나 지금 자기를 알아 줄 수 있는 사상 같은 인물이 없다는 것이다.

취라헌翠螺軒에 들렀다가 적오정赤烏井이라는 샘터에 이르렀다. 이는 삼국 시대 오나라 적오赤烏 2년239년에 광제사廣濟寺라는 절을 지을 때 같이 판 것이다. 우물물이 차고 달아서 이곳 광제사의 스님들이 아끼던 우물이란다. 처음 우물을 팔 때 영롱한 채석采石이 발견되어 광제사의 향로로 만들어 썼다고 한다. 채석의 명칭이 이에서 유래한 것이다. 동오의 손권이 금릉지금의 남경에 도읍을 정하고 난 뒤, 이곳 우저는 그의 고굉股肱-다리와 팔을 말하는데 가장 믿고 중히 여기는 신하인 주유가 군사를 주둔시켰던 곳이다. 손권이 가끔 주유를 만나러 오면 이곳 적오정의 우물물을 마셨다는 것이다. 또 손권의 여동생으로서 유비의 아내가 된 손상향孫尙香도 여기에 들러 휴식을 취한 적이 있었다고 전한다. 이 우물물은 장강의 강물과 통한다고 한다. 이곳 취라산에서는 가장 오래된 유적인 셈이다. 지금은 정자를 세워 우물을 보호하고 있으니 중국인의 문화 유산 애호 정신은 알아 줘야 한다. 이렇게 해야만 후손들에게 가르칠 것이 있는 것이다.

이백 기념상

취라산은 장강에 임해 있는 작은 산이지만 숲만은 울창하여 취라라는 명칭에 손색이 없다. 눈이 녹지 않아 잔설이 곳곳에 남아 있다.

다음에 만난 것은 이백의 철제 기념상이다. 이백이 양팔을 벌리고 하늘로 오르는 모습인데 매우 상징적으로 만들어진 것이다. 상을 받치고 있는 반석에는 이백의 임종가臨終歌-또는 臨路歌가 새겨져 있다.

죽음을 앞두고 부른 노래

이백(당)

대붕이 날았도다, 팔방에 떨치면서.
중천에서 꺾였도다, 힘으로 건널 수 없으니.

여풍이 치도다, 천만세에.
부상에서 노닐었도다, 왼소매가 걸려서.

후인들이여, 이를 얻어 전해 다오.
중니도 죽었음이여, 그 누가 날 위해 눈물 흘릴까?

臨路歌임로가

李白(唐)

大鵬飛兮振八裔대붕비혜진팔예
中天摧兮力不濟중천최혜력부제

余風激兮萬世여풍격혜만세
游扶桑①兮掛左袂②유부상혜괘좌메

後人得之傳此후인득지전차
仲尼③亡兮誰爲出涕중니망혜수위출체

---

① 부상扶桑 : 옛날 중국에서, 동해의 해 뜨는 곳에 있다는 신목神木-신령스러운 나무 또는 그것이 있다는 곳을 가리킨다. 여기서는 부상이 조정을, 부상에 노닐

었다는 것은 벼슬했음을 의미한다고 볼 수 있다.

② 괘좌메掛左袂 : 왼쪽 소매가 걸리다. 임금에게 죄를 지었다는 뜻으로 본다.

③ 중니仲尼 : 공자의 자子.

이백은 오래 앓아 오던 부협질腐脇疾-왼쪽 옆구리가 썩는 병이란 병으로 죽는다. 이때가 762년 11월이며 나이 62세였다. 이백에게는 백금伯禽-어릴 때 자(子)는 명월노(明月奴)였고 첫째 부인 허씨의 소생이었다.이라는 아들이 있었으나 벼슬에 오르지 못하고 평민으로 정원貞元 8년792년에 죽었다. 백금에게는 아들 하나, 딸 둘이 있었는데 아들은 집을 나간 지 12년이 되도록 행방이 묘연하였고 두 딸은 각각 농민 출신인 진운陣雲과 유권劉勸에게 시집갔다. 원래 이백에게는 평양平陽이라는 딸이 있어 출가했으나 곧 죽었고, 파려頗黎는 따로 기록에 보이지 않으니 후사後嗣로는 백금만 있었던 것 같다.

이곳 취라산에서 이백이 만취한 상태에서 달을 잡으려고 물에 뛰어들었다면 이런 곳에 이런 기념상 하나는 세워 둘 만한 것이다.

드디어 강 절벽에 있는 착월대捉月台-달 잡으려는 곳에 이른다. 원래 이름은 연벽대聯碧台-푸른 벽이 이어진 곳이다. 큰 암벽이 강물 쪽으로 튀어나가 있어 그 이름처럼 위태하고 가팔라 물에 뛰어내리기에는 좋은 위치임에 틀림없다. 그래서 사신애舍身崖-몸을 버리는 낭떠러지라는 명칭이 붙어 있는 곳이다. 아래를 굽어보니 깍아지른 벼랑이다. 아찔하다. 이런 곳이면 자살하기는 마땅할지 모르나 술을 마시고 달을 사랑하여, 물 속의 달을 잡으려 뛰어들었다는 낭만적 전설의 장소는 아무래도 아닐 성 싶다.

오대 시대에 당척언唐摭言에 이르길 "이백이 궁중에서 입던 비단 옷을 입고 채석강 가운데서 놀면서 거만하게 뽐내며 방약무인같이 하다가 대취하여 물에 들어가 달을 잡으려다 죽었다"라고 했다.

연서정燃犀亭-코에 불이 붙은 코뿔소의 정자은 착월대 가까이에 있는 작은 누각인데 강천일람江天一覽-강과 하늘을 한눈에 바라보다이라는 편액이 붙어 있다. 말 그대로 멀리 천문天門을 바라보고 아래로 대강大江을 굽어보면서 강과 하늘의 웅혼함을 느낄 수 있는 곳이다.

아미동峩眉洞과 천연 동굴인 삼원동三元洞을 지나고 가파른 절벽 길을 타다 보면 신횡강관新横江館에 이른다. 원래의 횡강관은 산 남쪽에, 여기서 훨씬 더 떨어진 곳에 있었다. 지금은 이곳에 새로 지어서 옛 이름을 그대로 붙인 것이다. 차를 마시면서 힘든 걸음을 잠시 쉬게 할 수 있는 곳이다. 내부는 고풍스럽고 깨끗하게 꾸며져 있다. 여기 있는 의자나 탁자들은 원목을 가지고 깎고 다듬어 만들었기에 기품이 있어 보인다. 강택민도 여기서 잠시 쉬었다고 한다. 념실대는 장강을 내려다보며 이백의 횡강사横江詞를 읊조릴 만하다.

횡강의 노래

이백(당)

(1)
남들은 횡강이 좋다고들 말하나
나는 횡강이 싫다고 말하겠네.
바람이 삼일이나 불어 산을 뒤엎을 듯
흰 파도 와관사보다 더 높아라.

横江詞횡강사

李白(唐)

(1)
人道横江好인도횡강호
儂道横江惡농도횡강오
一風三日吹倒山일풍삼일취도산
白浪高於瓦官閣①백랑고어와관각

① 와관각瓦官閣 : 와관사에 있는 누각이다. 횡강포横江浦 조금 위쪽에 있었다는데 건물 높이가 25장丈이나 되었다고 한다.

(2)
바다 조수 남으로 심양을 지나는데
우저는 본래 마당보다 험하더라.
횡강을 건너려니 풍파가 사나워서
한줄기 물, 만리의 수심을 자아내네.

(2)
海潮南去過尋陽①해조남거과심양
牛渚由來險馬當②우저유래험마당
横江欲渡風波惡횡강욕도풍파악
一水牽愁萬里長일수견수만리장

① 심양尋陽 : 지금의 강서성江西省의 구강九江을 말한다.
② 마당馬當 : 강서성의 팽택현彭澤縣에 있는 산 이름이다.

(3)
서쪽을 바라보니 서진은 막혀 있고
한수는 동으로 양자진과 이어졌네.
흰 파도 산 같으니 어이 건너리
광풍이 뱃사공을 시름케 하는데.

(3)
橫江西望阻西秦[①]횡강서망조서진
漢水[②]東連揚子津[③]한수동련양자진
白浪如山那可渡백랑여산나가도
狂風愁殺[④]峭帆人[⑤]광풍수쇄초범인

① 서진[西秦] : 섬서성 장안 일대를 말한다.
② 한수[漢水] : 양자강의 지류인데 한구[漢口]에서 장강과 만난다.
③ 양자진[揚子津] : 강소성 양주 근처에 있는 나루.
④ 수쇄[愁殺] : 몹시 쓸쓸하다. 殺가 죽이다는 뜻이 아니고 몹시, 아주라는 뜻으로 쓰일 때는 살로 읽지 않고 쇄로 읽는다.
⑤ 초범인[峭帆人] : 경험 많은 뱃사공.

(4)
해신이 지나가자 사나운 바람 불어 대고
풍랑이 천문을 치자 석벽이 열렸더라.
절강의 팔월이 어찌 이와 같으리?
파도가 연이은 산같이 눈을 뿜어내는데.

(4)
海神來過惡風廻해신래과악풍회
浪打天門[①]石壁開랑타천문석벽개
浙江八月[②]何如此절강팔월하여차
濤似連山噴雪來도사련산분설래

① 천문[天門] : 박망산[博望山]과 양산[梁山]이 장강 양 기슭에서 서로 마주보고 서 있어, 마치 하늘의 문과 같다고 해서 천문으로 불린다.
② 절강팔월[浙江八月] : 절강은 전당강[錢塘江]을 말하는데 8월의 조수[潮水]의 대역류[大逆流] 현상이 장관이다. 여기의 파도가 절강의 조수보다 더할 거라는 말이다.

(5)
횡강관 앞 진리가 마중을 하며
나 보더니 동으로 바다 구름 가리킨다.
그대 지금 무슨 일로 저 강을 건너려나?
이 같은 풍파에는 건널 수 없으리.

(5)
橫江館前津吏[①]迎횡강관전진리영
向余東指海雲生향여동지해운생
郎今欲渡緣何事랑금욕도연하사
如此風波不可行여차풍파불가행

① 진리[津吏] : 나루터를 관리하는 벼슬아치.

(6)
달무리 하늘 바람, 안개는 개지 않고
바다 고래 찡그리니 온 강이 굽이친다.
놀란 파도 한번 일어 삼산이 흔들리니
그대여 건너지 말고 부디 돌아가시오.

(6)
月暈①天風霧不開 월훈천풍무불개
海鯨東蹙百川廻 해경동축백천회
驚波一起三山②動 경파일기삼산동
公無渡河③歸去來 공무도하귀거래

① 월훈月暈 : 달무리.
② 삼산三山 : 남경南京 서남쪽에 있는 세 산山.
③ 공무도하公無渡河 : 고악부古樂府의 하나인 공후인箜篌引을 말한다. 즉 "公無渡河 公竟渡河 墮河而死 當奈公何"이다.

장강이 흘러 마안산 경계에 들면 예부터 횡강橫江이라 불렀다. 여기 우저기는 장강을 건너는 중요한 포구였는데 당나라 때 횡강관이라는 진역津驛이 있었다. 대략 천보 13년754년 봄에 이백이 선성으로부터 와서는 봄 조수潮水를 만나 지은 시가 위의 횡강사 6수이다. 이백은 이곳 횡강을 건너 북으로, 그렇게도 바라던 장안으로 가고 싶었는지도 모를 일이다.

장강의 3대기磯는 남경의 연자기燕子磯, 호북 악양의 성릉기城陵磯, 이곳 당도의 우저기채석기로도 불린다이다. 여기서 기磯는 물살이 빠른 물가의 바위 기슭을 말한다.

신횡강관 아래 작으나마 선착장이 있다. 정자 지붕 모양을 한 유람선 한 척이 이 겨울에 손님 하나 받지 못하고 외롭게 매여 있다. 난간에 나가 보니 겨울이지만 장강의 면모는 웅혼하여 흐름은 도도하고 물길은 요원하다. 배들이 떼를 지어 강 밖으로 사라져 가는데, "惟見長江天際流오직 장강이 하늘 끝으로 흐르도다"라는 이백의 시구가 바로 저런 걸 두고 노래한 것인가?

우저기(채석기)에 있는 신횡강관

미인산시는 그 옛날 이백이 사랑한 그 땅이었음을 자랑으로 여기고 있다. 마안산 호텔의 총경리도 그랬고, 호텔 주임이가 우리 가이드를 다시 안내한 향도였음과 그의 친구들도 가만히 보면 자기들 고향에 대한 자긍심이 대단한 것이었다. 더구나 식당의 종업원들도 우리가 이백의 무덤을 찾아온 사람들이라고 하니 반겨 마지 않았던 것이다. 이들은 대개가 이백의 시 한두 수 외는 것은 예사였고 술에도 겁이 없었다. 이백이 드리운 풍류의 그림자는 1300여 년이 지난 지금에도 다사롭다.

제16장 선성宣城

마안산시에서 선성까지는 약 180km의 거리인데 차로 3시간 정도 걸린다. 가는 길은 전형적인 시골 도로로 교통량이 많지 않고 도로 사정도 괜찮은 편이다. 연도에는 빈 논밭이 펼쳐져 있고 가끔 차 밭이 눈에 띈다.

선주 시가지는 도로가 넓고 차의 통행이 한산하다. 오토바이를 개조한 삼륜 승용차가 눈에 자주 띄는 작은 도시이다. 겨울이지만 가로수는 푸르기만 하다.

선주의 사조루에서 교서 숙운을 전별하면서.	宣州①謝朓樓②餞別③校書叔雲 선주사조루전별교서숙운
이백(당)	李白(唐)
날 버리고 가는 어제는 머물게 할 수 없고	棄我去者昨日之日不可留 기아거자작일지일불가류
내 마음 어지럽히는 오늘은 근심도 많아라.	亂我心者今日之日多煩憂 란아심자금일지일다번우
만리의 먼 바람이 가을 기러기를 보내니	長風萬里送秋雁 장풍만리송추안
이에 높은 누각에 올라 술 즐길 만하도다.	對此可以酣高樓 대차가이감고루
봉래의 문장과 건안의 풍골	蓬萊文章④建安骨⑤ 봉래문장건안골
그 중간에 사조는 맑게 피어났더라.	中間小謝⑥又清發 중간소사우청발
모두 초탈한 흥취를 품고 장한 뜻을 드날리며	俱懷逸興壯志飛 구회일흥장지비
하늘에 올라 밝은 달 보려 했었네.	欲上青天覽明月 욕상청천람명월

칼 뽑아 물을 치니 물은 다시 흐르고	抽刀斷水水更流추도단수수경류
잔 들어 시름 없애려니 시름은 다시 시름이라.	擧杯消愁愁更愁거배소수수경수
인생 세상살이 뜻대로 되지 않으니	人生在世不稱意인생재세불칭의
내일부터 산발하여 조각배나 즐겨 보자.	明朝散髮⑦弄扁舟⑧명조산발롱편주

① 선주宣州 : 안휘성의 선성宣城.
② 사조루謝朓樓 : 남북조 시대 육조의 남제南齊 시인인 사조가 선성의 태수로 있을 때 지은 누각이다.
③ 전별餞別 : 잔치를 베풀어 작별하다.
④ 봉래문학蓬萊文學 : 한나라 때 궁중의 서고書庫를 봉래라 했다. 그래서 봉래문학은 한대漢代의 시문학을 뜻한다.
⑤ 건안골建安骨 : 후한 말 때 헌제獻帝의 연호가 건안이었다. 조조 3부자曹操, 丕, 植와 건안7자공융(孔融), 진림(陳琳), 왕찬(王粲), 서간(徐幹), 완우(阮瑀), 응창(應瑒), 유정(劉楨) 등이 다 시부에 뛰어났으며 또한 강건한 풍골을 지녔다 하여 건안체라 하였다.
⑥ 소사小謝 : 사조謝朓, 464~499를 말한다. 그의 선배 시인 사령운謝靈運, 385~433은 대사大謝라 일컬어졌다. 같은 친족이었다.
⑦ 산발散髮 : 후한後漢의 원굉袁閎은 조정에 당파가 심해지자 벼슬을 그만두고 산발하여 깊은 산에 은둔해 버렸다. 여기서 산발은 인간의 예의와 형식의 구애를 버리고 자유를 추구한다는 뜻을 갖고 있다.
⑧ 편주扁舟 : 작은 조각배. 춘추 시대 월나라의 범려는 월왕 구천을 도와 회계의 치욕을 갚은 뒤, 배를 타고 강호에 묻혀 살았다.
※ 이 작품은 이백의 나이 53살, 가을에 지은 것이다.

가을에 선성의 사조 북루에 올라 — 秋登宣城謝朓北樓추등선성사조북루

이백(당) — 李白(唐)

강성이 그림 속의 풍경 같으니	江城①如畵裏강성여화리
산 어스름에 맑은 하늘 바라보노라.	山晩望晴空산만망청공
두 물줄기 거울을 끼고 있는 듯	兩水②夾明鏡량수협명경
두 다리 무지개가 떨어졌는 듯.	雙橋③落彩虹쌍교락채홍
인가의 연기에 귤나무가 차갑고	人煙寒橘柚인연한귤유

가을의 빛깔에 오동이 늙어가네.	秋色老梧桐 추색로오동
이제 누가 북루에 올라	誰念北樓上 수념북루상
바람 쐬며 사공을 그리는가?	臨風懷謝公④ 림풍회사공

① 강성江城 : 선성宣城.
② 양수兩水 : 선성을 안아 흐르는 원계宛溪와 구계句溪를 말한다.
③ 쌍교雙橋 : 원계 위에 놓여 있는 봉황교鳳凰橋와 제주교濟州橋를 말한다.
④ 사공謝公,464~499 : 사조謝朓. 선성의 태수를 지냈기에 사선성으로도 불렸다.
※ 754년에 지은 작품이다.

이백이 워낙 사조를 좋아하여 "평생에 사현휘에게 머리 숙인다一生低首謝玄暉"라고 하면서 그를 흠모했다. 현휘는 사조의 자字이다. 여기 그의 시 한 수를 소개한다.

저녁에 삼산에 올라 도성을 바라보며 晩登三山①還望京邑②

만등삼산환망경읍

사조 (남조, 제) 謝朓(南朝, 濟)

왕찬王贊이 파강에서 장안을 멀리 보았듯이	灞涘③望長安④ 파사망장안
반악潘岳이 하양에서 경성을 바라본 것처럼.	河陽⑤視京縣⑥ 하양시경현
햇빛 아래 나는 듯한 용마루들 빛나고	白日麗飛甍 백일려비맹
높고 낮은 집들이 모두 다 보이네.	參差皆可見 참차개가견
남은 노을 흩어져 비단 이루고	餘霞散成綺 여하산성기
맑은 가람 고요히 명주 같구나.	澄江靜如練 징강정여련
시끄런 새들 봄 물가를 뒤덮었고	喧鳥覆春洲 훤조복춘주
온갖 꽃들 들판에 가득하도다.	雜英滿芳甸 잡영만방전
이제 가야지, 너무 오래 머물렀으니	去矣方滯淫 거의방체음
그리우리라, 즐거운 잔치가 끝나면은.	懷哉罷歡宴 회재파환연
아름다운 기약도 슬프니 어찌하리?	佳期悵何許 가기창하허

눈물이 싸락눈처럼 흐르는데. 淚下如流霰누하여류산
정이 있어 고향을 그릴 줄 안다면 有情知望鄉유정지망향
그 누가 검은 머리 세지 않으리? 誰能鬒不變수능진부변

① 삼산三山 : 건강健康-지금의 남경 서남쪽 장강 남안南岸 기슭에 있는 산. 부근에 포구浦口가 있었다.
② 경읍京邑 : 금릉, 남경을 말한다.
③ 파사灞涘 : 왕찬王粲, 177~217의 칠애시七哀詩에 "南登灞陵岸 回首望長安파릉에 올라 장안을 바라보다"이란 시구가 있는데 이의 뜻을 빌린 것이다. 왕찬은 건안칠자 중의 한 사람이다.
④ 장안長安 : 당시의 도읍지인 금릉金陵 즉 남경을 뜻한다.
⑤ 하양河陽 : 반악潘岳, 247~300의 하양시河陽詩에 "引領望京室목을 길게 빼서 도성을 바라보다" 이란 구절이 있는데 이의 뜻을 빌린 것이다. 반악은 서진西晋의 문인이다. 외모가 수려하여 여성들에게 인기가 많았으며 애상적인 시를 많이 지었다. 육기陸機, 261~303와 함께 문학적 재능을 다투었는데 "육기의 재능이 바다 같다면 반악의 재능은 강과 같다"라는 말이 있었다.
⑥ 경현京縣 : 남경을 뜻한다.
※ 화자가 높은 산에 올라 장강의 봄 경치를 바라보면서 도성인 금릉을 생각하며 지은 시이다.

작가소개 사조(謝朓, 464~499) : 남조南朝 제齊나라 시인. 자는 현휘玄暉이다. 어려서부터 배우기를 좋아하여 이름이 높았다. 그의 시문은 청려淸麗하고 5언시가 장기였다. 일찍이 심약沈約,441~513이 말하길 "이백 년 이래 이 같은 시는 없었다"라고 했고, 소연蕭衍,464~549도 3일 그의 시를 안 읽으면 입에서 냄새가 난다고 했다. 선성宣城 태수로 있을 때 사건에 휘말려 옥사했다.

경정산敬亭山

경정산은 선주시에서 북쪽으로 3km 정도 떨어져 있다. 원래의 이름은 소정산昭亭山이다. 진晋나라의 사마소司馬昭-진(晋)나라의 시조인 사마염의 아비의 휘諱인 소昭 자를 피한답시고 고친 이름이 경정산이다.

남제南齊의 시인 사조가 여기 경정산에 와서는 돌아가기를 잊었다고 하며, 이백 또한 7번이나 이곳에 올라 여러 편의 시를 남겼다. 그 중에서도

'독좌경정산獨座敬亭山'은 절창으로 손꼽힌다. 그 이후에 백거이, 두목, 유우석, 맹호연, 소식, 구양수 등이 이곳을 찾아 노래했으니 경정산은 강남시산江南詩山으로 불리는 것이다.

산 입구에는 고소정방古昭亭坊이라는 돌문石門-석방이 서 있다. 명나라 때 세워진 것이라는데 1979년에 태풍으로 넘어진 것을 1982년에 다시 일으켰다고 한다. 그래서 그런지 보수의 흔적이 완연하다.

산은 그리 가파르지 않으나 숲이 우거져 있다. 우람하거나 굵은 나무는 없어도 잡목들이 빽빽이 들어서 있다. 대부분의 활엽수들은 잎이 졌으나 대나무는 숲을 이루어 잔설과 더불어 더욱 푸르기만 하다. 대나무는 왕죽이다. 오르는 길은 잘 닦여져 있어 그리 힘든 산행이 아니다. 산 중턱쯤에서 한 누각을 만나는데 태백독좌루太白獨座樓라는 현판을 단 건물이다. 그야말로 이백의 '독좌경정산獨座敬亭山'이라는 시를 기리기 위한 누각인 것이다.

경정산에 홀로 앉아	獨坐敬亭山 독좌경정산
이백(당)	李白(唐)
새떼들은 저 높이 날아가 버리고	衆鳥高飛盡 중조고비진
구름 한 점 한가히 흘러가누나.	孤雲獨去閑 고운독거한
마주 대하여 서로 싫지 않은 건	相看兩不厭 상간양불염
다만 경정산이 있을 뿐이라.	只有敬亭山 지유경정산

※ 이백이 54세754년에 지은 시로 알려져 있는 절창이다.

눈이 온 뒤여서 그런지 몰라도 이 '태백독좌루'는 관리인의 꾀죄한 모습과 함께 뭔가 음습한 분위기가 가득한 2층 누각이다. 어쨌든 한 위대한 시인과 절창 한 편을 기념하기 위해 정성을 다하는 중국인들의 정신을 높이 평가하지 않을 수 없다.

이 누각은 청나라 말기에 건립되었다가 1931년 큰 비에 훼손되었고 1933년에 보수했다. 또 항일전쟁 때 일본군의 포격에 다시 피해를 입었다가 1987년에 중건되었다고 한다.

당堂 중앙에는 한 손을 짚고 비스듬히 앉아 있는 이백의 흰 대리석상이 놓여 있다. 고개를 들고 그야말로 하늘의 중조衆鳥-새떼를 바라보는 모습이다. 맑은 날에 이 위치에서 조망하면 전망이 좋으련만 이 겨울 운무가 자욱하여 먼 시야를 허락하지 않는다. 그러나 눈 온 뒤라 잔설이나마 대나무 숲과 어우러진 경치는 어쩌면 태백이라도 경험하지 못했을지도 모를 일이다.

태백독좌루

큰 눈이 내리고 난 후인지라 교외는 아직도 눈이 남아 있지만 선주 시내에는 잔설이 보이지 않는다. 우중충한 날씨와 함께 거리는 몹시도 지저분하다.

꽃을 탄식함

두목(당)

꽃을 찾아왔으나 늦었음을 한하노라,
지난 날 보았을 때 채 피지 않았더니.
지금은 바람 불어 꽃들이 낭자하고
푸른 잎 그늘지며 열매들 가득하네.

嘆花탄화

杜牧(唐)

自恨尋芳到已遲자한심방도이지
往年曾見未開時왕년증견미개시
如今風擺花狼藉여금풍파화랑자
綠葉成陰①子滿枝②록엽성음자만지

① 녹엽성음綠葉成陰 : 나뭇잎이 녹음을 이루었다. 성인이 되어 시집갔다는 뜻이다.
② 자만지子滿枝 : 열매가 가지에 가득하다. 이미 자식을 여러 명 두었다는 뜻이다.
※ 두목이 젊은 시절, 선주의 심전사沈傳師의 막료로 있을 때 한 소녀한 10세 정도를 만나 그 가족과 약속을 했다. 10년 뒤에 반드시 이 고을에 부임해 올 터이니 기다려 달라고. 두목이 14년이 지난 해에 호주자사湖州刺使로 부임하여 그 소녀를 찾으니 시집간 지 3년이 되었고 슬하에 애는 둘이 있었다. 이에 한탄하여 지은 것이 이 시이다.

강남의 봄

江南春 강남춘

두목(당)

杜牧(唐)

천리에 꾀꼬리 울고 푸른 잎에 붉은 꽃 빛나는데
물 마을 산 동네에 주막 깃발 나부끼네.
남조의 사백팔십 개의 절
수많은 누대들이 가랑비에 젖는구나.

千里鶯啼綠映紅 천리앵제녹영홍
水村山郭酒旗風 수촌산곽주기풍
南朝①四百八十寺 남조사백팔십사
多少樓臺烟雨中 다소루대연우중

① 남조南朝 : 남북조 시대 때 금릉金陵-남경에 도읍을 정한 송宋, 제齊 량梁, 진陳의 왕조를 말한다.

※ 두목이 선주宣州에 단련판관團練判官으로 부임하였을 때 지은 명편이다.

선성에서 두견화를 보며

宣城見杜鵑花①선성견두견화

이백(당)

李白(唐)

촉땅에서 일찌기 두견새 울음 들었더니
선성에서 도리어 두견화를 보노라.
한번 울음에 한번 돌아보면 애가 한번 끊기니
석 달 봄 삼월에 삼파 땅 그리워라.

蜀國曾聞子規②鳥 촉국증문자규조
宣城還見杜鵑花 선성환견두견화
一叫一迴腸一斷 일규일회장일단
三春三月憶三巴③ 삼춘삼월억삼파

① 두견화杜鵑花 : 일명 영산홍映山紅, 우리나라에서는 진달래꽃으로 불린다.
② 자규子規 : 두견새.
③ 삼파三巴 : 파군巴郡-지금 사천성의 중경, 파동巴東-지금 봉절(奉節) 동북, 파서巴西-지금 사천의 서북 등을 가리킨다. 즉 이백의 고향인 촉땅을 뜻한다.

친구를 보내며

送友人 송우인

이백(당)

李白(唐)

푸른 산은 북쪽 성곽에 비껴 있고
흰 물은 동쪽 성을 둘렀어라.
이곳에서 한번 나뉘면
외로운 나그네 만리를 가느니.

青山橫北郭 청산횡북곽
白水繞東城① 백수요동성
此地一爲別 차지일위별
孤蓬②萬里征 고봉만리정

뜬 구름엔 나그네의 뜻이 있고

浮雲③游子意 부운유자의

지는 해엔 옛친구의 정이 있도다.　　落日[④]故人情낙일고인정
손을 흔들며 이내 떠나가노니　　揮手自茲去휘수자자거
쓸쓸히 반마가 우는구나.　　蕭蕭[⑤]班馬[⑥]鳴소소반마명

---

① 동성東城 : 선성이라고 말하는 학자도 있다.
② 고봉孤蓬 : 봉蓬은 화북華北지방에서 나는 쑥, 가을이 되면 뿌리째 뽑혀 바람에 날아다닌다. 떠돌이 신세를 드러낼 때 많이 쓰인다.
③ 부운浮雲 : 구름은 한번 가서는 자취를 남기지 않기에, 뜬 구름은 나그네의 뜻과 통한다는 것이다.
④ 낙일落日 : 해가 지지 않기를 바라는 안타까움이 있기에, 지는 해는 친구의 정과 통한다는 것이다.
⑤ 소소蕭蕭 : 쓸쓸히 또는 한가히.
⑥ 반마班馬 : 이별의 말, 대열隊列에서 떨어진 말. 반班은 별別의 뜻이다.

선성의 술 잘 빚는 기씨 노인을 곡하며　哭宣城善釀紀叟곡선성선양기수

이백(당)　　李白(唐)

기씨 노인 죽어서 황천에서도　　紀叟[①]黃泉裏기수황천리
여전히 노춘주 술을 빚겠지.　　還應釀老春[②]환응양노춘
무덤에는 이백이 이제 없으니　　夜臺[③]無李白야대무이백
술을 팔며 누구와 함께할 건가?　　沽酒與何人고주여하인

---

① 기수紀叟 : 선성宣城에서 술 잘 빚던 기씨紀氏 노인.
② 노춘老春 : 기씨 노인이 빚던 술 이름.
③ 야대夜臺 : 무덤, 분묘.
※ 761년에 이백이 선성에서 지은 작품으로 알려져 있다.

제17장 동릉銅陵

금우동金牛洞

선주에서 양자강 남안의 도시, 동릉으로 가기 위해서는 남릉南陵을 거치게 된다. 그 옛날 이태백이 부지런히 다니던 길인가 싶다. 남릉은 선주와 동릉의 중간쯤에 위치한 작은 현 단위의 시골 도시이다. 도로 주변에는 빈 논들이 이어져 있어 이 일대가 벼농사 지역임을 알겠다.

남릉에서 아이들과 작별하고 서울로 가며
이백(당)

탁주가 새로 익어 산중에 돌아오니
누런 닭이 기장을 쪼는 정녕 살찐 가을이라.
동자 불러 닭을 삶고 탁주를 마시려니
아이들은 웃어 대며 옷소매 당기누나.

크게 노래하며 취하여 스스로 위로코자
일어나 춤을 추니 지는 해 다투어 빛나고.
천자께 뜻 전하기 이르지도 않다만
채찍 꽂고 말에 올라 먼 길을 가려 하네.

회계 땅 어리석은 아낙이 매신을 비웃었지만
나도 역시 집을 떠나 장안에 들어가련다.
하늘 우르러 크게 웃으며 문을 나서니
우리가 어찌 초야에서 늙을까 보냐?

南陵①別兒童入京남릉별아동입경
李白(唐)

白酒新熟山中歸백주신숙산중귀
黃鷄啄黍②秋正肥황계탁서추정비
呼童烹鷄酌白酒호동팽계작백주
兒女嬉笑牽人衣아녀희소견인의

高歌取醉欲自慰고가취취욕자위
起舞落日爭光輝기무낙일쟁광휘
遊說萬乘③苦不早유세만승고불조
著鞭跨馬涉遠道착편과마섭원도

會稽愚婦輕買臣④회계우부경매신
余亦辭家西入秦여역사가서입진
仰天大笑出門去앙천대소출문거
我輩豈是蓬蒿人⑤아배기시봉호인

① 남릉[南陵] : 안휘성의 남릉현을 말한다.
② 탁서[啄黍] : 기장을 쪼다. 기장은 벼과의 일년초, 좁쌀보다는 낱알이 굵다.
③ 만승[萬乘] : 천자[天子]를 가리킨다.
④ 매신[買臣] : 주매신[朱買臣, ?~BC109]은 회계[會稽] 출신인데 젊어서 매우 가난하여 나무를 해다가 팔아 생계를 유지하였다. 나뭇짐을 지고 가면서도 글을 읽으니 그의 아내가 창피하여 말렸으나 그는 더욱 빨리 읽었다. 결국 아내는 그를 버리고 떠났고 매신은 벼슬에 올라 출세하였다. 주매신은 전한 시대에 무제 때의 인물이었다.
⑤ 봉호인[蓬蒿人] : 봉호는 쑥, 그러니 초야에 묻혀 사는 사람을 뜻한다.
※ 742년, 이백 나이 42살 가을에 장안으로 떠날 즈음에 지은 시이다.

쓸쓸한 생각 涼思[량사]

이상은(당) 李商隱(唐)

객이 떠나가니 물결은 난간에서 고요하며	客去波平檻[객거파평함]
매미가 소리 그치니 이슬은 가지에 가득하다.	蟬休露滿枝[선휴노만지]
이 계절에 길이 그대를 그리며	永懷當此節[영회당차절]
난간에 기대서니 시간은 잘도 간다.	倚立自移時[의립자이시]
북두성이 봄과 함께 멀어지고	北斗①兼春遠[북두겸춘원]
남릉 땅은 심부름꾼도 더디어라.	南陵寓使遲[남능우사지]
하늘 끝에서 여러 번 꿈을 점치며	天涯占夢數[천애점몽삭]
새 사람이 생겼나 의심하고 오해하네.	疑誤有新知②[의오유신지]

① 북두[北斗] : 북두칠성.
② 신지[新知] : 새 친구.

양자강변의 회색의 도시 동릉을 지나 다시 시골길을 물어물어 가니, 1시간 40여 분만에 고동광유지[古銅礦遺址]에 도착할 수 있었다. 도중에 일행 두 명이 저희들끼리 “괌이나 갈 걸.” 하면서 자탄하는 것을 문득 듣고는 정말 오지까지 동행시킨 점에 미안한 감을 금치 못하겠더라.

추포의 노래

이백(당)

(14)

용광로의 불, 천지를 비추고
붉은 별똥들 자줏빛 연기 속에 어지럽네.
달 밝은 밤 난랑들의 노래가
차가운 냇물 위로 퍼져가누나.

秋浦歌추포가

李白(唐)

(14)

爐火①照天地노화조천지
紅星②亂紫煙홍성란자연
赧郎③明月夜난랑명월야
歌曲動寒川가곡동한천

---

① 노화爐火 : 용광로의 불.
② 홍성紅星 : 용광로에서 튀어오르는 불똥.
③ 난랑赧郎 : 얼굴을 붉히는 장정壯丁이란 뜻으로, 쇠를 제련할 때 붉은 빛이 얼굴에 비친 것을 표현한 것이다.
※ 이백의 이 노래는 중국 고대 시가 중에서 제련하는 모습을 노래한 유일한 작품으로 유명하다.

위의 시 한 편 때문에 시골의 진흙 길을, 수렁에 빠지면서 물어 물어 이르고 보니 기념 박물관은 문을 막 닫으려고 하는 즈음이었다. 겨울철은 4시 30분부터 입장 금지라고 한다. 입장료는 2원元이다.

야산 언덕 위, 너른 마당 한쪽 옆에 창고 같은 허술한 건물 하나가 서 있다. 이가 박물관이다. 청소부같이 허름한 관리인이 나오더니 몇 마디하고는 도로 들어가 버린다. 추운 겨울 늦은 시각에 어느 누가 이곳에 찾아오겠나? 그것도 문 닫을 쯤에. 그러나 관리인은 귀찮아하는 내색을 보이지 않고 구경이 끝날 때까지 묵묵히 기다려 준다.

금우동 유지(옛날 노천 광산)

이곳은 노천 광산으로 거대한 웅덩이가 파여 있고 중앙에 물이 괴어 있다. 건너편 암벽에는 金牛洞금우동이라는 붉은 글씨가 새겨져 있다. 계단을 타고 내려가서 구경하도록 되어 있는데 채광과 제련을 했던 현장 몇 군데는 슬레이트 지붕으로 덮어 놓고 보호하고 있다. 춘추전국 시대부터 구리를 캐던 곳이란다. 당시의 채광 공구[工具]들도 같이 발굴하여 기념박물관에 전시하고 있다.

이러한 하찮은 역사적 흔적은 무시하고 내버려두기 십상인데, 기념관을 세우고서 자취를 보존하려는 중국인의 정신이 가상하다. 이런 정신이야말로 지금까지 중국을 지탱해 온 자부심이고 향후 중국의 새로운 도약을 기약할 수 있는 원동력이 될 것이라는 생각이 든다.

전설에 금우[金牛-쇠소]가 산 정상 동굴에 숨어 있다고 하여 금우동이라는 이름이 붙여졌다고 한다.

오송산[五松山]

오송산에서 은숙[殷淑]을 작별하며

이백(당)

술 싣고 오송산을 찾아가서는
취하여 쓰러져 백운가를 부르노라.
중천에 이슥고 달이 기울더니
만리 아득히 지나가 버렸네.

술 단지 어루만지며 지는 달 아쉬워하니
허송한 세월이 안타까울 뿐이라.
내일 우리 헤어져 떠나간다면
연이은 봉우리만 우뚝하리라.

五松山送殷淑[오송산송은숙]

李白(唐)

載酒五松山[재주오송산]
頹然白雲歌[①퇴연백운가]
中天度落月[중천도낙월]
萬里遙相過[만리요상과]

撫酒惜此月[무주석차월]
流光畏蹉跎[②류광외차타]
明日別離去[명일별리거]
連峰郁嵯峨[③련봉욱차아]

---

① 백운가[白雲歌] : 서왕모[西王母]가 목천자[穆天子]를 위해 불렀다는 노래. 여기서는 이백이 친구를 위해 부른 노래를 빗댄 것이다.
② 차타[蹉跎] : 시기를 놓치다. 허송 세월하다.
③ 차아[嵯峨] : 산이 높이 솟아 험한 모양.

선주에서 서쪽으로 남릉을 지나 양자강 남단南端에 위치한 동릉에 닿았다 실은 금우동에 갔다가 다시 돌아온 것이다. 시 인구는 27만 명 정도 된다고 한다. 일찍이 이 지역에 구리가 발굴되었기에 채굴과 제련을 책임지는 관리가 주둔했었다. 그래서 동도銅都로 불렸다. 특히 이백이 이곳을 즐겨하며 돌아가기를 잊었다고 하는 오송유적五松遺跡이 있었던 곳이다.

오송산 아래 순 노파 집에서 자다. 宿五松山下荀媼家①숙오송산하순온가

이백(당) 李白(唐)

내가 오송 마을에서 하루 밤을 보내려니 我宿五松下아숙오송하
적요하여 도무지 기쁜 일이 없어라. 寂寥無所歡적료무소환
농가는 가을걷이로 고생이 심한데 田家秋作苦전가추작고
이웃 아낙 밤 추위에도 절구질하는구나. 鄰女夜舂寒린녀야용한

무릎 꿇고 줄밥을 권하는데 跪進雕胡飯②궤진조호반
달빛이 흰 소반을 비추도다. 月光明素盤월광명소반
표모에게 부끄럽고 미안도 하여 令人慚漂母③령인참표모
세 번 사양하고 차마 먹지 못하네. 三謝不能餐삼사불능찬

① 순온가荀媼家 : 순씨 할미의 집.
② 조호반雕胡飯 : 줄벼과의 다년초로 지은 밥.
③ 표모漂母 : 옛날 한신韓信이 한나라 고조 유방을 만나기 전에 매우 곤궁하게 지냈다. 한신이 강가에서 낚시를 하고 있을 때 한 표모漂母-빨래하는 늙은 아낙네가 그의 굶주림을 보고 밥 한 그릇을 주었다는 고사가 있다.
※ 이백이 죽기 1년 전인 761년에 지은 시이다.

이백이 중국 천하를 주유했다면 해동에서는 김삿갓본명 김병연(金炳淵)이 조선 팔도를 유랑했다. 시의 품격이 어느 정도 차이가 있을지 모르겠지만 천재성은 이백에 뒤지지 않을 것이다. 김삿갓도 이백의 위 시와 같은 처지에서 지은 시

가 있는데 비교하며 음미할 만하다.

무제

김병연(조선)

네 다리 소반 위에 멀건 죽 한 그릇
하늘 빛 구름 그림자 함께 떠도네.
주인이여, 면목 없다 말하지 마소.
내 원래 물에 비친 청산을 좋아한다오.

無題[무제]

金炳淵(朝鮮)

四脚松盤粥一器[사각송반죽일기]
天光雲影共排徊[천광운영공배회]
主人莫道無顏色[주인막도무안색]
吾愛靑山倒水來[오애청산도수래]

작가소개 김병연(金炳淵, 1807~1863) : 호는 난고[蘭皐]이다. 조선조 순조 7년에 당시 권문세가인 장동[壯洞] 김씨 집안에서 태어났다. 홍경래의 난 때 선천부사[宣川府使]로 있던 조부 익순[益淳]이 홍경래에게 항복한 죄로 폐족[廢族]이 되었다. 당시 그는 5살이었는데 형과 함께, 종으로 있던 김성수의 도움을 받아 황해도 곡산으로 피신하여 거기서 살았다. 과거 길은 막히고 반역자의 자손이라는 질시를 받아 방랑을 하며 삶을 마쳤다. 22살에 집을 나가 2년만에 돌아와 둘째 아들을 낳고 집 떠난 뒤 다시는 돌아오지 않았다. 58살에 죽었다. 권력자와 부자들, 지식인들을 풍자하고 조롱하여 민중 시인으로 추앙받고 있다.

동릉에서는 천정호[天井湖] 호텔에서 하루를 묵었는데 우리나라 어느 산속 수련원에 온 느낌이 드는 곳이다. 이 호텔 자리가 그 옛날 오송산[五松山]이란다. 호텔 아래쪽에는 제법 큰 경월호[鏡月湖]라는 못이 있는데 잡목과 대나무로 둘러싸여 있다. 지난날 이곳에 큰 물길이 있었음을 가늠하게 한다. 향도가 저기쯤에 오송[五松]이 있었을 것이라며 손으로 가리키나 짐작하기는 어려운 일이다. 1958년 대약진[大躍進]시기에 강철 제련 공장에서 땔감으로 쓰기 위해 소나무들을 베어냈다고 한다. 이백 시대의 소나무들은 아닐지라도 이곳에 소나무가 많았던 모양인데 아쉬운 일이 아닐 수 없다.

천정호 호텔의 정경

옛날부터 이 오송산에는 오래된 큰 소나무가 있었다는데 한 그루에 다섯 나뭇가지가 울창하고 기묘하여 오송으로 불렸으며 이로 인해 산도 오송산으로 일컬어졌다고 한다. 이백이 특히 이를 좋아하여 이곳에 우거寓居-임시로 몸을 붙여 지내다하였고 오송산을 예찬하는 시도 10여 수를 남겼다. 후인들이 이 산 아래 태백서당을 지어 이백을 기념하였다고 한다. 이후 왕안석, 소동파, 황정견 등 역대 명인들도 이곳에서 옛일을 회고하며 시부를 남겼다.

오송산은 오송승유五松勝游-오송이 있어 즐겁게 놀 수 있는 곳로 널리 알려졌으며 동릉8경 중의 하나로 유명하였다.

제18장 귀지貴池

추포하秋浦河

추포하는 귀지 시내에서 차로 한 10분 정도면 갈 수 있는 곳이다. 시내 호텔에서 향도嚮導 한 사람을 구하여 그의 안내를 받기로 했다. 힘든 비포장 도로를 지나 겨우 어느 마을에 도착하니 그리 크지 않은 강이 보인다. 추포하인 모양이다.

강 마을은 평온한 것 같은데 마을 사람들은 눈에 잘 띄지 않는다. 강폭은 40~50m 정도이고 물은 맑다. 그러나 고기가 살지 않는단다. 상류에 공업 지대가 있어 오염 물질이 흘러들기 때문이라고 한다.

물을 건너 주거나 유람시켜 주고 삯으로 생활하는 사공이 있어 쓸 만한 대나무 뗏목 세 척을 빌렸다. 성인 4, 5명은 느끈히 태울 수 있는, 대나무를 엮어 만든 배인데 그 위에다가 역시 대나무로 만든 작은 의자 서너 개를 얹어 놓아, 앉아서 유람할 수 있도록 해 놨다. 뗏목이 물에 잠길 정도이긴 하나, 가로로 대어 놓은 막대기 위에 발을 얹어 놓으면 신이 물에 빠질 염려는 없다.

대나무 뗏목

강 어구에 자리잡은 마을은 우거진 나무들로 가려져 있으며 촌락 주위의 채소밭은 넓고 푸르다. 강 하류 쪽으로 이어져 있는 얕은 야산들은 겹겹이 포개져서 아스라이 멀어 보인다.

물길 따라 내려가다 보면 큰 바위 하나가 툭 튀어 나온 곳을 지난다. 그 옛날 이백이 이 바위 위에서 낚시를 하였다고 하며 바위 이름은 강조석江祖石이라고 한다. 너무 가파른 벼랑이어서 낚시하기는 좀 그렇다 했더니 옛날에는 수면이 그 윗부분까지 닿았다고 한다. 하기야 천수백 년의 세월이 지났고 물의 흔적이 윗선까지 나 있으니 믿어 볼 수밖에.

청계의 강조석

이백은 추포에 5차례 방문했다고 전한다또는 7차례. 경치가 아주 빼어난 곳은 아니라도 뭔가 매력적인 것이 있었을 것이다. 뱃길 따라 흘러 드나들기 용이한 지역인데다가 이곳 인심이 딴 곳과 달리 좋았었는지도 모를 일이다.

이제 강은 무심하고 마을은 적막하다. 벌이 넓고 산은 멀다. 이백의 추포가秋浦歌의 대다수가 이 일대에서 지어졌다고 하니 볼수록 친근감이 가는 산천이 아닐 수 없다. 예부터 "추포의 30리 사계절 풍경은 아름답기가 소상강과 동정호와 같다"라는 말이 전해 온다.

추포의 노래	秋浦歌추포가
이백(당)	李白(唐)
(1)	(1)
추포는 언제나 가을 같은 곳	秋浦長似秋추포장사추
쓸쓸하여 사람을 시름케 하네.	蕭條①使人愁소조사인수
나그네의 시름 견딜 수 없어	客愁不可度객수불가도
동쪽의 대루산에 올랐더니라.	行上東大樓②행상동대루
서쪽으로 장안을 바라보고는	正西望長安정서망장안
아래로 강물을 굽어보노라.	下見江水流하견강수류

강물에게 내 전할 말 있으니 寄言向江水[기언향강수]
너는 뜻이 있어 날 기억하는가? 汝意憶儂[③]不[여의억농불]

멀리 한 줌의 눈물을 전해 다오, 遙傳一掬[④]淚[요전일국루]
날 위해 양주까지만이라도. 為我達揚州[위아달양주]

---

① 소조[蕭條] : 쓸쓸한 모양.
② 대루[大樓] : 추포에 있는 산 이름, 강남통지[江南通志]에는 대루산은 지주부[池州府] 성[城] 남쪽 60리에 있다고 적혀 있다.
③ 농[儂] : 1인칭, 나.
④ 국[掬] : 한 줌, 한 웅큼.
※ 이 작품들은 당나라 현종 때인 754년, 이백 나이 54세에 추포[지금 귀지]에서 노닐 때 쓴 것이다.

(2) (2)
추포의 원숭이 밤마다 울어 대니 秋浦猿夜愁[추포원야수]
황산도 백발이 다 될 지경이라. 黃山[①]堪白頭[황산감백두]
청계수는 농수가 아니라지만 清溪[②]非隴水[③][청계비농수]
도리어 애 끊으며 흐르누나. 翻作斷腸流[번작단장류]

이제 가고 싶어도 돌아가지 못하고 欲去不得去[욕거불득거]
잠시 노닐다가 오랜 손이 되었도다. 薄游成久游[박유성구유]
어느 해에 돌아가게 되려나? 何年是歸日[하년시귀일]
비 오듯 눈물이 외로운 배 적시는데. 雨淚下孤舟[우루하고주]

---

① 황산[黃山] : 첫째, 안휘성 지주시[池州市] 남쪽에 있는 산. 둘째, 안휘성 황산시[黃山市]와 이현[黟縣] 경계에 있는 산. 여기서는 첫째의 내용을 가리킨다.
② 청계[清溪] : 구화산에서 발원하여 지주시 동쪽에서 꺾여 서북쪽으로 흘러 장강에 합류하는 강이다.
③ 농수[隴水] : 고시[古詩] 농두가[隴頭歌]에 이런 구절이 있다.

농두수隴頭水는 울어 울어 예는데
진천秦川을 바라보니 애간장 다 끊긴다.

隴頭流水鳴鳴咽 동누류수명명열
遙望秦川肝臟斷 요망진천간장단

(3)

추포에서 사는 금타조는
인간계나 천상에도 드무리라.
산꿩은 맑은 물이 부끄러워
감히 제 깃털을 비춰 보지도 못하리.

(3)

秋浦錦駝鳥① 추포금타조
人間天上稀 인간천상희
山鷄②羞淥水 산계수록수
不敢照毛衣 불감조모의

① 금타조錦駝鳥 : 비단 깃털을 가진 금계錦鷄인데 추포 일대에 사는 새이다. 마안산馬鞍山 이백연구소장인 이자룡李子龍 선생은 이 금타조를 최근에 확인한 바가 있으며 몸 길이는 1척30㎝ 정도이 조금 넘고 꼬리 길이가 3척이나 된다고 했다.

② 산계山鷄 : 야계野鷄라고도 하는데 꿩의 일종이다. 추포 일대에서 서식하는 새로서 깃털이 아주 고와 물에 비친 제 모습에 반해 저도 모르게 물에 빠져 죽는다는 이야기의 새이다. 이 산계조차도 감히 물에 깃털을 비춰 보지 못할 정도이니 추포의 금타조는 그 아름다움을 상상하고도 남음이 있다는 것이다.

(4)

추포에 들어온 후 양쪽의 귀밑털이
하루아침 바람소리에 쇠해 버렸네.
원숭이 울음소리 백발을 재촉하니
긴 머리 짧은 머리 다 실 같도다.

(4)

兩鬢①入秋浦 양빈입추포
一朝颯已衰 일조삽이쇠
猿聲催白髮 원성최백발
長短盡成絲 장단진성사

① 양빈兩鬢 : 양 귀밑머리.

(5)

추포에는 흰 원숭이도 많은데
이리저리 뛰어오르니 날리는 눈 같구나.
가지에서 새끼를 안고 내려와
물 속의 달 마시며 희롱도 하네.

(5)

秋浦多白猿 추포다백원
超騰若飛雪 초등약비설
牽引條上兒 견인조상아
飮弄水中月 음롱수중월

(6)
쓸쓸히 추포의 나그네 되어
억지로 추포의 꽃을 보노라.
가람과 뫼들이 섬현 같은데
바람과 햇빛은 장사 같아라.

(6)
愁作秋浦客수작추포객
强看秋浦花강간추포화
山川如剡縣①산천여섬현
風日似長沙②풍일사장사

① 섬현剡縣 : 절강성浙江省에 있으며 현 남쪽에 섬계剡溪가 있어 경치가 뛰어난 곳이다.
② 장사長沙 : 호남성에 있으며 일대에 소상8경瀟湘八景이 있어 경치가 아름다운 곳이다.

(7)
취해서는 산공처럼 말을 타고
추우면은 영척처럼 소를 노래하네.
공연히 백석란을 읊조리자니
흑초구에 눈물이 가득하도다.

(7)
醉上山公馬①취상산공마
寒歌甯戚牛②한가녕척우
空吟白石爛③공음백석란
淚滿黑貂裘④루만흑초구

① 산공마山公馬 : 산공은 진晋나라 때의 산간山簡을 말한다. 그는 정남장군征南將軍이 되어 양양襄陽에서 근무할 때 술에 취하기만 하면 모자를 거꾸로 쓰고 말을 타고 다녔다. 산간의 아버지는 산도山濤-죽림칠현이다.
② 영척우甯戚牛 : 영척은 춘추 시대 제나라의 대신大臣이다. 일찍이 그가 곤궁하였을 때 쇠뿔을 두드리며 반우가飯牛歌를 노래했더니 환공桓公이 듣고 대신으로 삼았다. 그러나 이백 자신은 제나라 환공과 같은 훌륭한 임금을 만나지 못함을 한탄하고 있다.
③ 백석란白石爛 : 흰 돌이 빛난다는 뜻인데 반우가에 나오는 가사의 한 부분이다.
④ 흑초구黑貂裘 : 전국 시대에 소진蘇晋이 불우했을 때 그가 입고 다니던 다 헤어진 검은 담비 옷을 말한다. 이백 자신의 불우함을 소진에 빗댄 것이다.

(8)
추포에는 천 겹의 영嶺이 있어도
수거령이 가장 기이하도다.
하늘이 기울여 돌이 떨어질 듯
물은 나뭇가지를 스쳐 흐르네.

(8)
秋浦千重嶺추포천중령
水車嶺①最奇수거령최기
天傾欲墮石천경욕타석
水拂寄生枝수불기생지

① 수거령[水車嶺] : 지금의 지주시[池州市] 매가구[梅街區] 도파향[桃坡鄉]에 있다. 높이는 198m이다.

(9)
강조의 한 덩이 우뚝 바위는
하늘에 깨끗한 그림 병풍 같도다.
시를 새겨 만고에 남기려 해도
푸른 글자에 비단 이끼 끼리라.

(9)
江祖一片石[①강조일편석]
靑天掃畵屛[청천소화병]
題詩留萬古[제시유만고]
綠字錦苔生[녹자금태생]

① 강조석[江祖石] : 지주시 서남쪽의 청계하 북안에 있는데 이 강을 지키는 신의 모습 같다고 하여 강조석이라 불렸다. 강 건너 만라산과 마주 대하고 있다.

강조석은 추포하[秋浦河]에 있다고 우리나라에서 출간된 여러 이백시선집에서는 말하고 있다. 그런데 중국에서 발간된 이백대사전[李白大辭典-郁賢皓 主編]을 비롯한 여러 책자에서는 청계[淸溪]의 물가에 솟아 있다고 되어 있다. 여기에서 나는 큰 착오가 있음을 간파하게 되었다. 귀지시[貴池市]에서 소개 받은 가이드가, 그 당시 우리 일행이 대나무 뗏목을 타고 유람하고 있는 그 강을 추포하라고 안내하였고 그때 우리는 그런 줄만 안 것이다. 우리나라에 돌아와서 중국에서 가져온 책을 참고한 결과, 우리가 노닐었던 강은 추포하가 아닌 청계임을 깨닫게 된 것이다. 그때 청계가 어디냐고 가이드에게 물으니 강 아래쪽을 가리키며 더 내려가면 볼 수 있다고 했으니 의심 없이 거기가 추포하인 줄로만 알았던 것이다.

이 청계는 구화산에서 발원하는 63km 정도 길이의 작은 하천이다. 이백이 추포를 방문할 때에는 장강에서 청계로 들어왔을 것이고, 여기서 더 거슬러 가서 구화산까지 이를 수 있었을 것으로 보인다.

뱃길은 그 당시에 최고의 편리한 교통 수단이었다. 그러니 배를 이용하여 기후가 온화하고 풍경이 아름답고 인심이 좋은 이 청계와 추포하 일대를 이백이 빈번히 찾은 것은 너무나 자연스러운 일인 줄로 생각된다. 사천성의 강유[江

油의 청련향青蓮鄕과 이곳 산전이 매우 흡사하여 고향처럼 생각했는지도 모를 일이다. 나는 두 군데를 다 가 봤는데 풍광이 서로 비슷하다는 느낌을 언뜻 받은 적이 있다.

만라산萬羅山

강조석 건너편 즉 청계 기슭에 만라산이 있다. 그리 높지 않은 작은 산해발 163m이다. 마애석각이 많아 지방 단위의 보호 자연 유산이라고 한다. 볼 만한 것은 통천문通天門이라는 석문石門인데, 큰 바위 틈이 벌어져서 사람이 겨우 통과할 수 있도록 길이 나 있다. 작은 산에 이런 기괴한 암벽이 있으리라고는 믿어지지 않을 정도이다. 대체로 대나무와 잡목들로 숲을 이루고 있으며 이들이 큰 바위들과 어우러져 있어 겨울인데도 푸른 풍광을 즐길 만한 곳이다.

산기슭에는 송나라 때 창건되었다는 진주사珍珠寺라는 절이 있다. 이 절도 중국의 여느 절과 다르지 않지만 절 담장 밖 모퉁이에 특이한 대나무 몇 그루가 있어 눈길을 끈다. 평범한 대나무들 중에서도 기이한 마디를 하고 있는 것들이 있는데 이들은 득도得道한 스님의 출현과 관계가 있다고 한다. 대나무의 몸통 줄기가 기형으로 자라면 득도를, 기형이다가 곧게 자라면 중도 포기를, 기형이다가 썩어 버리면 득도는 했으나 행실이 나쁨을 상징한다고 한다.

신라의 김교각金喬覺 스님이 구화산으로 가기 전에 이곳에 먼저 들렀다고 한다. 그러나 산이 흔들리고 요동을 치면서 교각 스님을 받아들이지 못하였다는 것이다. 그를 용납할 만한 큰 산이 아니었던 모양이다. 그래서 그 길로 구화산으로 옮겨가서 다시는 나오지 않았다. 지금도 그가 떠날 때의 발자국이 남아 있다고 하나 확인하지는 못했다.

추포가	秋浦歌추포가
(10)	(10)
천의 천 가지 석남나무요	千千石楠樹①천천석남수
만의 만 그루 여정 숲이라.	萬萬女貞林②만만여정림

산이란 산에는 백로가 가득하고　山山白鷺滿산산백로만
시내란 시내에는 원숭이 울음이로다.　澗澗白猿吟간간백원음

그대여 부디 추포엘랑 들르지 마오.　君莫向秋浦군막향추포
원숭이 울음소리 나그네 맘 바수리니.　猿聲碎客心원성쇄객심

① 석남수石楠樹 : 산매자 나무, 상록수이다.
② 여정림女貞林 : 광나무 숲. 광나무는 상록수이다.

(11)
나인석은 새 나는 길에 가로놓여 있고
강조석은 어살 댄 곳에 튀어나와 있네.
물살이 급하여 객선은 나는 듯하고
산꽃은 얼굴을 스치며 향기롭구나.

(11)
邏人①橫鳥道나인횡조도
江祖出魚梁②강조출어량
水急客舟疾수급객주질
山花拂面香산화불면향

① 나인邏人 : 나인석邏人石으로 강조석江祖石 맞은편에 대치對峙하고 있는 큰 바위이다.
② 어량魚梁 : 어살. 어살은 물고기를 잡기 위해 물 속에 나무를 둘러 꽂아 물고기를 들게 하는 울이다.

(12)
호수는 한 필의 비단 같은데
이런 곳이 바로 평천호일세.
차라리 밝은 달빛 타고서
꽃 구경하러 술 배에 오르리라.

(12)
水如一疋練수여일필련
此地即平天①차지즉평천
耐可②乘明月③내가승명월
看花上酒船간화상주선

① 평천平天 : 평천호平天湖를 말하는데 귀지성貴池城 서남 5리에 있다. 청계와 통한다.
② 내가耐可 : 차라리.
③ 승명월乘明月 : 달빛이 비친 수면 위로 배를 타고 간다는 뜻이다.

(13)
맑은 물에 흰 달이 깨끗도 한데

(13)
淥水①浄素月녹수정소월

밝은 달에 백로가 날아오른다. 月明白鷺飛월명백로비
총각들은 듣고 있네, 마름 캐는 처녀들 郎聽采菱[②]女랑청채릉녀
밤중에 돌아가며 노래하는 것을. 一道夜歌歸일도야가귀

① 녹수淥水 : 맑은 물.
② 채릉采菱 : 마름을 캐다. 마름은 연못이나 늪에서 자라는 일년초인데, 뿌리는 흙 속에 내리고 줄기는 길게 자라 물 위에 뜬다. 가시가 있는 네모진 뿌리 열매는 먹을 수 있다.

(14)
동릉東陵 금우동金牛洞 조에서 소개하였다.

(15)
백발이 삼천장이라
시름으로 이같이 길어졌으리.
아! 모르겠네, 거울 속의 저 사람
어디서 가을 서리 얻어 왔는고?

(15)
白髮三千丈백발삼천장
緣愁似箇長연수사개장
不知明鏡裡불지명경리
何處得秋霜하처득추상

(16)
추포에 농가農家의 할아범이
고기를 잡으려고 배에서 자는구나.
처와 아들이 흰 꿩을 잡으려고
쳐 놓은 그물이 대숲에서 비치네.

(16)
秋浦田舍翁추포전사옹
采魚水中宿채어수중숙
妻子張[①]白鷳[②]처자장백한
結罝[③]映深竹결저영심죽

① 장張 : 그물을 펴다.
② 백한白鷳 : 흰 꿩과에 속하는 새.
③ 저罝 : 그물.

(17)
도파는 한 걸음의 좁은 땅이라
또렷또렷 말소리 들리는고야.

(17)
桃波[①]一步地도파일보지
了了[②]語聲聞료료어성문

말없이 산승과 작별하고	闇與山僧別암여산승별
머리 숙여 흰구름에 예를 표하노라.	低頭禮白雲③저두례백운

① 도파桃波 : 도파桃陂의 잘못인 듯하다. 귀지시 서남쪽 30여 리에 있는 작은 산이다.
② 요료了了 : 똑똑히.
③ 백운白雲 : 예부터 도파산에 백운사라는 절이 있었다고 한다.

이백의 행적에 대해서 "삼상구화 오도추포三上九華 五到秋浦-구화산에 3번 오르고, 추포에는 5번 찾았다." 이란 말이 있다. 오도추포는 다음과 같다.

1차 : 당나라 현종 천보天寶 8년 ~ 9년749 ~ 750년

2차 : 천보 12년 가을 ~ 13년 753 ~ 754년 4개월 간

3차 : 천보 13년 하반기 ~ 14년 가을 754 ~ 755년

4차 : 숙종 지덕至德 원년756년 가을

5차 : 숙종 상원上元 2년 761년 초

청계清溪의 노래 / 清溪行청계행

이백(당) / 李白(唐)

청계는 내 마음을 맑게 하는데	清溪清我心청계청아심
물빛은 여느 강과 유난히 달라.	水色異諸水수색이제수
물어 보노라, 신안강의 바닥이	借問新安江①차문신안강
이같이 어찌 훤히 보이는지를.	見底何如此견저하여차
사람이 거울 속을 지나다니고	人行明鏡中인행명경중
새들은 병풍 속을 건너가누나.	鳥度屛風裏조도병풍리
해질녘 원숭이가 구슬피 울어	向晩猩猩②啼향만성성제
공연히 먼 길손을 슬프게 하네.	空悲遠游子공비원유자

① 신안강新安江 : 안휘성安徽省의 황산黃山에서 발원하여 전당강錢塘江으로 들어간다.
② 성성猩猩 : 원숭이의 한 종류, 가장 인류에 가깝고 그 소리는 어린애 울음

소리 같으며 사람의 말을 알아들을 줄 알고 또 술도 좋아한다고 한다.

청계에서 자다

이백(당)

늦은 밤 청계에 이르러서 자렸더니
주인은 푸른 바위 속에서 지내더라.

처마에 북두성이 걸려 있고
침상에는 물소리 바람소리뿐.

흰달이 서산에 지려할 때
구슬프게 잔나비가 울어대네.

宿淸溪主人숙청계주인

李白(唐)

夜到淸溪宿야도청계숙
主人碧岩裡주인벽암리

簷楹挂星斗첨영괘성두
枕席響風水침석향풍수

月落西山時월락서산시
啾啾[1]夜猿起추추야원기

---

① 추추啾啾 : 원숭이 울음소리.
※ 이백이 나이 54세에 지은 시이다.

제19장 구강九江

구강은 장강 남안에 발달한 도시인데 역사가 유구하다. 그 옛날 우禹임금이 이 일대에 9개의 물줄기를 소통시켰다고 전한다. 동한 말년에 주유周瑜가 수군을 조련하면서 조조 군의 남하에 대비하던 곳이다. 당송 이래 구강은 쌀과 차의 도시로 유명하여 남북의 장사꾼들이 이곳에 모여들었다. 남송 때에는 악비가 이곳 구강에서 금나라를 몰아내기 위해 진을 구축한 적이 있었으며, 원나라 말엽에 주원장이 진우량陳友諒과 파양호에서 크게 싸웠다. 근대에 와서 중국이 쇠약했을 때 구강은 영국 식민지의 조계지租界地-외국인 거주지. 영국이 행정권과 경찰권을 가졌다가 되었고 여산의 고령牯嶺은 조차지租借地-다른 나라가 일정 기간 빌려 통치하는 지역가 되었다.

개방 후 지금 구강은 급속한 경제적 발전을 거듭하고 있는데 북경에서 홍콩의 구룡까지 가는 철도가 이곳을 지나면서, 장강의 큰 항구로서 입지를 튼튼히 하고 있다. 비행장도 갖추고서는 물, 뭍, 하늘에 있어 교통의 요지로 등장하였다.

구강은 옛날에는 시상柴桑, 강주江州, 심양潯陽, 분성湓城, 덕화德化 등으로 불렸다.

당나라 때 815년에 백낙천이 그의 나이 44세 때 이곳 구강으로 좌천되어 와 지은 시가 있다.

흰구름과의 기약

백거이(당)

나이 서른은 혈기가 너무 왕성해
가슴 속에 시비가 적지 않고,

白雲①期백운기

白居易(唐)

三十氣太壯삼십기태장
胸中多是非흉중다시비

나이 육십은 몸이 너무 늙어서	六十身太老륙십신태로
사지를 부지하기 쉽지 않으니,	四體不支持사체부지지
마흔에서 쉰까지가	四十至五十사십지오십
진정 은퇴하여 쉴 때인지라.	正是退閒時정시퇴한시
나이 들어 운명과 분수를 알고	年長識命分년장식명분
마음도 게을러져 할 일도 적어,	心慵少營爲심용소영위
술을 보면 아직도 흥이 남았고	見酒興猶在견주흥유재
산에 올라도 힘이 쇠하지 않아,	登山力未衰등산력미쇠
이 나이에 지금까지 이른 것은 다행이니	吾年幸當此오년행당차
이제 흰구름과 함께하길 기약하노라.	且與白雲期차여백운기

① 백운白雲 : 여기에서의 백운의 의미는 다음의 시 한 수를 통해서 이해할 수 있을 것이다. 다음 시는 육조 시대의 양梁나라 무제 때의 도홍경陶弘景의 작품이다.

산중에는 무엇이 있나요?	山中何所有산중하소유
봉우리에 흰구름도 많은데.	嶺上多白雲형상다백운
이를 스스로 즐길 수는 있어도	只可自怡悅지가자이열
그대에게 보낼 수는 없도다.	不堪持寄君불감지기군

구강은 시사詩詞의 고장이다. 역대의 수많은 시인 묵객들이 구강과 여산 등지에서 유람과 은거를 하였다. 동진東晋의 혜원慧遠은 여산 시문학의 개척자로 불리며, 도연명은 중국 전원시파의 개창자였으며, 사령운도 여산과 호구湖口 등지에서 명편을 남겼다. 그 후 포조鮑照와 강엄江淹 등을 거쳐, 당대의 이백이 여산에 은거하며 지은 시들은 성당의 시풍을 격상시켰다. 또 백거이가 강주에 좌천되어 와서는 여산에 초당을 짓고 200여 수의 시를 지었다. 송대의 소동파, 황정견, 왕안석, 소철, 악비, 육유, 주희 등 모두 구강과 여산의 산수에 머

물면서 시를 남겼던 것이다.

1996년 8월 8일 새벽 3시 30분경에 구화산을 출발하여 귀지[貴池]에 6시 30분에 도착했다. 이곳 귀지는 안휘성을 지나는 장강의 남안에 발달한 항구 도시이다. 올 초[96.1]에도 다녀갔던 곳이다. 그때에는 추포를 탐방하기 위해서였다. 지금은 여름이라 물이 엄청나게 불어 있다. 게다가 장강이 범람하였는지 포구는 물 속에 반쯤 잠겨 있다. 차 통행은 엄두를 내지 못하고 자전거를 빌려 타고 겨우 선착장에 도착했다. 자전거 바퀴가 4분의 3이나 잠기는데도 물 속을 걷는 것보다는 낫다고 하여 빌린 것이다. 이곳 사람들은 여름철에는 가끔씩 겪은 일처럼 대수롭지 않게 여기는 듯하다. 심지어 어떤 아낙네는 이 물에 세면하고 양치도 한다. 지난 겨울에 들렀던 귀지의 모습은 전혀 알아볼 수가 없는 지경이 된 것이다.

이 귀지항에서 구강으로 가기 위해 여객선을 황급히 타고 보니, 우리가 들어야 할 방[1등실]을 상해에서 온 사람들이 먼저 차지하고 있었다. 복무원에게 항의를 해 보았으나 전혀 먹혀 들지 않는다. 이미 가이드는 가 버리고 없고 필담으로는 뜻 전달이 제대로 안 되니 어쩔 수 없이 격이 낮은 다른 방을 쓰게 되었는데 에어컨 설비가 안 된 방이었다. 선상[船上]에 나서 보니 장강은 온통 붉어 흙탕물이 호호탕탕 흐르는데 끝간데를 알지 못하겠다. 이제 장강의 웅대함을 여기서 알게 된다.

이때는 한여름철이다. 선박으로 물을 거슬러 이동하고 있지만 얼마나 덥고 짜증이 나는지 강물에 뛰어들고 싶을 지경이었다. 물 위로 항행하면 강바람도 있지 않을까 했으나 이건 정말 오산이다. 햇빛은 바로 내리 퍼붓고 배 몸체는 달아올라 배 어디엔들 시원한 곳이란 없다. 여름철 양자강은 참으로 습기 가득한 더운 데이다. 그러니 중국의 3대 화덕이라는 중경, 무한, 남경이 전부 양자강 유역에 있는 것이다.

심양루[潯陽樓]

구강은 여산을 등지고 장강을 물고 있다[중국인들은 접해 있다는 뜻으로 물다라는 표현을 잘 쓴

다. 이곳에는 강남의 4대 명루라는 심양루가 있다. 구강을 심양으로도 불렀으니 심양루라는 이름을 얻었다. 이 누각은 당나라 때 처음 주루酒樓-술집로 세워져 1200여 년의 역사를 지니고 있다. 특히 백거이, 위응물, 소동파 등에 의해 더욱 유명해졌고, 수호전의 주인공 송강과 인연이 깊다.

심양루

아침 내내 눈이 내리더니 점심때쯤에는 눈이 그쳤다. 강남이라 눈은 금방 녹아 버린다.

심양루 1층 대청 안에는 수호지의 108두령의 모습을 도자기로 구워 진열해 놓았다. 개개의 형상을 독특하고 개성 있게 만들어 감탄을 자아낸다. 송강, 노지심, 무송, 임충, 이규 그리고 호삼랑 등이 특히 눈에 띈다. 이것들은 중국 도자기 산지의 중심인 경덕진景德鎭에서 특별히 제작한 것이란다. 그리고 양쪽 벽면에는 심양루 송강 음반시潯陽樓松江吟反詩-심양루에서 송강이 반역시를 읊다와 양산박 호한 겁법장梁山泊好漢劫法場-양산박의 호걸들이 형장을 습격하다의 내용을 그린, 거대한 도자기 타일 벽화가 장식되어 있다.

심양루 2층은 충의당忠義堂이라는데 송강이 술에 취해 반시反詩를 지었다는 곳이다. 송강이 그 당시에 어떤 술을 마셨는지 소개하고 있는데 남교풍월藍橋風月이라는 술이었다. 그리고 송강이 반시 쓰는 모습을 그린 족자도 보인다.

마음은 산동 몸은 오땅에	心在山東身在吳심재산동신재오
강호에 떠돌다가 부질없이 한숨만.	飄蓬江海漫嗟吁표봉강해만차우
만약에 다른 날 높은 뜻 이룬다면	他時若遂凌雲志타시약수능운지
내 웃으리 황소도 대장부 아니라고.	敢笑黃巢①不丈夫감소황소불장부

① 황소黃巢, ~884 : 산동山東의 소금을 팔던 상인 출신으로 당나라 말엽의 농민 대반란자이다. 880년 장안을 함락하고 국호를 대제大齊라 하고 제위에 올랐다. 10년만에 난은 평정되나 당唐은 그 후 23년만에 망한다. 당 왕조에 치명적인 영향을 주었던 것이다.

※ 송강이 지은 이 반시는 서강월사西江月詞이다.

3층은 다실茶室로 쓰이고 있으며 바깥 구경하기는 가장 좋은 곳이다. 멀리는 여산을 바라보고 가깝게는 장강을 굽어볼 수 있다. 지금은 겨울철이라 그런지 이용객은 보이지 않는다.

수호지에서는 심양루라는 현판 글씨를 소동파가 쓴 것이라고 되어 있다. 지금의 것은 중국불교협회장인 서법가 조박초趙朴初가 쓴 것이라 한다.

심양루는 원래 일개의 주점에 지나지 않았지만 숱한 세월 속에 흥망이 있었다. 최근 1986년에 중건할 때는 수호지의 심양루와 송나라 시대의 청명상하도淸明上河圖를 참고하여 1989년 12월 31일에 준공했다. 설계사는 황학루를 설계한 향흔연向欣然이라는 사람이라고 한다. 1995년 3월에 강택민江澤民이 들러서 휘호를 남겼다고 자랑이다.

겨울철 장강의 수량은 많이 줄어든 느낌이고 싯누런 물 위로 수많은 배들이 오르내리고 있다. 하류쪽으로 2km쯤 아래에 구강장강대교가 위용을 뽐내고 있다. 수호지에서는 낭리백도浪裏白跳 장순張順이 어선을 거느리고 고기잡이를 했다고 하나 지금은 그런 모습은 상상도 할 수 없고 오직 혼탁하고 도도한 흐름만이 이어질 뿐이다.

대충 구경을 마치고 심양루를 나서려니 나를 특이하게 보았던지 50대의 한 여인이 불러 말을 붙인다. 자신을 이 심양루의 책임자라고 소개한다. 책 한 권을 건네주는데, 본인이 집필한 심양루 소개 책자이다. 내게는 크게 도움이 되는 것이어서 여간 고맙지 않았다.

오전에 눈이 엄청나게 내리더니만 오후 되어 지금은 뚝 그쳤다. 시야도 깨끗해지고 멀어졌다.

심양루에서

題潯陽樓제심양루

백거이(당)

白居易(唐)

늘 도연명을 사랑하였는데	常愛陶彭澤①상애도팽택
글의 뜻이 어찌 그리 고상하고 심오한가?	文思何高玄②문사하고현
또 위응물을 기이하다 여겼는데	又怪韋江州③우괴위강주
시정은 역시 맑고 고요하구나.	詩情亦淸閑시정역청한
오늘 아침 이 누각에 올라 보니	今朝登此樓금조등차루
이 두 사람의 시풍이 과연 그러함을 알겠노라.	有以知其然유이지기연
대강은 차가워 바닥이 보이며	大江寒見底대강한견저
여산은 푸르러 하늘에 기대도다.	匡山④靑倚天광산청의천
깊은 밤 분포에 달빛이 일렁이고	深夜湓浦⑤月 심야분포월
새벽의 향로봉에 안개가 감도네.	平旦爐峰⑥煙평단노봉연
이런 맑은 광채와 신령한 기운은	淸輝與靈氣청휘여영기
조석으로 문장과 시편을 제공하누나.	日夕供文篇일석공문편
나는 이 두 시인의 재질에 못 미치니	我無二人才아무이인재
무엇을 위해 이곳에 왔는가?	孰爲來其間숙위래기간
누에 올라 우연히 시구를 이루니	因高偶成句인고우성구
부앙하며 강산에 부끄러울 뿐이라.	俯仰⑦愧江山부앙괴강산

---

① 도팽택陶彭澤 : 도연명을 말한다. 팽택의 현령을 지냈기에 붙여진 이름이다.

② 고현高玄 : 높고 멀다. 고상하고 심오하다.

③ 위강주韋江州 : 당나라 시인 위응물韋應物을 말한다. 한때 강주 자사로 있었다. 강주는 구강이다.

④ 광산匡山 : 여산.

⑤ 분포湓浦 : 지명, 구강현의 서쪽에 분수湓水가 장강으로 흘러드는 곳이다.
⑥ 노봉爐峰 : 여산의 향로봉香爐峰을 말한다.
⑦ 부앙俯仰 : 굽어보고 우러러보다.

부임하여 서울의 여러 아우들과 회남淮南의 자제들에게

登郡寄京師諸季淮南子弟 등군기경사제계회남자제

위응물(당)

韋應物(唐)

처음에 영양의 태수직 그만두고
또다시 심양루에 와 누웠도다.
높이 달린 난간에 찬비가 흩날리고
위태한 성가퀴 강물로 떨어질 듯.

始罷永陽守 시파영양수
復臥潯陽樓 부와심양루
懸檻飄寒雨 현함표한우
危堞①侵②江流 위첩침강류

이곳에서 밤 기러기 소리 들으니
거듭 이별의 가을을 느끼노라.
한갓 술잔을 가득 채워
온갖 시름을 누를 뿐이라.

迨茲聞雁夜 태자문안야
重憶別離秋 중억별리추
徒有盈樽酒 도유영준주
鎮此百端憂 진차백단우

① 위첩危堞 : 높은 성 위에 덧쌓은 담장. 첩堞은 여장女墻이라고도 하는데 우리 말로 성가퀴라 한다.
② 침侵 : 떨어질 듯한 모습을 보이다.

비파정琵琶亭

백낙천이 강주 사마로 좌천되었다는 소식을 듣고

聞白樂天左降江州司馬 문백락천좌항강주사마

원진(당)

元稹(唐)

잔등은 불꽃도 없이 그림자 흔들리는데
그대가 구강으로 좌천된 걸 들었노라.
죽어가는 병 중에 놀라서 일어나 앉으니
바람이 비를 몰아 차가운 창을 들이치누나.

殘燈①無焰影幢幢②잔등무염영당당
此夕聞君謫③九江 차석문군적구강
垂死④病中驚坐起 수사병중경좌기
暗風吹雨入寒窓 암풍취우입한창

① 잔등殘燈 : 꺼져가는 등불.
② 당당幢幢 : 불안정하게 흔들리는 모양.
③ 적謫 : 좌천左遷-중앙에서 지방으로 전근가다.
④ 수사垂死 : 거의 죽게 되다.

※ 백낙천이 한림학사와 좌습유를 역임하고 있을 때, 절도사 이사도李師道가 보낸 자객이 재상 무원형武元衡을 죽이는 사건이 발생하여 도성의 민심이 흉흉하게 되었다. 이때 그는 상소를 올려 범인 체포를 강력히 촉구하였다. 조정의 권신들은 그가 월권한다 하여 불쾌하게 여기고 있던 차에, 그의 어머니가 우물에 빠져 자살한다. 이에 '신정新井'이란 시나 읊었다고 규탄을 받아 결국 강주사마로 좌천된 것이었다.

작가소개 원진(779~831) : 낙양 사람이며 자는 미지微之이다. 원래 선비족의 후예이다. 15세에 명경과明經科에 급제하고서부터 여러 관직을 전전했다. 나중에 재상이 되었지만 성격이 고약하고 행동이 가벼워 조야에 웃음거리가 되더니 얼마 후 파직당한다. 그러나 백거이와는 형제 이상으로 친하여 서로 화답한 시가 많다.

심양루에서 강을 따라 아래로 10여 분 걸으면 구강장강대교 밑을 지나게 된다. 이 거대한 다리는 2층 구조인데 위로는 일반 차량이 통행하고 아래로는 기차가 다니도록 되어 있다. 이 다리 근처에 비파정이 있다.

비파정

심양루와는 달리 담장을 둘러 비파정을 보호하고 있다. 작은 출입문을 통해 들어서면 담처럼 생긴 구조물을 만난다. 비파행 전문을 새겨 놓은 석벽이다. 글씨는 모택동의 것이다. 뒷면에는 비파행과 관련된 그림이 그려져 있다. 이를 비켜 돌아들면 뜰 중앙에 뒷짐을 진 백거이의 흰 대리석 상이 세워져 있다. 이 뒤의 비파정은 2층의 축대 위에 8각 지붕을 하고 있는, 2층 구조의 아담한 누대이다. 지붕에는 아직도 잔설殘雪이 보인다. 회랑에는 비파정과 관련된 비석들이 즐비하다.

원래 백거이가 비파행을 읊은 자리는 여기서 얼마 떨어져 있지 않은 상류 쪽이라는데 그곳에 새로 비파정을 지으려고 부지를 확보해 놨다고 한다. 1200년 전에 백거이가 불후의 명편 '비파행'을 지은 것을 기념하기 위해 세운 것이 오랜 세월에 여러 번의 개축과 소실을 거치다가 심지어는 원래의 제 위치에서 벗어나게 된 것이다.

비파정은 심양루와는 달리 수수하고 단아한 모습을 갖추고 있는 것이 백거이의 인품과 비파행의 이미지를 대변하는 듯하다. 그러나 옆을 지나는 구강대교의 위용에 눌려 어딘지 쓸쓸함을 면치 못하고 있다. 겨울에 찾는 이가 없는 탓도 있겠지만.

비파의 노래

백거이(당)

서序

원화元和 10년, 내가 구강군의 사마로 좌천되었다. 그 이듬해 가을에 손님을 분포구湓浦口에서 보내는데, 밤에 배에서 비파 타는 것을 들었다. 그 소리를 들으니 그 맑음이 도성의 음색이 있었다. 그에게 물으니 자기는 본디 장안의 기녀라고 한다. 일찍이 비파를 목穆과 조曹 두 사람의 명수名手에게 배웠으나, 나이 많고 얼굴색이 쇠하여서 상인에게 몸을 맡겨 그 아내가 되었다고 한다. 마침내 술자리에 앉기를 청하고 쾌히 몇 곡을 타게 하였다. 곡을 끝내고, 가련하게도 스스로 젊었을 때의 환락의 일과 지금 표박하고 초췌하여 강호 사이에 떠돌던 이야기를 하더라. 내가 조정에서 물러난 지 이 년이 되었으나 태연히 스스로 편안하였는데, 이 사람의 말을 듣고 감동되어 오늘 저녁에 비로소 귀양살이 온 심정을 깨닫게 되었다. 이 때문에 장구長句의 노래를 지어 이 사람에게 주기로 하니 무릇 616언言이요, 이름하여 비파행이라.

琵琶行 비파행

白居易(唐)

序

元和①十年 원화십년 予左遷九江郡司馬 여좌천구강군사마 明年秋送客湓浦口 ②명년추송객분포구 聞舟中夜彈琵琶者 문주중야탄비파자 聽其音 청기음 錚錚③然有京都聲 쟁쟁연유경도성 問其人 문기인 本長安倡女 본장안창녀 嘗學琵琶於穆曹二善才 ④상학비파어목조이선재 年長色衰 연장색쇠 委身爲賈人婦 위신위가인부 遂命酒 수명주 使快彈數曲 사쾌탄수곡 曲罷憫然 곡파민연 自敍少小時歡樂事 자서소소시환락사 今漂淪⑤憔悴 금표륜초췌 轉徙於江湖間 전도어강호간 予出官⑥二年 여출관이년 恬然⑦념연 自安 자안 感斯人言 감사인언 是夕 시석 始覺有遷謫意 ⑧시각유천적의 因爲長句歌以贈之 인위장구가이증지 凡六百一十六言 범육백일십육언 命曰琵琶行 명왈비파행

심양강 기슭에서 밤에 손님 보내려니
단풍잎과 갈대꽃이 가을 소리에 쓸쓸하다.

潯陽江⑨頭夜送客 심양강두야송객
楓葉荻花秋瑟瑟 풍엽적화추슬슬

주인은 말에서 내리고 손은 배에 오르는데
술잔 들어 마시려니 음악 소리 없구나.

主人下馬客在船 주인하마객재선
擧酒欲飮無管絃 거주욕음무관현

취해도 즐겁잖고 쓸쓸히 작별하려니
아득히 강에는 달이 홀로 잠기더라.

醉不成歡慘將別 취불성환참장별
別時茫茫江浸月 별시망망강침월

그때 문득 강 위에서 비파소리 들리니
주인은 돌아갈 줄 모르고 손도 떠나지 못한다.

忽聞水上琵琶聲 홀문수상비파성
主人忘歸客不發 주인망귀객불발

소리 찾아 곡 타는 자 누구냐고 물으니
비파 소리 그치고 대답은 더디었다.

尋聲暗問⑩彈者誰 심성암문탄자수
琵琶聲停欲語遲 비파성정욕어지

배를 옮겨 가까이 맞이하여 볼 적에
술 더하고 불 밝혀 다시 술자리 열었다.

移船相近邀相見 이선상근요상견
添酒回燈⑪重開宴 첨주회등중개연

몇 번이나 불러서야 비로소 나오는데
아직도 비파 안고 반은 얼굴 가리더라.

千呼萬喚始出來 천호만환시출래
猶抱琵琶半遮面 유포비파반차면

축 굴리고 줄을 골라 두세 번 소리 내니
곡조를 타기도 전에 정이 먼저 움직인다.

轉軸[12]撥絃三兩聲 전축발현삼량성
未成曲調先有情 미성곡조선유정

줄마다 누르니 소리마다 사연이고
평생의 못다한 한 호소하는 듯하여라.

絃絃掩抑[13]聲聲思 현현엄억성성사
似訴平生不得志 사소평생불득지

아미 숙여 손가는 대로 잇고 이어 비파 타니
심중의 무한한 사연 남김없이 풀어 놓네.

低眉信手[14]續續彈 저미신수속속탄
說盡心中無限事 설진심중무한사

가볍게 느리게 지우다가 다시 뽑고
처음에는 예상곡이요 뒤에는 육요곡이라.

輕攏慢撚抹復挑[15] 경롱만년말부도
初爲霓裳[16]後六么[17] 초위예상후륙요

큰 줄은 소나기처럼 시끄럽고
가는 줄은 속삭이듯 가늘구나.

大絃嘈嘈[18]如急雨 대현조조여급우
小絃切切如私語 소현절절여사어

시끄럽고 가늘게 뒤섞여 타는데
큰 구슬 작은 구슬 옥 쟁반에 떨어지듯.

嘈嘈切切[19]錯雜彈 조조절절착잡탄
大珠小珠落玉盤 대주소주락옥반

꾀꼬리 예쁜 소리 꽃 아래로 미끌어지듯
샘물이 그윽히 울면서 여울로 내려가듯.

間關[20]鶯語花底滑 간관앵어화저활
幽咽泉流氷下灘 유인천류빙하탄

샘물이 그치는 듯 줄이 잠시 멈추니
끊어져 통하지 못해 소리 잠깐 멎었네.

水泉冷澁絃凝絶 수천랭삽현응절
凝絶[21]不通聲漸歇 응절불통성점헐

그윽한 시름에 남모르는 한 있으니
이때 소리 없음이 있음보다 더 비감해라.

別有幽愁暗恨生 별유유수암한생
此時無聲勝有聲 차시무성승유성

갑자기 은병이 깨져 물이 쏟아져 흩어지고

銀甁乍破水漿迸 은병사파수장병

철기병이 튀어나와 창칼을 울리는 듯.
鐵騎突出刀槍鳴 철기돌출도창명

곡 마치자 발[撥]을 잡고 비파 가운데 그으니
네 줄이 한소리 내며 비단을 찢는 듯.
曲終收撥當心畫[22] 곡종수발당심화
四絃一聲如裂帛 사현일성여렬백

동서의 배들도 조용히 말이 없고
오로지 강심에 가을 달만 밝았더라.
東船西舫悄無言 동선서방초무언
唯見江心秋月白 유견강심추월백

생각에 잠기며 발을 놓아 줄에 꽂고
옷매무새 정돈하고 얼굴빛을 고치더니,
沈吟放撥[23]挿絃中 침음방발삽현중
整頓衣裳起斂容 정돈의상기렴용

스스로 말하되 저는 본디 서울 여자
집은 하막릉 아래였는데,
自言本是京城[24]女 자언본시경성녀
家在蝦蟆陵[25]下住 가재하마릉하주

일찍이 열세 살에 비파를 다 배우고
이름은 교방의 제일부에 속했다오.
十三學得琵琶成 십삼학득비파성
名屬教坊[26]第一部 명속교방제일부

곡이 끝나면 언제나 악사들도 탄복했고
화장하고 나서면 기녀들의 질투를 받았으며,
曲罷曾教善才服 곡파증교선재복
粧成每被秋娘[27]妬 장성매피추랑투

오릉의 젊은이들 다투어 화대 주고
한 곡조에 붉은 비단 셀 수 없이 많았다오.
五陵[28]年少爭纏頭[29] 오릉년소쟁전두
一曲紅綃[30]不知數 일곡홍초불지수

금비녀 은비녀 박자 치다 부서지고
선홍 빛 비단 치마 술 엎어 더럽히고,
鈿頭銀篦[31]擊節[32]碎 전두은비격절쇄
血色羅裙[33]飜酒汚 혈색라군번주오

금년의 기쁜 웃음 내년에도 또 있을 거라
가을 달 봄바람을 소홀히 보냈다오.
今年歡笑復明年 금년환소부명년
秋月春風等閑[34]度 추월춘풍등한도

동생은 군에 가고 수양 어미 죽었으니
저녁 가고 아침 오니 얼굴빛은 늙어져서,
弟走從軍阿姨[35]死 제주종군아이사
暮去朝來顏色故 모거조래안색고

문 앞이 냉랭하고 수레는 드물어져	門前冷落㊱車馬㊲稀 문전랭락거마희
늙은 몸이 시집가서 장사치의 아내라오.	老大嫁作商人婦 로대가작상인부
장사꾼은 이익에 무겁고 이별에는 가벼워	商人重利輕別離 상인중리경별리
지난달 부량으로 차를 사러 갔다오.	前月浮梁㊳買茶去 전월부량매다거
강나루를 오가며 빈 배만 지키는데	去來江口守空船 거래강구수공선
뱃전에는 달이 밝고 강물은 차더이다.	繞船月明江水寒 요선월명강수한
깊은 밤 홀연히 젊은 날 꿈꿀 적엔	夜深忽夢少年事 야심홀몽소년사
분 묻은 눈물이 끝없이 흘렀다오.	夢啼妝淚紅闌干㊴ 몽제장루홍란간
비파소리 듣고서 이미 탄식했더니	我聞琵琶已嘆息 아문비파이탄식
이 이야기 들으니 거듭 안타깝도다.	又聞此語重唧唧㊵ 우문차어중즐즐
우리 둘은 하늘 끝에 불행한 사람이라	同是天涯淪落人 동시천애륜락인
만남이 반드시 일찍이어야 하는가?	相逢何必曾相識 상봉하필증상식
이 몸은 작년에 도성을 떠난 후로	我從去年辭帝京 아종거년사제경
심양성에 귀양와서 병들어 누었더니,	謫居臥病潯陽城 적거와병심양성
심양 땅 외진 곳에 음악이 없었으니	潯陽地僻無音樂 심양지벽무음악
일년 내내 관현악 소리 듣지 못했다.	終歲不聞絲竹聲 종세불문사죽성
집 근처 분강의 땅 낮고도 습하여	住近湓江地低濕 주근분강지저습
누런 갈대 참대나무 집을 둘러 자란다.	黃蘆苦竹㊶繞宅生 황로고죽요댁생
이 가운데 조석으로 무엇을 듣겠는가?	其間旦暮聞何物 기간단모문하물
두견새의 피 울음 잔나비 슬픈 울음.	杜鵑啼血猿哀鳴 두견제혈원애명
봄 강에 꽃 피는 아침 가을에 달뜨는 저녁	春江花朝秋月夜 춘강화조추월야

이따금 술 가져다 혼자서 기울였네. 往往取酒還獨傾 왕왕취주환독경

산 노래 촌 피리 어찌 없을까마는 豈無山歌與村笛 기무산가여촌적
곡조가 맞지 않고 조잡하여 듣기 어려워, 嘔啞㊷嘲哳㊸難爲聽 구아조찰난위청

오늘 밤에 그대의 비파소리 듣고 나니 今夜聞君琵琶語 금야문군비파어
신선 음악 들은 듯 귀 한때 맑았더라. 如聽仙樂耳暫明 여청선악이잠명

사양 말고 다시 앉아 한 곡조 타 준다면 莫辭更坐彈一曲 막사경좌탄일곡
비파소리 본떠서 그대 위해 비파노래 지으리다. 爲君翻作㊹琵琶行 위군번작비파행

내 말에 감동하여 오래도록 서 있다가 感我此言良久㊺立 감아차언량구립
다시 앉아 줄 당기니 갈수록 급박하다. 卻坐㊻促絃㊼絃轉急 극좌촉현현전급

구성진 음조는 아까 소리 같지 않아 凄凄不似向前聲 처처불사향전성
모든 사람 그를 듣고 얼굴 가려 울음 우네. 滿座重聞皆掩泣 만좌중문개엄읍

좌중에 흘린 눈물 누가 가장 많던고? 座中泣下誰最多 좌중읍하수최다
강주사마 청삼이 눈물에 젖었구나. 江州司馬靑衫㊽濕 강주사마청삼습

---

① 원화元和 10년 : 원화는 당나라 헌종憲宗의 연호이며, 원화 10년은 서기 815년이다. 우리나라는 신라 헌덕왕憲德王 7년이다. 백거이 나이 44세이며 강주사마江州司馬로 좌천되었다.
② 분포구湓浦口 : 분강이 장강으로 흘러드는 곳. 구강현 서쪽에 있다.
③ 쟁쟁錚錚 : 쇠붙이의 높고 맑은 소리. 한나라 광무제가 서선徐宣에게 "경은 철 중에 쟁쟁이다"라고 했다. 그래서 남보다 뛰어남을 일컬을 때 쓴다.
④ 선재善才 : 악곡의 사장師匠 또는 명인名人.
⑤ 표륜漂淪 : 유랑하여 그 존재가 묻히다.
⑥ 출관出官 : 지방관이 되어 외직外職으로 물러나다.
⑦ 념연恬然 : 마음이 편안한 모양. 태연하다.
⑧ 천적의遷謫意 : 귀양살이하는 쓸쓸한 마음.
⑨ 심양강潯陽江 : 강서성江西省 구강현九江縣 북쪽 지역의 장강 일대를 심양강이라

부른다.

⑩ 암문[暗問] : 대강 짐작하여 소리쳐서 물어 보다.

⑪ 회등[回燈] : 등불을 옮기다.

⑫ 전축[轉軸] : 줄을 고르고 음조[音調]를 맞추다.

⑬ 엄억[掩抑] : 낮추어 누름. 낮고 가라앉은 음성.

⑭ 신수[信手] : 손 가는 대로.

⑮ 경롱만연말부도[輕攏慢撚抹復挑] : 여기서 「攏, 撚, 抹, 挑」는 비파 타는 기법이다.

⑯ 예상[霓裳] : 霓裳羽衣曲[예상우의곡]. 당나라 현종이 지은 서역풍[西域風]의 춤곡.

⑰ 육요[六么] : 곡명[曲名].

⑱ 조조[嘈嘈] : 소리가 시끄럽고 급하다.

⑲ 절절[切切] : 소리가 가늘게 이어지다.

⑳ 간관[間關] : 아름다운 새소리.

㉑ 응절[凝絶] : 물이 얼어 흐름이 그치는 것처럼 음악 소리가 뚝 그치다.

㉒ 당심획[當心畫] : 비파의 가운데를 좍 긁다.

㉓ 발[撥] : 비파 타는데 쓰이는 기구.

㉔ 경성[京城] : 장안[長安].

㉕ 하마릉[蝦蟆陵] : 하마릉[下馬陵]과 통한다. 한[漢]나라 동중서[董仲舒]의 무덤이다. 한무제[漢武帝]도 이 묘 앞에서는 말에서 내렸기에 이같이 이름이 붙여졌다. 하마[蝦蟆]는 청개구리란 뜻이다.

㉖ 교방[教坊] : 당나라 때 가기[歌妓]들을 교육하던 곳.

㉗ 추랑[秋娘] : 금릉[金陵]의 두추랑[杜秋娘]같이 아름다운 명기[名妓].

㉘ 오릉[五陵] : 장안성 북쪽의 5개의 능묘. 귀족들과 부호들이 살았던 곳.

㉙ 전두[纏頭] : 기녀들에게 상으로 주는 화대.

㉚ 홍초[紅綃] : 붉은 명주와 비단.

㉛ 전두은비[鈿頭銀篦] : 부녀자들의 머리 장식, 비녀류.

㉜ 격절[擊節] : 쳐서 박자를 맞추다.

㉝ 나군[羅裙] : 비단 치마.

㉞ 등한[等閑] : 아무렇지도 않게. 무심히.

㉟ 아이[阿姨] : 기류[妓類] 세계의 수양어미.

㊱ 냉락[冷落] : 쓸쓸하게 몰락하다. 살림이나 세력 따위가 보잘것없이 찌부러지다.

㊲ 거마[車馬] : 수레와 말. 여기서는 귀족들과 부호 손님들.

㊳ 부량[浮梁] : 강서성 파양현[鄱陽縣] 동북쪽 즉 지금의 경덕진[景德鎭].

㊴ 난간[闌干] : 눈물이 마구 흘러내리다.

㊵ 즉즉[喞喞] : 거듭 탄식하다.
㊶ 고죽[苦竹] : 참대나무.
㊷ 구아[嘔啞] : 어린아이가 말 배우는 소리 즉 박자에 맞지 않는 소리.
㊸ 조찰[嘲哳] : 나쁜 새소리. 조잡한 소리.
㊹ 번작[翻作] : 비파소리를 본떠서 시를 짓다.
㊺ 양구[良久] : 조금 뒤.
㊻ 극좌[郤坐] : 원래 자리로 돌아오다.
㊼ 촉현[促絃] : 줄을 팽팽하게 당기다.
㊽ 청삼[靑衫] : 당나라 때 하급 벼슬아치의 옷.

나는 이 백낙천의 이 비파행을 읽을 때마다 연상되어 떠오르는 바가 있었다. 그것은 바로 우리나라의 천재 시인 김소월의 '팔베개'라는 시이다. 시인의 처지며 시의 창작 동기 및 등장하는 여인의 신분과 신세 등이 비파행의 그것과 유사하면서도 가슴을 저미는 것이 많이 다르지 않기 때문이다.

팔베개 노래조[調]

김소월(한국)

이러구러 제돐이 왔구나. 지난 갑자년[①甲子年] 가을이러라. 내가 일찍이 일이 있어 영변읍[寧邊邑]에 갔을 때, 내 성벽[性癖]에 맞추어 성내[城內]치고도 어떤 외따른 집을 찾아 묵고 있으려니 그 속에 한낱 친지도 없는지라, 할 수 없이 밤이면 추야장 나그네방 찬자리에 갇히어 마주 보나니 잦는 듯한 등불이 그물러질까 겁나고, 하느니 생각은 근심되어 이리 뒤적 저리 뒤적 잠 못들어 할 제, 그 쓸쓸한 정경이 실로 견디어 지내기 어려웠을레라. 다만 때때로 시멋없이 그늘진 뜰가를 혼자 두루 거닐고는 할 뿐이었노라.

그렇게 지나기를 며칠에 하루는 때도 짙어가는 초밤, 어둑한 네거리 잠자는 집들은 인기[人氣]가 끊겼고 초생[初生]의 갈구리달 재넘어 걸렸으매, 다만 이따금씩 지나는 한두 사람의 발자취 소리가 고요한 골목길 시커먼 밤빛을 드둘출 뿐이러니, 문득 격장[隔墻]에 가만히 부르는 노래 청원처절[②淸怨凄絶]하여 사뭇 오는 찬 서리 밤빛을 재촉하는 듯, 고요히 귀를 기울이매 그 가사[歌詞]됨이 새롭고도 절박함은 이른 봄의 지새는 새벽 적막한 상두[③狀頭]의 그늘진 화병에 분분[④芬芬]하는 홍매꽃 한가지일 시 분명하고, 율조[律調]의 고조[高低]와 단속[⑤斷續]에 따르는 풍부한 풍정[⑥風情]은 마치 천석[⑦泉石]의 우멍구멍[⑧]한 산길을 헌방지방[⑨] 오르내리는 듯한 감이 바이없지 않은지라, 꽤 사정 있는 사람으로 하여금 그윽한 눈물에 옷깃 젖음을 깨닫지 못하게 하였을레라.

이윽고 그 한밤은 더더구나 빨리도 자취없이 잃어진 그 노래의 여운이 외로운 베갯머리 귀밑을 울리는 듯하여, 본래부터 꿈많은 선잠도 슬픔에 지치도록 밤이 밝아, 먼 동이 훤하게 눈터 올 때에야 비로소 고달픈 내 눈을 잠시 붙였었노라.

두어 열흘 동안에 그 노래 주인과 숙면[⑩熟面]을 이루니 금년으로 하여 스물 하나, 당년에 갓 스물, 몸은 기생이었을레라.

하루는 그 기녀[妓女] 저녁에 찾아와 이런 이야기 저런 이야기로 밤 보내던 끝에, 자기 신세에 미치매 잠깐 낯을 붉히고 하는 말이, 내 고향은 진주[晋州]요 아버지는 정신 없는 사람되어 간 곳을 모르고, 그러노라니 제 나이가 열 세 살에 어머니가 제 몸을 어떤 호남 행상[湖南行商]에게 팔아 당신의 후살이[⑪] 밑천을 삼으니, 그로부터 뿌리 없는 한몸이 청루[⑫青樓]에 영락[⑬零落]하여 동표서박[⑭東漂西泊]할제, 얼울 없는 종적이 남으로 문사[門司], 향항[⑮香港]이며, 북으로 대련[大連], 천진[天津]에 화조월석[花朝月夕]의 눈물 궂은 생애가 예까지 구을러 온 지도 이미 반년 가까이 되었노라 하며, 하던 말끝을 미처 거듭지 못하고 걷잡지 못할 설움에 엎드러져 느껴 가며 울었을러니, 이 마치 길이 자 한치 날카로운 칼로 사나이 몸에 아홉 구비 굵은 심장을 끊고 찌르는 애달픈 뜬 세상 일의 한가지 본보기라고 할런가.

있다가 이윽고 밤이 깊어 들어갈 즈음에 다시 이르되 기명[妓名]은 채란이로라 하였더니라. 이 '팔베게 노래' 조는 채란이가 부르던 노래니, 내가 영변[寧邊]을 떠날 임시하여 빌어, 그의 친수[親手]로써 기록하여 가지고 돌아왔음이라. 무슨 내가 이 노래를 가져 감히 제대방가[⑯諸大方家]의 시적안목[詩的眼目]을 욕되게 하고자 함도 아닐진댄, 하물며 이맛 정성위음[⑰鄭聲衛音]의 현란스러움으로써 예술의 신엄한 궁전에야 하마 그 문전에 첫발걸음을 건들어 놓아 보고자 하는 참람[⑱僭濫]한 의사를 어찌 바늘끝만큼인들 염두에 둘 리 있으리오마는, 역시 이 노래 야비한 세속의 부경[⑲浮輕]한 일단을 칭도[⑳稱道]함에 지나지 못한다는 비난에 마출지라도 나 또한 구태어 그에 대한 둔사㉑遁辭도 하지 아니 하려니와, 그 이상 무엇이든지 사양없이 받으려 하나니, 다만 지금도 매양 내 잠 아니 오는 긴 밤에와 나 홀로 거닐으는 감도는 들길에서 가만히 이 노래를 읊으면, 스스로 금치 못할 가련한 느낌이 있음을 취하였을 뿐이라. 이에 그래도 내어버리랴 버리지 못하고 이 노래를 세상에 전하노니, 지금 이 자리에 지나간 그 옛날 일을 다시 한번 끌어내어 생각하지 아니치 못하여 하노라.

---

① 갑자년甲子年 : 서기 1924년이며 김소월의 나이는 23세였다. 산유화山有花를 이 해에 지었고, 동인지 영대靈台의 동인으로도 활약했다.
② 청원처절淸怨凄絶 : 맑은 원망이 애처롭다.
③ 상두牀頭 : 방의 윗목.
④ 분분芬芬 : 향기가 높은 모양.
⑤ 단속斷續 : 끊어지고 이어지다.
⑥ 풍정風情 : 정회, 감정.
⑦ 천석泉石 : 물과 돌이 있는 경치.
⑧ 우멍구멍 : 울퉁불퉁한.
⑨ 헌방지방 : 천방지축, 허둥지둥.
⑩ 숙면熟面 : 낯 익은 얼굴
⑪ 후살이 : 여자가 개가다시 시집가다하여 사는 일.
⑫ 청루靑樓 : 화류계花柳界의 여자들이 거처하는 집. 기녀집.
⑬ 영락零落 : 살림이나 세력 따위가 보잘것없이 찌부러지다. 쓸쓸히 몰락하다.
⑭ 동표서박東漂西泊 : 이리 저리 떠돌아다니다.
⑮ 향항香港 : 홍콩.
⑯ 제대방가諸大方家 : 여러 대가大家들.
⑰ 정성위음鄭聲衛音 : 중국 춘추 시대 정나라와 위나라의 소리와 음악, 음란하고 야비한 음악.
⑱ 참람僭濫 : 분수에 지나치게 함부로 하다.
⑲ 부경浮輕 : 말이나 행동이 경솔하다.
⑳ 칭도稱道 : 칭찬하여 말하다.
㉑ 둔사遁辭 : 빠져 나가려고 꾸며대는 말.

팔베개 노래

첫날에 길동무
만나기 쉬운가
가다가 만나서
길동무 되지요.

날 그르다 말아라
가장家長임만 임이랴
오다가다 만나도
정붙이면 님이지.

화문석花紋席 돗자리
놋촛대 그늘엔
七十년 고락을
다짐 둔 팔베개.

드나는 곁방의
미닫이 소리라
우리는 하룻밤
빌어 얻은 팔베개.

조선의 강산아
네가 그리 좁더냐
삼천 리 서도를
끝까지 왔노라.

삼천 리 서도를
내가 여기 왜 왔나
남포南浦의 사공님
날 실어다 주었소.

집 뒷산 솔밭에
버섯 따던 동무야
어느 뉘집 가문에
시집가서 사느냐.

영남嶺南의 진주는
자라난 내 고향
부모 없는
고향이라우.

오늘은 하룻밤
단잠의 팔베개
내일은 상사相思의
거문고 베개라.

첫 닭아 꼬꾸요
목놓지 말아라
품속에 있던 임
길 차비 차릴라.

두루두루 살펴도
금강金剛 단발령[①]斷髮嶺
고갯길도 없는 몸
나는 어찌 하라우.

영남의 진주는
자라난 내 고향
돌아갈 고향은
우리 임의 팔베개.

---

① 단발령斷髮嶺 : 강원도 김화군과 회양군 경계에 있는 고개834m. 금강산에 들

려면 이를 꼭 넘어야 했다. 신라 말 마의태자麻衣太子가 금강산에 입산할 때 출가하기 위해 머리를 삭발하였다고 해서 이름지어졌다.

작가소개 김소월 (金素月, 1902~1934) : 본명은 정식廷湜이다. 본관은 공주이며 평안북도 구성 출신이다. 1916년 오산학교 재학 중에 결혼했다. 3.1독립운동으로 오산학교가 문을 닫자 배재고보에 5학년으로 편입해서 졸업했다. 1923년 도쿄상업대학에 입학했으나 이해 9월에 관동대지진이 발생하여 중퇴하고 귀국했다. 1924년에 영대 동인으로 활약했고 1925년에 시집 진달래꽃을 내었다. 구성군 남시에서 동아일보 지국을 경영했으나 실패하는 바람에 정신적 큰 타격을 입고 실의에 빠져 지내다가 1934년 음독 자살했다. 1977년 그의 시작 노트가 발견되었는데 여기에 실린 시 중에는 그의 스승인 김억의 이름으로 발표된 것들이 있어 사람들을 놀라게 했다.

제20장 여산廬山

동림사東林寺

강 길에서	江行無題강행무제
전기(당)	錢起(唐)
(1)	(1)
지척에서 쓸쓸히 비바람 치니	咫尺愁風雨지척수풍우
여산에 오르지를 못 하겠네.	匡廬①不可登광여불가등
궁금해라, 구름 안개 깊은 굴에	祇疑雲霧窟지의운무굴
아직도 육조 스님 계시는지.	猶有六朝僧②유유육조승

① 광려匡廬 : 여산은 광려산에서 유래한다.
② 육조승六朝僧 : 동림사의 창건 스님인 혜원慧遠을 말한다.

(2)	(2)
편안히 자고 나니 조각배가 가볍고	穩睡葉舟輕온수엽주경
바람이 고요하니 물결이 일지 않네.	風微浪不驚풍미랑불경
가는 대로 갈대 숲에 배 대고 보니	任君①蘆葦②岸임군노위안
밤새도록 가을 소리만 들리누나.	終夜動秋聲종야동추성

① 임군任君 : 그대에게 맡기다. 여기서 군君은 특정한 사람을 지칭하는 것은 아니다.
② 노위蘆葦 : 갈대.

작가소개 전기(錢起 710?~780?) : 자는 중문仲文이며 절강성의 오흥吳興-지금 호주시(湖州市) 사람이다. 당나라 천보 10년751년에 과거에 급제했다. 과거 보러 가는 길에 경구京口-지금 진강(鎭江에서 하루 지낼 때, 밤에 "曲終人不見 江上數峰靑노래 그치자 사람들 보이지 않고, 강 위에 여러 봉우리만 푸르도다"이란 시구를 읊은 자가 있었다. 도성에서 과거 시험 볼 때 시제가 상령고슬湘靈鼓瑟-상수의 혼령이 거문고를 타다이었는데 위 시구로 낙구落句-마지막 끝 구로 삼아 끝을 맺었다. 시험관이 한참 음미하고는 "이는 귀신의 도움을 받은 것이다"라고 했다. 왕유王維도 그의 시격을 높이 평가했다고 한다.

구강시 외곽에 있는 백록白鹿호텔에서 승용차로 2~30분 가량 가면 여산 기슭에 자리잡은 서림사西林寺와 동림사東林寺에 이를 수 있다. 이 두 절은 여산을 중심으로 동서로 나뉘어 있는 줄 알았더니 가까이 이웃하고 있는 절이었다. 가다 보면 서림사를 먼저 만난다. 큰 탑을 거느리고 있는 고찰인데 동림사보다 9년 먼저 세워졌다고 한다. 남조의 동진 시대인 377년에 고승 혜영慧永이 창건한 절이다. 서림사는 내가 지목한 답사의 대상이 아니어서 그냥 대문에서 안만 들여다보고 동림사로 향했다. 추운 아침 눈발 속에 서림사탑만 우두커니 우리를 내려보고 있었다.

서림사西林寺 벽에 쓰다.

소식(송)

가로 보면 준령이요 세로 보면 기봉이라
원근과 고저에 따라 그 모양이 같지 않네.
여산의 진면목을 알 수 없으니
다만 몸이 산중에 있어서인가?

題西林壁제서림벽

蘇軾(宋)

橫看成嶺側成峰횡간성령측성봉
遠近高低各不同원근고저각부동
不識廬山眞面目①불식려산진면목
只緣身在此山中지록신재차산중

① 진면목眞面目 : 참다운 모습. 조선 시대 송강 정철은 관동별곡에서, 금강산에 올라 '여산 진면목이 여기서 다 보인다'라고 노래했다.

작가소개 소식(蘇軾 1036~1101) : 사천성 미산 출신이다. 자는 자첨이고 호는 동파이다. 아버지 소순과 아우 소철과 더불어 '3소'라 불린다. 왕안석의 신법에 반대하다가 조정에서 밀려 주로 지방 관리로 전전하였다. 20살에 상경하여 그 이듬해 동생과 함께 나란히 진사에 급제하였다. 이때 시험 감독관인 구양수가 소식을 1등으로 뽑으려 했으나 답안지의 문체가 그의 제자인 증공의 것인 듯하여 제쳐 놓았기에 2등으로 합격했다. 호북성 황주(지금의 황강현)의 적벽(적벽대전의 적벽은 아님)에서 지은 전후 적벽부는 최고의 명편이다. '3소'는 당송8대가이다.

아침부터 내리던 눈이 산 가까이에 이르니 엄청나게 쏟아지고 있었다. 1996년에 이어 이번[2005년 1월 22일]에도 대설을 맞아 본다. 96년 그때에는, 폭설로 인해 월동 장비를 갖춘 대형 버스가 아닌 일반 차량은 아예 산에 못 오르게 통제하였었다. 나무들이 눈을 맞아 가지가 뚝뚝 부러져 나가던 기억이 잊혀지지 않는다. 이곳 중국 땅 이역 만리에서, 그것도 우리 옛 시인들의 동경의 대상이었던 이 여산에서 이런 큰 눈을 만나는 것도 행운이 아닌가 싶다.

동림사는 동진 시대인 386년에 창건되었는데 서림사 동쪽에 있기에 그렇게 이름지어졌다. 절 앞에는 호교[虎橋]라는 다리가 유명하다. 옛 기록에는 다음과 같은 이야기가 전한다.

"동림사는 혜원[慧遠]법사[334~416]가 있던 곳인데 산문 안에 조그마한 개울이 있었다. 혜원이 손을 전송할 때 이 개울을 절대 지나지 않았다. 만약 이곳을 건너기만 하면 반드시 범이 울었다. 그래서 호계[虎溪]라 이름하였다. 어느 날 도연명[陶淵明]과 육수정[陸修靜]을 전송할 때에 이야기를 나누다 무심코 호계를 지나쳐 버렸다. 이때 범 우는 소리를 듣게 되어 서로 대소하였다. 세상에 이를 그림으로 그려 남겼으니 삼소도[三笑圖]라고 전한다."

대웅전 측면에 삼소당이 있어 이 역사적 사실을 기념하고 있고 이 당 앞에는 삼소도의 비석이 세워져 있어 그때의 일을 증명하고 있다.

참고로, 육수정은 남북조 시대 때 오흥[吳興] 사람이다. 명산대천을 두루 편력하다가 아미산에서 신령한 선도[仙道]의 비결을 얻어 신선이 되었다. 그후 강남 지역을 유람하다가 여산에 머물렀다. 477년 3월 2일 육수정이 돌연 죽었는데 시체에 맑은 광채가 나고 향기가 코를 찔렀다. 이때 그의 나이 72세였다. 죽은 지 3일이 지난 후, 옛날 거처로 돌아온 것을 제자들이 보았다고 한다. 마침 구름이 일어나고 바람이 불더니 바위 위에 포대 하나만 남았다고 전하는데 이를 시해선[尸解仙-시체가 분해된 후 신선이 되다]이라 한다.

혜원과 육수정의 생몰 연대를 따져보면 둘은 동시대 사람은 아닌 것이다. 그러고 보면 삼소 이야기는 후인이 만들어 낸 설화인가 싶다.

1987년에 출간된 책자에 보면 동림사 호계교를 찍은 사진이 실려 있다. 거기에는 평범한 아치형 돌다리가 있고 주위에 인가도 보인다. 그러나 지금은 그 다리를 금방 찾을 수 없어 주위에 물어 보니, 지금 발로 딛고 있는 것이 그 다리라 한다. 옛 것과는 엄청나게 달라진 모습이다. 계곡은 보이지 않고 다만 한 연못 위에 다리가 놓여 있는 것처럼 보인다. 물이 흐르는지 마는지 알 수가 없다. 시를 통해 그리고 상상하던 호계는 더 이상 아닌 것 같다.

절 입구의 거대한 사천왕문 안에는 스님 한 분이 추위에 웅크리고 앉아 난로를 쬐고 있는데 중국 고대 그림에서나 보던 행색을 하고 있어 눈길을 끈다. 흡사 도연명이 눈길을 걷던 복장을 하고 있어서이다. 특히 머리에 쓴 벙거지가 더욱 그렇다.

동림사의 스님과 이별하면서	別東林寺僧별동림사승
이백(당)	李白(唐)
동림사의 손 보내는 이 다리는	東林送客處동림송객처
달뜨고 흰 잔나비 우는 데라.	月出白猿啼월출백원제
웃으며 떠나노니 여산은 멀어지고	笑別廬山遠소별려산원
번거롭게 어찌 호계를 넘으리오?	何煩過虎溪하번과호계

※ 지은이가 748년과 749년 사이에 여산에서 노닐 때 지은 것이다.

절에서	僧院승원
석 영일(당)	釋 靈一(唐)
달빛에 이끌려 호계를 넘어가니	虎溪閒月引相過호계한월인상과
눈 맞은 소나무에 덩굴들이 얽혀 있네.	帶雪松枝掛薜蘿①대설송지괘벽라
한없는 청산 이제 끝나가려 하는데	無限青山行欲盡무한청산행욕진
흰 구름 깊은 곳에 늙은 중도 많아라.	白雲深處老僧多백운심처노승다

① 벽라薜蘿 : 덩굴 식물, 칡이나 담쟁이 따위.

작가소개 석 영일(764년 전후 생존) : 본성은 오吳씨이며 광릉廣陵 사람인데 당나라 대종代宗시대에 살았다. 어린 나이에 출가하였고 약야계若耶溪-소흥紹興 남쪽 개울의 운문사雲門寺에 기거했다. 그는 형산衡山과 여산 등 명산을 두루 돌아다니다가 잠산岑山에서 생을 마쳤다.

동림사 앞뜰은 무척 넓은데, 한 곁에 석조 난간을 두른 큰 연못이 하나 있다. 이 절 창건자 혜원 스님이 백련사白蓮社라는 모임을 결성하고자 할 때 사령운謝靈運-동진의 시인, 왕희지의 외손자이 이에 가담하고 싶어했다. 그러나 혜원 스님은 그 결심의 깊이를 알 수 없어 그것을 확인하기 위해 이 연못을 파라고 했다는 전설이 전한다.

동림사

사령운385~433은 어떤 인물인가? 원래 사씨 집안은 동진의 최고 권문 세가인데 그의 종증조從曾祖는 재상을 지낸 사안謝安이고 조부는 비수肥水에서 전진前秦의 부견符堅 군대 100만 명을 대파한 사현謝玄이다. 이때 사현이 강락공康樂公으로 봉해졌기에 손자인 영운도 사강락으로 불렸다. 이 집안은 문학적 재능도 뛰어났으니 사혜련謝惠連,397~435은 그의 동생뻘이고 사조謝朓,464~499는 그의 조카뻘이었다. 그의 할아비 사현이 이런 말을 했다. “내가 아들 환을 낳았지만 환이 영운을 낳은 것이 의심스럽다.” 이처럼 손자의 재능을 놀라워했다.

올겨울 눈은 이것으로 끝내려는 듯이 마음껏 퍼붓는다. 이곳 스님들도 비디오 카메라를 들고 나와, 쉽게 볼 수 없는 눈발 속의 동림사를 담고 있다.

대웅전 왼쪽 밑에 또 하나의 작은 연못이 있는데 이 절 창건과 관련이 있다고 한다. 창건시 목재가 모자라 혜원 스님이 고민을 하고 있을 때 꿈

속에서 '그것은 걱정마라' 하여 깨어 보니 이 연못에서 통나무들이 솟아올랐다는 것이다. 그래서 이름이 출목지出木池이다. 그 옆 담벼락 가까이에 큰 비자나무가 눈 속에서도 오히려 푸른데 이는 창건 당시에 혜원스님이 심은 거란다. 족히 1700여 년은 되었을 것이다. 여산에서는 가장 오래된 나무이다.

중국의 절이 한국의 것보다 웅대해서이겠냐마는, 이 동림사는 역대 주지들이 중국 불교의 중심에서 큰 역할을 했는데다가 도연명, 사령운, 이백 등의 대시인들과의 인연이 깊어서인지 괜히 엄숙함이 느껴지고 존중의 마음이 앞선다.

동림사는 중국 정토종淨土宗의 본산지이다. 일본 불교의 뿌리가 정토종이어서 일본인들이 많이 찾는 절 중에 하나이다.

도연명의 묘소를 찾아가 보자고 현지 가이드에게 졸랐지만 그는 갈 수 없다고 말한다. 한국의 어느 학자 분은 다녀갔다는데 왜 못 가느냐고 다그쳤지만 군부대 경계 안에 있기 때문에 사전에 허가를 받아야 한다는 등 여러 이유를 댄다. 눈 내리는 이 겨울에 자기가 가고 싶지 않고 성의를 보이지 않으니 어쩔 수 없는 노릇이다. 이곳 동림사에서 10km 정도밖에 안 되는 거리라는데 여산에 세 차례나 와서 그곳에 가 볼 수 없다니 섭섭하고 유감스럽기만 하다. 여산의 명인은 도연명을 빼놓을 수 없지 않은가?

도연명은 동림사의 혜원스님과 친하게 지냈다. 혜원이 백련사를 결성한 후 도연명을 초청하자 그는 술 마시는 것을 허락한다면 가겠다고 했다. 혜원이 이를 허락하여 절에 당도했으나 종소리가 귀에 거슬려 그만 되돌아가고 말았다.

도연명의 친구인 안연지顔延之, 384~456가 시안始安 군수가 되어 떠날 때 그에게 2만 전錢을 남겨 주고 작별했다. 그는 거절할 수가 없었다. 그렇다고 성격상 그것을 살림에 보탤 수도 없고 하여, 술집에 맡겨 놓고 돈이 다할 때까지 술을 마셨다는 것이다.

도연명은 술에 취해서는 매우 편안해 하였지만, 결코 겉으로 성내거나 기뻐하는 기색을 보이지 않았다. 술이 없을 때에도 유유자적하였다. 그는 술을 좋아하였지만 상대의 귀천을 따지지 않고 같이 마셨으며, 마시고서 취하면 거리

낌없이 자리를 떠나갔고, 또 자신이 먼저 취하면 "나는 취해 자야겠으니 그대는 가라"라고 했다.

도연명은 술이 익으면 머리에 쓴 갈건葛巾-칡으로 짠 두건을 벗어 술을 거르고, 그리고는 다시 태연하게 머리에 쓰곤 했다.

도연명은 평생에 술을 좋아하고 즐겼다. 술을 마음껏 먹어 보지 못하고 죽는 것을 한탄하였다. 아! 도연명은 진솔하게 자기의 뜻에 따라 삶을 살다 간 진정한 대자유인이었다.

나의 죽음을 애도하며	挽歌①만가
도연명(동진)	陶淵明(東晋)
삶이 있으면 반드시 죽음이 있는 법	有生必有死유생필유사
일찍 마친다고 단명은 아니라네.	早終非命促조종비명촉
어제 저녁 다 같이 사람이었다가	昨暮同爲人작모동위인
오늘 아침 귀신 명부에 올랐더라.	今旦在鬼錄금단재귀록
혼백은 흩어져서 어디로 가나?	魂氣散何之혼기산하지
마른 형해만 빈 관에 누웠는데.	枯形寄空木고형기공목
어린 아이들 아비 찾아 울어 대고	嬌兒索父啼교아색부제
어진 친구들 나를 쓰다듬으며 곡하누나.	良友撫我哭양우무아곡
이해득실을 다시는 알지 못하고	得失不復知득실불부지
시비곡직을 어찌 깨달으리오?	是非安能覺시비안능각
천년 만년 지난 후에	千秋萬歲後천추만세후
어느 누가 영욕을 알 수 있으리?	誰知榮與辱수지영여욕
다만 살아 생전에 한이 있다면	但恨在世時단한재세시
술이 늘 부족했던 것이라네.	飮酒不得足음주불득족

① 만가[挽歌] : 죽은 사람을 애도하는 노래.

작가소개 도연명(365~427) : 이름은 도잠[陶潛]이고 자가 연명이다. 심양[尋陽] 시상[柴桑] 사람이다. 29세에 강주[江州] 좨주[祭酒-공자 문묘에 제례를 맡은 관직]에 임명되었으나 곧 그만두었다. 41세 때 팽택 현령이 되었지만 80여 일만에 사직하고 귀거래사를 지었다. 집 앞에 5그루의 버드나무를 심어 놓았기에 오류[五柳]선생으로 불렸다. 그는 죽을 때까지 술과 자연을 즐기면서 살았다. 진[晋]이 망한 뒤에 절개를 지켜 정절선생[靖節先生]이란 시호를 받았다.

그러나 자식 농사는 잘 짓지를 못한 것 같은데 그 안타까움을 토로한 시가 있다.

자식을 나무라며	責子[책자]
도연명(동진)	陶淵明(東晋)
백발이 이미 양쪽 귀밑을 덮고	白髮被兩鬢[백발피량빈]
살갗은 이제 실하지 않다.	肌膚不復實[기부불부실]
비록 아들 다섯이 있으나	雖有五男兒[수유오남아]
모두 종이와 붓을 좋아 않는다.	總不好紙筆[총불호지필]
서는 이미 나이 열여섯인데	阿舒已二八[아서이이팔]
게으르기 짝이 없고,	懶惰故無匹[라타고무필]
선은 이제 열다섯이 되지만	阿宣行志學[①아선행지학]
글을 좋아하지 않으며,	而不愛文術[②이불애문술]
옹과 단은 열세 살인데도	雍端年十三[옹단년십삼]
육과 칠을 분간 못하고,	不識六與七[불식육여칠]
통이는 아홉 살이 되어가지만	通子垂九齡[통자수구령]
오직 배나 밤만 찾는다.	但覓梨與栗[단멱리여율]

하늘의 운수가 이와 같으니 天運苟如此천운구여차
또다시 잔 속의 술이나 마시자. 且進盃中物③차진배중물

① 지학志學 : 15살. 공자는 나이 15살에 배움에 뜻을 두었다고 했다.
② 문술文術 : 글 재주, 학문.
③ 배중물盃中物 : 잔 속의 물질 곧 술을 의미한다.

자식 둔 아비들한테 위 시는 적잖은 위안도 된다. 이런 위대한 인물도 자식은 뜻대로 어찌할 수 없었음을 알 수 있기 때문이다. 자식도 제 팔자가 있으니 팔자대로 살아야지, 부모의 간여는 한계가 있기 마련이다.

도화원桃花源

동림사에서 차량으로 30~40분 가다 보면 도화원이라는 글씨가 쓰인 큰 석패방을 만난다. 이곳부터가 도연명이 말한 무릉도원 일대임을 알리려고 세운 모양이다. 아스팔트가 끝날 지경에 허름한 관리 사무실 앞에 이르렀다. 눈이 오고 도로 사정이 안 좋으니 되돌아가라고 한다. 한참 망설이는데 저 안쪽에서 승용차 한 대가 나오는 것이다. 그 안쪽의 사정을 물어 보고는 갈 데까지 가보자는 결심을 세워 계속 진입했다. 좌측으로 도로를 따라 큰 개울물이 흐른다. 도화원기桃花源記에 나오는 그 계곡물인가? 갈수기인 겨울이라 유량이 대폭 줄었기에 배를 띄워 저어 오를 수 있는 물인지를 가늠하기가 쉽지 않다.

요즘의 중국학자들은 무릉도원이 중국 내에 두 군데가 있다고 하는데 하나는 이곳 강서성 여산 일대이고, 다른 하나는 호남성에 있는 무릉원이라고 한다. 여하튼 이곳은 전국 시대 말에 진나라에 패한 초나라 군사가 숨어들어 터전을 이룬 데라고 전한다. 실제 여기에는 초나라의 강왕康王의 후손들이 대대로 살아오고 있다는 것이다. 내가 이것을 따져 뭐하겠느냐마는 이곳 학자들은 신뢰할 만한 증거를 제시하고 있다고 한다.

"진시황 24년BC223년에 진나라 대장 왕전王翦이 초나라를 정벌하니 회왕懷王의 아들 웅역熊繹이 여산의 계곡으로 피란했다. 왕전이 급히 추격을 하는데 홀연히 큰 비바람 거세고 하늘에서 천둥이 쳐서 사람과 말이 앞으로 나아갈 수 없었다. 마침내 웅역 일행이 여산 계곡에 숨어들어 나오지 않으니 그 계곡을 강왕곡康王谷이라 이른다"라고 사서에 전한다. 도연명의 도화원기桃花源記 중에서도 "앞 시대에 진나라 때의 난리를 피해 처자식을 거느리고 고을 사람들이 이곳 절경에 들어와서 다시는 나가지 않았다"라고 쓰여 있다. 이런 기록들이 바로 증거들이라는 것이다.

계곡의 시내를 따라 오르다 보면 회마석回馬石-진나라 군사가 말을 돌려 돌아갔다는 곳을 기념하여 세운 비석이며, 문진정問津亭-무릉도원이 어딘지 물어 보았다는 나루의 정자 등이 보인다. 이것들은 다만 이 일대가 무릉도원 지구임을 입증하기 위해 최근에 만들어 세운 것으로 여겨진다.

복숭아 꽃 시내

장욱(당)

들 안개 너머로 높은 다리 은은한데
바위 서쪽 물가에서 어부에게 물어 보네.
복사꽃 온종일 물 따라 흐르는데
도화동은 맑은 계곡 어디쯤에 있는지?

桃花溪도화계

張旭(唐)

隱隱飛橋隔野煙은은비교격야연
石磯西畔問漁船석기서반문어선
桃花盡日隨流水도화진일수유수
洞在淸溪何處邊동재청계하처변

작가소개 장욱(675~750?) : 당나라 때 소주 사람이다. 시에 능하여 하지장賀知章, 장약허張若虛, 포융包融과 함께 오중4사吳中四士라 불렸다. 술을 좋아하고 초서草書에 능했다. 술에 취해서는 머리에 먹을 적셔 미친 듯이 글을 쓰고는 술이 깬 후에 신필神筆이라 했다. 당시에 이백의 시가詩歌와 장욱의 초서와 배민裴旻의 검무劍舞를 3절三絶이라 일컬었다.

매표소에서 비포장 도로를 타고 한 5리 정도 들어가니, 더 이상 차로는 갈 수 없는 곳에 이르렀다. 도중에 승용차 한 대가 눈길에 전복되어 있는 것을 목격하였다. 눈길의 위태함을 직감할 수 있었다. 계곡은 넓고 확 트였으며, 전방은 멀어 보이고, 좌우의 산봉우리는 높고 우뚝하여 여산의 위용을 여지없이 보이고 있다. 이 계곡이 강왕곡康王谷이다. 여산에서 가장 깊고 넓은 계곡이란다.

오른쪽 산허리에서 폭포가 아득히 주렴처럼 걸려 있다. 겨울에도 물이 줄지 않고 꽤 많이 떨어지고 있어 깊은 여산의 진면목을 보는 듯하다. 마을 사람들에게 물어 보니 곡렴천谷簾泉이라 한다. 다성茶聖 육우陸羽가 천하제일천天下第一泉이라고 품평했던 물줄기이다. 송대의 대학자 주희朱熹가 '谷簾泉곡렴천'이라고 새긴 석각이 있다고 하나 가까이 가 볼 수도 없고, 눈 내리는 계곡에서는 더더욱 확인해 볼 길이 없다. 다만 의혹이 있는 것은 육우가 천하제일천으로 진강의 중령천을 꼽아 놓고 왜 이 곡렴천을 또 제일이라고 했는지이다. 물맛의 우열을 가릴 수 없어서인가? 아니면 이미 정해 놓은 것을 바꿀 수가 없어서인가? 수목들이 눈을 맞아 예사롭지 않은 풍치를 자아내는데 특히 대나무 숲이 눈바람에 쓸리는 모습은 더욱 이채롭다.

강왕곡 폭포

주희(송)

나는 듯한 물줄기 하늘에서 내려와
크게 한번 떨어지자 건잡을 수 없네.
바위에서 흩어지니 햇빛이 번쩍이고
계곡에서 뿜어내니 바람소리 높구나.

땔감 주워 절품絶品을 달여 내고서
차 끓이니 구차한 근심조차 풀리누나.
삼가 육 선생께 감사하오니
어느 해 다시 찾아 노닐게 될지?

康王谷水簾강왕곡수렴

朱熹(宋)

飛泉天上來비천천상래
一落散不收일락산불수
披岩日璀璨①피암일최찬
噴壑風颼飀②분학풍수류

採薪炊絶品채신취절품
瀹茗③澆窮愁약명요궁수
敬謝古陸子④경사고륙자
何年復來遊하년부래유

---

① 최찬璀璨 : 반짝 반짝 빛나다.
② 수류颼飀 : 바람이 솔솔 불다.
③ 약명瀹茗 : 찻잎을 데치다.
④ 고륙자古陸子 : 다성茶聖이라 불리는 육우陸羽를 말한다.

작가소개 주희(1131~1200) : 안휘성 출신이다. 19세에 문과에 급제했다. 적국 금나라에 대해 주전론主戰論을 주장했다. 49세에 남강군지사南康軍知事가 되어 백록동서원白鹿洞書院-여산에 있다을 재건했다. 높여 주자朱子라 일컬어진다.

조금 더 가면 초성楚城이 길을 가로막고 있다. 초강왕楚康王의 후예들이 이곳에 성을 쌓고 살면서 초나라의 부흥을 노렸다는 곳인데 최근에 축조한 것으로 보인다. 하여튼 진나라, 초나라와 연관지어 무릉도원임을 과시하기 위한 노력의 일환인 것이다. 안으로 들어서면 다실, 상점, 여관 등이 보인다. 겨울철에 이용객은 없다.

초성

무릉도원이 어찌 꼭 절승이어야만 하는가? 인심이 좋아야 무릉이고 도원이지.

곡령牯嶺

올초 겨울1996.1.24에 예약만 해 놓고 투숙하지 못했던겨울에는 손님이 없어 일시 폐쇄한다 그 '여산대하廬山大厦'에 여장을 풀었다. 그때의 다짐을 지켜 6개월만에 다시 나타난 것이다. 이 호텔이 있는 곡령牯嶺-외양간 고갯마루 시가지의 고도는 해발 1167m이다. 사계절 중에서 여름이 특별히 시원하고 상쾌하여 여름 피서지로 유명한 곳이다. 중국식 발음guling도 영어 Cool과 묘하게도 비슷하다. 이 곡령 시가에는 여행과 관계되는 제반 시설들이 집중되어 있을 뿐만 아니라 시장, 식당, 상가, 관공서 등이 모여 있는 작은 도시이다. 곡령은 한때 조계지租界地-19C 후반 중국의 개항 도시에 있었던 외국인 거주지였다. 청나라 때인 1895년 영국이 불법으로 계약을 체결하여 조차租借하였다. 이듬해 토목 공사를 크게 일으켜 길을 닦고 집을 세워 서양인들에게 피서지로 제공하였다. 1931년에는 이곳 인구의 1/3을 서양인이 차지하여 수천 명에 이르렀고, 곡령가는 만국万國의 성城이 되었었다.

여산은 수려함에 있어서 황산에 비해 떨어지지만 오랜 역사가 있고 유명한 시인 묵객들의 자취가 남겨진 곳이라 그 의의와 비중은 황산보다 더 크다고 할 것이다. 황산이 갖추지 않은 나는 폭포와 넓은 계곡 물과 큰 산세가 돋보이기에 천하에 명산이라 여겨진다. 황산이 굳이 우리나라 설악산이라 하면 여산은 지리산 같다고나 할 것이다. 여산의 최고봉인 한양봉漢陽峰은 해발 1474m이다.

여산의 원래 명칭은 남장산南障山이었다. 주周나라 때 광속匡俗이란 사람이 이곳에서 살다가 신선이 되어 하늘에 올라가고 빈 띠집廬幕-여막만 남았기에 광려산匡廬山이라 불리게 되었다. 그 후 송나라 태조 조광윤趙匡胤의 휘諱를 피하기 위해 광匡을 버리고 그냥 여산으로 부르게 된 것이다.

여산은 중국 10대 여유 명승지 중의 하나이며 1996년 세계문화유산으로 지정되었다.

여산 노래를 시어 노허주에 부치다 廬山謠寄盧侍御①虛舟

②려산요기노시어허주

이백(당) 李白(唐)

나는 원래 초나라의 미치광이라
봉의 노래 부르며 공자를 비웃었네.

我本楚狂人 ③아본초광인
鳳歌笑孔丘 ④봉가소공구

손에는 녹옥의 지팡이 짚고
아침에 황학루를 떠나왔도다.

手持綠玉杖 ⑤수지녹옥장
朝別黃鶴樓 ⑥조별황학누

오악으로 신선 찾아 먼 길을 마다 않고
일생 동안 명산에서 놀기를 좋아했네.

五岳尋仙不辭遠 오악심선부사원
一生好入名山游 일생호입명산유

여산은 남두 곁에 우뚝이 빼어나고
구첩의 병풍은 구름 비단 펼친 듯.

廬山秀出南斗⑦傍 려산수출남두방
屛風九疊⑧雲錦張 병풍구첩운금장

그림자 명호에 져서 청대가 빛나고

影落明湖靑黛⑨光 영낙명호청대광

금궐은 앞으로 열려 두 봉우리 아득한데
은하수는 거꾸로 삼석량에 걸렸도다.

金闕[10]前開二峰[11]長 금궐전개이봉장
銀河倒挂三石梁[12]은하도괘삼석량

향로봉의 폭포를 멀리서 바라보니
빙 두른 낭떠러지 첩첩한 산봉우리 푸른 하늘 깔보는 듯.

香爐瀑布遙相望 향노폭포요상망
廻崖沓嶂凌蒼蒼[13]회애답장능창창

푸른 그림자 붉은 놀 아침 해가 비치는데
오나라의 먼 하늘 새도 날아 못 오르네.

翠影紅霞映朝日 취영홍하영조일
鳥飛不到吳天[14]長 조비부도오천장

높은 곳에 올라 보니 천지간의 장관이라
대강은 아득히 흘러 다시 오지 않도다.

登高壯觀天地間 등고장관천지간
大江茫茫去不還 대강망망거부환

만리의 황운은 바람 따라 움직이고
아홉 줄기 흰 물결 설산으로 흐르는 듯.

黃雲萬里動風色 황운만리동풍색
白波九道[15]流雪山[16]백파구도류설산

여산을 위해서 노래하길 좋아하니
여산으로 인해서 흥이 바로 일더라.

好爲廬山謠 호위려산요
興因廬山發 흥인려산발

돌 거울 들여다보니 내 마음 맑아지고
사공의 발자취는 이끼 속에 묻혔어라.

閑窺石鏡[17]淸我心 한규석경청아심
謝公[18]行處蒼苔沒 사공항처창태몰

단약을 먹었으니 세속의 정 사라지고
금심이 세 번 쌓여 비로소 도 이뤘네.

早服還丹[19]無世情 조복환단무세정
琴心三疊[20]道初成 금심삼첩도초성

채색 구름 속에서 신선을 바라보니
부용꽃 손에 쥐고 옥경으로 드는구나.

遙見仙人彩雲裡 요견선인채운리
手把芙蓉朝玉京[21]수파부용조옥경

한만과 구해 밖에서 만나자고 했으니
바라건데 노오를 맞아 천상에서 노닐고져.

先期汗漫[22]九垓[23]上 선기한만구해상
愿接盧敖[24]游太淸[25]원접노오유태청

① 시어侍御 : 천자를 가까이서 모시는 벼슬.

② 허주[虛舟] : 사람의 아호.

③ 초광인[楚狂人] : 초나라의 미치광이. 초나라 사람 접여[接輿]를 말한다. 공자가 주유천하할 때 접여가 공자 곁을 지나면서 "봉[鳳]이여, 봉이여, 그 덕이 어찌 그리 쇠하였나"라고 노래하며 기롱[譏弄-희롱]하였다. 그는 거짓 미친 체하며 벼슬에 나아가지 않았다고 한다.

④ 공구[孔丘] : 공자의 이름. 생존 기간은 기원전 552~479이다.

⑤ 옥장[玉杖] : 신선이 짚고 다니는 지팡이.

⑥ 황학루[黃鶴樓] : 호북성의 무창에 있는 중국 장강의 3대 누각 중의 하나.

⑦ 남두[南斗] : 별자리 이름, 남방에 있는 여섯 별로 구성된 별자리.

⑧ 병풍구첩[屛風九疊] : 여산에 아홉 겹 병풍 모양의 봉우리가 있다.

⑨ 청대[靑黛] : 쪽으로 만든 푸른 물감. 녹음이 우거진 검푸른 빛.

⑩ 금궐[金闕] : 동진의 혜원[慧遠]스님이 지은 여산기에 "서남[西南]에는 석문산이 있는데 그 모습이 쌍궐[雙闕]을 닮았고, 절벽이 천여 장[丈]이나 되는 곳에 폭포가 있다"라고 했는데 이는 두 봉우리가 대립한 것이 마치 금색[金色]의 문이 열려 있는 것 같다는 것이다.

⑪ 이봉[二峰] : 향로봉[香爐峰]과 쌍검봉[雙劍峰]을 말한다.

⑫ 삼석량[三石梁] : 梁[량]은 다리를 말한다. 여산의 돌다리.

⑬ 창창[蒼蒼] : 푸른 하늘.

⑭ 오천[吳天] : 옛날 오나라 지역에 속했던 안휘성, 강서성, 호북성 일대를 말한다.

⑮ 백파구도[白波九道] : 장강의 흰 물결이 여산 북쪽에서 아홉 갈래로 나뉘어 흐르는 것을 말한다. 구도는 구강이다.

⑯ 설산[雪山] : 서역에 있는 눈 덮인 산.

⑰ 석경[石鏡] : 석경산 동쪽에 둥근 돌이 있는데, 아주 맑아 사람의 모습을 비추어 볼 수 있다고 한다. 여산의 명승으로 알려져 있다.

⑱ 사공[謝公] : 육조의 시인 사령운을 말한다. 사령운이 일찍이 여산에서 노닐었다.

⑲ 환단[還丹] : 도가에서 말하는 장생불사의 단약이다.

⑳ 금심삼첩[琴心三疊] : 수도자의 화기[和氣]가 안으로 쌓임을 말한다. 금[琴-거문고]은 화[和]를, 첩[疊]은 적[積-쌓이다]을 뜻한다.

㉑ 옥경[玉京] : 도가에서 옥황상제가 거처하는 곳이다.

㉒ 한만[汗漫] : 선인의 이름.

㉓ 구해[九垓] : 하늘의 밖. 해는 땅의 끝.

㉔ 노오[盧敖] : 선인의 이름. 원래 연나라 사람인데 진시황이 불러 신선을 구하

도록 시켰더니 도망가서 돌아오지 않았다고 한다. 노오가 북해에 가서 어떤 사람을 만나 친구로 삼으려 했더니 그는 말하길 "나는 구해 밖에서 한만과 만나기로 약속했다"라고 하며 구름 속으로 사라졌다는 것이다. 이는 이백 자신이 노시어盧侍御와 함께 신선 노오처럼 하늘 밖에서 놀고 싶음을 노래한 것이다.

㉕ 태청太淸 : 하늘.

화경花徑

화경은 백거이가 거처하던 곳이다. 곡령진에서 왼쪽으로 옮겨 가면 여금호如琴湖란 연못이 있고 이 연못 좌측 끝에 화경이 있다. 입구에는 화경이라고 쓴 석판이 두 기둥 위에 얹혀 있다. 1927년에 대림사大林寺 옛 절터에서 화경이란 글씨가 쓰인 석판이 발견되었다. 고증해 본 결과 백거이의 친필임을 알아내었다는데, 이 석판은 그것을 본떠서 만든 것이다.

화경

입구 주변에는 소나무들이 모양새 좋게 잘 자라고 있다. 높은 산에 있다고는 믿기 어려울 만큼 평평하고 아늑한 공간이 펼쳐져 있다. 대나무 숲을 뒤에 두고 반듯한 초막이 자리잡고 있으며 그 앞마당에는 백거이의 흰 대리석상이 서 있다. 산책 공원처럼 아기자기하게 꾸며 놓았다.

대림사大林寺 복사꽃	大林寺①桃花대림사도화
백거이(당)	白居易(唐)
속세에 사월이면 꽃이 이미 졌는데	人間四月芳菲②盡인간사월방비진
산사의 복사꽃은 이제야 한창이라.	山寺桃花始盛開산사도화시성개
가 버린 봄 찾을 길 없어 한탄하더니	長恨春歸無覓處장한춘귀무멱처

이 산중에 와 있는 줄 알지 못했네. 不知轉入此中來물지전입차중래

① 대림사大林寺 : 여산 기슭에 있는 절.
② 방비芳菲 : 향기로운 꽃.

향로봉 아래에 새로 집터를 잡고 초당을 지어 동쪽 벽에 쓰다.

香爐峰下新卜山居草堂初成偶題東壁

향로봉하신복산거초당초성우제동벽

백거이(당)

白居易(唐)

해는 중천 실컷 자고도 일어나기 싫고
작은 방에 겹 이불 추위가 두렵잖네.
유애사 종소리 베개 돋워 들으며
향로봉 설경을 발 걷고 바라보노라.

日高睡足猶慵起①일고수족유용기
小閣重衾不怕寒소각중금불파한
遺愛寺②鐘攲枕③聽유애사종기침청
香爐峰雪撥簾④看향로봉설발렴간

여산이 명리를 피하기에 알맞다면
사마는 노년에 적당한 벼슬이라.
몸과 마음 태평하면 이곳이 돌아갈 곳
고향이 어찌 홀로 장안에만 있다 하리?

匡廬⑤便是逃名地광려편시도명지
司馬⑥仍爲送老官사마잉위송로관
心泰身寧是歸處심태신녕시귀처
故鄕何獨在長安고향하독재장안

① 용기慵起 : 자리에서 일어나는데 몸이 노곤하다.
② 유애사遺愛寺 : 향로봉 북쪽에 있는 절.
③ 기침攲枕 : 베개를 돋워 베다.
④ 발렴撥簾 : 발을 걷다.
⑤ 광려匡廬 : 여산.
⑥ 사마司馬 : 군사軍事 일을 맡아보던 지방 관리.

화경 뒤편으로 금수곡錦綉谷-비단에 수 놓은 듯한 계곡이 이어져 있는데 봉우리는 높고 계곡은 깊다. 골을 따라 숲이 우거져 있고, 능선 따라 책을 포개 놓은 듯한 바위들은 웅혼한 기세를 자랑한다. 1.5㎞ 정도 거리의 비교적 짧은 계곡이지만 이름처럼 수려한 멋이 돋보이는 곳이다.

금수곡이 끝나는 곳에 선인동仙人洞이 있다. 온통 바위로만 이루어진 천연 동굴인데 군데군데 벽을 깎아 글씨를 새겨 놓았으니 인위적 치장이 지나치다는 느낌을 준다. 굴 안은 꽤 넓은 편이고 높이는 10여m 정도 된다. 굴 중앙에는 정교하게 다듬어 만든 여동빈呂洞賓-당나라 때 선인의 상이 세워져 있다. 결국 이 선인동은 신선으로 알려진 여동빈을 기념하기 위한 곳이다. 선인 세계의 산뜻한 맛은 없고 분위기마저 어수선한데다가 향촉香燭 냄새가 진동을 한다.

목동 — 牧童목동

여동빈(당) — 呂洞賓(唐)

푸른 풀이 들판을 육칠 리나 덮었고	草鋪橫野六七里초포횡야육칠리
피리소리는 저녁 바람을 서너 가락으로 희롱하네.	笛弄晚風三四聲적롱만풍삼사성
해 진 후 돌아와 배불리 먹고서	歸來飽飯黃昏後귀래포반황혼후
도롱이 입은 채 달빛 아래 누웠노라.	不脫蓑衣[①]臥月明부탈사의와월명

① 사의蓑衣 : 도롱이. 짚으로 만든 우장.

작가소개 여동빈(呂童賓) : 이름은 여암呂巖인데 나고 죽은 해를 모른다. 당나라 때인 890년에 진사 시험에 낙제한 뒤 선인仙人 종리권鍾離權을 따라 도사가 되었다는 전설적인 인물이었다.

수봉경구秀峰景區

수봉 지역은 여산의 남쪽에 있다. "여산의 아름다움은 산남山南에 있고, 산남의 아름다움은 수봉秀峰에 있다"라고 한다. 차를 타고 수봉 지역으로 이동하다가 잠시 차를 세워 멀리 여산을 바라본다. 희미하나마 산 중턱에서 흰 천을 드리운 듯한 물줄기가 둘 보인다. 아랫것은 마미馬尾-말꼬리 폭포이고 윗것은 황애黃崖 폭포라고 한다. 위쪽에 있는 것이 더욱 뚜렷한데 아마 이것이 이백이 노래한 여산폭포인가 보다. 뒤의 능선 너머 보이는 봉우리가 향로봉香爐峰이고 쌍검봉雙劍峰인가?

입구에서 용담龍潭까지는 오르기가 쉬운 평탄한 길이다. 시원하게 씻긴 계곡

암벽에 龍용자를 새긴 큰 웅덩이가 용담인데, 주위에 잡다한 글씨를 쪼아 놓았으니 뭇 인간들이 수없이 거쳐 간 모양이다. 바위가 잘 생기고 좀 미끈하다 싶으면 함부로 글씨를 새겨 놓았으니 중국인들의 산수에 대한 애정 표현이 어떤 것인지 가히 알 만하다.

여산폭포가 멀리 보인다

여산폭포향로봉폭포, 황애(黃崖)폭포로도 불린다까지는 계곡 물길을 따라 길을 아주 잘 닦아 놓았다. 골짜기에 큰 나무들은 보이지 않고 주로 잡목들만 겨우 암벽을 가리고 있을 정도이다. 이러니 오르는 길에는 그늘이 많지 않아 8월의 폭염 아래 엄청나게 힘든 산행을 하고 있는 것이다. 그래서 이 사정을 아는지 곳곳에 물과 수건을 파는 노점들이 자리잡고 있다. 옷을 짜면 물이 줄줄 흐를 정도로 땀에 흠씬 젖었다. 우리 일행 중 한 분은 몹시 힘이 부치는지 가마를 타고 오르기로 했다. 왕복에 우리 돈 만 오천 원 정도 달랜다.

공로公路에서 멀리 바라보던 그 마미폭포는 숨어 있는지, 오르는 도중에 잘 보이지 않아 그냥 지나쳐 버렸고 황애폭포는 점점 가까워지고 있었다. 이즈음에서 올라온 길을 되돌아보니 길은 던져 놓은 밧줄처럼 구불구불하여 아득히 보이고, 저 멀리 아스라이 파양호鄱陽湖가 찌는 듯한 운무 속에 잠겨 있다.

여산폭포를 바라보면서	望廬山瀑布망려산폭포
이백(당)	李白(唐)
(1)	(1)
서쪽으로 향로봉을 오르다가	西登香爐峰서등향로봉
남으로 폭포수를 바라보노라.	南見瀑布水남견폭포수
걸린 물길 삼백 장이요	掛流三百丈괘류삼백장
뻗은 골짜기 수십 리라.	噴壑數十里분학수십리

홀현히 번개처럼 쏟아지고　欻如飛電來[훌여비전래]
은근히 무지개처럼 일어나네.　隱若白虹①起[은약백홍기]
처음에 은하수가 떨어지는가 놀랍더니　初驚河漢②落[초경하한락]
반은 구름 속에서 뿌리는구나.　半灑雲天裡[반쇄운천리]

올려다볼수록 그 기세 웅장하고　仰觀勢轉雄[앙관세전웅]
장하도다, 조물주의 공덕이여!　壯哉造化功[장재조화공]
해풍이 불어도 끊을 수 없고　海風吹不斷[해풍취불단]
강월이 비추어도 비울 수 없네.　江月照還空[강월조환공]

공중에서 어지럽게 물 쏟아져서　空中亂潨射[공중란상사]
좌우로 푸른 암벽 씻어 내리니,　左右洗青壁[좌우세청벽]
구슬은 가벼운 안개 되어 흩어지고　飛珠散輕霞[비주산경하]
물보라는 큰 바위에 튀어서 사라진다.　流沫沸穹石[류말비궁석]

내가 이 명산에 노닐다 보니　而我遊名山[이아유명산]
이에 대해 마음 더욱 여유롭도다.　對之心益閑[대지심익한]

하물며 경액으로 양치질하고　無論漱瓊液③[무론수경액]
때 묻은 얼굴 씻을 수 있다면,　且得洗塵顏[차득세진안]
이 또한 예전부터 원하는 바이니　且諧宿④所好[차해숙소호]
영원히 인간세를 떠나고자 하노라.　永願辭人間[영원사인간]

① 백홍白虹 : 흰 무지개.
② 하한河漢 : 은하수.
③ 경액瓊液 : 옥액玉液, 신선들이 마신다는 물.
④ 숙宿 : 숙원宿願, 숙망宿望, 오래 전부터.

(2)　(2)
해가 향로봉을 비추니 보라빛 안개 일고　日照香爐生紫烟[일조향로생자연]
멀리서 바라보니 시냇물이 걸린 듯.　遙看瀑布挂前川[요간폭포괘전천]

삼천 척을 곧바로 날아 내리니
은하수가 구천에서 쏟아지는 듯.

飛流直下三千尺비류직하삼천척
疑是銀河落九天의시은하낙구천

한 시간은 족히 걸어 올라 왔을까? 드디어 폭포 앞에 섰다. 이백이 '비류직하삼천척飛流直下三千尺'이라고 읊은 그 폭포가 내 눈 앞에 보이지 않는가? 엄청난 과장이라고 하지만 지금 이 앞에 서 보니 과장해도 손색이 없을 듯한 물줄기임에는 틀림없다. 산정山頂에서 바로 내려 꽂히는데 한번 바위에 크게 부딪혀서는 네 줄기로 나누어 떨어지더니, 큰 확에 고였다가 다시 두 갈래로 내리 쏟아지면서 폭포의 위용은 수그러진다. 폭포의 흰 줄기는 자주빛 바위 병풍에 드리운 명주천인 양 더욱 선명하다.

폭포를 배경으로 해서 가장 사진발이 잘 받는 곳이 있다. 선 자세에서 폭포가 고스란히 화면에 다 담긴다. 그 지점을 미리 선점해 놓고, 그곳에서 사진을 찍으려는 사람한테서 돈을 받아 챙기는 장사꾼도 있다. 하여튼 중국인이란!

호구에서 여산폭포를 바라보면서

湖口望廬山瀑布水호구망여산폭포수

장구령(당)

張九齡(唐)

만장의 붉은 샘물 떨어지는데
높고 높아 반은 자색 기운이라.
잡목 아래로 세차게 날아 내리며
층층 구름 벗어나 시원하게 꽂히누나.

해가 비치어 무지개 감도는 듯
맑은 하늘에 풍우소리 들리는 듯.
신령스런 산에는 빼어난 빛 가득한데
허공과 물줄기에 안개가 자욱하도다.

萬丈紅泉落만장홍천락
迢迢①半紫氣초초반자기
奔飛下雜樹분비하잡수
灑落出重雲쇄락출중운

日照虹霓②似일조홍예사
天淸風雨聞천청풍우문
靈山多秀色영산다수색
空水共氤氳③공수공인온

① 초초迢迢 : 높은 모양.
② 홍예虹霓 : 무지개. 옛날에는 무지개를 용龍의 일종으로 여겨서 虹홍을 수컷으

로, 霓예를 암컷으로 생각했다.
③ 인온氤氳 : 안개나 구름이 자욱하다.

작가소개 장구령(673~740) : 광동성 곡강曲江 출신이다. 7세에 글을 지을 줄 알았다고 하며 진사에 급제한 후 장설의 사랑을 받아 현종 때에 재상에 오른다. 안록산이 위험한 인물임을 진언했으나 가납되지 않았다. 성격이 강직하고 공명정대한 일 처리로 이름을 날렸다. 이임보의 모함으로 형주자사로 좌천되었다가 만년에 귀향하여 병사했다.

중국의 유명한 과학자 축가정竺可禎 교수는 일찍이 여산에 있어서의 3가지의 불가사의한 안건을 제시하였다. 즉 무유성霧有聲-안개 속에서 들려오는 소리, 우왕상포雨往上跑-비 지나간 뒤 동물들이 달아나는 듯한 소리, 불등佛燈-반짝이는 불빛이 그것이다. 연구 고찰한 결과, 앞의 두 개는 바람으로 인한 작용으로 보았으나, 불등은 그 의문을 해결하지 못했다고 한다. 날이 맑은 밤에 청량대淸涼台에 오르면 캄캄한 계곡에 수백 점의 깜빡이는 불빛이 보이는데 청색 혹은 백색으로, 혹은 맑았다가 없어졌다가, 모였다가 흩어졌다가, 동에서 서로 반짝인다는 것이다. 과거에는 문수보살의 현신現身의 빛이라기도 하고, 묻혀 있는 금불金佛의 빛이라기도 하고, 또는 도깨비의 불빛으로 보기도 하였다.

여산폭포

서응(당)

허공에서 샘물이 떨어지니 천 길이고
우레처럼 뛰어들며 잠시도 쉬지 않네.
오랜 세월 흰 깁처럼 길이 날아 내리니
한 줄기 폭포가 봄의 산빛 깨뜨리누나.

廬山瀑布여산폭포

徐凝(唐)

虛空落泉千仞直허공락천천인직
雷奔入江不暫息뢰분입강불잠식
千古長如白練①飛천고장여백련비
一條界破春山色일조계파춘산색

① 백련白練 : 흰 비단, 흰 깁.

작가소개 서응(813년 전후에 생존) : 절강성 목주睦州 사람이다. 장안에서 한유韓愈의 문하에 들었지만 명성을 얻지 못하고, 고향으로 돌아가 술과 시로 지내며 선인仙人처럼 살다가 생을 마쳤다. 그는 가난과 병에 시달려도 담백하고 유유자적했다.

제21장 남창南昌

귀지貴池에서 남창까지

안휘성의 귀지까지 와서 가 보지 못해 아쉬운 곳이 두 군데 있다. 하나는 행화촌이고 또 하나는 도화담桃花潭이다. 실지 도화담은 선주宣州에서 귀지로 오는 도중에 들렀어야 했다. 안휘성 경현涇縣에서 서남쪽 80리에 경계涇溪라는 하천이 있고 그 상류에 도화담이 있다고 한다. 그러나 워낙 후미진 곳이라 가이드가 난색을 표하고 일행 중 원치 않는 사람이 있으니 어쩔 수 없는 노릇이다. 경계涇溪에는 지금도 답가안각踏歌岸閣-이백을 위해 답가를 부르던 곳에 세운 누각이라는 누각이 남아 있다고 한다.

왕륜에게 주며

이백(당)

이백이 배를 타고 이제 떠나려 하니
홀연히 언덕 위에 답가 소리 들리도다.
도화담의 물 깊이 천 척이 된다지만
날 보내는 왕륜의 정에는 못 미치리.

贈汪倫①증왕륜

李白(唐)

李白乘舟將欲行이백승주장욕행
忽聞岸上踏歌②聲홀문안상답가성
桃花潭③水深千尺도화담수심천척
不及汪倫送我情불급왕륜송아정

---

① 왕륜汪倫 : 누구인지 알 수 없는 촌사람, 이백을 흠모한 사람이었는데 늘 좋은 술을 만들어 이백을 대접하였다. 이백의 이 시 한 수로 인해 천고에 이름을 남기게 되었다.

② 답가踏歌 : 땅을 밟으며 부르는 노래.

③ 도화담桃花潭 : 왕륜이 사는 곳 가까이에 있는 명승지. 안휘성安徽省 경현涇縣의 경계涇溪에 있다.

※ 이 시는 이백이 55세 때 지은 것으로 알려져 있다. 왕륜의 후손들은 이 시를

가보家寶로 전하여 지금도 보존하고 있다고 한다.

행화촌은 중국에서 두 군데가 있다. 하나는 산서성에, 다른 하나는 안휘성에 있다. 후자를 구체적으로 말하면 귀주시 지주진池州鎭 신교新橋 공정촌孔井村이다. 예부터 이 일대에 살구나무 숲이 있었다고 한다. 행화촌을 노래한 '청명淸明'이란 시는 당나라 때의 시인 두목이 844년에서 846년까지 지주에서 자사刺史로 부임해 있을 때 지은 것으로 추측된다.

행화촌에 '목동요지처牧童遙指處'라는 기념비가 있다는데, 명나라 때의 이곳 지주池州 태수 원원경願元鏡이 세운 것이다. 이곳 서쪽에 행화정杏花亭이 있고 그 안에 두목의 청명시비淸明詩碑가 있다. 또 황공광윤천黃公廣潤泉이라는 우물이 있는데 옛 기록에 "이 우물물은 술처럼 향기롭고 퍼내어도 마르지 않는다"라고 했다. 지금도 이 우물이 남아 있고 이 일대는 성급 풍경 명승구로 지정되어 있다고 한다. 이런 여타의 정황을 감안해 볼 때, 두목의 '청명淸明' 시는 산서성의 행화촌이 아닌 이곳에서 지어졌을 확률이 더 높다고 볼 수 있다. 겨울철 여행이라 낮 시간은 짧기도 하고 일정에 쫓기다 보니 가보지 못하여 아쉬움이 많다.

귀지를 출발하여 구강까지 가는 길은 장강의 둑 길을 따라 나 있다. 대도구大渡口라는 곳에 이르렀을 때에는 차들이 꽉 막혀 요지부동이다. 이곳이 강북의 안경安慶과 마주대하는 포구이기에 많은 물동량이 운집하기 때문일 것이다.

작은 현縣을 하나 지나는데 정상에 현대식 안테나가 설치된 산이 있어 여기가 어디쯤이냐고 물었더니 팽택彭澤이라고 한다. 그러면 바로 이곳은 도연명이 한때 관리 생활을 했던 곳이 아니냐? 도로변을 따라 집들이 즐비하게 늘어선 작은 현인데 큰 못이 있고 그 주위에 논밭이 넓게 펴져 있다. 이곳 평택에서 도연명은 41세에 현령직을 맡았으나 강릉에 살던 누이동생의 죽음을 계기로 그해 11월에 벼슬을 그만두게 된다.

정사에는 다음과 같이 전한다. "행정 시찰자 독우가 평택현으로 내려오자 관복을 입고 그를 마중해야 한다기에 그는 오두미라는 녹 때문에 소인에게 허리를 굽힐 수 없다고 하며 그 날로 사표를 내고 귀향해 버렸다." 이때의 심정을 노래한 것이 저 유명한 귀거래사이다. 이런 의미의 고을이라니 한 번 더 주위를 살피게 되지만 지금은 평범한 시골 마을에 지나지 않는다.

이곳 팽택에서 얼마 안 가서 호구湖口라는 곳에 이른다. 파양호鄱陽湖-중국 제일의 호수가 장강을 물고 있는 곳이다. 물이 바다같이 넓은 곳이라 이런 물 풍경은 우리나라에서는 볼 수 없는 구경거리다. 안개인지 운무인지 사방이 희뿌연데 물과 하늘이 잿빛으로 일색이다. 아득한 물길에 얹혀 있는 배들을 보면서, 저게 물과 하늘을 구분하는 수평선인가 보다 하고 가늠잡아 본다. 한참을 기다리고서야 차를 배에 올릴 수 있었다.

구강에 도착했다. 깨끗한 이미지의 큰 도시이다. 장거리 여행에 많이도 지쳤지만 오늘의 일정은 구강까지가 아니다. 여산에 숙소를 예약해 놨기에 하는 수 없이 늦은 시각이지만 여산의 곡령牯嶺이라는 마을까지 계속 이동해야 한다. 여산 산자락에 이르니 눈은 더욱 심하게 내린다. 경찰들이 월동越冬 채비를 갖추지 못한 차량들에는 더 이상의 통행을 허락할 수 없다는 것이다. 곡령진에 있는 여산대하廬山大厦에서 이곳 현지 가이드를 만나기로 했는데 갈 수 없다니 난감한 일이다. 할 수 없이 버스를 빌려큰 돈을 주고 갈 수 밖에. 이때만 해도 중국에서는 돈이면 안 되는 일이 없다. 도로는 좁고 눈은 엄청나게 퍼붓고, 날은 저물어 가고, 마음은 몹시도 급하더라.

며칠 전에도 폭설이 내렸던 모양인데 오늘 또 눈을 맞으니, 눈이 나뭇가지에서 쓸려 내리는 소리와 눈의 중량을 못 이겨 나뭇가지들이 부러져 나가는 소리가 사람을 놀라게 한다. 버스도 한번 미끄러지더니 길바닥에서 빙그르 돌아 버린다. 일행들이 내려 사태 수습을 하고 나서야 졸인 가슴으로 겨우 곡령진에 도착했다. 급히 여산호텔로 이동했지만 한 겨울철에는 손님이 없어 호텔은 당분간 쉰다고 한다.

가이드가 보이지 않아 여기저기 연락하여 겨우 만날 수 있었다. 가이드는 조선족이 아닌 한족漢族이다. 이곳은 아직 한국 여행객이 드문 때1996년도인지라 한국어 전문 안내인이 없다는 것이다. 그녀는 대련大連에서 한국인한테서 몇 달 배운 한국어로 우리를 안내하니 어설퍼서 답답하기 짝이 없다. 그래도 고려대학교에서 출판한 중한사전을 끼고 나와서 정성을 보이니 가상하다.

그 후 6개월 뒤에 다시 여산을 찾았을 때1996.8.8 그녀는 또 한 번 가이드해 주었다.

곡령牯嶺은 눈 속에 잠긴 호젓한 작은 산성山城이지만 오랜 세월 속에서 만들어진 유서 있는 도시임을 알겠다. 가로수들이 굵고 도로들은 잘 닦여 있으며 2~3층짜리 큰 건물들이 즐비하다. 버스 운전사가 빨리 하산해야 한다고 하도 조르기에 여산의 한 단면을 아예 구경할 틈조차 없었다. 버스 창문을 통해 이따금씩 열려진 눈구름 사이로 언뜻언뜻 보이는 깊은 골, 깎은 절벽이 명불허전名不虛傳이라는 생각만 갖게 한다. 다음에 다시 한번 더 와야겠다는 마음을 다지면서 어둠에 떠밀려 허겁지겁 내려오고 말았다. 내일은 등왕각이 있는 남창으로 가야 한다.

등왕각滕王閣

남창은 성정부가 있는 강서성의 최대 도시이다. 시 인구는 134만1996년이라 한다. 예로부터 오두초미吳頭楚尾-오나라의 머리에 해당하고 초나라의 꼬리에 해당한다로 불릴 만큼 강서의 전략 요충지였다. 또 남창은 중국 최대의 호수인 파양호 서남에 위치하여 물화천보物華天寶-물산이 풍부함은 하늘이 내린 보물이다, 인걸지령人傑地靈-인물은 걸출하고 땅은 신령스럽다이라는 칭호를 얻은 강남의 명성名城이고, 1927년에는 팔일기의八一起義-1927년 8월 1일 주덕朱德 하룡賀龍 등이 남창에서 장개석 국민당에 대항하여 봉기한 무장투쟁 기념일한 중국 혁명의 발상지이다.

구강에서 남창까지는 고속도로가 나 있어 차로 한 시간이면 도착할 수 있다. 고속도로는 텅 비어 있고 심지어 역주행하는 차마저 보인다. 섬뜩하기 짝이 없다. 가는 길 왼편으로 아득히 여산의 전용全容이 보인다.

중국의 3대 명루名樓는 악양의 악양루岳陽樓, 무한의 황학루黃鶴樓 이곳 남창의 등왕각滕王閣이다. 마안산 채석기采石磯의 태백루太白樓를 포함시켜 4대 누각이라고 하나 이 3대 누각이야말로 역사와 유서가 깊은 정통의 명루이다.

시내로 들어가기 위해서는 감강贛江의 팔일대교八一大橋를 건너야 하는데 다리 위에서 건너편 오른쪽을 바라보면 거대한 누각 하나가 우뚝 자리잡고 있다. 이것이 등왕각이다.

이 등왕각은 서편으로 감강을 등지고 동쪽을 향해 서 있다. 雄州霧列웅주무렬-안개처럼 펼쳐진 웅장한 땅이라는 금색 글씨의 현판을 단 대문을 지나면 넓은 마당이 나온다. 바닥은 돌을 붙여 깔아서 깔끔하게 정비를 잘 해 놨고 중앙에는 원형의 화단을 조성해 놓았다.

등왕각

2층 형태의 높은 석대 위에 세워진 등왕각은 외관상 4층 구조의 웅장한 남성적 누각이다. 뜰은 넓고 누대는 우뚝하다. 기둥은 붉고 기와는 푸르다. 기상은 씩씩하고 자태는 웅위하다. 서까래, 부연, 도리 그리고 도리를 이고 있는 받침대들의 색채는 찬란하고 그 조각은 섬세하다. 4면 어디를 대하더라도 정면 같은 느낌을 받도록 세워진 기묘한 누각이다. 온 정성을 다해 지은 것이라 생각된다. 등왕각은 좌우에 새끼 정자각을 하나씩 데리고 있어 구도의 조화와 안정감을 준다. 왼쪽 것이 압강정壓江亭이고 오른편 것이 읍취정挹翠亭이다.

수지水池라는 이름의 연못 위에 구축된 넓고 높은 계단을 걸어 올라 등왕각 처마 밑에 이르고 보니 일층 처마에는 4면에 각 한 개씩 현판이 걸려 있다. 동에 것은 瑰偉絕特괴위절특-웅장하고 아주 별다르다, 서쪽에 것은 下臨無地하림무지-아래를 굽어보니 물뿐이다, 남쪽에 것은 襟江금강-강물이 합류하는 곳, 북에 것은 帶湖대호-호수를 끼고 있다라 쓰여 있다. 일층 瑰偉絕特괴위절특의 현판 아래의 문을 지나 누각 안으로 들어가다 보면, 왕발王勃의 落霞與孤鶩齊飛, 秋水共長天一色지는 놀과 외로운 따오기 가지런히 날고, 가을 물과 먼 하늘은 한 빛이라이라는 시구가 나뉘어 두 기둥에 걸려 있다. 모택동이 생전에 쓴 글씨이다. 그의 서체는 아주 독특하다. 어느 서체도 본받지 않은 그만의 개성을 드러내는 강건무비剛健無比의 명필로 인정받을 만하다.

내부는 주로 전시관이나 기념관으로 할애를 많이 하고 있다. 2층에는 선진

先秦시대부터 명말明末까지 이곳 지방 출신의 유명 인물들을 그린 인걸도人杰圖가 전시되어 있다. 길이가 10m 정도 되어 보인다. 이곳 강서성 출신의 유명 역대 문인으로는 도연명, 구양수, 왕안석, 황정견, 증공, 주희, 육구연, 문천상 등이 있다. 그리고 이 인걸도 못지 않은 것이 강서지령도江西地靈圖인데 웅장한 산세를 그린 것이다. 크기는 인물도와 비슷하다. 이는 4층에 있다.

5층 벽면에 당나라 시인 왕발을 양각한 조각상이 비스듬한 조명을 받아 등왕각의 주인공답게 멋지고 근사하다. 그의 등왕각서滕王閣序도 동판銅板에 새겨져 벽에 부착되어 있다. 글씨는 소동파가 쓴 것이다.

또 다른 층에는 역대 등왕각의 모습을 축소하여 모형을 만들어 놓았다. 당대에서부터 청말에 이르기까지 변모한 모습들이다. 각 시대마다 형태가 다르며 후대에 올수록 더 크고 웅장하나, 근래에 지은 이 등왕각이야말로 가장 훌륭하다고 할 것이다.

호화로운 식당과 다실이 있고 또 공연장도 마련되어 실제 간단한 공연을 보여 주고 있다. 각 층마다 실내의 채색과 그림은 화려하고 섬세하다. 그리고 그 문양의 아름다움은 기묘하고 독특하다. 무창의 황학루에 조금도 꿀림이 없다. 강남 최고의 명루로 자부하면서 중국인의 문화 유산으로 자리잡았다는 느낌이다.

당나라 초기 등왕滕王 이원영李元嬰이 창건653년한 이래 28번의 중수를 거쳐 29번째로 지은 것1989년 10월 8일이 지금의 것이다. 대台의 높이는 11.6m이며 누각의 높이는 57.5m이다. 외관상 4층으로 보이나 내부는 9층으로 되어 있다. 연 건축 면적은 13,000㎡이다.

등왕은 당태종 이세민의 동생이다. 그가 홍주洪州-지금의 남창 도독으로 와 있던 때, 유흥을 위해 처음 지은 것이 등왕각이다.

난간에 나서면 오른쪽으로 팔일대교가 한눈에 보이고 다리쪽 강기슭에는 수많은 배들이 정박해 있다. 그 옛날 저녁노을과 외로운 따오기가 함께 날더라는 그런 광경은 찾아 볼 수 없고 오직 희뿌연 하늘과 강만이 아스라이 멀어 보인다.

등왕각

왕발(당)

등왕의 높은 누각 강가에 서 있거늘
패옥 소리 방울 소리 노래와 춤 멈춘지 오래라.
채색 기둥에 남포의 아침 구름 날고
구슬 발에 서산의 저녁 비 뿌린다.

물에 어린 구름 그림자 날마다 유유한데
사물이 바뀌고 별들은 이동하여 몇 해나 지났던가?
누각의 제자[帝子]는 지금 어디에 있나?
난간 밖 장강만이 부질없이 흐르는데.

滕王閣①[등왕각]

王勃(唐)

滕王高閣臨江渚[등왕고각림강저]
佩玉②鳴鸞③罷歌舞[패옥명란파가무]
畵棟朝飛南浦雲[화동조비남포운]
珠簾暮捲西山雨[주렴모권서산우]

閑雲潭影日悠悠[한운담영일유유]
物換星移④度幾秋[물환성이도기추]
閣中帝子⑤今何在[각중제자금하재]
檻外長江空自流[함외장강공자류]

① 등왕각[滕王閣] : 당 고조의 아들이며 이세민의 동생인 이원영[李元嬰]이 홍주도독[洪州都督]으로 있을 때 세운 누각. 이원영이 등왕에 봉해졌기에 그의 이름을 본따서 등왕각으로 이름지어진 것이다. 창건 연대 설은 3가지가 있다. 639년, 653년, 659년 설이다.
② 패옥[佩玉] : 의복 띠에 장식하는 구슬. 허리에 차는 구슬.
③ 명란[鳴鸞] : 수레에 단 방울 소리가 울리다.
④ 물환성이[物換星移] : 사물이 바뀌고 세월이 흐르다.
⑤ 제자[帝子] : 황제의 아들, 곧 등왕 이원영을 말한다.

작가소개 왕발(650~676) : 자는 자안[子安]이다. 여섯 살부터 문장을 지어 천재 소리를 들었다. 고종[高宗]의 미움을 사서 검남[劍南-사천, 삼숙, 운남 지역]을 떠돌게 된다. 그는 사형수인 노비를 숨겨 주다가 누설될까 두려워 그를 죽인 적이 있어 사형에 처해질 위기까지 있었다. 사면을 받았지만 그의 부친 왕복치[王福畤]는 교지령[交趾令]으로 좌천된다. 그는 아버지를 뵈러 가는 길에 저 유명한 등왕각서를 지었다. 더운 남방 땅에서 배를 띄워 바다로 나갔다가 물에 빠져 요절하고 만다. 그의 글 솜씨는 탁월하여 글을 청하는 자가 많아 그 댓가로 받은 재물이 창고에 쌓일 정도였다. 글재주를 짜서 옷을 해 입고 붓으로 농사지어 먹을 수 있다는 식이다. 그러나 왕발은 자신의 재능에 자만했고 남을 능멸하였기에 동료들은 그를 미워했다. 일찍이 어떤 이인[異人]이 그의 관상을 보고 "이삭이 패기는 하나 열매는 맺지 못할 것이다"라고 했다.

이 시를 지은 배경 이야기는 다음과 같다. 홍주 지사[洪州知事] 염백서[閻伯嶼]가 등왕각을 새로 보수하고 낙성식 날인 9월 9일에 잔치를 베풀고 손님들로 하여금 서문을 짓게 할 작정이었다. 그러나 그는 자기 사위 오자장吳子章에게 미리 서문을 짓게 해 놓고 좌중에 사위의 글 솜씨를 자랑하려고 했다. 정작 당일에 빈객들이 붓을 감히 들지 못할 때, 마침 왕발이 참석하였다가 쾌히 서문을 짓게 되었다.

염백서는 불쾌했지만 왕발의 글의 추이를 알리라고 명하였다. 먼저 "남창은 옛날 군郡이요, 홍도洪都는 새 부府이다"라고 하니 염백서는 "늙은이의 일상적인 말투로군." 하였다. 또 "별자리는 익성과 진성으로 나뉘고, 땅은 형산과 여산에 접해 있다"라고 하니 염공은 이를 듣고 생각에 잠겨 말을 하지 않았다. 그리고는 "흐르는 놀 외로운 따오기 나란히 날고, 가을 물 먼 하늘은 한빛을 띠었다落霞與孤鶩齊飛, 秋水共長天一色"라고 하니 그는 벌떡 일어나 말하기를 "이는 진실로 천재이다. 마땅히 후세에 이름을 드리울 것이다"라고 했다. 그러면서 나머지 전편全篇을 짓도록 하고 연회를 끝냈다는 것이다. 이때가 왕발의 나이 스물여섯 살675년이며 그의 아버지 왕복치가 교지交趾-지금의 베트남 북부지역땅에 부임해 있었으므로 찾아 뵈러 가는 길이었다. 왕발은 그의 부친을 뵙고 바다로 나갔다가 남해에 빠져 익사한다. 그의 나이 스물일곱 살676년이었다.

또 이런 전설이 전한다. 왕발이 교지령으로 부임해 있는 그의 아버지 복치를 뵈러 가는 중, 꿈에 강신江神이 나타나서 말하기를 "내일 9월 9일에 남창의 등왕각을 중수한 낙성식이 있으니 참석하여 글을 지어 이름을 날려라"라고 하였다. 왕발이 대답하길 "여기서 남창까지는 7백 리인데 어찌 하룻밤 사이에 당도할 수 있겠습니까?" 하니 강신은 "배에 오르기만 하면 내가 바람을 빌려 주리라." 하므로 과연 하룻밤 사이에 남창 등왕각에 도착하여 등왕각의 서문을 지어 천고에 이름을 드날리게 된 것이다.

왕발은 시를 지을 때는 술을 잔뜩 마시고는 이불을 뒤집어 쓰고 한숨을 자고 난 뒤 단숨에 써 버리고는 한 자도 고치지 않았다고 한다. 이를 두고 사람들은 '뱃속의 원고'라고 했다. 왕발은 초당4걸 중의 한 사람이다.

등왕각 그림

이색(고려)

흐르는 놀 외로운 따오기 물 허공에 뜨고
채색 기둥 나는 주렴 비구름 사이에.
그때의 강신이 나를 아는지 모르는지
어느 때 다시 반돛의 바람을 빌려 주려나.

滕王閣圖등왕각도

李穡(高麗)

落霞孤鶩水浮空락하고목수부공
畫棟飛簾雲雨中화동비렴운우중
當日①江神知我否당일강신지아부
何時更借半帆風하시경차반범풍

---

① 당일當日 : 꿈속에서 강신江神이 바람을 일으켜 왕발을 하루 밤 사이에 700리 길을 주파하게 했던 그 당시의 일을 말한다.

"시로써 자취를 전하고 자취는 사람에 의해 드러난다"라는 말이 있는데, 중국의 허다한 명승고적은 역대 저명한 시인이나 문학가와 관계가 깊다. 이백은 추포와, 최호는 황학루와, 두보는 악양루와 인연이 많다. 그리고 여기 남창의 등왕각은 왕발에 의해 크게 드러나게 된 것이다.

제22장 장사長沙

장사는 호남성의 성도이다. 상강湘江 중류에 퇴적된 모래 언덕이 유난히 길어서 장사라는 이름을 얻게 되었다. 전국 시대에는 청양靑陽으로 불리다가 진이 통일한 후 장사군으로 편입된 이래 지금에 이른 것이다.

장사는 산수가 뛰어나고 기후가 온화하여, 아늑함이 있는 도시로 알려져 왔다. 그렇다고 해서 역사적 유적지가 많은 명승의 도시는 아니다. 자고로 귀양살이하는 천객遷客이 많이 모이는 지역이어서 시문학에 많이 등장하는 지방으로 유명하다. 한나라 때의 가의賈誼에서부터 현대의 모택동에 이르기까지 수많은 인물들과 연관을 맺고 있는 역사의 도시이다.

장사는 혁명의 고장이기도 하다. 신해혁명 때 황흥黃興이 화흥회華興會를 조직하여 청조淸朝 타도의 기치를 든 곳이다. 또 호남제일사범학교 출신인 모택동이 공산당을 조직하여 활동하던 무대였다.

북경에서 장사까지 비행기로 이동했다. 국민 소득이 얼마니 경제적 사정이 어쩌니 하지만 비행기에는 빈자리마저 없다. 중국에서 장거리 이동은 기차를 빼 놓을 수 없지만 비행기 여행의 비중이 커져가는 것 같다. 이때는 1992년 겨울이었다.

장사 시내에 들어서고 보니 혼잡하기 이를 데 없다. 교통 질서는 어지럽고 도로는 차선의 구분이 없으니 차, 사람, 자전거로 엉켜 있다. 오토바이식 3륜輪 영업용 택시를 타고 가이드의 큰아버지 댁을 찾아갔다. 하차시 내가 짐이 무거워 낑낑대며 미안해 하니 운전기사는 '만만디慢慢的'라고 하면서 편하게 해 준다. 중국에 와서 처음 들어 본다. 중국은 경제 발전 도상에 이미 놓였기에 만만디라는 말을 들어 보기 힘들게 되었다. 느린 것은 더 이상

대접 받을 수 없게 된 듯하다. 밤중에도 여기저기 불을 밝혀 놓고는 개발과 신축이 한창이다.

가이드의 큰집은 시내의 주택가에 있었다. 우리식의 연립주택 2층에 살고 있었다. 백모[伯母]만 계시다가 한국에서 온 길손을 반가이 맞아 준다. 난방이 안 되어 집안은 추웠지만 인정은 따뜻했다. 내일 장사 관광에 그의 사촌 여동생이 동행하여 도와 주기로 했다. 북경 말이 이 호남성에서는 잘 통하지 않기 때문에 부탁을 한 것이란다. 이때만 해도 중국은 자기 직장에 매일 꼭 출근 안 해도 큰 지장이 없는 것 같다. 하루 이틀은 휴가 내기가 쉬운 모양이다. 인력은 남고 일거리는 적기 때문일 것이다.

장사는 강남에 속하는데 한때 두보가 여길 지나면서 부른 유명한 노래가 있다.

강남에서 이구년을 만나다.

두보(당)

기왕의 집에서 항상 그댈 보더니
최구의 집 앞에서 노래 몇 번 들었더뇨?
참으로 이 강남의 풍경은 좋은데
꽃 지는 시절에 그대를 만났구려.

江南逢李龜年①[강남봉이구년]

杜甫(唐)

岐王②宅裏尋常見[기왕택리심상견]
崔九③堂前幾度聞[최구당전기도문]
正時江南④好風景[정시강남호풍경]
落花時節又逢君[락화시절우봉군]

---

① 이구년[李龜年] : 당나라 현종의 사랑을 받은 궁중 가수. 그는 한때 현종의 총애가 두터웠지만, 두보를 만났을 즈음에는 유락[流落]하여 강남에 떠돌고 있었다.

② 기왕[岐王] : 당나라 예종의 넷째 아들 이융범[李隆範], 현종의 아우로서 기왕에 봉해졌다. 기왕과 최구는 개원[開元] 연간[713~741]에 죽었기에 두보가 본 기왕은 기왕의 아들이었을 것으로 생각된다.

③ 최구[崔九] : 최씨 집안의 아홉 번째 사람. 즉 최척[崔滌]를 말한다. 현종의 비서감을 지냈다.

④ 강남[江南] : 이 시는 당나라 대종[代宗] 대력[大曆] 5년[770년]에 담주에서 지은 것이다. 담주는 지금의 장사시에 해당되며 여기서 강남은 이 일대를 말한다.

천심각天心閣

옛날 진秦나라 때 이곳에 장사군을 설치했다. 한나라 초기에 장사국이 세워졌고, 오예吳芮가 장사왕이 되어 장사에 도읍을 정했다. 이때에 비로소 성장城墻을 축성했다. 그 후 많은 세월이 흐른 지금에, 그때의 성의 규모나 모습을 대강 짐작할 수 있는 잔재가 있다면, 이 천심각과 주변의 성곽이다.

천심각은 시내 중심에 길게 누운 성곽 위에 높이 세워져 있다. 누런 기와를 인 3층 누각으로, 현판에 호상승경湖湘勝境-동정호와 상강 지역에서의 빼어난 명승이라는 칭호가 붙을 만큼 웅위하다. 가까이에 여러 작은 정자들을 거느리고 있다. 지금 이곳은 공원화되어 많은 사람들의 휴식 공간으로 활용되고 있다.

고개복사古開福寺

개복사는 장사시 북쪽에 위치해 있다. 5대10국 시대의 후당後唐 때인 927년 창건하였다. 그후 북송 때 가장 흥했다고 한다.

산문은 돌로 만들어졌는데 큰 패루牌樓-시가市街에 세운 다락이 있는 문 같다. 아치형 문이 세 개 있고 그 중간 문 위에 古開福寺고개복사라는 절 이름이 크게 음각되어 있다. 문 앞에는 사자 상과 코끼리 상이 각각 한 쌍씩 놓여 있어 눈길을 끈다. 경내에는 이 겨울에 곳곳에 시들지 않은 바나나 나무가 서 있어 이채롭다.

장사에서 특별히 들를 만한 데가 없으니 이런 절이나 찾게 되었다. 그 옛날 가의의 고택이나 기념관이 있을 법한데 가이드와 그의 여동생이 알지 못한다. 나중에 알게 된 일이지만 상강대교 가까이에 가의의 고택이 있었다. 이처럼 핵심에서 벗어난 여행을 하기도 했다.

장사에서 가의의 집을 지나며

유장경(당)

좌천 벼슬 삼 년을 이곳에서 지내는데
만고에 굴원의 비애만 남았도다.
가을 풀 속에서 홀로 찾아보니 옛사람은 가고 없고

長沙過賈誼①宅장사과가의댁

劉長卿(唐)

三年謫宦②此棲遲삼년적환차서지
萬古惟留楚客③悲만고유류초객비
秋草獨尋人去後추초독심인거후

차가운 숲에서 부질없이 바라보니 해는 지려하네. 寒林空見日斜時한림공견일사시

한 문제는 도 있으나 은혜는 오히려 엷었고 漢文④有道恩猶薄한문유도은유박
상수는 정 없으니 조상한들 어찌 알리? 湘水無情弔豈知⑤상수무정조개지
적막한 이 강산 나뭇잎 지는 이곳에 寂寂江山搖落處적적강산요낙처
가련한 그대여, 무슨 일로 하늘 끝에 왔던가? 憐君何事到天涯련군하사도천애

① 가의賈誼, BC201~BC169 : 한나라 문제 때의 사람. 박사와 태중대부太中大夫가 되었다가 장사왕長沙王의 태부太傅로 좌천되었다. 조정의 모든 율령 고치는 일을 가의가 도맡았으나 원로들의 참소로 인하여 장사로 좌천되었던 것이다.
② 적환謫宦 : 지방으로 좌천된 벼슬아치.
③ 초객楚客 : 전국 시대 초나라의 굴원屈原, BC343~BC290을 뜻한다.
④ 한문漢文 : 한나라 3대 임금 문제를 뜻한다. 고조 유방의 아들이었다.
⑤ 상수무정조기지湘水無情弔豈知 : 가의가 상수를 지나면서 '조굴원부弔屈原賦'라는 시를 지어 굴원을 조상했던 일이 있었다.

산문 앞에는 수염을 기른 소경 점쟁이가 앉아 있는데 보통 점쟁이와 다른 면모가 보이기에 사주四柱를 넣어 봤다. 하지만 북경에서 동행한 가이드가 장사 지방의 사투리를 알아들을 수 없으니 함께 간 그의 사촌 여동생이 개입하여 통역이 가능하게 되었다. "평생 술을 조심해라. 앞으로 한 50년은 더 살겠다"라는 등의 말을 해 주었다. 복채는 10원元을 주었다.

작은 한식날 배에서 小寒食①舟中作소한식주중작

두보(당) 杜甫(唐)

명절이라 억지로 술 마시니 음식은 찬데 佳辰②强飮食猶寒가진강음식유한
할관 쓰고 쓸쓸히 탁자에 기댔노라. 隱几③蕭條戴鶡冠④은궤소조대활관
봄 강물에 띄운 배는 하늘 위에 앉은 듯 春水船如天上坐춘수선여천상좌
늙어서 보는 꽃은 안개 속에 피었는 듯. 老年花似霧中看로년화사무중간

너울너울 고운 나비 빈 장막을 넘어가고 娟娟戲蝶過閑幔연연희접과한만
뒤치며 나는 갈매기 급한 여울로 내리네. 片片輕鷗下急湍편편경구하급단

흰 구름 푸른 산 저 넘어 만리 밖에
쓸쓸히 바라보니 이가 바로 장안이라.

雲白山青萬餘里운백산청만여리
愁看直北是長安수간직북시장안

---

① 소한식小寒食 : 한식 다음날.
② 가진佳辰 : 아름다운 날. 명절. 소한식.
③ 은궤隱几 : 탁자에 의지하다.
④ 할관鶡冠 : 은자隱者가 쓰는 두건.
※ 이 시는 당나라 대력大曆 5년770년에 담주潭州-지금의 장사에서 지어진 것이다. 이 해에 두보는 담주와 악주 사이에서 죽는다.

상강湘江과 악록산嶽麓山

악록산해발 300m은 장사시의 왼쪽으로 흐르는 상강의 건너편에 뻗어 있는 산이다. 시내에서 가려면 상강 대교를 건너야 한다. 때가 겨울이어서 그런지 상강은 바닥을 군데군데 드러내고 있다. 소강瀟江과 더불어 소상강으로 불리면서 동정호로 흘러드는데 소상8경을 빚어내는 강이다. 소상8경은 다음과 같다.

상강

1. 평사낙안平沙落雁 : 평평한 모래사장에 내리는 기러기.
2. 원포귀범遠浦歸帆 : 먼 포구로 돌아가는 돛단배.
3. 소상야우瀟湘夜雨 : 소상강에 내리는 밤비.
4. 동정추월洞庭秋月 : 동정호 위에 뜬 가을 달.
5. 강천모설江天暮雪 : 확 트인 강 위의 하늘에서 내리는 저녁 눈.
6. 연사만종煙寺晩鐘 : 안개 낀 절에서 들려오는 저녁 종소리.
7. 산시청람山市晴嵐 : 산성의 맑은 날씨에 아른거리는 아지랑이.
8. 어촌낙조漁村落照 : 어촌에 지는 저녁 노을.

원래 소상8경은 소상강과 동정호 부근의 아름답고 운치 있는 명승을 말한다. 송나라 때의 송적宋迪이 여덟 개의 풍경을 그림으로 그린 것이 소상8경의 시초다. 이것이 워낙 유명하다 보니 경치가 아름다운 데가 있으면 꼭 8경을 붙여야만 명승지가 되는 것이다. 우리나라에도 관동8경關東八景 단양8경丹陽八景 양산8경陽山八景 등, 8경을 넣은 명승지가 여러 곳 있다. 8경은 그 이름 자체가 시라는 생각이 든다.

최근 우리나라 전경원 박사건국대 국어국문학 고전문학 전공가 소상8경도의 원작자는 11C 북송 때의 송적이 아니고 10C 5대10국 시대의 이영구919~967년라고 규명한 바가 있다문화일보. 2006년 8월 29일자.

소상강의 밤비

이인로(고려)

한 줄기 푸른 강물 양 언덕은 가을인데
강바람이 비를 몰아 돌아가는 배에 뿌리네.
밤 되어 강가 대숲 가까이 배 대고 보니
잎마다 차가운 소리 이 모두가 시름이라.

瀟湘夜雨소상야우

李仁老(高麗)

一帶滄波兩岸秋일대창파양안추
風吹細雨灑歸舟풍취세우쇄귀주
夜來泊近江邊竹야래박근강변죽
葉葉寒聲總是愁엽엽한성총시수

작가소개 이인로(1152~1220) : 고려 시대의 학자이며 자가 미수眉叟, 호는 쌍명재雙明齋이다. 본관은 경원慶源=仁川이다. 조실부모하여 절에서 성장했다. 정중부의 난 때 머리를 깎고 중이 되어 화를 모면하였다. 명종 10년 1180년에 장원 급제하여 벼슬은 우간의대부右諫議大夫에 올랐다. 시화집詩話集인 파한집破閑集이 전한다.

소상강의 밤비

이제현(고려)

단풍잎과 갈대꽃은 물나라에 가을인데
강바람이 비바람 몰아 조각배에 뿌리네.
초객이 삼경의 꿈 놀라 깨니
상비와 더불어 만고의 시름 나누련다.

瀟湘夜雨소상야우

李齊賢(高麗)

楓葉蘆花水國秋풍엽노화수국추
一江風雨灑扁舟①일강풍우쇄편주
驚回楚客②三更③夢경회초객삼경몽
分與湘妃④萬古愁분여상비만고수

① 편주扁舟 : 조각배.

② 초객[楚客] : 보통 전국 시대의 초 나라의 굴원을 말하지만 여기서는 초나라 땅을 여행하는 나그네 즉 지은이를 뜻한다.
③ 삼경[三更] : 자정 안팎. 한밤중.
④ 상비[湘妃] : 순 임금의 두 비[妃] 즉 아황[娥皇]과 여영[女英]을 가리킨다.

상강대교를 건너 왼쪽으로 틀어 녹산로[麓山路]를 따라가다가 오른쪽 방향으로 꺾어 악록산 산자락에 이르면, 호남대학교가 있고 그 입구 마당에는 모택동의 동상이 세워져 있다. 모택동이 호남사범학교 출신이기 때문이다. 계속 안쪽으로 더 들어가면 악록서원이 자리잡고 있다. 이 서원은 중국 고대 4대 서원 중의 하나이다. 북송 때 [976년] 담주[潭州] 태수 주동[朱洞]이 창건한 것이다. 그 후 장식[張栻], 주희, 왕양명 등의 사상가들이 이곳에서 강학[講學]을 하여 호상[湖湘-동정호와 상강 지역] 문화와 교육에 큰 영향을 미쳤다.

청나라 광서[光緖] 29년[1903년]에 호남고등학당으로 개명했다가 1926년에 와서 호남대학에 편입되었다. 우리나라의 성균관이 성균관대학교에 편입된 것처럼. 그래서 호남대학은 중국에서 정식은 아니지만 가장 오래된 대학이라고도 할 수 있다.

천년학부[千年學府]라는 편액이 걸려 있는 전문[前門]을 지나면 혁희대[赫曦台]라는 누각을 만난다. 이 누대 중앙에는 주희, 장식, 왕양명, 모택동의 시가 쓰여진 병풍 같은 구조물이 서 있다. 그리고 양옆 벽에는 수[壽]자와 복[福]자가 누런 글씨로 쓰여져 있다. 이런 학문의 전당에서도 장수와 행복은 존중되었던 모양이다. 삶의 가치가 행복이라면, 학문도 이것을 도모해야 한다는 것일지도 모른다.

악록서원

혁희대 뒤쪽의 대문에는 악록서원이라는 편액이 부착되어 있고 기둥에는 惟楚有材[유초유재], 于斯以盛[우사이성]이라는 영련이 흰 바탕에 검은 글씨로 쓰여 있다. "초나라에 인재들이 있었으니 이곳에서 번성함을 이루었다"라는 뜻일 게다.

이문二門을 지나 강당에 이르는데 입구에 실사구시實事求是의 현판이 걸려 있다. 강당 안의 좌우 벽면에는 충忠, 렴廉, 절節, 효孝의 글씨가 새겨진, 사람 키보다 더 큰 비석높이 2.13m, 너비 1.41m들이 박혀 있다. 서원 내에서 제일 큰 석각이다. 이 4자 중에서는 렴자가 가장 마음에 든다. 사람은 부끄러움, 염치를 먼저 알아야 한다. 강당 뒤에 훤칠한 건물은 어서루御書樓라는데 이 서원에서 가장 크고 훌륭한 것이다.

악록서원은 전국 중점 문물 보호 단위이다.

악록서원을 뒤로 하고 산으로 오르다 보면 작은 연못 건너편에 푸른 색의 2층 지붕으로 된 정자 하나가 눈에 띈다. 기둥과 현판이 붉어 아주 산뜻한 느낌을 주는데 이가 바로 애만정愛晚亭이다. 꽤 깊은 산속에 호젓하게 서 있다.

원래 이곳에는 홍엽정紅葉亭이라는 정자가 있었다. 청나라 건륭 연간에 원매袁枚라는 사람이 홍엽정이라는 제목하에 당나라 시인 두목의 절구 '산행山行'을 초록抄錄-필요한 것만 가려 뽑음하다가 무슨 이유에서인지 3째 구의 '애,만愛,晚' 두 자을 누락시켜 '停車坐楓林정거좌풍림-수레 멈추고 단풍 숲에 앉았다.'이라 했다. 나전羅典이라는 사람이 이 이야기를 듣고 부끄럽게 여겨 악록서원의 학생들을 시켜, 홍엽정紅葉亭이라는 편액을 내리고 친필로 적은 애만정愛晚亭이라는 현판을 새로 걸게 했다는 것이다.

애만정

낙엽 진 나무도 더러 있지만 푸른 잎의 나무들이 숲을 이룬 강남의 겨울은 안온해서 좋다.

산행

두목(당)

멀리서 차가운 산 돌길 따라 오르니
흰 구름 피는 곳에 인가가 보이네.
수레 멈추고 때늦은 단풍을 즐기노니
서리 맞은 단풍이 이월의 꽃보다 더 붉도다.

山行산행

杜牧(唐)

遠上寒山石徑斜원상한산석경사
白雲生處有人家백운생처유인가
停車坐愛楓林晩정거좌애풍림만
霜葉紅於二月花상엽홍어이월화

※ 이 시는 두목이 지주 자사池州刺使로 있을 때844년, 42세 지은 시로 알려져 있다. 이 악록산에 오르면서 지은 시는 아닐지라도 이곳의 풍광과 경개景槪가 이 시의 의취意趣와 많이 닮았기에 애만정이라는 정자를 세운 것이 아닌가 한다. 시 한 수라도 아끼고 기념하려는 정성이 중국인들한테는 있다고 할 것이다.

호남성 박물관을 들렀다. 마왕퇴 한묘馬王堆漢墓에서 출토된 유물을 구경하기 위해서이다. 큰 관심은 없었으나 굉장한 미이라가 있다고 자꾸 권해서 가 보았다.

일찍이 오대 시기五代時期 후당後唐의 초왕楚王인 마단馬段, 852~930년의 묘라고 믿어 왔기 때문에 마왕퇴중국식 발음은 마왕뚜에이라고 불렀다. 그러나 1972년에서 1974년까지의 발굴에서 이것이 전한前漢의 장사국長沙國의 승상이었던 대후리창軑侯利倉, BC193~BC186년 재위과 그의 처의 무덤임이 밝혀졌다. 미이라가 된 그의 부인의 시신과 3000천 점이 넘는 부장품들이 발견되었다. 그것들이 엄청난 양이기도 하지만 화려하고 섬세하고 진기하여 사람들을 놀라게 한다. 게다가 미이라는 2000년의 세월에도 양호한 상태여서 오히려 섬뜩하다.

담주를 떠나면서

두보(당)

지난 밤 장사에서 봄 술에 취하더니
오늘 새벽 상수에서 봄 길을 나서노라.
강가 꽃이 날리며 나그네를 전송하나
돛대 위의 제비는 머물라고 말하네

發潭州①발담주

杜甫(唐)

夜醉長沙酒야취장사주
曉行湘水春효행상수춘
岸花飛送客안화비송객
檣燕語留人장연어류인

가부의 재주는 이제까지 없었고
저공의 글씨는 지금까지 우뚝하다.
이름 높은 고금의 일을
돌이켜 생각하니 마음만 아파 오네

賈傅[②]才未有 가부재미유
褚公[③]書絶倫 저공서절륜
名高前後事 명고전후사
回首一傷神 회수일상신

---

① 담주潭州 : 장사長沙.

② 가부賈傅 : 한 무제 때의 가의賈誼를 말한다. 장사에 좌천되어 와서 이곳에서 죽었다.

③ 저공褚公 : 초당初唐의 서예가 저수량褚遂良을 말한다. 무측천武則天을 황후로 세우는 것을 반대하다가 담주 도독으로 좌천되어 왔다가 여기에서 죽었다.

※ 두보가 장사에서 상강을 따라 형산으로 가려고 할 무렵에 쓴 시이다. 죽기 1년전인 769년 봄의 일이다.

제23장 악양岳陽

장사長沙의 장거리 버스 정류장에는 가이드의 큰어머니를 비롯하여 사촌 두 명과 매형 한 사람이 아이 한 명을 데리고 나와 우리를 전송해 주었다. 고마운 일이다. 날 위해서이겠느냐마는 나의 여행길의 안녕을 빌어 주었기에 더욱 그러하다. 사촌 동생에게 팁을 넉넉히 못 준 것 같아 못내 미안하다.

가이드는 북경에서 친구가 소개해 준 한족漢族이다. 북경대학 출신으로 북한 평양에서 유학을 했기에 우리말을 잘 구사했다. 이때 나는 그와 단 둘이서 대륙 강남을 떠돌고 있었다. 그는 자신을 굳이 만주족이라 했다. 이는 아무래도 자랑인 것 같다. 청나라 때 지배 계층은 만주족이었으니까. 보통 중국인과 달리 깔끔하고 자존심이 세었다. 그리고 여느 조선족보다 한자를 많이 알고 있었고 불교에 해박한 지식을 가졌으며 범중엄의 '악양루기' 정도는 해석할 줄 알더라. 1990년대 당시에 가이드는 대졸자들이 가장 선호하는 직업 중의 하나였다.

승객이라야 5명밖에 안 되는 낡은 버스를 타고 북으로 3시간 걸려 어두워져서야 악양에 도착했다.

이 악양시는 호남성 북부에서 동정호와 장강이 합치는 곳에 있다. 통상 동쪽으로 금악산金鶚山에 의지하고, 서쪽으로 동정호와 접하고, 북으로는 삼협과 통하고, 남쪽으로 소상강으로 이어져 있다는 곳이다.

원래 악양시는 파릉巴陵 또는 악주岳州로 불리다가 1912년에 와서 악양현으로 개칭되었다.

악양의 저녁 풍경

장균(당)

저녁 빛에 추운 까마귀들 모여들고
가을 바람에 먼 길 기러기가 돌아오네.
물 빛이 해를 띄우며 뻗어 나오고
놀 빛은 강을 비추며 날고 있도다.

물가에 하얀 갈꽃이 흐드러지고
동산에 빨간 감잎이 듬성듬성.
이 장사 땅은 낮고 습한 곳이라
구월인데도 동복을 마련하지 못했네.

岳陽晩景악양만경

張均(唐)

晩景寒鴉集만경한아집
秋風旅雁歸추풍여안귀
水光浮日出수광부일출
霞彩映江飛하채영강비

洲白蘆花吐주백로화토
園紅柿葉稀원홍시엽희
長沙卑濕地①장사비습지
九月未成衣구월미성의

① 장사비습지長沙卑濕地 : 장사는 동정호의 남쪽 지방이므로 지대가 낮고 늘 습기가 많은 곳이다. 한문제 때 사람인 가의賈誼, BC200~BC168는 장사에 좌천되어 와서는 이곳이 비습卑濕한 곳이어서 오래 살지 못할 거라고 생각했는데 과연 그는 33살 나이로 일찍 죽었다.

작가소개 장균(740년 전후에 생존) : 하남성의 낙양 사람이다. 장설張說-시재가 뛰어나고 좌승상을 지냈다의 장남이다.

왕징군王徵君과 함께 동정호에서 감회를 적다.

장위(당)

팔월달 동정호의 가을날
소상 강물은 북으로 흐르는데,
고향으로 돌아가기 만리의 꿈이런가?
나그네는 새벽에도 시름을 못 이기네.

더 이상 책 펴는 것도 쓸데없고
오직 주루에 오르는 것이 좋아라.
친구들 낙양에 많기도 하나
어느 날 다시 만나 놀아 볼런지.

同王徵君①洞庭有懷동왕징군동정유회

張謂(唐)

八月洞庭秋팔월동정추
瀟湘水北流소상수북류
還家萬里夢환가만리몽
爲客五更愁위객오경수

不用開書帙불용개서질
偏宜②上酒樓편의상주루
故人京洛③滿고인경낙만
何日復同遊하일부동유

① 징군徵君 : 학문과 덕망은 높지만 임금의 부름을 받아도 벼슬길에 나아가지 않는 고결한 선비를 말한다.
② 편의偏宜 : 오로지 마땅하다.
③ 경락京洛 : 낙양.

작가소개 장위(756년 전후에 생존) : 자는 정언正言이며 하남성 심양현沁陽縣 사람이다. 당나라 천보天寶 말 전후에 숭산崇山에서 공부하였는데 재주가 많고 뛰어났다. 권세에 굴함이 없어 스스로 기골奇骨-특이한 성품의 소유자, 괴짜이라 했다. 743년에 진사에 올랐다. 계문薊門-북경 일대 등지의 변방 군영軍營에서 지내다가 담주자사潭州刺使로 전임하였다. 성품이 술을 즐기고 자연에 빠지는 것을 좋아하였다.

이 악양은 예부터 전쟁터로 이름이 높았는데 소위 병가兵家의 필쟁必爭-반드시 다투다의 땅이었다. 전하기를 고대 장강 상류에 있는 파국巴國-현 사천성 동부 일대에서 군대를 몰고 와 초나라와 밤낮으로 7일간 교전하였는데, 최후에는 전군이 몰살되어 이 일대에 장사지내고 보니, 산 같은 큰 무덤이 생겨 이를 파구巴丘 또는 파릉巴陵이라 했다는 것이다. 지금 악양시는 인구가 34만 명 정도이고 상북湘北의 정치, 경제, 문화의 중심 역할을 하고 있다.

악양호텔 앞에는 넓고 시원하게 뚫린 대로가 있다. 중국 어딜 가도 길 하나는 대국답다. 이 대로에 돌로 만든 큰 패방牌坊들이 가로로 세워져 있어 악양시가 유서 깊은 도시임을 말해 주는 것 같다.

파릉의 밤에 왕원외와 작별하며

가지(당)

버들개지 날릴 때 낙양을 이별하고
매화꽃이 핀 후에 삼상에 와 있소
세상의 인정이란 뜬 구름 같지만
이별의 한만은 강물처럼 길구려.

巴陵①夜別王八員外

파릉야별왕팔원외

賈至(唐)

柳絮飛時別洛陽 유서비시별낙양
梅花發後在三湘 매화발후재삼상
世情已逐浮雲散 세정이축부운산
離恨空隨江水長 리한공수강수장

① 파릉巴陵 : 악양의 다른 이름.

작가소개 가지 (718~772) : 낙양 사람이며 천보 10년751년 명경과明經科에 급제했다. 그는 안록산의 난 때 현종을 따라 촉蜀으로 가서 숙종에게 전위傳位한다는 책문을 지었다. 이에 현종이 말하길 "선천先天 연간712년의 고명誥命은 그대 부친이 지었고, 지금 이 책문을 그대가 지었구나. 두 조에 걸쳐 성전盛典이 그대 집안의 부자 손에서 나왔으니 가히 훌륭함을 계승한 것이다"라고 했다. 한때 파릉에 유배되었을 때 이백과 만나 매일 술로 우울함을 달래었다. 이백이 시를 지어 주었다. "聖主恩深漢文帝 성주은심한문제-우리 임금의 은혜가 한문제만큼 깊다면 憐君不遣到長沙 련군불견도장사-그대를 불쌍히 여겨 장사에 보내지는 않았을 걸." 후에 경조윤京兆尹에 봉해지고 어사대부御史大夫를 겸했다.

악양루岳陽樓와 동정호洞庭湖

악양루	岳陽樓악양루
위윤정(명)	魏允貞(明)
동정호는 천하제일의 물이요	洞庭天下水동정천하수
악양루는 천하제일의 누각이라.	岳陽天下樓악양천하루
그 누가 천하제일의 선비런가?	誰爲天下士수위천하사
악양루 마루에 올라 술이나 마시세.	飮酒樓上頭음주루상두

작가소개 위윤정 : 명나라 때 위윤중魏允中인지 확인이 되지 않는다.

이때가 연말이라서 그런지, 아니면 무슨 축하할 일이 있어 그런지 이곳저곳 폭죽을 매달아 놓고 터뜨리고 있다. 이내 붉은 담벼락을 따라가다가 악양 유원지 입구에 이르니, 대문 위에 巴陵勝狀파릉승장-파릉의 빼어난 경색이란 문구가 양각陽刻되어 있고 대문 양 기둥에 '洞庭天下水동정천하수 岳陽天下樓악양천하루'란 영련이 뚜렷하다. 서둘러 대문 안으로 들어서서 화강암으로 다듬은 길을 따라 언덕 마루에 올라 바라보니, 여기가 바로 바라고 그리던 천하 명승 동정호이다. 학창 시절에 국어 교과서에 있는 두시언해를 배울 때부터 시작하여 이를 가르치는 지금에 이르기까지 수없이 되뇌이던 동정수와 악양루, 이제 그 참 면목을 음미해 볼 것이다.

양지미를 보내며

장설(당)

파릉에서 동정호의 가을을 바라보니
외로운 봉우리 물 위에 떠 있도다.
신선이란 원래 따를 수 없다 하나
내 마음은 호수 따라 유유하기만 하다네.

送梁六①송양육

張說(唐)

巴陵一望洞庭秋파릉일망동정추
日見孤峰②水上浮일견고봉수상부
聞道神仙不可接문도신선부가접
心隨湖水共悠悠심수호수공유유

---

① 양육梁六 : 양씨 집안의 여섯 번째 아들 즉 양지미梁知微.
② 고봉孤峰 동정호 속에 있는 군산君山이란 섬을 말한다.

동정호란 명칭이 어떻게 해서 붙여졌는가? '상비묘기략湘妃廟記略'에 이르기를 "신선이 사는 곳을 동부洞府라고 하는데 이곳을 동부의 뜰로 삼았으니 동정이라 불렀다"라고 한다.

동정호는 장강 중류에 위치해 있다. 면적은 2,820㎢나 되고 주위는 예로부터 800리로 알려졌다. 동정호는 '제일'이라는 칭호를 파양호鄱陽湖에 넘기고 중국에서 두 번째로 큰 담수호가 되었다. 그러나 풍부한 물산과 드넓은 물길과 미려한 풍광으로 예부터 천하제일의 명성을 드날려 왔다.

동정호에 대해서는 역사상 기록이 적지 않다. '산해경山海經'에서 말하기를 "여름과 가을에는 물이 넘쳐 사방 9백리가 된다"라고 하고, '회남자 인간훈淮南子 人間訓'에서는 "강물을 타고 동정으로 내려, 배로 하루를 가도 능히 건널 수 없다"라고 했다. 그리고 범중엄의 '악양루기'에 이르기를 "호湖는 넓고 아득하여 멀리 산을 물고 있는 듯, 장강을 머금은 듯 그 모양은 호호탕탕하여 옆으로 끝간 데를 모를 만큼 펼쳐져 있다. 아침 햇빛과 저녁 어스름에, 구름과 바람과 경물과 기상의 변화는 천차만별로 나타난다"라고 했다. 이는 동정호의 광활하고 웅장한 기세를 그대로 잘 묘사한 것이리라.

동징호에서 장승상張丞相에게 드리다.

맹호연(당)

팔월의 동정수는 넓기도 하여
허공을 적시며 하늘과 하나가 되었도다.
불기운이 운몽의 못을 찌는 것 같고
파도는 악양성을 깨는 듯하네.

물을 건너려 해도 배와 노가 없으며
한가히 지내자니 임금의 밝으심에 부끄러워라.
앉아서 낚시꾼을 바라보다가
부질없이 고기를 부러워하노라.

臨洞庭上張丞相①임동정상장승상

孟浩然(唐)

八月湖水平팔월호수평
涵虛混太淸②함허혼태청
氣蒸雲夢澤③기증운몽택
波撼岳陽城파감악양성

欲濟無舟楫④욕제무주즙
端居⑤耻聖明단거치성명
坐觀垂釣者좌관수조자
徒有羨魚情⑥도유선어정

---

① 장승상張丞相 : 장승상이 장구령張九齡인지 장설張說인지 분명하지 않다. 다만 장구령이 형주 자사荊州刺史로 있을 때 맹호연이 그 밑에서 일을 도운 적이 있어 장구령일 가능성이 높다.

② 태청太淸 : 하늘.

③ 운몽택雲夢澤 : 호북성 남부와 동정호 북부에 있는 늪 지대.

④ 주즙舟楫 : 배와 노. 벼슬길로 끌어 줄 수 있는 사람을 뜻한다.

⑤ 단거端居 : 한거閑居, 평거平居, 평상시. 평소.

⑥ 선어정羨魚情 : 고기를 부러워하다. 고기에 대한 욕심. 한서漢書 동중서전董仲舒傳에 "못가에서 고기를 부러워하는 것은 집에 가서 그물을 짜는 것만 못하다."라는 말이 있다. 그러니까 여기서 고기는 벼슬을 상징한다고 볼 수 있다. 맹호연은 동정호의 웅장한 풍경을 바라보면서 벼슬에 오르고 싶은 심정을 토로한 것이다.

작가소개 맹호연(689~740) : 호북성의 양양襄陽 사람이다. 녹문산鹿門山에서 은거하였는데 이 산은 한나라 말엽에 방덕공龐德公이란 인물이 약초 캐면서 살던 곳이다. 맹호연은 40살이 넘어 장안에 와서 명사들과 사귀었는데 특히 장구령張九齡과 왕유王維와 교분이 두터웠다. 당 현종이 평소에 그에 대해 풍문을 듣고 좋아했으나 不才明主棄 多病故人疏재주 없으니 임금이 나를 버리고, 병이 많으니 친구도 소원해졌다라는 싯구를 보고 불쾌하게 여겨 끝내 벼슬에 오를 수 없었다. 개원 말년에 왕창령王昌齡이 양양에 갔을 때 서로 기뻐하며 술판을 벌였다. 이때 그는 익히지 않은 음식을 먹고 병이 되어 생을 마쳤다. 그는 성당 시대에 대표적인 자연파 시인이었다.

다시 오른쪽으로 걸음을 옮기면 돌로 만들어 세운 산뜻한 악양루 남문을 만나게 된다. 문 위에는 南極瀟湘남극소상-남쪽 끝으로 소상에 닿다. 이란 글자가 뚜렷하다. 멀리 나무에 가리면서 어른거리는 그림자가 있으니 드디어 악양루가 눈에 들어온다.

여기 악양루는 자고로 "遷客騷人都會于此천객소인도회우차-귀양살이 나그네와 뭇 시인들이 이곳에 모두 모인다"라 하여 불우한 사람이나 나그네를 위한 최적의 명승지인데 이제 해동의 초라한 길손이 이곳까지 찾아들게 된 것이다.

이 악양루는 무창의 황학루와 남창의 등왕각과 더불어 강남 3대 명루이다. 이 누각은 못을 전혀 사용하지 않은 3층 목조 건물이다. 금빛 휘황한 지붕에 봉황을 이고 있는, 3층의 12개의 처마가 만리를 날아갈 듯하다. 그러면서도 조금도 지쳐 보이지 않으니 이는 바로 1700여년의 역사를 견뎌 온 의연한 노병의 자태가 남아 있기 때문일 것이다.

악양루의 역사는 꽤나 오래다. 멀리 춘추 시대 오나라와 초나라가 서로 다툴 때 초나라가 이곳 악양에 서미성西靡城을 축조하였다. 후한 광무제 때에는 복파장군 마원馬援을 파견하고서 파구저각巴丘邸閣을 건립하여 양초糧草-말먹이 풀의 둔적지로 삼았다. 삼국 시대 적벽대전 직후 오의 주유가 건업남경으로부터 강릉에 부임하여 촉을 도모하다가 이곳 파구巴丘에서 죽었다. 파릉산 뒤에 주유의 묘가 있다고 하나 지금 고증할 만한 것이 없고 그의 애처愛妻 소교小喬의 묘비만 여기 있는데 지금 제일중학교 뒤다 주유의 임무를 대신한 노숙이 유비와 연합하면서 조조의 재차 남하를 대비해 파구성을 축조하고 성루 서문 위에 열병대를 건축하여 동정호에서 수군을 조련하였다. 노숙이 세운 이 열병대가 바로 악양루의 전신이다.

건안 22년217년 노숙은 46세로 세상을 떠난다. 악양루에서 남쪽으로 조금 내려가면 높이 8m, 밑 둘레 70여m의 고묘가 있는데 이가 바로 노숙의 묘이다.

당 개원 4년716년에 중서령中書令 장설이 이 악주에 좌천되어 와서 이 누각을 중수하고 남루南樓라 했는데 그의 시 중에도 남루로만 나타나 있고 악양루라는 지칭은 보이지 않는다. 악양루란 이름이 처음 나오는 것은 이백의 시, '與夏十二登岳陽樓여하이십등악양루'에서이다. 장설이 남루를 중수한 때와는 약 40년의 차이를 보인다.

하십이와 악양루에 올라

與夏十二登岳陽樓 여하십이등악양루

이백(당)

李白(唐)

누각에 오르니 악양이 다 보이고
물길은 휘돌아 동정호를 열었다.
기러기는 수심을 끌어가고
산은 밝은 달을 물고서 온다.

樓觀岳陽盡 루관악양진
川廻洞庭開 천회동정개
雁引愁心去 안인수심거
山銜好月來 산함호월래

지금 구름 사이에 자리잡고서
천상에서 술잔을 기울여 본다.
취한 후에 시원한 바람이 일어
춤추는 옷소매를 휘감아 돈다.

雲間連下榻 ①운간연하탑
天上接行杯 ②천상접행배
醉後涼風起 취후량풍기
吹人舞袖回 취인무수회

① 하탑下榻 : 숙소를 정하다. 머물다. 자리잡다.
② 행배行杯 : 술잔을 둘리며 마시다.
※ 이백이 759년 가을, 야랑으로 유배가던 도중에 사면을 받고 돌아와 지은 시이다.

그렇다면 어찌하여 장설의 남루가 변하여 악양루가 되었는가? 정확한 문헌자료는 없지만 예부터 악양 민간에 전해 오는 전설이 있는데 일고의 가치는 있을 것이다. 즉 고대 악주성 남쪽 지방에 천악산天岳山이라는 작은 산이 있고 그곳 남록南麓의 호수 변에 작은 누각 하나가 있었는데 이름하여 남루이다. 장설이 좌천해 와서 늘 친구들과 이 누대에 올라 시를 읊었다. 후에 그는 이 남루라는 이름이 아름답지 못하다고 생각했다. 그래서 이 누각이 천악天岳의 양陽=南에 있음으로 해서 개명하여 악양루라 했다.

이 누각은 오랫동안 수리하지 않아서 허물어지자 장설은 중수를 준비하다가 이곳이 성에서 멀고 지세도 낮고 경색 또한 대단치 않아서 그 일은 그만두고 있었다. 마침 군성郡城 서문 위의 파릉 성루가 쓰러져도 중건하지 못하고 있었다. 이 성루는 동정호를 바라보며 군산君山을 대하고 있고, 기세도 웅장하고, 경치 또한 빼어났기에 악양루를 성문 머리로 옮겼다. 그리고서는 누각을 새롭게 수리하고 이름을 여전히 악양루라 하였다는 것이다. 어쨌든 장설이 악양루라 명칭한 것은 사실인 것 같다.

일가 아저씨뻘 형부시랑 엽과 중서 가사인 지를 모시고 동정호에서 노닐며.

이백(당)

陪族叔刑部侍郎曄及中書賈舍人至遊洞庭湖배족숙형부시랑엽급중서가사인지유동정호

李白(唐)

(1)

동정에서 서쪽으로 바라보니 초강은 나뉘었고
호수 다한 남쪽 하늘 구름조차 뵈지 않네.
해 저문 장사에는 가을빛만 아득한데
모르겠구나, 어디서 상군을 조상해야지.

(1)

洞庭西望楚江①分 동정서망초강분
水盡南天不見雲 수진남천불견운
日落長沙秋色遠 일락장사추색원
不知何處弔湘君② 부지하처조상군

① 초강楚江 : 동정호 근처를 흐르는 양자강을 초강이라 불렀다.

② 상군湘君 : 상수湘水의 여신, 요임금이 순임금에게 자기 딸 아황과 여영을 시집보냈다. 순임금이 남쪽으로 시찰하던 도중에 창오蒼梧에서 죽으니 아황과 여영 두 왕비는 상수에 몸을 던져 따라 죽었다. 그리하여 아황과 여영은 상수의 수신水神이 되었다는 전설이 있다.

(4)

동정호 서편에 가을달이 빛나고
소상강 북쪽에 기러기가 날아든다.
배 안에 취객들 백저곡을 부르는데
몰랐노라, 서리 이슬 가을 옷에 드는 것을

(4)

洞庭湖西秋月輝 동정호서추월휘
瀟湘江北早鴻飛 소상강북조홍비
醉客滿船歌白苧① 취객만선가백저
不知霜露入秋衣 불지상로입추의

① 백저白苧 : 오吳나라 지방의 민요.

※ 이 시도 이백이 귀양가다가 사면 받고 돌아와 59살에 지은 것이다. 두보는 9년 뒤인 768년, 그의 나이 57살에 이곳 악양에 찾아든다.

누대가 보기 좋게 이루어진 후 당대 대시인 맹호연, 이백, 두보, 백거이 등

이 앞 다투어 이 누에 올라 시를 읊고 불후의 명작을 남겼다.

산천이 인걸을 낳는다고 하지만 산천 역시 위대한 인물의 도움 없이는 천하에 명성을 드날릴 수 없다. 동정호가 천하의 장관이라 하지만 장설, 이백, 가지, 두보의 장유壯遊와 묘사가 없고서야 어찌 천하제일수天下第一水의 일컬음이 있을까?

송나라 경력經歷-1041년에서부터 청나라 광서光緖-1875년까지 악양루는 화재와 병란을 수 차례 거치면서 훼손과 중수를 거듭하였다. 1983년 3월 15일 정식으로 크게 수리하여 10개월의 노력 끝에 준공했으니 드디어 악양루는 당·송 이래 최고의 품격을 갖추게 되었다.

악양루

악양루 누각 안으로 들어가면 사진을 못 찍게 한다. 그처럼 아낄 것이 있나 했더니 맞은 편 벽면에 그 유명한 악양루기가, 옻칠을 한 큰 나무 판 위에 흰 글씨로 새겨져 있는 것이 아닌가!

악양루기岳陽樓記

범중엄(范仲掩, 宋)

경력 4년 봄에 승자경滕子京이 좌천되어 파릉군의 태수가 되었다. 이듬해에 정사政事가 잘 통하고 사람들이 화합하니 백가지 피폐했던 일들이 한가지로 흥하였다. 그래서 악양루를 중수하고 그 본래의 제도를 더하고 당나라 때의 현인들과 지금 송나라 사람들의 시부를 누각 위에 새기고는 나에게 부탁하여 문장을 지어 이를 기록하게 했다.

대체로 이 파릉의 훌륭한 경치를 볼 것 같으면 동정호가 있어서 먼 산을 물고 장강을 머금었다. 호수는 호호탕탕하여 옆으로는 끝 간데를 모르겠고 아침 햇빛, 저녁 어스름에 기상의 변화는 천차만

별이다. 이것이 악양루을 크게 바라본 광경이다. 옛 사람들이 서술한 문장들은 이를 충분히 표현하였다고 할 것이다. 그러고 보니 북쪽으로는 무협으로 통하고 남쪽으로는 소상강에 미치었으니 귀양살이 사람과 시인 묵객들이 많이 모이게 된다. 이들이 사물을 보는 감정이 어찌 다름이 없다고 하겠는가?

만약에 장맛비가 흩날려 여러 달 개지 않고, 어두운 찬바람이 흐린 물결을 공중으로 밀어붙이고, 해와 별이 빛을 감추고, 산악이 형체를 숨기고, 장사꾼과 나그네가 나다니지 못하고, 담장이 무너지고, 삿대가 부러지고, 저녁에 날은 어둡고, 호랑이가 울부짖고, 잔나비가 울음 우는 그런 때 이 누각에 오르면, 나라를 떠나 고향을 생각하고, 참소를 근심하고, 모략을 두려워하여, 보이는 모든 것이 쓸쓸하여, 감정이 극에 달하여, 슬퍼하는 자가 있으리라.

만약에 봄이 화창하여 풍경이 밝고, 물결이 잔잔하고, 하늘과 수면의 푸른 빛이 만 이랑으로 빛나고, 갈매기는 날아들고, 물고기가 헤엄치고, 언덕에 백지풀과 물가의 난초가 향기롭게 푸르고, 안개가 길게 허공에 닿고, 흰 달이 천지를 비추고, 수면에 뜬 빛은 금빛 일렁이고, 고요한 달 그림자는 구슬이 잠긴 듯하고, 어부의 노래 소리 서로 화답하는 그런 때에는, 이 즐거움을 어찌 다할 수 있으랴! 이 누대에 올라서 마음이 넓어지고, 정신은 상쾌하고, 임금으로부터 받은 은총이나 굴욕을 다 잊어버리고서, 술잔을 들고 바람 앞에 나서면 그 즐거움은 양양[洋洋] 하리라.

나는 일찍이 옛날의 어진 사람의 마음을 구하였는데 앞에서 말한 두 가지의 경우 즉 슬픔과 즐거움이 다른 것은 무엇 때문인가? 어진 사람은 외물[外物] 때문에 기뻐하지 않고, 자기 일 때문에도 슬퍼하지 않는다. 조정의 높은 곳에 있을 때에는 그 백성을 걱정하고, 강호의 먼 곳에 있을 때에는 그 임금을 걱정한다. 나아감도 걱정이요 물러감도 걱정이니 어느 때 즐거움이 있으랴? 반드시 '천하 백성들이 근심하기 전에 먼저 근심하고 천하 백성들이 즐기고 난 뒤에 즐겨야 할 것이다.' 아! 이런 어진 사람이 없으면 내 누구와 함께 돌아가랴? 최인욱의 번역 참조

慶曆四年春[경력사년춘] 滕子京謫[등자경적] 守巴陵郡[수파릉군]
越明年[월명년] 政通人和[정통인화] 百廢具興[백폐구흥]

乃重修岳陽樓내중수악양루 增其舊制증기구제
刻唐賢今人詩賦于其上각당현금인시부우기상 屬予作文以記之속여작문이기지
予觀夫巴陵勝狀여관부파릉승상 在洞庭一湖재동정일호
銜遠山함원산 呑長江탄장강 浩浩蕩蕩호호탕탕
橫無際涯횡무제애 朝暉夕陰조휘석음 氣象萬千기상만천
此則岳陽樓之大觀也차칙악양루지대관야 前人之述備矣전인지술비의
然則北通巫峽연칙북통무협 南極瀟湘남극소상
遷客騷人천객소인 多會于此다회우차
覽物之情람물지정 得無異乎득무리호
若夫霪雨霖霏약부음우림비 連月不開련월부개 陰風怒號음풍로호
濁浪排空탁랑배공 日星隱曜일성은요
山岳潛形산악잠형 商旅不行상려부행
檣傾楫摧장경즙최 薄暮冥冥박모명명
虎嘯猿啼호소원제 登斯樓也등사루야
則有去國懷鄉칙유거국회향 憂讒畏譏우참외기
滿目蕭然만목소연 感極而悲者矣감극이비자의
至若春和景明지약춘화경명 波瀾不驚파란부경
上下天光상하천광 一碧萬頃일벽만경
沙鷗翔集사구상집 錦鱗游泳금린유영
岸芷汀蘭안지정란 郁郁青青욱욱청청
而或長煙一空이혹장연일공 皓月千里호월천리
浮光躍金부광약김 靜影沈璧정영침벽
漁歌互答어가호답 此樂何極차락하극
登斯樓也등사루야 則有心曠神怡칙유심광신이
寵辱俱忘총욕구망 把酒臨風파주림풍
其喜洋洋者矣기희양양자의
嗟夫차부 予嘗求古仁之心여상구고인지심
或異二者之爲何哉혹이이자지위하재 不以物喜부이물희
不以己悲부이기비 居廟堂之高거묘당지고
則憂其民칙우기민 處江湖之遠처강호지원
則憂其君칙우기군 是進亦憂시진역우

退亦憂[퇴역우] 然則何時而樂耶[연칙하시이락야]
其必'先天下之憂而憂[기필왈선천하지우이우]
後天下之樂而樂歟'[후천하지락이락여]
噫微斯人[희미사인] 吾誰與歸[오수여귀]

작가소개 범중엄(范仲淹, 989~1052) : 북송 때 사람이다 자는 희문希文이고 소주 오현吳縣 사람이다. 두 살 때 아버지를 잃고 어머니가 주朱씨에 개가하자 그 집 성을 따랐다. 어려서부터 지조가 있었고 장성하여서는 외가에 가서 공부하여 진사에 올랐다. 그는 벼슬에 오르자 원래의 성과 이름을 되찾았다. 서하西夏-1032~1227년까지 중국 서북 지역에 존속했던 탕구트족 국가 방위에 힘썼고 동족 상호 부조를 위한 그의 범씨의장范氏義莊은 유명하다.

송나라 때 등자경滕子京이 귀양 와서는 악양루를 수리하였고 또 이때 범중엄范仲俺이 악양루기를 지었으며, 소동파가 이를 쓰고, 소소邵疎가 이를 새겼으니 당시 사람들은 이 네 가지를 사절四絶이라 했다.

표정 없는 조그마한 체구의 노파가 열심히 바닥을 물 걸레질하면서 곁눈길조차 주질 않는다. 2층에 올라 봐도 역시 악양루기가 1층에서처럼 벽면에 새겨져 있고 수많은 목각과 서화가 전시되어 있다. 3층에는 두보의 '등악양루' 시가 모택동의 필적으로 판각되어 있다. 우리나라 어떤 서예가는 그의 필체가 고금을 통틀어 따를 자 없다고 피력한 바가 있다. 왕희지 이상의 필치를 자랑하는지 내 모르지만 웅위한 필세와 그 독창성은 아마 독보적일 것이다.

악양루에 올라서

두보(당)

예부터 동정호를 들어오다가
이제야 악양루에 오르게 되다.
오나라와 초나라는 동남으로 나뉘었고
하늘과 땅은 밤낮으로 떠 있도다.
친한 벗에게서 편지 한 장 없으니
늙고 병들어 외로운 배만 있도다.

登岳陽樓[등악양루]

杜甫(唐)

昔聞洞庭水[석문동정수]
今上岳陽樓[금상악양누]
吳楚東南坼[오초동남탁]
乾坤日夜浮[건곤일야부]
親朋無一字[친붕무일자]
老病有孤舟[노병유고주]

융마가 관산 북녘에 있나니
난간에 기대어서 눈물을 흘리노라.

戎馬①關山②北 융마관산북
憑軒涕泗③流 빙헌체사류

① 융마戎馬 : 군마軍馬=兵馬, 싸움의 말. 전쟁.
② 관산關山 : 관새關塞와 산악山岳, 또는 고향의 산, 고향.
③ 체사涕泗 : 체는 눈물, 사는 콧물.
※ 768년 두보 나이 57살에 지은 천고의 절창이다.

그 옛날 두보가 우국과 사향으로 눈물을 흘렸다는 난간에 기대어서 동정호를 아스라이 바라본다. 질펀한 물의 나라, 물과 하늘이 잿빛으로 일색이고 끝간 데가 보이지 않는다. 드넓은 수면 위에는 바람을 맞아 파도가 부서진다. 크고 작은 수많은 배들이 유유히 횡행하면서 기적을 길게 뽑아 댄다. 호안에는 선박들이 가물가물 잇고 이어 올챙이처럼 붙어 있다. 중국 대륙이 얼마나 크냐? 이런 물을 안고 있다니! "水天一色 風月無邊물과 하늘은 한빛이요 바람과 달은 가이 없네"이라는 대련구가 이제 실감이 난다.

동정호

산하가 인걸을 낳고 자연에 문장의 소재를 빌린다 했으니 이런 호한浩瀚한 자연에 이백이나 두보와 같은 위대한 시인이 나오지 않을 리 없다. 시인의 탁월한 자질에 앞서서 위대한 자연이 위대한 문장을 낳는다 할 것이다. 해동 문인들의 능력이 어찌 중국인들만 못하겠는가? 다만 천 리의 물의 줄기가 없고 백 리의 벌이 없으니 그 경계가 미치지 못할 뿐이다.

동정호에는 조개 모양의 큰 섬이 아련히 보이는데 이것이 바로 군산君山이다. 두보의 "乾坤日夜浮건곤일야부-하늘과 땅이 밤낮으로 떠 있다"라는 시구에서 땅에 해당하는 것은 이 군산을 두고 한 말인가?

악양루는 좌우로 두 개의 보좌 누각을 거느리고 있어 더욱 안정되고 웅장한 멋을 풍긴다. 악양루 오른편 것이 삼취정三醉亭이다. 악양루가 3층의 황금색 지붕인데 반해 삼취정은 2층으로 된 청색 지붕이다. 이도 악양루 못지 않은 당당하고 잘 생긴 건축물이다. 여동빈이라는 신선이 이 악양루에서 세 번 취했다고 해서 얻은 이름이다. 삼취정 1층에는 여동빈의 석상이 모셔져 있는데 화려한 용 조각을 한 감실 안에 단정히 의자에 앉아 뭔가를 알리려는 듯 두 손을 공손히 들고 있는 모습이 인상적이다. 감실 처마 밑에는 시주신선詩酒神仙이라는 편액이 걸려 있다.

여동빈은 서안 사람이라고도 하고 또는 하중부河中府-지금 山西省 永濟縣 사람이라고도 한다. 당나라 때 회창會昌 연간 841~846년에 진사 시험에 두 번이나 낙방하고서 강호에 떠돌다가 종리도인鍾離道人을 만나 단결丹訣-도사가 단약을 조제하는 기술을 얻고서 종남산 등지에서 수도했다. 그는 천하를 돌아다녀도 자취를 남기지 않았다고 한다. 자칭 회도인이라 했다.

악양루 왼편에는 선매정仙梅亭이 있다. 2층 구조의 비교적 작은 건축물인데 하늘로 솟을 듯이 추녀를 들어올린, 육각형 청색 지붕으로 된 정자이다. 중앙에는 선매석仙梅石이 세워져 있고 뒷면에는 선매정의 고사가 적혀 있다. 명나라 숭정崇禎 연간1628~1644에 악양루를 중건할 때 이 부근에서 매화석梅花石이 발견되었기에 기념으로 정자를 세웠다는 것이다. 연꽃 모양의 아담한 누각이다.

악양루의 뒷편으로 돌아나오면 호숫가로 빠져나갈 수 있는 터널이 있는데 이는 바로 악양루 밑, 성벽을 뚫어 놓은 것이다. 물가에서 뒤돌아 악양루를 바라보니 당장에 장강의 만리장풍을 타고 황학처럼 구만리 장공을 오를 듯한 천하제일루가 틀림없다. 또 지붕은 장수가 투구를 쓴 모양과 흡사하고 보니 무적의 수군을 조련하던 범 같은 열병루閱兵樓임도 분명하다.

악양루 아래 동정호 가에는 작은 누각이 하나 있다. 돌기둥 4개로 지붕을 받쳐 놓은 소박한 정자인데 이름하여 회보정懷甫亭이다. 두보를 기념하기 위한 것이다. 누각 안에는 비석이 세워져 있다. 그 위에 두보의 모습과 그의 시 '등악양루'가 새겨져 있다. 이는 1962년에 건립되었다.

일대가 공원 지역이지만 악양루에만 신경을 쓰고 정성을 쏟았지 주변 환경 조성과 편의 시설은 아랑곳하지 않았다. 호수를 바라보면 쉴 만한 곳이 보이지 않는다. 성벽 밑 조그마한 공간에서 대나무로 엮어 만든 의자 몇 개를 내 놓고 차를 파는 가게가 눈에 띈다. 이 천하제일의 물에 임하여 차茶는 당치 않고 주인을 졸라서 먹다 남은 배갈을 얻어다가 연거푸 몇 잔을 마셨다. 내 조국 산하도 못다 사랑하면서 이국에서 천하 절승이니 절창이니 함은 다 부질없는 것이라. 멀리서 기적이 운다.

군산君山

시랑 벼슬의 아저씨뻘 엽曄을
동정호에서 모시고 취한 후에
이백(당)

(2)
배 위에서 노 멈추고 즐기노라니
호수 가운데 달 띄우고 돌아오노라.
갈매기도 한가한지 떠나지 않고
다투어 술자리를 스쳐 날으네.

(3)
차라리 군산을 깎아 없애면
질펀하게 상수가 흐르리라.
파릉의 한없는 술로도
아! 동정의 가을은 견딜 수가 없어라.

陪侍郎叔遊洞庭醉後배시랑숙유동정취후
李白(唐)

(2)
船上齊橈樂선상제요락
湖心泛月歸호심범월귀
白鷗閑不去백구한불거
爭拂酒筵飛쟁불주연비

(3)
剗却[①]君山好잔각군산호
平鋪湘水流평포상수류
巴陵無限酒파릉무한주
醉殺洞庭秋취살동정추

① 잔각剗却 : 깎아 없애다.

점심을 간단히 때우고 군산에 들어가기 위해 악양루에서 그리 멀지 않은 선착장을 찾았다. 택시 한 대를 간신히 잡아타고 웬만한 운동장만한 크기의 차량 수송선에 오르고 보니 화물차들이 수십 대나 실려 있다.

군산의 면적은 100㎢ 정도 된다고 하니 호수의 섬치고는 결코 작은 섬이 아니다. 도로에는 오고가는 화물차가 줄을 잇고 있었는데 이 군산의 물산의 풍부함을 알 만하다. 겨울의 짧은 해를 아끼면서 이비二妃묘를 향해 달렸다.

군산은 옛날에는 상산湘山 또는 동정산으로 불렸다. 이 섬은 멀리서 보면 횡대橫黛:눈썹 같고 다가와서 보면 마치 청라靑螺: 푸른 조개 같다고 하는데 얽힌 전설도 많다.

마고선녀麻姑仙女가 신력神力을 이용하여 곤륜산 위의 한 개의 큰 돌을 운반하여 동정호에 떨어뜨려서 군산이 생겼다고 한다. 또 전하기를 동정호에는 원래 넓기만 하고 섬이 없었다. 광풍이 일고 파도가 하늘에 닿을 때에는 왕래하는 배들이 어디 정박할 데가 없어서 늘 피해가 컸으니 백성들의 원성이 말할 수 없을 정도였다. 그래서 호수 밑에 72명의 나사선고螺絲仙姑라는 선녀들이 마음을 움직여 민간의 고통을 덜어 주기 위해 자신들의 껍데기를 벗겨 모아서 한 개의 섬을 만들었으니 이가 지금의 군산이라는 것이다. 군산의 72봉은 바로 72 나선螺仙들이 변해서 된 것이다.

군산을 노래하다.	題君山제군산
옹도(당)	雍陶(唐)
내 낀 물결 잔잔하여 그림자 고요한데	烟波不動影沈沈연파부동영심심
쪽빛은 뵈지 않고 녹색만 깊었도다.	碧色全無翠色深벽색전무취색심
이곳은 선녀가 머리 빗던 곳이던가?	疑是水仙梳洗①處의시수선소세처
거울 속에 소라 같은 푸른 눈썹이로다.	一螺青黛②鏡中心일라청대경중심

① 소세梳洗 : 머리 빗고 낯 씻다.
② 청대靑黛 : 푸른 눈썹.

작가소개 옹도(846년 전후에 생존) : 성도成都 출신이다. 834년에 진사에 급제하여 일약 이름을 날렸다. 그는 자기 재능을 과신하여 남을 박대하기도 하고 자기 시재를 자부하여 사조謝朓에 비기면서 초당 시인들을 깔보았다. 불편한 손님이 찾아오면 거짓 미친 체하여 만나기를 꺼려했다. 아주 자사雅州刺史를 끝으로 관직을 사임하고 여산廬山에 은거하며 세속과 인연을 끊었다.

지는 해를 등에 입고 한참을 가니 무성한 수풀의 나지막한 산 하나가 다가온다. 입장료를 받는 것을 보니 유원지로 조성된 모양인데 겨울에 늦은 시각이라 관람객 하나 보이지 않는다. 꼭 가 봐야 할 곳만 몇 군데 물어 보고는 떨어지는 석양을 재어 가면서 서두르기 시작했다.

과거에는 이 군산에 36정亭과 48묘廟가 있었다고 하나 지금은 대부분 자취를 찾을 수 없다. 어디선가 들려오는 돌 찍는 소리를 따라 한 언덕을 오르니 보수 작업이 한창인 낭음정朗吟亭이라는 정자가 눈에 띈다. 이를 지나 허둥지둥 이비묘二妃墓를 찾아드니 이미 땅거미가 몰려든다.

위삼을 보내며 — 送別魏三 송별위삼

왕창령(당) — 王昌齡(唐)

취중에 강루에서 작별하니 귤 향기롭고 — 醉別江樓橘柚香 취별강루귤수향
강바람이 비를 몰아 뱃전에 뿌려 서늘하네 — 江風引雨入船涼 강풍인우입선량
생각건대 그대는 상산의 달 아래서 — 憶君遙在湘山①月 억군요재상산월
잔나비 울음에 꿈속의 시름만 길리라. — 愁聽淸猿夢裏長 수청청원몽리장

① 상산湘山 : 군산君山

무덤 앞에는 돌 기둥화표주 두 개가

군비의 두 혼백은 천고에 아름답고 — 君妃二魄芳千古
대나무의 모든 점은 한 분을 위한 눈물 자국이라. — 山竹諸斑淚一人

라는 대련구를 각각 새긴 채 서 있다. 그 뒤로 역대 문인굴원, 이백 등 묵객들이 이비二妃와 군산을 찬탄한 시와 그림을 새긴 비석들은 겨울의 석양 속에서 외롭다. 무덤 바로 앞에는 청나라 광서光緖 연간에 양강兩江 총도독 팽옥린이 세웠다는 2m 남짓한 虞帝二妃之墓우제이비지묘의 우람한 묘비가 서 있다. 묘 주위에는 푸른 송백과 소위 반죽斑竹이란 대나무가 빽빽이 감싸고 있다. 반죽이 이비

의 눈물 자국의 흔적이라고 하니 더욱 애처롭다.

처음 파릉에 와서 이백과 함께 동정호에서

初至巴陵與李十二白同泛洞庭湖초지파릉여이십이백동범동정호

가지(당)

賈至(唐)

호반의 단풍나무 우수수 낙엽지고
동정호의 가을 물 석양에 밀려온다.
작은 배 흥을 타고 지향 없이 흐르는데
흰 구름 밝은 달 아래 상군湘君을 조상하네.

楓岸紛紛落葉多풍안분분낙엽다
洞庭秋水晚來波동정추수만래파
乘興輕舟無近遠승흥경주무근원
白雲明月弔湘娥①백운명월조상아

① 상아湘娥 : 상군湘君 즉 요임금의 두 따님이며 순임금의 왕비인 아황娥皇과 여영女英을 말한다.

※ 759년 봄에 이백이 유배가는 도중에 사면을 받고 가을에 악양으로 돌아왔을 때 지은이는 악주사마로 좌천되어 와 있었다.

중국 상고 5제帝시대에 순임금이 남방으로 순시할 때 그의 두 왕비 아황과 여영도 뒤따라 왔다가 큰 바람으로 인해 배가 동정산에서 막히게 되었다. 이때 두 왕비는 순임금이 창오蒼梧에서 이미 죽었다는 소식을 전해 듣고 비통해 마지 않았다. 망망한 호수를 바라보며 대나무를 잡고 통곡하다가 대나무에 눈물지니 이것이 바로 반죽이 되었다. 오래지 않아 두 왕비는 병이 되어 동정산에서 죽었다.또는 투신하여 자진했다고도 한다 산 동쪽 언덕에 장사지내고 두 비妃를 군비君妃 또는 상비湘妃라 불렀다. 그들을 기념하기 위해 동정산을 군산이라 개칭했다. 지금도 눈물 자국의 반죽들이 묘를 둘러서서 정절의 상징인 양 애절하다. 댓잎 몇 개를 꺾어 수첩에 끼워 넣었다. 다시 군산 선착장에 되돌아 왔을 때에는 사위는 어둠 속에 적막하고 멀리 악양의 불빛이 수면에서 흩어진다.

동정호의 저녁 놀

이색(고려)

한 점의 군산이 저녁 빛에 붉은데
오초를 삼키며 그 형세 끝이 없구나.
긴 바람이 저녁 달을 불어 올리니
은 촛불에 비단 등롱만 가물거리네.

洞庭晩靄동정만애

李穡(高麗)

一點君山夕照紅일점군산석조홍
濶呑吳楚①勢無窮활탄오초세무궁
長風吹上黃昏月장풍취상황혼월
銀燭紗籠暗淡中은촉사롱암담중

① 오초吳楚 : 오나라, 초나라 지역.

※ 작가는 1348년에 중국 원나라에 가서 성리학을 연구한 적이 있었는데 이때 강남을 유람하며 지은 시이다.

내일은 장강의 800리 뱃길로, 적벽赤壁을 지나 무창武昌의 황학루에 이를 것이다. 아직도 여정은 끝나지 않아 열흘이나 남았다. 이미 객수가 꼬리를 물고 일어나는데 이 청승을 무엇으로 편안히 할까?

어느 해인가 지리산에 갔을 때 그 산자락에 악양면이 있다는 걸 알고 찾은 적이 있다. 이 고장 악양에 와서 악양루가 없다는 것은 어불성설이 아니겠느냐고 생각하고 수소문해 보니 과연 악양루가 있다는 것이다. 그렇다면 동정호도 분명히 있어야 할 줄로 알고 물어 물어 찾아 갔으나 큰 호수는커녕 큰 못 하나도 보이지 않았다. 동네 노인들께 물어 보니 저것이 동정호이란다. 손으로 가리키는 것은 자그마한 웅덩이었다. 여름에 물이 불었을 때는 상황이 다를지 모르겠지만 지금 겨울에는 채소밭에 물이나 댈 수 있는 작은 웅덩이에 불과하였다. 중국의 동정호를 보고 온 나는 큰 실망과 함께 어처구니가 없었다. 아무리 이백, 두보의 시를 통해 동정천하수와 천하제일루를 동경하더라도 이건 지나치다 싶다.

동정호를 보았으니 이 주위에 있을 악양루를 찾아 나섰다. 그리 멀지 않은 곳에 남강南江가에 세워져 있는 것은 분명 악양루이었다. 질펀한 호수가의 누각이 아니고, 도도히 흐르는 폭 넓은 강에 있는 것도 아닌, 평범한 강가에 자리잡은 소박한 우리네의 정자이다. 이 악양루는 조선 철종哲宗8년 1857년에 세워졌었고 6.25 때 훼손된 것을 다시 중수하였다고 한다.

과거 우리나라 선비들이 중국에 있는 절창의 명승지를 가 본다는 것은 거의 불가능하기에 우리 땅에 그 지명을 붙여 대리 만족을 꾀했다는 이야기이다. 사대주의적 발상인 듯하여 못내 씁쓸하다. 그런 의미에서 만들어진 '악양루가'라는 가사 작품도 남아 있다.

제24장 무한武漢

무한武漢

무한은 장강을 사이에 두고 남쪽의 무창武昌, 북쪽의 한양漢陽과 한구漢口 이 세 도시가 합하여 이루어진 것이다. 한강漢江이 이곳에서 장강과 합치는데 북을 향해서 한강 왼편의 도시가 한양, 오른편이 한구이다.

무한은 호북성의 성도省都이다. 남북으로 경광京廣-북경과 광주철도가 지나가고 장강이 가로로 이곳을 관통한다. 그래서 무한은 중국 대륙의 교통 중심지이다.

무한은 근대에 신해혁명의 발상지로도 유명하다. 무창봉기1911. 10.10에 성공함으로써 청 왕조를 뒤엎고 중화민국을 성립하게 된 것이다.

무한은 엄청나게 더운 곳이다. 남경, 중경과 함께 중국의 3대 화로라 불린다. "날아가는 제비도 익어서 떨어진다"라는 속담이 있을 정도이다.

1992년에 방문했을 때는 무한에 장강을 가로지르는 다리는 하나였는데 2005년에는 이미 4개가 되었고 강 밑으로 터널을 뚫는 중이라고 한다. 빠른 속도로 중국이 발전하고 있다는 증거이다.

악양에 있는 동정호의 동북쪽에 성기항城磯港이 있다. 동정호의 풍부한 물산을 실어 나르는 항구이다. 이곳에서 무한으로 가는 배는 하루에 한 편밖에 운행되지 않는다고 하여 이를 놓치지 않으려고 새벽부터 일찍 서둘렀다. 그러나 동 트기 전이기에 악양 시내에서 그곳까지 가는 차편도 없고 택시도 보이지 않는다. 촉박한 김에 지나가는 오토바이 두 대를 빌려 타고 안개 자욱한 새벽길을 허둥지둥 질러 왔다. 돈 준다니까 안 되는 일이 없다.

항구에 도착해 보니 아직도 날은 밝지 않아 사방은 어둠이 깔려 있고 간간이 닭 우는 소리만 적막을 가르고 있을 뿐이다. 호수가의 작은 항구라지만 연도에는 제법 가게들과 음식점이 즐비하고 일찍 문을 연 식당에서는 음식의 더운 김을 피우고 있었다.

점차 사위가 밝아지자 또 다시 동정호의 웅혼한 모습이 드러난다. 겨울의 차가운 수면 위에는 아침의 연무煙霧가 끝없이 밀려오는데 물과 하늘을 구분할 수가 없다.

부두에는 바다에서나 볼 수 있는 큰 여객선 하나가 입항하고 있다. 만리장강에는 이런 배라야만 어울리고 또한 마땅하리라. 중경을 출발하여 삼협을 지나왔다는 이 배는 3층 높이의 큰 선박인데 3시간이나 연착하였으나 전혀 개의치 않고 장강의 물결과 세월의 흐름에 따라 천하를 누비는 듯하다.

장강은 동정호에 들렀다가 무한을 거쳐 동으로 흐른다. 곧 동정호를 벗어나려는데 강과 호수가 합친 이곳은 정말 웅위하다. 바다를 보지 않고는 물을 논할 수 없다고 하나 이런 물은 예외일 것이다. 중국에서는 이 같은 물을 강이라 하는 모양이다. 광활한 평원에 물길은 하늘에 닿아 있고 강기슭은 아득하기만 하다.

도중에 여객선은 보기 힘들고 주로 화물선과 용도를 알 수 없는 작은 배들만 만나게 된다. 아스라이 멀어 보이던 배들은 가까이 와서는 곧 바로 비켜 지나가는 걸 보니 이 큰 배가 결코 느리지 않음을 알겠다.

악양에서 무한까지의 뱃길 중간에는 적벽을 지나게 된다. 아득한 강변에 어디가 적벽인지 강심江心에서야 알 길이 없지만 조조曹操:155~220년가 100만 대군을 이끌고 오나라를 병탄하기 위해 호호탕탕한 이 큰 물에 이르렀을 때 영웅의 감회는 어떠했을까? 이때 그가 지은 단가행短歌行 중에 이런 시구가 있다.

달이 밝으니 별은 드문데	月明星稀월명성희
까막까치가 남으로 날아가네.	烏鵲南飛오작남비
나무를 세 번 돌았으나	繞樹三匝요수삼잡
어느 가지에 의지하랴?	何枝可依하지가의

적벽에서

두목(당)

모래 속의 부러진 창, 쇠는 아직 안 삭았고
갈아 보고 씻어 보니 지난 왕조 것이라.
동풍이 주유를 위해 불지 않았다면
깊은 봄날 동작대에 이교는 갇혔을 걸.

赤壁적벽

杜牧(唐)

折戟沈沙鐵未銷절극침사철미쇄
自將磨洗認前朝자장마세인전조
東風不與周郎①便동풍부여주랑편
銅雀②春深鎖二喬③동작춘심쇄이교

① 주랑周郎 : 오나라의 주유周瑜. 적벽대전을 승리로 이끈 장군이었다.
② 동작銅雀 : 조조가 세운 누대樓台.
③ 이교二喬 : 오나라 교공喬公의 두 딸 즉 손책과 주유의 아내.

겨울 해는 짧은데 아직도 무창은 멀었다. 이미 해는 기울어 붉은 저녁노을이 하늘과 물에 가득하다. 배 안에서 울려 퍼지는 이국의 노래 가락이 장강의 물결 따라 흐를 때 나그네의 시름은 풀 길이 더욱 없다. 이런 노래가 있다.

장강은 기운차게 동으로 흐르고
그 많은 영웅들 꽃잎처럼 떴다가 스러졌으니
시비와 승패는 허망하기만.

滾滾長江東逝水곤곤장강동서수
浪花淘盡英雄랑화도진영웅
是非勝敗轉頭空시비승패전두공

청산은 그 옛날과 다름없는데
석양은 몇 번이나 붉었던가?
백발의 어부와 나무꾼은 강가에서
몇 번이나 가을 달 봄바람을 봐 왔던가?

靑山依舊在청산의구재
幾度夕陽紅기도석양홍
白髮漁樵江渚백발어초강저상
慣看秋月春風관간추월춘풍

한 병의 막걸리로 서로들 반기며
고금의 수많은 일
웃으며 한갓 이야기거리로 삼도다.

一壺濁酒喜相逢일호탁주희상봉
古今多少事고금다소사
都付笑談中도부소담중

※ 이 시는 삼국지연의 첫머리에 나오는 것이다.

어둠 속 저 멀리서 깜박이는 불빛이 보이기 시작한다. 드디어 무한에 가까이 온 모양이다. 장장 열 시간이 걸려 악양에서 무한에 이른 것이다.

한양에 있는 귀산龜山에 오르면 조망이 좋다. 이 나지막한 산은 무한장강대교를 사이에 두고 무창의 황학산黃鶴山-일명 사산(蛇山)과 서로 마주하고 있다. 이곳 산 정상에는 작은 마당이 있는데 이는 중국의 여성 혁명가 향경예向警豫, 1895~1928의 기념 유적지이다. 그녀의 흰 대리석상이 날씬한 자태로 서 있다.

왼쪽에는 장강의 최대 지류인 한수가 장강과 합치고 정면으로는 무한장강대교가 뿌연 안개 속에 어렴풋이 보인다. 그 옛날 앵무주鸚鵡州는 어디쯤이었을까?

물결이 모래 이는 노래	浪淘沙詞낭도사사①
유우석(당)	劉禹錫(唐)
앵무주 물가에 물결이 모래 이는데	鸚鵡洲②頭浪颭沙앵무주두랑점사
청루에서 이 봄을 바라보니 해는 지려고.	青樓③春望日將斜청루춘망일장사
진흙 문 제비들 다투어 돌아오는데	銜泥燕子爭歸舍함니연자쟁귀사
마음 들뜬 우리 님만 돌아올 줄 모르네.	獨自狂夫不憶家독자광부불억가

① 낭도사사浪淘沙詞 : 예부터 전래해 오던 곡명.

② 앵무주鸚鵡洲 : 무창성武昌城 서남쪽에 있는 모래섬. 한나라 말엽에 예형禰衡, 173~198년이란 선비가 있었는데 어려서부터 재주가 뛰어났고 기질이 강하며 오만했다. 공융孔融, 153~208년이 그를 조조에게 천거했다. 그러나 조조는 모욕적인 북치기나 시켰다. 이에 그는 벌거숭이로 대항했다. 급기야 형주荊州에 있던 유표劉表에게 보내졌다. 유표도 그를 용납하지 못하고 강하江夏 태수 황조黃祖에게 떠맡겨 버렸다. 황조의 아들 사射가 한때 이곳 앵무주에서 빈객들을 크게 모아 연회를 베풀었다. 마침 앵무새를 바치는 자가 있어 예형이 앵무부鸚鵡賦를 지었기에 이곳에 앵무주라는 이름이 붙여졌다. 원래 앵무주는 강하성 서남쪽 강 중심에 있었는데 점차 서쪽으로 옮겨 가더니 명대明代에 이르러서는 매몰되고 말았다. 나중에 토사가 축적되어 물 위에 모습을 다시 드러냈다가 결국에 한양성 남쪽 육지에 이어져 버렸다. 지금은 그곳에 앵무대로라는 길 이름만 남아 있다.

③ 청루青樓 : 여자가 사는 누각. 기생집.

하구夏口에서 앵무주에 이르러 저녁에 악양岳陽을 바라보면서가 원중승源中丞에게 주다

自夏口①至鸚鵡洲夕望岳陽寄源中丞 자하구지앵무주석막악양기원중승

유장경(당)

劉長卿(唐)

모래톱은 잔잔하고 안개도 걷혀
초객의 그리움 더욱 아득하기만.
한구의 저녁 빛에 새들이 빗기 날고
동정의 가을 물에 하늘이 닿았도다.

江洲無浪復無煙 강주무랑부무연
楚客相思益渺然 초객상사익묘연
漢口夕陽斜渡鳥 한구석양사도조
洞庭秋水遠連天 동정추수원련천

고성 뒤쪽 산마루에 호각소리 차가운데
외로이 수자리하는 강가에 배를 대네.
가의는 글을 올려 나라 걱정하였으니
장사의 귀양살이 고금에 애달파라.

孤城背嶺寒吹角 고성배령한취각
獨戍臨江夜泊船 독수임강야박선
賈誼②上書憂漢室 가의상서우한실
長沙謫去古今憐 장사적거고금련

---

① 하구夏口 : 한구漢口.

② 가의賈誼, BC201~BC169 : 가의는 나라를 위해 글을 올렸으나 한나라 문제는 노신老臣들의 말을 듣고 그를 멀리하고는 장사長沙의 태부太傅로 좌천시켰다. 그는 낙양 출신으로 젊은 나이에 박사가 되었으니 많은 시기를 받았다.

앵무주

鸚鵡洲 앵무주

이백(당)

李白(唐)

그 옛날 앵무새가 오강을 건넜으니
강 위의 모래 섬을 앵무주라 이름했다.
앵무새는 서쪽에 농산으로 날아가고
고운 모래섬 나무들만 어찌 이리 푸른가?

鸚鵡來過吳江水 앵무내과오강수
江上洲傳鸚鵡名 강상주전앵무명
鸚鵡西飛隴山①去 앵무서비농산거
芳洲之樹何青青 방주지수하청청

난초 숲에 안개 걷혀, 향기로운 바람 따뜻하고
강기슭에 도화숲이 띠를 둘러, 비단 물결 일도다.
귀양가는 나그네 끝없이 바라보니
긴 물가에 외로운 달 누굴 향해 밝았는가?

煙開蘭葉香風暖 연개란엽향풍난
岸夾桃花錦浪生 안협도화금랑생
遷客此時徒極目 천객차시도극목
長洲孤月向誰明 장주고월향수명

① 농산隴山 : 감숙성甘肅省 농서군隴西郡에 농산이 있는데 산동山東 사람들이 이곳에 올라 바라보고는 슬퍼하지 않는 사람이 없었다고 한다.

※ 이 시는 최호崔顥, 704?~754의 '황학루'란 시를 모방한 것이라 말들 하나 5,6배의 공을 더 들인 시라고 알려져 있다.

한양에 있는 귀원선사歸元禪寺를 찾았다. 명나라 말엽에 세워진 거라 한다. 중국 불상이 크고 우람하지 않는 절이 있겠느냐마는 이곳의 500 나한상은 크기도 하지만 500개 그 숫자에도 놀랄 만하다. 일본의 다나카中曾根 전 수상과 싱가폴의 이광요李光耀 전 총리가 다녀갔다고 자랑한다. 절 앞에는 관상을 봐 주겠다는 사람들이 귀찮게 한다. 여러 명이 일시에 몰려드니 한번 보고 싶다가도 그 기분이 달아나 버린다.

한양에서 무창으로 가기 위해서는 무한장강대교를 지나야 한다. 이 다리는 현재1992년 장강에 걸린 세 개의 대교 즉 무한, 중경, 남경 가운데 가장 먼저1957년 완성된 것이다. 길이는 1670m라고 한다. 높이가 80m이며 상하 2층 구조로 되어 있는데 위에는 차도와 인도로, 아래는 철도로 이용되고 있다.

무창으로 가는 저옹을 전송하며

이백(당)

황학루 서편에 달은 높고
장강은 만리의 정이라.

봄바람이 서른 번을 불었으니
공연히 무창성만 생각했더라.

그대와의 이별이 이리 어려우니
술잔을 입에 물고 마시지 못하겠네.

호수는 장악의 땅으로 이어지고
산은 떠나가는 배를 따라가느니.

送儲邕①之武昌송저옹지무창

李白(唐)

黃鶴西樓月황학서루월
長江萬里情장강만리정

春風三十度②춘풍삼십도
空憶武昌城공억무창성

送爾難爲別송이난위별
銜杯惜未傾함배석미경

湖連張樂地③호연장악지
山逐泛舟行산축범주행

그대 신의는 초인이 중히 여길 것이고　　諾謂楚人④重낙위초인중
그대 시는 사조의 맑음을 전하리라.　　詩傳謝朓⑤淸시전사조청

창랑에 내 곡조 있으니　　滄浪⑥吾有曲창랑오유곡
뱃노래에 부쳐서 보내노라.　　寄人櫂歌⑦聲기인도가성

---

① 저옹儲邕 : 어떤 인물인지 분명하지 않다.

② 삼십도三十度 : 서른 번. 이백이 '別儲邕之剡中별저옹지섬중–섬중으로 가는 저옹을 이별하며' 이란 시를 지은 지 30년이 지났다는 것이다. 이때는 754년 봄이다.

③ 장악지張樂地 : 장자莊子에 이르기를 "황제黃帝가 함지咸池의 악樂을 동정洞庭의 들에서 베풀었다"라고 했다. 또 사조謝朓의 시에 "洞庭張樂地 瀟湘帝子遊동정호의 장악지에 소상강의 제자가 노닐었다"라는 시구가 있다. 그래서 장악지는 동정호를 말한다.

④ 초인楚人 : 초나라 사람 계포季布를 말한다. 그는 의기가 사내다워서 초나라에서 이름이 높았다. 항우 밑에서 군사를 맡아 유방을 괴롭혔다. 항우가 죽자 유방은 천금의 상을 걸어 계포를 추적했다. 그는 종의 차림으로 변장하고서 노나라의 유협 주가朱家의 집에 은신했다. 주가는 낙양으로 가서 고조유방의 측근인 하후영夏候嬰을 만나 "계포는 어떤 죄가 있어 주상主上이 수색을 합니까?"라고 물었다. 대답하길 "항우를 위해 우리 주상을 여러 번 괴롭혔기 때문이오." "그대는 계포를 어떤 사람으로 보시오." "어진 사람이라고 생각하오." 주가는 말했다. "신하는 저마다 자기 주상을 위해 일합니다. 계포가 항우를 위해 일한 것은 당연한 겁니다. 항우의 신하가 직분을 다했다고 그를 죽일 수는 없는 일입니다. 주상이 천하를 평정하시고 사사로운 원한으로 일개인의 목숨을 노린다는 것은 기량의 좁음을 보여 주는 것입니다." 하후영이 주상의 한가한 틈에 주가가 한 말을 아뢰니 계포를 용서하였다. 그 당시 사람들은 계포가 자기의 강함을 잘 누르고 유순하였음을 칭찬하였다. 또 주가도 이 일로 인해 이름을 떨쳤다. 초나라의 속담에 "황금 백 근보다 계포의 한번 승낙이 더 귀하다"라는 말이 있다. 그는 신의로써 명성을 날렸다. 사기 열전에 있는 이야기이다.

⑤ 사조謝朓, 464~499 : 남조南朝 齊제나라 시인. 자는 현휘玄暉이다. 어려서부터 배우기를 좋아하여 이름이 높았다. 그의 시문은 청려淸麗하였으며 5언시가 장기였다. 일찍이 심약沈約이 말하길 "이백 년 이래 이 같은 시는 없었다"라고 했다. 선성宣城 태수로 있을 때 사건에 휘말려 옥사했다.

⑥ 창랑滄浪 : 시내 이름.
⑦ 도가棹歌 : 뱃노래. 도棹는 노를 말한다.

황학루黃鶴樓

이 황학산黃鶴山-일명 사산(蛇山)은 오직 황학루만을 기리기 위해 공원으로 조성되어 있다는 느낌이 든다. 산자락 한 곳에는 연못을 만들어 놓고 둘레에 붉은 돌담 벽을 세워서, 여러 마리의 학을 조각해 놓았으니 물가에 황학이 노니는 듯하다. 가는 곳마다 장관壯觀이고, 귀학歸鶴이며, 최호의 '황학루' 시 등을 벽에 새겨 놓고 황학루의 위상을 높이려고 애를 쓴 흔적이 뚜렷하다.

산 밑에서 바라보면 산마루에는 두 개의 누각이 서 있는데 오른쪽이 백운각白雲閣이고 왼쪽 것이 황학루이다. 백운각에 올라 황학루가 장강을 굽어보고 있는 것을 바라보는 것 또한 장관이다. 누각 이름은 최호의 황학루 시 중에 白雲千載空悠悠백운천재공유유에서 따온 것으로 생각된다. 황학루는 그야말로 무창의 명승인데 호남의 악양루와 강서의 등왕각과 나란히 이름이 높다. 이 황학루는 호북의 상징이며 백운황학은 무한의 별명이 되었다.

낭중郎中 사흠史欽과 함께 황학루 위에서 피리 소리 듣고서

이백(당)

귀양살이 객이 되어 장사로 가는데
서쪽으로 장안은 보아도 뵈질 않네.
황학루 위에서 누가 피리 부는가?
그것도 강성 오월에 낙매화 곡을.

與史郎中欽聽黃鶴樓上吹笛여사랑중흠청황학루상취적

李白(唐)

一爲遷客去長沙일위천객거장사
西望長安不見家서망장안불견가
黃鶴樓中吹玉笛황학루중취옥적
江城①五月落梅花②강성오월낙매화

① 강성江城 : 황학루가 있는 무창성武昌城.
② 낙매화落梅花 : 곡조 이름.
※ 이백이 숙종의 아우 이린의 모반 사건에 연루되어 759년에 야랑으로 가면서 친구와 황학루에 올라 지은 시이다.

황학루는 그 역사도 오래다. 처음 삼국 시대 주유가 황무黃武 2년223년에 강하江夏에서 진을 지킬 때 성곽을 축조하면서 누각 하나를 같이 건립했다. 이것은 그 당시에 수군의 조련과 지휘를 위한 전략적인 요망루瞭望樓였었다. 그 후 유람과 휴식을 위해 사람들이 이 누각을 찾게 되더니 점차 시를 짓고 그림을 그리는 명승지로 이름을 날리게 되었다. 더구나 민간에서는 많은 전설과 고사가 생겨나서 황학루는 더욱 신비한 색채를 띄게 된다.

무창

김구용(고려 말)

황학루 앞에는 강 물결 솟구치고
강가에 주렴 장막 그 몇 천의 집인가?
추렴하여 술을 사서 회포를 푸노니
대별산은 푸른데 해는 이미 기울었네.

武昌무창

金九容(高麗 末)

黃鶴樓前水湧波황학루전수용파
沿江簾幕幾千家연강렴막기천가
醵錢①沽酒開懷抱갹전고주개회포
大別山②靑日已斜대별산청일이사

① 갹전醵錢 : 돈을 추렴하여 내다. 갹출.
② 대별산大別山 : 일명 노산魯山이다. "산 앞에는 촉강蜀江이 있고 북쪽으로 한수를 띠고 있다"라고 한다. 지금 한양 동북에, 한강 서안西岸에 있다.

작가소개 김구용 : 고려 말의 문신이고 호는 약재若齋이다. 친명파親明派였다.

원래 이곳 무한은 장강과 한수가 만나는 곳으로 그 형세가 험하고 중국 구성九省의 사통팔달의 지역이기에 병가兵家에서는 필쟁必爭의 땅이었다. 그래서 황학루는 훼손과 중수를 거듭하다가 마지막으로 청나라 광서光緖10년1884년에 불타고 말았다. 그 후 100여 년 동안 황학루는 이름만 있고 존재는 없어 누각의 자리는 비어 있었다. 1985년에 무한장강대교를 건설할 때 원래의 자리에서 이 사산蛇山 마루로 옮겨 와서 5년의 공사 기간을 거쳐, 역대의 어떤 누각보다 더욱 장관이고 기세가 웅장하게 지어 놓았다.

누각은 5층인데 높이는 51m이다. 각 층의 모서리에는 추녀가 세 개씩이나 있어 도합 60개가 된다. 특히나 이 추녀가 하늘을 향해 빼어났기에 멀리서 보면 마치 황학이 무리를 지어 하늘로 날아오르는 듯한 착각을 느끼게 한다.

황학루를 상징하기 위해서인지 온통 누런 유리 기와를 덮고서 서편에는 黃鶴樓, 동쪽에는 楚天極目[초천극목-초나라 하늘을 끝간데까지 바라보다], 남쪽에는 南維高拱[남유고공-남으로 향해 팔짱을 높이 끼다], 북에는 北斗平臨[북두평림-북두칠성과 같은 높이에서 보다]이란 편액을 이마 높이에 달고 유유히 장강의 흐름을 지켜보며 서 있다.

백운각에서 바라본 황학루

내부에는 승강기가 설치되어 있어 쉽게 오르내릴 수 있게 되어 있다. 각 층마다 특색 있게 실내를 꾸며 놓았다. 황학루의 전설을 모자이크해 놓기도 하고, 장강만리도[長江万里圖]를 걸어 놓은 데도 있고, 낭도사[浪淘沙]라는 벽화가 그려져 있기도 하여 저마다 보는 이를 압도한다. 또 각 시대별로 황학루가 어떤 모습이었던가를 보여 주는 역대 모형들이 전시되어 있는 층도 있다. 당나라 때의 황학루의 모습은 단아한 2층의 구조물이다.

황학루

최호(당)

옛 사람이 황학을 타고 이미 가 버렸고
이 땅에 공연히 황학루만 남았구나.
황학은 한번 가서 다시 오지 않는데
흰 구름만 부질없이 천년을 유유하네.

날 맑은 강가에 한양수가 또렷하고
꽃다운 풀들은 앵무주에 무성해라.
날은 저무는데 이내 고향 어디인가?
안개 낀 강 물결에 시름만 이누나.

黃鶴樓[황학루]

崔顥(唐)

昔人已乘黃鶴去[석인이승황학거]
此地空餘黃鶴樓[차지공여황학루]
黃鶴一去不復返[황학일거불부반]
白雲千載空悠悠[백운천재공유유]

晴川歷歷漢陽樹[청천력력한양수]
芳草萋萋鸚鵡州[방초처처앵무주]
日暮鄕關何處是[일모향관하처시]
煙波江上使人愁[연파강상사인수]

※ 황학루는 최호의 황학루란 시에 의해 더욱 빛나게 되었다. 이백이 이곳에 올라 유람할 때 최호의 이 시를 보고는 격조가 지극히 높음을 깨닫고 "眼前有景道不得 崔顥題詩在上頭는 앞 경치를 보고 시를 이룰 수 없는데, 최호의 시만 머리 위에 걸렸구나"란 글구를 쓰고는 붓을 던져 버렸다擱筆-각필고 한다. 그리고는 금릉金陵-지금의 남경의 봉황대鳳凰臺에 올라 시를 지으니 이 또한 격조가 비슷하여, 최호의 황학루 시 못지 않은 절창으로 전해지고 있다. 여하튼 최호의 이 황학루 시는 당나라 칠언율시 중에 제일이라고들 한다.

왜 황학루인가? 황학루에 얽힌 전설이 기이하다. 옛날에 성이 신辛씨인 고운 과수寡守-과부 하나가 이 황학산 기슭에서 술을 팔며 살았다. 어느 날 한 도사가 남루한 차림으로 찾아와서는 술을 얻어 마셨다. 그 후에도 이 과수댁은 그의 곤궁함에 개의치 않고 술을 청하면 늘 응대하면서 따뜻하게 대접했다. 1년 후 도사는 떠난다면서 신씨에게 그 동안의 은혜에 보답할 것이 없으니 학 한 마리를 빌려 주겠다고 한다. 그리고는 땅 위에 귤 껍질을 집어 가지고 주점 벽에다 학 한 마리를 그렸다. 이러니 누런 황학이 그려진 셈이다. 그리고는 말하길 "손님이 박수를 치고 노래 부르면 학이 내려와서 춤을 출 것이오." 이 말이 끝나자 홀연 도사는 사라졌다.

신씨는 이를 시험해 보니 과연 틀림이 없었다. 그래서 신씨의 주점은 춤추는 황학으로 말미암아 장사가 잘 되었다. 10년이 지난 후 그 도사가 다시 신씨 주점에 찾아왔을 때에는 신씨는 이미 부유해져 있었다. 도사는 지니고 다니던 쇳피리鉄笛-철적를 한번 부니 벽 위의 황학이 내려 앉는다. 그는 이를 타고 가 버렸다.

그 후 신씨는 이 일을 잊지 못하여 모은 돈을 가지고 산기슭에다가 누각을 세우고, 벽에는 황학을 타고 하늘에 오르는 도사의 모습을 그렸다. 이로써 이 누대는 황학루라 불리게 되었다. 이 도사를 삼국 시대에 도를 이룬 촉나라의 비위費禕라고 말하기도 하고 또 당나라 때의 여동빈呂洞賓이라고도 한다.

청나라 때 소주의 한 선비 심복沈復1763~?은 무창의 황학루에 올라 다음과 같이 고운 필치로 묘사했으니 청나라 때의 황학루의 모습을 엿볼 수 있을 것이다. 다음은 그의 저서 '부생육기浮生六記'에서 뽑은 것이다.

> 무창부의 황학루는 황곡기黃鵠磯 위에 있는데, 뒤에는 속칭 뱀뫼라는 황곡산黃鵠山이 있다. 누각은 3층이며, 서까래에는 단청이 곱고, 부연은 하늘로 나는 듯하다. 누각은 성벽을 의지하고 그 위에 우뚝 솟아 있다. 앞에는 한수와 양자강이 흐르고, 한양부의 청천각晴川閣이 마주 서 있다. 눈이 오던 어느 날, 나는 탁탕과 더불어 누각에 올랐다. 끝없이 펼쳐진 하늘을 배경으로 하여 바람에 춤추는 아름다운 눈꽃송이, 은가루를 뿌린 듯한 산, 그리고 옥으로 깍아 세운 듯한 나무를 바라보면서, 내 몸은 어느 새 하늘 나라의 백옥경白玉京에 올라 있었다. 강물 위에 오가는 작은 배들은 마치 파도에 휘말리는 낙엽처럼 까불리고 있었다. 이러한 풍경을 보고 있으려니 나는 부귀공명을 바라는 마음이 그냥 스러졌다. 누각의 벽 위에는 시인묵객들의 많은 시가 써 있었다. 그러나 이루 다 기억할 수는 없고 다만 주련柱聯의 대구는 지금도 생각난다.

어느 때 황학이 다시 오랴?	何時黃鶴重來하시황학중래
잠깐 함께 금 술동이 기울여서	且共倒金樽차공도금준
물가의 천년 방초에 뿌리리라.	澆洲渚天年芳草요주저천년방초
이제 백운이 날아감을 보노라니	但見白雲飛去단견백운비거
다시 누가 옥피리 불어	更誰吹玉笛경수취옥적
강성 오월에 낙매화곡을 노래하나?	江城五月落梅花강성오월락매화

심복은 청나라 때 소주의 창랑정滄浪亭 가까이에서 살았던 가난한 선비로서 지방의 청탁 관리 생활을 했던 인물이다. 꽃 가꾸고 시 짓고 명산대천 유람하는 것을 평생의 낙으로 삼고 살았다. 그러나 부친이 돌아가고 친구처럼 지내던 아내를 여의면서 그의 삶은 급격히 짜부라지더니 결국 40대 말반에 죽게 된다.

경치로써 문장을 이루고 문장을 빌어 경치를 전한다고 했으니 이 황학루는 시인의 붓을 빌어 더욱 유명해지게 된다.

황학루에서 광릉으로 가는 맹호연을 전송하며 / 黃鶴樓送孟浩然之廣陵[①]황학루송맹호연지광릉

이백(당) / 李白(唐)

벗은 서쪽으로 황학루를 이별하고
꽃 피는 삼월에 양주로 내려가네.
외로운 돛단배 푸른 하늘로 사라지고
오직 장강만 하늘 끝으로 흐르누나.

故人[②]西辭黃鶴樓 고인서사황학루
烟花[③]三月下揚州 연화삼월하양주
孤帆遠影碧空盡 고범원영벽공진
惟見長江天際流 유견장강천제류

① 광릉廣陵 : 양주揚州를 가리킨다.
② 고인故人 : 친구. 여기서는 맹호연을 말한다.
③ 연화烟花 : 안개가 깔린 듯이 핀 꽃들.
※ 이백이 28살에 지은 것이다. 맹호연은 이백보다 12살이 많다. 양주揚州의 장에서도 이 시를 소개했다.

어쨌든 지금의 황학루는 최호가 자기 시재를 과시하던 황학루도, 이백이 맹호연을 이별하던 황학루도, 이백을 각필擱筆-붓을 버리다케 하던 천하제일루도 더 이상 아닌 듯하다. 1200여 년 전의 누각의 위치도, 단아한 모습도, 주위 경관도 다 달라졌다. 이제 황학루는 오직 외화내빈의 위용만 자랑하고 있을 뿐이다. 또 다시 이백이나 최호와 같은 위대한 시인이 나타나기를 기다려야 할 것이다.

예형의 앵무주는 육지가 되어 버린 지 오래이고, 그 옛날 날씨 맑아 한양의 나무들이 역력하다 했지만 지금은 강 위로 안개인지 매연이지 희뿌옇고, 강성오월江城五月의 낙매화곡落梅花曲의 옥피리 소리 대신에 육중한 장강대교 밑으로 지나가는 화물선의 기적소리만 아련하다. 시구 몇 구절 외면서 오른 황학루는 이제 그 전설만 아름답다.

제25장 안륙安陸

태백기념관太白紀念館

2005년 1월에 무한을 다시 찾았다. 인천공항에서 비행기로 2시간 50분 가량 걸렸다. 이때는 3번째 방문인데 안륙, 수주隋州를 거쳐 양번襄樊까지 가기 위해서이다.

무한국제비행장서 승용차로 1시간 반 정도 걸려 운몽雲夢에 이르렀다. 이백이 사마상여司馬相如의 부賦에 나오는 운몽이 보고 싶어 그리워하던 곳이다. 시내 중심에 기념탑을 세워 운몽이라는 큰 글자를 붙여 두었기에 "이곳이 운몽이구나"라고 하지 그렇지 않다면 그냥 지나쳤을 것이다. 옛 자취나 특색이라고는 찾아볼 수 없는 평범한 소도시에 불과하다.

안륙에 도착했다. 시 외곽지에 흐르는 작은 하천을 건너 서쪽으로 구불구불 소로를 따라 오르면 오른편에 강을 굽어볼 수 있는 그리 높지 않은 야산이 있다. 제대로 찾아온 모양인데, 이곳이 안륙시 서쪽 교외에 있는 대요산大凹山이다. 산이라기보다는 작은 구릉이다.

차로서는 더 이상 갈 수 없는 데까지 이르러, 조금 더 걸어 들어가니 입구에는 콘크리트로 만든 큰 기둥 두 개를 세워 대문인 양 해 놨으나 무엇의 대문인지 알 수가 없다. 어떻든 안륙 이백기념관 앞에 드디어 섰다. 기념관 주위에는 넓은 잔디밭을 조성해 놓았다. 그 아래쪽에는 키 작은 잡목들이 자리를 메우고 있고 그 너머 안륙시가 한눈에 들어온다.

기념관은 멀리에서야 멋있는 웅장한 건축물인 듯했으나 가까이 가서 앞뒤를 살펴보니 방치된 지가 꽤 오래되었음을 알겠다. 문은 굳게 잠겨 안으로 들어갈 수도 없고, 여러 창문은 깨진 채 그대로이며, 크게 훼손된 곳에는 그냥 합판을 대어 못질해 놓았다. 깨진 창문 틈으로 안을 들여다보니 몸을 비스듬히 눕혀, 포개놓은 책을 의지하면서 허공을 응시하는 이백의 상이 중앙에 놓여 있다. 그러나 이것마저 파손되어 있다. 대리석이 아닌 합성수지를 가지고 유치하게 만들어 놓았으니, 세월과 인간들의 손장난에 견딜 수 없었던 모양이다. 담장을 만들어 기념관을 보호하든지 해야 할 터인데 그렇지 못하고 완전히 노출되어 있으니 동네 개구쟁이와 강아지들의 놀이터 정도로 전락하고 말았다. 1984년 시공해서 기념관 본채만 세워 놓고 주위에 환경 미화 작업은 못 한 채 내버려 둔 것이다.

태백기념관

아내에게	贈內①증내
이백(당)	李白(唐)
일년은 삼백하고도 육십 일이라	三百六十日삼백육십일
날마다 취하여 곤죽이 되니,	日日醉如泥일일취여니
비록 이백의 처일지라도	雖爲李白婦수위이백부
태상의 아내와 뭣이 다를꼬?	何異太常②妻하이태상처

① 내[內] : 아내. 이태백은 평생 4번 결혼했다. 첫 번째는 안륙의 허씨[許氏]와, 두 번째는 장안 입성[入城] 전에 만난 유씨[劉氏]와, 세 번째는 노[魯]나라 땅에서 어떤 부인과, 네 번째는 50세 전후에 만난 종씨[宗氏]와 결혼했다. 이해원의 이백의 삶과 문학에서 참조 여기서는 첫 번째 아내인 허씨를 가리킨다.

② 태상[太常] : 한나라 때의 종묘[宗廟]관리 책임 직책. 후한 때 주택[周澤]이 태상이 되었는데 일년 내내 몸을 정결히 하여 재계[齋戒]하느라고 아내와 가까이 할 수 없었다. 1년에 하루 재를 드리지 않는 날은 술을 흠뻑 마셔 또 아내와 함께 하지 못했다는 고사가 있다.

기념관 앞뜰에는 대리석으로 만든 이백 기념상이 세워져 있다. 안륙시를 굽어보는 모습인데 허리춤에 비스듬히 칼을 차고 있다. 그러나 오연傲然한 이백 특유의 모습은 보이지 않거니와 조형상에 있어서도 균형을 이루지 못하여 키 작은 난장이 꼴을 하고 있다. 이백을 존중하고 기리려는 뜻으로 이걸 만들었는지 의심할 정도이다. 대리석상의 기단基壇에는 이백의 시, '산중문답山中問答'이 새겨져 있다.

무슨 일로 푸른 산에 사느냐고 물어도
웃으면서 대답 않고 마음만 한가롭네.
복사꽃이 물 따라 아득히 흘러가니
여기는 별천지 인간 세계 아니로다.

問余何意棲碧山 문여하의서벽산
笑而不答心自閒 소이부답심자한
桃花流水杳然去 도화류수묘연거
別有天地非人間 별유천지비인간

※ 이 시는 이백이 안륙 백조산白兆山 도화암桃花岩에서 은거할 때 지은 듯하다. 도화桃花라 말이 나오기 때문이다.

왜 이곳 안륙에 이백기념관을 세웠을까? 이백이 안륙에 들어와서 당 고종 때 재상을 지낸 허어사許圉師의 손녀와 27살에 결혼하였고, 거의 10년 가까이 이곳을 중심으로 활동했기 때문일 것이다. 허어사의 집이 어디쯤인지 알 수야 있겠는가마는 이백이 산수를 좋아한 사람이니만큼 산과 강이 있는 이곳 기념관 근처 어디쯤에서 노닐지 않았을까 싶다. 그러나 석양도 쓸쓸한 이 기념관에서, 30대 의기양양한 이백의 모습이 아닌 말년의 지친 모습을 보는 것 같아 못내 아쉽다.

떠나기에 앞서 다시 한번 주위를 둘러보니 동네 강아지들이 어슬렁거리고, 술병을 앞에 놓고 낯선 이방인을 멍하니 보고 있는 거지 행색의 한 사내가 석양의 긴 그림자를 안고 있다.

백조산白兆山

이백기념관에서 백조산 산자락까지는 승용차로 1시간 20분 정도 걸렸다. 그리 멀지 않은 거리인데 길을 잘 몰라서이다. 운전기사도 이런 곳에는 초행길이어서 몇 번이나 묻고 물어 간신히 도착하게 된 것이다. 험한 비포장의 야산 길을 마치 배 타는 기분으로 가게 되었으니 운전수에게는 정말 미안하기 짝이 없다. 택시로 이런 곳에 가자면 어림도 없겠다는 생각이 든다. 길을 묻기 위해 잠시 쉬게 되면 기사는 목을 빼, 차 밑에 어디 파손이 없나 살펴보곤 했다.

제법 큰 산이 보여 물어 보니 백조산이 맞다고 한다. 멀리 산등성이 오른쪽 끝에 누각이 세워져 있는데 틀림없이 이백을 기념하는 건물일 것이다. 마을을 지날 때 백조산이란 현판을 걸고 있는 큰 대문을 만날 수 있었다. 제대로 찾아든 모양이다. 여기서부터 공원으로 조성된 것 같은데 아스팔트를 깔아 길을 잘 닦아 놓았다. 산기슭을 돌아들 때 이백 기념상이 눈에 띈다. 꾸미다가 만 상태인 듯하다.

백조산 입구에 있는 패루

백조산은 주로 이삼십 년 정도 자란 소나무와 삼나무가 울창하게 숲을 이루고 있어 주변의 다른 산보다 보호를 더 잘 받고 있다는 느낌이 든다. 겨울인데도 푸른 빛을 잃지 않고 있다.

차에서 내려 가파른 길을 20분 가량 오르면 기념관의 북문에 이른다. 산 정상은 요새같이 담을 두르고 있다. 문도 잠겨 있다. 이 겨울에 찾을 자가 누가 있겠는가? 정문으로 가 보기 위해 담장을 따라 난 비탈길을 가는데 점점 위험한 낭떠러지이다. 잘못 발을 헛디디면 잡거나 의지할 데가 전혀 없다. 되돌아와서 중문을 찾아도 문은 잠겨 있으니 결국 내부 구경은 못하게 되었다.

산중에서 은자隱者와 대작하며 | 山中與幽人對酌산중여유인대작

이백(당) | 李白(唐)

둘이서 대작하니 뫼 꽃이 피고 | 兩仁對酌山花開양인대작산화개
한 잔에 또 한 잔 다시 또 한 잔. | 一杯一杯復一杯일배일배부일배
나는 취해 자려니 그대는 가게 | 我醉欲眠卿且去아취욕면경차거
내일 아침 생각나면 거문고 안고 다시 오게. | 明朝有意抱琴來명조유의포금래

※ 도연명은 술에 취하면 상대에게 '나는 취해 자려니 그대는 가게나'라고 했다. 제 3구는 도연명의 의취를 본받은 것이다.

정상에서 내려다보니 산은 푸른 빛으로 덮여 있고 산기슭에는 저수지가 흰 빛으로 빛나고 있어 백조산의 겨울 석양은 그런대로 즐길 만하다. 안륙 일대에서 이만한 큰 산은 없는 듯하다. 그래서 이백이 이곳 백조산 도화암桃花岩에 은거한 것이리라. 이백이 이 산 정상에서야 집을 짓고 은둔했겠느냐마는 산꼭대기에 지은 이런 건축물은 그를 기념하기 위한 과잉 전시가 아닌가 생각된다. 더구나 산꼭대기에 도화암桃花岩이 있을 턱이 없을 텐데…. 산자락에 있는 마을에 찾아들어 더 물색해 보지 못한 것이 아쉬움으로 남는다.

안륙은 작은 도시이다. 호텔에서 조금만 벗어나면 시골 같은 분위기이다. 불결하지만 아침 식사를 길거리 노천 식당에서 만두국과 주먹밥으로 해결했다. 꽤 많은 사람들이 이런 곳에서 아침을 때운다. 10원우리 돈 1400원 정도이면 족하다. 식사 중에 구두를 닦았는데 1원을 받더라. 운전기사가 아침에 세차를 하길래 얼마냐고 물어 보니 10원이라고 한다. 중국에는 아직도 육체 노동의 댓가는 여지없이 싸다.

수산壽山

안륙에서 북으로 약 한 시간을 승용차로 가면 수산에 이른다. 안륙에서 양번襄樊가는 큰 도로를 따라가다가 오른쪽으로 길을 꺾어 드니 여기서부터는 비포장 도로이다. 어제 백조산 가는 길보다는 덜 어렵다.

차로 갈 수 있는 데까지 가 보니 여러 채의 농가만 적막 가운데 웅크리

고 있었다. 간혹 개 짖는 소리, 닭 우는 소리가 들릴 뿐이다. 타작 마당에 차를 돌리고 있으니 어른 두 명이 나타난다. 몇 마디 물어 보니 옛날 이백이 이곳에서 은둔하며 시를 지었다는 이야기를 들은 적이 있다고 한다.

산은 그리 높지 않은 야산이지만 잡목들로 숲이 빽빽이 우거져 있고 아늑한 느낌마저 든다. 이런 얕으막한 야산은 이백이 어린 시절 자란 사천성四川省의 청련향青蓮鄕의 고향 산수와 흡사하다는 생각이 든다. 그래서 이런 곳을 찾아 은거했는지도 모를 일이다.

수산

작은 산이지만 적으나마 물이 흐르고 있고 그 아래쪽에는 큰 저수지가 있다. 이백이 은거하기에 딱 좋은 입지 조건 중의 하나라는 생각이 든다. 북수산北壽山으로도 불렸다. 이백의 代壽山答孟少府移文書대수산답맹소부이문서라는 글이 있다. 이는 수산이 이백을 곁에서 보고 그 사람됨을 맹소부에게 소개하는 편지 형식의 글이다. 이백은 이런 곳에 은거해 있으면서도 벼슬에 오르려는 공명심을 버리지 못하였다.

수주隋州

수산壽山에서 양번을 향해 한 시간 20분 정도 북상하니 수주에 이른다. 이곳은 마침 장날인지 찻길 대로변을 따라 장이 서 있다. 한국인이 살 만한 물건은 보이지 않는다. 이백이 양양으로 다니던 길이다.

제26장 양양襄陽

단계檀溪

수산에서 양번까지는 승용차로 3시간 20분 정도 걸렸다. 시내에 들어서자 눈에 띄는 기념물이 하나 있다. 바로 제갈량의 동상이다. 이곳 양번을 대표하는 역사적 인물은 제갈량인 모양이다.

시내 변두리에 유비의 유적지가 있다. 바로 단계란 곳이다. 유비가 유표劉表의 부하 채모蔡瑁에게 쫓길 때 그의 애마 적로的盧에 의지해 외롭게 달아나다가 이 단계에 이르렀다. 그는 정신없이 말을 물 속으로 몰고 들어갔으나 말은 앞발이 빠지면서 온 몸이 젖는다. 이때 유현덕이 채찍을 가하며 크게 외쳤다. "적로야, 적로야! 과연 네가 주인을 해치려느냐?" 하자 순간 말이 물 속에서 떠오르며 단번에 공중으로 솟아올라 서쪽 언덕에 내려섰다는 것이다.

그 전에 이적伊籍이라는 막빈幕賓이 유비의 말에 대해 충고하였다. "이런 말을 적로라고 하는데 이 말을 타는 사람은 신상에 해롭습니다." 이랬더니 유비가 말했다. "사람이 살고 죽는 것은 다 천명이거늘 말이 어찌 사람의 운명을 좌우하리오." 이적은 유비의 높은 도량에 감복했다.

내 이제 살펴보니 그 단계는 지금 작은 개울에 지나지 않고 다만 건너편 암벽에 말발굽 형상인 듯한 홈 하나가 깊게 파여 있다. 적로의 흔적이라지만 아무리 봐도 말발굽 자국은 아닌 듯하다. 하지만 1800년이나 지난 그 옛날 역사의 한 조각도 기념하고 보존하려는 중국인의 정성이 가상하다. 계곡 건너편은 숲이 우거진 야산이고 이쪽은 아파트 한 채가 앞산을 마주하고 있다. 소동파도 한때 이곳을 지나간 적이 있었는지 다음과 같은 시 한 수를 남겼다.

난계수는 여전히 동으로 흐르는데 檀溪溪水自東流단계계수자동류
용마와 영웅은 지금 어디 있는가? 龍駒[①]英主今何處룡구영주금하처

물가에서 세 번 탄식하니 마음만 아려 오고 臨流三嘆心欲酸[②]임류삼탄심욕산
지는 해는 쓸쓸히 빈 산을 비추누나. 斜陽寂寞照空山사양적막조공산

솥발 같은 천하 삼분 아득히 꿈 같으니 三分鼎足渾如夢삼분정족혼여몽
자취만 공연히 세상에 남았도다. 蹤迹空留世在間종적공류세재간

① 용구龍駒 : 용마龍馬. 준마駿馬.
② 욕산欲酸 : 슬퍼지려하다.

고융중古隆中

제갈량이 은거했던 고융중은 양번襄樊에서 남서쪽으로 그리 멀지 않은 곳에 있다. 시내에서 한강漢江을 건너 차로 한 20분15km 정도 가면 된다. 매표소를 지나면 큰 석패방石牌坊이 세워져 있다. 가로로 古隆中고융중이라고 크게 새겨져 있고 이것 좌우에는 작은 글씨체로 "寧靜致遠 澹泊明志녕정치원 담박명지"라고 써 있다. "편안하고 고요한 마음을 가져야 먼 데에 이를 수 있고, 욕심 없고 마음이 깨끗하여야 뜻을 밝힐 수 있다"라는 뜻이다. 기둥에는 세로로 두보의 시 '촉상蜀相'에서 인용한 시구가 새겨져 있다. "三顧頻煩天下計 兩朝開濟老臣心삼고빈번천하계 양조개제로신심"이라는 것이다. "삼고초려한 것은 천하를 위한 계책에서이고, 두 조정을 건짐은 늙은 신하의 마음이다"라는 뜻이다. 이 패방은 청나라 때인 1893년에 세워졌다.

고융중

연못은 지나면 궁경전躬耕田이 있는데 이곳에서 공명이 몸소 밭 갈며 농사를 지었다는 것이다. 지형이 아늑하고 물이 흐르고 있어 농사지어 자급자족에 불편함이 없으리라는 생각이 든다.

여기저기 초려草廬, 와룡처臥龍處 등의 기념 비석들과 정자들이 서 있다. 돌 계단을 오르면 오른쪽에 포슬정抱膝亭이 보이는데 제갈량이 무릎을 안고 천하를 걱정하던 곳이라 한다. 그러나 이것은 1719년 청나라 때 지어진 것이다.

이 고융중에서는 무후사武侯祠가 중심 건축물이다. 입구에는 漢諸葛丞相武侯祠한제갈승상무후사란 글씨의 편액이 세로로 걸려 있다. 무후사 안에는 제갈량의 소상塑像이 모셔져 있다. 어깨에 붉은 장옷을 걸치고, 오른손에 거위 털로 만든 부채를 들고 있다. 머리 위의 현판에는 '天下奇才천하기재'란 글씨가 금빛으로 빛난다. 천하에 드물게 보는, 빼어난 재주를 가진 인재란 뜻이다.

이 무후사는 처음 진조晋朝-약 361년쯤에 세워졌으며 제갈량을 제사지내던 사당이었다. 지금 남아 있는 건축물들은 대부분 청나라 때 것이다.

제갈초려

무후사 왼쪽 옆에는 육각정六角井이라는 우물이 있다. 제갈량이 은거할 때에 생활 용수로 쓰던 것이라 하여 당시 유적으로서는 이 우물이 유일한 것이다. 유비가 세 번 찾았음을 기념하는 삼고당三顧堂, 제갈량이 거주했다는 소박한 제갈초려, 조금 더 올라가서 와룡심처 등을 거치면 대충 융중 구경은 마친 셈이다.

이 건물들을 안고 있는 산이 융중산306m인데 꼭대기에 와룡각이라는 큰 누각을 세워 놓았다. 그곳에서 산 아래까지 활도滑道를 가설해 놨다고 한다. 눈이 오면 미끄럼 타기 위한 것인데 제갈량 기념 유적지에 어울리지 않는 처사이다. 돈 벌기 위한 상술이 지나치다.

십팔사략 十八史略에는 다음과 같은 이야기가 전한다. 어느 날 유비가 양양의 사마휘司馬徽에게 물었다. "당대의 명사는 누굽니까?" 답하기를 "일을 아는 자가 준걸입니다. 이곳에 복룡伏龍과 봉추鳳雛라고 하는 두 영걸이 있습니다. 그 이름은 제갈공명과 방사원龐士元-이름은 통입니다." 서서徐庶도 역시 유비에게 말했다. "확실히 제갈공명은 와룡이오."

외딴 평지에 흰 돌을 가지고 제갈량의 팔진도 형상을 엉성하나마 만들어 놓은 곳이 있다.

팔진도	八陣圖①팔진도
두보(당)	杜甫(唐)
공이 삼국을 뒤덮었고	功蓋三分國공개삼분국
이름은 팔진도로 빛났더라.	名成八陣圖명성팔진도
팔진도를 쌓은 돌 강물에 끄떡없으나	江流石不轉강류석부전
오를 정벌 못하여 한으로 남았도다.	遺恨失呑吳유한실탄오

① 팔진도八陣圖 : 고대 중국의 진지陣地 배치 방법의 하나이다. 제갈량이 사천성 기주夔州 봉절奉節에 주둔하고 있을 때 영안궁永安宮 앞의 모래 위에다 돌로 천天, 지地 풍風, 운雲, 용龍, 호虎, 조鳥, 사蛇 등 8진을 만들었다. 여름에 물이 불어나면 물에 잠기고 겨울에 물이 빠지면 드러난다.

세월이 많이 지나고서 명나라 때 황족 주견숙朱見淑이라는 자가 이 융중의 육각정 우물 뒤에 자기 무덤을 만들고 거기에 묻혔다. 그 후 2년 안에 그 자손들이 몰살되었다는 전설이 전해오고 있다. 제갈량의 기운을 함부로 건드려서는 안 되는 모양이다. 그 후 명나라를 타도한 이자성李自成이 주씨의 무덤을 파헤쳐 버렸다고 한다.

현산峴山

겨울 저녁 어스름, 융중에서 현산은 그런대로 가까워 25분여만에 도착했다. 현산은 한강漢江에 인접해 있는 그리 높지 않은 산이다. 강가에 임해서는 제법 절벽을 이룬 듯한 지형을 보여 주고 있다. 이런 곳에 절 한 채가 자리잡고 있다. 관음사觀音寺이다. 맹호연孟浩然이 "산사山寺에서 종소리 들리고"라고 읊던 그 현장이다.

밤에 녹문산으로 돌아가며 / 夜歸鹿門山歌 야귀록문산가

맹호연(당)	孟浩然(唐)
산사의 종소리에 날은 이미 저물고	山寺鐘鳴晝已昏 산사종명주이혼
어량의 나루터에 배 타려는 시끄런 소리.	漁梁①渡頭爭渡喧 어량도두쟁도훤
사람들은 모랫길 따라 강마을로 향하고	人隨沙路向江村 인수사로향강촌
나 또한 배 타고 녹문으로 돌아가네.	余亦乘舟歸鹿門 여역승주귀록문
녹문산에 달 밝으니 숲에 안개 걷히고	鹿門月照開烟樹 록문월조개연수
어느새 방덕공의 은거지에 이르도다.	忽到龐公②栖隱處 홀도방공서은처
바위 사립, 소나무 오솔길 늘 적적한데	岩扉松徑長寂寥 암비송경장적요
오로지 유인만이 오고 가누나.	惟有幽人③自來去 유유유인자래거

① 어량漁梁 : 나루 이름. 지금은 한강의 샛강인 당백하唐白河에 어량주대교漁梁主大橋가 놓여 있다.

② 방공龐公 : 방덕공龐德公이다. 그는 원래 양양襄陽 사람인데 형주자사荊州刺使 유표가 그를 여러 번 초청했으나 응하지 않고, 처자를 데리고 녹문산에 들어가 약초를 캐면서 은거하고 살았다.

③ 유인幽人 : 은사隱士를 말한다. 여기서는 맹호연 자신을 이른다.

관음사에서 바라보는 한강은 강폭도 넓은데, 강 너머 지평선이 저녁 어스름에 더욱 아득하기만 하다. 최근에 강과 나란히 도로가 나는 바람에 강으로 뻗어 오던 현산의 능선이 끊겨 버렸다. 그래서 이 관음사는 현산에 안긴 절이라기보다는 산에서 밀려난 듯, 외따로 떨어진 듯 강만 우두커니 바라보고 있어 못내 안타깝다.

양호羊祜의 타루비墮淚碑가 이 현산 근처에 있었다고 하나 인멸된 지 오래일 것이다. 맹호연의 시구에서 연상하던 그런 그윽한 산도 아니다. 서울의 한강을 내려다보는 남산처럼 풍치 있는 산은 더욱 아니다. 자연이 우리 인간들에게 의미역사성이나 편리성이나 귀의성 등를 부여하지 못한다면 자연으로서의 의의는 반감될 것이다. 현산이 그렇게 변한 것 같다.

현지 가이드에게 타루비의 자취나 흔적이라도 있는지 찾아보자고 하니, 이런 옛일을 알지 못하고 관심을 기울이지도 않는다. 통역이나 길 안내, 매표 정도로 그치는 가이드이고 보니 어쩔 도리가 없다.

현산을 회고하며

진자앙(당)

황전에 이르러서 말을 먹이고
높은 곳에 올라 옛 도읍지를 바라보노라.
양호의 타루비는 이제도 슬프고
제갈량의 팔진도는 아직도 생각나네.

성읍이 아득히 초나라를 나누었고
산천은 반이나 오나라에 들었도다.
구릉은 옛 그대로 솟아 있으나
성현은 몇이나 시들고 말았나?

들판의 푸른 나무 연기에 가려지고
나루터의 누각은 저녁 기운에 외로워라.
그 누가 알리오, 만리 길 나그네가
옛날 일 생각하며 머뭇거리고 있음을.

峴山懷古[현산회고]

陳子昂(唐)

秣馬臨荒甸[①말마림황전]
登高覽舊都[②등고람구도]
猶悲墮淚碣[③유비타루갈]
尚想臥龍圖[④상상와룡도]

城邑遙分楚[성읍요분초]
山川半入吳[산천반입오]
丘陵徒自出[구릉도자출]
賢聖幾凋枯[현성기조고]

野樹蒼煙斷[야수창연단]
津樓晚氣孤[진루만기고]
誰知萬里客[수지만리객]
懷古正躊躕[회고정주주]

---

① 황전[荒甸] : 중국을 다섯 지역으로 나눌 때, 중원으로부터 가장 멀리 떨어진 궁벽한 곳을 말한다.

② 구도[舊都] : 옛날 도읍지. 즉 양양을 이른다. 유표[劉表]가 한때 이곳에 도읍을 정했다.

③ 타루갈[墮淚碣] : 현산에 세워져 있는 타루비. 진[晋]나라의 양호[221~278]가 오나라를 정벌하고 백성들에게 선정을 베풀었다. 그는 늘 현산에 올라 술을 마시고 시를 노래했다. 그가 죽은 후 양양의 백성들이 그를 기념하여 송덕비를 세웠었는데 이를 보며 눈물을 흘리지 않는 자가 없었다고 한다. 그래서 그의 후임자 두예[杜預:222~284]가 타루비라 이름지었다.

④ 와룡도[臥龍圖] : 제갈량의 호가 와룡이다. 도[圖]는 제갈량의 8진도를 말한다.

여럿이 현산에 올라 與諸子登峴山[여제자등현산]

맹호연(당) 孟浩然(唐)

인간사 무상이라 하더니만 人事有代謝①[인사유대사]
오가는 새 고금이 이뤄졌도다. 往來成古今[왕래성고금]
이 강산에 명승고적 있으니 江山留勝迹[강산류승적]
또 다시 우리들은 현산에 오르노라. 我輩復登臨[아배복등림]

강물이 잦아들어 어량주가 드러나고 水落魚梁②淺[수락어량천]
하늘이 추워지고 몽택은 깊어졌구나. 天寒夢澤③深[천한몽택심]
양공의 비석이 아직도 남아 있어 羊公④碑尙在[양공비상재]
읽고 나니 눈물이 수건을 적시네. 讀罷淚沾巾[독파누첨건]

① 대사[代謝] : 새 것이 옛 것을 대신한다는 뜻이다. 즉 변화, 무상의 의미이다.
② 어량[魚梁] : 양양에 있는 한강 모래톱. 지금은 어량주대교가 지나고 있다.
③ 몽택[夢澤] : 동정호[洞庭湖] 북쪽 지역.
④ 양공[羊公] : 진[晋]나라의 양호.

양양[襄陽]

양번시[襄樊市]는 양양과 번성[樊城]이 합해져서 이루어진 도시이다. 양번시는 크게 세 지구로 나뉘는데 한강 북쪽 지역의 서편은 번성구이고 동편은 양양구이다. 그리고 한강 남쪽 지역은 양성구[襄城區]이다. 한강은 양번시를 동서로 지르다가 곧바로 남으로 꺾여 흐른다.

양번 시내 중심가에 들어서면서 도로가 끝나는 지점에 고풍스러운 옛 건축물 하나가 정면으로 보인다. 소명태자[昭明太子:501~531]를 기념하기 위한 소명대[昭明臺]라 한다. 소명태자는 이름이 소통[蕭統]이며 양[梁]나라 무제의 아들이다. 소명은 그의 시호이다. 주진[周秦-주나라 · 진나라] 이래의 시문들을 모아 문선[文選] 30권을 편찬했다. 귀한 신분이면서도 교만하지 않았고 방종함이 없었다. 장서[藏書]를 좋아하여 궁중에 3만 권의 책을 수집하였다. 순수 문예 제창자로 알려져 있다.

좌측으로 방향을 틀면 긴 성벽이 한강을 따라 이어져 있는데 족히 10리는 될 것 같다. 이 성벽은 결국 임한문[臨漢門]에 닿는데 이 문을 나서면 한강이다. 둑을 따라 잘 조성된 둔치가 있으니 이가 대제[大堤]이다. 한강을 조망할 수 있는 장소로 이곳이 제일인 듯하다.

이 대제에서 바라본 한강은 서울의 한강과 많이 닮았다는 느낌을 갖게 한다. 이름도 같지만 강폭이며, 수량이며, 물의 흐름이 그렇다. 다만 서울의 한강 주위처럼 복잡하고 화려하지 않을 뿐이다. 우리의 한강은 한자[漢字]로 쓰지 말고, 그냥 한강 즉 큰 강, 위대한 강으로 인식하여 이 漢江과 구별하여 사용했으면 좋겠다.

한강을 내려보며	漢江臨眺[한강림조]
왕유(당)	王維(唐)
초나라 변방은 삼상과 접해 있고	楚塞三湘①接[초새삼상접]
형문은 구파와 통하도다.	荊門九派②通[형문구파통]
강물이 천지 밖으로 흐르고	江流天地外[강류천지외]
산색은 뵐 듯 말 듯하여라.	山色有無中[산색유무중]
마을이 앞 포구 위에 떠 있고	郡邑浮前浦[군읍부전포]
물결은 먼 허공에서 움직이도다.	波瀾動遠空[파란동원공]
양양에 바람 불어 좋은 날	襄陽好風日[양양호풍일]
산옹과 더불어 취해 보리라.	留醉與山翁③[유취여산옹]

① 삼상[三湘] : 상강[湘江]의 세 지류인 미상[瀰湘], 자상[資湘], 원상[沅湘]을 말한다.

② 구파[九派] : 장강이 심양[尋陽]에 이르러 구파로 나뉜다.

③ 산옹[山翁] : 진[晋]나라 때 죽림칠현[竹林七賢]의 한 사람 이었던 산도[山濤, 205~283]의 5째 아들인 산간[山簡,253~312]을 말한다. 그는 진남장군[鎭南將軍]이 되어 양양에 있을 때 매일 습가지[習家池]에서 놀면서 술에 취해 이곳을 고양지[高陽池]라 불렀다. 습가지는 후한[後漢]의 습욱[習郁]이 현산 남쪽에서 범려[范蠡]의 양어법에 따라 만든 물고기 연못인데 경치가 아름다워 유연[遊宴]의 장소가 되었다. 산간은 이곳에 갈 때마다 언제나 대취하여 돌아오곤 했는데 "이곳은 내 고양지이다"라고 말했다. 고양지[高陽池]는 역이기[酈食其]의 고사에 근거한다. 역이기가 유학자를 싫어하는 한 고조 유방을 알현할 때 "저는 고양[高陽]의 술꾼이지 유자[儒者]가 아

니오"라고 했다.

※ 죽림칠현 : 진[晋]나라 때 일곱 명의 명사[名士]가 죽림에 모여 음주[飮酒], 탄금[彈琴], 청담[淸談]을 일삼았다. 완적[阮籍], 혜강[嵆康], 산도[山濤], 상수[向秀] 유령[劉伶], 왕융[王戎], 완함[阮咸] 등이다. 이들의 공통점은 제약 속에서도 진실을 추구하고 자유롭게 살고자 한 것이다. 청담이란 위진[魏晋] 시대에 선비들이 노자·장자 사상을 숭상하여 예법에 구속되지 않고 세속에 저항하면서 공리공론의 허무적 풍조에 따른 시류를 말한다.

작가소개 왕유(699~759) : 자[字]는 마힐[摩詰]이고 산서성 기현[祁縣] 사람이다. 21살에 진사에 올랐다. 안록산의 난 때 그에 붙어 벼슬했다 하여 추궁 당하지만 '응벽지[凝碧池]'란 시가 충성이 담겨 있다고 하여 풀려나게 된다. 상서우승상[尙書右丞相]이 되었다. 초서[草書]와 예서[隸書]를 잘 썼다. 시와 그림에 능통하여 "시 중에 그림이 있고, 그림 중에 시가 있다[詩中有畵 畵中有詩]"라는 칭탄을 받았다. 소동파가 한 말이다.

양양[襄陽]의 노래

이백(당)

석양은 현산 너머 지려하는데
모자를 거꾸러 쓰고 꽃 아래서 헤매누나.
양양의 아이들이 일제히 손뼉 치고
길 막으며 다투어 백동제를 노래하네.
옆 사람이 무엇이 그리 우습냐 하니
산공의 취한 꼴이 우습지 않느냐고.

노자의 구기로, 앵무의 술잔으로
백년은 삼만 육천 일
하루에 모름지기 삼백 잔은 마셔야지.

멀리 보니 한수는 오리 머리처럼 푸르고
마치 포도주가 처음 괼 때 같아라.
이 강물이 변하여 봄 술이 된다면
쌓아 올린 누룩더미에 조구대를 세우리라.

襄陽歌[양양가]

李白(唐)

落日欲沒峴山西[낙일욕몰현산서]
倒著接䍦①花下迷[도착접리화하미]
襄陽小兒齊拍手[양양소아제박수]
攔街爭唱白銅鞮②[난가쟁창백동제]
傍人借問笑何事[방인차문소하사]
笑殺山公③醉似泥[소쇄산공취사이]

鸕鶿杓④ 鸚鵡盃⑤[노자작 앵무배]
百年三萬六千日[백년삼만육천일]
一日須傾三百盃[일일수경삼백배]

遙看漢水鴨頭綠[요간한수압두록]
恰似葡萄初醱醅[흡사포도초발배]
此江若變作春酒[차강약변작춘주]
壘麴便築糟丘臺⑥[루국편축조구대]

천금의 준마를 소첩하고 바꾸어서	千金駿馬換少妾⑦천금준마환소첩
말안장에 웃고 앉아 낙매곡을 부르리라.	笑坐雕鞍歌落梅⑧소좌조안가락매
수레 옆에 술 한 병 달아 놓고는	車旁側挂一壺酒거방측괘일호주
생황 불고 피리 불며 가면서도 권하리라.	鳳笙龍管行相催봉생용관행상최
함양의 거리에서 누런 개를 탄식함이	咸陽市中歎黃犬⑨함양시중탄황견
달 아래서 금 술잔 기울임과 어찌 같으리.	何如月下傾金罍⑩하여월하경금뢰

그대는 보지 못 했나?	君不見군불견
진나라 양공의 한 조각 돌비석을.	晋朝羊公⑪一片石진조양공일편석
거북 머리 떨어지고 이끼가 올랐으니	龜頭⑫剝落⑬生莓苔⑭귀두박락생매태
그를 위해 눈물을 흘릴 수 없고	淚亦不能爲之墮루역불능위지타
그를 위해 슬퍼할 수 없는 거라.	心亦不能爲之哀심역불능위지애

청풍명월은 돈 주고 살 바가 아니고	淸風朗月不用一錢買청풍랑월불용일전매
옥산은 밀지 않아도 절로 넘어지느니.	玉山自倒⑮非人推옥산자도비인추
서주의 구기, 역사의 노구 솥	舒州杓⑯ 力士鐺⑰서주표 역사당
이백이 너희와 함께 생사를 같이하리라.	李白與爾同死生이백여이동사생

양왕의 운우는 지금 어디 있는가?	襄王雲雨⑱今安在양왕운우금안재
강물은 동으로 흐르고 야밤에 잔나비만 울어 대는데.	江水東流猿夜聲강수동류원야성

---

① 접리接䍦 : 우뚝한 모양의 흰 두건頭巾. 진晋나라 때 산간이 진남장군鎭南將軍이 되어 양양에 근무할 때 술에 취하면 모자를 거꾸로 쓰고서 말을 타고 다녔다. 이럴 때면 아이들이 노래 부르며 그를 놀렸다고 한다.

② 백동제白銅鞮 : 양梁나라 무제武帝가 지었다는 가곡 이름이다.

③ 산공山公 : 산간253~312을 가리킨다.

④ 노자작鸕鶿杓 : 노자는 가마우지이다. 가마우지 목처럼 길게 생긴 술 구기. 구기는 술이나 기름을 풀 때 쓰는 국자 비슷한 기구이다.

⑤ 앵무배鸚鵡盃 : 앵무조개 껍질로 만든 술잔이다.

⑥ 조구대糟丘臺 : 술지게미로 쌓아올린 언덕. 은나라의 주왕紂王은 술지게미糟로 언덕丘을 쌓았다고 한다. 하나라의 걸왕桀王은 술로써 연못을 만들어 배를 띄웠고, 또 술지게미 언덕을 만들었는데 10리밖에서도 보였다고 한다.

⑦ 천금준마환소첩千金駿馬換少妾 : 조조의 아들 조창曹彰이 어느 날 준마를 발견하고는 주인에게 팔라고 졸랐으나 거절하자, 자기 집 첩들 중에 한 명 골라 데려가게 하고는 말과 바꿨다는 고사가 있다.

⑧ 낙매落梅 : 노래 곡명.

⑨ 탄황견歎黃犬 : 진시황 때 재상을 지냈던 이사李斯는 2세 황제 때 환관宦官-내시 조고趙高의 모함으로 함양 네거리에서 사형에 처해진다. 이때 아들과 함께 죽으며 말하길 "내 너와 함께 누런 개를 데리고 고향 산에서 토끼 사냥이나 하고 싶었는데." 하며 탄식했다.

⑩ 금뢰金罍 : 금 술잔.

⑪ 양공羊公 : 진晋 나라 때의 양호를 말한다. 채옹蔡邕의 외손이다.

⑫ 귀두龜頭 : 비석의 받침대로 쓰인 거북이 머릿돌.

⑬ 박락剝落 : 떨어져 나가다.

⑭ 매태莓苔 : 이끼.

⑮ 옥산자도玉山自倒 : 누가 밀지 않아도 옥산은 저절로 무너진다는 뜻이다. 이는 만취된 상태를 말한다. 위魏나라의 혜강嵇康(232~262)의 고사에 나온다. 혜강은 죽림칠현의 한 사람이었다.

⑯ 서주작舒州杓 : 서주는 안휘성에 있는 지명이다. 이 지방의 명산품인 술 구기를 말한다.

⑰ 역사당力士鐺 : 역사力士의 모습을 새겨 놓은 노구솥. 노구솥은 술을 데우는 데 쓰이는 세 발 솥이다.

⑱ 양왕운우襄王雲雨 : 초나라 양왕이 꿈에 무산巫山의 선녀와 동침하는 꿈을 꾸었다. 선녀가 돌아가며 자기는 아침에는 구름이 되고 저녁에는 비가 된다고 하였다.

※ 이백이 34세 때 장안에 입성하려다가 못하고 양양으로 돌아와 지은 시이다.

양양은 고래로 군사 요충지와 행락처行樂處로 이름이 높았다. 대제大堤가 있어 풍광이 아름다워 놀기도 좋았을 테고, 성곽은 강을 따라 이어 있어 천혜의 험요함을 자랑했을 것이다.

대제에서 잠시 한강의 바람을 쐬고 난 뒤 다시 성문을 통과하여 시내로 들어오면 일직선의 긴 도로가 뻗어 있다. 초입부터 술 냄새가 코를 찌른다. 술도가가 여기저기 포진하여 있으니 그럴 수밖에. 과연 행락지답다. 이백이 군침을 흘릴 만한 데가 이런 곳이던가? 차량의 통행이 금지된 번화가인데 2층,

3층으로 된 중국 전통 가옥이 들어서 있어 고풍스러운 풍치가 매력을 더한다. 거리도 깨끗하여 특히 젊은이들이 많이 붐빈다. 땅거미가 밀려오면서 눈이 내리기 시작한다. 눈발은 타향에서도 마음을 더욱 설레게 하는가 보다. 이국의 노래가락에 눈 내리는 밤은 술 한 잔을 기어이 기울이게 한다. 나는 어느 2층 식당 다락에 올라 술잔을 들고 눈 오는 양양의 밤거리를 굽어보며 이백의 흥취를 만끽했다.

대제 거리

대제의 노래

이백(당)

한수가 양양을 지나 흐르고
따뜻한 대제에 꽃은 피누나.
대제 아래에서 아름다운 기약 있었건만
눈물로 남쪽 하늘 바라보니 구름만 가득.

봄바람은 또 다시 무정하게도
나의 꿈마저 흩어 버리니,
내 그리던 사람 보이지 않고
하늘 멀리 소식조차 끊어졌구나.

大堤曲①[대제곡]

李白(唐)

漢水臨襄陽[한수림양양]
花開大堤暖[화개대제난]
佳期大堤下[가기대제하]
淚向南雲滿[루향남운만]

春風復無情[춘풍부무정]
吹我夢魂散[취아몽혼산]
不見眼中人[불견안중인]
天長音信斷[천장음신단]

---

① 대제곡[大堤曲] : 양[梁]나라 간문제[簡文帝]가 지은 옹주[雍州] 10곡 중의 하나이다. 이백이 그 제목을 본받아 지은 것이다.

양양의 노래 4수

이백(당)

襄陽曲 四首 양양곡 4수

李白(唐)

(1)

양양은 유명한 행락처인데
백동제를 부르며 춤을 춘다오.
맑은 물 강성을 감아 흐르고
꽃 피는 달밤 사람을 홀리는구려.

(1)

襄陽行樂處 양양행락처
歌舞白銅鞮 가무백동제
江城回淥水 강성회록수
花月使人迷 화월사인미

---

① 행락처行樂處 : 즐겁게 놀 수 있는 유흥지.
② 백동제白銅鞮 : 양梁나라 무제武帝가 지었다는 노래 이름.

(2)

산공이 늘 술을 마실 때에는
고양의 연못에서 만취가 되어,
머리 위에 흰 두건 거꾸로 쓰고
말 타고 건들건들 돌아왔다네.

(2)

山公①醉酒時 산공취주시
酩酊②高陽③下 명정고양하
頭上白接䍦④ 두상백접리
倒著還騎馬 도착환기마

---

① 산공山公 : 산간을 말한다. 그는 술에 취하면 늘 모자를 거꾸로 쓰고 다녔다.
② 명정酩酊 만취된 상태.
③ 고양高陽 : 고양지高陽池라는 연못. 원래의 이름은 습가지인데 산간이 고양지라 고 불렀다.
④ 접리接䍦 : 희고 우뚝한 두건.

(3)

현산 옆으로 한수가 흐르는데
강물이 푸르고 모래는 눈 같아라.
현산 위에 타루비
마멸된 지 오랜데 이끼조차 올랐구나.

(3)

峴山臨漢江 현산임한강
水綠沙如雪 수록사여설
上有墮淚碑 상유타루비
青苔久磨滅 청태구마멸

(4)

습가지 연못에서 또 취했으니

(4)

且醉習家池① 차취습가지

타루비는 쳐다보지 말지라.	莫看墮淚碑막간타루비
산공이 말에 오르려 하니	山公②欲上馬산공욕상마
양양의 아이들 웃음 참기 어렵다고.	笑殺③襄陽兒소쇄양양아

① 습가지習家池 : 고양지高陽池를 말한다.
② 산공山公 : 산간을 말한다. 여기서는 이백 자신을 산간에 비유한 것이다.
③ 소쇄笑殺 : 매우 우습다. 이때 殺는 쇄로 읽히며 매우, 아주라는 뜻이다.

녹문산鹿門山

세모에 남산으로 돌아와서	歲暮歸南山①세모귀남산
맹호연(당)	孟浩然(唐)
북쪽 대궐에서 글 올리기 그만두고	北闕②休上書북궐휴상서
남산의 헌 집으로 돌아왔도다.	南山歸弊廬③남산귀폐려
재주가 없으니 임금이 버리시고	不才明主④棄부재명주기
병이 많으니 친구도 멀어지네.	多病故人疏다병고인소
백발이 늙음을 부추기는데	白髮催年老백발최년로
봄 기운은 세모를 재촉하누나.	靑陽⑤逼歲除청양핍세제
시름이 길어서 잠 못 들 제	永懷愁不寐영회수불매
소나무 달이 빈 창에 비쳐 들도다.	松月夜窗虛송월야창허

① 남산南山 : 녹문산 기슭을 말한다. 서안西安의 종남산終南山으로 보기도 한다.
② 북궐北闕 : 알현자나 상소자가 출입하는 대궐의 북문 즉 대궐.
③ 폐러敝廬 : 낡은 초가집.
④ 명주明主 : 현명한 임금 즉 현종을 가리킨다. 신당서新唐書에는 다음과 같은 일화가 소개되어 있다. 왕유王維가 사사롭게 맹호연을 내서內署로 불러들였다가 갑자기 현종이 등장하자 책상 아래 숨겼다. 왕유가 이 사실을 임금께 고하자 임금은 그를 불러 나오게 했다. 맹호연이 자기의 시를 보여 드릴 때 不才明主棄재능이 없어 밝은 임금이 버리시고란 시구에 이르자 현종은 성을 내면서 "그대는 벼슬을 구한 적이 없는데 내 어찌 그대를 버렸다고 하는가?" 하면서 돌아가게 하였다.

⑤ 청양青陽 : 봄.

녹문사鹿門寺는 양번시에서 남쪽으로 30km 정도 떨어져 있는 녹문산에 있는 절이다. 이 녹문산은 그리 험준한 산은 아니나 꽤 깊어 보이고 수목도 울창하다. 주로 소나무, 삼나무, 대나무들이 눈에 많이 띈다.

녹문산은 원래 소령산蘇嶺山으로 불렸는데 후한의 시조, 광무제光武帝 유수劉秀가 그의 신하 습욱을 대동하고 이곳에서 하루 유숙하였다. 공교롭게도 사슴이 광무제를 호위하는 꿈을 두 사람이 동시에 꾸었다. 광무제는 습욱에게 명하여 소령사蘇嶺祠를 짓게 하여 이를 기념하였다. 이때 대문 앞에 사슴鹿록 두 마리를 조각하여 갖다 놓았다. 그 후로 소령사는 사당祠에서 절寺로 바뀌어 녹문사가 되고, 산도 녹문산으로 불리게 되었다고 한다. 실제 산문 앞에는 돌로 빚은 사슴 두 마리가 마주보고 있다. 그 옛날의 것은 아니고 최근에 만들어 갖다 놓은 것 같다.

이 녹문산에는 삼고사三高祠라는 사당이 있었다는데 방덕공龐德公, 맹호연孟浩然, 피일휴皮日休 3인을 기념하기 위해 명나라 때 세웠던 것이라 한다. 방덕공은 삼국지에 나오는 사마휘의 친구 되는 사람으로 인품이 고매하였고, 맹호연은 당나라 때 이곳에 은일자중隱逸自重한 시인으로써 그 이름을 떨쳤다. 피일휴皮日休, 834?~902?도 당나라 말기에 문장과 잠명箴銘-깨우치고 경계하는 글으로 이름이 높았다. 특히 방덕공은 삼국지에 나오는 봉추鳳雛 방통龐統의 삼촌되는 사람이다. 제갈공명이 방덕공의 집을 방문할 때마다 그의 상床 아래에서 절하여 경의를 표했다고 한다.

대웅전 뒤에는 샘물이 나오는 곳이 있고 주위에 엉성한 건물들이 몇 채 세워져 있다. 안내자는 이곳에서 맹호연이 기거하였다고 한다. 이때 지은 유명한 시가 다음의 것이다.

봄 새벽	春曉춘효
맹호연(당)	孟浩然(唐)
봄 잠에 날 새는 줄 몰랐다가	春眠不覺曉춘면부각효

여기저기 새 우는 소리 듣노라.
지난 밤 비바람 소리 들렸는데
꽃잎은 얼마나 떨어졌을까?

處處聞啼鳥 처처문제조
夜來風雨聲 야래풍우성
花落知多少? 화락지다소

절 오른쪽, 그리 멀지 않은 곳에 맹호연의 무덤이 있다. 최근에 조성해 놓은 것 같은 돌계단이 무덤까지 나 있다. 비석이 세워져 있지 않으면 무덤인지 모를 지경이고 또 눈길을 받을 만한 것이 못 된다. 무덤에 잔디는 보이지 않고, 헐벗어 맨흙이 드러나고, 잡목만이 무덤에 뿌리를 내리고 있으며, 낙엽이 흩어져 쌓여 있으니 천삼백 년 세월의 무상함을 실감하겠다.

맹호연의 무덤

무덤의 높이는 약 2m, 둘레는 한 20m 정도 될 것 같다. 묘 앞에는 맹호연의 묘지명墓誌銘을 새긴 비석이 세워져 있고 오른편에는 이백의 시 贈孟浩然증맹호연을, 왼편에는 왕유의 시 哭孟浩然곡맹호연을 새긴 비석이 서 있다.

맹호연에게 드리다.

이백(당)

내가 좋아하는 맹부자는
풍류가 천하에 알려졌다네.
젊은 날은 벼슬에 뜻이 없었고
늙어서는 자연 속에 누워 있더라.

달에 취해 술을 자주 마셨고
꽃에 홀려 임금을 모시지 않았으니,
그 높은 산을 어찌 우러러 보랴?

贈孟浩然 증맹호연

李白(唐)

吾愛孟夫子① 오애맹부사
風流天下聞 풍류천하문
紅顔②棄軒冕③ 홍안기헌면
白首臥松雲 백수와송운

醉月頻中聖④ 취월빈중성
迷花不事君 미화불사군
高山⑤安可仰 고산안가앙

오직 맑은 향기에 고개 숙이네. 　　　徒此揖淸芬[⑥]도차읍청분

① 맹부자孟夫子 : 부자는 존칭이다. 맹호연을 존대하여 부른 것이다.
② 홍안紅顔 : 붉고 윤이 나는 젊은이의 얼굴.
③ 헌면軒冕 : 초헌과 면류관 곧 벼슬, 관직.
④ 중성中聖 : 청주淸酒를 성인에, 탁주濁酒를 현인에 빗댄다. 중성은 술에 취하다는 뜻이다.
⑤ 고산高山 : 추앙받는 이를 비유한 것이다.
⑥ 청분淸芬 : 맑은 향기. 맑은 인품을 비유한 것이다.

맹호연은 어느 날 양양 군수郡守 한조종韓朝宗과 함께 장안에 올라가서 조정에 천거를 받기로 하였다. 그러나 약속한 날에 술에 취하여 가지 않았다. 어떤 사람이 한공과 약속을 어겼으니 옳지 않다고 하니, "이미 술을 마셔 몸이 즐거운데 다른 생각할 겨를이 있겠는가?" 하였다. 그는 술이 깨고도 이를 후회하지 않았다고 한다. 이런 선배를 이백은 존경했던 모양이다.

맹호연을 곡하며 　　　哭孟浩然곡맹호연

왕유(당) 　　　王維(唐)

옛 친구는 이제 볼 수 없으니 　　　故人不可見고인불가견
한수만 동으로 흐를 뿐이라. 　　　漢水日東流한수일동류
양양의 노인에게 물어 보노라, 　　　借問襄陽老차문양양로
강산에 채주가 텅 비었더냐고. 　　　江山空蔡州[①]강산공채주

① 채주蔡洲 : 현산 동남쪽에 채주가 있다. 후한 시대에 채모蔡瑁가 살았기에 채주라 불렀다.

돌아나오는 길에 맹호연기념관에 들렀다. 녹문사에서 한 500m 정도 떨어진 거리에 있다. 아늑한 산기슭에 자리잡고 있어서 겨울인데도 포근하고 안온한 느낌을 받겠다. 녹문산이 이래서 방덕공에게나 맹호연에게는 매력적이었던 모양이다.

맹원孟園이라는 곳에 들어서니 연도에는 대나무를 심어 놓아 이채롭고, 담장 주위는 소나무들이 죽죽 자라나 시원스럽다.

맹씨생평진열실孟氏生平陳列室에는 맹호연의 시와 이와 관련된 시의도詩意圖가 전시되어 있다.

이 녹문산은 지금 국가 산림 공원으로 지정받았다고 하는데, 여하튼 간에 맹호연의 명성을 크게 입은 산이 아닐까 한다.

양번역 근처에서 점심을 먹고 열차로 4시간 걸려 무창으로 돌아오니 겨울비가 추적추적 내리고 있었다. 객지에서 비를 맞으니 더욱 처량하다. 무창에서 즉시 구강으로 이동하였다. 여산을 다시 찾아보기 위해서이다.

다음날 아침 눈을 뜨니 눈이 엄청나게 쏟아지고 있었다.

제27장 삼협三峽

서안西安에서

서안 방문은 이번이 두번째이다. 이때가 1995년 8월인데 삼협으로 가기 위해서 다시 들른 것이다. 현지 가이드가 중국에 여러 차례 드나드는 이유가 뭐냐고 묻길래 두보의 시 한 수를 적어 보였다.

이백은 술 한 말에 시 백 편을 쓰는데
장안의 저잣거리 술집에서 잠을 잔다.
천자가 불러도 배에 오르지 않고
스스로 술 가운데 신선이오 한다네.
〈두보의 '음중팔선가' 중에서〉

李白一斗詩百篇이백일두시백편
長安市上酒家眠장안시상주가면
天子呼來不上船천자호래불상선
自稱臣是酒中仙자칭신시주중선
〈杜甫, 飮中八仙歌〉

뜻을 제대로 아는지 모르는지 한참 들여다보더니 "이 선생은 이백을 좋아하는군요." 한다.

서안역 근처 노점에서 간단히 술 한 잔 걸치고 나니 열차 시간에 쫓기게 된다. 저녁 10시 35분에 서안을 출발하여 중경重慶까지 가는 이 기차는 한 차량에 8개의 방이 있고 방 하나에는 침대가 아래 위 합쳐 4개 있다. 소위 연와화차軟臥火車-일등 객차이다. 냉방 장치가 되어 있지 않아, 내도록 덜덜거리는 선풍기 한 대로 대륙의 무더위를 견뎌 내야 했다. 최소한의 체면치레의 옷만 걸치고 선풍기와 차창 바람을 쐬는데, 후끈거리는 더운 바람만 세찰 뿐 전혀 더위를 식힐 수 없다.

새벽에 언뜻 잠을 깨어 창 밖을 내다보니 기차는 골이 깊은 강을 끼고 산비탈을 달리고 있다. 굴곡이 심하고 터널이 많아 기차는 속력을 내지 못하고 힘겨워한다. 터널이 수십 개는 될 성싶다. 이렇게 촉[蜀-사천성 성도 일대]으로 가는 길이 어려운가 보다.

촉[蜀]으로 가는 길의 어려움	蜀道難[①촉도난]
이백(당)	李白(唐)
아! 위태하고 높도다.	噫吁戲[②]危乎高哉[희우희위호고재]
촉으로 가는 길이 하늘 오르기보다 더 어렵네.	蜀道之難難於上靑天[촉도지난난어상청천]
잠총과 어부가	蠶叢及魚鳧[③잠총급어부]
개국한 지 얼마나 아득한가?	開國何茫然[④개국하망연]
그 뒤로 사만팔천 년 세월 지나니	爾來四萬八千歲[이래사만팔천세]
비로소 진나라 변방되어 사람 자취 생겼었다.	始與秦塞[⑤]通人煙[시여진새통인연]
서쪽으로 태백산에 조도가 있고	西當太白[⑥]有鳥道[서당태백유조도]
아미산 꼭대기를 가로 잘라 내었다.	可以橫絶峨眉[⑦]巓[가이횡절아미전]
땅 무너져 산 꺾이고 장사가 죽은 후	地崩山摧壯士死[⑧지붕산최장사사]
구름다리 돌다리 비로소 놓였다.	然後天梯石棧[⑨]相鉤連[연후천제석잔상구련]
위에는 육룡이 해 끌고 온 고표가 있고	上有六龍回日[⑩]之高標[상유육룡회일지고표]
아래에는 물결 치고 흐름 꺾은 회천이 있다.	下有衝波逆折之回川[하유충파역절지회천]
황학은 날아도 넘어 가지 못하고	黃鶴之飛尙不得[황학지비상부득]
원숭이는 건너려다 오르기를 걱정한다.	猿猱欲度愁攀援[원노욕도수반원]
청니령은 어찌나 구불구불한지	靑泥[⑪]何盤盤[⑫청니하반반]
백 보에 아홉 번 꺾여 바위 봉우리 감쌌다.	百步九折縈巖巒[백보구절영암만]

별들을 만지고 지나다 보면 숨을 죽이게 되고	捫參歷井[13]仰脅息[14] 문삼력정앙협식
손으로 가슴 쓸며 앉아서 길게 탄식한다.	以手撫膺坐長歎 이수무응좌장탄
그대에게 묻노니 서쪽으로 떠나 언제 돌아오려나?	問君西遊何時還 문군서유하시환
두렵구나, 뾰족 바위 오를 수 없으니.	畏途巉巖不可攀 외도참암부가반
오직 보이는 건 고목에서 슬피 우는 새들	但見悲鳥號古木 단견비조호고목
수놈이 날고 암놈은 따르며 숲속을 날아 돈다.	雄飛雌從繞林間 웅비자종요림간
또 들리는 건 두견새의 울음소리	又聞子規[15]啼 우문자규제
빈 산에 달빛만 쓸쓸하다.	夜月愁空山 야월수공산
촉으로 가는 길 하늘에 오르기보다 더 어려워	蜀道之難難於上靑天 촉도지난난어상청천
이런 말 듣는 이는 붉은 얼굴 야위어 버린다.	使人聽此凋朱顔 사인청차조주안
잇닿은 봉우리는 하늘까지 한 자도 안 되고	連峰去天不盈尺 연봉거천부영척
마른 소나무 거꾸로 절벽에 걸렸다.	枯松倒掛倚絶壁 고송도괘의절벽
나는 여울물과 폭포수는 다투는 듯 시끄럽고	飛湍瀑流爭喧豗 비단폭류쟁훤회
물이 절벽에 부딪히는 소리,	砯崖[16] 빙애
돌 굴러 떨어지는 소리, 골짝마다 우레 소리.	轉石萬壑雷 전석만학뢰
그 험함이 이와 같으니	其險也如此 기험야여차
먼 길 나그네	嗟爾遠道之人 차이원도지인
어이 찾아오는고?	胡爲乎來哉 호위호래재
검각은 높고도 험하여	劍閣[17]崢嶸而崔嵬 검각쟁영이최외
한 사람이 관을 지키면 만 사람도 못 연다.	一夫當關萬夫莫開 일부당관만부막개
이곳 지키는 이 임금과 안 친하면	所守或匪親 소수혹비친
이리나 승냥이로 변하여 반란을 꾀하리라.	化爲狼與豺 화위랑여시

아침에 호랑이를, 저녁에는 뱀을 피하는데　　朝避猛虎夕避長蛇[조피맹호석피장사]
이를 갈아 피를 빨며 죽인 사람 삼대같이 많았다.　　磨牙吮血殺人如麻[마아연혈살인여마]

금성이 비록 즐겁다 하나　　錦城⑱雖云樂[금성수운낙]
하루바삐 집으로 돌아감만 못하리라.　　不如早還家[부여조환가]

촉으로 가는 길은 하늘에 오르기보다 더 어렵나니　　蜀道之難難於上青天[촉도지난난어상청천]
몸 돌려 서쪽 바라보며 길게 한숨짓노라.　　側身西望常咨嗟⑲[측신서망상자차]

---

① 촉도난[蜀道難] : 고악부[古樂府]의 제목. 이백이 이를 빌려 촉으로 가는 길의 어려움을 또는 인생의 어려움을 노래한 것이다.

② 희우희[噫吁戲] : 한탄 또는 한숨의 감탄사.

③ 잠총[蠶叢], 어부[魚鳧] : 옛날 촉나라의 전설상의 임금들.

④ 망연[茫然] : 아득하다.

⑤ 진새[秦塞] : 진나라 때의 요새.

⑥ 태백[太白] : 태백산, 촉나라로 가는 길목의 산. 산 정상에는 만년설이 있어 태백이라 이름지었다.

⑦ 아미[峨眉] : 사천성 아미현[峨眉縣] 서남쪽에 있는 산 이름.

⑧ 지붕산최장사사[地崩山摧壯士死] : 진왕[秦王]이 촉왕[蜀王]에게 미인 5명을 보낼 때 촉나라에서는 장사 5인을 보내어 맞이하게 하였다. 어느 한 곳에 이르렀는데 큰 뱀이 구멍으로 들어가는 것을 보고 5명이 힘을 합해 당기니, 산이 무너져서 장사 5인은 깔려 죽었고 여인들은 산 위에서 돌로 변했다고 한다. 이로부터 진나라와 촉나라 사이의 길이 열렸다는 것이다.

⑨ 천제석잔[天梯石棧] : 하늘로 향해 놓은 사다리와 절벽에 붙여 놓은 잔교[棧橋]를 이른다. 잔교는 절벽에 긴 나무나 돌을 박고 그 위에 판자를 깔아 만든 선반 같은 길이다.

⑩ 육룡회일[六龍回日] : 신화 시대에 희화[羲和]가 태양신을 태운 수레[6마리의 용이 끄는 것]를 몰고 이곳에 와서 수레를 돌렸다는 고사가 있다.

⑪ 청니[青泥] : 촉으로 들어가는 고갯길. 자주 안개 끼고 비가 내려, 길이 질기 때문에 생긴 이름이다.

⑫ 반반[盤盤] : 꺾이고 굽은 모양.

⑬ 삼, 정[參, 井] : 별 이름.

⑭ 협식[脅息] : 두려워서 숨을 죽이다.

⑮ 자규子規 : 소쩍새, 두견새.

⑯ 빙애砯崖 : 물이 떨어지면서 암벽에 부딪힐 때 나는 소리.

⑰ 검각劍閣 : 사천성 검각현 북쪽에 있는 산 이름. 이곳에서 한 사람이 지키면 만 사람을 막을 수 있다고 한다. 그래서 임금과 친하지 않는 사람이 이곳을 관할하면 반란을 일으킬 소지가 많다는 것이다.

⑱ 금성錦城 : 사천성 성도成都를 말한다.

⑲ 자차咨嗟 : 탄식.

※ 이 노래는 이백이 처음 장안에서 하지장을 만났을 때 보여 준 것이다. 하지장이 이를 보고 칭찬하여 이백을 적선謫仙-하늘에서 귀양온 신선이라 하며 허리에 차고 있던 금 거북이를 끌러 술과 바꾸어 마셨다고 한다.

기차와 같이 달리는 저 강의 이름이 뭐냐고 승무원에게 물으니 가릉강嘉陵江이라 하며, 중경에서 장강양자강과 합류한다고 한다.

1995년 8월 6일 밤 10시 35분에 서안역을 출발하여 8월 8일 새벽 4시경에 드디어 중경에 도착했다. 열차 안에서 서른 시간 가까이 무더위와 함께 지내고서야 지리한 기차 여행은 끝이 났다.

남루南樓에서 바라보다

노선(당)

고향 떠나 삼파에 멀리도 와서
누대에 오르니 만리에 봄이로다.
가슴 아파라, 강 위의 나그네여!
어딜 보나 고향 사람 아니어라.

南樓望남루망

盧僎(唐)

去國三巴①遠거국삼파원
登樓萬里春등루만리춘
傷心江上客상심강상객
不是故鄕人불시고향인

① 삼파三巴 : 파서巴西, 파巴, 파동巴東 등을 삼파라 칭한다. 지금은 사천성四川省 가릉강嘉陵江과 기강綦江 유역의 동쪽 지방이 이에 해당되는데 통상 중경 일대를 말한다.

작가소개 노선(708년 전후에 생존) : 상주相州 임장臨漳 사람이다. 중종中宗때 벼슬하여 이부원외랑吏部員外郎까지 지냈다.

우리 일행을 맞이하는 현지 가이드가 우리말을 못하고 영어만 구사하니 어려움이 적지 않다. 이때만 해도 중경을 찾는 우리 나라 여행객이 거의 없을 때였다. 일단 우리를 소형 버스에 태워 산 중턱에 있는 어느 한 호텔 앞에 데려다 놓고서는 아침 식사 때까지 기다려야 한다는 것이다. 호텔 앞에는 공원처럼 가꾸어져 있어 많은 노인들이 새벽 운동에 열중이다. 친구와 나는 하릴없이 계단에 나와 앉으니 친구가 하는 소리, "병수야! 돈 아깝다"라고 한다. 기차에서 서른 시간이나 보냈고, 심한 무더위에 의외로 고생이 막심했으며, 제대로 대우도 받지 못했기 때문일 것이다. 참으로 기가 막힐 노릇이다. 이 친구는 고등학교 동창생인데 대구시청에서 근무한다. 이 여행에는 그의 동료 한 명도 동행하였다.

이 중경은 옛날에는 강주江州 또는 파주巴州로 불렸고 수나라 때에는 유주渝州로 일컬어졌다. 그 뒤 북송 휘종徽宗 때 정국이 어지러웠는데 유주渝州의 유渝 자字가 변變 자의 뜻이 있다 하여 이름을 고쳐 공주恭州라 하였다. 이것에는 이곳 백성들이 공손히 순종하길 바란다는 뜻이 담겨 있다. 그 후 남송의 2대 황제 효종의 3째 아들 조돈趙惇이 이곳 공주에 부임하여 공왕恭王이 되었다. 나중에 효종이 공왕에게 황제 자리를 선위하니 이가 광종이다. 광종은 자기가 먼저 공왕이 되고 뒤이어 황제가 되었기 때문에 경사가 겹친 꼴이라 하여, 공주를 중경重慶으로 고쳐 부르게 하여 지금에 이르게 되었다. 한때 1938년 국민당 장개석 정부가 이곳을 임시 수도로 정하여 배도陪都라 하였다.

중경은 우리나라와도 인연이 있는 곳이다. 한때 임시 정부를 이곳으로 옮긴 적이 있었다. 상해와 함께 우리 임시 정부의 가장 중요한 거점이었다. 윤봉길 의사의 거사 후 9년이 지난 1941년에 이곳에서 근거지를 마련하고서, 일본이 진주만眞珠灣을 습격했을 때1941.12.8 대일 선전 포고까지 했다. 중국인 영어 가이드가 이런 사실을 알 리 없으니 그 자취를 찾아볼 수가 없었다.

중경은 장강 상류와 중국 서남 지구의 최대 경제 중심지이다. 또 중국에서 가장 덥고 가장 인구가 많은 최대의 산성 도시이다. 대체로 중국은 지형에 크게 구애받지 않고 도시가 이루어져 있지만, 장강 상류 지역의 도시들은 강을 낀 채 산악에 발달하였다. 그래서 중국에서 그 지천으로 흔하던 자전거가 이곳에서는 아예 보이지 않는다. 중국의 4대 직할시는 북경, 천진, 상해 그리고 이 중경이다. 인구는 중경이 제일 많아 3천만 명이 넘는다고 한다.

중국의 양자강에는 다리가 전부 다섯 개가 있다[1995년 기준-지금은 더 많이 생겨났겠지만]. 남경에 하나, 무한에 두 개, 구강에 하나, 이 중경에 하나가 있어 중국인들은 매우 중히 여기고 자랑으로 생각한다. 이 거대한 강에 다리를 건설하기가 기술적으로 쉽지 않기 때문이다. 특히 여기 중경의 다리는 교각이 매우 높아 다리 구경도 해 볼 만하다.

산등성이에 있는 비파산[枇杷山]공원이나 아령대[鵝嶺臺]에 오르면 중경의 모습을 한눈에 볼 수 있다. 거개의 집과 건물들이 산을 의지해서 발달되어 있기 때문에 특히 날이 맑은 가을 야경은 독특한 멋을 자아낸다고 한다.

중경에서 가릉강과 장강이 합치는 곳이 조천문[朝天門]이다. 이곳은 화물선, 유람선, 잡배까지 기착하는 아주 큰 항구이다. 내륙에 이런 큰 도시가 발달할 수 있었던 것은 장강이라는 거대한 수로[水路]의 덕분일 것이다.

저녁 8시 30분에 배에 오르니 드디어 장강 삼협의 유람은 시작된다. 이 배의 이름은 '동방왕조[東邦王朝]'이다. 승객 100명을 태울 수 있다는 이 배는 90여 명이 탑승했단다. 1인당 운임 요금은 미화 470달러이다. 외관은 4층 형태의 모양을 갖추고 있는데 장강을 오르내리는 배 중에서는 가장 호화로운 여객선이다. 객실 구조는 2인 1실로 되어 있고 화장실, 목욕탕, 침대 두 개 그리고 응접 탁자까지 갖춘 것이 여느 호텔과 다름없다. 게다가 냉방 장치도 완비되어 있어 이제는 안락한 여행을 기대해 본다.

일반 중국인들이 이 배 타기란 쉽지가 않고 승객은 거의가 외국인, 재외 화교들이다. 돈이 아깝다던 친구가 이제야 얼굴이 펴진다. 이 배에는 우리 일행 외에 한국인 한 명이 동승하고 있었다. 그는 중국어 어학 연수차 북경에 와 있는 모 대기업 직원이다. 배운 것을 이런 식으로 돌아다니며 어학 실습을 한단다.

새벽에 파협으로 가며

왕유(당)

새벽녘에 파협을 찾아드니
아직도 봄이라 장안이 그립구나.
갠 강에 한 아낙이 빨래를 하고
아침 해에 새떼들이 울어 대누나.

물나라는 배 안에서 시장이 서고
잔교는 나무 끝을 지나가는 듯.
높은 곳에 올라 보니 많은 샘물 뿜어내고
두루 멀리 굽어보니 두 물줄기 빛나도다.

사람들의 사투리 서로 다르나
꾀꼬리는 고향 소리 그대로구나.
다행히 산수의 풍취 접하고 보니
조금씩 이별의 한 풀리는 것 같으네.

曉行巴峽①효행파협

王維(唐)

際曉②投③巴峽제효투파협
餘春憶帝京④여춘억제경
晴江一女浣청강일녀완
朝日衆禽鳴조일중금명

水國舟中市수국주중시
山橋⑤樹杪行산교수초행
登高萬井出등고만정출
眺迴二流明조회이류명

人作殊方語⑥인작수방어
鶯爲舊國⑦聲앵위구국성
賴多山水趣뢰다산수취
稍⑧解別離情초해별리정

---

① 파협巴峽 : 파촉의 협곡. 파는 지금의 중경 지방, 촉은 지금의 성도成都 지역.
② 제효際曉 : 새벽 무렵.
③ 투投 : 찾아들다.
④ 제경帝京 : 도성, 장안.
⑤ 산교山橋 : 잔도棧道.
⑥ 방어方語 : 방언, 사투리.
⑦ 구국舊國 : 고향.
⑧ 초稍 : 차츰, 조금씩.

뱃머리에서 전조등을 밝혀, 전도前途와 강 양안兩岸을 비추면서 밤 뱃길의 위험에 대비하는 모양이다. 1950년대에 처음 장강수로長江水路를 개척하여 야간 운행이 비로소 가능하게 되었다고 한다. 그 전에는 야간 운행은 아예 불가능했다는 것이다.

여장을 풀고 나니, 훌륭한 식사와 약간의 술을 준비하여 이 배의 선장이 모든 승객들에게 만찬을 베풀어, 3박 3일 간의 삼협 여행의 장쾌한 장도長途를 축원해 주었다.

객실에 와 누우니 창밖은 어둡고 괴괴한데 둥근 달이때는 음력 12일이 산 위에서 가볍게 떠 있고 유성마저 가로지르니 별 생각이 다 든다. 이 배는 목적지 사시沙市까지 가게 된다. 쉼 없이 운행하는 것이 아니라 중간 중간 명승 유적지에 기착하여 구경을 시켜 주면서 세월 따라 물결 따라 내려간다.

풍도豊都

다음날 먼저 풍도에 도착하니 그곳 현지 가이드 몇 명이 나와서, 여러 대의 소형 버스에 승객을 나누어 태우고 귀성鬼城에 데려간다. 공원 정문에 들어서자 바로 삭도을 이용하여 산 정상에 있는 귀성에 이른다.

이 성은 오랜 역사를 가지고 있다. 당나라 때 산꼭대기에 한나라 시기의 신선, 왕방평王方平과 음장생陰長生 둘을 기념하기 위해 이선루二仙樓를 세웠다. 그 후 자꾸 누각들이 들어서다가 명나라 때에 와서는 급기야 불교 성지로 변했다. 그래서 염라전이 세워지고 여기에 걸맞는 조각품과 소상들이 만들어졌는데, 하나같이 기괴하고 모골이 송연하다 하여 귀성이라 이름지어진 것이다.

정말 귀신이 나올 법도 한 건축물과 소상들에 중국인들은 무엇이 그렇게 감탄스럽고 경이로운지 모르겠다. 오히려 우리들은 그 인파에 놀랄 따름이다. 여행객들이 시끄럽게 앞 다투어 돌아다닐 때 우리 일행은 일찌감치 하산해서 시장에 들러 기념품과 며칠 먹을 과자와 맥주를 사 가지고 집합 장소에 돌아오니, 가이드가 독자 행동했다고 눈을 부라리며 야단이다.

만현萬縣

배는 다시 흘러 점심 때쯤 만현에 도착했다. 만현은 평소에 천동문호川東門戶 또는 만상지성萬商之城이라 불리면서 교통과 물류의 중심 항구이다. 장강의 십대 항구 중의 하나라고 한다.

먼저 박물관에 가 보았다. 규모가 그리 크지도 않지만 특이하고 귀중하다 싶은 것은 별로 없다. 주로 수당隋唐 시대의 불상들과 엽전들이 수집되어 있다. 중앙에 크게 자리잡고 있는 유물이 다만 눈길을 끄는데 굉장히 오래 된 목관으로 크고 두껍다. 이곳 삼협 일대에는 사람이 죽으면 그 시신을 협곡의 절벽에 있는 작은 동굴에 장사지내는 풍습이 있었다. 최근에 그 목관을 300여 개나 발굴했다는데 그 중 하나는 사천성 연구소에, 또 하나는 이곳 박물관에 전시하고 있다는 것이다. 이 목관한나라 때의 것의 발굴[그에 따른 배장품陪葬品과 함께]은 당시 사회 생활 형태를 연구하는 데 크게 도움이 된단다.

전시실 문 앞에 헌 책상 하나를 갖다 놓고서 실내의 유물들을 사진 찍으면 득달같이 달려가서 벌금을 요구하는 직원 한 사람이 있다. 한 쪽 눈이 빨갛게 충혈되어 있어 전염성이 있느냐 물으니 깜짝 놀라면서 타박상에 의한 것이라 하며 우리를 웃겼다. 그래도 그는 이곳 고장과 박물관에 대해 친절히 설명해 주었다.

이 만현시에는 꽤 유서 깊어 보이는 시계탑이 하나 서 있는데 그 종소리가 십 리에까지 울린다고 한다. 이곳이 지대가 높은데다가 물길 따라 멀리 퍼지기 때문일 것이다. 삼협댐이 완성되어 물이 차게 되면 저것까지도 물에 잠긴다고 말한다. 저들의 자랑인지 한탄인지 알 수가 없다.

배로 되돌아오니 선착장에는 꽃 파는 사람들이 아이 어른 할 것 없이 모여드는데 성가실 정도이다. 흰 감꽃같이 생긴 것을 실에 꿰어 목에 걸도록 한 것인데 아주 향기가 좋다. 하나 사 주지 못하고 이내 배에 올라오니 한 소녀의 안타까운 눈을 내내 잊지 못하겠다.

다음날 아침 일찍 눈을 떠 보니 오른쪽 강 기슭에 웬 고풍스러운 집이 눈에 띈다. 갑판에 나가 보니 삼국지에 나오는 장비의 묘가 있는 곳이란다. 지금 우리는 운양雲陽을 지나고 있는 중이다. 담벽에는 강상풍청江上風淸-강 위에 바람이 맑다이란 큰 글씨가 쓰여 있다. 주위에 녹음이 짙은데 묘당廟堂의 추녀들은 나는 듯이 뻗어 있어 장비의 기상을 보는 것 같다.

이곳은 장비의 머리만 묻힌 곳이다. 건안建安 26년221년에 관우가 맥성麥城에서 패한 뒤 손권에게 죽임을 당한다. 이때 장비는 사천四川 북부 낭중閬中에 있었다. 형의 비보를 듣고 삼군에 흰 깃발과 흰 갑옷을 3일 안에 만들 것을 명령한다. 그의 부하 중에 범강范疆과 장달張達은 이를 도저히 이행할 수 없을 뿐더러 불이행시 살아남지 못함을 알고 오히려 야습하여 장비를 죽여 버린다. 이때가 장비 나이 55세였다. 관우를 죽이고 난 뒤 손권은 유비의 공

운양에 있는 장비의 묘

격을 두려워하여 제갈근제갈량의 형을 촉나라에 파견하여 화평을 구하려 했다. 범강과 장달이 장비의 머리를 갖고 동오에 투항하러 가다가 이 소식을 듣고 황망히 장비의 수급을 강물에 버린다. 어느 날 한 어부가 그물질하다가 장비의 머리를 건져 낸다. 이곳 주민들은 장비의 머리인 줄 알고 비봉산飛鳳山 위에 장사지내고, 장비의 공적을 기념하여 사당을 세우게 된 것이다. 지금의 건축물은 청나라 때 것이며 아까 본 강산풍청江山風淸이란 글씨도 청나라 때 팽취성彭聚星이 쓴 것이다. 장비의 생일이 음력 8월 28일인데 매년 이 날에 제사지내왔다고 한다. 장비는 생전에 상인과 어부들에게 후했다고 전한다.

구당협瞿塘峽

날씨가 더워지기 시작할 무렵오전 9시경 우리는 거대한 바위산 대문을 만나게 되었다. 배는 속도를 줄여서 서서히 그 문 속으로 들어가니 강폭이 좁아지고 맞바람은 세차게 불어온다. 아! 이곳이 삼협의 첫 관문이고 으뜸으로 치는 구당협이 아닌가? 양안은 칼로 치고 도끼로 찍어 낸 듯하고, 암벽은 황갈색으로 장강의 물빛과 조화를 이루고, 수십 길의 낭떠러지는 새라도 단숨에 오르

구당협

기 힘들겠다.

배가 기적을 한번 울리니 이리저리 부딪힌 메아리는 물길 따라 굽이쳐 사라진다. 굽어보면 배가 땅속으로 기어드는 듯하고, 쳐다보면 양안 봉우리는 하늘에 닿은 듯하다. 구당협은 일명 기협夔峽-夔는 고대 전설에 나오는 용과 비슷한 동물인데 다리가 하나이다이라고도 하여 비할 데 없이 신기한 협곡으로 알려져 있다. 구당협은 백제성白帝城에서 시작하여 동쪽 대계진大溪鎭에 이르기까지 8km의 구간이다. 삼협 중에서도 가장 짧지만 최고의 장관이다. 강폭은 좁고 흐름은 급하다. 가장 좁은 곳은 100m도 안 되고 가장 넓은 곳도 150m정도이다.

밤에 구당을 오르다.

백거이(당)

구당협은 천하에 험하기도 해
밤중에 오르기가 배나 어렵네.
양안은 쌍폭 병풍 합친 듯하고
하늘은 한 필 비단 펼친 것 같네.

夜上瞿塘야상구당

白居易(唐)

瞿塘天下險구당천하험
夜上倍難哉야상배난재
岸似雙屛合안사쌍병합
天如匹練開천여필련개

구당협 중에 풍상협風箱峽이라는 협곡은 갈색 절벽이 깎아 세워진 듯한데 암벽에는 균열이 아주 심하다. 이 암벽 일면에 1m 정도 되는 틈에는 장방형長方形-직사각형의 물건이 하나 드러나 보였는데, 그것이 마치 풍상風箱-풀무처럼 보인다고 하여 이 같은 이름이 지어졌다. 원래 이 암벽은 가팔라 사람이 전혀 접근하지 못하다가 어느 약초 캐는 사람에 의해 그 풍상의 모습이 알려지게 되었다. 결국 이것은 고대 이곳 파인巴人들의 무덤 목관이었다는 것이다.

높은 곳에 올라

두보(당)

바람이 빠르며 하늘이 높은데
원숭이 휘파람 소리 슬프고,
물가가 맑으며 모래 흰 데

登高①등고

杜甫(唐)

風急天高猿嘯哀풍급천고원소애

渚淸沙白鳥飛廻저청사백조비회

새가 날아 돌아오도다.

끝없이 지는 나뭇잎은 쓸쓸히 내리고	無邊落木蕭蕭②下 무변각목소소하
다함 없는 긴 강은 잇고 이어 오는구나.	不盡長江滾滾③來 부진장강곤곤래
만리의 슬픈 가을에 늘 나그네 되었으니	萬里悲秋常作客 만리비추상작객
백년의 많은 병에 홀로 대에 올랐노라.	百年多病獨登臺 백년다병독등대
간난에 서리같은 귀밑털이 어지러움을 한하노니	艱難苦恨繁霜鬢④간난고한번상빈
늙고 쇠약하여 다시 술을 끊어야겠노라.	潦倒⑤新停濁酒杯 요도신정탁주배

① 등고登高 : 높은 곳에 오르는 일. 음력 9월 9일은 최대의 양陽이 겹치는 날이다. 그래서 중양절重陽節이라 하는데 이때 등고하여 산수유를 꺾어 머리에 꽂고 국화주를 마시면 그 해의 액땜을 한다는 풍속이 있다.

② 소소蕭蕭 : 바람 부는 소리, 우수수 나뭇잎 떨어지는 소리.

③ 곤곤滾滾 : 많은 양의 물이 세차게 흐르거나 끊임없이 밀려드는 모양.

④ 상빈霜鬢 : 서리같이 하얗게 된 귀밑머리.

⑤ 요도潦倒 : 초라하게 되다. 영락零落하다.

※ 이 시는 두보가 기주夔州에 머물 때 지은 것인데 당시唐詩의 7언 율시로서는 으뜸이라는 평판이 있는 작품이다. 기주는 사천성 봉절현奉節縣 일대이다. 이곳에 구당협과 백제성이 있다.

구당협의 왼편 북쪽 산 위에는 백제성白帝城이 있다. 서한 말년 공손술公孫述이 사천에 할거할 때 이곳 구당에 성을 쌓고는 백제성이라 했다. 동한의 시조 광무제가 공손술을 쳐 없앴으니 이 성도 함께 파괴되었다서기 36년. 그 후 삼국 시대 촉나라 황제 유비가 오나라와의 이릉夷陵전투222년에서 대패한 후 그 분통함이 병이 되어 몸져눕게 되자 이곳에서 제갈량에게 후사後嗣-대를 잇는 아들. 유비의 맏아들 유선를 부탁하고 절명한 곳으로 유명하다.

우리 배가, 별 관심도 없는 풍도의 귀성 같은 데나 기착하고 역사성이 짙은 백제성에는 머물지 않으니 나로서는 아쉬움이 많은 것이다.

백제성은 역대 수많은 시인들이 다투어 이곳을 노래하여 많은 명편들이 나왔기에 시성詩城이라고도 불린다.

아침에 백제성을 떠나며

이백(당)

아침에 백제성을 꽃구름 속에 이별하고
천리 길 강릉 땅을 하루만에 돌아오다.
양 기슭 잔나비 울음 그치지 아니한데
가벼운 배 이미 만겹 산을 지났도다.

早發白帝城[①]조발백제성

李白(唐)

朝辭白帝彩雲間조사백제채운간
千里江陵[②]一日還천리강릉일일환
兩岸猿聲啼不住양안원성제부주
輕舟已過萬重山경주이과만중산

① 백제白帝 : 백제성.
② 강릉江陵 : 지금의 형주荊州.
※ 이 시는 백제성이나 삼협을 노래한 시 중에 최고의 절창이다. 이백이 야랑으로 유배가던 중 사면을 받아 백제성에서 강릉으로 돌아와 지은 것이다. 이때는 759년 3월이었다.

이백이 노래한 경주輕舟-가벼운 배는 지금도 눈에 띄지만 원숭이는 이제 없어졌는가?

옛날 남조 시대 동진東晋의 환온桓溫이란 대장군이 군사를 이끌고 삼협을 지날 때, 부하 하나가 새끼 원숭이를 한 마리 사로잡았더니 어미 원숭이가 슬피 울며 백여 리나 따라왔다. 급기야 어미 원숭이가 배 위에 뛰어내려 죽고 말았다. 어미 원숭이의 배를 갈라 보니 창자가 토막토막 끊어져 있었다. 환온이 이 사실을 듣고 크게 성을 내며 그 부하를 쫓아 버렸다고 한다.

옛날의 이곳 어부들은 이렇게 노래했다.

"파동 삼협 가운데 무협이 가장 긴데,
원숭이 울음 세 번에 눈물이 옷을 적시네." 〈형주기荊州記〉

고향을 떠나 머나먼, 기약 없는 뱃길 여행에 삼협의 원숭이 울음 소리는 사람의 애간장을 녹이는 일일 것이다. 그러니 시인은 아니더라도 이 사무친 정을 말로 토하면 시가 될 법도 하다.

우리나라 옛 선비들이 중국의 삼협을 노래한 시를 읽고서는, 협곡의 물길을 연상하며 원숭이의 애절한 울음 소리를 동경해 마지 않았을 것이다. 그렇다고 요즘처럼 가 본다는 것은 거의 불가능한 것이다. 그래서 한때 조선에서는 사천四川의 원숭이를 수입해서 우리나라 산천에 풀어놓은 적이 있었다. 다른 곳에서 원숭이는 울지 않아도 유독 수종사水鐘寺가 있는 경기도 양수리兩水里 운길산雲吉山에서는 오래도록 울면서 지냈다고 한다. 그만큼 이곳 한강의 지형이 사천성의 삼협과 비슷했기 때문일 것이다. 양안에 산이 높고 물은 풍부한 것이 삼협과 닮았으리라는 생각이 들기도 한다. 그러나 한강의 추위는 끝내 견디지 못했을 것이다.

소삼협小三峽

좁이고 긴장된 구당협의 선상 유람을 마치면 이제 강폭은 넓어지고, 비스듬한 산비탈에 여기저기 인가가 보이기 시작한다. 한숨을 돌리는 사이에 어느덧 배는 무산현에 닿는다. 이곳에서 다시 작은 유엽선버들잎처럼 생긴 작은 배에 한 20명씩 나누어 태우더니 소삼협을 구경간단다. 배 한 척마다 가이드 한 명과 배몰이꾼 두 명이 함께한다.

소삼협은 장강의 지류인 대녕하大寧河에 있는 협곡을 말하는데 용문협龍門峽, 파무협巴霧峽, 적취협適翠峽을 일컫는다. 강과 산이 수려하고 은밀하여 삼협에 지난다고까지 말들 한다.

대녕하로 들어가는 초입에는 용문교龍門橋가 높다랗게 무지개처럼 가로놓여 용문협의 시작을 알린다. 양쪽 절벽은 병풍을 이리저리 함부로 박아 세워놓은 것 같다. 강폭은 좁고 절벽은 높아 깊은 회랑에 들어선 듯한데, 고개를 들어 봉우리를 보면 구름 나는 하늘이 하나의 도랑처럼 보인다.

수면으로부터 한 30m 높이의 절벽에는 그 옛날 잔도棧道의 흔적이 남아 있다. 3~4m 간격으로 구멍이 뚫어져 있는데 여기에 굵은 나무를 박아 넣어 받침목으로 삼고, 그 위에 널빤지를 깔아 선반처럼 된 길을 만들어, 물길보다 더 편리하게 인마가 왕래할 수 있게 하였던 것이다. 우직한 중국인의 그 공이 놀라울 뿐이다.

깊이 들어갈수록 뱃길은 더욱 그늘지고 암벽에는 기괴한 형상의 자연 조각물들이 보이는데, 특이한 이름까지 붙여 관심을 끈다. "원숭이가 물 속의 달을 건져내다猴子撈月-후자로월" "호랑이가 나오다虎出-호출" "용이 나아가다龍進-용진" "돌아가는 용回龍-회룡" "말이 돌아가다馬歸-마귀" "구룡의 기둥九龍柱-구룡주"들인데 이외에도 많기도 하다.

협곡을 벗어나 강폭이 넓어지면 물살이 급해 여울이 되어, 우리가 탄 동력선이 잘 나아가지 못해 승무원이 장대를 계속 내리꽂으며 애를 쓰는데 못내 안쓰럽다.

두 번째 협곡 파무협巴霧峽이 끝나면 쌍룡진雙龍鎭이라는 중간 기착지가 나온다. 여기서부터 적취협適翠峽으로 오르기도 하고 아니면 다시 내려가야 한다. 우리 일행의 최종 목적지는 여기까지인데 3시간 30분이나 걸려 거슬러 올라온 것이다. 그러나 지루한 줄을 몰랐으니 이 웬일인가?

이곳 쌍룡진은 그야말로 심산유곡, 오지, 벽지 그것이다. 배 대는 곳에는 많은 잡상인들이 붐비는데 애, 늙은이, 여자 할 것 없이 애걸복걸 팔을 잡아끄니 차마 인정상 견디기 어렵다.

점심을 이곳에서 하고 배가 떠날 때 누군가가 돈을 던져 주다가 못 미쳐 물에 떨어지니, 여남은 명이 일시에 물로 뛰어든다. 참으로 딱한 광경이다.

이곳 쌍룡진에서 다시 무산현까지는 급류를 타고 되돌아가는 길이라 승무원은 제법 여유가 있어 보인다. 승무원이라 하지만 웃통을 벗은 노무자 꼴이다. 둘이는 뱃머리에 쪼그리고 앉아 흰 깃발을 들고서 마주 오는 배에 신호를 보내면서 서로 부딪히지 않으려고 조심한다. 그 중 한 명이 한국 돈이 있으면 기념으로 달라고 하여 천원짜리 한 장을 주었더니 좋아라 한다. 이렇게 각국의 각종 돈을 모아 달러로 바꾼단다. 보통 꾀가 아니다.

파녀巴女의 노래

이백(당)

파수의 물 빠르기 쏜살 같으니
파수의 배 떠나기 나는 듯하네.
집 떠난 지 십 개월 길은 삼천 리
어느 해에 우리 님 돌아오려나.

巴女詞파녀사

李白(唐)

巴水急如箭파수급여전
巴船去若飛파선거약비
十月三千里십월삼천리
郎行幾歲歸랑행기세귀

쌍룡진에서 무산현까지 되돌아올 때에는 한 시간 정도가 걸렸다. 정말 살처럼 빠르게 온 것이다.

옛날 동력선이 없었을 적에 하류까지 배 타고 내려와서 다시 거슬러 되돌아가기 위해서는, 여러 명이 힘을 합쳐, 배를 밧줄로 매어 인력으로 끌고 갔다고 한다. 이때에 배 끄는 장정들은 옷을 다 벗고 끌었다는데 그 이유는 물살이 세차기에 물의 저항을 줄이기 위해서였단다. 그 험한 고생이 짐작이 간다.

무협巫峽

가을의 감흥

두보(당)

찬 이슬이 단풍 숲 시들게 하니
무산의 무협은 쓸쓸도 해라.
강 가운데 거센 물결, 하늘 향해 치솟고
성 위의 구름 바람, 땅 그늘로 내리네.

국화 두 번 피었으니 지난 날의 눈물이요
조각배 한 번 매었으니 고향의 마음이라.
겨울 옷 준비로 곳곳에 가위와 자 재촉하고
백제성 높은 곳에 밤 다듬이 소리 부산하네.

秋興추흥

杜甫(唐)

玉露①凋傷②楓樹林옥로조상풍수림
巫山巫峽氣蕭森③무산무협기소삼
江間波浪兼天④湧강간파랑겸천용
塞上風雲接地陰새상풍운접지음

叢菊兩開⑤他日淚총국양개타일루
孤舟一繫故園心고주일계고원심
寒衣⑥處處催刀尺한의처처최도척
白帝城高急暮砧백제성고급모침

① 옥로玉露 : 흰 이슬, 찬 이슬.
② 조상凋傷 : 시들게 하다.
③ 소삼蕭森 : 쓸쓸한 모양.
④ 겸천兼天 : 하늘에 닿다.
⑤ 양개兩開 : 두 번 피다. 2년을 뜻한다. 작년 가을에는 운안雲安에서, 올해 가을은 이곳 기주에서 국화 피는 것을 본다는 것이다.
⑥ 한의寒衣 : 겨울 옷.

무산은 한자漢子 무巫 자와 닮았다고 하여 이름지어진 것이라 한다. 뻗어내린 능선이 멀리서 보니 실지로 무巫 자와 닮은 것 같기도 하다. 대녕하구大寧河口를 이별하면 바로 무협으로 들어가게 된다. 골바람이 어찌나 센지 모자가 날릴 정도이다. 협곡은 굴곡이 심한데 돌고 꺾이고 주름지고 변화무쌍하여 원근의 거리 측정이 어려울 지경이다.

무협

구당협이 남성적 우악스러움이 있다면, 무협은 수려하고 그윽해서 여성의 요염함을 보인다. 무산 12봉은 무협 양안에서 남북으로 여섯 봉씩 나뉘어 자리잡고 있는데 그 중에서도 신녀봉神女峰이 가장 수려하고 아름답다.

북쪽 집선봉集仙峰 아래쪽 절벽에는 물에 접한 마애석각磨崖石刻이 하나 있다. 이는 공명비孔明碑이다. 관우와 장비가 죽고 난 후에 오와 촉의 관계가 악화되어 전쟁이 그치질 않았을 때, 동오의 육손이 이 집선봉 아래까지 육박해 와서는 이 비문을 보고 감동을 받아 퇴각했다고 한다.

무산

심전기(당)

무산은 높으되 극성이지 않으며
합치고 겹친 모양 기이하고 새롭네.
으슥한 골짜기 비바람 감도는 듯
음산한 낭떠러지 귀신들 도사린 듯.

삼협의 새벽녘에 달이 밝으면
구강의 새 봄에는 조수가 가득.
양대의 손님에게 물어 봐야만
꿈에 든 사람을 알 수 있으리.

巫山무산

沈佺期(唐)

巫山高不極무산고불극
合沓①狀奇新합답상기신
暗谷疑風雨암곡의풍우
陰崖若鬼神음애약귀신

月明三峽曉월명삼협효
潮滿九江春조만구강춘
爲問陽臺②客위문양대객
應知入夢人응지입몽인

① 합답[合沓] : 합하고 겹치다.

② 양대[陽臺] : 고당[高唐]이라는 지명. 옛날 초[楚]나라 양왕[襄王]이 고당에서 노닐 때 낮잠을 자다가 꿈을 꾸었다. 꿈에 한 여인이 나타나서 "저는 무산[巫山]의 여자인데 이제 고당의 나그네가 되었으니 임금님과 하룻밤 같이 지내고 싶습니다"라고 말했다. 같이 하룻밤을 보내고 난 뒤 그 여인이 떠나면서 "저는 무산에서 아침에는 구름이 되고 저녁에는 비가 됩니다"라고 말했다. 양왕은 그곳에 이를 기념하여 사당을 지었다.

작가소개 심전기(656?~714년) : 자는 운경[雲卿]이고 상주[相州] 내황[內黃] 사람이다. 675년에 진사에 급제했다. 중서사인[中書舍人] 등을 지내다가 뇌물을 받은 죄로 귀양살이도 하였다. 그는 궁중에서 연회를 배풀면 노래 가사를 지어 임금을 기쁘게 했다. 송지문[宋之問]과 함께 무측천의 궁중 시인이면서 송지문과 더불어 심송[沈宋]으로 불렸다.

삼협을 오르며

이백(당)

무산은 저 푸르른 하늘을 끼고
파수는 또 푸르게 흘러만 간다.
파수야 홀연히 지날 수 있지만
청천은 어이 닿을 수 있으리?

사흘 아침 황우협을 오르고 올라
사흘 저녁 느릿느릿 가고 가노라.
사흘 아침에 또 이어 사흘 저녁에
아! 몰랐네, 귀밑털이 실처럼 센 줄을.

上三峽[상삼협]

李白(唐)

巫山夾青天[무산협청천]
巴水流若茲[파수류약자]
巴水忽可盡[파수홀가진]
青天無到時[청천무도시]

三朝上黃牛[①삼조상황우]
三暮行太遲[삼모행태지]
三朝又三暮[삼조우삼모]
不覺鬢成絲[불각빈성사]

① 황우[黃牛] : 호북성 의창[宜昌]에 있는 산 이름. 높은 봉우리에 칼을 둘러메고 누런 소를 끌고 가는 사람 형상의 바위가 있어서 생긴 이름이다. 여기서는 그 아래에 있는 협곡을 이른다.

※ 759년 이백이 야랑으로 유배갈 때 삼협에 이르러 지은 시이다.

운무가 자욱하고 전도[前途]의 물길은 아득하기만 하다. 드디어 관도구[官渡口]

란 곳을 지나니 다시 강폭이 넓어진다. 서릉협西陵峽에 이르기 전에 자귀秭歸를 지나는데 이곳은 중국 제일의 애국 시인 굴원屈原, BC 343~BC 278?의 고향으로 유명한 곳이다. 굴원은 초나라 조정에서 모함을 받고 축출당하여 한수漢水의 북쪽 지역과 호남湖南의 상수湘水와 원수沅水 일대를 떠돌았다. 그러다가 진나라에 의해 초나라가 공격당하여 존망의 위기에 놓인 조국의 소식을 듣고, 비분과 절망을 견디지 못한 나머지 멱라수汨羅水에 투신하여 생을 마쳤다.

그리고 더 내려가면 산기슭에 향계香溪라는 마을이 나타난다. 이는 한나라 때 비운의 궁녀 왕소군王昭君의 고향이다.

왕소군

이백(당)

(1)
한나라 때의 집, 진나라 땅의 달
흐르는 그림자 명비를 비추더라.
한번 옥관의 길 오르게 되니
하늘 끝에 가서는 돌아오지 못하누나.

한나라의 밝은 달 동해에서 떠오르나
명비는 서쪽으로 시집가서 돌아오지 않네.
연지산은 늘 추운 데라 눈꽃이 피지만
고운 얼굴 오랑캐 땅 사막에 묻혔더라.

살아서 황금이 없어 그림을 그르쳤고
죽어서 청총만 남아 사람을 슬프게 하네.

王昭君왕소군

李白(唐)

(1)
漢家①秦地②月 한가진지월
流影照明妃③ 류영조명비
一上玉關④道 일상옥관도
天涯去不歸 천애거불귀

漢月還從東海出 한월환종동해출
明妃西嫁無來日 명비서가무래일
燕支⑤長寒雪作花 연지장한설작화
娥眉憔悴沒胡沙 아미초췌몰호사

生乏黃金枉圖畵⑥ 생핍황금왕도화
死留青塚⑦使人嗟 사류청총사인차

---

① 한가漢家 : 중국을 말한다.
② 진지秦地 : 장안 일대를 말한다.
③ 명비明妃 : 왕소군의 또 다른 이름. 왕소군의 소昭 자字가 진晋나라 문제文帝 사마소司馬昭의 이름과 같기에, 이를 피하여 소군昭君을 명군明君으로 고쳤다. 그래서 명비明妃라 불렸다.

④ 옥관玉關 : 옥문관, 서역으로 통하는 관문.
⑤ 연지燕支 : 감주甘州 산단현刪丹縣에 있는 산 이름.
⑥ 도화圖畵 : 한나라 원제元帝가 궁녀의 그림을 보고 예쁜 여인을 간택하여 총애하였다고 한다.
⑦ 청총靑塚 : 왕소군의 무덤. 무덤에 늘 푸른 풀이 무성하여 청총이라 불렸다. 오랑캐 땅에는 푸른 풀이 자랄 수 없는데 유독 왕소군의 무덤만 푸른 것은 그녀가 푸른 풀이 자라는 한나라를 그리워했기 때문이라고 한다.

(2)
소군이 백옥의 말안장을 털면서
말에 올라 고운 뺨에 눈물 흘리네.
오늘은 한나라 궁녀이나
내일은 오랑캐 땅 첩이라오.

(2)
昭君拂玉鞍소군불옥안
上馬涕紅顔상마체홍안
今日漢宮人금일한궁인
明朝胡地妾명조호지첩

왕소군은 중국 문학의 애절한 제재로 자주 등장하는데 그녀와 관계되는 이야기가 많다.

첫째, '한서漢書 흉노전'에는 이렇게 적혀 있다. BC 33년에 선우單于 호한야呼韓邪가 내조來朝하여 스스로 천자의 사위가 되겠다며 친교를 맺자고 청하였다. 그래서 원제元帝는 후궁 중에 양갓집의 딸인 왕장王嬙-자는 명군(明君)을 주기로 하였다. 선우는 기뻐하여 변경을 지키겠다고 상소를 올렸다. 왕소군은 호한야와의 사이에서 아들 하나를 낳았다. 호한야가 죽자 뒤를 이은 전처의 장남에게 재가하여 딸 둘을 낳았다.

둘째, '금조琴操'에는 이런 이야기가 전한다. 왕소군은 왕양王穰의 딸이다. 나이 17세에 용모가 아름답고 절개가 굳어 나라 안에 알려졌다. 부잣집에서 그녀를 며느리로 삼고자 하였으나 거절하고 원제에게 바쳤다. 황제가 즉시 총애하지 않았기에 그녀는 오랫동안 원한과 노여움을 가지고 있었다. 마침 선우가 사자를 보내왔을 때 원제가 궁녀들을 단장시키고 불러내자 사자는 그 중 한 사람을 달라고 청하였다. 황제는 궁녀들에게 말하길 "선우에게로 시집가기를 원하는 사람은 일어나라"라고 했다. 그러자 소군이 자리를 넘어와 섰다. 왕제는 그녀의 미모에 매우 놀랐다. 그러나 사자도 보고 있으므로 안 보낼 수 없어 선우에게 보내게 된 것이다.

왕소군은 아들이 하나 있었는데 세위世違라고 했다. 선우가 죽자 세위가 뒤를 잇게 되는데 호족胡族들은 아비가 죽으면 아들이 그 어미를 취한다. 그래서 왕소군은 세위에게 물었다. “너는 한인漢人이 되겠느냐? 호인胡人이 되겠느냐?” 그는 “호인이 되길 원합니다”라고 했다. 그래서 왕소군은 약을 마시고 자살했다.

셋째, 세설신어世說新語나 서경잡기西京雜記에 의하면 또 다른 이야기가 있다.

한나라 때의 원제는 궁녀를 그린 그림을 보고 선택하여 총애했다. 모든 궁녀들은 화공畵工에게 뇌물을 주어 실물보다 더 예쁘게 그려 주길 원했지만 왕소군은 그런 짓을 하지 않아 한번도 황제를 모시지 못했다. 그러다가 흉노족과 정략 결혼으로 왕소군을 보내게 되었을 때 황제가 접견해 보니 천하의 절색이었다. 그러나 때는 늦었고 어쩔 도리 없이 흉노에 보내지 않을 수 없었다.

왕소군에 대한 이야기는 한족들의 굴욕과 비애를 엿볼 수 있는 역사의 한 단면이다. 이러니 중국의 역사는 영광의 것만 아니었다. 북방 민족에게 시달리거나 지배를 받은 적이 한두 번이 아니었던 것이다. 왕소군은 중국의 4대 미녀의 한 사람이다.

지금은 멀리 그녀의 흰 석상만이 쓸쓸히 장강을 굽어보고 있다.

서릉협西陵峽

잠시 객실에 들어와서 쉬고 있는데 이제 서릉협에 진입했다고 알린다. 이 협곡은 물살이 급하고, 암초가 많이 숨어 있으며, 소용돌이가 심하여 천하에 험악하기로 유명하다. 이곳에 물살이 급할 때에는 시속 25km나 된다고 한다. 이제 삼협 유람도 지쳤는지 갑판에 나와 관광하는 승객도 눈에 띄게 줄었다.

먼저 병서보검협兵書寶劍峽을 지나는데 양안은 퇴적물이 중첩되어 모습이 마치 책을 포개놓은 듯하고, 그 아래 큰 바위 하나가 튀어나와 있는 것이 마치 칼처럼 보인다 하여 이같이 이름지어진 것이다. 전설에 의하면 제갈량이 촉으로 들어올 때 이곳에 이르러 병서와 보검을 남겼다고 해서 명명되었다고도 한다.

서릉협에서도 물길이 험하기로는 우간마폐牛肝馬肺 협곡을 손꼽는다. 이즈음에서 급격히 강폭이 좁아지더니 약간의 비를 실은 바람이 세차게 몰아친다. 북측 석벽 위에는 시루떡을 포갠 듯한 암벽이 돌출한 것이 있는데 오른쪽 것은 황색을 띠면서 소 간처럼 생겼고, 왼쪽 것은 말 허파와 같이 생겼다고 해서 예부터 이곳을 우간마폐협이라 불렀다고 한다. 지금은 우간만 제 모습으로 남아 있다고 하나 배 위에서야 확인해 볼 도리가 없다.

서릉협

공령협空嶺峽은 그 절벽이 찍어 세운 듯하여 구당의 기문夔門을 연상케 한다. 이곳도 물살이 급하고 험하여 귀문관鬼門關이라 일컬어진다. 어두워지기 시작하여 연타蓮沱라는 곳을 지난다. 여기는 물살이 세차고 소용돌이가 일 때는 장관을 이룬다는 곳인데 야밤에 조용할 때면 수 km까지 물 우는 소리가 들린단다.

삼협은 산 사이로 흐르는 물길이다. 그것도 거대한 산봉우리와 위태한 절벽을 지나면서 굽이치는 것이다. 산이 아무리 높고 암벽이 아무리 가팔라도 거기에는 삶이 있다. 집이 있고, 마을이 있고, 길이 나 있다. 경작을 하고, 고기를 잡고 약초를 캔다. 다 강물이 있기에 가능한 것이다. 삼협은 경관도 좋지만 삶이 있고 역사가 있어 더욱 좋다.

비와 어둠 속에서 삼협의 유람도 끝을 내린다. 중국은 2006년까지 삼협댐을 완공할 예정으로 서두르고 있다. 댐이 완성되어 물이 차올라 2019년이 되면 최고 수위에 오르게 된다. 그때에는 삼협 주위의 도시들과 명승, 유적, 비경들은 모두 사라지고 만다. 그리고 삼협을 끼고 사는 120만 주민들은 삶의 터전을 잃게 될 것이다. 더구나 이 세계 제일의 거대한 댐은 자연 생태에 막대한 영향을 끼쳐 그 결과는 결코 낙관할 수 없는 것이다. 결국 지난날의 "삼협을 다 보지 않으면 사나이가 아니다"라는 말도 옛말이 되어 버릴 날도 멀지 않다.

나는 귀국 후 식구들과 충주호에 갔다. 우리 나라의 이 물길이 웅장함은 아니라도 수려함에서는 삼협에 지지 않는다는 것을 알았다.

형주荊州

장강의 호화 여객선 동방명주는 마지막으로 의창宜昌을 거쳐 다음날 아침 형주의 사시항沙市港 5마두碼頭-부두에 닿았다. 중경에서 이곳까지 796km를 물결 따라 꿈길처럼 내려왔다. 95년 8월 8일 저녁에 출발하여 8월 11일 아침에 도착한 것이다. 이태백은 백제성에서 돛을 올려 강릉江陵까지 천리 길을 하루만에 왔다고 했으나, 우리 일행은 귀양에서 풀린 이백이 고향에 가려는 급한 마음도 아니니, 먹고 마시며 자고 쉬며 수천 년의 역사를 호흡하며 횡행한 것이다.

형주는 전국 시대 초나라 때의 도읍지였다. 그때의 이름은 영郢이었다. 삼국 시대 유표와 관우가 웅거할 때에는 형주였으며, 당나라 이백 시대에는 강릉으로 불리다가 요즘은 다시 형주시가 되었다. 지금도 강릉이라는 지명이 형주시 남쪽에 있다.

가을에 형문을 내려오며

이백(당)

서리 내린 형문에 강 나무들 허전한데
가을 바람에 순조로이 돛을 걸었다.
이번 여행은 농어회 때문이 아니고
명산을 사랑하여 섬중으로 드는 길이라.

秋下荊門추하형문

李白(唐)

霜落荊門①江樹空상락형문강수공
布帆無恙②掛秋風포범무양괘추풍
此行不爲鱸魚鱠③차행불위노어회
自愛名山入剡中④자애명산입섬중

---

① 형문荊門 : 호북성湖北省 의도현宜都縣 장강 남쪽 연안에 있는 산. 호아산虎牙山과 마주보고 있는데 마치 형荊-초나라 땅으로 들어가는 문처럼 생겼기 때문에 형문이라 한다.

② 포범무양布帆無恙 : 동진東晋시대 고개지雇愷之가 은중감殷仲堪의 막료로 있을 때 휴

가를 받아 돌아가게 되었다. 그 당시의 관례로는 막료에게 포범[布帆-베 돛]을 지급하지 않았었다. 그러나 고개지는 한사코 요청하여 얻어 가지고 출발했다. 파총[破冢-무덤을 깨뜨리다]이란 곳에 이르러 폭풍을 만나 베돛이 크게 부서지고 말았다. 고개지가 은중감에게 편지를 써서 말했다. "지명이 파총이라 하더니 정말로 무덤을 깨고 나왔습니다. 나그네는 안전하고 베 돛은 별 탈이 없습니다."

고개지는 중국 최고의 화가로 알려져 있는데 화성[畵聖]으로 불린다. 특히 인물화를 잘 그렸는데 가늘고 세련된 선을 "봄 누에가 실을 뽑는 듯하다"라고 했다. 그의 대표작은 여사잠도[女史箴圖]이다.

③ 노어회[鱸魚膾] : 농어 회를 말한다. 장한[張翰]은 서진[西晋] 때 제왕[齊王]인 벽[辟] 밑에서 벼슬했다. 낙양에서 대사마[大司馬]란 직책을 맡고 있을 때 가을 바람이 불어오자 고향인 오중[吳中]의 고채[菰菜]국과 농어회가 불현듯 생각나서 이렇게 말했다. "인생이란 즐겁게 살아도 부족한데 어찌하여 벼슬살이의 소용돌이 속에서 골머리를 썩힌단 말이냐? 그것도 만리 타향에서." 그는 바로 낙향하고 말았다. 얼마 후 팔왕[八王]의 난이 일어나 제[齊]나라가 망하자 사람들은 그를 가리켜 시기[時機]를 아는 사람이라고 했다. 여기서 고채는 벼과의 한 종류인 줄풀인데 어린 이삭은 식용으로 쓰인다.

장한은 방탕하여 예의범절에 구애받지 않았다. 그래서 당시 사람들은 그를 가리켜 강동보병[江東步兵]이라 불렀다. 어떤 사람이 물었다. "그대는 명성을 떨치기에 충분한 사람인데 어찌하여 일시적인 쾌락에 빠져 사후의 명예는 생각하지 않는 거요?" 그는 대답하였다. "죽은 후의 명성은 지금 눈앞의 술 한 잔만 못하오." 또 말했다. "인생에 있어서 귀한 것은 때를 만나 뜻을 이루는 것인데 어찌 관직을 얻는 명예에만 마음을 둘 수 있으리오."

참고로 보병은 완적의 고사에서 유래한다. 완적은 술을 좋아하여 보병 교위 [步兵校尉]의 관소 주방에 3백석[石]의 술이 있다는 말을 듣고 자원 입대하여 보병교위가 되었다. 관소에 들어가자 유령[劉伶]과 함께 실컷 술을 마셨다는 것이다. 야사에는 둘이서 마시다가 죽었다고도 한다. 완적과 유령은 죽림칠현 중의 한 사람이다.

④ 섬중[剡中] : 절강성[浙江省]에 있는 섬계[剡溪]을 말하며 경치가 아름답기로 유명하다. 지금은 절강성 승현[嵊縣]과 신창현[新昌縣] 부근 일대이다.

※ 이 작품은 이백이 25살에 처음 촉을 떠나 파유[巴渝-지금의 중경]를 거쳐서 삼협을 빠져나와 강릉에서 지은 것이다.

이곳에서 접선하기로 한 가이드를 기다리는 동안, 부둣가의 노점 식당을 기웃거리며 뭐 요기할 만한 것이 없나 찾아 보았다. 삶은 달걀 몇 개를 사 먹었는데 참으로 꿀맛이다. 아침이라도 날씨는 여전히 덥다.

무한에서 왔다는 가이드는 무한대학교에 다니는 조선족 학생이다. 회계학을 전공하는데 방학을 틈타 아르바이트로 가이드를 하게 되었다고 한다. 그는 대학 졸업 후 한국에 산업 연수생으로 나와서 일년 정도 있다가 되돌아갔다. 한국에 더 있고 싶어 했으나 다니던 회사에서 기어이 보내 버렸다.

먼저 형주성荊州城에 우리를 데리고 간다. 시내로 드는 길에 큰 봉황상이 세워져 있다. 형주시의 상징이 봉황이라고 한다. 시내에는 성곽이 아직도 온전히 남아 있기에 역시 유서가 깊은 도시구나 하며 탐승의 기대를 가져 본다. 그러나 우리 일행이 찾은 성은 유표나 관우 시대의 형주성이 아니고 알고 보니 명나라 때 세운 것이라 한다. 규모는 작지만 완전한 형태의 성곽을 갖춘 것이다. 성 안에는 박물관과 기념관이 있고 초나라와 형주에 관한 여러 유물과 사적이 전시되고 있다.

형주성

성루城樓에 오르면 끝없는 평야가 한 눈에 든다. 녹색의 평원이 물산物産의 풍부함을 말하는 것 같다. 이런 데다가 촉 땅의 인후와 같은 지역이니 병가兵家에서는 예로부터 형주를 중시할 수밖에 없었던가 보다.

형문荊門을 지나와 헤어지며

이백(당)

멀고 먼 형문 밖을 건너 왔으니
초나라 땅을 따라 노닐고자.
산이 평야를 따라 사라지더니

渡荊門送別 도형문송별

李白(唐)

渡遠荊門外 도원형문외
來從楚國游 내종초국유
山隨平野盡 산수평야진

강은 대평원에 들어 흐르도다. 江入大荒流[강입대황류]

달은 내려 하늘을 나는 거울 같은데 月下飛天鏡①[월하비천경]
구름은 모여 바다에 지은 누각 같으이. 雲生結海樓②[운생결해루]
어여쁘구나! 고향의 물이여, 仍憐③故鄕水[잉련고향수]
이 몸의 만리 뱃길 배웅해 주었으니. 萬里送行舟[만리송항주]

① 천경[天鏡] : 달을 하늘의 거울에 빗댄 것이다.
② 해루[海樓] : 구름의 모습을 바다에 세운 누각에 비유한 것이다.
③ 잉련[仍憐] : 사랑스럽게 느껴진다는 뜻이다. 장강은 흘러 내려오다가 사천을 경유하는데 사천은 이백의 고향이다. 그래서 고향의 물이 만리 밖까지 동행해 준 것 같아서 어여쁘다는 것이다.
※ 이백이 촉을 떠나 형문에 이르러 소감을 노래한 것이다(725년).

형주 荊州[형주]

소동파(송) 蘇東波(宋)

남방은 그 옛날 싸움의 땅 南方舊戰國[남방구전국]
비장했던 그 뜻 아직도 남았으니, 慘憺意猶存[참담의유존]
유표를 생각하면 가슴이 뛰고 慷慨因劉表①[강개인유표]
굴원를 회상하면 가슴이 아파. 凄凉爲屈原②[처량위굴원]

황폐한 성터에 아직도 우물이 남았고 廢城猶帶井[폐성유대정]
옛날의 백성들이 마을을 이루었네. 古姓聚成村[고성취성촌]
빼어난 경치인 줄 내 이제 알겠지만 亦解觀形勝③[역해관형승]
태평천하인 줄은 감히 말할 수 없구려. 昇平④不敢論[승평불감론]

① 유표[劉表] : 후한 말에 형주 지방을 거점으로 세력을 장악하고 있던 지방 장관이었다.
② 굴원[屈原, BC 343경~BC 278경] : 중국 전국 시대의 정치가, 시인. 이름은 굴평[屈平]이고 자[字]가 원[原]이다. 우국 충정으로 국사[國事]를 수행했으나 중상[中傷]으로 실각하

여 나라를 걱정한 나머지 멱라수[汨羅水]에 투신 자살한다. 대표작은 이소[離騷]이다.

③ 형승[形勝] : 뛰어난 경치.

④ 승평[昇平] : 태평 시대.

第28장 낙양洛陽

정주鄭州로 떠나기 전 북경에서

팔달령八達嶺의 장성長城을 구경하고 북경에 돌아왔다. 북경에서 사업하는 친구와 어느 호텔에서 만나기로 했는데 이미 그의 일행들중국에서 사귀었다는 영화 촬영 기사, 텔레비전 PD 등 소위 잘나간다는 사람들 너댓 명이 와 있었다. “저 사람들 이런 저런 점잖은 사람들이니 언행에 각별히 조심하라”라는 친구의 요구에 순간 그만 기분이 상해서 그냥 숙소로 돌아가겠다고 하니, 친구도 괜한 말을 했는 줄 알고 극구 만류를 하더라. 이 광경을 보고 있던 그들중국인들이 내가 무슨 체면치레 때문에 사양하는 줄 알고 ‘메이콴시괜찮다’하면서 동참을 자꾸 권하기에 못 이기는 척 합석했다.

기분도 그렇잖고 해서 배갈을 연거푸 몇 잔 들이키니 취기가 확 오른다. 자리를 밀치고 일어나서는 통역을 세워 일갈一喝 “취중에는 영웅이 없다醉中無英雄-취중무영웅”라는 말을 옮기라 하니 흠짓 좌중이 놀라는 분위기다. 이어서 “마시는 자 그 이름을 남기리라惟有飮者留其名-유유음자류기명”라는 이백의 시구를 토해 놓으니 일순간 분위기는 나에게 집중되었다. 그들은 두 손을 모아 읍을 하며 “하오”라고 연발하면서 술잔을 비우기 시작하더니 빈 잔을 머리에 털어내면서 나에게 계속 건배를 권하는 것이다. 삽시간에 술 마시는 분위기로 변하여 장쾌하기 그지없다. 이어 이네들을 깔보기 시작하면서 이백의 시구 하나를 적어 좌중에 돌렸더니 이해가 부족한 듯 옆으로 넘기고 넘기는데 어느 한 사내한테 멈추더니 화답의 시 한 수를 적어 나에게 전한다. 그 시는 맹호연孟浩然-당나라의 시인의 ‘春眠不覺曉 處處聞啼鳥춘면불각효 처처문제조’가 아닌가? 아하, 좀 알기는 아는 모양인데 이 정도야 우리네 중학교 한문 교과서에 나오는 수준이 아닌가. 그래서 이백의 시 '兩人對酌山花開　一杯一杯復一杯양인대작산화개, 일배일배부일배'로 답하고 이어 왕한王翰의 '葡萄美酒夜光杯 欲飮琵琶馬上催포도미주야광배 욕음비파마상최'를 건네고, 또 다시 유희이劉希夷의 年年歲歲花相似 歲歲年年人不同년년세세화상사 세세년년인부동으로 응수했다. 그런데 이 친구는 갈수록 의미 있고 다양한 시를 보내지 않는가? 왕지환王之煥의 '黃河遠上白雲間　一片孤城萬仞山황하원상백운간일편고성만인산', 송지문宋之門의 '소림사少林寺-우리가 내일 낙양 근처 소림사에 간다고 했으니', 급기야 이백의 '증왕륜贈汪倫'까지 거침이 없다. 특히 이 '증왕륜'은 이백이 왕륜에게 준 송별의 시인데 이 친구 이름이 왕서王瑞-중국 발음은 '왕루이'이다이고 내 성姓이 이씨이다 보니 주고 받는 시의 대상은 서로 바뀌었지만 그는 이때 '증왕륜'의 시를 통해 그 날의 우리들 처지를 빗댄 것으로 나는 생각하였다. 13억 인구의 중국에 여럿이 모이면 난 사람이 있기 마련인데 나는 이 날 임자를 만난 것이다.

아침에 술을 깨고 보니 숙소인 호텔이었다. 일행인 오 선생이 말하길 어제 저녁 막판에는 만취 상태에 펜을 잡아도 더 이상 글구를 써 내려가지 못하기에 즉시 나를 데리고 호텔로 왔다는 것이다. 끝까지 배웅하면서 택시를 잡아 준 이가 그 왕루이王瑞라 한다. 나는 그 후 다시 그를 볼 수 없었다.

정주 행鄭州行

다음날 친구가 하남성의 정주행 열차표 두 장을 끊어 호텔로 찾아왔다. 쓰린 배를 안고 북경역에서 열차에 올라 보니 연와석軟臥席-침대형인데 방 한 칸에 4명이 탈 수 있다. 가만히 보니 아무나 탈 수 있는 열차 칸이 아닌 모양이다. 당黨 간부나 고위직 인사, 기자 또는 외빈外賓-외국 손님 정도가 손님이더라.

신사 한 분이 우리 칸에서 동행하게 되었다. 그는 보정保定까지 간다는데 우리의 뜻 깊은 여행을 축복해 주었다. 이가 안 좋아 아무 것도 씹을 수 없다는 인민일보 기자 양반이었다.

석가장石家莊에서 노신사 두 분이 탔다. 한 분은 이층 침대에서 쉬는 듯했고 한 사람은 아래 침대에서 우리와 필담을 나누었다. 우리의 중국에 대한 역사적 소양을 간파했는지 은殷나라 재상 비간比干의 무덤을 창 밖을 통해 가리켜 주기도 하고 우리를 중국통이라고 치켜세우기도 했다. 차茶를 담는 용기나 그릇에 대해 말하면서 플라스틱제는 절대 좋지 않다고 한다. 나는 이때 차를 플라스틱 수통에 담고 다니면서 마시곤 했다. 내가 걸고 있는 목걸이 볼펜에 관심을 가지더니 자기가 갖고 있는 파커 볼펜과 교환하자고 했다. 위 칸에 누워 계신 분은 연세가 많은데 일본 침공 시기에 항일 운동을 한 분이라며 그에 대한 존중이 대단하였다. 중국에 사는 고려인병자호란 때 청나라에 포로로 잡혀와 고국으로 돌아가지 못하고 결국 마을을 형성하여 살던 우리 민족을 뜻하는 듯했다. 그리고 조선족이나 우리 한국인과 구별하여 말하는 것 같다을 깔보듯 말하면서 은근히 우리를 낮추려는 듯하기에 진秦에서 China가 나왔듯이 고려에서 Korea가 나온 것이니 고려라는 말이 나쁜 의미로 쓰이면 좋지 않다고 넌지시 말해 주었다. 항일 운동했다는 노신사는 기념으로 나에게 지니고 다니던 책을 한 권 주었다. '3자경三子經'이란 책인데 좀 생소한 것이었다. 이것은 삼자성어로 된 중국 전통의 기초 교양 서적인 것 같다. 송나라 왕응린王應麟이 편찬한 것이다. 책 첫머리에 人之初 性本善인지초 성본선이란 글구가 적혀 있다. 애초에 사람의 기본 본성은 착하다는 뜻이다. 책 뒷면에다가 자기 이름을 써 주었다. 고마운 일이다. 그의 이름은 양지용楊智勇이었다.

한단邯鄲에 잠시 정거하였다. 한단지몽邯鄲之夢의 근원지이고 조趙 나라의 협객들의 고향이기에 일부러 하차하여 두리번거리기도 하고 사진도 찍었다. 한단지몽이란 뭔가? 당나라 현종 때 노생盧生이란 청년이 도사가 준 구멍 뚫린 베개를 베고 낮잠을 잤다. 꿈에서 베개 구멍 속에 들어가 보니 큰 집이 있었다. 그 집의 딸과 결혼하여 벼슬에 오르고 재상에 이르렀다. 그러나 역적으로 모함당하고는 탄식했다. "농사나 짓고 허름한 옷을 걸치고 한단의 거리를 거닐 때가 그립구나". 유배에서 풀려 다시 재상이 되었고 슬하에 아들 다섯과 손자를 열 명을 두고는 행복한 말년을 보내다가 나이 80에 죽었다. 깨고 보니 한바탕 꿈이었다. 도사가 아직 옆에서 졸고 있고 주막집 주인이 짓던 밥은 아직 되지 않았던 것이다.

한단의 소년의 노래

고적(당)

한단성 남쪽의 유협자들이
한단에서 자란 것을 자랑으로 여긴다.
이르는 곳마다 방탕해도 집은 부자고
여러 곳에 원수 갚아도 몸은 죽지 않는다.

집안의 노래 웃음 날마다 어지럽고
문 밖에 수레와 말 구름처럼 모여든다.
누구에게 진심을 터놓을지 모르니
나로 하여 평원군을 생각케 한다.

오늘날의 엷은 사귐 그대 보지 못하는가?
황금을 다하면 다시 멀어지는 것을.
이에 느낀 바 있어 옛날의 사귐 끊어 버리니
다시 세상 일에 추구할 바 없어졌다.

이제 젊은이와 더불어 술이나 마시고
서산머리 오가며 사냥이나 하련다.

邯鄲少年行[한단소년행]

高適(唐)

邯鄲城南游俠子[한단성남유협자]
自矜生長邯鄲裡[자긍생장한단리]
千場縱博①家仍富[천장종박가잉부]
幾處報仇身不死[기처보구신불사]

宅中歌笑日紛紛[댁붕가소일분분]
門外車馬如雲屯[문외거마여운둔]
未知肝胆②向誰是[미지간담향수시]
令人却憶平原君③[령인각억평원군]

君不見今日交態博[군불견금일교태박]
黃金用盡還踈索④[황금용진환소삭]
以玆感顚辭舊遊[이자감전사구유]
更於時事無所求[경어시사무소구]

且與少年飮美酒[차여소년음미주]
往來射獵西山頭[왕래사렵서산두]

---

① 종박[縱博] : 방탕하다.
② 간담[肝胆] : 간담상조[肝胆相照]라는 말이 있다. 서로 진심을 터놓고 대하다.
③ 평원군[平原君] : 춘추전국 시대 조[趙]나라 무령왕[武靈王]의 아들인 조승[趙勝]이다. 인재를 좋아하여 늘 식객[食客] 수천 명이 있었다.
④ 소삭[踈索] : 멀어지고 흩어지다.

협객의 노래

이백(당)

조나라 협객이 거친 갓끈을 매니
오나라의 칼은 서리처럼 번뜩이네.
은 안장이 백마를 비추니

俠客行[협객행]

李白(唐)

趙客縵胡纓①[조객만호영]
吳鉤霜雪明[오구상설명]
銀鞍照白馬[은안조백마]

날쌔기가 유성 같아라.	颯沓[②]如流星 삽답여유성
열 걸음에 한 놈을 해치우고	十步殺一人 십보살일인
천리를 가고도 멈추지 않네.	千里不留行 천리불유행
일 끝내면 옷 털고 사라지는데	事了拂衣去 사료불의거
몸과 이름 깊이 숨겨 버리지.	深藏身與名 심장신여명
…	…

① 만호영縵胡纓 : 무늬 없는 거친 갓끈.
② 삽답颯沓 : 바람소리처럼 날쌔다.

신향新鄉을 거쳐 정주에 가까우니 드디어 황하가 보인다. '아!'하고 탄성이 저절로 나온다. 중국의 역사와 함께한 황하! 넓고 멀고 싯누렇다. 정주에 드디어 도착했다. 북경역에서 아침 7시 44분에 출발하여 오후 5시 9분에 도착했다. 9시간 20여 분 걸린 것이다.

소림사少林寺

정주에서 서남쪽에 있는 숭산崇山-중악으로 이동하여 먼저 중악묘中岳廟를 찾았다. 태실산太室山-숭산에 속하는 산에 있는 도교 사원이다. 지금도 중국식 상투를 틀고 있는 도사를 볼 수가 있다. 본전인 준극전峻極殿은 2층 지붕에, 단청의 채색이 찬란한 웅장한 건축물이다. 여동빈呂洞賓-중국 전설상의 8선 중의 한 사람인데 당나라 때 사람이다이나 노자老子 정도를 모시겠지 하면서 건성으로 둘러보고 나왔다.

숭산

등봉登封을 지나자 숭산의 모습이 눈에 띄기 시작한다. 평원에 갑자기 돌출한 암산이다. 서쪽으로는 낙양과 용문龍門으로 이어지고 동쪽으로는 밀현密縣까지 뻗었다. 동서의 길이가 60km나 되고 남북의 폭은 20km 정도 된다고 한다. 이 숭산은 72개의 산봉우리가 있는데 크게 태실산太室山과 소실산小室山으로 나뉜다. 최고봉은 준극봉峻極峰으로 1494m이다. 산세가 좀 특이한데 우리나라 진안에 있는 마이산馬耳山 같은 봉우리들이 중첩한 것처럼 보인다. 산기슭에는 숲이 보이지만 위쪽으로는 잔 나무들만 겨우 산을 덮고 있는 정도이다.

서쪽으로 9조九朝 고도古都인 낙양이 있고, 동으로는 7대七大 경도京都인 개봉이 있어 역대 제왕, 장상將相, 문인 묵객文人墨客, 고승, 도인, 달사達士 등이 숭산에 유람하거나 재齋를 올리거나 혹은 은거하였다.

이백이 낙양에서 지낼 때 숭산에서 도사인 원단구元丹丘와 잠훈岑勛을 만나 최고의 역작인 장진주將進酒를 지었다.

술 권하는 노래	將進酒장진주
이백(당)	李白(唐)
그대는 보지 아니하였는가?	君不見군불견
황하의 물 하늘에서 내려와 힘차게 흘러	黃河之水天上來황하지수천상래
바다에 이르면 다시 돌아오지 못하는 것을.	奔流到海不復回분류도해불부회
그대는 또 보지 아니하였는가?	又不見우불견
고당에 거울 보며 백발을 슬퍼하고	高堂①明鏡悲白髮고당명경비백발
아침에 푸른 실이 저녁에 눈처럼 되는 것을.	朝如靑絲暮成雪조여청사모성설
인생, 뜻을 얻었을 때 오직 환락을 다할 것을	人生得意須盡歡인생득의수진환
괜히 금 술동이를 달빛 속에 버려두지를 말라.	莫使金樽空對月막사금준공대월
하늘이 내 재주 낼 적에 꼭 쓸 데가 있을 테고	天生我材必有用천생아재필유용
천금의 돈 흩뿌리더라도 다시 돌아오리라.	千金散盡還復來천금산진환부래
양을 삶고 소를 잡아 즐길진대	烹羔宰牛②且爲樂팽고재우차위락
모름지기 한번에 삼백 잔은 마셔야지.	會須一飮三百杯회수일음삼백배

잠부자, 단구생아! 岑夫子③丹丘生잠부자단구생
내 이제 술 권하노니 그대는 잔 멈추지 말라. 將進酒君莫停장진주군막정

그대 위해 내 한 곡 부를 터이니 與君歌一曲여군가일곡
그대는 날 위해 귀 기울여 다오. 請君爲我側耳聽청군위아측이청

음악 소리 좋은 안주 귀할 것이 못 되니 鐘鼓④饌玉⑤不足貴종고찬옥부족귀
오직 원하길 길이 취하고 깨지 말기를. 但願長醉不願醒단원장취불원성

고래의 현인과 달사가 모두 다 잊혔으니 古來賢達⑥皆寂寞고래현달개적막
오직 마시는 자 그 이름을 남기리라. 惟有飮者留其名유유음자류기명

진왕은 그 옛날 평락전에서 잔치를 베풀고 陳王⑦昔日宴平樂⑧진왕석일연평락
한말의 술, 만금에 사서 환락과 해학을 마음껏 누렸더니라. 斗酒十千恣歡謔두주십천자환학

주인 된 내가 어찌 돈이 적다 말하겠는가? 主人何爲言少錢주인하위언소전
모름지기 술을 사서 그대에게 권하겠노라. 且須沽取對君酌차수고취대군작

오화의 말, 천금의 모피 옷 아까울 것 없네. 五花馬⑨千金裘오화마천금구
아이 불러 아름다운 술과 바꾸어서 呼兒將出換美酒호아장출환미주
그대와 더불어 만고의 우수를 녹이렸다. 與爾同銷萬古愁여이동소만고수

---

① 고당高堂 : 높게 지은 훌륭한 집.
② 팽고재우烹羔宰牛 : 새끼 양을 삶고 소를 잡다.
③ 잠부자岑夫子, 단구생丹丘生 : 이백의 친구들.
④ 종고鐘鼓 : 큰 연회에 연주하는 음악.
⑤ 찬옥饌玉 : 진귀한 안주.
⑥ 현달賢達 : 현인과 달사. 현인은 덕행이 뛰어나 성인 다음 가는 사람, 달사는 이치에 밝아 사물에 얽매이지 않는 사람이다.
⑦ 진왕陳王 : 조조의 아들 조식曹植-192~232을 가리킨다. 삼국 시대 위나라 대시인

이다. 진사왕陳思王으로 불린다. 당대 최고의 문장가이며 문학사상 후세에 큰 영향을 미쳤고 이백, 두보가 출현하기까지는 시인들의 이상상理想像이었다. 그의 낙신부洛神賦가 유명하다.

⑧ 평락平樂 : 낙양 근처에 있는 누대의 이름.

⑨ 오화마五花馬 : 오색 무늬의 훌륭한 말.

※ 마안산이백연구소 소장인 이자룡 선생에게 이백의 시 중에서 가장 좋아하는 것이 무어냐고 물어 보니 이 장진주라고 말하더라. 그러나 그는 몸이 안 좋아서 술을 마시지 않는다고 했다. 이 시는 744년 이백이 조정에서 물러난 후 지은 작품으로 알려져 있으나 요즘 학자들은 733년 숭산에서 원단구를 만나 노래한 것이라고 주장한다.

중국에서는 고래로 제왕들이 산에 올라 하늘에 제사를 지냈다. 순임금은 동방에 순행하여 태산에 이르러 나무를 태워, 하늘에 제사하고 산천에 대해 망제望祭-멀리 바라보면서 제사하다를 행했다고 한다. 전설상의 순임금으로부터 시작되는 이 봉선封禪 의식은 그 후 역대 황제들의 통치 영역권을 확인하는 의미가 강했다. 이 숭산에도 한 무제, 당 고종과 측천무후, 현종 등이 올라 봉선을 행했다.

소림사에 가까이 이르니 무술 학교가 여럿 눈에 띈다. 요즘 중국에는 무술 연마를 통해 성룡, 홍금보, 이연걸 같은 액션 배우가 되는 게 꿈이라는 어린 학생들이 많다고 한다.

태실산과 소실산의 두 산봉우리는 서로 한 8km 정도 거리를 두고 떨어져 있는데 그 중간쯤에 소림사가 자리잡고 있다. 소림사는 소실산의 숲속에 있는 절이라는 뜻이다.

권법하는 자세를 취하고 있는 승려의 큰 동상을 돌아서 소림사로 향하다 보면 길이 그리 넓지는 않지만 양쪽에는 노점들이 즐비하고 식당들이 꽉 들어서 있다. 무협 영화, 무협 소설에서 수도 없이 들어 오던 소림사, 이제 드디어 그 산문 앞에 섰다.

소림사의 산문

산문의 앞마당은 반듯반듯한 돌로

바닥을 깔았고 일이백 년은 묵은 듯한 측백나무가 산문 주위를 가리고 있다. 산문이 그리 웅장한 것은 못 되나 처마의 곡선은 시원스럽다. 처마에는 소림사라는 금 글씨가 완연한데 이는 청나라 강희제의 수품[手品]이라고 한다. 건물도 청나라 시대의 것이다.

소림사는 북위 시대에 창건되었고, 수·당 시대에 흥하고, 원·명 때 창성했으며, 민국 시대에 쇠퇴하다가 중국 해방 이후 다시 부흥하려고 노력하는 도량이다.

소림사는 선종의 최초의 절이다. 그리고 소림 권법의 본산이다. 수나라 때만해도 열한 번이나 산적들의 침범을 당했으나 권법 승들이 다 물리쳤다는 것이다. 더구나 송나라 때에 변징[邊澄]이라는 권법 승이 혼자서 왜구의 침입을 막아 낸 적도 있다고 한다.

소림사의 건물 배치는 산문에서 북쪽으로 일직선상에 있다. 제일 뒷채인 천불전[千佛殿]까지는 300m는 족히 될 것이다. 산문에서부터 천불전까지의 주요 건물은 다음과 같다.

① 산문

산문의 길이는 12.7m이고 너비는 7.8m이다. 출입 대문 양 편에는 원형의 창문이 있는데 직경은 2.05m이다. 포대[布袋] 모습의 미륵불을 모시고 있다.

② 천왕전

전면에는 양대 금강상이, 후면에는 4대 천왕상이 있다.

③ 대웅보전 과 육조당[六朝堂]

대웅보전 앞마당에는 당태종의 어서비[御書碑,728년]와 청나라의 건륭어비[乾隆御碑,1750년]가 있는데 벽돌 집을 만들어 보호하고 있다. 대웅보전의 서편에 육조당[六朝堂]이 있다. 당 안의 중앙에는 문수보살, 관음보살, 보현보살, 지장보살, 대세지보살 등의 소상이 놓여 있다. 북면에는 달마[초조], 승찬[3조], 홍인[5조]이, 남면에는 혜가[2조], 도신[4조], 혜능[6조]의 상이 진열되어 있다. 매우 정교하며 채색조차 곱다. 뒷 벽면에는 달마서귀도[達摩西歸圖]가 벽을 장식하고 있는데 동화적 분위기를 자아내는 진흙 조각 그림이다. 이것도 색채감이 뛰어나다. 대웅보전은 경 내에서 제일 큰 건물이다. 앞에서 보면 5칸의 크기로 길이가 26.57m, 너비는 20.34m, 높이는 19m이다.

④ 법당일명 장경각

대장경 동銅판과 각종 불경 자료를 보관하고 있다.

⑤ 방장실方丈室

절의 방장주지이 거처하는 곳이다.

⑥ 달마정達摩庭

달마정은 입설정立雪亭이라고도 한다. 선종의 제2조 혜가가 눈 속에 서서 자기 팔을 잘라 초조 달마에게 인가받은 것을 기념하는 집이다. 집 안에는 달마의 좌상이 안치되어 있다. 얼굴은 검고 녹색 장옷을 몸에 두르고 있다. 명나라 때 만들어진 것이다. 위에는 설인심주雪印心珠-눈속에서 마음의 보배를 깨닫다라는 현판이 걸려 있다. 청나라 건륭제의 글씨이다.

⑦ 천불전千佛殿

명나라 때 1588년에 세워진 건물이다. 서방성인西方聖人-달마를 가리킨다이라는 현판이 걸려 있다. 안에는 비로자나불지덕의 빛으로 온 세상을 두루 비춘다는 부처을 모시고 있다. 동, 서, 북 3면에는 5백 나한모든 번뇌를 끊고 이치를 깨달아 열반의 경지에 이른 성자상의 벽화가 희미하게나마 드러나 있다. 돌로 된 벽돌 바닥이 여기저기 함몰되어 있다. 소림권법 제자들의 엄청난 권법 수련과 기나긴 세월의 흔적이다. 모든 승려가 권법을 익히는 것은 아니고 주로 젊은 승려들이 하지만, 좌선과 독경만 하는 승려도 많다고 한다. 일본 가라데의 원조가 바로 소림권법이기에 소림사에 일본인들의 방문이 많다는 것이다.

당나라가 아직 천하 통일을 이루지 못하였을 때이다. 정왕鄭王 왕세충王世充이 낙양에 웅거하고 있을 시, 진왕秦王 이세민李世民은 왕세충을 토벌하지 못하여 형세가 매우 불리하였다. 이즈음에 소림사 승려 13명이 왕세충의 조카 왕인측王仁則을 사로잡아 진왕께 헌납하여 공을 세웠다. 진왕이 그들의 의열을 가상히 여겨 소림사는 승병으로 스스로를 보위할 수 있도록 허락하였다. 621년에 이 일을 비석에 새겨 전하게 하였다. 이후 소림사는 급속히 발전을 하게 된다.

소림사에서 놀다.

심전기(당)

길게 읊조리며 절에서 노닐고
여기저기 배회하며 절을 구경하니,
안탑은 풍상이 이미 오래고
용지는 세월이 또한 깊었도다.

감원에 저녁 비가 맑게 개고
벽전에 가을 그늘 내려앉을 때,
귀로에 저녁 안개 깔리더니
곳곳에 산 매미가 울고 있네.

游少林寺 유소림사

沈佺期(唐)

長歌遊寶地① 장가유보지
徙倚②對珠林① 사의대주림
雁塔風霜古 안탑풍상고
龍池③歲月深 용지세월심

紺園④澄夕霽 감원징석제
碧殿⑤下秋陰 벽전하추음
歸路煙霞晚 귀로연하만
山蟬處處吟 산선처처음

---

① 보지,주림寶地 珠林 : 불경에 칠보七寶가 땅이 되고 진주眞珠가 숲이 되었다는 내용이 있다. 이는 절을 표현한 말이다.
② 사의徙倚 : 배회하다. 한가롭게 슬슬 거닐다.
③ 용지龍池 : 소림사 주위에 있는 연못.
④ 감원紺園 : 감색 빛을 띤 정원. 감색은 짙은 남색, 쪽빛을 말한다.
⑤ 벽전碧殿 : 단청한 불당.

통상 소림사 하면 달마대사가 면벽面壁 9년만에 깨달음을 얻고서 세운 절로 생각하는 경우가 많다. 그러나 실지 그렇지 않다. 북위 때인 496년에 효문제가 인도의 승려 발타跋陀를 위해 세운 절이다. 석가모니 부처님의 제자인 마하가섭의 제28대 제자, 보리달마가 인도에서 온 것은 이로부터 약 30년 후인 북위 효명제 때527년이었다. 배를 타고 광동으로 들어와 남경을 거쳐서 다시 장강을 건너 북상하여 소림사에 닿은 것이다.

소림사는 불가의 선종에서 가장 중심에 서 있고 워낙 유서가 깊은 절이다 보니, 유명 인사의 방문도 많았고 기념물도 허다하며 전화戰禍도 잦았다. 그래서 그런지 뭔가 체계적으로 한꺼번에 잘 갖추어진 절이라는 느낌보다는 오랜 세월에 걸쳐 필요에 따라 두서없이 건물, 비석, 조각상, 현판 등을 하나씩 더하고 보태다 보니 지금의 구조로 이루어졌으리라는 생각이 든다.

⑧ 소림사의 탑림塔林

소림사에서 서쪽으로 약 300m 정도 가면 탑림이 있다. 중국에서는 림林를 쓰는 몇 개의 칭호가 있다. 공자의 묘를 공림, 관우의 묘를 관림이라 하고, 서안에 비석이 많아 비림, 이곳 소림사에는 탑이 많다고 탑림이라고 한다. 정말 산기슭에 탑들이 소림사 중들보다도 많다. 모전탑벽돌 탑인데 대개가 5층 탑 또는 7층 탑이다. 정사각형 아니면 육각형으로 쌓아 올린 것들이다.

탑림

세월에 지친 것들은 허물어지고 균열을 보이기도 한다. 퇴색과 훼손은 주로 꼭대기에서부터 시작되는 것 같다.

크기의 차이는 있지만 탑의 형태는 거의 대동소이하다. 탑의 크기는 지위, 수양, 덕망의 정도를 고려하고 또 그 당시의 경제적 상황까지 참작하여 결정되었다고 한다.

이곳 탑림의 탑은 전부가 240개이다. 훼손이 많아 원래의 반 정도만 남은 것이라 한다. 당나라의 것이 2개, 송나라의 것이 2개, 금나라 때의 것이 10개, 명나라의 것이 148개, 나머지 것은 청나라 또는 시대 불명의 것이다.

달마대사가 면벽 9면의 수도 생활을 했던 달마동達摩洞에 가 보지 못해 유감이다. 높은 곳에 위치해 있고 무더운 여름철에 가이드가 안내해 주기가 귀찮았던 모양이다.

소림사에서 나와 근처 식당이 모여 있는 곳으로 나와서 점심을 했다. 이곳 식당에서는 얼마나 바가지를 씌우는지, 현지 가이드가 낭패를 볼 지경이니 알 만하다. 일찍이 일본 사람들이 이 소림사를 많이 방문해 왔으니 일본인들을 대상으로 한 장사 수완이 이 지경으로 만들어 놓은 모양이다. 아마 중국 전역의 명승지나 유원지 중에서 가장 폭리가 심한 곳이 소주가 아니고 아마 여기가 아닌가 싶다.

용문석굴龍門石窟

황하의 줄기 이락수伊洛水는 다시 두 줄기로 나뉜다. 북쪽의 것이 낙수洛水이고 남쪽의 것이 이수伊水이다. 낙양에서 남쪽으로 14km 떨어진 거리의 이수 서쪽에 서산西山이 있다. 이 서산 기슭에 약 1km에 걸쳐 용문석굴이 펼쳐져 있다. 이 지역을 춘추전국 시대에는 이궐伊闕로, 한나라 이후부터는 용문으로 불렸다.

차로 용문대교를 건너다 보면 이수 너머 서산이 보인다. 이 서산에 석재石材를 떠내다 만 채석장 같은 광경이 이궐이다.

이곳은 워낙 유명한 관광지이어서 그런지 석굴로 가는 길가에는 노점상이 줄지어 있고, 크기도 다양한 수많은 당삼채唐三彩-백색, 녹색, 갈색의 3색 유약으로 배합된 당나라 시대 도자기를 길바닥에 널어놓고 팔고 있다. 값을 물어 보니 부담 없이 한두 개 구입할 정도의 가격이 아니다. 도중에 용문 문물 보관소를 지나게 되고 조금 더 걷다 보면, 강둑에서 갑자기 솟아오른 서산 비탈에 석존과 불감부처를 모신 작은 방들이 보이기 시작한다. 작은 불상에서부터 큰 석존에 이르기까지 부처와 보살이 수없이 조각되어 모셔져 있다. 큰 석굴은 절이라 불린다. 잠계사潛溪寺니 간경사看經寺니 봉선사峰先寺니 하는 것이 그것이다.

용문석굴

이 용문에는 석굴이 1352개, 불감이 785개가 있고 불상은 10만 개가 넘는다고 한다. 북위가 낙양에 천도하던 해494년부터 당나라 시대까지 약 400여 년에 걸쳐 이루어졌다는데, 전체의 1/3이 북위 시대 것이고 나머지 2/3가 당나라 시대에 만들어진 것이다.

계단을 만들어 놓아 높은 곳의 석굴도 올라가서 볼 수 있도록 하였다. 잠계사와 같은 큰 굴에는 제일 안쪽에 본존불을 모시고 좌우에 보살들이 시립해 있다. 본존불이 우리나라 경주 석굴암의 것처럼 굴 중심에 안치된 것이 아니고 안쪽 벽에 붙여 모셔졌다. 이 안의 여러 불상들은 풍화 작용에 의해서도 훼손되었겠지만 문화혁명 기간 동안 심각한 타격을 입어 손이나 손가락이 부러지기도 하고, 코가 잘려 나가거나 면상이 문질러져 형상을 알아볼 수 없는 것도 많다.

조각할 수 있는 여유의 바위 면만 있으면 감[龕]을 파고 불상을 만들었다. 어떤 곳에는 탑도 새겨 놓았는데 탑의 각 층에는 많은 불상들을 조각해 놓았다. 빈양중동[賓陽中洞-빈양동에는 남, 북, 중의 3동이 있다]의 여래좌상이 그런대로 온전히 보존되어 있다. 조형미나 예술성에 있어서 우리나라 경주 석굴암의 본존불과 비교해 보면 품격이 떨어진다. 게다가 웃는 모습이 조금은 경박하게 보인다. 하지만 우리나라 서산[瑞山]에 있는 '백제의 미소'라는 삼존불[三尊佛]의 웃음의 맥이 여기에 닿아 있음을 알겠다.

만불동[제9동]의 아미타여래상은 보존 상태가 제법 양호하다. 불상은 반질거리는 부분이 많은데 손때 때문이다. 오른쪽 손가락 마디가 다 부러져 나가고 없다. 머리는 크고 몸체는 작아 균형미가 모자란다. 여래의 뒤 광배는 덩굴 줄기 문양이 곱게 조각되어 있으며 아직도 붉은 채색이 뚜렷하다. 양옆에는 협시 보살상이 서 있어 이 세 불상이 어울려 그런대로 짜임새는 훌륭하다.

연화동[제13동] 석가모니 불상은 얼굴이 심하게 훼손되었고 두 팔은 아예 떨어져 나가고 없다. 그러나 천장의 연꽃 문양이 아직도 고울 뿐만 아니라 비천 조각의 생동감은 우리나라의 비천조각상의 원형을 이곳에서 보는 듯하다. 연화동 석굴 외벽에는 남자 1명, 여자 2명이 나란히 조각되어 있는데 한족[漢族]의 복장이 아니다. 여자는 분명히 우리나라 고유의 전통 의상인 주름치마와 저고리를 입고 있기 때문이다. 고구려와 북위의 밀접한 교류를 증명하는 것이다.

드디어 봉선사[제19동] 앞에 섰다. 깜짝 놀랄 지경이다. 산을 붕괴시켜 만든 엄청난 불상이 서 있어서이다. 더구나 크기도 대단하지만 지금까지 보고 온 불상과는 달리 조형미와 균형미가 완벽에 가깝기 때문이다.

중앙에는 비로자나불을 모셨고 이를 중심으로 오른쪽[남측]에 석가모니의 제자 아난과 보현보살 그리고 천왕상과 금강역사상이, 왼쪽[북측]에 부처님의 제자 가섭[훼손이 가장 심해 얼굴 형체를 알아볼 수 없을 정도이다]과 문수보살 그리고 역시 천왕상[크게 손상되었다]과 금강 역사상이 시립해 있다. 이렇듯 봉선사는 모두 9구의 거대한 상으로 이루어져 있다.

용문석굴의 제19동인 봉선사

본존불인 비로자나불은 높이가 17.4m이고, 얼굴 길이는 4m, 귀 길이는 1.9m이다. 중국에서 가장 아름다운 대불이라 일컬어진다. 그리고 광배는 타오르는 불꽃 무늬를 하고 있는데 그 크기와 섬세함이 감탄을 자아낸다. 훼손도 그리 심하지 않다. 거대한 본존불 전신이 이를 배경으로 하여 더욱 돋보이고 기절한 느낌을 자아낸다. 만약 이 광배가 없다면 불상의 멋은 반감되고 말 것이다.

본존대불은 두 팔이 떨어져 나가고 없다. 당나라 말기에 지진으로 파손되었다고 한다. 어깨에서 가슴으로 드리운 옚은 가사의 줄무늬 선이 매우 곱고, 목에는 세 줄의 주름이 뚜렷하다. 이는 당나라 때의 불상의 특징이기도 하다. 머리 숱은 많아 구름처럼 틀어 올렸고 눈썹은 시원스러운 아미형이며 눈은 깊고 그윽하다. 다부진 콧날, 굳게 다문 입술, 복스럽게 살집이 붙은 뺨, 전형적인 당나라 미인상이다. 그래서 당시의 측천무후를 모델로 삼았다는 이야기도 있다.

8각좌대에 새겨진 명문銘文에는 고종 때[672년 4월 1일] 무측천이 화장료 2만 관을 기증하여 675년[무측천의 나이 52세]에 완성했다고 되어 있다. 3년만에 이루었다는 것이다. 아무리 화강암이 아닌 사암이라도 3년만에 대공사를 끝낼 수 있었다는 것은 놀라울 뿐이다. 대불을 위시하여 봉선사 전체가 훼손이 심한 것을, 1971년부터 보수 공사를 해왔기에 이만큼이라도 볼 수 있다고 한다.

용문의 봉선사에서 노닐다

두보(당)

이전에 초제사에서 놀았더니
이제 다시 초제사에서 묵게 되었다.
그윽한 골짜기에 신령스런 소리 들리고
달 밝은 수풀에 맑은 그림자 흩어진다.

높은 누각 하늘에 가까워
구름 위에 누웠으니 옷이 차갑다.
잠에서 깨려는데 새벽 종소리 들리니
사람으로 하여 깊은 성찰에 들게 한다.

遊龍門奉先寺유룡문봉선사

杜甫(唐)

已從招提①遊이종초제유
更宿招提境경숙초제경
陰壑生靈籟음학생령뢰
月林散淸影월림산청영

天闕②象緯③逼천궐상위핍
雲臥衣裳冷운와의상랭
欲覺聞晨鐘욕각문신종
令人發深省령인발심성

① 초제招提 : 초제사를 가르키는데 봉선사의 또 다른 이름이다.
② 천궐天闕 : 높은 절 집.
③ 상위象緯 : 천문天文, 천상天象을 말한다.

이수伊水를 두고 동쪽 건너편의 산이 동산東山이다. 이곳에 당나라 시인 백거이白居易의 무덤이 있다는데 가 보지 못했다. 나도 사전 준비가 안 되었고 가이드도 몰랐기 때문이다. 설사 안다고 하더라도 계획된 일정 외에는 움직이지 않으려는 것이 그들의 특성이다. 무덤은 직경이 10m 정도 되는 원형이고 비석에는 당태자전향산백문공묘唐太子傳香山白文公墓라 쓰여 있다고 한다. 동산의 또 다른 이름이 향산香山이어서 그는 자기의 호를 향산거사라 했다.

그는 평생 다구茶具와 술잔이 몸에서 떠나지 않았고 늘 머리를 단정히 묶고 책상다리를 한 채 선학禪學과 고사古事를 담론하였으며 술의 아취를 즐기면서 자신을 취음선생醉吟先生이라 했다. 불교에 빠져 한 달 내내 고기를 입에 대지 않을 때도 있었다.

그는 시를 지을 때 어려운 표현을 좋아하지 않았다. 시를 지어 집안의 노파에게 물어 보아 뜻을 안다고 하면 시로 기록했다. 우리나라 신라의 상인들이 당나라에서 시들을 구해 돌아와 당시의 한 재상宰相에게 보이면 그는 백거이의 시를 변별해 내었다고 한다. 그만큼 신라에서도 그의 시는 인기가 높았다는 것이다.

그의 이름에 얽힌 일화가 있다 17,8세 때 자기가 지은 작품 하나를 들고 당대의 유명한 명사인 고황顧況을 찾아가 자기의 능력을 가늠해 보려 했다. 고황은 이름거이居易-살아가기가 쉽다부터 보더니 장안에는 쌀값이 비싸서 살아가기가 쉽지 않을 것長安米貴居大不易라고 놀렸다. 하지만 그의 시구 "들불이 다 태워 버리지는 못할 것이고, 봄바람이 불어 다시 살아날 것이다野火燒不盡 春風吹又生-야화소부진 춘풍취우생"를 보자 크게 놀라면서 "이 같은 재주가 있으면 살아가는데 어찌 어려움이 있겠는가?有才如此 居亦何難"라고 하면서 격려했다는 것이다.

술을 대하며 / 對酒대주

백거이(당) / 白居易(唐)

(1)

달팽이 뿔 위에서 무슨 일로 다투는가?
부싯돌 빛 가운데 이 몸을 맡겼더라.
부유해도 가난해도 거저 웃고 즐겨야지
입 벌려 안 웃으면 그가 바로 바보일세.

(1)

蝸牛角上爭何事와우각상쟁하사
石火光中寄此身석화광중기차신
隨富隨貧且歡樂수부수빈차환락
不開不笑是癡人불개불소시치인

(2)

백 살까지 산다한들 건장한 때 많지 않고
한 해 중 봄이라도 청명한 때 얼마이랴?
모처럼 만났으니 취하기를 사양 말아
양관의 이별가를 들어나 보자꾸나.

(2)

百歲無多時壯健백세무다시장건
一春能幾日晴明일춘능기일청명
相逢且莫推辭醉상봉차막추사취
聽唱陽關第四聲①청창양관제사성

① 양관제사성陽關第四聲 : 왕유가 지은 이별의 노래인 송원이사안서送元二使安西라는 시가 있다. 사성이란 그 중에서 勸君更進一杯酒그대에게 또다시 한 잔 술 권하노라를 말한다. 580쪽에 이 시가 있음.

낙양洛陽

낙양은 중국에서 도읍지로서의 역사가 가장 긴 도시이다. 기원전 770년에 주나라가 처음 낙양에 도읍을 정했고, 이후 후한後漢 · 위魏 · 서진西晋 · 북위北魏 · 수隋 · 당唐 · 후당後唐 · 후진後晋 등 아홉 왕조에 걸쳐 수도로서 번영을 누렸다. 이들 아홉 왕조가 수도로 정하였던 기간은 934년간이며 군림한 황제의 수는 70명이나 된다. 이 중에 가장 오래 보위를 누렸던 황제는 무측천이었다.

예부터 음양오행설에 의하면 강의 남은 음이요 강의 북은 양이라 했으니 낙수의 북에 있으니 낙양이라 한 것이다.

낙양 시내에는 낙수, 이수, 간하澗河, 역하瀍河의 네 강이 흐른다. 간하와 역하는 낙수로 흘러들어 다시 이수와 합류하여 황하로 들어간다. 이들 강 덕분에 낙양은 물이 풍부하고 토지가 비옥하였다. 그래서 천하에 비할 수 없는 훌륭한 고장으로 일컬어 왔던 것이다. 천하를 쟁취하려면 마지막으로 꼭 다투어야 했던 땅이었다.

송나라 때의 대학자인 사마광司馬光은 "고금의 흥망사를 묻거든 다만 낙양성에 가 보라"라고 했다.

낙양의 북쪽에는 망산邙山의 줄기가 멀리 정주까지 약 200km에 걸쳐 이어져 있다. 황하는 그 망산의 북쪽을 흐르고 있으며 낙양에서 약 30km 정도 떨어져 있다. 낙양 남쪽에는 용문산과 숭산산맥이 뻗어 있다.

현재 남아 있는 낙양의 고적으로서는 망산의 고분군古墳群과 백마사白馬寺, 관림 정도이다.

흰 머리를 슬퍼하는 늙은이를 대신하여

유희이(당)

낙양성 동쪽에 복사꽃 오얏꽃은
이리저리 흩날려 누구 집에 떨어지나?
낙양의 계집애들 고운 얼굴 아끼어
지는 꽃을 만나면 길게 탄식한다네.

代悲白頭翁대비백두옹

劉希夷(唐)

洛陽城東桃李花락양성동도리화
飛來飛去落誰家비래비거락수가
洛陽女兒惜顔色락양여아석안색
行逢落花長歎息행진낙화장탄식

금년에 꽃이 지면 얼굴색이 변하고 今年花落顏色改 금년화락안색개
내년에 꽃 필 때면 누가 다시 있으리오. 明年花開復誰在 명년화개부수재
이미 보았노라, 소나무가 꺾여서 땔나무가 되는 것을. 已見松栢催爲薪 이견송백최위신
또다시 들었노라, 뽕밭이 변하여서 바다가 되는 것을. 更聞桑田變成海 갱문상전변성해

낙양성 동쪽에는 옛날 사람 다시 없고 故人無復洛城東 고인무부락성동
지금 사람 도리어 지는 꽃을 바라보네. 今人還對落花風 금인환대락화풍
철마다 철마다 피는 꽃은 서로 같으나 年年歲歲花相似 년년세세화상사
해마다 해마다 늙는 사람은 같지 않아라. 歲歲年年人不同 세세년년인부동

한창 젊어 고운 얼굴 청춘에게 이르노니 寄言全盛紅顔子 기언전성홍안자
반 죽은 백발 노인을 부디 가여워하라. 須憐半死白頭翁 수련반사백두옹
이 늙은이 백발은 참으로 가련하나 此翁白頭眞可憐 차옹백두진가련
옛날에는 홍안의 고운 소년이었다네 伊昔①紅顔美少年 이석홍안미소년

공자와 왕손들이 꽃나무 아래에서 公子王孫芳樹下 공자왕손방수하
지는 꽃 바라보며 노래하고 춤췄다오. 淸歌妙舞落花前 청가묘무락화전
광록의 연못 누대에 비단 옷 나부끼고 光祿池臺②開錦繡 광록지대개금수
장군의 누각에는 신선 그림 그렸었네. 將軍樓閣③畵神仙 장군누각화신선

하루아침에 앓아 눕자 아는 이 없어지고 一朝臥病無相識 일조와병무상식
봄날의 즐거움은 누구 곁에 가 버렸나? 三春行樂在誰邊 삼춘행락재수변
고운 눈썹 얼마나 오래도록 가겠는가? 宛轉④蛾眉⑤能幾時 완전아미능기시
순식간에 흰 머리털 실처럼 어지럽네. 須臾⑥鶴髮亂如絲 수유학발란여사
옛날에 노래하고 춤추던 곳 바라보니 但看古來歌舞地 단간고래가무지
오직 황혼에 잡새들만 날아다니누나. 惟有黃昏鳥雀飛 유유황혼조작비

① 이석伊昔 : 옛날.

② 광록지대光祿池臺 : 연못 위에 세운 호화로운 누각 한나라 원제(元帝) 때 광록훈 왕근(光祿勳 王根)의 고사.

③ 장군누각將軍樓閣 : 거대한 저택에 불로장생의 신선들을 그려 넣은 것을 말한다

후한 때 대장군 양기(梁冀)의 고사

④ 완전宛轉 : 완전婉轉과 통하는데 은근한 아름다움을 뜻한다.
⑤ 아미蛾眉 : 나방의 더듬이처럼 고운 눈썹.
⑥ 수유須臾 : 잠시, 잠깐.

작가소개 유희이(652~680) : 자는 정지廷芝이며 하남성 허창許昌 사람이다. 나이 25살에 진사에 올랐다. 외모가 준수하고 담소를 즐기며 비파 연주가 뛰어났다. 술은 몇 말을 마셔도 취하지 않았고 실망스러운 일이 있어도 마음에 두지 않았다. 今年花落顔色改 明年花開復誰在금년화락안색개 명년화개부수재의 시구를 두고서 이 구절은 내가 죽을 참언讖言이라고 하고선 年年歲歲花相似 歲歲年年人不同년년세세화상사 세세년년인부동으로 고쳤다. 하지만 사람의 죽고 사는 건 천명인데 어찌 시구 때문이겠는가? 하면서 버린 앞의 시구까지 챙겨 두었다. 그의 외삼촌뻘되는 송지문宋之問이 위 구절을 아주 좋아했다. 또 널리 퍼지지 않은 것을 알고 자기에게 달라고 요구했다. 그러나 주마 하고 주지 않았으니 송지문이 자기를 속였다고 노하여 노비를 시켜 흙주머니로 압사시켰다고 한다.

관림關林

용문에서 낙양으로 가는 길에 관림에 들렀다. 낙양성에 7km 정도 못 미쳐 있다. 이곳은 삼국 시대 촉장 관우의 수급을 매장한 곳이다. 명나라 때인 1596년에 처음 사원을 짓고 측백나무를 심었다. 청나라 건륭 시대에 한 차례 확장했다. 지금은 고목이 된 측백 800여 그루가 있어 관림이라는 칭호에도 손색이 없다.

제왕의 묘는 능이고 왕후王侯의 묘는 총이며 일반 백성의 묘는 분이다. 성인聖人의 묘를 임林이라고 칭하는데 공자의 묘를 공림이라 부른다. 관우는 무성武聖으로 추숭되어 그의 묘를 관림이라고 일컫는 것이다.

석란판도

매표소를 지나면 關林관림이라는 현판이 걸린 대문을 만난다. 이는 의문儀門이라는데 그 앞에 쇠 사자가 좌우에 대립하고 있다. 무게가 1.5

톤이란다. 사당[대전-大殿]까지는 석판을 깔아 깨끗하게 정비해 놓았다. 이 길을 이름하여 석란판도[石欄板道-돌 난간이 있는 석판 길]라 하는데, 난간이 있는 다리처럼 만들어 놓은 것이 특이하다. 난간의 각 돌기둥 위에는 사자상을 조각해 놓았으니 개수만도 104개가 되며 그 모양이 각각 다르다. 크기는 작지만 북경 노구교의 그것과 방불한 데가 있다. 난간 너머는 수령이 오랜 측백이 작은 숲을 이루고 있다. 이곳의 측백은 대부분 명대에 심은 것이라니 수령이 족히 400년은 될 것이다. 그래서 이 관림의 푸른 측백은 낙양8소경의 하나이다.

대전[大殿-사당]에는 관림이라는 금색 글씨의 현판이 높게 걸려 있고 그 안에 관우의 상이 모셔져 있다. 머리에는 12줄의 면류관을 쓰고 있고, 눈은 아래로 지그시 감은 듯하며, 수염은 배를 덮었다. 두 손은 홀을 쥐고 가슴 앞에 대고 있다. 벽에는 도원삼결의, 삼영전여포[三英戰呂布-세 영웅이 여포와 싸우다], 삼고초려 등의 역사적 사실들을 그려서 새겨 놓았다.

이전[二殿]에는 무장을 한 관우가 동오[東吳]를 노기 띤 눈으로 응시하고 있는 상이 있다. 왼편에는 관평[關平]이, 오른편에는 주창[周倉]이 시립해 있다. 이전 좌우에는 장후전[張侯殿-장비 기념전]과 오호전[五虎殿-오호대장군 기념전]이 있다. 오호는 관우, 장비, 조자룡, 마초, 황충이다.

삼전[三殿]은 침전이라고도 한다. 관우가 평소에 즐겨 읽던 춘추를 한 손에 쥐고 있는 상, 출행[出行]하는 상, 취침하는 상 등이 있어 침전이라고 하는 모양이다.

삼전 뒤에는 석방이 세워져 있고, 가로로 한수정후묘[漢壽亭侯墓]라고 새겨져 있다. 이 석방 뒤에 임정[林亭]이 있는데 임비[林碑]를 보호하는 정자각이다. 임비의 높이는 4.8m이다.

석방을 지나 關陵[관릉]이라고 쓰인, 벽돌로 만든 문을 지나면 관우의 무덤이다. 돌 계단을 만들어 무덤 위에까지 오르도록 해 놓았다. 정상부에는 마당처럼 평평하게 닦여져 있는데 팔괘를 그려 놓았다. 무덤의 높이는 10m이고 점유 면적은 250㎡이다. 이가 바로 관우의 머리만 매장된 무덤이다.

관우가 맥성[麥城] 싸움에서 여몽[呂蒙]에게 사로잡혀 항복하지 않으니 끝내 참수된다. 손권은 유비의 예봉을 피하기 위해 수급을 조조에게 보낸다. 조조는 그를 왕후[王侯]의 예로서 장사지내 준다. 그래서 관우의 무덤은 둘이다. 다른 하나[몸만 묻힌 곳]는 형주에 있다. 형주의 관림에는 그의 무덤 높이 이상으로 나무의 키가 자라지 않는다는 것이다. 머리가 잘린 시신을 묻었기 때문이라고 한다. 무한대학교 출신인 무한의 가이드가 직접 가 봤다고 했다.

삼국지연의에서는 관우를 유비의 의형제로서 충성을 다하였고, 평생 의를 저버리지 않은 인물로 그리고 있다. 그러나 진수[陳壽]의 삼국지 정사[正史]에서는 "강하고 자신을 과신했다. 졸오[卒伍-병졸]에게는 잘 대해 주었으나 사대부에게는 교만했다. 스스로의 결함[오만함]으로 인해 멸망을 빚었으니, 자연의 도리이다"라고 평했다.

관우는 후한 건안 24년[219년] 12월에 죽었다[삼국지연의 참조]. 당시 나이 58세였다. 조조도 그 후 바로 죽게 되고[조조 나이 65세] 관우를 잡아 죽였던 여몽도 뒤이어서 죽는다. 이러니 관우를 공경하고 두려워하는 이유가 여기에 있다는 것이다.

삼국지연의에는 관운장을 노래한 다음과 같은 시가 전한다.

한말에 그 재주는 무적이었고	漢末才無敵[한말재무적]
운장만이 홀로 빼어났도다.	雲長①獨出群[운장독출군]
신다운 위엄이 능히 무를 드러냈고	神威能奮②武[신위능분무]
너그러운 마음은 다시 문을 알았었네.	儒雅③更知文[유아경지문]
해 같은 마음이 거울처럼 맑았고	天日心知鏡[천일심지경]
춘추의 의리는 구름처럼 높았더라.	春秋義薄雲[춘추의박운]
그 빛남이 만고에 드리웠으니	昭然④垂萬古[소연수만고]
삼국의 으뜸으로만 그치지 않도다.	不止冠⑤三分[부지관삼분]

① 운장[雲長, ?~219] : 관우의 자[字]
② 분[奮] : 드러내다.
③ 유아[儒雅] : 너그럽고 학문이 깊다.
④ 소연[昭然] : 밝은 모양.
⑤ 관[冠] : 으뜸가다.

백마사白馬寺

관림에서 곧장 북쪽으로 가면 낙양에 이르는데 이때 낙수를 건너야 한다. 낙양대교 오른쪽 강바닥에는 지난날 낙양의 명승인 천진교天津橋를 기념하는 정자가 서 있다. 이는 아치형 석조물 위에 세운 비석을 보호하는 것인데 낙양대교를 지나면서 육안으로 목격할 수 있다.

원래 천진교는 수나라 양제 때605년 낙수 위에 부교浮橋-배다리로 건설되었다. 이때 다리 길이가 200보, 넓이가 40보였다고 한다. 낙수의 흐르는 모습이 은하수를 닮았다 하여 천진이라고 하고, 다리 교 자를 붙여 천진교라 이름지었다. 또 천자天子의 문전門前 나루터이기에 천진이라 하고, 이곳의 다리이니까 천진교라 했다고도 한다. 당나라 때 돌다리로 다시 건축하여 낙양교라고도 했다. 천진효월天津曉月-천진교의 새벽 달은 낙양8경 중의 하나였다.

송나라 때 천진교를 중수한 이후 홍수로 크게 파손되어 아치형 다리 형태의 한 구간만 남고 말았다. 많은 세월이 흘러 민국 26년1937년 천진교 옆에 임삼교林森橋를 만들 때에, 이 아치형 잔교殘橋 위에 천진교의 사적비와 그 보호 정자를 세웠던 것이다.

낙수는 황하의 지류이지만 작은 강은 아니다. 강폭은 넓고 물살도 제법 세차다.

천진교에서 봄을 바라보며	天津橋春望천진교춘망
옹도(당)	雍陶(唐)
천진교의 봄 물은 붉은 놀에 잠기고	津橋春水浸紅霞진교춘수침홍하
안개 속의 실버들은 강 언덕에 비꼈도다.	煙柳風絲拂崖斜연류풍사불애사
님의 수레 오지 않고 금전은 닫혔으니	翠輦①不來金殿②閉취련불래금전폐
꾀꼬리만 상양궁의 버들 꽃을 물고 오네.	宮鶯銜出上陽③花궁앵함출상양화

① 취련翠輦 : 임금이 타는 수레. 또는 귀인이 타는 수레.
② 금전金殿 : 궁전.
③ 상양上陽 : 궁전 이름.

낙양의 거리

이백(당)

백옥 같은 그 모습 누구 집의 자제런가?
수레 돌려 천진교를 건너가누나.
성 동쪽 거리에서 꽃 구경하니
낙양의 사람들을 놀라게 하네.

洛陽陌낙양백

李白(唐)

白玉誰家郎백옥수가랑
回車渡天津회차도천진
看花東陌上간화동백상
驚動洛陽人경동락양인

낙교洛橋의 저녁 풍경

맹교(당)

천진교 아래에 얼음이 처음 얼고
낙양성 행길에 사람 자취 끊겼어라.
느릅 버들 쓸쓸하고 누각은 휑뎅한데
달이 밝자 숭산에 눈이 바로 보이네.

洛橋晩望낙교만망

孟郊(唐)

天津橋下氷初結천진교하빙초결
洛陽陌上人行絶낙양백상인행절
楡柳① 蕭疎② 樓閣閒유류소소루각한
月明直見崇山雪월명직견숭산설

① 유류楡柳 : 느릅나무와 버드나무.
② 소소蕭疎 : 성기고 듬성듬성하다. 쓸쓸하다.

작가소개 맹교(751~814) : 자가 동아東野이며 낙양 사람이다. 숭산에 은거하며 처사로 지내다가 나이 50에 진사에 급제했다. 성품이 곧아 남과 잘 어울리지 못하였지만 한유韓愈와는 너나들이하는 사이였다. 율양위溧陽尉에 부임했으나 명승지를 찾아다니고 술과 거문고로 나날을 보내면서 업무에 태만하다가 감봉 처분을 받고는 사직하였다. 그는 삶을 도모하는 재주가 모자라 늘 가난하였다. 다음 시구가 이를 잘 대변한다. "수레 빌려 가구를 실으니 가구들이 수레보다 적구나借車載家具 家具少於車." 그의 대표 시는 뭐라 해도 '유자음'遊子吟-길 떠나는 자식의 노래이다.

자애로운 어머니 실을 가지고
길 떠날 자식 옷을 기우시도다.
바늘 자국이 이리도 촘촘함은
내 늦게 돌아올까 걱정해서라.
누가 말했나, 풀잎 같은 효심이
봄볕 같은 어머니 은혜 갚을 수 있다고.

낙양대교를 건너 낙양시에 들어가니 도로가 넓고 차는 드물다. 가로수를 많이 심어 놨는데 대체로 키가 커서 차도가 시원스럽다. 시장 바닥 같은 데에 차를 세워 잠시 쉬어 가기로 했다. 대로변에는 좌판, 대팔차[중국식 리어카], 수레, 자전거 할 것 없이 전을 펴고 잡다한 물건을 팔고 있다. 뭔가 더 색다른 구경거리를 찾아서 비좁은 골목 안으로 들어가 봤다. 컴컴한 구멍가게가 하나 보인다. 잡화물과 식료품 등을 파는가 본데 술도 판다. 마실 수 있는 데는 아니고 술을 사 가는 곳이다. 큰 술독에 담은 술을 국자로 몇 잔씩 퍼 주는 것이다. 초췌한 한 중년 사내가 술 냄새를 풍기며 병에 술을 받아 간다. 배갈 냄새가 진동한다.

낙양으로 원[袁] 습유를 찾아갔다가 만나지 못하고	洛陽訪袁拾遺①不遇[낙양방원습유불우]
맹호연(당)	孟浩然(唐)
낙양으로 그대를 찾아가 보니	洛陽訪才子[낙양방재자]
강령으로 귀양간 지 오래라네.	江嶺②作流人[강령작류인]
듣기로 그곳 매화는 일찍도 핀다지만	聞說梅花早[문설매화조]
어찌 이곳 낙양의 봄만 하리오.	何如此地春[하여차지춘]

① 원습유[袁拾遺] : 원은 성[姓]이다. 습유는 관직 이름인데 간언[諫言]하는 직이다.
② 강령[江嶺] : 양자강과 오령[五嶺]사이의 지역 곧 형산[衡山] 남쪽 지방.

외곽으로 좀 더 나아가 보니 개천이 나오는데 물은 거의 보이지 않고 새파란 풀만 자욱하다. 멀리 아치형 석교가 아름답다. 벽돌로 지어진 집들이 개천 따라 마을을 형성하고 있는데 나무들을 많이 심어 놓았으니 마치 마을을 덮고 있는 듯하다.

낙양성 봄 밤에 피리 소리를 들으면서 春夜洛城聞笛[춘야낙성문적]

이백(당) 李白(唐)

뉘 집의 옥피리 소리 은은하게 흩어져 誰家玉笛暗飛聲[수가옥적암비성]
봄바람에 날아들어 낙양성에 가득하나? 散入春風滿洛城[산입춘풍만낙성]
이런 밤 노래 속에 절류곡을 듣는다면 此夜曲中聞折柳[①차야곡중문절류]
누군들 고향 생각 일어나지 않으랴! 何人不起故園[②]情[하인불기고원정]

① 절류[折柳] : 절양류라는 이별가의 피리 곡명. 멀리 길 떠나는 사람과 이별할 때에 버들가지를 꺾어 둥글게 묶어서 가락지[환(環)]을 만들어 주는데 이는 곧장 돌아오기[환(還)]을 비는 뜻이 담겨 있다. 이런 시구도 전한다. '떠나는 이 날마다 버들가지 꺾는데, 수천 가지 꺾어도 머물게 할 수 없네.'(離人日日折楊柳[리인일일절양류], 折盡千枝人莫留[절진천지인막류])

② 고원[故園] : 고향.

※ 이백이 35살에 지은 것이다.

위팔처사에게 주며 贈衛八處士[①증위팔처사]

두보(당) 杜甫(唐)

인생이 서로들 보지 못하면 人生不相見[인생부상견]
자칫하면 삼성과 상성 같도다. 動如參與商[②동여삼여상]
오늘 밤은 또 어떤 저녁이냐? 今夕復何夕[금석복하석]
이 등촉의 빛을 같이하였네. 共此燈燭光[공차등촉광]

젊은 날이 그 얼마나 될까? 少壯能幾時[소장능기시]
머리카락이 각각 희끗희끗하였네. 鬢髮各已蒼[빈발각이창]
친구를 찾으니 반은 죽어 귀신이 되었고 訪舊半爲鬼[방구반위귀]
놀라서 이름을 부르니 뱃속이 뜨끈해지누나. 驚呼熱中腸[경호열중장]

어찌 알았으리오, 이십 년만에 焉知二十載[언지이십재]
다시 그대의 집에 오를 것을. 重上君子堂[중상군자당]
옛날 작별할 때 그대는 미혼이었는데 昔別君未婚[석별군미혼]
지금은 아이들이 행렬을 이루는구려. 兒女忽成行[아녀홀성행]

기쁘게 아버지 친구를 공경하며 　 怡然敬父執[이연경부집]
나에게 어디서 오느냐고 묻는 것이다. 　 問我來何方[문아래하방]
문답이 채 끝나지도 않았는데 　 問答乃未已[문답내미이]
아녀들은 술과 장을 벌여 놓는다. 　 兒女羅酒漿[아녀라주장]

밤비를 맞으며 봄 부추를 뜯어오고 　 夜雨剪春韭[야우전춘구]
새로 지은 밥에 누런 조를 섞었구나. 　 新炊間黃粱③[신취간황량]
주인이 좀처럼 만나기 어렵다기에 　 主稱會面難[주칭회면난]
일거에 열 잔이나 거퍼 마셨다. 　 一擧累十觴[일거누십상]

열 잔을 마셔도 취하지 않는 것은 　 十觴亦不醉[십상역불취]
그대의 다함없는 정에 감동한 때문이라. 　 感子故意長[감자고의장]
내일 서로 산악을 격하게 되면 　 明日隔山岳④[명일격산악]
또 다시 세상 일은 막막하게 되리라. 　 世事兩茫茫[세사량망망]

---

① 위팔처사[衛八處士] : 위씨 집안의 8번째 아들. 처사는 벼슬에 오르지 않은 사람.
② 삼여상[參與商] : 삼성[參星]과 상성[商星]을 말한다. 이 두 별은 하나가 뜨면 다른 하나는 지기 때문에 서로 같이 나타나는 일이 없다. 인생에서 서로 만나지 못함을 비유할 때 쓰인다.
③ 황량[黃粱] : 누런 기장. 중국에서는 기장을 귀중하게 여겨 오곡의 으뜸으로 친다. 이것으로 밥을 지었다는 것은 융숭한 대접이다.
④ 산악[山岳] : 화산[華山].서악[西岳]이라고도 한다. 오악 중의 하나이다.
※ 두보는 숙종 건원 원년, 758년에 화주[華州]의 사공참군[司空參軍]으로 좌천되어, 이듬해 봄에 낙양에서 화주로 부임하러 가면서 옛 친구 위씨를 만나 이 시를 지은 것으로 최고의 명편에 속한다. 48살 때의 작품이다.

백마사는 시내에서 동쪽으로 12km 정도 떨어져 있다. 이때가 여름 한창인 8월이라 매미 소리가 귀에 따갑다. 교외의 밭에는 주로 옥수수가 심어져 있다. 차창 너머 낮으막한 구릉이 보이는데 망산[邙山]이라 한다. 역대 왕후장상[王侯將相]과 귀인들의 무덤이 즐비한 곳이다. 소항[소주·항주]에서 태어나 북망산에 묻히고 싶다는 중국인의 소원이 있다.

이곳에는 우리 나라 역대 임금 중 한 분이 잠들어 있다. 바로 백제의 마지막 임금 의자왕이다. 백제를 망치고 이곳에 포로로 잡혀 와 그 한의 삶을 살다가 이곳에 묻혔다. 그러나 모르지, 유비의 아들 유선처럼 망국의 한을 모르고 부족함이 없는 노인으로 일생을 마쳤는지도. 또 있다. 고구려 연개소문의 장남 남생男生 ?~679이 이곳에 묻혔던 것이다. 연개소문이 죽자 막리지가 되었으나 동생 남건南建에게 자리를 빼앗긴 후 당나라에 투항하여 고구려 멸망을 도왔던 것이다. 최근에 그의 무덤이 이곳에서 발견되었다는 신문 기사가 난 적이 있다.

백마사에 도착하고 보니 땅거미가 내려앉고 이미 산문은 닫혀 있었다. 산문 앞 넓은 마당에는 대리석으로 조각된 말 두 마리가 마주 대하고 있다. 백마사를 상징하는 석상이다. 후한의 명제明帝가 인도에 사신을 보내어 불경과 불상을 가져오게 했다. 이때 백마에 이것들을 싣고 왔기에 백마사란 이름을 얻었다고 한다. 백마사는 중국에서 가장 오래된 절이다.

백마사

현재 불교의 중국 전래는 확실하지는 않다. 백마사 건립이 AD 68년으로 보고 있지만 전설로 보는 면이 강하다. 그렇지만 불교가 후한 시대에 전래된 것만은 사실로 봐야 한다는 것이다.

백마사에 남아 있는 건축물들은 대개가 명나라 때의 것이다. 다만 담장 너머 높이 솟은 제운탑齊雲塔만 당나라 시대의 품격을 그대로 보이고 있는데 낙양에서 현존하는 건축물 중에서 가장 오래된 것이다. 13층 벽돌 탑이다.

여기까지 와서 문이 닫혀 백마사에 들어가 보지 못하고 아쉬워하고 있는데 스님 한 분도 늦게 왔는지 닫힌 백마사 대문 두 문고리를 잡고 축 늘어져 있다. 삶에 지친 우리 중생의 모습을 보는 것 같다.

백마사에서 숙박하면서 宿白馬寺숙백마사

장계(당) 張繼(唐)

백마가 불경 실어 온 일 이미 무상하고
깨어진 비석 헐어진 절터는 흔적만 남았구나.
쓸쓸한 초가집에 가을 바람 일어나고
이 한 밤 빗소리에 고향 생각 간절하네.

白馬馱經①事已空백마타경사이공
斷碑殘刹②見遺蹤단비잔찰견유종
蕭蕭茅屋秋風起소소모옥추풍기
一夜雨聲羈思③濃일야우성기사농

① 타경馱經 : 후한 명제 때AD67년 섭마등攝摩騰과 축법란竺法蘭 두 승려가 서역으로부터 백마에 불경과 불상을 싣고 온 일을 말한다.
② 단비잔찰斷碑殘刹 : 당나라 숙종 때 사사명의 반란을 진압하기 위해, 낙양에 구원병으로 온 회흘족의 분탕질을 뜻한다.
③ 기사羈思 : 고향 생각.

중국 고대 역사의 중심 무대인 낙양의 관광은 백마사를 떠남으로서 끝을 맺는다. 백마사의 역사가 중국 불교의 역사이다. 게다가 백마사가 겪어 온 자취가 중국 중원 땅의 흥망성쇠가 아닐까? 끝없이 펼쳐진 옥수수 밭 너머 붉은 저녁노을 속에 낙양은 서서히 잠기어 가고 있다.

가을 생각 秋思추사

장적(당) 張籍(唐)

낙양성에 가을 바람 불어오는데
집에 편지 쓰려니 생각이 만 겹이라.
급한 김에 할 말 다 못했을까 두려워
심부름꾼 출발에 임해 다시 뜯어 보노라.

洛陽城裏見秋風낙양성리견추풍
欲作家書意萬重욕작가서의만중
復恐忽忽①說不盡부공총총설불진
行人臨發又開封행인임발우개봉

① 총총忽忽 : 매우 급하고 바쁜 모양.

작가소개 장적(765~830년간에 생존) : 자는 문창文昌이며 안휘성 오강烏江 사람이다. 799년에 진사에 급제했다. 성격이 날카롭고 직선적이었다. 한유와 친하게 지냈는데 한유에게 질책과 풍자를 서슴지 않았다. 그는 악부시와 고풍시에 뛰어났다.

봄밤에 사촌 동생들과 도화원에서 연회를 즐기며	春夜宴從弟桃花園序 춘야연종제도화원서
이백(당)	李白(唐)
무릇 천지란	夫天地者 부천지자
만물의 여관이요,	萬物之逆旅① 만물지역려
광음이란	光陰者 광음자
백대의 나그네다.	百代之過客 백대지과객
덧없는 인생이 꿈과 같으니	而浮生若夢 이부생약몽
즐기는 동안이 얼마나 되랴?	為歡幾何? 위환기하
옛사람이 촛불 잡고 밤까지 노닐었으니	古人秉燭夜游 고인병촉야유
진실로 그 까닭이 있었도다.	良有以也 량유이야
하물며 따스한 봄이	況陽春 황양춘
아름다운 경치로 나를 부르고	召我以煙景 소아이연경
대지가 나에게 문장을 빌림에 있어으랴!	大塊②假我以文章 대괴가아이문장
도리화 만발한 꽃다운 정원에 모여	會桃李之芳園 회도리지방원
천륜의 즐거운 일을 펼쳤나니,	序天倫③之樂事 서천륜지락사
여러 아우들은 뛰어나	群季俊秀 군계준수
모두 혜련이 되겠지만,	皆為惠連④ 개위혜련
내가 읊는 시만은	吾人詠歌 오인영가
오직 강락에게 부끄러울 뿐이라.	獨慚康樂⑤ 독참강락
조용한 감상은 그치지 않고	幽賞未已 유상미이
고상한 화제는 더욱 맑아지며,	高談轉清 고담전청
구슬 자리를 깔고는 꽃 속에 앉았고	開瓊筵⑥以坐花 개경연이좌화
주고 받는 술잔이 달빛 속에 취했으니.	飛羽觴⑦而醉月 비우상이취월
시가 없다면	不有佳作 불유가작
어찌 아취 있는 회포를 펴랴?	何伸雅懷 하신아회
만약 시를 이루지 못하면	如詩不成 여시불성
금곡에 있어서의 벌주수에 의해 벌하리라.	罰依金谷酒數⑧ 벌의금곡주수

① 역려[逆旅] : 객사[客舍], 여관[旅館].
② 대괴[大塊] : 대지[大地].
③ 천륜[天倫] : 형제.
④ 혜련[惠連,397~433] : 육조 시대 때 송[宋]의 사혜련[謝惠連]. 어려서부터 총명하였고 10세에 능히 글을 지었다. 족형[族兄]이 영운[靈運]인데 서로 우애가 깊었다.
⑤ 강락[康樂,385~433] : 육조 시대 송[宋]의 사령운[謝靈運]. 할아버지의 강락공의 봉작을 이어받았기에 사강락으로 불렸다. 매우 사치스럽고 심히 산수를 즐겼다.
⑥ 경연[瓊筵] : 구슬 자리.
⑦ 비우상[飛羽觴] : 우상은 새 깃으로 장식한 술잔이다. 여기서 비우상은 술잔을 빨리 주고받는다는 뜻이다.
⑧ 금곡주수[金谷酒數] : 진[晋]나라 때의 거부[巨富] 석숭[石崇]이 금곡원[金谷園]에서 잔치를 베풀고는 시를 짓지 못하는 자에게 술 3잔을 벌로 먹였다. 금곡은 낙양에 있는 계곡 이름이다.
※ 이 시는 735년 전후에 이백이 낙양에서 노닐 때 지은 것으로 여겨진다.

제29장 정주鄭州

정주 시내에는 중원中原이라는 이름을 붙인 간판들이 눈에 많이 띈다. 정주가 중국의 중심이라는 자부심 때문일 것이다. 3천 년 전 은나라가 이곳에 도읍을 정한 이후, 천하를 도모하려면 반드시 쟁패해야 하는 땅이었다. 지금은 중국의 동서와 남북의 교통 요충지이다. 저 사막의 도시 우루무치에서 난주, 서안을 거쳐 상해에 이르는 농해선隴海線과 북경에서 남방 광주로 이어지는 경광선京廣線이 이 정주에서 교차된다.

정주 시내의 중심에 이칠기념탑二七記念塔이 서 있다. 1923년 2월 7일 부패한 군벌에 대항하여 일어섰던 노동자의 의거를 기념해서 만든 거대한 탑 모양의 건축물이다. 그 높이가 63m이다. 밤에도 조명을 밝혀 그 휘황함이 대단하다.

2 · 7기념탑에서 동쪽으로 상성로商城路에 가면 그 옛날 은나라 성의 유허가 남아 있다. 이곳은 은나라가 황하 북쪽으로 옮기기 전의 도성이었던 곳이다. 남북으로 이어진 성벽은 높이가 약 4m, 폭이 약 8m나 되는 토성이다. 3500년의 세월을 견뎌서 그 흔적을 남기고 있다는 사실이 놀랍다. 지금은 산보 정도는 할 수 있도록 공원으로 꾸며 놨다. 공원 중심에는 은대殷代의 상징물인 거대한 청동 솥을 만들어 다락 위에 갖다 놓고 그 밑으로 사람들이 지나다니도록 했다. 이른 시간인데도 많은 사람들이 산책을 즐기고 있다.

정주에서의 볼거리 중에 빼놓을 수 없는 것은 대황하의 장관이다. 황하 유람구로 가는 길은 옥수수 밭의 연속이고 그 너머로 나지막한 구릉들이 이어져 있다. 이것들이 망산 묘원墓園이라는 것을 안 것은 황하 가까이의 묘원 입구 팻말을 보고서이다. 망산은 낙양에서 정주 근처까지 200km 정도 이어져 있다.

북망산

심전기(당)

북망산 그 위에 무덤들 널려 있고
오랜 세월 낙양성만 대하고 있네.
성 안에 해 지자 노래 소리 일어날 때
산 위에선 들리느니 송백 소리뿐이로다.

北邙山북망산

沈全起(唐)

北邙山上列墳塋북망산상열분영
萬古千秋對洛城만고천추대낙성
城中日夕歌鍾①起성중일석가종기
山上惟聞松柏聲산상유문송백성

① 가종歌鍾 : 노래와 악기 소리.

대황하大黃河

주차장에 차를 대고 제방을 넘어서면 황색의 세상이 눈 앞에 펼쳐진다. 황하의 물빛, 황하의 모래사장 모두가 싯누렇다. 황하에서는 선이 존재한다. 물과 모래사장이 구분되는 선, 황하의 물 너머 아득한 지평선, 황하를 가로지르는 황하대교의 아련한 선, 이 모두가 횡으로 누운 일망무제의 선이다.

대황하

강변에 말들이 10여 필이 있다. 유람선을 타는 데까지 태워 주면서 영업하는 말들이다. 마부 1인에 너댓 명이 졸졸 따라 다니는데 정말 하릴없고 대책 없는 사람들이다.

차양을 걸치고 햇볕만 겨우 가릴 수 있는 유람선을 타고 황하 가운데까지 들어가 본다. 손으로 물을 떠내어 보니 물이 누런 정도가 아니고 뻑뻑하기까지 하다.

세계의 여러 다른 강과 토사 농도를 비교한 기록이 있다.

세계 주요 하천의 평균 부유 토사 농도 [단위 kg/m³]

1. 황하......................................44.03

2. 콜로라도강..........................29.53
3. 미시시피강............................6.13
4. 갠지스강................................3.60
5. 인더스강................................2.24
6. 나일강....................................1.37
7. 브라마푸트라강......................1.27
8. 홍하[베트남]..........................1.16
9. 양자강....................................0.80
10. 이라와디강..........................0.59

황하의 농도가 44.03이라는 것은 어디까지나 황하 전체의 평균치에 지나지 않는다. 때와 장소에 따라 얼마든지 달라진다. 1997년 7월 10일, 최대 토사 함유량이 매 ㎥에 54.6kg이 되었다고 한다開封市 城建志 測繪出版社, P155 참조. 놀라운 수치가 아닐 수 없다. 이 정도면 물에 흙을 조금 희석한 것이라기보다는 토사에 물을 약간 섞은 것으로 보아도 좋을 것이다.

또 다른 통계가 있다. 1년간에 황하가 흘러 보내는 진흙의 총량은 16억 톤에 달한다고 한다. 그렇다면 이 진흙으로 폭과 높이 1m씩 되는 제방을 쌓는다면 이 제방은 지구를 27바퀴 돌릴 수 있다는 것이다. 좀처럼 믿을 수가 없는 말이다 [※일본 하천 개발 조사회가 간행한 〈중국의 하천〉으로부터 〈대황하〉 3권아이규박스, P168이 인용한 것을 재인용하다]. 고대 중국에서도 황하의 함사량含沙量을 측정해 본 적이 있는 모양이다. 河水重濁號爲一石而六斗泥〈한서漢書〉라고 하여 1섬의 황하 물에 6말의 진흙이 섞여 있다는 것이다.

황하에 배를 띄우고 망산을 바라보면 산봉우리에 정자가 눈에 띄고 그 옆에 거대한 석상이 하나 보인다. 이것은 황하 치수에 성공했다는 우임금의 모습인데 황하에 대한 사랑과 중화中華에 대한 애정을 고양시키기에 충분하다.

중화의 역사가 황하의 흐름과 함께 했다면 숫한 영웅들의 점멸點滅은 황하의 포말泡沫-물거품처럼 떴다가 사라졌을 것이다. 강의 흐름은 세월의 흐름을 읽는 것이다. 공자도 물가에서 “흐르는 것이 저와 같구나”라고 했으니.

제30장 개봉開封

대량으로 가는 도중에	大梁[①]途中作대량도중작
왕창령(당)	王昌齡(唐)
내키지 않는 걸음 머나먼 여정	怏怏步長道앙앙보장도
아득한 나그네 길 끝이 없어라.	客行渺無端객행묘무단
벌판에는 눈마저 내리려 하고	郊原欲下雪교원욕하설
천지에는 추위가 엄습하누나.	天地棱棱[②]寒천지릉릉한
예전에는 매번 술에 취하여	當時每酣醉[③]당시매감취
나그네 길 어려움을 몰랐더니라.	不覺行路難불각행로난
오늘은 술을 살 돈도 없으니	今日無酒錢금일무주전
처량하여 뉘에게 한탄하리오?	凄惶向誰歎처황향수탄

① 대량大梁 : 전국 시대에는 위나라의 도읍지였다. 하남성의 개봉을 말한다.
② 릉릉棱棱 : 세력이 강한 모양.
③ 감취酣醉 : 술에 몹시 취하다.

정주에서 개봉까지는 약 70km 거리인데 승용차로 1시간 반은 족히 걸린다. 도중에 차가 고장나는 바람에 잠시 시골 마을을 둘러볼 기회를 가졌다. 한여름 대낮이라서 그런지 사람들은 눈에 잘 띄지 않는다. 집집마다 마당은 넓고 나무들을 많이 심어 놓았다. 황하 유역 지방이라 마당의 흙이 분처럼 곱다. 가옥들은 벽돌로 지었고 기와 지붕에는 이끼가 끼어 있다. 마당 곁에는 오리들이 모여 있고, 거위들은 내 뒤를 따른다. 매미 소리에 귀가 찢어진다.

걸 보기에는 벽돌 집이라서 번듯한 듯해도 들어가 안을 보면 우리네 온돌과 다른, 창고식 가옥이라 음습한 기운이 감돈다. 도배되지 않은 벽에 낡은 연예인 사진, 찢어진 길상吉祥의 그림, 짝을 맞춘 얼룩진 시구詩句 등이 아무렇게나 붙어 있고 책상 위에는 낡은 라디오 하나가 덩그렇게 놓여 있다. 이런 형편에서도 집 주인인 비쩍 마른 중년의 농부는 런닝셔츠 차림을 하고서 우리더러 마음껏 구경하라 한다. 애들한테 볼펜 한 자루씩 주었더니 주인은 수박 한 덩이를 갖고 나와 가져가란다. 통상 외국인들은 돈에 속고 계산에 속는 데가 중국이라지만 이런 농촌에서는 인정이 따스하다.

정주에서 개봉으로 가는 도로에는 화물차들이 많은데 특히 수박 실은 트럭들이 줄을 이었다. 한창 더운 때라 수박의 수요가 많은 모양이다.

개봉은 서안, 낙양, 북경, 남경, 항주와 더불어 중국 6대 고도의 하나이다. 춘추 시대에는 정나라의 도읍이었다. 그때만 해도 이곳은 변경이었기에 개척봉강開拓封疆-제후에게 봉한 땅을 개척하다을 목표로 성을 축조하였다고 해서 개봉開封이란 이름을 얻었다. 전국 시대에는 위나라의 도읍으로 대량大梁으로 불렸다. 당 왕조 이후 5대 시대의 후량이 그리고 북송과 금나라가 이곳을 수도로 정하였다. 1949년까지 하남성의 성도였으나 이후 정주에 넘겨주었다.

상국사相國寺에 가 보자는데, 중국에서 절 보기에는 이력이 나서 포기하였다. 그러나 나중에 안 일이지만 꽤 볼 만한 구경거리가 있다는 것이다. 천수천안관음상이 그것인데 은행나무 한 그루에 조각한 것이란다. 높이가 7m이고 무게는 4톤이 된단다. 이 절은 전국 시대 때 위나라의 신릉군信陵君의 저택이었다고 한다.

철탑鐵塔

개봉의 명물인 철탑을 보러 철탑공원으로 이동했다. 시내의 동북쪽에 위치하고 있지만 워낙 높아서 어디에서든지 잘 보인다. 높이가 55m이고 13층의 8각형 탑인데 북송 때인 1049년에 세워졌다. 벽돌로 그 높이까지 쌓아서 지금까지 건재하니 놀라지 않을 수 없다.

탑신의 벽돌 유약이 짙은 갈색으로 변해서 쇳빛으로 느껴지기에 철탑이라고 부른다는 것이다. 각 층 8각 모서리에는 풍경을 달아 놓았으나 찌는 더위에 바람 한점 없으니 그 소리를 들어 보지 못하였다.

철탑

원래 이곳은 북송 시기에 개보사開寶寺의 절터였다. 명나라 말기에 황하의 범람으로 절 모두가 매몰되었지마는 오직 철탑만 남았다는 것이다. 이는 지반이 높고 튼튼하였기 때문에 가능한 일이라고 한다. 가만히 살펴보면 철탑의 기단 부분은 보이지 않는다. 이미 묻혀 버렸기 때문이다.

현재 철탑을 중심으로 이곳이 공원화되었으니 절의 이미지는 남아 있지 않다. 동편에는 호수가 있어 시원스럽고 나무를 많이 심어 쾌적한 인상을 준다.

낭도사

이욱(오대 시대의 남당)

주렴 밖 가랑비 소리에
봄 기운은 사위어 가네.

비단 이불은 새벽 추위 견디지 못하는데
꿈 속에서 이 몸이 나그넨 줄도 모르고
잠시나마 환락을 탐하였네.

홀로 난간에 기대 서지 말지니
끝없이 펼쳐진 고국의 산하
떠나기는 쉬웠으나 돌아가긴 어려워라.

흐르는 물, 지는 꽃잎 봄과 함께 가 버리니

浪淘沙낭도사

李煜(五代 時代 南唐)

簾外雨潺潺①염외우잔잔
春意闌珊②춘의난산

羅衾③不耐④五更寒나금불내오경한
夢裏不知身是客몽리부지신시객
一餉⑤貪歡일향탐환

獨自莫憑欄⑥독자막빙란
無限江山⑦무한강산
別時容易見時難별시용이견시난

流水落花春去也유수락화춘거야

아! 하늘 나라인가? 인간 세계인가? 天上人間⑧천상인간

① 잔잔潺潺 : 비 내리는 소리.
② 난산闌珊 : 쇠잔衰殘. 쇠약하다.
③ 나금羅衾 : 비단으로 만든 이불.
④ 불내不耐 : 견디지 못하다.
⑤ 일향一嚮 : 잠시.
⑥ 빙란憑欄 : 난간에 의지하다.
⑦ 강산江山 : 여기서는 이 땅이 원래 남당南唐에 속했다는 것을 뜻한다.
⑧ 천상인간天上人間 : 나라가 망하니 옛날과 지금의 차이는 하늘과 땅 같다는 것이다.
※ 이 노래는 송宋-조광윤이 세우다에 의해 남당南唐이 멸망된 뒤 마지막 군주 이욱이 변경汴京-지금의 개봉으로 압송되어 억류 생활할 때 지은 것이다.

작가소개 이욱(937~978) : 이욱은 남당南唐의 원제元帝의 6째 아들로 임금에 올랐는데 총명하고 용모도 뛰어났다. 정치적 재간은 부족했지만 서화와 시문을 몹시 좋아하였고 음률에도 밝았다. 978년에 송나라 태종 조광의가 사약을 내려 죽였다. 이때의 나이는 42살이었다.

용정龍亭공원

개봉이 가장 번성했을 시기는 북송 때이다. 즉 태조 조광윤이 천하를 통일한 960년부터 약 160년 동안 변경汴京, 동경東京으로 불렸을 적이다. 당시 인구가 100만을 헤아렸다고 하니 그 번성함을 가히 알 만하다.

송나라 시대의 어로御路-천자가 행차하는 도로는 폭이 100m나 되었다고 한다. 그 어로가 지금의 중산로中山路라는데 현재의 폭은 18m밖에 안 된다. 이 길을 바로 북으로 이으면 용정공원에 닿는다. 일찍이 북송 때에 황궁이 있던 자리이다.

공원 정문에 들어서면 용정으로 뻗은 길이 나 있다. 길 양쪽은 호수인데 왼쪽은 양가호楊家湖, 오른쪽은 반가호潘家湖이다. 이들 호수의 이름은 송나라 때의 장군의 이름에서 따온 것이다. 한 200m 정도 가면 용정 앞에 이른다. 정자치고는 굉대한 건물이다. 기단은 높이가 14.5m, 남북의 길이는 30m, 동서

의 길이가 62.5m라 한다. 기단의 규모가 이러하니 정자에 오르는 계단도 가파르다. 계단 가운데 용 무늬의 돌조각이 여전히 생동감이 있어 감탄을 자아낸다.

용정에서 바라본 개봉시

용정은 누런 기와를 인 2층 지붕의 큰 건물이다. 전면이 훨씬 긴 장방형의 형태를 갖추고 있고 사방이 틔여 있지 않다. 그래서 누각이라고 하지 않고 정자라고 부르는 모양이다.

이곳에 오르면 개봉의 모습이 한눈에 들어온다. 주위의 질펀한 물과 푸른 숲이 눈을 시원하게 해 준다.

산방의 봄 일 山房春事[산방춘사]

잠삼(당) 岑參(唐)

양원에 해 지니 까마귀가 어지러이 날고	梁園①日暮亂飛鴉[양원일모란비아]
멀리 바라보니 두어 채 집들만 쓸쓸하네.	極目②蕭條③三兩家[극목소조삼양가]
뜰의 나무는 사람들이 떠난 줄도 모르고	庭樹不知人去盡[정수부지인거진]
봄이 오니 옛날의 꽃을 또 다시 피우누나.	春來還發舊時花[춘래환발구시화]

① 양원[梁園] : 한나라 때 양효왕이 만든 장원. 개봉시 동남쪽에 있었다고 한다.
② 극목[極目] : 눈 닿는 데까지 멀리 바라보다.
③ 소조[蕭條] : 쓸쓸한 모양.

작가소개 잠삼(715~770) : 하남성 남양[南陽]사람이다. 744년에 2등으로 과거에 급제했다. 그는 여러 차례 군부[軍府]의 막료가 되어 전쟁터를 누비기가 10여 년이었다. 변방의 여러 요새에 가 보지 않는 곳이 드물었다. 그래서 그의 수자리와 이별의 시가 훌륭하다. 시의 정조가 높아 당나라가 흥한 이래 이와 같은 작품이 드물다고 한다. 고적[高適]과 시풍이 사뭇 같으며 비분강개한 맛이 있다.

용정공원 내의 매점에서 청명상하도[清明上下圖]를 구입했다. 너무나 귀한 거라 두 개나 샀다. 황하와 장강을 잇는 대운하의 덕분으로 전례 없는 번영을 누린 북송의 변경汴京, 그 번화한 변경의 생활을 묘사한 것이 이 청명상하도이다. 내 보기에 길게 이어 놓은 일종의 풍속화이다. 북송의 화가 장택단張擇端이 그린 것인데 현재 북경고궁박물관에 보관되어 있고 일반인은 관람이 안 된단다. 지금 일반인들에게 유통되는 그림의 원본은 복제화인데 이것도 개봉의 화원의 화가 왕영귀王榮貴 등이 6개월에 걸쳐 완성한 것으로 원화에 손색이 없다고 한다. 원화의 전체 길이는 5m 25cm이고 폭은 25cm이다.

개봉에는 유명한 호걸이 한 명 있었다. 그는 송나라 시대의 포청천이란 인물이다. 용정에서 중산로로 오다 보면 오른쪽에 포공호包公湖와 포공사包公祠가 있다. 포공사에는 추상 같은 위엄을 갖춘 그의 좌상과 엄정하게 쓰인 正大光明정대광명이라는 금빛 글씨가 인상적이다. 그리고 포공이 해결한 사건의 일화와 관련된 소상塑像들이 진열되어 있다.

앞에서 언급한 것처럼 변경의 번영은 변하汴河의 수운水運의 덕택을 크게 입었다 할 것이다. 7C 수양제가 인부 100만 명을 동원하여 이루어 놓았던 남북 대운하를 통하여 변경은 물산의 중심지가 되고 정주, 낙양, 장안과 교통이 가능했을 것이다.

변하汴河에서 옛날을 회고하며

피일휴(당)

수나라는 망하여도 이 운하는 남았고
지금도 그 덕분에 천리 물길 통하도다.
만약에 수궁전과 용주 일 없었다면
우임금과 논공해도 큰 차이 없으리라.

汴河懷古변하회고

皮日休(唐)

盡道隋亡爲此河진도수망위차하
至今千里賴通波지금천리뢰통파
若無水殿龍舟事①약무수전룡주사
共禹②論功不較多공우론공불교다

① 수전룡주사水殿龍舟事 : 수양제가 변하汴河와 회수淮水를 잇는 운하를 만들고 가에 버드나무를 심었다. 여기에 40여 개의 이궁을 짓고 호화로운 배를 타고 유람을 즐겼던 일을 말한다.

② 우禹 : 하나라의 시조. 순임금 시대에 황하 치수에 성공하여 순임금으로부터 제위를 양도받았다. 우임금은 왕위를 자손들에게 대물림하게 했으니 이로부터 비로소 왕조가 생겨나게 되었다.

작가소개 피일휴(834~902?) : 자는 일소逸少이며 양양襄陽 사람이다. 양양의 녹문산鹿門山에 은거해 살았다. 술을 좋아하고 취중에 시를 잘 지었기에 취음선생醉吟先生이라 했다. 그는 성격이 꾸밈이 없고 위험에 두려움이 없었다. 황소의 난에 포로가 되었으나 협박에 굴하지 않아 죽임을 당한다. 죽음에 임해서도 얼굴 색이 변하지 않았다고 한다. 잘못된 정치를 비판한 그의 글이 유명하다.

"남을 훼손시키는 것은 자기를 훼손시키는 것이고, 남을 칭찬하는 것은 자신을 칭찬하는 것이다."

"옛사람들은 사람을 죽이면 치를 떨었으나, 요즘 사람들은 사람 죽이는 일이 있으면 웃는다."

"옛날에 관리를 두는 것은 도적을 몰아내기 위함인데, 지금에 관리를 두는 것은 장차 도적을 만들기 위해서이다."

그러다가 12C 초 여진족이 세운 금나라의 침공으로 송 왕조가 개봉에서 남쪽 항주로 도읍을 옮겨감으로써 중국은 다시 남북으로 나뉘게 된다. 그리고 변경의 번영과 영화도 막을 내리게 되는 것이다.

변하汴河의 노래

이익(당)

변수는 동으로 흐르고 봄빛은 끝이 없는데
수나라 때 집과 궁궐 이미 티끌이 되었네.
길손이여, 긴 둑에 올라 하염없이 바라보지 말라.
바람이 버들 꽃을 날리면 그 수심 견딜 수 없으리.

汴河曲변하곡

李益(唐)

汴水東流無限春변수동류무한춘
隋家宮闕已成塵수가궁궐이성진
行人莫上長堤望행인막상장제망
風起楊花愁殺① 人풍기양화수쇄인

① 수쇄愁殺 : 매우 쓸쓸하다. 쇄殺는 정도의 심함을 뜻한다.

수양버들의 노래

유우석(당)

수양제의 행궁은 변수 가에 있는데
몇 그루 버드나무 춘흥을 못 이기네.
저녁 무렵 바람 불어 눈 같은 흰 꽃이
궁전으로 날아드나 사람 하나 뵈지 않네.

楊柳枝詞양류지사

劉禹錫(唐)

煬帝行宮①汴水濱양제행궁변수빈
數株楊柳不勝春수주양류불승춘
晩來風起花如雪만래풍기화여설
飛入宮墻不見人비입궁장불견인

① 행궁行宮 : 임금이 거동할 때 머무는 별궁.

제31장 서안西安

서안은 중국 섬서성의 성정부 소재지이다. 관중평원關中平原-섬서성 일대 중심부에 위치하면서 남으로 진령秦嶺 산맥을 바라보고 북으로 위하渭河를 대하고 있다. 서안은 중국에서 가장 역사적인 고도이다. 서주西周, 진秦, 서한西漢, 서진西晋, 전조前趙, 전진前秦, 후진後秦, 서위西魏, 북주北周, 수隋, 당唐의 11대에 걸쳐 도읍한 3천 년의 역사를 가진 도시이다. 이때에는 장안長安으로 불렸었다.

한나라 이후의 서안은 국제적 도시로 발전하여 최고의 번영을 누리게 된다. 동서양의 문화와 경제 교류의 표상인 실크로드[사조지로絲綢之路]도 여기서부터 시발한다. 그리고 당대의 장안은 인구가 백만이나 되는 세계 최대의 도시였다. 장안은 당나라를 마지막으로 쇠퇴를 거듭하다가 더 이상 도읍지로서 자격을 얻지 못하였다. 하지만 지금은 서북 개척의 전초 기지 역할을 하면서 다시 한번 크게 번성하고 있다. 서안의 도시 인구는 260만 명, 섬서성 인구는 3460만 명이라고 한다.

서안西安이라는 이름은 명나라 때 서안부西安府를 두었기에 붙여진 것이다.

장안의 가을 밤

이하(당)

남산은 어찌 이리 쓸쓸한가?
빈 풀밭에 귀신 비 뿌리는데.

장안성 야밤 이 깊은 가을에
바람 앞에 그 몇 사람이 늙어 가나?

感諷감풍

李賀(唐)

南山①何其悲남산하기비
鬼雨灑空草귀우쇄공초

長安夜半秋장안야반추
風前幾人老풍전기인로

어둑어둑 붉은 석양의 길　　　低迷②黃昏徑 저미황혼경
흔들흔들 푸른 가죽나무의 길.　　　裊裊③靑櫟道 뇨뇨청력도

달이 중천에 떴으나 나무는 그림자 없고　　　月午樹無影 월오수무영
온 산은 다만 흰 새벽 빛 일색이라.　　　一山唯白曉 일산유백효

도깨비 불 새 귀신들 맞이하며　　　漆炬④迎新人⑤칠거영신인
깊은 무덤 속 형광불만 어지럽네.　　　幽壙⑥螢擾擾⑦유광형요요

---

① 남산南山 : 장안 남쪽에 있는 종남산終南山.
② 저미低迷 : 불분명한 모양.
③ 요뇨裊裊 : 바람에 나무가 흔들리는 모양.
④ 칠거漆炬 : 귀화鬼火와 통한다. 도깨비 불.
⑤ 신인新人 : 신부新婦. 새로 죽은 사람. 새로 죽은 여인의 혼.
⑥ 유광幽壙 : 깊숙한 무덤 속.
⑦ 요요擾擾 : 어지러운 모양.

작가소개 이하(791~817년) : 하남성 의양宜陽 사람이며 자字는 장길長吉, 당왕조唐王朝의 종실宗室이다. 사장辭章-시가와 문장에 능하여 7세에 한유로부터 인정받았다. 그는 마르고 수척했으며 눈썹과 손톱이 길었다. 외출시에는 어린 계집 종을 대동하였는데 등에 비단 주머니를 메게 하였다. 문득 시구를 얻으면 주머니에 넣고서는 저녁에 돌아와 열 편씩 묶었다. 그 어미가 주머니를 뒤져 보고는 "이 아이는 심장을 토해야만 마칠 것이다"라고 했다. 그의 아비의 이름이 이진숙李晋肅이었다. 과거를 보려 해도 진사進士의 진進자가 아비의 휘諱의 진晋 자와 음이 같다 하여 평생 진사에 응시 못하여 불우했다. 한유가 이런 행태를 조정에 탄원했으나 받아들여지지 않았다. 27세에 요절했다.

1991년 여름에 북경에서 서안을 방문할 때 서안 교외에 있는 군사용 비행장을 이용하였는데 1995년에는 함양에 있는 국제 비행장을 통해 들게 되었다. 그리고 2006년 겨울인 지금은 북경을 거치지 않고 인천공항에서 바로 서안함양국제비행장에 도착한다. 10여 년의 세월에 빠르게 많이도 변했다. 현재 서안은 한 해 관광객 1000만 명 돌파를 눈앞에 두고 있다고 하면서 중국 관광의 중심지로서 그 발전에 대한 자부가 대단하다.

화산華山

서안에서 화음현華陰縣에 있는 화산까지는 120km 정도의 거리이다. 지금2006.1은 동관潼關까지 고속도로가 개통되어 1시간 남짓하면 갈 수 있다. 진령 산맥을 오른쪽에 두고 동으로 달리다가 보면 어느덧 화산 산자락에 이른다. 눈이 많이 내려 월동 장비를 갖추지 못한 차량은 산 밑에서 통제하고 있다. 그러니 승용차를 버리고 케이블 카 역까지 운행하는 소형 버스를 타야만 했다. 추운데다가 늦은 시각이라서 그런지 승객은 나까지 세 명밖에 없었다. 산 속으로 들수록 골이 깊다는 생각에 금새 추위와 어둠을 느낀다. 케이블 카 역까지 20분 가량 걸려 도착했다.

이곳이 이미 해발 600여m라고 한다. 이 삭도참케이블 카 역은 바위 병풍으로 둘러싸인 깊은 골짜기에 자리잡고 있다. 그래서인지 의외로 안온한 느낌을 받게 된다. 주위를 둘러보니 온통 바위 병풍인데 한 골짜기 너머에 부채처럼 생긴 암벽이 눈에 확 다가선다. 통바위 하나로 이루어진 거대한 암산으로 벽면에는 나무 한 그루 붙어 있지 않다. 다만 거인의 손톱으로 바위 면을 할켜 놓은 듯한, 선인仙人의 손바닥 자국인 듯한 엄청난 음각 형상이 화산 구경 시작부터 위압적이다. 저것이 선인장仙人掌인가 보다. 화산의 선인장은 장안8경 중에 하나이다.

화산	華山화산
창당(당)	暢當(唐)
돌아보니 새들이 날아오르고	廻臨飛鳥上회임비조상
높이 티끌 세상 벗어났구나.	高出世塵間고출세진간
하늘의 기세는 평야를 에워싸고	天勢圍平野천세위평야
황하의 흐름은 산을 잘라 냈도다.	河流入斷出하류입단출

작가소개 창당暢當(약 779 전후에 생존) : 하동인河東人이다. 당나라 대종代宗, 대력大曆 전후에 생존한 것으로 추정되고 대력 7년에 진사進士에 올랐다.

한겨울에 유람객 또한 많지 않은데도 케이블카가 운행되고 있어 여간 다행한 일이 아니다. 이렇게 가파른 경사의 삭도[케이블 카]는 사람의 오금을 저리게 한다. 길이는 태산이나 황산, 아미산의 것보다 짧지만 기울기는 훨씬 급하다. 수백 길이나 되는 화강암 수직 절벽은 감히 새라도 날아오르기 힘들 듯하다. 나무 한 그루, 풀 한 포기 붙일 곳이 없고, 눈조차 쌓일 틈이 없는 깎아지른 절벽은 사람을 압도하고도 남음이 있다. 언뜻 아래를 굽어보니 어슴프레 계곡을 따라 길이 나 있다. 흔히 보는 돌길이 아니고 사다리를 이어 놓은 듯한 계단식 등산로가 분명하다. 태산처럼 이 화산도 유서가 깊은 산이다 보니 수백 년의 세월에 길을 트고 계단을 놓은가 보다.

7,8분 정도 타니까 북봉[北峰] 밑에 있는 케이블 카 정거장에 이른다. 이곳이 이미 해발 1600m 가까이 된다고 한다. 여기에서 북봉에 이르는 길은 쇠 난간과 잘 다듬어진 계단이 있어 쉽게 정상에 오를 수 있다. 이런 위험한 곳에 삭도의 가설이나 치도[治道]의 수고가 없었다면 일반인의 등정은 결코 쉬운 것이 아닐 것이다.

정거장에서 오른쪽으로 감아 오르면 북봉이다. 북봉은 운대봉[雲臺峰]으로도 불린다. 해발 1614.7m이다. 북봉 정상에는 대만의 유명한 영웅문의 작가 김용이 세워 놓은 비석이 있는데 붉은 글씨의 華山論劍[화산론검]이라는 문구가 새겨져 있다. 화산이 세운 칼처럼 위난한 산임을 말하는 것이리라.

이 북봉과 마주 보는 산이 서봉[西峰]이다. 수백 길 높이의 거대한 바위덩이를 하늘의 도끼로 찍고 깎아 놓은 듯하여 그 위태함은 가히 놀랄 만하다. 더구나 이런 형세의 서봉으로 오를 수 있도록 바위 절벽 능선을 깎고 쪼아서 계단길을 만들어 놓았는데 아련히 실선처럼 보여 가슴을 졸이게 한다. 서봉으로 감히 갈 엄두를 내지 못하고 이곳 북봉에서 화산을 즐겨 본다.

화산의 특징을 한 단어로 말해 험준기이[險峻奇異]하다고 하는데 이런 험악한 산에 봉우리마다 사람이 오를 수 있도록 바위를 깎고, 잔도[棧道]를 놓고, 쇠사슬을 매달고, 또 정상에 정자나 객사[客舍] 등을 축조해 놨으니 그 오랜 세월 동안 인민들의 그 과감한 수고에 감탄할 뿐이다. 우리나라에서는 한때 삼각산에 케이블 카를 설치하자는 의견이 있었지만 환경 보전 차원에 어림도 없었다. 중국과 우리 중 누가 더 옳고 현명한지는 알 수는 없는 일이다. 여하튼 중국은 자연보다 인간이 우선이다.

화음[華陰]을 지나며 | 行經華陰[행경화음]

최호(당) | 崔顥(唐)

높디 높은 화산은 함양성을 굽어보는데 | 岧嶢①太華②俯咸京③초요태화부함경
하늘 밖 세 봉우리 깎아서 될 일 아니네. | 天外三峰④削不成천외삼봉삭부성
한무제 사당 앞에 구름이 흩어지니 | 武帝祠⑤前雲欲散무제사전운욕산
선인장 위에는 비로소 비가 개누나. | 仙人掌⑥上雨初晴선인장상우초청

황하와 화산은 북으로 험한 진관을 베고 있고 | 河山北枕秦關⑦險하산북침진관험
역참의 수목은 서쪽으로 평탄한 한치와 이어져 있도다. | 驛樹西連漢畤⑧平역수서련한치평
길가의 명리 쫓는 이에게 물어 보노라, | 借問路傍名利客차문노방명리객
이곳에서 장생술 배움이 어떠냐고. | 何如此處學長生무여차처학장생

---

① 초요[岧嶢] : 산이 높은 모습.
② 태화[太華] : 화산.
③ 함경[咸京] : 함양[咸陽]. 진[秦] 나라 때의 수도.
④ 삼봉[三峰] : 화산의 연화봉[蓮花峰], 낙안봉[落雁峰], 조양봉[朝陽峰].
⑤ 무제사[武帝祠] : 한무제가 세운 거령신사[巨靈神祠], 황하의 신께 제사지내는 사당.
⑥ 선인장[仙人掌] : 암벽에 있는 선인[仙人]의 흔적. 암벽에 거대한 손바닥 자국처럼 보이는 것이 있다.
⑦ 진관[秦關] : 동관[潼關].
⑧ 한치[漢畤] : 한나라 때 천지의 신에게 제사지내던 곳.

여름에는 하루에 수천 명이 운집하여 발 디딜 틈이 없다는데 나는 지금 한적한 등정을 하여 나름대로 겨울 화산이나마 느긋하게 감상하게 되었으니 이 또한 큰 행운이다.

화산의 봉우리들은 거의가 암봉[岩峰]인데 우리나라 삼각산의 인수봉이나 백운대처럼 거대한 통 바위로 이루어져 있다. 안휘성의 황산보다 절승하다고 할 수 없으나 더 웅위한 멋은 화산의 큰 자랑이다. 평소에 '寄險天下第一山[기험천하제일산]'으로 일컬어지는데 과연 명불허전이다.

화산에는 5개의 큰 봉우리가 있다. 북봉[운대봉雲臺峰], 동봉[조양봉朝陽峰], 남봉[낙안봉落雁峰], 서봉[연화봉蓮花峰], 중봉[옥녀봉玉女峰]이 그것이다. 최고봉은 남봉으로서 해발 2,160m이다. 화산은 중국의 오악 중에 서악에 해당한다.

화산의 운대雲臺에서 노래불러 단구자丹丘子를 보내며	西嶽①雲臺②歌送丹丘子③서악운대가송단구자
이백(당)	李白(唐)
서악의 험준함 어찌 이리 웅장한가?	西嶽崢嶸④何壯哉서악쟁영하장재
황하가 실처럼 하늘 끝에서 오누나	黃河如絲天際來황하여사천제래
만 리의 황하, 산을 치고 꿈틀대며	黃河萬里觸山動황하만리촉산동
소용돌이 바퀴인 양 진나라 땅 울리도다.	盤渦轂轉秦地雷반와곡전진지뢰
영롱한 빛, 고운 기운 오색이 어지러운데	榮光⑤休⑥氣紛五彩영광휴기분오채
황하 천년에 한번 맑음은 성인이 있음이라.	千年一清聖人在천년일청성인재
황하의 신 포효하자 산은 둘로 쪼개지고	巨靈⑦咆哮擘兩山거령포효벽양산
거센 파도 뿜으며 동해로 흘러가네.	洪波噴射流東海홍파분사류동해
…	…

① 서악西嶽 : 화산.
② 운대雲臺 : 북봉北峰인 운대봉을 말한다.
③ 단구자丹丘子 : 원단구元丹丘, 단구생丹丘生으로 불린다. 은일의 도사인데 이백의 일생 중 가장 친한 친구였다. 이백이 원단구와의 친밀한 관계로 옥진공주의 추천을 받아 한림학사에 임명되었다.
④ 쟁영崢嶸 : 높고 험하다.
⑤ 영광榮光 : 영롱한 빛.
⑥ 휴休 : 미美와 통한다.
⑦ 거령巨靈 : 황하의 신.
※ 대략 744, 745년 경에 지은 것으로 알려져 있다.

동관潼關

화산에서 동쪽으로 30km 정도 가면 동관이 있다. 과거에 서안에서 동관까지는 말을 타고 하루가 걸리던 거리이다. 그 옛날 동관의 모습이야 남아 있지 않다만 화산까지 온 김에 찾아보니 지금은 고속 도로의 톨게이트가 그 옛날의 모습을 대신하고 있다.

황하가 북에서 용문龍門을 거쳐 흘러 내려오다가 위수渭水와 합하는데, 화산에 막혀 남으로 흐르지 못하고 동으로 방향을 바꾸는 데가 바로 이 동관이다. 그러니 동관은 3개의 성省이 접하는 지점에 있다. 섬서성, 산서성, 하남성이 그것이다.

고래로 동관은 왕도王都의 수문守門이었으며 방어벽이었다. 그래서 동관이 깨어지지 않는 한 왕도는 견고하다는 말이 있었다. 그러나 당나라 현종 때 안록산의 15만 군대가 쳐들어 왔을 때 맥없이 무너지기도 했다.

가을날에 장안으로 가다가 동관역루에서

허혼(당)

붉은 단풍 날리는 쓸쓸한 저녁에
한 잔 술로 역루에 올랐노라.
남은 구름 화산으로 돌아가고
성긴 비 중조산을 지나가네.

푸른 빛 산을 따라 감아 두르고
강물 소리 바다로 들어 멀어지누나.
장안에 내일이면 도착하거니
어부와 초동의 꿈 아직도 꾸노라.

秋日赴闕題潼關驛樓

추일부궐제동관역루

許渾(唐)

紅葉晚蕭蕭 홍엽만소소
長亭酒一瓢 장정주일표
殘雲歸太華 ①잔운귀태화
疏雨過中條 ②소우과중조

樹色隨山廻 수색수산회
河聲入海遙 하성입해요
帝鄉明日到 제향명일도
猶自夢漁樵 ③유자몽어초

① 태화太華 : 화산華山, 서악西岳을 말한다.
② 중조中條 : 뇌수산雷首山의 별칭. 산서성 영제현永濟縣에 있다. 동쪽에 태행산太行山이, 서쪽에 화악華嶽이 있는데 그 중간이 있다고 해서 중조라 한다.
③ 몽어초夢漁樵 : 자연에 귀의하여 고기 잡고 나무하며 살겠다는 꿈을 지니다.

작가소개 허혼(許渾, 844년 전후에 살았으리라고 추정된다) : 강소성 단양丹陽 사람이다. 832년에 진사에 올랐다. 당도當涂와 태평太平 두 현에서 현령을 지냈다. 829년에 감찰어사가 되고 그 뒤 목주睦州, 영주郢州 자사刺史를 거쳤다. 어려서 고생하여 공부를 해서인지 병치레가 많았고 나중에 윤주潤州-절강성 진강 지역에 은퇴하여 지냈다.

동쪽으로 이 동관 톨게이트를 통과하면 하남성河南省이다.

고속 도로에서 빠져나오면 멀지 않은 곳에 풍릉대교風陵大橋가 있다. 북쪽에서 흘러온 황하가 위수를 받아들이는 곳에 있는 다리가 그것이다. 3면에서 불어오는 바람이 세기로 유명한 곳이라는데, 대교 아래에는 흙탕물에 얼음이 둥둥 떠내려가고 있다. 위수는 860km나 되는 황하의 지류이지만 결코 작지 않은 강이다. 이 풍릉대교를 건너면 산서성山西省 영제현永濟縣인데 이곳에 있는 관작루鸛鵲樓에 가 보지 못하여 아쉬움으로 남는다.

관작루에 올라서

왕지환(당)

흰 해는 먼 산을 의지해 져 버리고
황하는 바다로 흘러가고 마는구나.
천리를 끝까지 바라보려고
또 한 층 더 오르노라.

登鸛鵲樓①등관작루

王之煥(唐)

白日依山盡백일의산진
黃河入海流황하입해류
欲窮千里目욕궁천리목
更上一層樓경상일층루

① 관작루鸛鵲樓 : 황새와 까치가 모여들었기에 이름지어진 누각. 관작루觀雀樓라고도 쓴다.

※ 이 시는 모택동이 좋아하는 절창인데 학생들 교과서에 실려 있다.

동관 근처의 황하에는 지주砥柱라는 큰 바위가 강 중심에 버티고 있다고 한다. 몇천 년, 몇만 년 황하의 세찬 물결에도 끄떡하지 않고 꿋꿋함을 자랑하고 있으니 중국인들은 화산의 신석神石으로 여긴다. 이 지주는, 우리 인생도 험한 세파를 견뎌 내야 하는 것처럼 우리에게 시사하는 바가 크다. 중국에는 "동관 중류의 지주를 닮아라"라는 속담이 있다.

황하는 동쪽 어둠 속으로 달리고

이백(당)

황하는 동명으로 내달리고
백일은 서해로 떨어지누나.
흘러가는 강물, 흐르는 세월은
표연하여 차마 기다리지 않는도다.

古風고풍

李白(唐)

黃河走東溟①황하주동명
白日落西海백일락서해
逝川與流光서천여류광
飄忍不相待표인불상대

① 동명東溟 : 동해.

서안으로 돌아오는 길에 진시황릉 가까이쯤에서 신풍新豊이라는 지명의 표지판이 얼핏 보인다. "신풍미주新豊美酒가 두십천斗十千"이라고 일컬어지던 그 유명한 술이 나던 지방이다. 한나라 고조 유방이 천하를 통일하고 장안에 도읍을 정하였을 때 그의 아비는 고향인 강소성 패현沛縣의 풍읍豊邑으로 돌아가고 싶어하였다. 고조는 장안 근처에 풍읍과 똑같은 마을을 만들게 하고 풍읍에 사는 마을 사람도 다 데리고 와서 살게 하였다. 그래서 신풍이라는 이름이 붙게 되었던 것이다.

비바람

이상은(당)

처량하게도 보검편만 지니고서
타향살이 올해도 다 가 버렸네.
누런 잎에 여전히 비바람 일고
푸른 집에 저절로 음악 소리가.
새 벗은 엷은 풍속만 따르려 하고
옛 벗은 좋은 인연을 멀리하려 하네.
애 끊는 마음 신풍주로 달래려니
시름 가두기에 몇 말의 술 마셔야 하나?

風雨풍우

李商隱(唐)

凄凉寶劍篇①처량보검편
羈泊②欲窮年기박욕궁년
黃葉仍風雨황엽잉풍우
青樓③自管絃청루자관현
新知遭薄俗신지조박속
舊好隔良緣구호격량연
心斷新豊酒④심단신풍주
銷愁斗幾千쇄수두기천

① 보검편寶劍篇 : 초당初唐 때 곽진郭震이 지은 책이다. 나라를 바로잡고 백성들을

구하려는 포부가 담긴 노래이다. 무측천이 곽진의 잘못을 질책하려 하니 그는 '보검편'을 지어 바쳤다. 무씨가 이를 보고 감탄하여 학사學士로 임명했다고 한다.

② 기박羈泊 : 나그네 생활. 타향살이.

③ 청루青樓 : 기생집, 여인이 거처하는 곳.

④ 신풍주新豐酒 : 신풍 지방에서 나는 술. 당나라 때 마주馬周라는 사람이 장안에 왔을 때 실의에 빠져 신풍의 술집에서 술을 마시다가 우연히 당 태종의 눈에 들어 감찰어사가 되었다고 한다.

두공사杜公祠

두공사는 서안에서 남쪽 12km 지점, 나지막한 야산 기슭에 세워진 두보의 기념 사당이다. 채 문도 열지 않은 이른 아침에 관리인을 찾아내어 옆문을 통해 들어가 보니 잔설이 뜰에 가득하다. 두공사의 중심 건물인 사당에는 금색을 입힌 두보의 좌상이 안치되어 있다. 그 뒤 벽에 시성詩聖이라는 글씨가 뚜렷하다. 두보상 우편에는 두보의 신상에 관한 간단한 소개와 그의 여유旅遊 지역을 써 붙여 놓았고, 좌편에는 두보가 이 일대에서 지은 절창들을 그림과 함께 전시하고 있다. 그리고 상像 왼쪽 아래 바닥에는 검은 비석이 하나 서 있다. 두보의 초상을 새긴 것이다.

두보 사당 우편의 건물은 우청雨聽-비 소리를 듣다이라 불리는데 두보와 그의 시와 관련된 자료들이 전시되고 있다.

봄을 바라보며	春望춘망
두보(당)	杜甫(唐)
나라는 망하여도 산하는 남아 있고	國破山河在국파산하재
성 안에 봄이 가득 초목만 우거졌네.	城春草木深성춘초목심
시절을 감탄하니 꽃만 봐도 눈물이 나고	感時花濺淚감시화천루
이별을 한탄하니 새소리만 들어도 마음이 놀라노라.	恨別鳥驚心한별조경심
봉화가 석 달이나 끊이지 않았으니	烽火連三月봉화련삼월

편지 글은 오히려 만금이 쌀 정도라.	家書抵萬金가서저만금
흰 머리를 긁으니 또 모두 짧아져서	白頭搔更短백두소경단
이제는 다 비녀를 이기지 못하도다.	渾欲不勝簪혼욕불승잠

※ 이 시는 안록산의 난 직후인 757년 3월에 쓰인 것인데 율시의 표본으로 불리는 천고의 절창이다.

사천성 성도에 있는 두보 초당에 비하면 이곳 두공사는 너무나 단출하고 소박하다. 그러나 두보와 인연이 깊은 이곳에 이런 사당이라도 지어 기념하려는 이곳 사람들의 정성이 가상하다. 1526년 명나라 때 건립되었다.

두보는 안록산의 난을 전후로 이곳 두릉杜陵과 번천樊川 일대에서 13년간746 ~ 758 우거했다. 그래서 두보는 두릉야로野老, 두릉포의布衣 또는 두릉야객野客, 번천야로野老 등으로 불린다.

이즈음에 쓰여진 시 중에는 춘망春望, 병거행兵車行, 애강두哀江頭, 애왕손哀王孫, 월야月夜 등 절창이 많다. 두보가 안록산의 난을 피하지 못하고 장안에서 발이 묶여 지내고 있을 때 그의 가족은 섬서성 북쪽 황토 고원 부주鄜州 땅에 떨어져 있었다.

두릉에서　　　　杜陵絶句두릉절구

이백(당)　　　　李白(唐)

남쪽에서 두릉에 올라	南登杜陵①上남등두릉상
북쪽으로 오릉을 바라보노라.	北望五陵②間북망오릉간
가을 물은 지는 해에 빛나고	秋水明落日추수명락일
흐르는 빛은 먼 산으로 사라지도다.	流光滅遠山유광멸원산

① 두릉杜陵 : 한나라 선제宣帝의 능묘.
② 오릉五陵 : 한나라 때의 다섯 제왕의 능묘.
※ 743년 장안에서 지은 것이다.

두공사 관람을 마치고 문을 나와 보면 바로 오른쪽에 사찰 하나가 자리잡고 있다. 새로 지은 건물이라 대수롭지 않게 여겼더니 우두사牛頭寺라 한다. 당나라 때에는 종남산에 있었으며 꽤나 유명했던 절이었다. 당나라 시인 사공도司空圖가 이것을 읊은 시가 있다.

우두사	牛頭寺우두사
사공도(당)	司空圖(唐)
종남산에서 가장 아름다운 곳	終南最佳處종남최가처
독경 소리 하늘까지 울리도다.	禪誦出青霄선송출청소
수풀은 그윽한 적막 속에 잠겨 있고	群木沈幽寂군목침유적
연기는 깊은 고요 위에서 피어나네.	疏烟泛沈寥류연범침요

작가소개 사공도(837~908년) : 당나라 말엽 함통咸通 연간860~873에 진사進士에 올랐다. 천하가 크게 혼란할 때 중조산中條山의 왕관곡王官谷에 은거했다. 호號를 내욕거사耐辱居士라 하고 휴휴정休休亭을 지어 명승名僧이나 고사高士와 노닐며 시를 읊조렸다. 주전충이 당나라를 멸하고 난 뒤 마지막 황제, 애제哀帝를 죽였음을 알고는 사공도는 먹지 않고 굶어 죽었다.

우두사는 당나라 때 632년에 혹은 795년에 창건되었다고 한다.

흥교사興教寺

서안 일대에서 가장 유명한 사찰 중의 하나가 흥교사일 것이다. 서안시에서 동남쪽 20km 지점의 소릉원少陵原에 있는데 아스팔트 도로, 큰 길에서 꺾어 들어 700여m 가면 야산 기슭에 흥교사가 있다.

조금 이른 시각에 들렀는데 눈에 덮인 절은 인기척이 없어 고요하기만 하고 다만 대웅전 서편 뜰에 있는 삼장법사三藏法師의 탑만 우뚝하다. 당나라 삼장법사 현장玄奘은 664년 65세로 열반에 들었을 때 처음 서안 동쪽 교외 백록원白鹿原에 묻혔다. 그 후 당나라 3대 황제 고종과 그의 황후 무측천이 현장을 그리는 정이 깊은 데다가, 그와 좀 더 가까이하고 싶어서 대명궁 함원전含元殿에서 바라다 보이는 이곳으로 유골을 이장하여, 탑도 세우고 절도 짓게 된 것이다. 이때는 669년이었다. 그 후 숙종이 이곳에 들러 흥교興教라는 이름을 사액하여 흥교사로 불리게 된다. 그러다가 1865년 청나라 때 병화를 입어 폐허가 된 것을 1930년 중화민국 시대에 대웅보전 등을 재건하였던 것이다.

지금 남아 있는 현장법사탑은 당대에 건립된 것인데 목조 건축을 모방한 벽돌 전탑으로 최고의 가치가 있는 것이다. 이 탑은 밑변이 5.2m이고, 높이는 23m나 되는 5층 정방형 탑이다. 1층 정면에는 아치형 문이 있고 그 위에 唐三藏塔당삼장탑이라고 새겨져 있으며 매 층 처마 사각 모서리에는 풍경이 달려 있다. 벽돌로써 참으로 정교하고 안정감 있게 쌓아 올린 것이 감탄을 자아낸다. 서북쪽 처마에는 아직도 눈이 쌓여 있다. 주위에는 측백나무가 심어져 있고 서쪽에는 대나무가 울타리 역할을 하고 있다.

삼장탑 좌우에는 그의 수제자의 탑 두 기基가 서 있다. 서편에 것은 규기窺基 631~682법사의 사리탑인 기사탑基師塔이며 동편의 것은 원측圓測, 612~696 법사의 사리탑인 측사탑測師塔이다. 이 두 탑은 3층 탑으로서 현장 탑을 중심으로 서로 마주보고 있다. 아담한 품品 자형인데 높이는 7m이다. 안내판에는 원측스님을 신라 모량리 사람이라고 소개하고 있다. 그는 신라 왕족 출신으로 3세에 출가하여 15세에 당에 구법하였다. 많은 역경과 저술에 종사하여 중국 불교 발전에 크게 공헌하였다. 당시 무측천은 그를 살아 있는 부처처럼 존경하였다. 신라 신문왕이 그의 귀국을 요청했으나 당나라 황실에서는 이를 허락하지 않았다. 그래서 그는 끝내 여기에 묻히게 된 것이다.

이곳에서 종남산이 보인다고 하지만 겨울철에 연무가 끼어 보기가 어렵다. 흥교사는 전국 제1비중 문물 보호 단위이다.

눈이 남아 있는 종남산을 바라보며	終南望餘雪종남망여설
조영(당)	祖詠(唐)
종남산 북쪽에 산마루는 빼어나고	終南陰嶺①秀종남음령수
쌓인 눈은 구름 끝에 떠 있도다.	積雪浮雲端적설부운단
숲의 겉면이 환하게 개였으니	林表明霽色임표명제색
성 안에 저녁 추위 이제부터 더하겠네.	城中增暮寒성중증모한

① 음령陰嶺 : 북쪽 봉우리. 산은 남쪽이 양이고 북쪽이 음이다. 강은 북쪽이 양이고 남쪽이 음이다.

※ 이 시는 과거 시험의 급제시이다. 12구로 지어야 하는데 4구로만 써서 제출했다. 시험관이 나무라자 "뜻은 다 했습니다"라고 답했다. 말은 간략하지만 뜻을 다한 시이다.

작가소개 조영(祖詠, 699~746?) : 낙양 사람이다. 어려서부터 왕유王維와 친구였다. 당나라 현종玄宗 때인 724년에 진사에 급제했으나 벼슬하지 않았다.

향적사香積寺

향적사는 서안에서 남서쪽으로 17km 정도 떨어진 장안현長安縣 향적촌香積村에 있다. 두공사에서 그리 멀지 않다. 대로에서 소로로 접어들어 300m 정도 가면 된다. 절 입구 주변은 아주 깨끗하게 청소되어 있고 군데군데 눈을 치워 놓은 무더기들이 보인다.

절 안에 들면 바로 눈에 띄는 것이 11층 벽돌 탑이다. 원래 13층 탑이던 것이 지금은 11층으로 남아 있다는데 훼손된 꼭대기 부분의 중심에는 철심鉄心이 높게 꽂혀 있다. 매 층마다 4면에는 아치형 문이 나 있으며 사다리를 타고 올라가서 조망할 수 있도록 되어 있다. 이 탑은 선도탑善導塔이라 불리는데 당 고종 때681년 정토종의 창시자라고 할 수 있는 선도대사613~681가 입적하자 그의 제자 회운懷惲, 649~701이 스승의 유골을 묻고 그 위에 탑을 세운 것이다[※원래 정토종의 초조初祖는 동진 시대의 명승 혜원慧遠이다]. 무측천도 일찍이 이곳에 들른 적이 있다는데 가석하게도 안사의 난에 크게 훼손되었다. 지금의 탑 높이는 33m이다. 동측에도 작은 탑 하나가

선도탑

서 있는데 선도의 제자 정업淨業, 654~712의 묘탑이다.

선도탑 왼편에 대웅전이 있고 그 안에는 선도대사의 좌상이 안치되어 있다. 이 절은 두 개의 탑을 빼 놓고는 나머지가 최근에 조성된 것인데 그 공은 많이 든 듯하다만 그 옛날 왕유가 노래하던 그윽한 절의 풍모는 이제 찾을 길이 없다. 요즘 일본 사람들이 많이 찾는다고 한다. 이유는 8C에 정토종이 일본에 전파되어 교세를 크게 떨쳤기 때문이다. 향적사는 정토종의 조정祖庭-창시된 곳으로 불린다. 정토종 조정을 두고 여산의 동림사와 다투는 이유가 뭔지 모르겠다. 동림사의 혜원 스님의 영향 없이 독자적으로 창안했기 때문인지, 아니면 양자강 남쪽 지역의 남방 불교를 무시해서인가?

향적사를 지나며	過香積寺과향적사
왕유(당)	王維(唐)
향적사가 어딘지 알지 못하고	不知香積寺부지향적사
몇 리를 걸어 구름 산에 들었네.	數里入雲峯수리입운봉
고목이 울창하여 오솔길조차 없는데	古木無人逕고목무인경
어느 깊은 곳에서 종소리 울리는가?	深山何處鐘심산하처종
샘물의 맑은 소리 절벽에서 울려 나고	泉聲咽危石천성열위석
은은한 햇빛은 솔 아래서 차가와라.	日色冷青松일색랭청송
저녁 어스름 빈 연못 굽이에서	薄暮空潭曲박모공담곡
좌선하면 잡념조차 없어지리라.	安禪①制毒龍②안선제독룡

① 안선安禪 : 좌선.
② 독룡毒龍 : 독기 어린 용. 불교에서는 사람의 욕심을 말하는데 번민과 통한다.

왕유가 자신의 별장이 있는 종남산으로 가는 길에 향적사에 들러서 지은 시이다.

향적사의 남쪽 뜰에 세워진 패방 모양의 정문은 돌을 다듬어 만든 것인데 가로로 '香積古刹향적고찰'이라는 글씨가 새겨져 있다. 그 뒷면에는 '淨土祖庭정토

조정' 이라고 적혀 있다. 전망은 확 트여 맑은 날에는 여기서도 종남산이 보인다고 한다.

곡강지曲江池

서안시 남쪽 대안탑 가까이에 곡강지 유허가 있으리라 하여 한번 찾아보길 원하는데 가이드는 자꾸 볼 것이 없으니 시간 낭비라 한다. 그러나 두보를 위시한 뭇 시인들이 이곳에서 시를 지어 울적함을 달래거나, 노래하여 마음을 고양시키던 곳인 만큼 안 가 볼 수도 없는 것이다.

곡강에서	曲江곡강
두보(당)	杜甫(唐)
(1)	(1)
꽃잎 하나 떨어져도 봄 빛이 준다는데	一片花飛減却春일편화비감각춘
만 조각이 흩날리니 진정 시름 겨워라.	風飄萬點正愁人풍표만점정수인
지는 꽃이 눈 앞에 스치는 걸 바라보며	且看欲盡花經眼①차간욕진화경안
많은 술이 입에 드는 걸 꺼리지 말지니라.	莫厭傷多酒入脣막염상다주입순
강가의 작은 집에 물총새가 둥지 틀고	江上小堂巢翡翠②강상소당소비취
궁원 가 무덤에 돌 기린이 누워 있네.	苑③邊高塚臥麒麟④원변고총와기린
사물의 이치 헤아려서 모름지기 즐겨야지	細推物理須行樂세추물리수행락
헛된 이름에 이 몸 얽어 무슨 소용 있으리.	何用浮榮絆⑤此身하용부영반차신

① 경안經眼 : 눈 앞을 스쳐 지나가다.
② 비취翡翠 : 물총새.
③ 원苑 : 선춘원宣春苑을 말함인데 당대唐代의 이궁離宮이었다.
④ 기린麒麟 : 신령스러운 상상의 동물로서 성인이 나면 출현한다고 한다. 여기서는 무덤 앞에 세워 두었던 기린 모양의 석물石物.
⑤ 반絆 : 얽어매다, 옭아매다.

(2)

조회에서 돌아오면 봄 옷을 전당 잡혀
날마다 강가에서 취하고야 돌아오네.
술 빚이야 으레 가는 곳마다 있게 마련
인생은 칠십 살기 예부터 드문 거라.

꽃 사이 나는 나비 보일 듯 말 듯하고
물 찍는 잠자리 느릿느릿 날고 있네.
풍경과 세월은 끊임없이 변하는 것
잠시나마 즐기면서 마음에 따를지라.

(2)

朝①回日日典②春衣조회일일전춘의
每日江頭盡醉歸매일강두진취귀
酒債尋常行處有주채심상행처유
人生七十古來稀인생칠십고래희

穿花③蛺蝶④深深⑤見천화협접심심견
點水⑥蜻蜓⑦款款⑧飛점수청정관관비
傳語風光⑨共流轉전어풍광공유전
暫時相賞莫相違잠시상상막상위

① 조朝 : 조회朝會. 백관이 정전正殿에 모여 임금께 조현朝見하는 일.
② 전典 : 전당 잡히다.
③ 천화穿花 : 꽃 사이를 날아다니다.
④ 협접蛺蝶 : 나비.
⑤ 심심深深 : 보일 듯 말 듯한 모습.
⑥ 점수點水 : 꼬리로 물을 찍으며 나는 모습.
⑦ 청정蜻蜓 : 잠자리.
⑧ 관관款款 : 느릿느릿 나는 모양.
⑨ 풍광風光 : 풍경과 세월.

곡강지가 있었다는 지역을 근근히 찾아가 봤지만 물이 흘렀다는 흔적조차 알아볼 길 없고, 다만 이제는 아파트 단지가 들어서고 있다. 땅을 밀어 평탄 작업을 하는 중인가 보다. 새로 짓고 있는 아파트는 서안에서 가장 비싼 가격으로 분양 중이라고 한다. 시를 중심으로, 북부보다는 남쪽이 사람 살기가 나은지, 아니면 신시가지의 조성 덕분인지 가격도 더 좋게 형성되는 모양이다. 어쨌든 중국인의 성향으로 봐서 곡강지 같은 유서 깊은 유적지를 매몰하지는 않았을 것인데 가이드가 정보에 어둡고 정성을 보이지 않으니 별 수 없다.

곡강지는 한무제가 만든 것이며 선춘원宣春苑이라 했다. 그 물이 굽어 꺾이고 폭이 넓어 강과 흡사하다 하여 곡강이라 불렸다. 근처에 진시황의 아들 호해胡

亥의 묘가 있을 텐데 찾을 수가 없다.

낙유원樂遊原과 청룡사青龍寺 유지遺址

당나라 시인 이상은李商隱이 이 낙유원에 올라 지은 시가 유명하다.

낙유원에 올라	樂遊原낙유원
이상은(당)	李商隱(唐)
해그름에 마음이 울적도 하여	向晩意不適향만의부적
수레 몰아 고원에 올랐더니라.	驅車登古原구거등고원
석양은 무한히 좋아 보이나	夕陽無限好석양무한호
다만 이가 황혼에 가까웠구나.	只是近黃昏①지시근황혼

① 황혼黃昏 : 기울어져 가는 당 왕조를 상징한다고 볼 수 있다.
※ 이상은이 이 시를 쓸 때에는 안사의 난이 진정되어 가기는 하지만 아직도 어수선한 시기였는데 이에 대한 그의 정이 잘 드러나 있다고 평가된다.

청룡사 앞에서 본 낙유원

낙유원은 서안 동쪽, 시내 가까운 거리에 있는 구릉 지대이다. 예부터 이 일대는 들풀이 우거져 소요하기에 좋은 곳으로 알려져 있다. 지세가 높아 남으로는 곡강지로 이어지고, 서남으로는 대안탑을 멀리 바라볼 수 있는 장안의 유명한 풍경 지구이었다.

매표소 앞 뜰에서 바라보면 멀리 서안의 도심 빌딩들이 아득히 내려 보이니 이곳이 평원 같은 고지대해발 455m라는 것을 알 수가 있다. 입구 정문 옆에 있는 알림 석판에는 '青龍寺遺址

청룡사 유지'라고 쓰여 있고 전국 제4비중 중점 문물 보호 단위라고 덧붙여 있다.

청룡사는 수나라 문제 때인 582년에 창건되었다. 밀종과 유관한 절이어서 일본의 구법승들이 이곳에서 불법을 배워 갔기에 일본 불교 밀종의 조정祖庭으로 알려져 있다. 그래서 1982년에 이 청룡사 유지 동편에 일본식 풍격의 해공기념비를 세웠다. 해공海空은 청룡사에서 구법한 일본승이었다.

청룡사의 이른 여름에	靑龍寺早夏청룡사조하
백거이(당)	白居易(唐)
먼지가 가랑비에 가볍게 젖고	塵埃經小雨진애경소우
고원은 긴 뚝으로 이어져 있네.	地高倚長坡지고의장파
서쪽 산문 밖으로 해는 지고	日西寺門外일서사문외
저녁 기운이 산뜻도 하구나.	景氣含淸和경기함청화

정문을 들어서면 아담한 공원이 조성되어 있다. 얼음이 언 작은 연못을 오른쪽으로 돌아가면 樂遊勝地낙유승지라고 쓰여진 비석이 서 있고 그 주위에는 대나무가 자라고 있다. 잔설을 밟으면서 얼마 안 가면 운봉각雲峰閣이라는 정자를 만나게 된다. 이 공원 중심에 세워진 당나라 양식의 건축물로서 십자十字형 이층 누각이다. 높이가 17m라고 하는데 이곳에 올라 요망하면 서안 시내가 한눈에 들어오니 과연 낙유원 일대가 은근히 높다는 것을 알 수 있다. 공원에는 다양한 나무를 많이 심어 풍치가 훌륭하지만 멀리 서안시 쪽은 연무인지 스모그 현상인지 희뿌옇기만 하여 이상은이 '夕陽無限好석양무한호'라고 읊고 백거이가 '景氣含淸和경기함청하'라고 노래한 것과는 천년의 세월만큼이나 딴판이다.

오흥으로 부임하기 전 낙유원에 올라	將赴吳興①登樂游原 장부오흥등낙유원
두목(당)	杜牧(唐)
태평성대 뜻 있어도 다만 무능하여	淸時②有味是無能청시유미시무능
구름을 사랑하고 스님을 좋아했더라.	閑愛孤雲靜愛僧한애고운정애승

깃발을 앞세우고 강해로 떠나기 전	欲把一麾[③]江海[④]去욕파일휘강해거
낙유원에 올라 멀리 소릉을 바라보노라.	樂游原上望昭陵[⑤]낙유원상망소능

① 오흥[吳興] : 호주[湖州]. 지금의 절강성[浙江省] 호주시[湖州市].
② 청시[淸時] : 태평한 시대.
③ 휘[麾] : 대장기. 자사[刺使]의 신분을 상징하는 깃발.
④ 강해[江海] : 호주[湖州]가 강남[江南]의 해안에 있기에 강해라고 했다.
⑤ 소릉[昭陵] : 당 태종의 능묘. 태평성대를 누렸던 당 태종 시대를 그리워함과 동시에 쇠약해져가는 당시의 시국[時局]을 드러내고 있다.

무릉[茂陵]

서안시에서 서북쪽으로 위하[渭河]를 지나면 함양시에 이른다. 위하는 황하의 한 지류이지만 그 길이가 860여 km나 되는 큰 강이다. 지금의 위하는 겨울철 갈수기인지라 거의 바닥을 드러내고 있으며 강둑쪽 깊은 데에만 물이 흐르고 있다. 강물은 언뜻 보기에도 오염이 심각한 듯하다. 함양대교를 건너며 두보의 병거행[兵車行]을 떠올린다.

병거행	兵車行병거행
두보(당)	杜甫(唐)
차바퀴 구르는 소리, 말 우는 소리	車轔轔馬蕭蕭거린린마소소
병사들은 활과 화살 허리에 찼다.	行人弓箭各在腰행인궁전각재요
부모와 처자식이 쫓아가며 이별하는데	耶孃妻子走相送야양처자주상송
먼지가 자욱하여 함양교도 안 보인다.	塵埃不見咸陽橋진애불견함양교
옷 잡고 발 구르며 길 막고 통곡하니	牽衣頓足欄道哭견의돈족난도곡
곡소리가 구름 하늘에 닿을 듯하다.	哭聲直上干雲霄곡성직상간운소
…	…

① 인린[轔轔] : 수레가 구르면서 삐걱거리는 소리.
② 야양[耶孃] : 부모.
③ 돈족[頓足] : 발을 구르다.
④ 난도[欄道] : 길을 막다.

※ 이 시는 당나라 현종이 토번吐蕃-티베트 정벌에 힘쓸 때 백성들의 고통이 심각함을 노래한 것이다.

서안시가 점점 커지고 함양시도 확장되어 지금은 분리되었다고 볼 수 없을 정도로 인접한 도시가 되어 버렸다. 조만간 두 도시가 합쳐질 것은 시간 문제이다.

왜 함양으로 불렀는가? 함양 땅이 바로 구종산九嵕山의 남쪽에 있고 위하渭河의 북쪽에 있으니, 산과 물이 모두 양이기에 함양咸陽이라고 한 것이다.

왕유의 시 '송원이사안서送元二使安西-580쪽 참조'에 보면 위성渭城이라는 지명이 나온다. 이 위성은 함양 고성을 말한다. 그러니까 서안의 서북쪽, 위수의 북안北岸을 가리킬 텐데 위성을 지금에야 확인할 길이 없다.

함양성 동루에 올라 / 咸陽城東樓함양성동루

허혼(당) / 許渾(唐)

한번 성에 오르니 만리의 시름인데	一上高樓萬里愁일상고루만리수
수양버들 갈대 숲이 섬처럼 보인다.	蒹葭①楊柳似汀洲②겸가양류사정주
계곡에 구름 일자 해가 전각으로 넘어가고	溪雲初起日沈閣계운초기일침각
산에는 비 뿌리자 바람은 누각에 가득하다.	山雨欲來風滿樓산우욕래풍만루
진원의 저녁, 푸른 들녘에 새가 내려앉고	鳥下綠蕪秦苑③夕조하녹무진원석
한궁의 가을, 누런 잎에 매미가 울어 댄다.	蟬鳴黃葉漢宮④秋선명황섭한궁추
길손이여 묻지 마라, 그때의 일을	行人莫問當年事행인막문당년사
위수만이 고국 땅을 동으로 흐르는데.	故國東來渭水流⑤고국동래위수류

① 겸가蒹葭 : 갈대.
② 정주汀洲 : 얕은 물 가운데 토사가 쌓여 이루어진 섬.
③ 진원秦苑 : 진나라의 정원.
④ 한궁漢宮 : 한나라의 궁전.
⑤ 위수류渭水流 : 위수는 함양성 남으로 흐르는 강. 인생과 영화는 무상한데 자연위수만 옛날 그대로다는 뜻이다.

함양시 중심 사거리에는 주나라 때의 거대한 청동 솥 모양의 조형물 하나를 갖다 놓았는데 이는 함양시가 주나라의 도읍지였음을 상징적으로 드러내기 위함일 것이다.

서안 시내에서 함양을 거쳐 차로 한 시간만에 무릉에 이르렀다. 무릉은 한나라 5대 황제 유철劉徹의 무덤이다. 이곳은 대체로 서안보다 지대가 높아 풍수지리적으로 능묘로 쓰기에 좋다고 알려져 있다. 그래서 역대 한나라 황제들이 위수 북쪽 함양원咸陽原에 다투어 무덤을 만들었다. 특히 무제武帝의 무릉茂陵, 고조高祖의 장릉長陵, 혜제惠帝의 안릉安陵, 경제景帝의 양릉陽陵, 소제昭帝의 평릉平陵 등 5좌座의 능이 있는 일대는 통칭 오릉으로 불린다.

소년행

이백(당)

오릉의 젊은이들 금시 동쪽으로 나서는데
은 안장에 백마 타고 봄바람을 가르누나.
낙화를 밟아가며 어디에서 노닐려나?
웃으며 호희의 술집으로 들어가네.

少年行소년행

李白(唐)

五陵①年少金市②東오릉연소금시동
銀鞍白馬度春風은안백마도춘풍
落花踏盡遊何處낙화답진유하처
笑入胡姬③酒肆④中소입호희주사중

---

① 오릉五陵 : 함양원咸陽原에 있는 한나라 때의 다섯 황제의 무덤을 말한다. 부호와 협객들이 많이 살고 있었다.
② 금시金市 : 장안에 있는 세 개의 저자 중에 하나인 서시西市를 말한다.
③ 호희胡姬 : 서역西域에서 들어온 여인.
④ 주사酒肆 : 술집, 주점.

한 무제의 무릉은 오릉원에 있는 능 중에서 가장 서쪽에 위치해 있다. 장기간에 걸쳐 만든 능묘이기에 가장 굉대한 것이다. 한 무제 즉위 2년BC 139년부터 병들어 죽기BC 87년까지 53년간 건설하였으며 매년 전국 세 수입의 1/3을 소비하였다고 하니 그 공을 가히 알 만하다.

무제는 누구인가? 전한의 5대 황제이며 경제의 아들이다. 이름은 유철劉徹, 묘호廟號는 세종世宗이다. 16세에 즉위하여 71세에 죽었다. 그의 재위 기간은 55

년에 이르며 전한 왕조의 4분의 1의 기간에 해당한다.

평원에 산만한 무덤이 있다는 것은 믿기 어려운 것이다. 무덤 앞에는 한나라 무제 유철의 무덤임을 가리키는 비석이 세워져 있다. 그리고 이 뒤쪽, 무덤 바로 앞에는 '한효무제 무릉'이라는 비석이 또 서 있다.

무릉

무덤 봉분에는 측백나무들이 열 지어 심어져 있는데 그렇게 굵고 오래된 것들은 아니다. 사람들이 많이 오르내려서 자연스럽게 길이 난 데를 따라 오르니 의외로 가팔라 숨조차 가쁘다. 측백만 심어져 있는 줄 알았는데 가만히 보니 대추나무처럼 가시가 돋은 작은 나무들 또한 무덤을 덮고 있다. 예부터 사람들이 이곳에 함부로 오르지 못하도록 심어 놓은 것인가 보다.

봉분의 흙은 자갈조차 섞이지 않은 고운 황토이어서 2천 년의 세월과 풍우에 많이도 씻기고 깎였을 것이다. 무덤 꼭대기는 의외로 평평하여 웬만한 운동장 넓이만하다. 한나라 때의 능묘는 사각추의 상부를 자른 모양이다. 멀리서 바라보기보다 직접 올라 보면 더욱 굉대하다는 느낌을 가지게 된다. 상부 중심에는 측량 표시를 위해 콘크리트 기둥 하나를 박아 두고 있어 조금은 어이가 없는 처사가 아닌가 생각된다. 오르는 길 주위나 능 정상부에는 지저분하게 쓰레기들이 널려져 있다. 눈이 온 뒤라 신발에 진흙이 덕지덕지 달라붙는다.

무릉의 봉분의 높이는 46.5m, 밑변의 동서 길이가 231m, 남북 길이는 234m이며, 정상부의 동서 길이가 39.5m, 남북의 길이는 35.5m이다.

봉분 정상에서 주위를 둘러보면 사방이 밭인데 멀지 않는 곳, 운무 속에 희꺼무레한 능묘들이 보인다. 바로 한무제를 위한 배장묘陪葬墓인 것이다. 서북쪽에 525m 떨어져 있는 것이 이부인李夫人의 영릉英陵이다. 이부인은 원래 노래 잘하고 음악에 능한 집안 출신인데, 그의 오라버니 이연년李延年과 무제의 동생인 평양平陽공주의 추천을 받아 한무제를 모시는 영광을 입었다. 이연년은 그녀를 한무제에게 소개할 때 다음과 같은 시를 지었다.

북방에 한 미인이 있었으니 北方有佳人북방유가인
세상에서 제 홀로 빼어났다오. 絶世而獨立절세이독립
한 번 돌아보면 성이 무너지고 一顧傾人城일고경인성
두 번 돌아보면 나라가 기운다네. 再顧傾人國①재고경인국
성 무너지고 나라 기우는 걸 어찌 모르랴만 寧不知傾城與傾國녕부지경성여경국
미인이란 다시 얻기 어렵다오. 佳人難再得가인난재득

① 경인국傾人國 : 미인이 나라를 기울게 한다. 경국지색傾國之色이란 말이 여기에서 나왔다.

이부인이 병들어 죽자 무제는 그녀의 그림을 걸어 놓고, 또 그녀의 상을 조각하여 곁에 둘 정도로 그녀를 아끼고 사랑했던 모양이다. 그래서 그녀의 무덤도 황후의 예로서 조성하여 무제 자신의 무덤 곁에 배장하였던 것이다. 이부인 묘는 집선대集仙台로 불린다.

무릉에서 동으로 약 1km 떨어진 곳에 무제의 또 다른 배장묘의 하나인 곽거병霍去病의 묘가 있다. 입구 정문에는 무릉박물관이라고 쓰여 있다. 그러니 이곳 곽거병 묘와 무릉을 합쳐 무릉박물관이라 일컫는 모양이다.

정문에 들어서면 뜰 중앙에는 큰 분수대가 만들어져 있다. 그 뒤편으로 정자 두 개가 좌우 대칭으로 세워져 있다. 각각 그 안에는 석상을 하나씩 갖다 놓고 보호하고 있는데, 흉노족이 말 밑에 깔려 있는 모습이다. 이는 곽거병이 흉노를 정벌한 그 공을 기리기 위한 것이다.

무릉박물관 내에 있는 곽거병의 무덤

곽거병의 분묘는 측백나무 숲으로 덮여 있다. 좌우로 난 계단을 타

고 오르면 정상에 정자가 세워져 있다. 무릉이 초동들의 놀이터인 양 돌보지 않고 버려져 있다는 느낌이 든다면 이 곽거병의 묘는 가꾸고 다듬어 중시하고 있다는 생각이 든다. 무릉박물관 내에 있어서 돈을 받아 관리하고 있기 때문일 것이다.

곽거병[BC 140~BC 117년]은 한무제 시대의 걸출한 청년 장수였다. 18세부터 군사를 거느리기 시작하여 24세에 죽기까지 단명한 일생이었지만 6차례나 서쪽 변방을 정벌하여 탁월한 공훈을 세워 표기장군이 되었다. 그는 기련산맥 일대의 강력한 흉노족의 주력 부대를 섬멸했기에 그의 분묘 모양도 기련산형으로 만들었다고 한다. 지금 보니 그런 특이한 산 모양 같지는 않다. 2000년 넘은 세월에, 이제 정자까지 지어 놓았으니 원래 모양이야 남아 있을 리 없겠다. 묘의 크기는 동서 길이 61m, 남북 길이 92m, 높이 16m이다.

그가 죽어 이곳에 묻힐 때에 서안과 무릉 사이에는 수십 리의 장의 행렬이 이어졌다고 한다. 곽거병[霍去病]은 그 이름도 특이하여 병을 물리친다는 뜻을 가지고 있는데, 그래서 그런지 이곳 무덤에 와서 빌면 병이 치유된다는 민간 신앙도 남아 있다고 한다. 정작 자기 자신은 요절했지만 …….

변방의 노래	塞下曲[새하곡]
이백(당)	李白(唐)
준마는 빠르기가 바람 같은데	駿馬似風飇①[준마사풍표]
채찍을 울리며 위교를 나서노라.	鳴鞭出渭橋[명편출위교]
활을 당기며 한나라 달을 작별하고	彎弓辭漢月[만궁사한월]
화살을 쏘아 오랑캐를 깨뜨리라.	揷羽破天驕②[삽우파천교]
진지를 풀면 꼬리별 사라지고	陣解星芒③盡[진해성망진]
진영을 비우면 바다 안개 걷히도다.	營空海霧消[영공해무소]
공을 이루어 기린각에 그려진 이는	功成畵麟閣④[공성화인각]
오직 곽표요가 있을 뿐이라.	獨有霍嫖姚⑤[독유곽표요]

① 풍표[風飇] : 빠른 바람. 회오리바람.

② 천교天驕 : 호왕胡王이 자신을 하늘天의 교자驕子라 하며 중국 황제를 깔보았다.
③ 성망星芒 : 별꼬리, 별살. 중국 고대에 별빛이 흰색으로 변하면 전쟁이 일어난다고 했다.
④ 인각麟閣 : 기린각麒麟閣을 말하는데 한나라 개국 공신인 소하蕭何가 만들었다. 선제宣帝시에 공신을 표창하기 위해 곽광霍光 등 11명의 공신의 초상을 그려 걸어 놓은 사당이다.
⑤ 곽표요霍嫖姚 : 표요는 표요교위嫖姚校尉,곽거병을 말한다. 그러나 여기서는 그의 이복 동생인 곽광霍光을 가리킨다.
※ 이백이 743년 장안에서 한림학사직에 있을 때 지은 것이다. 혹은 연대 미상이라고도 한다.

사기열전史記列傳에는 곽거병에 대해 다음과 같이 적고 있다.

곽거병은 사람됨이 말이 적고, 남의 비밀을 누설하는 일이 없으며, 감히 스스로 일에 책임지고 나서는 기개가 있었다. 천자가 일찍이 그에게 손자와 오자의 병법을 가르치려고 하자 그는 이렇게 말했다. "어떤 전략을 쓸 것인지 잘 생각하면 그만이지 옛날 병법을 배울 필요는 없습니다." 또 천자가 그를 위해 저택을 지어 두고 한번 구경하도록 했다. 그는 또 이렇게 말했다. "흉노는 아직 망하지 않았으니 집이 문제가 아닙니다." 이런 일로 인해 천자는 더욱 그를 소중히 여겼다. 그러나 높은 지위에 오른 뒤에는 부하를 보살필 줄 몰랐다. 천자가 보내온 음식이 남아돌 때에 부하들 중에는 굶주린 자들이 있었고, 군사들이 식량이 모자랄 때에도 그는 공차기나 즐겼다.

한편 대장군 위청衛青은 인자하고, 선량하고, 겸손하고, 양보심이 많았으며, 언제나 부드러운 태도로 천자의 환심을 샀다. 그러나 세상 사람들은 대장군을 칭송하는 자는 드물었다.

곽거병은 아들이 하나 있었으나 일찍 죽어 뒤가 끊겼다. 곽거병은 위청의 누이의 아들이었다. 곽거병에게는 곽광이라는 이복 동생이 있었다. 이도 공손 근신하였으며 과단성 있는 처사로 무제의 신임을 받았다.

한무제는 위청보다 곽거병을 더 좋아했다. 평양공주의 집안에서 하인 노릇하여 노예 근성이 몸에 밴 위청의 지나친 겸손이 마음에 들지 않았을 것이다.

곽거병은 이에 반하여 귀족 출신이었기에 무제에게는 솔직하고 신선한 인상을 주었기 때문인 듯하다. 그래서 원정 때에는 최정예 부대를 으레 곽거병에게 맡겼던 것이다.

이곳 무릉박물관 왼쪽에는 위청의 묘가, 오른쪽에는 김일제金日磾의 묘가 무제의 배장묘로서 자리잡고 있다. 김일제는 곽거병의 흉노 정벌 때 포로로 잡혀 온 흉노족인데 말 먹이 노예로 일하다가 한무제의 눈에 들어 두터운 신임을 받았다. 그후 무제 암살 기도를 막아 내어 거기車騎장군이 되고 투후秺侯에 봉해졌다. 그의 부왕 휴도왕이 금인金人을 가지고 하늘에 제사지냈기에 그에게 김金씨 성을 하사하였다는 것이다.

신라 문무왕릉비에 의거하여 김일제를 신라 김씨 왕조의 조상으로 보는 견해가 있다. 통상 왕실의 가계를 신성시하기 위해서 그 원류를 중국에서 찾으려는 시도가 있을 수 있다. 그러나 하필 흉노족에서 찾을 필요까지야 없을 텐데 굳이 그 쪽으로 맞춘 거라면 신라 김씨, 경주 김씨를 흉노계로 볼 수도 있을 법하다.

원래 무릉의 배장묘는 20여 좌가 있다는데 대개 무제의 공신과 친척들이다.

그 옛날 이곳 능원陵園 인근에는 번화한 성읍城邑을 이루어서 무릉읍으로 불렸으며 인구가 2십7만 7천여가 되었다. 무제가 전국 각지의 부호와 힘 있는 관료들을 3차에 걸쳐 이곳으로 이주시켰으니 무릉읍은 전국의 정치 경제의 중심이 되었다.

이런 일화가 사기에 전한다. 무제 때에 곽해郭解라는 인물이 있었는데 유협으로 칭송이 대단했다. 그는 몸가짐이 겸허하여 볼 일이 있어 관청에 들를 적에는 수레를 타지 않았다. 또한 남을 도와 줄 일이 있을 때에는 먼저 가능한 일인가 알아 본 다음에 실행에 옮겼으며, 만일 불가능한 일일 경우에는 청탁자에게 그 이유를 잘 타일러 알아듣게 한 다음에야 비로소 술과 음식에 손을 댔다.

무제 때 지방의 유력자와 부자들을 무릉으로 강제로 이주시키라는 명령이 내려졌다. 곽해는 집이 가난해서 3백만 전錢이라는 조건에 맞지 않았지만 그의 명성과 세력을 두려워한 관리들은 혹시라도 그를 강제 이주자 명단에서 제외하였다가 뒤에 벌을 받을까 두려워한 나머지 그를 명단에 넣었다. 이 소식을 들은 대장군 위청이 곽해를 위해 황제에게 청을 올렸다. "곽해는 집이 가난해서 강제 이주 대상에 해당되지 않습니다." 하지만 황제는 "하찮은 평민 따위가 대장군으로 하여금 한마디 하게 한 권세만 보아도 자격이 충분하다"고 할 뿐이었다. 곽해는 마침내 무릉에 이주하게 되었는데 이때 그를 전송하는 사람들이 모은 전별금이 천여만 전이나 되었다고 한다.

이렇게 해서 무릉촌이 형성되고부터 함양의 오릉에는 유협이 많았던가 보다. "신풍新豊의 좋은 술은 한 말에 만 금이요, 함양의 유협들은 소년들이 많다네"라는 왕유의 시가 있을 정도로 당나라 때에도 그 유풍이 남아 있었던 모양이다.

주대朱大를 진秦에 보내며	送朱大[①]入秦송주대입진
맹호연(당)	孟浩然(唐)
나그네 오릉으로 떠난다는데	遊人五陵去유인오릉거
이 보검은 천금의 가치이라.	寶劍直千金보검직천금
손 벌려 그대에게 드리고자	分手脫相贈분수탈상증
평생에 일편의 단심이라오.	平生一片心평생일편심

① 주대朱大 : 주朱씨 형제 중 맏이.

소년의 노래	少年子소년자
이백(당)	李白(唐)
높은 기상의 소년들	靑雲[①]少年子청운소년자
장대에서 탄환 차고,	挾彈章臺[②]左협탄장대좌
말안장에 오르니 사방이 트여	鞍馬四邊開안마사변개
홀연히 유성처럼 사라지도다.	突如流星過돌여류성과
금 탄환으로 나는 새 떨어뜨리고	金丸落飛鳥금환락비조

밤에는 기루에서 지내는구나.	夜入瓊樓③臥 야입경루와
백이와 숙제는 어떤 사람이냐고?	夷齊④是何人 이제시하인
홀로 수양산 지키며 굶어 죽었다네.	獨守西山⑤餓 독수서산아

① 청운青雲 : 높은 이상.
② 장대章臺 : 궁宮의 이름. 전국 시대에 궁전 내에 장대를 지었기에 얻은 이름이다. 장안성 내에 그 유지가 있다. 한나라 때 경조윤京兆尹-서울시장 격 장창張敞이 말을 몰아 장대로 달릴 때 부채로 채찍질했다는 고사가 있다. 당나라 때에는 유흥가로 알려졌다.
③ 경루瓊樓 : 기생집, 청루青樓.
④ 이제夷齊 : 백이伯夷와 숙제叔齊. 중국 은나라 말, 주나라 초의 현인賢人 형제. 둘은 고죽국孤竹國의 왕자로서 왕위 자리를 서로 양보하다가 나라를 떠났다. 주나라 무왕이 임금의 나라인 은나라를 치는 것은 부덕한 일이라 하여, 주나라의 곡식을 먹지 않겠다며 수양산首陽山에 들어가 고사리를 캐어 연명하다 굶어 죽었다.
⑤ 서산西山 : 수양산.
※ 유협인 양하는 소년들이 백이와 숙제의 높은 절개를 모르는 경박함을 노래한 작품이다.

아방궁阿房宮 유지遺址

무릉을 구경하고 다시 위수를 건너 서안으로 돌아오는 길에 아방궁 유지에 들렀다. 위하대교에서 이곳까지 오는 데는 승용차로 약 45분 정도 걸렸다. 대로변에 '전국 중점 문물 보호 단위 아방궁 유지 전전前殿'이라는 커다란 돌 표지판이 세워져 있지만, 뭐 하나 볼 만한 역사적 자취, 말하자면 주춧돌 하나 발굴해 놓지 않고 있다. 다만 벌판에 시든 잡초와 잎 떨어진 나무들만 가득하고 그 사이로 오솔길이 나 있을 뿐이다.

안내판에는 다음과 같이 소개하고 있다.

"아방궁은 BC 212년시황제 35년에 건설되었고, 진나라가 망한 후에 곧 훼손되었다. 현재 남아 있는 터전은 동서 길이 1270m, 남북 426m, 높이 7~12m이며 면적이 54만 천20m²가 된다."

사마천의 사기 진시황 본기本記에는 다음과 같이 기술하고 있다.

"시황제 즉위 35년에 함양의 궁전을 협소하다고 느껴 위수 남쪽에 있는 상림원上林苑이라는 곳에 아방궁을 건설하였다. 먼저 전전前殿에 해당하는 아방궁을 지었다. 만 명이 앉을 수 있고 5장의 깃대를 세울 수 있었다. 아방궁의 아방阿房은 옛 지명을 따른 것이고 궁궐이 완성되면 새 이름을 붙일 것이었으나 궁명이 미처 이루어지기 전에 불탔기에 천하 사람들은 그냥 아방궁으로 부르게 된 것이다."

어쨌든 아방궁은 진시황 생전에 완성되지 못하고 2세인 호해胡亥 때에서도 계속 건조되었다. 그러나 항우가 진에 쳐들어와서 불을 질러 태워 버렸다. 이때 석 달이나 탔다고 한다.

도로 건너 맞은편에는 아방궁을 새로 지어 놓았다. 엄청난 경비를 들여 만들었으나 왠지 영화 촬영 세트 같은 느낌을 떨칠 수가 없다. 다만 눈에 들어오는 것이 있다면 입구 쪽에 세워 놓은 거대한 비석인데 두목杜牧의 '아방궁부'가 새겨져 있다.

아방궁의 노래

두목(당)

전국 시대의 여섯 나라는 멸망해 버리고 천하는 진시황에 의해 통일되었다. 그런 연후에 궁전을 짓기 위해 촉산蜀山의 나무를 모두 베어 그 재목으로 아방궁이 이루어졌다. 아방궁은 웅대하여 삼백여 리의 땅을 덮어 눌러서 지붕은 하늘을 가리고 해를 막을 정도이다. 궁전의 조성은 여산驪山 북쪽에서 시작하여 서쪽 함양성에 이르도록 하였으며 위수와 경수涇水의 두 강이 궁으로 흘러들게 하였다.

오 보마다 누대가 있고 십 보마다 전각이 있다. 행랑은 길게 둘러져 있고 처마는 높이 솟아 새가 모이를 쪼는 것 같다. 각각의 누각들은 지세의 높낮이에 따라 꾸부러지고 끝이 모여 싸우는 듯하며 또 두르기도 하고 꺾여지기도 하였다. 낙수 물이 떨어지는 곳의 기와는 벌집 같은데 흐르는 물은 빙빙 돌아 일직으로 떨어질 때 그 줄기가 몇 천만인지 모른다.

긴 다리가 물결 위에 누었으니 구름이 없는데 웬 용인가? 복도가 공중에 걸쳐 있으니 날이 개지도 않았는데 웬 무지개인가? 누각들이 낮게 혹은 높게 연이어 세워져 있어 동서를 알 수가 없다. 가대歌臺에서 타는 부드러운 음악 소리는 봄빛처럼 포근하고 춤추는 무희들의 찬 소매는 비바람이 이는 것처럼 서늘하다. 이처럼 하루 동안 같은 궁전에서도 따뜻함과 서늘함이 서로 다르다.

비妃, 빈嬪, 잉媵, 장嬙, 왕자, 황손 등이 누대에서 물러 나오더니 전각에서 내려와 연輦을 타고 진궁秦宮-함양궁으로 든다. 진의 궁인들은 아침에 노래하고 저녁에도 연주를 계속한다. 궁녀들이 화장 거울을 열어 놓으니 밝은 별들이 번쩍거리고, 아침에 머리를 빗으니 푸른 구름이 뭉글뭉글한다. 궁녀들이 화장에 쓴 물을 버리니 위수 물에 기름이 뜨고 향내 나는 초란椒蘭을 불태우니 연기가 끼고 안개가 가로지른다. 궁중의 수레가 지나가니 우레 소리가 귀를 놀라게 하는 것 같다. 수레의 덜컥덜컥하는 소리가 멀리서 들리니 아득히 어디로 가는지 알 길이 없다. 궁녀들은 살결을 손질하고 용모를 다듬으니 곱기도 하다. 그들은 오래도록 서서 멀리 황제의 거동을 바라본다. 그러나 시황제 재위 36년 동안 한번도 뵙지 못한 궁녀가 없지 않았다.

연나라와 조나라가 수장收藏한 재물과 한나라와 위나라가 수집한 진품珍品과 제나라와 초나라가 축적한 아름다운 물품 등은 몇 년을 두고 거두어 모은 것인지, 산과 같이 쌓여 하루아침에 아방궁으로 실어 올 수 없을 만큼 많았다. 호사豪奢한 솥은 밥솥처럼, 보배로운 옥은 돌처럼, 황금은 흙덩이처럼, 구슬은 잔 돌처럼 여기어 이들을 길에 버려 던져 두고 있다. 진나라 궁인들은 이를 보고도 심히 아까워하지 않는다.

아아! 진시황 한 사람의 마음은 백성들 천만 인의 마음이다. 시황제가 심히 사치를 좋아하면 백성들도 또한 자신들의 몸을 생각하고 자기 집의 영화를 원하게 되는 것이다. 조세를 거둬들일 때에는 미세한 것까지 하고 이들을 소모할 때에는 흙모래처럼 여겨 버린다.

대들보를 지고 있는 기둥은 남쪽 밭에서 일하는 농부 수보다 많고, 들보에 걸린 서까래는 베틀에서 길쌈하는 여자의 수보다 많고, 번쩍거리는 못대가리는 창고 안에 있는 곡식알보다 많고, 기와 이음새는 몸에 두른 옷의 바늘 자국보다 많고, 곧은 난간과 가로지른 헌함[軒檻-좁은 마루]은 천하의 성곽보다 많고, 음악 소리의 시끄러움은 시장 바닥의 떠드는 소리보다 심하다.

법이 가혹하여 불평할 수 없었으니 천하를 노하게 만들었다. 천하 인심을 잃은 진시황은 더욱 교만하고 완고하여 갔다. 국경 수비병 출신인 진승[陳勝]은 진에 대항하여 부르짖었고 한왕[유방]은 진의 군사적 요충지인 함곡관을 무너뜨렸으며, 초나라 출신인 항우가 아방궁에 불질러 안타깝게도 재로 변하고 말았다.

아! 육국[六國]을 멸망시킨 것은 육국 자신이며 진나라가 아니다. 진나라를 멸망하게 한 것은 진나라 자신이지 천하가 아니다. 아! 육국이 선정을 베풀어 백성을 사랑했다면 진나라의 침공을 막는데 충분했을 것이다. 진나라 또한 육국의 백성을 사랑하였다면 삼 세에 망하지 않고 만세에 이르도록 임금이 되었을 것이다. 누가 멸망시켰는가? 진나라가 스스로 멸망을 슬퍼할 겨를도 없이 망해 버리고, 후세 사람들이 이를 슬퍼하게 되었다. 후세 사람들이 이를 슬퍼하는 데만 그치고 거울로 삼지 않는다면 이 또한 후세 사람들로 하여금 다시 그 다음 후세 사람을 슬퍼하게 할 것이다. (최인욱의 번역 참고)

阿房宮賦[아방궁부]

杜牧(唐)

六王畢四海一　蜀山兀阿房出　覆壓三百餘里　隔離天日[륙왕필사해일　촉산올아방출　복압삼백여리　격리천일]

驪山北構而西折　直走咸陽　二川溶溶　流入宮牆[려산북구이서절　직주함양　이천용용　류입궁장]

五步一樓 十步一閣 廊腰縵迴 簷牙高啄 各抱地勢오보일루 십보일각 랑요만회 첨아고탁 각포지세

鉤心鬬角 盤盤焉 囷囷焉 蜂房水渦 矗不知其幾千萬落구심두각 반반언 균균언 봉방수와 촉불지기기천만락.

長橋臥波 雲何龍？ 複道行空 霽何虹？ 高低冥迷장교와파 미운하룡？ 복도행공 불제하홍？ 고저명미

不知西東 歌臺暖響 春光融融 舞殿冷袖 風雨淒淒부지서동 가대난향 춘광융융 무전랭수 풍우처처

一日之內 一宮之間 而氣候不齊일일지내 일궁지간 이기후부제.

妃嬪媵嬙 王子皇孫 辭樓下殿 輦來于秦 朝歌夜絃비빈잉장 왕자황손 사루하전 련래우진 조가야현

為秦宮人 明星熒熒 開粧鏡也 綠雲擾擾 梳曉鬟也위진궁인 명성형형 개장경야 록운요요 소효환야

渭流漲膩 棄脂水也 煙斜霧橫 焚椒蘭也 雷霆乍驚위류창니 기지수야 연사무횡 분초란야 뢰정사경

宮車過也 轆轆遠聽 杳不知其所之也 一肌一容궁차과야 록록원청 묘불지기소지야 일기일용

盡態極妍 縵立遠視 而望幸焉 有不得見者三十六年진태극연 만립원시 이망행언 유불득견자삼십륙년.

燕趙之收藏 韓魏之經營 齊楚之精英 幾世幾年 剽掠其人연조지수장 한위지경영 제초지정영 기세기년 표략기인

倚疊如山 一旦不能有 輸來其間 鼎鐺玉石 金塊珠礫의첩여산 일단불능유 수래기간 정당옥석 금괴주력

棄擲邐迤 秦人視之 亦不甚惜기척리이 진인시지 역불심석.

嗟乎！ 一人之心 千萬人之心也 秦愛紛奢 人亦念其家차호! 일인지심 천만인지심야 진애분사 인역념기가

奈何取之盡錙銖 用之如泥沙？내하취지진치수 용지여니사？

使負棟之柱 多於南畝之農夫 架梁之椽 多於機上之工女사부동지주 다어남무지

농부 가량지연 다어기상지공녀

釘頭磷磷 多於在庾之粟粒 瓦縫參差 多於周身之帛縷정두린린 다어재유지속립 와봉참차 다어주신지백루

直欄橫檻 多於九土之城郭 管絃嘔啞 多於市人之言語직란횡함 다어구토지성곽 관현구아 다어시인지언어

使天下之人 不敢言而敢怒 獨夫之心 日益驕固사천하지인 불감언이감노 독부지심 일익교고

戍卒叫 函谷擧 楚人一炬 可憐焦土수졸규 함곡거 초인일거 가련초토!

嗚呼! 滅六國者 六國也 非秦也 族秦者 秦也 非天下也오호! 멸륙국자 륙국야 비진야 족진자 진야 비천하야

嗟夫! 使六國各愛其人 則足以拒秦 使秦復愛六國之人차부! 사륙국각애기인 칙족이거진 사진부애륙국지인

則遞三世可至萬世而為君 誰得而族滅也? 秦人不暇自哀칙체삼세가지만세이위군 수득이족멸야? 진인불가자애

而後人哀之 後人哀之而不鑑之 亦使後人而復哀後人也이후인애지 후인애지이불감지 역사후인이부애후인야.

※ 진왕秦王은 BC 231년에 한韓나라를, BC 227년에 연燕나라를, BC 225년에 위魏나라를, BC 223년에 초楚나라를, BC 222년에 조趙를, 그리고 BC 221년에 제齊를 멸하고 천하를 통일했다시황 26년. 이때 그의 나이는 38세였다. 통천하 후 왕을 황제로 부르게 했다. 고대 삼황오제三皇五帝의 덕과 맞먹으니 황 자字와 제 자字를 따와서 황제라 하였다. 그래서 중국 역사상 첫번째 황제가 탄생한 것이다. 어쨌든 천하의 혼란은 종결되고 정치 경제 문화의 모든 면에서 명실공히 통일을 이루게 되었다. 이후 중국이 다민족 통일 국가를 형성하는데 밑바탕이 되었다. 황제는 자기를 짐朕이라 하고, 그의 명령은 조詔라 하고 신하들은 말과 문장 중에 반드시 그의 이름 자字를 피해야 하고, 문서에 황제라는 두 글자를 쓸 때에는 행을 달리하여 맨 뒤에 쓰도록 했다. 간단히 말하면 황제의 권위를 높일 수 있는 데까지 높인 것이다. 그리고 죽고 난 뒤에 붙이는 시호도 폐지시켜서 감히 자식이 그를 평가 못하게 하고 황통皇統이 만 대까지 이어지기를 바랐다. 그의 성명은 영정嬴政이다. 중국의 마지막 황제는 청나라 12대 부의溥義이다. 중국 역대 황제의 수는 모두 406명이었고 농민 봉기 등으로 스스로 황제라 칭했던 이까지 합

하면 560명이었다.

침향정沈香亭

흥경궁興慶宮공원은 서안 성곽 동쪽에 위치하여 동문에서 가깝다. 서안에 세 번째 와서야 겨우 흥경궁 유지에 가 보게 되었다.

당나라 현종이 왕자 시절에 글공부하던 곳이었고 말년에 태상황이 되어 노년을 보냈던 데였다. 712년 현종이 즉위한 후 714년에 개축하여 흥경궁이라 이름하였다. 그 후 양귀비를 만나 장기간 거주하였다. 여러 전殿과 누樓와 정亭이 있었지만 천년의 세월 속에 모든 자취가 사라졌다. 1958년 흥경궁을 발굴하여 공원화할 때, 당대唐代의 침향정 유지에 침향정을 새로 건립했던 것이다.

그 옛날은 근엄한 궁궐이었겠지만 지금은 어린이 공원이 되어 친근하게 변모해 버렸다. 공원 내에는 동호, 서호란 이름의 호수가 있다. 동호 안에 섬이 하나 있고 이곳에 침향정이 세워져 있다. 튼튼한 2중 기단 위에 2중 지붕을 한 웅장한 자태인데 지붕을 받치고 있는 기둥이 20개나 된다. 기단부 대리석 벽면에는 현종과 양귀비의 관련된 사적을 음각하여 그려 놓았다. 현종과 다툰 양귀비의 술에 취한 모습이 보이는가 하면 또 고력사高力士는 박수치고 양귀비는 춤추고 현종은 손수 피리 부는데 이백이 혼자 앉아서 술 마시며 시상을 가다듬는 장면도 있다. 이백과 장구령의 시도 눈에 띈다.

현종이 "명화名花를 바라보며 귀비貴妃에 대해 어찌 낡은 가사를 쓰겠는가?" 하며 당시 한림학사 이백을 불러 청평조사淸平調詞를 짓게 하고 명창 이구년李龜年으로 하여금 노래 부르게 한 곳이 바로 이 침향정이다.

청평조사

이백(당)

(1)

구름 보면 옷이, 꽃 보면 얼굴이 떠오르고
봄바람이 난간 스치니 이슬 맺힌 꽃은 농염하여라.
군옥산 마루에서 보지 못하면

淸平調①詞청평조사 3수

李白(唐)

(1)

雲想衣裳花想容운상의상화상용
春風拂檻露華濃춘풍불함로화농
若非群玉山②頭見약비군옥산두견

요대의 달빛 아래서 만나리라.	會向瑤臺③月下逢회향요대월하봉

① 청평조淸平調 : 악부의 일종. 궁중악으로서 청조淸調와 평조平調가 있었다.
② 군옥산群玉山 : 전설상의 선녀인 서왕모西王母가 산다는 산. 곤륜산崑崙山.
③ 요대瑤臺 : 신선이 사는 곳. 달나라.
※ 군옥산과 요대는 다 신선이 거주하는 곳이기에 이런 단어를 구사하여 양귀비가 선녀임을 드러내고자 하는 것이다.

(2)	(2)
한 떨기 화사한 꽃 이슬에 향기 띠고	一枝濃艶露凝香일지농염로응향
무산의 운우의 정 부질없이 애태웠네.	雲雨巫山①枉斷腸운우무산왕단장
물어보자 한궁에 누구 있어 이 같은지?	借問漢宮誰得似차문한궁수득사
어여쁜 조비연이 새 단장을 뽐내는 듯.	可憐飛燕②倚新粧가련비연의신장

① 운우무산雲雨巫山 : 남녀의 성적性的 사랑을 뜻한다. 초나라 양왕襄王이 고당高唐에서 노닐 때 꿈에 무산의 선녀와 정을 나누었다. 아침이 되어 떠날 즈음에 무산의 선녀가 자기는 아침이면 구름이 되고 저녁에는 비가 된다고 말했다. 이튿날 아침에 일어나 보니 무산 봉우리에 구름만 자욱 끼어 있었다.
② 비연飛燕 : 성姓은 조趙인데 서한西漢 때 성제成帝의 황후였다. 대단한 미인으로서 몸이 가벼워 손바닥 위의 쟁반에서 춤을 출 정도라고 한다. 성제가 그녀에 빠져 병들어 죽었고 조비연도 만년에 불행하여 자살하였다. 양귀비를, 천민 출신인데다가 평민으로 쫓겨나 자살한 조비연에 비유했다고 이백을 모함하여 내쫓는 계기가 되었다. 환비연수環肥燕瘦 즉 양옥환楊玉環-본명은 살찌고 조비연은 야위었다는 말이 있는데 이 말도 모함의 대상이 되었다.

(3)	(3)
모란과 절세 가인 이 둘이 서로 즐기니	名花①傾國②兩相歡명화경국양상환
임금은 그 언제나 웃음 띠고 바라보네.	長得君王帶笑看상득군왕대소간
봄바람에 끝없는 한 다 풀어 드리고	解釋春風無限恨해석춘풍무한한
침향정 북쪽 난간에 기대어 서 있어요.	沈香亭北③倚欄干침향정북의란간

① 명화名花 : 모란꽃.

② 경국傾國 : 절세 미녀. 나라를 기울게 할 정도의 미인. 여기서는 양귀비를 말한다.

③ 침향정북沈香亭北 : 침향정 북쪽은 꽃을 감상하는 지점이다. 침향정은 침향목이라는 향나무로 지어졌기에 붙여진 이름이다.

이런 이야기가 전한다. 이백은 평소에 환관인 고력사를 무시했다. 개원천자開元天子-현종도 안중에 없는데 양귀비나 고력사 따위야 말할 것도 없다. 양귀비도 호탕한 천재 시인 이백에게 처음에는 호감을 갖고 그가 지은 청평조사를 노래하기를 좋아하였다. 이백은 간사한 고력사에게 굴욕을 주기 위해 현종 앞에서 술에 취해 두 발을 뻗고 그에게 신을 벗기게 했다. 이러니 모욕을 받은 고력사는 이백을 양귀비에게 모함하게 된다. 양귀비를 불행한 조비연에게 비유했다고. 이로부터 양귀비는 이백을 미워하게 되었고 이백은 한림학사에서 쫓겨나게 되는 것이다. 당나라 현종이 이토록 양귀비에게 심취한 것은 그녀의 관능미 넘치는 춤의 매력 때문이라고 한다.

장신궁의 가을 노래 / 長信秋詞장신추사

왕창령(당) / 王昌齡(唐)

새벽에 비질하며 금전을 열어 놓고	奉帚平明金殿開봉추평명금전개
둥근 부채 들고서 잠시 서성이노라.	且將團扇①共徘徊차장단선공배회
옥 같은 내 얼굴이 추운 까마귀보다 못한가	玉顔不及寒鴉色옥안불급한아색
까마귀는 소양궁의 아침 햇빛 띠고 오는데.	猶帶昭陽日影②來유대소양일영래

① 단선團扇 : 둥근 부채. 가을의 부채는 소용이 없다. 임금에게 버림받은 신세를 뜻한다. 한나라 때 반첩여班婕妤는 성제成帝의 총애를 받았으나 나중에 조비연에게 총애를 뺏기자 가을 부채 신세가 되어 장신궁에 가서 태후太后를 모시며 쓸쓸히 지냈다.

② 소양일영昭陽日影 : 소양은 한나라 때의 궁전 이름. 성제가 조비연과 함께 기거하던 궁전이다. 일영은 임금의 총애를 상징한다.

※ 이 노래는 궁녀의 한을 노래한 시로서는 최고의 절창으로 알려져 있다.

대명궁大明宮의 유지遺址

하만자

장호(당)

고향 땅은 여기서 삼천 리 거리
깊은 궁궐에 지금까지 이십 년 살이.
하만자 한 곡조 노래 가락에
두 줄기 눈물 임금 앞에서도 떨어지네.

何滿子①하만자

張祜(唐)

故國三千里고국삼천리
深宮二十年심궁이십년
一聲何滿子일성하만자
雙淚落君前쌍루락군전

① 하만자何滿子 : 악부樂府의 제목인데 궁녀의 정한을 제재로 한 가곡이다.

※ 장호의 궁체宮体 시가는 최고의 인기가 있어 새 작품이 한번 발표되면 장안의 궁중과 화류계에서는 다투어 불렸다. 하만자가 널리 유행하고 있을 때, 당 무종武宗은 위독하여 총애하던 명창名唱 맹재인孟才人에게 "내가 죽으면 너는 어떻게 하겠느냐?"라고 물었다. 그는 피리 주머니를 가르키며 "저것으로 목매어 죽어 폐하의 뒤를 따르겠습니다"라고 말하면서, 마지막으로 피리를 가지고 장호의 하만자 한 곡을 불렀다. 곡이 끝나자마자 그는 자리에 쓰러졌다. 시의侍醫가 맥을 짚어 보고 "맥은 아직 남아 있으나 창자가 이미 끊어져서 죽었습니다"라고 했다. 이 말을 들은 황제도 곧 뒤이어 죽었다고 한다.

작가소개 장호(?~853년 전후) : 남양南陽사람이고 소주에서 살면서 고상한 생활을 하며 항상 자신을 처사라 칭했다. 사귀는 친구들이 모두 호걸들이었다. 영호초令狐楚에게서는 인정받았으나 원진元眞으로부터는 폄훼당하여 벼슬에 오르지 못했다. 두목은 그를 높이 평가했다. 장호가 시작에 골몰하면 처자식이 불러도 대답하지 않았다. 다만 "나는 입에서 꽃을 피워 내고 있으니 어찌 너희들 부름에 응하랴?" 했다. 만년에 백낙천과도 친하게 지냈다.

서안성 외곽 북쪽, 서안역 가까이에 당나라 대명궁大明宮의 함원전含元殿 유지가 있다고 한다. 그러나 지금은 도시화되었으니 지명만 남아 있지 유적이 있을 리 없다. 큰 대로 변에서 소로로 통하는 입구에 함원전촌含元殿村이라는 큰 간판이 걸려 있다. 이 길을 따라 들어가면 쓰레기 더미로 채워진 빈 터가 나오는데 바로 이곳이 대명궁 함원전 유지라 한다. 안내인의 말을 의심할 정도로 어이가 없다. 어쨌든 당 고종 이치李治가, 죽은 삼장법사 현장을 그리워하며 그의 무덤이 있는 쪽을 바라보던 곳이라 하니 믿어야지.

현재 이곳 일대는 건축 자재를 파는 상점들이 밀집된 곳으로 서안의 현대화와 발전상의 한 단면을 보여 주는 곳이다.

당 고종 이치는 누구인가? 그는 당 태종의 아들로서 당 왕조의 3대 임금이다. 그는 우리나라 역사에 관여하여 백제와 고구려를 침공해서 신라가 삼국을 통일하는데 결정적으로 기여한 군주이다. 백제의 마지막 임금 의자왕이 포로로 잡혀와 고종에게 항복의 굴욕을 겪었으며, 고구려의 연개소문의 아들 남생은 고종으로부터 조국의 배신의 대가로 여생의 안락을 보상 받았던 것이다. 이치는 조금 아둔하기도 하고 병약하여 실권이 그의 황후 무측천에게로 넘어가게 된다.

봄의 원망

유방평(당)

사창에 해가 지고 날은 점점 어두운데
금옥에서 눈물 흔적 보아 줄 이 없어라.
적막한 빈 뜰에 봄은 이제 저물려고
문 닫힌 뜨락에 배꽃만 가득하네.

春怨춘원

劉方平(唐)

紗窓①日落漸黃昏사창일낙점황혼
金屋②無人見淚痕금옥무인견루흔
寂寞空庭春欲晩적막공정춘욕만
李花滿地不開門이화만지불개문

① 사창紗窓 : 부녀자들이 기거하는 방의 창문.
② 금옥金屋 : 화려한 궁중의 전각.
※ 황제의 총애를 잃은 궁녀의 한을 노래한 시이다. 하루의 시름은 저녁에 가장 심하고, 한 해의 시름은 저문 봄에 가장 심한 법인데 배꽃 지는 늦봄에 궁녀의 저녁 시름은 과연 어떠할까?

작가소개 유방평(710~?) : 하남河南 사람이다. 얼굴이 희고 깨끗하여 아름다운 용모를 지녔다. 등봉현登封縣에 잇는 대곡大谷에 은둔하여 고고한 삶을 살았다. 벼슬에 추천을 받아도 곧 사양하고는 옛 은거지로 돌아가 버렸다. 산수화와 글씨에 능하였다.

봄에 좌성에서 숙직하며

두보(당)

해 지자 꽃들이 담장에 가려지고
새들은 지저귀며 깃을 찾아 날아든다.
별은 궁궐 위에서 반짝이고
달은 하늘 위에서 환하다.

대궐 문 열리기를 기다리며 잠 못 이루고
바람 때문에 풍령 소린가 착각한다.
내일 아침 봉사 올릴 일이 있어
밤이 얼마나 되었냐고 자주 물어 본다.

春宿左省[춘숙좌성]

杜甫(唐)

花隱掖垣①暮[화은액원모]
啾啾棲鳥過[추추서조과]
星臨萬戶②動[성림만호동]
月傍九霄③多[월방구소다]

不寢聽金鑰④[부침청금약]
因風想玉珂⑤[인풍상옥가]
明朝有封事⑥[명조유봉사]
數問夜如何[삭문야여하]

---

① 액원[掖垣] : 문하성[門下省]의 담장. 두보의 좌습유 벼슬은 문하성 소속이었다.
② 만호[萬戶] : 장안[長安]을 가리킨다.
③ 구소[九霄] : 하늘.
④ 금약[金鑰] : 궁중의 열쇠.
⑤ 옥가[玉珂] : 문 위에 달린 방울.
⑥ 봉사[封事] : 천자에게 비밀스럽게 간하여 올리는 글.

가사인[賈舍人]의 조조대명궁[早朝大明宮]에 화답하여

왕유(당)

붉은 모자 쓴 계인이 새벽 시간 알리면
상의에선 푸른 갖옷 임금님께 바친다.
구중 궁궐 큰 대문 모두 열리고
온 조정 벼슬아치 임금님께 예배한다.

햇빛이 비로소 선인장을 비추니
향 연기는 이제 막 곤룡포를 감돈다.
조회를 마치면서 오색조를 만들려고
패옥소리 울리며 중서성으로 돌아간다.

和①賈舍人②早朝大明宮之作[화가사인조조대명궁지작]

王維(唐)

絳幘③鷄人④報曉籌⑤[강책계인보효주]
尙衣⑥方進翠雲裘⑦[상의방진취운구]
九天⑧閶闔⑨開宮殿[구천창합개궁전]
萬國衣冠拜冕旒⑩[만국의관배면류]

日色纔臨仙掌⑪動[일색재림선장동]
香煙欲傍袞龍⑫浮[향연욕방곤룡부]
朝罷須裁五色詔⑬[조파수재오색조]
佩聲⑭歸到鳳池⑮頭[패성귀향봉지두]

① 화[和] : 화답하다.
② 가사인[賈舍人] : 가지[賈至]라는 사람을 가르킨다. 사인은 벼슬 이름. 가지[718~772]는 낙양 사람인데 중서사인[中書舍人] 벼슬을 지냈고 이백과도 친한 사이였다.
③ 강책[絳幘] : 빨간색의 두건. 원래 궁중에서는 닭을 기르지 못하니까 닭 벼슬을 상징하는 붉은 두건을 쓰고 새벽을 알렸다.
④ 계인[鷄人] : 닭처럼 새벽을 알리는 벼슬아치.
⑤ 효주[曉籌] : 새벽 시간.
⑥ 상의[尙衣] : 황제의 어복[御服]을 관장하는 벼슬아치.
⑦ 취운구[翠雲裘] : 푸른 구름 무늬의 가죽 옷. 이 귀한 옷에 비유하여 천자가 입는 옷을 말한다.
⑧ 구천[九天] : 하늘. 여기서는 궁정[宮庭]을 뜻한다.
⑨ 창합[閶闔] : 하늘의 문. 여기서는 대궐의 문을 뜻한다.
⑩ 면류[冕旒] : 구슬을 드리운 관[冠]. 임금이 정복 차림에 쓰는 관. 여기서는 임금을 뜻한다.
⑪ 선장[仙掌] : 선인장[仙人掌]을 말함인데 바람과 햇빛을 막고 가리는 부채 모양의 물건이다.
⑫ 곤룡[袞龍] : 곤룡포를 말한다. 황제의 예복. 용의 무늬를 수놓았다.
⑬ 오색조[五色詔] : 황제의 조서[詔書]. 오색 종이를 사용하기에 붙인 이름이다.
⑭ 패성[佩聲] : 패옥[관리가 조복의 좌우에 늘어뜨려 차던 옥] 소리.
⑮ 봉지[鳳池] : 봉황지[鳳凰池]를 가르키는데 중서성[中書省]에 있는 연못이기에 중서성의 별칭으로 불렸다.
※ 이 시는 가지[賈至]의 '早朝大明宮呈兩省僚友[조조대명궁정양성료우]'란 시에 화답한 것이다. 숙종 때인 758년에 지은 것이다. 잠삼과 두보는 문하성 소속이었고 왕유는 우승[右丞]으로 있었다. 가지는 이 세 사람에게 시를 지어 보냈는데 이들은 화답의 시를 각각 지었던 것이다. 그 화답의 시가 전해 오고 있는데 후세인들의 평을 보면 왕유의 이 작품이 일두[一頭-한 단계]가 높다고 한다.

원래 대명궁은 당 태종이 그의 아버지 고조[이연, 李淵]를 위해 피서용으로 장안성의 북쪽에다 지은 것인데 이후 황제들은 이곳에서 머물기를 좋아했다.

장안성에는 태극궁, 대명궁, 흥경궁이 있어 삼대내[三大內]라 했다.

대자은사[大慈恩寺]와 대안탑[大雁塔]

자은사 탑

장팔원(당)

십층 탑 높이 솟아 허공에 우뚝하고
마흔 개 문 열려 있어 사면에 바람 맞아.
새들이 평지 위를 나는 걸 보니 오히려 이상하고
사람들이 허공에서 말하는 걸 보니 스스로 놀라워라.

어두운 계단을 돌아 오르면 동굴을 뚫고 나온 듯
정상에 올라 보면 상자에서 벗어 나온 듯.
해 저문 장안성에 서기[瑞氣]가 모였는데
성 가득 봄 나무에 가랑비가 지나가네.

慈恩寺塔[자은사탑]

章八元(唐)

十層突兀在虛空[십층돌올재허공]
四十門開面面風[사십문개면면풍]
却怪鳥飛平地上[각괴조비평지상]
自驚人語半天中[자경인어반천중]

迴梯暗踏如穿洞[회제암답여천동]
絶頂初攀似出籠[절정초반사출롱]
落日鳳城①佳氣合[락일봉성가기합]
滿城春樹雨濛濛②[만성춘수우몽몽]

① 봉성[鳳城] : 장안성[長安城].
② 몽몽[濛濛] : 보슬비 오는 모양.
※ 자은사[慈恩寺] 탑에는 지난날 유명한 시인들의 시들이 많이 붙어 있었다. 원진과 백낙천이 이곳을 둘러보고는 다른 시인들의 것은 다 떼어 내었으나 장팔원의 이 시만을 그대로 두고는 "훌륭한 이름 아래 헛된 선비는 없는 법이다"라고 말했다.

작가소개 장팔원(약 773년 전후 생존) : 목주[睦州] 동려[桐廬-지금의 절강성 동려현] 사람이다. 대략 당나라 대종[代宗] 대력[大歷] 전후에 살았다. 역관[驛館]에 써 붙인 시가 우연히 엄유[嚴維-장팔원과 동향 사람]의 눈에 띄어 그에게 시를 배우게 된다. 그 후 진사에 올랐다. 가난한 장안 생활을 접고 소주에 내려와 지내며 위응물의 도움을 받기도 했다.

삼월 삼십일 자은사에서

백거이(당)

자은사의 춘색은 이 아침에 다하는데
온종일 서성이다 산문에 기대어 섰노라.
애닯다, 가는 봄은 잡아 둘 수 없으니

三月三十日題慈恩寺[삼월삼십일제자은사]

白居易(唐)

慈恩春色今朝盡[자은춘색금조진]
盡日徘徊倚寺門[진일배회의사문]
惆悵①春歸留不得[추창춘귀류부득]

등나무 자줏꽃 아래 황혼이 젖어드네. 紫藤花②下漸黃昏자등화하점황혼

① 추창惆悵 : 근심하고 슬퍼하는 모양.
② 자등화紫藤花 : 등나무 꽃. 보랏빛 꽃.

대자은사는 서안시에서 남쪽으로 약 5km 정도 떨어진 곳에 있다. 이름에서도 알 수 있듯이 당 고종이 태자일 때 그의 어머니 문덕황후를 추념하기 위해, 수나라 때부터 있던 무루사無漏寺를 개축하여 세운 절이다

현장법사玄奘法師, 602~664가 인도에 다녀온 후 이곳에서 역경譯經 사업을 벌였다. 그리고 그는 여기서 자은종慈恩宗 즉 법상종法相宗을 창시했다.

현장의 이름은 진위陳褘이다. 수나라 때인 602년에 태어났으며 당나라 때 622년에 성도成都에서 출가했다. 629년에 옥문관玉門關을 나서서 천축의 각지를 유학하고 645년에 범어 불경 657부를 갖고 장안으로 돌아왔다. 그리고서 대당서역기大唐西域記를 지었다.

절 내의 건축물들은 거의가 명 · 청 시대에 지어진 것들이다. 정문에 들어서면 아담한 누각 두 좌가 좌우로 마주 대하고 있다. 서쪽 누각은 큰 북이 달려 있는 고루鼓樓이다. 북의 직경이 무려 2m에 달한다. 동쪽 누각에는 높이 3m, 무게 1.5톤이나 되는 큰 종이 걸려 있다. 명나라 때의 종이다.

석가모니불을 모신 대웅보전을 지나고 또 아미타불의 법당을 거치면 대안탑大雁塔을 대하게 된다. 이 탑은 현장이 천축국天竺國에서 가지고 온 경전과 불상을 보존하기 위해 건조한 장경탑藏經塔인데 652년에 세워졌다. 만들 때 현장이 친히 벽돌을 날랐다고 한다. 처음 탑을 축조했을 때는 규모가 5층에 높이 60m 정도였었다. 그러다가 701~704년간에 무측천이 중수하여 정방형의 10층 누각樓閣식의 모습을 갖추게 된다. 그 뒤 여러 차례의 손을 대었으나 지금은 7층만 남아 있다. 높이는 64.1m

대안탑

이다. 내부에는 층계가 만들어져 있어 7층 꼭대기까지 오를 수 있도록 되어 있다.

대안탑이 축조될 비슷한 시기에 우리 나라 신라에서도 큰 탑을 만들었다. 황룡사 9층 목탑이다. 선덕여왕은 백제의 건축가 아비지阿非知를 초청하고 이간伊干 용춘龍春을 책임자로 하여 2년만에 완성했다. 이때가 선덕여왕 14년, 서기 645년이었다. 높이는 약 65m 가량이었다. 대안탑보다 7년 앞서 지었고 약 5m 정도 높았다고 볼 수 있다.

대안탑은 당나라 때에 이 장안에서 가장 높은 구조물이었으니 현종은 과거 급제자들을 이곳에 오르게 하여 시를 짓도록 명했다고 한다. 다분히 의의 있는 처사가 아니었을까? 높이 올라 당 제국의 번성함을 눈 아래 굽어보며 조국에 대한 자부심을 느끼게 하기에 충분했을 것이다.

752년 잠삼이 고적, 설거薛據, 두보, 저광희儲光羲 등과 함께 대안탑에 올랐다가 시를 지었다. 설거의 시만 전하지 않고 4인의 시는 현전한다.

고적, 설거와 더불어 자은사 탑에 올라	與高適薛據同登慈恩寺浮屠①여고적설거등자은사부도
잠삼(당)	岑參(唐)
탑의 형세 땅에서 솟아 오른 듯	塔勢如湧出탑세여용출
홀로 높아 하늘에 우뚝하도다.	孤高聳天宮고고용천궁
탑 위에 오르니 세상에서 벗어난 듯	登臨出世界등림출세계
돌층계는 허공에 굽이굽이 서려 있네.	磴道②盤虛空등도반허공
우뚝이 빼어나 신주를 누르니	突兀壓神州③돌올압신주
높이 솟은 모양은 귀신의 솜씨더라.	崢嶸④如鬼工쟁영여귀공
네 개의 탑 모서리, 해를 가리고	四角礙白日사각애백일
칠 층의 탑, 하늘을 어루만지누나.	七層摩蒼穹칠층마창궁
내려 보며 높이 나는 새 가리키고	下窺指高鳥하규지고조
굽어보며 거센 바람 소리 듣노라.	俯聽聞驚風부청문경풍

연이은 산들이 파도처럼 굽이치며
내달아 동해에 조회하려는 듯.

連山若波濤연산약파도
奔湊如朝東분주여조동

푸르른 홰나무들 치도를 끼고 섰고
궁중의 관사들 어찌 저리 영롱한가?
가을 빛 서쪽에서 찾아오더니
푸르게도 관중에 가득하도다.

青槐夾馳道⑤청괴협치도
宮館何玲瓏궁관하영롱
秋色從西來추색종서래
蒼然滿關中⑥창연만관중

오릉의 북쪽 고원 그 일대는
만고에 푸른 빛이 자욱하구나.

五陵北原上오릉북원상
萬古青濛濛⑦만고청몽몽

청정한 이치를 깨달을 지니
좋은 인연 일찍이 믿었던 바라.
다짐컨대 벼슬 접고 떠나리니
도 깨침이 무궁한 삶의 길이라.

淨理⑧了可悟정리료가오
勝因⑨夙所宗승인숙소종
誓將掛冠⑩去서장괘관거
覺道資無窮각도자무궁

① 부도浮屠 : 불탑佛塔.
② 등도磴道 : 돌 계단.
③ 신주神州 : 중국을 뜻한다.
④ 쟁영崢嶸 : 높고 험준한 모양.
⑤ 치도馳道 : 천자가 다니는 큰 길.
⑥ 관중關中 : 지금의 섬서성陝西省.
⑦ 청몽몽青濛濛 : 푸른 빛이 자욱한 모습.
⑧ 정리淨理 : 불교의 이치.
⑨ 승인勝因 : 좋은 인연.
⑩ 괘관掛冠 : 관직을 그만두고 물러나다.

대안탑 아래층 남문의 서편에는 태종 이세민이 지은 대당삼장성교서大唐三藏聖教序와 그의 아들 고종 이치가 이 서序를 읽고 난 후 소감을 쓴 술삼장성교서기述三藏聖教序記가 새겨진 석비가 있다. 글씨는 저수량褚遂良이 썼다.

7층 맨 위층에 오르면 과연 사방이 틔어 관중 땅을 조망할 만하다. 어디엔들 산은 보이지 않는다. 남쪽과 동쪽은 개발이 되지 않았고 수목이 우거진 곳에는 군데군데 마을을 형성하고 있다. 곡강지와 낙유원이 보일 테지만 어딘지 짐작할 수 없다. 북쪽으로는 도로가 곧게 뻗어 바로 서안 시내로 이어져 있고 현대식 건물과 고층 빌딩들이 들어서고 있다. 서쪽을 바라보니 역시 높은 건물과 현대식 건축물들이 자리잡아 가고 있다.

나는 1991년도와 1995년도에 두 차례 대안탑에 올랐는데 그 4년 사이에 자은사 주변이 크게 변했음을 느끼지 못했었다. 그러나 2006년 1월에 다시 들르게 되었을 때에는 상전벽해桑田碧海처럼 변했음을 목도했다. 대자은사 정문 앞 상점들을 깨끗이 정리하여 현장법사의 동상을 세워 두었고 정문도 새롭게 단장해 놓았다. 인근 지역도 개발에 한창 바쁘다. 도로는 넓혀지고 큰 건물과 아파트가 무차별 들어서고 있었다.

자은탑에 올라서

형숙(당)

한나라는 산하만 남아 있고
진릉에는 초목만 우거졌구나.
저녁 구름 천리의 빛깔인데
어딜 보나 가슴 안 아픈 곳이 없어라.

題慈恩塔제자은탑

荊叔(唐)

漢國①山河在한국산하재
秦陵②草木深진릉초목심
暮雲千里色모운천리색
無處不傷心무처불상심

① 한국漢國 : 당나라 때에는 당唐을 한漢에 빗대어 표현하는 수가 많았다.
② 진릉秦陵 : 진시황의 능. 서안시 동쪽 교외 여산驪山 산록에 있다. 두보의 시, '춘망春望'에 國破山河在 城春草木深이란 구절이 있다.

작가소개 형숙(?) : 만당晩唐시인으로만 알려져 있고 시 1수가 전한다.

이십일과 함께 취해 원구를 생각하며

백거이(당)

꽃 필 때 함께 취해 봄 시름 푸는데
꽃가지 꺾으면서 셈하며 마셨지.

同李十一①醉憶元九②동이십일취억원구

白居易(唐)

花時同醉破春愁화시동취파춘수
醉折花枝作酒籌③취절화지작주주

홀연히 하늘 끝으로 떠나갔으니	忽憶故人天際去홀억고인천제거
오늘쯤은 양주梁州에 닿았을 테지.	計程今日到梁州계정금일도양주

① 이십일李十一 : 이씨 집안 형제 항렬 중에 11번째 사람.

② 원구元九 : 원씨 집안 형제 항렬 중에 9번째 사람 곧 원진元稹이다. 그는 백거이와 아주 가까운 친구였다.

③ 주주酒籌 : 마신 술을 셈하는 데 쓰이는 작은 대나무 막대.

※ 이 시의 제목을 자은사慈恩寺라고 한 데도 있다. 자은사에서 이십일과 술을 마시다가 친구 원진을 생각하며 지은 시이다.

화청지華淸池

1991년 여름에 처음으로 화청지를 방문했을 때에 갑자기 소나기가 퍼부어 대륙의 후덥지근한 더위를 잠시 가시게 해 준 것이 잊혀지지 않는다. 십수 차 중국 방문 중에 비를 맞은 적은 이 한 번 뿐이었다. 그 후 4년 뒤인 1995년에 다시 들러 보니 새 건물도 여러 채 들어섰고 못 보던 시설도 많아졌다.

가이드가 뜰 어귀에 있는 큰 그림 하나를 가리키며 저 그림궁중 연회도 중에 양귀비를 찾아 보라고 요구한다. 가장 어여쁜 여인을 지목하니, 아니라며 잘 생기지도 않은 뚱뚱한 여인을 가르키며 그가 양귀비라 한다. 이 그림은 당나라 현종이 사랑하던 무혜비武惠妃를 잃고 시름에 빠졌을 때 양귀비에게 첫눈에 반하던 장면을 그린 것이다. 현종이 저 여인이 누군지 알아보라고 하니 내시內侍 고력사가 탐문해 보고는 18번째 왕자 수왕壽王 이모李瑁의 아내 즉 며느리라 한다. 며느리라는 소리에 낙담했지만 고력사는 "모후母后뻘도 도모했는데 며느리 정도야 어떻습니까?"하고 은근히 부추기니 결국 며느리를 아내로 삼고 만다. 이때가 양귀비의 나이 22세, 현종의 나이 56세였다. 여기서 모후뻘 이야기는 당 고종 이치李治가 그의 아비 당 태종의 후궁, 무측천을 아내로 삼은 것을 말한다.

원래 양귀비는 촉주蜀州의 사호司戶인 양현염楊玄琰의 딸인데 이름은 옥환玉環이었다. 어려서 숙부 양현규楊現珪의 손에 양육되었다. 735년 그녀의 나이 17살에 수왕 이모의 아내가 되었다. 740년 22살에 현종의 눈에 띄여 먼저 도사道士가 되어 태진궁太眞宮에 거주하였다. 그래서 양태진으로도 불렸다. 745년에 드디어 귀비貴妃가 되니 이때의 나이 27살이었다. 755년에 안록산의 난을 당하여 서촉西蜀으로 몽진蒙塵가는 도중 안록산의 반란에 대한 책임이 양귀비에게도 있다고 하여 병사들이 저항하니 마외파馬嵬坡에서 교살絞殺된다. 이때가 756년, 양귀비의 나이 38살이었다.

그렇다면 현종은 또 어떤 인물인가? 당 태종 시절부터 이야기를 해 보자. 당 태종에게는 세 아들이 있었다. 큰아들 태자인 승건承乾과 문무文武를 겸비하고 성격이 괄괄하여 가장 신임했던 둘째 아들 태泰를 버리고, 성품이 온순한 셋째 아들인 치治에게 황위를 물려준다. 둘째 태가 등극하면 자기처럼 형과 아우를 죽일 것을 두려워하여 성정이 고운 치에게 넘긴 것이다. 이것은 당 태종이 내린 결정 중 일생일대의 가장 큰 패착이었다.

치는 왕자 시절 사모했던 무측천을 감업사感業寺에서 궁중으로 영입하여 소의昭儀로 봉하였다. 소의는 자기 소생의 갓태어난 딸을 미끼로 왕王 황후를 제거하고 소 숙비蕭淑妃마저 잔인하게 죽인다. 황후가 되고 난 뒤 황태자 이충李忠-후궁 유씨의 소생을 없애고 다섯 살 먹은 장남 홍弘-자기 친아들을 태자로 삼았다가 독살한다. 둘째 현賢을 잠시 태자로 만들었다가 죽게 만든다. 고종이 죽자 셋째 아들 이현李顯이 황위에 오르니 이가 중종이다. 그러나 2개월만에 폐하고 네째 아들 단旦을 위에 세우니 이가 예종이다. 이도 6년만에 폐위시키고 그녀는 직접 황제가 되어 주周나라를 세운다690년.

82세에 측천이 죽자 중종 이현이 다시 황위에 오른다. 중종의 황후 위씨가 안락공주安樂公主-중종의 친딸와 짜고 중종을 독살한다. 다시 중종의 네번째 아들 이중무李重武가 임시 황제가 된다. 위씨가 안락공주와 함께 예종 이단과 무측천의 막내딸 태평공주를 제거하려할 때 예종의 아들 이융기이때 나이 25세가 위씨와 안락공주 그리고 태평공주를 척결하고 당나라의 실권을 여자로부터 되찾아왔다713년. 이가 현종이다.

화청궁에서

최로(당)

잡초가 계단 덮고 방울 소리 그쳤으니
구름 숲은 그윽하고 궁전은 차기만 하네.
명월은 옛날처럼 들렀다가 가 버리니
다시는 난간에 기대어 달 보는 이 없구나.

華清宮 화청궁

崔魯(唐)

草遮回磴①絶鳴鑾②초차회등절명란
雲樹深深碧殿③寒운수심심벽전한
明月自來還自去명월자래환자거
更無人倚玉闌干④경무인의옥란간

① 회등回磴 : 구불구불한 돌 계단.
② 명란鳴鑾 : 임금 수레에 달린 난새 모양의 방울.
③ 벽전碧殿 : 아름다운 궁전.
④ 옥난간玉闌干 : 아름다운 난간. 현종과 양귀비는 화청궁 난간에 기대어 내세에서까지도 부부가 되자고 맹세했다고 한다.

작가소개 최로(847~859 전후에 생존) : 광명廣明 연간880년에 진사 급제했다. 두목杜牧의 시를 좋아하여 그 풍을 닮았다. 술을 심히 즐겨하여 실수가 잦았고 이를 후회하기도 했다. 난세에 끝내 좋은 벼슬 한번 해 보지 못했다.

이곳 화청지는 서안시에서 동쪽으로 30km 정도 떨어진 임동현臨潼縣에 있다. 여산驪山 언저리에 자리잡은 온천장인데 주나라 때부터 역대 제왕들의 별궁으로 유명한 곳이다. 시황제나 한 무제도 이곳에서 온천을 즐겼으며 당 현종 때 와서는 궁전을 화려하게 꾸미고 이름도 화청궁이라 하여 양귀비와 환락을 다하였던 곳이다.

화청어탕華清御湯 유지에는 욕탕 두 개가 눈에 띄는데 하나는 현종이 쓰던 것이고 규모가 작은 다른 하나는 양귀비를 위한 것이라 한다.

아무리 부부라 하더라도 법도상 한 욕조에서 하늘의 아들인 천자와 함께 목욕할 수는 없었던가 본데 현종은 목욕하는 귀비의 모습을 보고 싶었으나 어쩔 수 없었다. 다만 목욕하는 귀비의 모습을 본 이가 있다면, 아니 같이 목욕한 이는 안록산이었을 것이다. 그는 양귀비의 수양아들이면서 정부情夫이기도 했으니까. 온천수의 온도는 늘상 43℃를 유지한다고 한다.

화청지에는 1936년 서안사변 때 장개석이가 기거했던 오간청五間廳과 그 안의 침대까지 그대로 고스란히 보존되어 있고 유리창의 총탄 자국도 아직 남아 있다. 이국에까지 와서 흥망성쇠를 논하겠는가마는 다 지나간 무상無常의 일이다. 서안사변은 멸공 정책에 반대하는 세력을 무마하기 위해 서안에 온 장개석을 장학량張學良등이 감금하여 내전은 멈추고 항일을 우선으로 하자는 약속을 얻어 내었던 사건이다.

비림碑林

비림은 섬서성 박물관 안에 있다. 이곳에는 서주西周, 진秦, 한漢, 수隋, 당唐 등의 귀중한 유물이 보관되어 있다. 여러 동물들을 형상화한 돌 기둥들이 비림 입구에 도열해 있는데 이는 황제들이 백성들을 다스리는 방도를 상징적으로 나타낸 것이라 하여 눈길을 끈다. 이곳은 원래 수·당 시대의 국자감國子監에 소속된 공묘孔廟가 있던 곳이다. 송나라 때1090년 당나라 시기의 개성석경開成石經을 보존할 목적으로 처음 설립되었다. 개성석경은 114개의 석판에 유교 경전 12부의 65,025자를 새긴 방대한 비석이다. 이를 시발점으로 역대의 귀중한 비석들이 이곳에 집중적으로 모이게 되어 오늘날의 비림을 이룬 것이다.

관운장의 죽시竹詩, 왕희지, 안진경, 구양순, 소동파, 저수량, 조맹부, 동기창 등 천하의 명필 명문장이 여기에 집결되어 있다. 두어 군데서 탁본 뜨는 것이 보였는데 이것이 파는 것인 줄 몰랐으니 지금도 왕희지 필체 하나 구입하지 못한 것이 아쉽다.

비림 가까이에는 서원가書院街가 있다. 서울의 인사동 같은 곳인데 중국의 전통적 향기가 그런대로 남아 있는 곳이다. 북쪽으로 종루가 멀리 바라보이는 입구에는 6층 전탑이 서 있어 옛 거리임을 말하여 준다. 중국 전통 가옥이 즐비한 가운데 간판도 고풍스럽게 해 달고서 차, 문방사우, 옥공예품, 도자기 등을 팔고 있다. 우리 나라보다 질은 어떤지 몰라도 값이 싼 한지韓紙 한 묶음을 샀다. 아직도 이곳은 에누리가 통하여 물건 사는 게 재미가 있다.

이른 봄에 장십팔 원외에게

早春呈水部張十八員外①

조춘정수부장십팔원외

한유(당)

韓愈(唐)

장안 거리에 젖빛처럼 보얗게 보슬비 내리니
풀빛이 멀리서는 보이더니 가까서는 오히려 사라지네.
한 해의 봄 가운데 으뜸으로 치는 곳은
버들이 연기처럼 가득한 장안성이라오.

天街②小雨潤如酥 천가소우윤여소
草色遙看近却無 초색요간근각무
最是一年春好處 최시일년춘호처
絶勝煙柳滿皇都 절승연류만황도

① 수부장십팔원외水部張十八員外 : 수부 원외랑이라는 벼슬을 하는 장적張籍, 765~830을 말하는데 그는 장씨 집안의 형제 중 18번째이다.

② 천가天街 : 당나라의 수도 장안의 거리.

작가소개 한유(768~824) : 자字는 퇴지退之이고 하남성 맹현孟縣사람이다. 선조가 창려昌黎에서 살았기에 창려 선생으로도 불렸다. 세 살에 고아가 되어 형수 밑에서 공부하였다. 매일 수천 자씩 외워 제자백가의 학설에 통달했다. 792년에 진사에 올랐다. 그는 재주가 높아 오히려 세상이 용납 못할 정도였다. 그러니 자주 폄직貶職-벼슬이 떨어지다당하게 되어 스스로 진학해進學解-학문의 기본 도리를 밝힌 것를 써서 자신을 경계했다. 당시 헌종憲宗이 사신을 보내어 불골佛骨-부처의 사리을 궁중으로 들여오려 하자 그는 상소를 올려 극구 반대하다가 이때 그는 오히려 죽을 뻔했다. 그의 시가는 기세가 엄청나 마치 우레가 번개를 내몰고 천지의 끝을 떠받드는 것 같다고 하며, 그의 글은 날카롭고 그의 학문은 드넓었다고 평가받았다. 그는 고문古文의 대가大家로 당송팔대가의 한 사람이다.

서안성西安省

서안성은 중국에서 가장 완벽하게 최대 규모로 남아 있는 성곽이다. 주승朱升이라는 은사가 명나라 태조 주원장에게 말하길 "高築墻 廣積糧 緩稱王고축장 광적량 완칭왕"이라 하였다. 내용인즉 "담장을 높이 구축하고 널리 식량을 쌓고 왕으로 칭하길 늦추어라"라는 것이다. 주원장은 이 건의를 받아들여 당나라 때의 장안성 기초 위에 세운 것이 지금의 이 서안성이다.

원나라 때에는 서안을 봉원성奉元城이라 했다. 원나라를 몰아내고 난 뒤 명나라는 1396년에 서안부西安府로 고치고 지금에 이른 것이다. 주원장이 서쪽을 안정시키려는 의도를 이름을 통해서도 알 수 있겠다. 그리고 서안을 중시하여 둘째 아들 주상朱樉을 진왕秦王에 봉하였다.

성의 높이는 12m이고 두께는 밑부분이 15~18m이며 윗부분은 12~14m이다. 둘레는 13.75km나 된다. 유사시에는 군마들이 성 위에 올라갈 수 있도록 마도馬道까지 만들어 두었다. 그러니 이를 이용하여 이제 곧 성 위에 관광용 차를 운행할 방침이라 한다. 성 주위에는 해자를 파서 적의 공격을 효과적으로 대응하였다. 그러나 명나라 말엽 1643년에 이자성李自成의 군대가 들이닥쳤을 때에는 일거에 무너지고 말았다. 천하의 성은 튼튼한 데 있는 것이 아니라 이것을 지키려는 사람들의 의지에 달려 있다 할 것이다.

한식날에

한굉(당)

춘성에 꽃잎이 날지 않는 곳이 없고
한식날 동풍에 궁성 버들 휘날리네.
해질녘 궁중에서 밀랍 촛불 내려주니
푸른 연기 흩어져 오후가로 드는구나.

寒食①한식

韓翃(唐)

春城無處不飛花춘성무처불비화
寒食東風御柳②斜한식동풍어류사
日暮漢宮③傳蠟燭④일모한궁전랍촉
輕煙散入五侯⑤家경연산입오후가

① 한식寒食 : 동지 후 105째 되는 날. 춘추 시대 진晋나라의 개자추介子推가 불에 타 죽었음을 기리기 위해 이 날만은 불을 사용하지 않고 음식을 해 먹었다. 그리고 묵은 해의 불을 없애고 새 불을 피우기 전에 하루는 불을 피우지 못하게 하는 전통이 있었으니 이 날만은 찬밥을 먹었다.
② 어류御柳 : 궁성의 버드나무.
③ 한궁漢宮 : 당唐나라 궁성. 당을 한에 빗댄 것이다.
④ 전랍촉傳蠟燭 : 한식 다음날에 궁중에서 새 불을 피워 대신大臣들의 집에 불씨를 내려 주는 일.
⑤ 오후五侯 : 한나라 성제成帝때, 외척外戚 다섯 사람에게 작위를 내려 준 일이 있다. 여기서는 고관대작의 집을 뜻한다.

작가소개 한굉 (766년 전후에 생존) : 자字는 군평君平이며 남양南陽 사람이다. 대력십재자大歷十才子 중에 한 사람이다. 도성에서 지낼 때 이생선李生善의 첩인 유씨柳氏를 좋아했다. 이생선이 이를 알고 유씨를 그에게 시집보냈다. 그 다음해 754년에 진사에 오른다. 그 뒤 한굉은 치청淄靑의 절도사인 후희일侯希逸의 막료가 되어 집을 떠나 있었다. 마침 도성에 대란大亂이 발생했을 때 유씨는 욕을 당할까 봐 머리를 잘라 비구니가 되었다. 이때 한굉이 유씨에게 보낸 시에

장대의 버들아!
얼굴빛이 푸르고 푸르렀는데 지금은 어떠한지?
옛날처럼 버들가지 길게 늘어져 있어
응당 남의 손에 꺾일까 두려워라.

유씨가 답장한 시에

양류의 버들가지 방비芳菲의 절개는
해마다 해마다 이별을 한탄하다가
나뭇잎 하나 바람에 날려 가을을 알리니
비록 오신대도 그대 손에 꺾이지 못할까 두려워요.

그 뒤에 한굉이 집으로 돌아오니 과연 번장番將 사타리沙吒利가 유씨를 데려가 첩으로 삼았다. 우후장虞侯將인 허준許俊이 의협심을 가지고 그녀를 한굉에게 되돌려 주게 만들었으니 황제가 이를 허락하였다. 이렇듯 한굉은 친구의 덕을 많이 본 사람이었다. 당시에 이름이 똑같은 동명이인이 있었다. 황제가 구분할 때면 "春城無處不飛花춘성무처불비화의 한굉이지"라고 말했다.

장안에서 봄을 바라보며 / 長安春望장안춘망

노륜(당) / 盧綸(唐)

춘풍이 비를 몰아 청산을 지나간 뒤	東風吹雨過靑山동풍취우과청산
수많은 문 바라보니 풀빛만 평화롭네.	却望千門①草色閑각망천문초색한
꿈 속의 집 어느 날에 이르를 것이며	家在夢中何日到가재몽중하일도
강 위에 봄 왔으나 돌아간 자 몇이더뇨?	春來江上幾人還춘래강상기인환
시냇물 구불구불 구름 밖에 뻗어 있고	川原②繚繞③浮雲外천원요요부운외
궁궐은 높고 낮게 황혼 속에 잠기었네.	宮闕參差④落照間궁궐참치락조간
그 누가 알았을까? 선비 되어 난세 만나	誰念爲儒逢世難수념위유봉세난
진관에서 홀로 머리 센 나그네 될 줄을.	獨將衰鬢客秦關⑤독장쇠빈객진관

① 천문千門 : 수많은 궁궐의 문.
② 천원川原 : 하천 유역의 들판. 하천.

③ 요요繞繞 : 꾸불꾸불 얽히다.
④ 참차參差 : 가지런하지 않은 모양. 연이은 모양.
⑤ 진관秦關 : 섬서성의 땅.

작가소개 : 노륜(약 773년 전후에 생존) : 강서성의 범양인范陽人이다. 안사의 난을 피해 파양鄱陽에 떠돌았다. 과거에는 누차 낙방했으나 재상 원재元載가 그의 문장을 임금께 추천하여 드디어 문향위閿鄉尉에 올랐다. 성당의 시에 밀리지 않는다는 평가를 받았다. 노륜은 대력십재자大曆十才子의 일인이다.

이곳 장안성은 고구려의 후예 고선지高仙芝, ?~755 장군이 말을 몰아 내달던 곳이 아니더냐?

고도호高都護의 총마総馬 노래

두보(당)

안서도호의 말은 오랑캐 땅 청총마인데
명성 띠고 홀연히 동으로 왔구나.
이 말이 전장에서 오랫동안 적이 없어
주인과 한 몸 되어 큰 공을 이뤘도다.

공 이루고 은혜 받아 함께 따라왔으니
표표히 먼 사막에서 달려온 것이라.
날랜 자태 마구에서 은총만 받지 않고
거센 기상 아직도 전쟁터만 생각누나.

발목 짧고 굽은 높아 쇠를 밟는 듯하고
몇 번이나 교하의 얼음 밟아 터지게 했더냐?
오색 털이 구름처럼 온몸을 덮었으니
만리를 달림에 땀을 피처럼 흘렸더라.

장안의 건아들도 감히 타지 못하고
번개처럼 지나니 모르는 이 없도다.
푸른 실로 머리 매고 주인 위해 늙어가니

高都護①総馬②行고도호총마행

杜甫(唐)

安西③都護胡青驄안서도호호청총
聲價欻然来向東성가홀연래향동
此馬臨陣久無敵차마림진구무적
與人一心成大功여인일심성대공

功成惠養④隨所致공성혜양수소치
飄飄遠自流沙至표표원자류사지
雄姿未受伏櫪恩웅자미수복력은
猛氣猶思戰場利맹기유사전장리

腕促蹄高如踣鐵완촉제고여부철
交河⑤幾蹴曾氷裂교하기축증빙렬
五色散作雲滿身오색산작운만신
万里方看汗流血⑥만리방간한류혈

長安壯兒不敢騎장안장아불감기
走過掣電⑦傾城知주과체전경성지
青絲絡頭為君老청사락두위군로

그 언제 횡문 길을 다시 나설 것이뇨? 　　何由却出橫門⑧道하유각출횡문도

① 고도호高都護 : 고선지 장군을 말한다. 도호는 변방의 관명.
② 총마總馬 : 대완국大宛國에서 나는 명마.
③ 안서安西 : 안서도호부가 있던 곳.
④ 혜양惠養 : 은혜를 입어 잘 양육되다.
⑤ 교하交河 : 지금의 신강성新疆省 투루판현吐魯番縣 서쪽의 강 이름. 장안에서 8000리나 떨어진 변방.
⑥ 한류혈汗流血 : 말이 땀을 피처럼 흘리다.
⑦ 체전掣電 : 번개처럼 달리다.
⑧ 횡문橫門 : 장안의 북문.

고선지 장군은 고구려의 후손이다. 그의 할아버지는 고구려가 멸망한668년 시대에 살았고 그의 아버지는 군인 출신이며 이름은 고사계高舍鷄로 알려져 있다. 고선지는 안서 부도호로 있을 때 병사 일만 명을 이끌고 힌두쿠시산맥을 넘어 사라센 제국을 정복하였고 절도사가 되어 서역의 총지휘자가 되었다. 그 뒤 장안에 돌아와 밀운군공密雲郡公에 올랐는데 이때가 안록산의 난이 일어났을 때였다755년. 그는 안록산의 반란군을 막아 내다가 작전상 후퇴한 사실을 부관이 과장하여 무고함으로써 진중에서 처형된다. "퇴각한 것은 내 죄지만 군량미를 착복했다는 것은 승복할 수 없다"고 하면서 죽음을 받았다755년. 고선지가 이끄는 병력에 의해 중국의 종이 만드는 기술이 유럽에 전해지게 되었다.

장안에서 봄날의 유감

최광유(신라)

베옷 입고 거리에서 먼지 털기 어렵고
새벽에 거울 보니 살쩍 세고 얼굴 야위어.
이국의 좋은 꽃이 시름 속에 고우나
고향의 꽃나무는 꿈속에서 봄일세.

흐린 달밤에 조각배를 바다로 띄울 생각하고
관하에서 여윈 말 타고 나루터 묻기도 지쳤도다.

長安春日有感장안춘일유감

崔匡裕(新羅)

痲衣①難拂路岐塵마의난불로기진
鬢改顔衰曉鏡新빈개안쇠효경신
上國②好花愁裏艶상국호화수리염
故園芳樹夢中春고원방수몽중춘

扁舟煙月思浮海편주연월사부해
羸馬③關河④倦問津리마관하권문진

아직도 형설의 뜻 이루지 못했으니	祗爲未酬螢雪⑤志[지위미수형설지]
푸른 버들 꾀꼬리 소리에도 크게 상심하노라.	綠楊鶯語大傷神[록양앵어대상신]

① 마의[麻衣] : 삼베옷, 벼슬하지 않은 사람의 옷. 평민의 옷.

② 상국[上國] : 중국 당나라.

③ 리마[羸馬] :수척한 말.

④ 관하[關河] : 관중[關中] 땅에 흐르는 강, 위수[渭水].

⑤ 형설[螢雪] : 고생하면서 꾸준히 학문을 닦은 보람. 본디말은 형창설안[螢窓雪案]이다. 형설은 반딧불과 눈을 말한다. 중국 진[晋]나라 때 손강[孫康]은 집이 가난하여 기름 살 돈이 없어서 눈의 반사 빛으로 책을 읽곤 하였다. 그는 청렴하고 결백하여 친구를 사귀어도 함부로 사귀는 일이 없었다. 훗날 어사대부[御史大夫-감찰원장직]에까지 올랐다. 또 진[晋]나라 사람 차윤[車胤]도 집이 가난해서 기름을 구할 수 없어, 여름이면 주머니에 수십 마리의 반딧불을 담아 책에 비추어 공부했다. 나중에 이부상서[吏部尙書-내무장관직]에까지 올랐다.

작가소개 최광유 : 신라 사람이다. 당[唐]에 유학하였고, 학문이 깊고 시에 능하여 최치원, 박인범[朴寅範] 등과 더불어 신라 10현[賢]으로 불렸다.

종루[鐘樓]

종루는 서안시 중심에 자리잡고 있다. 명나라 때인 1384년에 처음 건축되었다가 서안성을 확충할 때인 1582년에 지금의 자리로 옮겼다. 명 태조 주원장이 전국에 왕기[王氣]를 누르기 위해 종루를 세웠는데 이곳 서안은 제왕[帝王]의 땅이기에 다른 지역과는 달리 거대한 종루를 만든 것이다. 그러나 명 왕조도 276년을 넘기지 못하고 망하였으며 이제 그 종루만 남게 된 것이다.

지금의 종루는 견고한 기단[높이 8.4m, 폭35.5m] 위에 세워진 3층의 목조 건물로서 서안의 상징물과 같은 것이다. 주위에는 언제나 차량과 사람들로 붐빈다. 이제 시각을 알리는 기능은 상실했지만 그 위에 올라 서안성을 굽어보며 중국 역사의 영고성쇠[榮枯盛衰]를 읽어 볼 수 있는 데가 아닐까?

음중팔선가

두보(당)

하지장은 말 타기가 배 타는 듯하여서
대취하여 우물에 떨어져도 잠잔다네.

이진은 서 말 술에 조정에 나아가고
길에서 누룩 수레 만나면 침 흘리며
주천으로 전임되지 못함을 한탄했더라.

이적지는 하루 흥에 만 전을 쓰면서
고래가 온 시냇물 들이키듯 술 마시고
청주는 마시지만 탁주는 마다했단다.

최종지는 무척이나 말쑥한 소년인데
잔 들고 흰 눈으로 푸른 하늘 쏘아보면
옥수가 바람을 맞는 듯 환하였네.

소진은 늘 수놓은 불상 앞에 재계하며
취중에는 때때로 참선에서 이탈한다지.

이백은 술 한 말에 시 백 편을 쓰는데
장안의 저잣거리 술집에서 잠자더라.
천자가 불러도 배에 오르지 아니하고
스스로 술 가운데 신선이오 한다네.

장욱은 술 석 잔에 초서의 성인이라
모자 벗고 왕공들 앞에 맨머리로 나서서는
종이에 붓 휘두르면 구름 연기 펴나는 듯.

초수는 술 닷 말에 흥이 오르면
고담웅변으로 좌중을 놀라게 하더라.

飮中八仙①歌 (음중팔선가)

杜甫(唐)

知章②騎馬似乘船 (지장기마사승선)
眼花落井水底眠 (안화락정수저면)

汝陽③三斗始朝天 (여양삼두시조천)
道逢麴車口流涎 (도봉국차구유연)
恨不移封向酒泉 (한불이봉향주천)

左相④日興費萬錢 (좌상일흥비만전)
飮如長鯨吸百川 (음여장경흡백천)
銜杯樂聖稱避賢 (함배낙성칭피현)

宗之⑤瀟灑美少年 (종지소쇄미소년)
擧觴白眼望靑天 (거상백안망청천)
皎如玉樹臨風前 (교여옥수임풍전)

蘇晋⑥長齋繡佛前 (소진장제수불전)
醉中往往愛逃禪 (취중왕왕애도선)

李白⑦一斗詩百篇 (이백일두시백편)
長安市上酒家眠 (장안시상주가면)
天子呼來不上船 (천자호래불상선)
自稱臣是酒中仙 (자칭신시주중선)

張旭⑧三杯草聖傳 (장욱삼배초성전)
脫帽露頂王公前 (탈모노정왕공전)
揮毫落紙如雲煙 (휘호락지여운연)

焦遂⑨五斗方卓然 (초수오두방탁연)
高談雄辯驚四筵 (고담웅변경사연)

① 팔선八仙을 八僊이라고도 한다. 선僊은 仙과 같은 뜻이다.

② 지장知章 : 하지장659~744을 말한다. 호는 광객狂客이다. 예부시랑 벼슬에 올랐다. 절강浙江 소흥紹興 출신이다 보니 배에는 익숙하나 말을 잘 타지 못했다. 그래서 말 탄 모습이 배 탄 것처럼 보인다고 한 것이다. 예서에 능했다.

③ 여양汝陽 : 여양왕 이진李璡을 말하는데 당나라 현종의 조카였다. 술 세 말을 마시고 황제에게 조회 갔을 때 술에 취해 뜰에 내려 바로 서질 못하였다. 황제가 사람을 시켜 부축하게 하니 이진은 사죄하여 “술 세 말을 마시고 간이 커져서 그랬습니다”라고 했다.

④ 좌상左相 : 이적지李適之인데 현종 때 좌상이 되었으나 이임보李林甫의 모함으로 파면되었다. 말 술을 마셔도 흔들리지 않았고 특히 손을 좋아하였으나 파직 후 찾아오는 이가 없어 술로 세월을 보냈다. 성인[청주清酒]을 즐겨 마시고 현인[탁주濁酒]을 피했다고 한다. 나중에 자살했다.

⑤ 종지宗之 : 최종지. 시어사侍御使가 되었으나 죄를 지어 금릉金陵으로 유배간다. 술잔은 들면 술이 말라 없어짐을 원망하여 하늘을 흘겨 보았으니 눈이 희다는 것이다. 술에 취한 풍채가 남달라서 옥수玉樹-홰나무처럼 수려했다고 한다. 이백과 절친한 사이었다.

⑥ 소진蘇晋 : 이부시랑과 태자좌서자 벼슬에 올랐다. 불도佛道를 배우고서 수놓은 불상을 얻고서는 보배로 여겼다. “이 부처님은 술을 좋아하시니 내 성미에 꼭 맞는다. 이를 섬기고 다른 부처는 사랑하지 않는다”라고 했다.

⑦ 이백李白 : 42살에 한림공봉翰林供奉 벼슬에 오른다. 하지장이 이백의 시 촉도난蜀道難을 읽고 적선인謫仙人이라 부르며 이백을 위해 금구金亀를 잡히고 종일 술을 마셨다. 이백이 시중市中에서 술에 취해 있을 때 현종이 악장을 짓게 하려고 불렀다. 취한 얼굴에 물을 뿌려 깨게 하였더니 곧장 일어나서 붓을 들고 14장의 시를 지으니 임금이 상을 내렸다. 또 이백을 백련지白蓮池 연회에 불렀으나 술이 지나쳐 배에 오르지 못하였다고 한다.

⑧ 장욱張旭 : 소주 사람, 그는 초서草書에 있어서 최고의 경지에 올라 초성草聖이라 불렸다. 술을 몹시 즐겨 술에 취하면 왕공王公도 눈에 보이지 않았고 두발을 먹물에 적셔 가지고 글씨를 쓰기까지 하였다.

⑨ 초수焦遂 : 일생을 벼슬하지 않았다. 본래 말을 더듬었는데 말이 없다가도 술만 취하면 물줄기를 쏟아내듯이 하여 그 고상함과 유창함이 좌중을 놀라게 했다.

천복사薦福寺와 소안탑小雁塔

소안탑은 서안시 남문 밖, 우의서로友誼西路에 있는 천복사 경내에 있다. 천복사는 당나라 예종 때인 684년에 창건되었다. 처음 이름은 헌복사獻福寺였는데 무측천武則天 시기인 690년에 천복사로 개칭했다.

천복사는 북문을 통해서도 입장이 가능한데 들어서자 바로 2층으로 된 장경루藏經樓가 눈에 띈다. 당대의 유명한 승려인 의정義淨이 불경을 번역하고 그 경을 보관한 누각이다. 당 고종 때인 671년에 의정은 중국 남쪽 지방 광주廣州에서 배를 타고 인도에 구법하였다. 25년의 세월을 거친 후 불경 400여 부를 가지고 돌아왔다. 이곳 천복사에서 불경 연구와 역경 사업을 했던 것이다. 한때 혜초도 이곳에서 밀교 경전을 연구한 적이 있다.

소안탑

장경루를 지나면 소안탑을 대한다. 이 탑은 당 중종 원년, 707년에 건립되었다. 13층이며, 높이는 43.3m이고 정방형正方形-정사각형인데 아래층의 한 변 길이는 11.38m이다. 탑 안에는 매 층마다 탑실이 있고 사다리를 타고 정상부에 이를 수 있도록 되어 있다. 탑은 위층으로 갈수록 층의 면적은 작아진다. 전체 탑신의 외형의 선은 직선이 아니고 고운 곡선을 이루고 있어 참으로 관중關中-서안과 그 주위 일대 지역에서 제일가는 아름다운 탑이라 할 만하다. 각 층의 처마 4각 모서리는 헐어져 온전한 부분이 하나도 없다. 풍상의 유구함을 알 만하다. 소안탑은 전국 중점 문물 보호 단위이다.

탑 남쪽에 대웅보전이 있었지만 현재는 서화 전시실로 쓰인다. 판매원 아가씨가 특별히 그림 사가기를 은근히 권한다. 자기가 손수 그린 그림도 있단다. 대학원에서 미술을 전공했다는데 영어도 꽤 잘하며 노는 게 밉상이 아니다. 필선이 유려하지는 않아도 의취가 마음에 들어 소폭 그림 두 점을 샀다.

종루에는 아주 큰 철종이 달려 있다. 지름이 1장이나 되고 무게는 1만

6000여 근이 된단다. 이는 금나라 때인 1192년에 만들어졌다. 이 종소리가 매우 맑고 청아하여 사람들은 안탑신종雁塔晨鍾-소안탑의 새벽 종소리이라 하여 관중8경의 하나로 친다.

관중8경은 장안8경이라고도 하는데 나머지 7개를 정리하면 다음과 같다.

① 화악선장華岳仙掌 : 화산의 거대한 암벽에 5개의 손가락 자국이 완연하여 10리 밖에서도 뚜렷이 보인다. 황하의 신이 우임금 치수治水 때에 남긴 손자국이라 한다.

② 여산만조驪山晚照 : 여산의 기세는 말이 뛰어오르는 형상이라는데 여기에 저녁의 붉은 노을이라도 끼면 더욱 기이하다는 것이다. "위수의 가을 하늘은 희고 여산의 저녁 놀은 붉다"라는 시구가 있다.

③ 파류풍설灞柳風雪 : 파수는 서안 동쪽에 있는 위수의 지류이다. 다리를 놓을 때 주위에 버드나무를 심어 수 리里나 이어졌다. 봄에 버들개지가 흰 눈처럼 날릴 때면 무한한 아름다움이 있다는 것이다.

④ 곡강류음曲江流飮 : 곡강은 옛날부터 장안의 유명한 유람지였다. 시인 묵객과 귀인들이 다투어 이곳 물가에 모여 앉아 담소하거나 술잔을 물에 띄워 마시고 놀면 그 멋과 풍류가 대단했다고 한다.

⑤ 함양고도咸陽古渡 : 함양 근처 위하 중간에 물고기의 배 같은 형상의 모래섬이 있는데 사람들은 고두鼓肚라고 일컬었다. 이곳에 선창을 만들고 버드나무를 심고는 발음이 비슷한 고도古渡라고 불렀다. 버드나무와 물과 모래사장이 어울어진 경색이 수려하다는 것이다.

⑥ 초당연무草堂煙霧 : 초당사는 종남산 주봉主峰 아래에 있는 천년 고찰이다. 저녁노을이 하늘에 가득할 때 절 안에 있는 우물에서 흰 기운이 피어오르는 것이 초당사 주위의 경관과 어울려 더욱 신기하다고 한다.

⑦ 태백적설太白積雪 : 태백산은 진령산맥의 주봉이다. 태백산은 산정에 사계절 눈이 덮여 있어 그 신묘함이 색다르다.

소안탑

서인(당)

지난날 장안의 봄, 낙방시절 돌이켜 보면
천복사 경내를 홀로 자주 거닐었지.
불등 앞에 불상은 꿈쩍도 아니하고
벽 위에 옛 시들은 겹겹이 걸렸더라.

접동새 울음 속에 쌍궐에 비 뿌리고
모란꽃 언저리에 세속의 먼지 일더라.
원숭이 우는 계곡에 장차 돌아가련다,
재상에게 태평성세 언제인지 물어 보고서.

小雁塔소안탑

徐寅(唐)

憶昔長安落第春억석장안낙제춘
佛宮南院獨遊頻불궁남원독유빈
灯前不動惟金像등전부동유금상
壁上層題盡古人벽상층제진고인

題鴂①聲中雙闕雨제격성중쌍궐우
牧丹花際六掛塵목단화제육괘진
啼猿溪上將歸去제원계상장귀거
合問昇平②詣秉鈞③합문승평예병균

① 제격題鴂 : 접동새, 꾀꼬리.
② 승평昇平 : 태평성세.
③ 병균秉鈞 : 정권을 잡다. 재상宰相.

작가소개 서인(873년 전후에 생존) : 자는 소몽昭夢, 천주泉州 포전莆田 사람이다. 892년에 비로소 등과하여 벼슬에 올랐는데 이때 이미 수염과 머리가 하얗게 세어 버렸다. 벼슬살이도 원만치 못하여 연수계延壽溪에 은퇴하여 생을 마감했다.

하필 탑 이름이 왜 대안탑이고 소안탑이냐? 안이 기러기 안雁 자인데 탑이 기러기와 무슨 연관이 있을까? 옛날 인도에 기러기 떼가 날아가다가 그 중 한 마리가 떨어져 죽었는데 이를 보살로 여겨 묻어 주고 탑을 세운 것이 안탑雁塔의 유래라고 한다. 또 당나라 삼장법사 현장이 인도에 구법하러 가던 중 길을 잃고 헤맬 때, 크고 작은 기러기 두 마리가 길을 인도하여 무사히 오아시스에 도착하여 목숨을 구했다는 이야기가 있으니 이에 연유되었다고도 한다.

유협游俠들

소년의 노래

왕유(당)

신풍의 좋은 술 한 말에 만 전이요
함양의 유협들 소년들이 많다오.
의기로써 서로 만나 그대 위해 마시는데
주루 앞 버들 아래 말을 매어 두고서.

少年行①소년행

王維(唐)

新豊美酒斗十千신풍미주두십천
咸陽游俠②多少年함양유협다소년
相逢意氣爲君飮상봉의기위군음
繫馬高樓③垂柳邊계마고루수유변

① 소년행少年行 : 악부樂府의 제목.
② 유협游俠 : 협객俠客.
③ 고루高樓 : 주루酒樓, 술집.

사마천의 유협 열전에 이런 말이 전한다. "사람을 곤궁에서 건져 주고, 사람이 고생할 때 구해 주는 것은 인자仁者의 도리가 아닌가? 믿음을 잃지 않고 말에 있어서 배반하지 않는 것은 의자義者의 도리이다."

사마천이 말하는 유협은 다음의 내용에 부합하는 부류들이었다. "반드시 정의에 합당하지는 않지만 그들의 말은 신용이 있고 행동은 과감하며 한번 승낙한 일에는 반드시 온 성의를 다한다. 자신의 몸을 아끼지 않으면서 오직 남을 돌볼 뿐이다. 그러면서 그들이 수치로 여기는 것은 자신의 재능이나 덕을 자랑하는 일이다."

한 고조 때 주가朱家란 자는 자기가 일찍이 은혜를 베푼 사람과는 만나는 것조차 두려워했고, 도울 일이 있으면 가난한 사람부터 먼저 손을 썼다. 집에는 남아도는 재산이 없고, 의복에는 장식품을 달지 않았으며, 음식은 맛있는 것이 못 되었고, 송아지가 끄는 수레를 타고 다녔다.

낙양 땅의 극맹劇孟이라는 협객은 주가의 행위와 비슷한 점이 아주 많았다. 그는 노름을 좋아하고 소년처럼 장난기가 많았다. 그의 어머니가 죽었을 때 문상객의 수레만도 수천 대가 되었지만 극맹 자신이 죽은 뒤에는 재산은 10금이 되지 않았다.

무릉 조[條]에서도 언급한 곽해[郭解]는 마르고 왜소하였으며, 정한[精悍-날쌔고 사납다]하였고 술을 마시지 않았다. 잔인하기도 하여 뜻에 어긋나면 죽여 버린 사람도 많았다. 간악한 일도 저질렀고 강도질도 했다. 또 위폐를 만들기도 했고 도굴도 서슴지 않았다. 궁지에 빠질 때마다 우연히 하늘이 도와 빠져나오거나 은사[恩赦-사면]가 있었다. 나이 든 뒤로는 검소하고 덕으로 원수를 갚았고 은혜에 보답을 바라지 않았다. 사람의 목숨을 건져 주고 그 공을 자랑하지 않았다. 소년들이 그의 행동을 사모하여 찾아오면 원수를 갚아 주고 그들이 알아채지 못하게 하였다.

장안의 거리

저광희(당)

말 채찍 울리며 주점을 지나다가
화려한 치장으로 기생집서 논다오.
백만 금을 일시에 다 써 버려도
정 머금은 채 말 한 마디 없어요.

長安道[장안도]

儲光羲(唐)

鳴鞭過酒肆[①][명편과주사]
袨服[②]遊倡門[③][현복유창문]
百萬一時盡[백만일시진]
含情無片言[함정무편언]

① 주사[酒肆] : 술집.
② 현복[袨服] : 화려한 옷.
③ 창문[倡門] : 기생집.

작가소개 저광희(707~760) : 산동성 연주[兗州] 사람이다. 726년 진사에 급제했다. 안록산이 장안을 함락했을 때 관직을 수락하고 가담했었다. 수복 후 스스로 조정에 나타나 죄를 빌고 영남[嶺南]으로 폄직되어 그곳에서 죽었다.

곽해의 후예들이 당나라에선들 없었겠느냐마는 다만 주가나 극맹이 수치로 알 자들이다. 그 예날 유협들의 유풍을 따르려는 자들이 많았겠지만 경박하여 옛 선배들에 미치지 못한 건달에 불과했으리라. 그러나 낭만과 풍류의 중심에 있었던 인물들임에는 틀림이 없겠다. 이백도 협객류의 인물로 보아도 대과는 없을 것이다. 이백은 늘 칼을 차고 다녔는데 심지어 젊은 시절에는 사람을 벤 일도 있다고 술회했었고 가난한 친구를 위해 1년

사이에 10만 전을 날리기도 했기 때문이다.

소년의 노래

최국보(당)

산호로 만든 채찍 잃고 나서는
백마가 교만하여 나가질 않네.
장대에서 임하고 작별하려니
봄날에 거리의 정 이를 어쩌나?

少年行소년행

崔國輔(唐)

遺却珊瑚鞭유각산호편
白馬驕不行백마교불행
章臺①折楊柳②장대절양류
春日路傍情춘일로방정

① 장대章臺 : 장안의 번화가, 유흥가.
② 절양류折楊柳 : 이별을 의미한다. 버드나무 가지는 잘 휘어지기에 둥글게 만들 수 있다. 둥근 것環은 곧장 돌아오라還는 뜻을 담고 있다.

작가소개 최국보(741년 전후 생존) : 절강성 산음山陰-지금 소흥 사람이다. 개원 14년726년에 진사에 급제하여 집현전 학사를 역임했다. 경릉사마竟陵司馬로 폄직되었을 때 그곳의 한 처사와 깊이 사귀었다. 종일 환담을 즐기며 차와 물을 품평했다. 이 사람이 나중에 다성茶聖으로 불리는 육우陸羽였다. 육우와 헤어질 때 다음과 같이 말했다.

"나에게는 흰 당나귀와 검은 소가 한 마리씩 있고 괴목檜나무으로 만든 서함書函이 하나 있소. 이것들은 내가 아끼는 것이지만 벼슬 없는 사람이 쓸 것들이지 내가 가질 것이 못 되니 그대에게 특별히 드리오."

이로써 그의 높은 정과 뜻이 일시에 숭상을 받게 되었다.

규방 여인을 대신하여 경박한 소년에게 답하다

최호(당)

첩의 집은 봉황지 가까이에 있는데
분벽과 사창에는 버들이 드리웠죠.

지금 우리 조정에 금오가 제 낭군인데
장안의 유협아에 잘못 시집간 거라오.

우리 집의 낭군은 자못 경박하여

代閨人①答輕薄少年대규인답경박소년

崔顥(唐)

妾家近隔鳳凰池②첩가근격봉황지
粉壁紗窓③楊柳垂분벽사창양류수

本朝漢代金吾④壻본조한대금오서
誤嫁長安游俠兒오가장안유협아

兒家夫壻多輕薄아가부서다경박

사람시켜 탄환 찾고 승낙 중히 여겼소.	借客探丸⑤重然諾⑥차객탐환중연낙
새벽에 탄환 갖고 신풍으로 들어가서 저녁에 채찍 들고 장락에서 나온다오.	平明⑦挾彈入新豊⑧평명협탄입신풍 日晩揮鞭出長樂⑨일만휘편출장락
푸른 안장 백마 타고 야유원에 들면은 행인들 말 멈추고 구경들 한다오.	靑絲⑩白馬冶遊園⑪청사백마야유원 能使行人駐馬看능사행인주마간
거리에서 호사함을 스스로 자랑하지만 규중의 꽃과 새가 다해감을 생각 않아요.	自矜陌上繁華盛자긍백상번화성 不念閨中花鳥闌⑫불념규중화조란
꽃밭이나 길거리에 봄은 장차 저무는데 말 달리기 닭 싸움에 돌아오지 않네요.	花間陌上春將晩화간백상춘장만 走馬鬪鷄猶未返주마투계유미반
온종일 밖에 나가 내다 봐도 소식 없고 한번 나가면 간 곳을 어찌 알겠어요?	三時出望無消息삼시출망무소식 一去那知行遠近일거나지행원근
도리화가 피어서 우물 난간 덮을 때 해질녘 다락에서 주렴 걷고 바라본다오.	桃李花開覆井欄도리화개복정란 朱樓⑬落日捲簾看주루락일권렴간
아! 시름 겨워 상사곡을 타 보려고 아쟁을 잡아도 차마 탈 수 없어요.	愁來欲奏相思曲⑭수래욕주상사곡 抅得秦箏⑮不忍彈구득진쟁불인탄

① 규인閨人 : 규방의 여인. 부인.
② 봉황지鳳凰池 : 중서성中書省에 있는 못 이름.
③ 분벽사창紛壁紗窓 : 흰 벽과 비단으로 바른 창. 부녀자가 거청하는 방.
④ 금오金吾 : 한나라 때의 황제 호위병, 집금오執金吾의 준말.
⑤ 탐환探丸 : 탄환을 찾다. 붉은 탄환을 가지고는 주인을 죽인다고 한다.
⑥ 연락然諾 : 승락하다. 계포季布는 초楚나라 장수로 항우項羽을 도와 한왕漢王 유방劉邦을 괴롭혔다. 천하 통일 후 유방이 계포를 수배하여 죽이려 하기에 유협游俠 주가朱家가 그를 숨겨 주고 황제가 용서할 수 있도록 다리를 놓아 주었다.

그는 사면을 받고 한나라에 벼슬을 하였다. 그는 신의가 있어 한번 승낙한 것은 반드시 이루어 주었기에 계포의 일언一言은 황금 100 근斤보다 났다고 하였다.

⑦ 평명平明 : 새벽.

⑧ 신풍新豊 : 장안長安 가까이에 있는 술의 명산지.

⑨ 장락長樂 : 번화가.

⑩ 청사靑絲 : 푸른 실로 꾸민 말안장.

⑪ 야유원冶遊園 : 술과 여자가 있어 방탕하게 놀 수 있는 곳. 기생집.

⑫ 난闌 : 쇠잔하다. 다하다.

⑬ 주루朱樓 : 여인이 거처하는 집.

⑭ 상사곡相思曲 : 남녀가 서로 사모하는 내용의 악곡.

⑮ 진쟁秦箏 : 진秦나라의 아쟁, 현악기의 일종.

제32장 성도成都

두보초당杜甫草堂

사천성의 성정부가 있는 성도成都에는 서울에서 비행기로 4시간 정도면 도착할 수 있다. 성도의 비행장 이름이 성도쌍류국제기장이다. 왜 쌍류雙流인가 했더니 이백의 시구에서 그 이름을 찾을 수 있다.

暮雨向三峽모우향삼협　　저녁 비는 삼협으로 향하고
春江繞雙流춘강요쌍류　　봄 물은 쌍류를 둘렀도다.
〈登錦城散花樓등금성산화루〉 중에서

쌍류는 성도에서 남서쪽 외곽에 있다. 비행장에서 성도 시내까지는 고속도로가 잘 닦여 있어 30분이 채 안 되어 시내에 들어선다.

촉으로 들어가는 친구를 보내며
이백(당)

듣기에 잠총으로 가는 길은
험난도 하여 가기 쉽지 않으리.
산이 얼굴 앞에서 일어나고
구름은 말 옆에서 피어난다네.

꽃다운 나무들 잔교를 뒤덮고
봄의 강물 촉성을 둘렀으리라.
흥망이야 이미 정해져 있으니

送友人入蜀송우인입촉
李白(唐)

見說蠶叢①路견설잠총로
崎嶇②不易行기구불이행
山從人面起산종인면기
雲傍馬頭生운방마두생

芳樹籠秦棧③방수롱진잔
春流遶蜀城춘류요촉성
升沈④應已定승침응이정

군평에게 굳이 물어 볼 것까지야. 不必問君平⑤불필문군평

① 잠총蠶叢 : 옛날 촉나라를 세운 전설상의 임금 이름. 여기서는 촉나라를 뜻한다.

② 기구崎嶇 : 산이 험하다. 험한 인생길에 비유된다.

③ 진잔秦棧 : 옛날 진秦나라와 촉蜀나라를 이어 주던 잔도棧道-절벽에 나무를 박고 그 위에 널빤지를 깔아 사람이 다닐 수 있게 만든 길. 지금도 사천성(四川省)에는 그 흔적이 남아 있는 곳이 있다.

④ 승침升沈 : 흥망. 인생의 영고榮枯.

⑤ 군평君平 : 전한 시대의 엄준嚴遵를 말한다. 이곳 성도成都에서 점을 치고 살았는데 그날 먹을 양식 벌이만 되면 가게 문을 닫고 노자를 가르쳤다고 한다. 양웅楊雄 등이 그에게서 배웠다. 양웅BC53-AD18은 촉나라 성도 사람, 말을 더듬었기에 늘 집에 있었으나 글만은 유려하였다.

두보초당杜甫草堂은 성도成都 중심에서 서쪽에 있다. 이 초당의 출입구는 모두 세 개인데 정문으로 들어가서 순서에 맞춰 관람하는 것이 가장 편리하고 좋다. 정문에는 草堂초당이라는 현판이 걸려 있고 "萬里橋西宅 百花潭北莊만리교 서쪽 집이요 백화담 북쪽 집이다"이라고 쓰인 영련이 입구에 붙어 있다. 들어서면 다리가 놓여 있다. 그 아래 작은 물길이 있는데 제법 맑고 깊어 보인다. 옛날에는 들을 가로지르던 물줄기가 아니었겠나 싶다. 지금은 그 위에 다리도 놓고 물길을 다듬어 놓아 지당池塘-연못처럼 되어 버렸다.

두보는 759년에 흉년이 심하여 생활이 어려워지자 이 해 관직화주(華州)에서의 사공참군(司空參軍)을 버리고, 가족을 이끌고 진주秦州-지금의 天水를 거쳐 10월에 동곡同谷-지금의 成縣에 머물다가, 12월 초에 성도에 온 것으로 알려져 있다. 전란 중이었지만 이곳 성도만은 정치적으로나 경제적으로 안정을 유지하고 있었던 것이다.

성도부

두보(당)

뽕나무 느릅나무에 숨어서 지는 해는
나그네의 옷자락을 쓸쓸히 비춘다.
내가 가려는 곳은 산천이 다른데
홀연히 하늘 저 끝에 있구나.

만나는 이들은 낯선 사람뿐이고
고향 다시 볼런지 점칠 수 없다.
대강[大江]이 동으로 흘러가건만
나그네 떠날 날은 멀기도 해라.

중첩한 성에 화려한 집들
계절은 겨울 푸르른 나무들.
이름난 도회지라 시끌벅적한데
통소 소리에 생황까지 한가롭구나.

참으로 아름다워도 함께 할 사람 없어
몸 돌려 시내 위 다리를 바라본다.
밤 되어 참새들도 돌아가는데
중원은 아득하여 멀기만 하네.

초승달은 돋아도 높지 않으니
뭇 별들은 아직도 빛을 다툰다.
예부터 객지 생활 누구에게나 있는 것
어찌하여 나만 홀로 괴롭게 슬퍼하는가?

成都府①성도부

杜甫(唐)

翳翳桑榆日 예예상유일
照我征衣②裳 조아정의상
我行山川異 아행산천이
忽在天一方 홀재천일방

但逢新人民 단봉신인민
未卜見故鄉 미복견고향
大江東流去 대강동류거
遊子去日長 유자거일장

層城塡華屋 층성전화옥
季冬樹木蒼 계동수목창
喧然名都會 훤연명도회
吹簫間笙簧 취소한생황

信美無與適 신미무여적
側身望川梁 측신망천량
鳥雀夜各歸 조작야각귀
中原杳茫茫 중원묘망망

初月③出不高 초월출불고
衆星④尙爭光 중성상쟁광
自古有羈旅⑤자고유기려
我何苦哀傷 아하고애상

---

① 성도부[成都府] : 안사의 난 때 몽진[蒙塵] 온 당 현종은 성도를 남경[南京]이라 불렀다.
② 정의[征衣] : 나그네의 옷.
③ 초월[初月] : 초승달. 현종 뒤를 이어 황제에 오른 숙종을 빗대기도 한다.

④ 중성衆星 : 많은 소인배들을 비유한다고 볼 수 있다.
⑤ 기려羈旅 : 나그네 생활, 여행.

두보는 처음 성도에 이르러 완화계浣花溪 부근에 있는 초당사草堂寺라는 절을 빌려 거주했다. 팽주자사彭州刺史인 친구 고적高適이 쌀을 보내 주고 이웃들이 채소를 갖다 주어 연명했다. 그러다가 그 다음해 3월에 초당를 짓게 된다. 성도 밖에 백화담百花潭의 북쪽이고, 완화계와 만리교万里橋의 서쪽에 자리잡았다. 이때가 그의 나이 49세였고 760년의 일이었다. 이로써 그는 평생 처음으로 화평한 생활을 해 보게 된다.

강마을	江村강촌
두보(당)	杜甫(唐)
맑은 강 한 굽이가 마을을 안아 흐르고	淸江一曲抱村流청강일곡포촌류
긴 여름 강 마을에 일마다 그윽하도다.	長夏江村事事幽장하강촌사사유
절로 가고 오는 것은 다리 위의 제비고	自去自來梁上燕자거자래량상연
서로 친하고 가까운 것은 물 가운데 갈매기라.	相親相近水中鷗상친상근수중구
늙은 아내는 종이에 바둑판을 그리고	老妻畵紙爲棋局노처화지위기국
어린 아들은 바늘 두드려 낚시를 만드누나.	稚子敲針作釣鉤치자고침작조구
많은 병에 바라는 바 약물뿐이니	多病所須唯藥物다병소수유약물
하찮은 몸 이 밖에 무엇을 바라리오?	微軀此外更何求미구차외경하구

돌다리를 건너면 대해大廨라는 건물을 먼저 만나게 되는데, 앞뒤는 벽이 없이 틔여 있어 지나갈 수 있도록 되어 있다. 그 중앙에 두보의 동상이 큰 화강석 위에 놓여 있는데 거의 실물 크기이다. 무거운 인생의 짐을 짊어지고 고뇌하면서도, 그를 극복하려고 하는 의지를 보이는 단아한 형상이다. 단정히 무릎을 꿇고서 약간 고개를 쳐들어 뭔가를 전하려는 모습이다. 무릎에 놓인 책 위에 포갠 두 손이 유난히 윤이 나고 반짝이는데 이는 사람들이 하도 만져서

그렇게 되었다고 한다. 만지면 그의 글 재주를 이어받을 수 있다는 것이다. 청나라 때 이곳을 중건하면서 대해큰 집, 관청이란 뜻란 이름을 붙였다.

두보초당

뒤쪽으로 한 30m 가면 시사당詩史堂이라는 건물이 보인다. 시사당의 시사詩史는 두보를 칭송하여 붙인 별호이다. 이곳에도 두보의 흉상이 중앙에 놓여 있다. 대해에 있는 것이 자못 추상적이라면 이것은 사실적으로 조각된 것이다. 그의 시가 당대當代의 현실을 절실히 반영했기에 역대 후학後學들이 시사라는 칭호를 붙였으니 여기 그의 조각상도 사실적으로 만든 것이다. 동상의 수염이 유난히 반들거리는데 이를 만지면 두보의 기氣를 받는다고 한다. 두 동상 다 현대 조각가에 의해 만들어진 것이다. 최고의 시인의 동상을 최고의 명망을 자랑하는 조각가들이 만든 모양이다.

시사당 안에는 중앙의 두보 흉상 말고도 감실에 모셔져 있는 두 개의 소상이 더 있다. 동편에 것은 두보이고 서편의 것은 이백이다. 두보는 왼손을 뒷짐지고 오른손으로 수염을 쓰다듬는 모습이다. 이백은 양손을 뒷짐지고 고개를 쳐든 형상이다. 천하의 대시인이 동서로 마주하고 있는 것이다. 두보는 이백이 존재했기에 더욱 광채를 발휘하는 것이리라.

대해와 시서당 사이, 좌우 양쪽에 회랑을 이어 놓고 그 가운데에 정원을 조성해 놓았다. 남수楠樹, 홍매紅梅, 소나무 등을 심어 옛 정취를 드러내려고 했다. 특히 두보는 남수柟樹(녹수)라고도 한다를 좋아했으며 완화계 기슭에 200여 년 묵은 녹나무가 있었다고 노래했다. 그리고 761년 늦여름에 이 나무가 풍우에 뽑혔다고 했다. 남수는 상록수이다.

시사당을 나와 석교를 건너면 시문柴門이란 현판이 걸린 문을 만난다. 원래 시문이란 사립문을 말하지만 지금은 기와를 인 큰 문으로 남아 있다. 이는 청나라 때 두보의 시의詩意에 따라 건축한 것이다.

손님이 온다 — 客至객지

두보(당) — 杜甫(唐)

집 앞과 뒤 모두가 봄 물에 둘렀으니 — 舍南舍北皆春水사남사북개춘수
갈매기 떼들이 날마다 찾아오네. — 但見群鷗日日來단견군구일일래
손님 위해 꽃길을 쓴 적이 없다가 — 花徑不曾緣客掃화경불증연객소
그대 위해 사립문을 비로소 열도다. — 蓬門①今始爲君開봉문금시위군개

시장이 멀어 반찬은 맛을 더할 수 없고 — 盤飧②市遠無兼味③반손시원무겸미
집이 가난하여 술은 전에 걸렀던 거라. — 樽酒家貧只舊醅④준주가빈지구배
이웃 노인과 마시기 괜찮다면 — 肯與隣翁相對飮긍여린옹상대음
울타리 넘어 불러서 남은 술 다해 보세. — 隔籬呼取盡餘杯격리호취진여배

① 봉문蓬門 : 사립문.
② 반손盤飧 : 상에 차린 음식.
③ 겸미兼味 : 두 가지의 맛.
④ 구배舊醅 : 전에 걸렀던 술.

흥에 겨워 — 晩興만흥

두보(당) — 杜甫(唐)

이월이 이미 가고 삼월이 찾아오니 — 二月已破三月來이월이파삼월래
점점 늙어 몇 번이나 봄을 더 맞을 건가? — 漸老逢春能幾回점로봉춘능기회
이 몸 외 무궁한 일 생각지 말고 — 莫使身外無窮事막사신외무궁사
생전에 유한한 술잔이나 다하자구나. — 且盡生前有限杯차진생전유한배

※ 두보는 성도 완화계에서 초당을 짓고 안착하면서 마음의 평정을 얻은 것 같다. 그의 삶이 각박하고 세파에 시달릴 때에의 시에는 술에 대한 언급이 오히려 없는데 생활의 여유를 얻고부터 술이 자주 등장하게 된다. 두보는 평생에 술을 즐긴 사람이다. 그의 시에 나타나는 술에 관한 시어 사용은 이백의 시에서보다 더 많다는 연구 결과가 있을 정도이다. 술에 관한 한 이백

에 뒤지지 않을 터이나 마시는 스타일이 다를 뿐이다. 두보가 술로 시름을 안으로 삭여 없애려고 했다면 이백은 술로 시름을 밖으로 떨쳐 버리려고 했다고 할 것이다. 일반인들은 이백의 장쾌하고 호방한 스타일을 흠모했을지도 모른다. 그래서 지금에도 태백주, 태백유풍, 태백루 등은 있어도 소릉주, 소릉유풍, 소릉각 등은 없으니 말이다.

시문柴門을 지나면 두보 초당에서 가장 중요한 건축물인 공부사工部祠에 이른다. 원래 가장 안쪽에 있는 건물이 제일 중요한 것이다. 공부사는 두보에게 제사지내는 사당이다. 두보가 성도에서 지낼 때 검남절도사劍南節度使 엄무嚴武의 막료로서 검교공부원외랑檢校工部員外郎을 지냈기에 줄여서 두공부杜工甫라 불렸다. 두공사의 현판은 단아한 전자체篆字體로 쓰여 있고 출입문 양 기둥에는 "錦水春風公占却, 艸堂人日我歸來금강에 봄바람 불 때 그대는 떠났지만, 초당에 인일일 때에 나는 돌아왔노라"라는 영련이 걸려 있다.

두보가 이곳 초당에서 지낼 때, 고적高適이 761년 인일人日-음력 정월 7일에 두보에게 "人日寄杜二拾遺인일기두이습유"란 시를 보냈다. 그 후 두보가 성도의 초당을 떠나 호남의 상강湘江 유역을 떠돌 때 이 시를 다시 읽어 보고 '追酬故蜀州人日見寄추수고촉주인일견기'라는 시 한 수를 지었다. 고적과 두보 두 시인이 인일에 시로써 서로 화답한 것은 중국 문학에 있어 하나의 아름다운 이야기로 남아 있다. 그래서 그 이후 인일에 초당에 와서 참배하고 시를 지으며 노는 풍속까지 생겼다고 한다.

인일에 두보에게 보내다

고적(당)

인일에 시를 지어 초당에 보내면서
친구의 고향 생각을 안타깝게 여기노라.
버들가지 푸른 색 차마 볼 수 없겠고
매화가지 가득한 꽃 공연히 애 태우리라.

몸이 남번에 있어 조정朝廷에 참여 못하고
마음은 온갖 걱정 근심 품고 지낸다네.

人日[1]寄杜二拾遺인일기두이습유

高適(唐)

人日題時寄草堂인일제시기초당
遙憐故人思故鄕요련고인사고향
柳條弄色不忍見유조농색불인견
梅花滿枝堪斷腸매화만지감단장

身在南蕃[2]無所預신재남번무소예
心懷百憂復千慮심회백우부천려

금년 인일에 공연히 그리기만 하고	今年人日空相憶 금년인일공상억
내년 이 날에 어느 곳에 있을런지.	明年此日知何處 명년차일지하처

한번 동산에 누우니 삼십 년이 지나고	一臥東山三十春 일와동산삼십춘
어찌 알까? 책과 칼이 풍진 속에 늙어감을.	豈知書劍老風塵 기지서검노풍진
늙어서도 아직 이천 석 녹봉 받으니	龍鍾[③]還忝二千石 용종환첨이천석
그대와 동서남북 모든 이에게 부끄러울 뿐이라.	愧爾東西南北人 괴이동서남북인

① 인일人日 : 정월 초이렛날. 초하루는 닭, 초이틀은 개, 초사흘은 돼지, 초나흘은 양, 초닷새는 소, 초엿새는 말, 초이레는 사람, 초여드레는 곡식의 날이다.
② 남번南蕃 : 남쪽 오랑캐 땅. 여기서는 촉蜀땅.
③ 용종龍鍾 : 늙어 휘청거리다. 실의失意한 모양.
※ 고적은 765년 2월 17일에 죽었다. 향년 66세였다. 두보는770년, 59살에 죽었다.

촉주 고적이 인일에 보낸 시를 보고서 답하다. / 追酬故蜀州人日見寄 추수고촉주인일견기

두보(당) / 杜甫(唐)

고적이 인일에 지은 시를 받고 나서	自蒙蜀州[①]人日作 자몽촉주인일작
그 맑은 시 오랫동안 몰랐다가,	不意淸詩久零落 불의청시구영락
오늘 새벽 흩어진 책 갑자기 눈에 띄여	今晨散帙眼忽開 금신산질안홀개
눈물 지며 그윽히 읊어 보니 어제 일 같아라.	迸淚[②]幽吟事如昨 병루유음사여작
…	…

① 촉주蜀州 : 촉주자사였던 고적高適을 가리킨다.
② 병루迸淚 : 눈물을 흘리다.

사당 정 중앙에는 두보의 채색 소상이 모셔져 있다. 청나라 때 만든 것이다. 이 오른쪽에 육유陸游, 왼쪽에 황정견黃庭堅의 상이 안치되어 있다. 이 두 사람은 송나라 때의 시인들인데 두보를 흠모하였고 두보와 마찬가지로 촉에서 벼슬살이를 하였기에 같이 배향配享-신주를 모심한 것이다.

두보의 소상 앞에는 두보의 모습을 새긴 비석이 두 개 놓여 있다. 바로 앞에의 것은 명나라 만력비萬曆碑라 하여 이 초당에서 가장 오래된 비석인데 두보를 비교적 풍만한 모습으로 새겨 놓았다. 시인의 후덕함을 드러내려고 한 것 같다. 그 왼쪽에 있는 청나라 비석은 마른 두보의 모습을 그렸다. 고뇌하는 우국충정의 감정을 보이려고 한 듯하다. 어쨌든 두보는 말년에 당뇨병으로 고생하였기에 몸이 야위었을 것으로 추정한다면 청대의 비석이 더 실물에 근접한 것이리라.

초당의 시문柴門 동편으로 화경花徑-꽃길이 나 있다. 화경 입구의 대문을 지나면 초당이란 글씨를 붙인 벽이 나타나고 그 왼쪽으로 길이 길게 뻗어 있다. 바닥은 돌을 붙여 깔았고 양쪽으로 붉은 담을 만들어 놓았다. 담장 너머 잡목과 대나무들이 자라고 있다. 그 옛날 두보가 전원 생활을 영위하던 그윽한 꽃길은 전혀 아닌 것이다. 청나라 때 이곳 초당을 중건할 적에 화경을 내면서 양옆으로 붉은 담장을 세웠기 때문이다.

공부사工部祠 뒤쪽, 물가에 초가집들을 지어 놓고 두보 시대의 농촌 모습을 재현해 보려 했다. 이월 말 경인데 교목이든 잡목이든 잎이 푸르고, 나뭇잎 사이사이로 간간이 붉은 꽃, 노란꽃이 피어 전원의 은은한 풍치를 보여 주고 있다.

이백을 오랫동안 못 보다

두보(당)

이백을 못 본 지가 오래 되었고
미친 척한다니 진정 슬퍼라.
세상 사람 모두가 죽이자 하나
내 마음 홀로 그 재주 아끼노라.

재빠르게 천 수의 시를 지었고
몰락하여 한 잔의 술을 마셨지.
광산의 독서하던 그 곳으로
머리 희어도 고이 돌아왔으면.

不見불견

杜甫(唐)

不見李生①久불견이생구
佯狂②眞可哀양광진가애
世人皆欲殺세인개욕살
吾意獨憐才오의독련재

敏捷詩千首민첩시천수
飄零③酒一杯표령주일배
匡山④讀書處광산독서처
頭白好歸來두백호귀래

① 이생李生 : 이백을 가르킨다.
② 양광佯狂 : 미친 척하다. 이백이 모반 사건에 연루되어 귀양가게 된 일과 관련이 있는 말이다.
③ 표령飄零 : 몰락하다.
④ 광산匡山 : 사천성 금주錦州 창명彰明의 대광산大匡山인데 이백이 어려서 독서하던 곳이다.
※ 이 시는 761년에 지은 것으로 두보가 이백을 그리는 최후의 작품이다. 원래의 제목은 '근래에 이백의 소식이 없다'近無李白消息이다. 이백은 이듬해 62세로 당도當涂에서 죽는다.

두보는 765년 5월에 성도를 떠난다. 자기를 도와 주고 밀어 주던 절도사 엄무가 나이 40에 갑자기 죽자 성도에 더 이상 머물러야 하는 이유가 없어지게 된 것이다.

두보가 떠나고 대력大歷 연간766~779에 서천절도사西川節度使 최저崔宁의 첩妾 임씨任氏가 초당을 사택으로 쓰면서 살았다. 최씨 부부는 불교에 독실하여 한때 이 사택을 절로 만들어 범안사梵安寺 또는 초당사草堂寺 등으로 일컬었다.

그 후 당말唐末 위장韋莊, 836~910이 다시 초당을 중건한 이래 10여 차례 중수를 했다. 그 중에서도 명나라 때인 1500년과 청나라 때인 1811년에 크게 개수 확장한 이후 지금의 규모로 내려오고 있다.

1961년에 전국 중점 문물 보호 단위가 되었고 1985년에는 두보기념관에서 두보초당박물관으로 이름을 고쳤다.

한소열묘漢昭烈廟와 무후사武後祠

촉나라 재상	蜀相촉상
두보(당)	杜甫(唐)
승상의 사당을 어디 가서 찾으리오?	蜀相祠堂何處尋촉상사당하처심
금관성 밖 잣나무 우거진 곳이라.	錦官城①外栢森森금관성외백삼삼
계단의 푸른 풀은 저절로 봄빛이요	映階碧草自春色영계벽초자춘색

잎 사이의 꾀꼬리는 공연히 고운 소리네.

隔葉黃鸝空好音 격엽황리공호음

삼고초려한 것은 천하 위한 헤아림이요
두 조정을 구제함은 늙은 신하의 마음이라.
출정하여 못 이겨 몸이 먼저 죽으니
길이 영웅으로 하여 눈물이 옷깃을 가득케 하네.

三顧②頻煩天下計 삼고빈번천하계
兩朝③開濟④老臣心 양조개제노신심
出師⑤未捷身先死 출사미첩신선사
長使英雄淚滿襟 장사영웅루만금

---

① 금관성錦官城 : 성도成都를 말한다. 성도가 비단의 명산지였기에 이를 관장하는 관청이 있었다.
② 삼고三顧 : 삼고초려를 말한다. 유비가 제갈량의 초가를 세 번 찾아 간청하여 군사軍師로 맞아들인 일을 일컫는다.
③ 양조兩朝 : 유비와 유선 치하의 조정.
④ 개제開濟 : 고난을 극복하고 세상을 구제한다는 뜻.
⑤ 출사出師 : 출병出兵을 뜻한다. 촉나라 제갈량이 후주後主 유선에게 출사표를 바치고 출정하였으나 위나라 장수 사마의와 오장원에서 대치하던 중 병사하고 만다.[향년 54세]

두보가 제갈량의 사당을 찾아 위 시를 지었을 때[760년, 그의 나이 49세]와 내가 이 곳을 방문한 지금[2003. 2. 27, 나의 나이 49세]은 1243년의 시간적 거리로 모든 것은 달라졌지만, 삼국지연의나 출사표를 읽을 때의 그 감동으로 드디어 무후사 입구에 섰다.

유비가 의형제 관우의 원수를 갚으러 오나라를 정벌하러 갔다가 육손陸遜에게 자귀秭歸에서 대패하고 삼협 백제성에 물러나 있다가 결국 영안궁永安宮에서 붕어하니 그의 나이 63세이요, 서기 223년 4월 23일이었다.

옛일을 회고하면서(4)

두보(당)

촉의 임금 오를 치려 삼협으로 갔다가
그 해에 영안궁서 붕어하셨다.
천자 깃발 빈 산에서 휘날렸을 것이고

詠懷古跡영회고적(四)

杜甫(唐)

蜀主①征吳幸三峽 촉주정오행삼협
崩年亦在永安宮 붕년역재영안궁
翠華②想像空山裡 취화상상공산리

허무하게 궁궐은 저 절터에 있었을 거라. 　玉殿虛無野寺中[옥전허무야사중]

옛 사당 소나무에 물학이 둥지 틀고 　古廟杉松巢水鶴[고묘삼송소수학]
여름 겨울 제삿날에 촌 노인들 분주하다. 　歲時伏臘③走村翁[세시복랍주촌옹]
무후의 사당도 길이 이웃에 있으니 　武侯④祠屋長鄰近[무후사옥장린근]
군신은 한몸이라 함께 제사 받는다. 　一體君臣祭祀同[일체군신제사동]

① 촉주[蜀主] : 촉나라 임금 유비를 말한다.
② 취화[翠華] : 푸른 새의 깃으로 치장한 천자의 깃발.
③ 복랍[伏臘] : 여름인 복날[伏日]과 겨울 섣달 초여드렛날.
④ 무후[武侯] : 제갈량[諸葛亮]. 제갈량의 시호는 충무[忠武]이다.

십팔사략[十八史略]에는 다음과 같이 적혀 있다. 소열제[昭烈帝]는 임종할 때 제갈량에게 말했다. "공의 재주는 위나라의 조비에 비하여 열 배도 더 뛰어나오. 그러므로 반드시 국가를 안태[安泰]로 이끌어, 천하 통일의 큰 사업을 완성할 수 있을 것이오. 내 사자[嗣子-대를 이을 아들] 선[禪]을 도와 주어서 그 보람이 있을 것 같으면 그를 보좌해서 천하의 주인이 되게 해 주고 만약 도와주어도 그 보람이 없을 것 같으면 공이 스스로 천하를 가지시오." 이 말을 듣고 제갈량은 뜨거운 눈물을 줄줄 흘리며 대답했다. "신은 고굉[股肱-팔과 다리]의 힘을 다하여 충의와 정절에 힘써서 폐하를 도와 성의[聖意]를 죽음으로써 성취하도록 하겠나이다."

삼국지연의에는 더 상세하게 기록하고 있다. 제갈량은 이 말을 마치자 스스로 마루 바닥에 머리를 짓찧어 피가 흘러내린다. 선주[유비]는 둘째 유영[劉永]과 셋째 유리[劉理]를 불러 공명에게 절을 시키며 분부한다. "너희들은 짐의 말을 명심하여라. 짐이 죽은 뒤에 너희 형제 셋은 아버지를 섬기듯 승상을 섬기되 조금도 나태하지 마라." 공명은 절을 받고 아뢴다.

"신이 오장육부를 땅에 뿌리는 한이 있어도 폐하께서 신을 알아 주신 은혜에 어찌 보답하지 않으리이까?" 조자룡에게도 분부한다. "짐과 경은 오늘날까지 온갖 고생과 어려움을 함께 해 왔는데 이제 서로 이별할 줄이야 뉘 알았으리오? 경은 짐과 사귄 지난날을 잊지 말고 나의 아들을 늘 보살펴 이 부탁을 저버리지 말라." 조자룡이 울며 절한다. "신이 어찌 감히 충성을 다하지 않으리이까?" 선주는 모든 관원에게 작별한다. "짐은 경 등 모든 관원에게 일일이 부탁하지 못하니 바라건데 몸조심하라." 말을 마치자 붕어하였다.

무후사(한소열묘)

선주의 유서는 다음과 같다. "짐이 처음에 병이 나자 그저 설사인 줄 알았더니 점점 잡병이 도져서 거의 회복할 가망이 없도다. 짐은 듣건대 사람 나이 50이면 요절이라 하지 않나니, 이제 짐의 나이 60이 넘었는지라, 죽은들 무슨 여한이 있으리오마는 너희들 형제가 염려될 뿐이다. 너희들 형제는 노력하고 노력하여 '아무리 적은 악惡이라도 악한 일은 하지 말며, 아무리 조그만 선善이라도 선한 일이거든 실천하라.' 오직 현명하고 오직 큰 덕이라야 남을 복종시킬 수 있느니라. 너희들 아비는 덕이 박하여 족히 본받을 것은 못된다. 내 죽은 뒤에 승상과 함께 일하되 승상을 아버지처럼 섬기고 태만하지 않도록 명심하여라. 너희 형제들은 매사를 물어서 하여라. 부탁하고 부탁한다."

이때 유선劉禪의 나이는 17세였다. 공명은 유선을 황제에 오르게 하고 8월에 선주를 이곳 혜릉惠陵에 장사지내며 소열황제昭烈皇帝라는 시호를 드렸다.

무후사는 성도 시내 중심에서 서남쪽으로, 금강錦江 남쪽에 있으며 무후사대로武侯祠大路가 그 앞을 지난다. 무후사로 불리면서 대문에는 왜 한소열묘漢昭烈廟라는 현판이 걸려 있는 것일까? 원래 유비의 무덤 혜릉에 제사지내기 위한 사당이 바로 이곳이다. 그후 사람들은 제갈량을 기념하기 위해 무후사를 건축했다. 애초부터 따로 분리되어 있던 것을 명나라 초에 무후사를 소열묘에 합병하였고 청나라 때 중건하면서 한소열묘라는 편액을 달았던 것이다. 세인世人들은 제갈량이 나라와 백성을 위하는 "鞠躬盡瘁 死而后已국궁진췌 사이후이-나라를 위해 마음과 힘을 다하고, 죽은 후에야 그칠 것이다"의 정신을 높이 사서 이 곳을 무후사로 부르게 되었거나 또는 중국이 숫한 국난을 겪으면서 유비보다는 제갈량과 같은 인물이 나타나기를 바라는 마음에서 무후사로 부르게 된 것이 아닐까 한다.

무후사는 유비의 묘인 혜릉, 유비의 사당인 유비전劉備殿, 제갈량의 사당인 무후사 등 3부분으로 크게 나뉜다. 청나라 강희 11년1672년에 중수한 건축물이 주축으로 되어 있다.

무후사 대문 앞은 꽤 넓은 광장이다. 문 입구에는 거대한 사자 두 마리가 양쪽에서 지키고 있다. 개찰을 하고 들어서 보니 겨울에도 잎이 지지 않은 큰 나무들이 지붕 위로 솟아 시원스럽고, 바닥에는 돌을 깔아 놓아 정결한 분위기를 자아낸다.

뜰 오른쪽에 당비唐碑가, 왼쪽에는 명비明碑가 보존되어 있다. 주로 무후사의 보수 내력을 기록한 것이다. 당비는 809년에, 명비는 1547년에 세워졌다.

유비전의 정문은 이문二門인데, 대문 이후 두번째 문이기 때문이다. 이 문에는 '眀良千古명량천고-천고의 훌륭한 혜안을 갖춤'라는 현판이 걸려 있다. 바른 표기는 '明良千古'이다. 유비가 인재를 알아보는 밝은 혜안慧眼을 가졌으니 明자를 眀로 고쳐 눈 目자를 강조한 것이다.

이 문을 통해 안에 들어서면 좌우 벽에 제갈량의 전후 출사표가, 송나라 충신이며 금나라에 끝까지 항전하다 억울하게 죽은 명장 악비岳飛의 글씨체로 새겨져 전시되고 있다. 예부터 제갈량의 출사표를 읽고 울지 않으면 충신이 아니라 했는데 이 글씨체를 찬찬히 살펴보면, 처음의 차분한 필치가 점점 감동과 격분에 의해서인지 나중에는 휘날려 가고 있음을 볼 수 있다. 악비가 하남河南의 남양南陽에 있는 무후사를 지날 때 쓴 글씨라고 하는데 제갈량의 "鞠躬盡瘁 死而後已국궁진췌 사이후이"라는 비장한 맹세의 뜻과 악비의 산하山河와 같은 서법이 어울어져서 보는 이로 하여금 감탄을 금치 못하게 한다.

다른 일설에 의하면 이 글씨는 명나라 때 선비 백린白麟의 것이라 한다. 악비의 이름을 빌려 쓴 것이라는데 여하튼 그 필력이 웅혼하고 생동감이 넘친다.

유비전 앞의 양쪽 회랑에는 촉한의 문신과 무신의 채색된 28개의 소상이 진열되어 있다. 동편 회랑에는 봉추鳳雛 방통龐統을 선두로 장완蔣琬, 비위費褘, 동화董和, 동윤董允 등이, 서쪽 회랑에는 상산常山 조자룡을 필두로 마초馬超, 황충黃忠, 강유姜維 등이 좌정해 있다. 청나라 강희康熙 때부터 도광道光 연간에 서열을 정하여 나열한 것이다. 큰 역량이 있으면서도 진열되지 못한 인물들로는 위연魏延, 법정法政, 유파劉巴, 허정許靖 등이다. 청나라 초기까지는 있었지만 재조정할 때 순신純臣-충성을 다한 신하이 아니라 하여 도태시켰던 것이다. 각 소상은 화려한 채색을 입히고, 머리카락과 수염 등을 더하여 실물을 방불케 한다.

유비전 앞에는 분향을 위한 대형 향로가 있는데 두 마리의 용이 솥 가장자리에, 입을 벌리고 두 발을 딛고서 붙어 있는 모습이 특이하다. 명나라 시대의 것인데 그 세공이 정교하다.

유비전에는 푸르스름한 바탕에 '業紹高光업소고광'이란 황금색 글씨가 새겨진 편액이 걸려 있다. 유비가 한 고조 유방과 한의 중흥조인 광무제 유수의 제업帝業을 계승 발전시켰다는 뜻이다.

유비전 내부 중심에 유비의 상이 안치되어 있다. 면류관을 쓰고 두 손을 모아 읍하는 형상인데 두 눈이 산 사람과 같이 영롱하게 광채를 내고 있어 사람을 놀라게 한다. 혜안이 있음을 상징적으로 보여 주는 것이리라. 원래 유비는 수염이 거의 없다고 알려져 있는데 이 상에는 긴 수염을 근엄하게 달고 있다. 다 황제의 위엄을 과시하기 위함일 것이다.

유비상 동편에는 의형제 관우와 그의 아들 관평關平과 관흥關興 그리고 그의 부장副將 주창周倉의 소상이 보이고 그 위 편액 에는 '義薄雲天의박운천'이라 적혀 있다. 이는 관우의 높은 의리가 구름 하늘 높이 근접한다는 뜻이다. 다만 관우의 결점은 오만함이 아니었을까?

유비의 상 서편에는 장비의 소상이 자리잡고 있다. 현판에는 '誠貫金石성관금석'이라 쓰여 있다. 그의 성실함이 쇠나 돌을 꿰뚫을 수 있다는 뜻이다. 장비의 두 딸이 유비의 아들 선禪에게 시집가서 황후가 되었음을 생각해 본다면 그 자색이 뛰어났음을 미루어 짐작할 수 있다. 그렇다면 그녀들의 아비 장비의 외모도 우락부락한 상호만은 아니고 쾌남아가 아니었을런지? 장비의 큰 단점은 심한 주사酒邪-못된 술버릇와 부하에 대한 지나친 닦달이 아니었을까?

유비전에는 또 유비의 손자 유심劉諶의 소상도 함께하고 있다. 그러나 그의 아들 유선의 상은 없다. 이는 유선의 일생이 호색하고 유약하며, 끝내는 적에게 투항하여 나라를 팔아 먹었으니 조금도 그의 아비의 영웅적 기개를 보이지 못했기 때문이다. 그러나 그의 아들 유심은 적에 대항해 죽을지언정 굴복하지 않았다. 서기 263년 위나라 군사가 성도에 진입했을 때 유선은 항복을 생각했으나 유심은 아비와 아들, 임금과 신하가 성을 업고 싸워서 사직을 위해 죽어야만 선제유비를 볼 수 있으리라 했다. 유선이 말을 듣지 않자 유심은 먼저 처와 자식을 죽이고 유비의 묘에 가서 곡하며 자결하여 순국했다. 이런 연유로 유비전에는 유비와 함께 손자 유심의 소상이 모셔져 있는 것이다. 유선의 아들은 모두 7명인데 유심은 5째이다. 유심을 빼고는 모두 착하고 나약하기만 했다.

유비전의 관람이 끝나면 그 뒤쪽에 무후사가 있다. 무후사는 유비전보다 지면이 조금 낮다. 황제와 신하의 신분적 격차인 듯하다. 무후사 입구는 과청過廳이라 불리는데 무후사라고 쓴 편액이 걸려 있다. 이는 전국가 주석 이선념李先念의 친필인데 달필이다. 제갈량이 생전에 무향후武鄕侯에 봉해졌고 죽은 후에도 충무후忠武侯라는 시호가 내려졌다. 그래서 그의 사당 이름을 무후사라고 한 것이다. 원래 제갈공명은 오장원五丈原에서 죽어 정군산定軍山에 묻혔다. 그가 죽은 해는 서기 234년 가을 8월 23일이며 나이 54세였다.

유비전 뒤에 있는 무후사

그가 죽었을 때 집안에는 뽕나무 800주와 척박한 밭 50마지기가 있었을 뿐이었다. 자기 죽음에 관한 유언은 다음과 같다. “나를 정군산에 장사지내되 담을 두르지 말고, 벽돌과 석물石物을 쓰지 말며 또한 일체의 제물祭物도 쓰지 말라.” 그는 죽어서도 생전의 삶과 같이 고결한 사람이었다. 더군다나 죽고 난 뒤에 무덤을 화려하게 꾸민다는 것은 부질없는 일임을, 그리고 벽돌과 석물은 도굴만 불러들일 뿐이라는 것을 잘 알았을 터이다. 역시 현명한 인물이었다.

과청[過廳] 안에는 현판이 하나 있는데 ‘萬古雲霄一羽毛[만고운소일우모-만고에 하늘 높이 나는 봉황 같도다]’라 적혀 있다. 이 시구는 다음의 시에서 인용한 것이다.

옛일을 회고하면서(5)

두보(당)

제갈 승상 큰 이름 우주에 드리우고
으뜸 신하 그 모습 엄숙하고 청고하네
천하 삼분에 계책은 틀어졌으나
만고에 하늘 높이 봉황 같아라.

능력은 이윤이나 여상과 백중이요
지휘력은 소하나 조참도 못 미치리.
국운이 옮겨 한의 영광 끝내 회복 못하고
순국의 뜻 세워 군무에 온 힘 다했도다.

詠懷古跡[영회고적](五)

杜甫(唐)

諸葛大名垂宇宙[제갈대명수우주]
宗臣①遺像肅淸高[종신유상숙청고]
三分割據紆籌策[삼분할거우주책]
萬古雲霄一羽毛②[만고운소일우모]

伯仲③之間見伊呂④[백중지간견이려]
指揮若定失蕭曹⑤[지휘약정실소조]
運移漢祚⑥終難復[운이한조종난복]
志決身殲⑦軍務勞[지결신섬군무로]

---

① 종신[宗臣] : 으뜸이 되는 신하. 명신[名臣]. 원래 한 고조 유방을 도와 천하 통일을 이룬 소하나 조참같이 후세에 추앙받는 신하를 뜻한다.
② 우모[羽毛] : 깃털, 봉황의 깃털. 여기서는 봉황으로 풀이했다.
③ 백중[伯仲] : 맏이와 둘째. 막상막하. 비슷하다.
④ 이려[伊呂] : 이윤[伊尹-은나라의 재상]과 여상[呂尙-주나라의 재상 강태공]. 둘 다 명재상이었다.
⑤ 소조[蕭曹] : 한나라의 개국 공신인 소하[蕭何]와 조참[曹參].
⑥ 한조[漢祚] : 한나라의 복[福]. 한나라의 영광.
⑦ 신섬[身殲] : 몸으로 순직[殉職]하다.

제갈량을 모신 공명전[孔明殿] 현판에는 ‘名垂宇宙[명수우주-이름이 우주에 드리우다]’라는 금 글씨가 쓰여 있다. 이도 앞에 제시된 두보의 시 중에서 인용한 것이다.

앞에서 보았던 유비전은 황제의 사당이라 그런대로 화려하고 기세가 웅위하다. 전면의 두 기둥에는 용과 봉황을 조각해서 부착하여 위엄을 드러내 보였다. 그러나 공명전은 생전의 그의 성격처럼 단정하고 소박하고 수수함을 그대로 보여 주는 듯하다.

황금색으로 곱게 채색된 공명상은 윤건을 쓰고 오른손에 우선羽扇-거위 깃털로 만든 부채을 들고 있다. 공명의 처가 박색이지만 현숙하고 영명하여 남편의 고민을 잘 해결해 주었다는데, 가끔 그녀의 묘안을 우선에 적어 두었다가 몰래 보고 지시를 내렸다고 한다. 제갈량은 남양南陽 땅에 있을 때 황승언黃承彦의 딸이 현명하다는 소문을 듣고 청혼하여 아내로 삼았다. 실은 제갈량도 그의 부인에게서 배운 바가 많았다고 한다. 그녀는 남편이 죽자 곧 이어 따라 죽었다. 임종 때 아들 첨瞻에게 오직 충효로써 근본을 삼으라고 유언했다.

공명상 왼쪽에는 그의 아들 첨瞻이, 오른쪽에는 그의 손자 상尙이 안치되어 있다. 위魏나라 장수 등애鄧艾가 침공해 왔을 즈음 두 부자父子-첨과 상가 죽기로 방어하고자 할 때 상의 나이는 19세였다. 첨이 면죽성綿竹城 밖에서 싸우다 화살에 맞아 말에서 떨어지자 "나의 힘이 다했으니 마땅히 한번 죽어 나라에 보답하리라". 하며 드디어 자기 목을 칼로 쳐 죽었다. 성 위에서 부친이 싸우다 죽는 것을 본 상이 즉시 말에 올라 "우리 할아버지, 아버지, 나 3대가 나라로부터 많은 은혜를 입었다. 이제 아버지가 적과 싸우다 전사하셨는데 나만 살아서 무슨 소용이 있으리오". 하며 나아가 싸우다 마침내 장렬히 죽었다.

제갈량의 아들과 손자는 나라를 위해 죽을 수 있겠구나 싶다. 그만큼 국가로부터 대우와 은혜를 입었기 때문이다. 그러나 일반 백성들이 나라를 위해 순국한다는 것은 결코 쉬운 일이 아니다. 국가로부터 은혜 입었음을 좀처럼 느낄 수 없기 때문일 것이다. 과거에는 아비를 위해, 임금을 위해 죽는 것이 나라를 위해 죽는 것과 통했고 충성이 일 개인임금과 연관되기 때문에 더욱 절실했다. 현대 국가에서는 일 개인과 연관 짓기가 어렵기 때문에 순국한다는 것은 더욱 쉽지 않다. 현대인에게는 충성을 요구하기보다는 의무를 제시하는 것이 더 옳을지 모를 일이다.

공명전 안에는 동銅으로 만든 북이 하나 놓여 있는데 제갈고諸葛鼓라 한다. 취사 도구로도 쓰이고, 경적을 울리는 악기로 또는 수레바퀴로도 소용되었다고 한다. 제갈량의 발명 능력을 짐작할 수 있는 물건이다.

공명전을 뒤로 하고 나서면 삼의묘三義廟가 보인다. 유비, 관우, 장비를 기념하기 위해 지은 집이다. 청나라 강희 초년에 지어졌던 것을 1981년에 이곳으로 옮겨 놓았다. 옮길 때 기왓장 하나 하나에도 번호를 붙여 가며 원상태로 복원했다고 한다.

이곳 무후사에는 제갈량이 심었다는 잣나무柏 두 그루가 남아 있었다고 전한다. 이름하여 쌍문백雙文柏이라 했다. 명나라 가정嘉靖 연간1522~1566에 황제의 건청궁을 수리하려고 목재가 필요할 때 이곳의 소사마少司馬 풍청馮清이라는 관리가 황실에 아부하기 위해 이 나무를 잘라 목재로 바치려 했다. 이때 갈가마귀들이 몰려와 벌목꾼들의 머리를 쪼아 피를 낭자하게 하였다. 이러니 풍청이 무릎을 꿇고 사죄하며 다시는 훼손하지 않겠다는 다짐을 한 뒤에야 갈가마귀들이 흩어졌다는 것이다. 그러나 애석하게도 이 나무는 명나라 말엽 전화戰禍로 불에 타 없어져 버렸다.

무후사 오른편 곧 서편에 유비의 능묘인 혜릉이 있다. 유비는 생전에 백성들에게 어질고 자애로웠다. 익법謚法이라는 책에 의하면 "애민호여愛民好與-백성을 사랑하고 베풀기를 좋아하다를 혜惠라고 한다"고 했으니 그가 죽은 후에 혜惠라는 능묘의 이름을 바친 것이다.

중국의 역대 황제의 능묘 중에 도굴로 훼손되지 않은 것이 있겠느냐마는 만약 있다면 이 혜릉일 것이다. 역사상 중국 땅의 인민들이 수많은 전란과 재해로 인한 기근을 겪으면서도 능묘를 침해하지 않았다는 것은 기적에 가까운 것이다. 유비가 백성들을 사랑했던 그 대가로 그의 능침이 백성들로부터 보호를 받았기 때문이리라.

당나라 사람이 지은 유양잡조酉陽雜組에 다음과 같은 이야기가 전한다.

한 도굴꾼이 유비 능묘에 들어갔다. 원래 이 묘는 감, 오甘, 吳 두 부인과 합장되어 있는데 유비가 그 두 부인과 바둑을 두고 있고, 수 명의 신하들이 시립해 있더라는 것이다. 도둑이 크게 놀라 무릎을 꿇고 사죄하니 꾸짖지 않고 좋은 술과 옥대를 하사했다. 도둑이 술을 마시고 옥대를 가지고서 묘 밖으로 나왔다. 그런데 갑자기 술이 옻으로 변하여 입을 봉해 버리고 옥대는 뱀으로 화하여 그의 몸을 감았다. 능묘를 다시 보니 훼손된 흔적이 없었다. 이로부터 사람들은 혜릉이 신력으로 보호를 받는다고 여겨 도굴하는 바가 없었다는 것이다.

삼의묘에서 오른쪽으로 홍장협도[紅墻夾道-붉은 담장 사이로 난 길]를 따라 가면 유비 묘 앞에 이를 수 있다. 이 협도는 양쪽으로 담을 쌓아 놓은 소로이다. 담은 한 길 정도로 그리 높지 않으나 붉은 색을 칠하여 엄숙한 분위기를 자아낸다. 게다가 대나무들이 담을 따라 길게 자라고 있어 홍색과 녹색의 조화가 이채롭다.

입구에 서면, 무덤을 향하는 길 양편에는 기린, 말, 문인상[文人像] 각 한 쌍씩 서로 마주 보며 시립해 있다. 이를 지나 능묘 초입의 작은 문에 이르면 천추늠연[千秋凜然-천년의 세월에도 늠름하다]이라는 편액이 걸려 있다.

촉의 선주의 묘에서

유우석(당)

천지 간에 드리운 영웅의 기상은
천추를 지나도 오히려 늠름하네.
천하의 형세를 삼분했으니
한나라의 제업을 회복했도다.

아비는 재상 얻어 나라를 얻었으나
아들은 아비의 현명함을 닮지 못했네.
처량하다, 옛 촉의 기생들이여!
위나라 궁전에서 춤을 추다니.

蜀先主①廟[촉선주묘]

劉禹錫(唐)

天地英雄氣[천지영웅기]
千秋②尙凜然[천추상늠연]
勢分三足鼎③[세분삼족정]
業復五銖錢④[업복오수전]

得相⑤能開國[득상능개국]
生兒不象賢[생아불상현]
凄凉蜀故妓⑥[처량촉고기]
來舞魏宮前[래무위궁전]

---

① 선주[先主] : 유비를 말한다.
② 천추[千秋] : 오랜 세월.
③ 삼족정[三足鼎] : 세 발 달린 솥 같은 형세. 위·촉·오의 삼국을 말한다.
④ 오수전[五銖錢] : 한나라 때 만든 동전 이름. 곧 한나라를 상징한다.
⑤ 득상[得相] : 재상을 얻다. 재상은 제갈량을 가리킨다.

⑥ 촉고기[蜀故妓] : 촉이 망한 뒤 촉나라의 옛 기생들이 위나라 궁중에서 춤을 추니까, 촉의 옛 신하들은 모두 비감하여 눈물을 흘리는데 오직 유선만이 좋아했다고 한다.

능묘 앞에는 검은 벽돌 담이 가로막고 있다. 한소열황제지묘[漢昭烈皇帝之墓]라는 비석이 박혀 있고 그 양 옆으로 아치형 문이 나 있다. 이 문을 들어서면 큰 무덤이 나타난다. 이를 담장이 둘러싸서 보호하고 있다. 무덤 아래 부분은 돌을 4단으로 쌓아 둘렀다. 담장과 무덤 기단[基壇] 사이의 간격은 5m 정도는 될 것 같다. 한꺼번에 수십 명이라도 묘 주위를 걸으며 참배할 수 있을 정도이다.

혜릉

묘 둘레가 180여m라고 하는데 한번 돌면 10년이 젊어진다고 한다. 그만큼 영험하다는 이야긴지는 모르지만 태산도 아닌데 지나친 과장이다. 능의 규모는 서안에 있는 진시황릉이나 무릉에 비하면 초라한 편이고 우리나라 경주에 있는 고분 중에 제일 크다는 봉황대[鳳凰臺-밑바닥 지름이 82m]와 그 규모가 비슷하다는 느낌이 들 정도이다. 무덤 위는 잔디로 덮여 있는 것이 아니라 잡목과 측백나무 등이 심어져 있어 야트막한 야산처럼 느껴진다.

명망[名望]이 아무리 크고 높다고 하더라도 황제의 사당과 능침이 있는 이곳을 신하의 사당 이름 즉 무후사로 불리는 것이 못내 아쉽기도 하다. 유비 또한 일세의 영웅임에는 틀림없고 공명과 같은 인물을 거느릴 수 있는 능력과 덕망을 가졌기 때문이다. 유비가 죽기 전에 공명더러 마속[馬謖]을 중용하지 말라고 유언했다. 공명은 가정[街亭]전투에서 마속한테 막중한 임무를 맡겼고 마속은 자기 재주를 과신하여 적을 경솔히 보다가 적에게 큰 타격을 입고 퇴패하게 된다. 결국 공명은 마속을 군법에 의해 처형하지 않을 수 없었다. 읍참마속泣斬馬謖하면서 유비의 혜안을 그제야 깨닫고 크게 울었다는 것이다.

삼국지의 저자 진수陳壽는 제갈량을 평하기를 "해마다 군사를 움직였지만 공을 세우지 못했다. 임기응변의 장재將材는 그가 득의得意로 삼던 바가 아니다"고 하면서 격하시켰다. 이에는 나름대로 이유가 있은 것 같다. 진수의 아버지는 마속의 참군이었는데 제갈량이 마속을 처형할 때 진수의 아버지를 곤형髡刑-머리를 밀어 버리는 형벌에 처했다. 제갈량의 아들 첨瞻 역시 진수를 가볍게 보았다. 이로써 진수가 촉지蜀志를 쓸 때 개인의 감정을 개입시켰던 것으로 볼 수 있다.

백화담 공원百花潭公園

백화담 공원은 성도 중심에서 서쪽에 있는데 두보 초당과 무후사 중간쯤에 자리잡은 작은 공원이다. 당나라 때 이곳에 산화루가 있었던 곳이다.

백화담공원

입구부터 아주 깨끗하게 조성된 공원으로 빗속의 모습이 더욱 산뜻하다. 곳곳에 작은 연못이 있고 그 둘레에는 나무들을 많이 심어 싱그러운 풍치를 자아낸다.

특별히 물가에 2층으로 된 누각이 눈에 띄어, 당대唐代의 산화루를 연상하며 올라가 보니 차를 파는 곳이다. 아래를 내려다보면 늘어진 수양버들과 빗방울 지는 연못이 조용한 아침 이미지로서는 그런대로 즐길 만하다.

원래 산화루는 당나라 현종이 안록산의 난을 피해 이곳에 파천播遷-임금이 도성을 떠나 난을 피하는 것했을 때 행궁行宮-임금이 거동할 때 묵는 별궁으로 쓰던 곳이었다.

사천 성도에서는, 이백의 시 중에 200여 수는 당 현종이 지은 것이라는 말이 있다고 한다. 믿을 만한 것은 아니지만 그만큼 현종의 시의 역량이 녹록하지 않았음을 말하는 것이리라.

금성錦城 산화루散花樓에 올라서

이백(당)

붉은 해가 금성 마루를 비추니
산화루는 아침 해에 빛나도다.

금빛 창에는 수놓은 문을 끼워 넣었고
구슬 발에는 은고리를 달아 놓았네.

날 듯한 사다리 구름 속에 닿았고
먼 눈길 끝에서 나의 근심 흩어지누나.

저녁 비는 삼협으로 향하고
봄 강물은 쌍류를 둘렀도다.

지금 한번 누에 올라 바라보노니
구천에 올라 노니는 듯하여라.

登錦城散花樓등금성산화루

李白(唐)

日照錦城①頭일조금성두
朝光散花樓②조광산화루

金窓夾繡戶금창협수호
珠箔懸銀鉤주박현은구

飛梯③綠雲中비제록운중
極目④散我憂극목산아우

暮雨向三峽모우향삼협
春江繞雙流춘강요쌍류

今來一登望금래일등망
如上九天遊여상구천유

---

① 금성錦城 : 성도成都가 비단의 주요 명산지이므로 금성이라 불렸다.
② 산화루散花樓 : 수나라 말기에 촉왕蜀王 양수楊秀가 지은 누각. 이백은 개원 8년720년 봄에 성도에서 노닐 때 여기에 올랐다.
③ 비제飛梯 : 높은 사다리.
④ 극목極目 : 시력이 미치는 데까지 멀리 바라보다.

만리교萬里橋

들에서 바라보다.　　　　野望야망

두보(당)　　　　杜甫(唐)

흰 눈 덮인 서산은 세 성이 수자리하는 곳　　西山①白雪三城②戍서산백설삼성술
맑은 강 남포는 만리교가 있는 데라.　　南浦淸江萬里橋남포청강만리교
온 나라 전란 통에 아우들 흩어지고　　海內風塵③諸弟隔해내풍진제제격
눈물 지며 이 한 몸 하늘 끝에 왔구나.　　天涯涕淚一身遙천애체루일신요

점점 더 늙어감에 오직 병만 늘었고　　惟將遲暮供多病유장지모공다병
조정에는 조금도 보답하지 못했네.　　未有涓埃④答聖朝미유연애답성조
말을 몰아 교외로 나가 끝없이 바라보니　　跨馬出郊時極目⑤과마출교시극목
인간사 날로 쓸쓸하여 견딜 수 없어라.　　不堪人事日蕭條⑥불감인사일소조

① 서산西山 : 성도 서쪽에 있는 설산.
② 삼성三城 : 송松, 유維, 보堡의 세 성城. 변경의 요새.
③ 풍진風塵 : 전란을 뜻한다.
④ 연애涓埃 : 물방울과 티끌. 아주 적은 것.
⑤ 극목極目 : 눈으로 보이는 데까지 멀리 바라보다.
⑥ 소조蕭條 : 쓸쓸한 모양.

무후사에서 가까운 곳에 옛날 당나라 때에 만리교가 있었다는 데를 찾아가 보았다. 당대唐代에는 성도 남문 밖에 있었다지만 지금은 그 위치를 찾기가 쉽지 않다. 부탁을 받은 가이드가 어디서 알아 왔는지, 이끄는 대로 따라가 보니 시내를 관통하는 하천의 어느 다리 앞에 다다른다. 이 다리 이름은 남문교南門橋이다. 다리 높이는 10m, 길이는 30여m인데 청나라 때 중수한 것이라 한다. 그 옛날의 흔적이야 어디엔들 없으니 그 시절의 나루터인지 알 턱이 없다. 물길 따라 빌딩만 이어져 있다.

삼국 시대 촉나라의 문신인 비위費褘가 동오東吳로 사신이 되어 떠날 때 제갈량과 이곳에서 헤어지면서 "만리의 길이 이 다리에서 시작되군요"라고 말했

다. 만리교는 이렇게 해서 이름을 얻었다는 것이다. 이제 하천의 양안兩岸은 축대를 쌓아 올려 아주 단정하게 물길을 잡아 놓았고 뚝 위에는 나무들이 수로를 따라 뻗어 있어 그런대로 도심의 하천치고는 삭막하지 않다. 수로라 했지만 다른 지방과는 달리 배들이 전혀 다니지 않는다. 지금 나는 다만 우산을 쓰고 빗속에 잠긴 하천만 부질없이 바라본다.

남문교(옛날 만리교)

절구 / 絶句절구

두보(당) / 杜甫(唐)

두 마리 꾀꼬리새 푸른 버들에서 울고	兩箇黃鸝鳴翠柳양개황려명취류
한 줄기 해오라기 푸른 하늘로 오르네.	一行白鷺上靑天일행백로상청천
창에는 서령의 천추설을 머금고	窓含西嶺①千秋雪창함서령천추설
문에는 동오의 만리선이 머물도다.	門泊東吳②萬里船문박동오만리선

① 서령西嶺 : 성도 서쪽에 있는 설산을 가리킨다.
② 동오東吳 : 동쪽 오나라 땅을 말한다.
※ 두보가 53살 즉 764년에 지은 시로 알려져 있다.

대나무 가지의 노래 / 竹枝詞①죽지사

유우석(당) / 劉禹錫(唐)

삼간 위에 해 오르자 봄 안개 사라지고	日出三竿②春霧消일출삼간춘무소
강가에서 촉나라 나그네 노를 멈춘다.	江頭蜀客駐蘭橈강두촉객주란요
분방한 낭군에게 편지를 부치고자	憑寄狂夫③書一紙빙기광부서일지
지금쯤 성도의 만리교에 머물겠지.	住在成都萬里橋주재성도만리교

① 죽지사竹枝詞 : 사천성 동부 지역에서 불리던 민간 가요이다. 유우석이 개작한 것이다.
② 삼간三竿 : 긴 장대.
③ 광부狂夫 : 자유분방한 지아비. 제멋대로 행동하는 남편.

망강루 공원望江樓公園

망강루 공원은 시내 중심에서 남쪽으로 금강錦江가에 자리잡고 있다. 이곳은 당나라 시대의 설도薛濤라는 기생의 무덤이 있어 유명하다. 설도는 성도에서 음악하는 기생이면서 그림과 글씨에 조예가 깊었다. 그리고 그의 시는 당대의 웬만한 시인을 능가할 정도였다. 생몰 연대는 768년에서 832년이고 65세까지 살았다.

공원 입구를 지나면 가장 먼저 눈에 띄는 것은 대나무 숲이다. 도심지에 이렇게 빽빽하게 자란 대나무가 숲을 이루고 있다니 놀랄 만하다. 설도가 좋아했다는 그 대나무인가 보다. 이곳 대나무는 우리나라에서 흔히 보는 대나무는 아닌 듯한데 종류만 해도 130종이 넘는다고 한다. 여하튼 대숲 일색 하나만으로도 충분한 구경거리가 아닌가 싶다.

망강루는 금강 옆에 세워져 있다. 3월 초순에 수양버들이 이미 녹색 잎을 피워 내어 춘색이 완연한데 4층의 망강루는 우두커니 봄이 오는 금강을 내려보고 있다. 그 구조가 특이하여 위의 2층은 팔각형으로, 아래의 2층은 사각형으로 된 지붕을 갖추고 있다. 이곳 금강에서 서북쪽으로 거슬러 올라가면 두보 초당의 완화계를 만나게 된다.

이리저리 거닐다 보니 흰 대리석상이 눈에 띈다. 설도의 상이다. 대나무 숲을 배경으로 서 있어 이곳의 주인인 양 자연스럽다. 고운 자태야 말할 것도 없지만 풍만한 몸매를 자랑하고 있다. 양귀비를 연상하게 한다. 당나라 때의 미인의 조건은 풍만함이었으니까.

석상 가까운 곳에 설도의 묘가 있다. 봉분은 아담하고 수수하다. 아래에 3단으로 석축을 둘렀고 그 위 흙 무덤에는 잔디가 잘 자라고 있다. 무덤 앞 묘비에는 唐女校書薛洪度墓당여교서설홍도묘라 새겨져 있다. 여기에서 교서校書는 기생을 의미한다. 당나라때 재상이었던 무원형武元衡이 설도에게 교서랑校書良이란 벼슬을 주자고 상주上奏하였기에 이곳 성도 사람들은 기생을 교서라 부르게 된 것이다. 홍도洪度는 설도의 자字이다.

설도의 무덤

여기저기 무리를 지어 동호인들끼리 운동도 하고 검술 연마도 하는 것이 눈에 띈다.

봄을 바라보며	春望詞춘망사
설도(당)	薛濤(唐)
바람에 꽃잎은 나날이 시들어가고	風花日將老풍화일장로
만날 기약은 아직도 아득하기만.	佳期猶渺渺①가기유묘묘
사람의 마음은 함께 맺지 못하고	不結同心人불결동심인
공연히 풀잎만 맺으려 하는가.	空結同心草공결동심초

① 묘묘渺渺 : 물이 끝없이 아득하다.

제33장 아미산峩眉山

일 년만에 다시 성도에 나타났다.

예로부터 사천의 성도는 "해가 나면 개가 짖는다"라는 말이 있다. 일년 내내 운무가 끼어 있어 해 나는 날이 별로 없기 때문이다. 2월인데도 날씨는 온화하고 추위란 없다. 하지만 겨울의 중국에 안 그런 도시가 어디 있겠느냐마는 성도 역시 쾌청한 맛이 없고, 내내 음습할 뿐이다. 두보 초당과 무후사에서의 화초 잎이나 나뭇잎은 먼지가 끼어 있어 당최 윤기란 볼 수 없었다. 날이 가물어 먼지 때문에 그럴 수도 있겠으나 도심지의 공기가 너무나 탁하고 매연이 심하다는 증거일 수도 있다.

절구	絶句 절구
두보(당)	杜甫(唐)
(1)	(一)
긴긴 해에 강산이 아름다운데	遲日江山麗 지일강산려
봄 바람에 화초는 향기롭구나.	春風花草香 춘풍화초향
진흙이 풀어지니 제비가 날고	泥融飛燕子 니융비연자
모래가 따뜻하니 원앙이 조네.	沙暖睡鴛鴦 사난수원앙
(2)	(二)
강이 파라니 새는 더욱 희고	江碧鳥逾白 강벽조유백
산이 푸르니 꽃은 불 타는 듯.	山靑花欲燃 산청화욕연
올 봄은 보건대 또 지나가니	今春看又過 금춘간우과
어느 날이 이 돌아갈 해뇨?	何日是歸年 하일시귀년

※ 이 시는 764년, 두보 나이 54세에 성도에서 지은 것이다.

아미산峨眉山

아미산은 성도에서 160㎞ 남쪽에 있다. 요즘은 도로 사정이 좋아 두어 시간이면 도착할 수 있다. 아미산과 낙산대불樂山大佛 지역을 한데 묶어 1996년에 유네스코에서 세계문화유산으로 지정하였다.

중국에는 4대 불교 명산이 있다. 절강성의 보타산普陀山, 안휘성의 구화산九華山, 산서성의 오대산五台山, 그리고 이곳 사천성의 아미산이 그것이다. 아미산은 보현보살 도량의 성산聖山이다. 보현보살은 이지理知와 깨달음의 덕을 갖추고 석가모니의 포교를 돕는다. 석가의 오른쪽에 협시脇侍-좌우에서 가까이 모심하는데 흔히 코끼리를 타고 있다.

성도를 벗어나자 공기가 맑아지고 시야도 멀어지니 풍광은 즐길 만하다. 나뭇잎도 먼지 범벅의 도심과는 달리 윤기가 돈다.

장강의 지류인 민강岷江과 나란히 달리는 도로는 거의 준고속도로 수준이다. 끝없이 드넓은 벌판에 띄엄띄엄 숲을 이루고 있는 곳에는 영락없이 촌락이 있다. 마을을 에워싸고 있는 나무들은 키가 큰 상록수인데 시원하게 목을 빼고 있는 것이 보기가 좋다. 도처에 노란 유채꽃이 질펀하게 피어 있는 들판은 눈을 상쾌하게 해 준다. 우리나라 제주도에서 유채꽃은 두어 마지기 정도의 규모이지만, 이곳의 유채는 거의 평원 수준의 규모이다. 그 산뜻함과 밝음은 차를 세우게 하여 밭에 뛰어들게 만든다.

아미산의 달을 노래하다

이백(당)

아미산의 가을 반달은
그림자 평강강에 들어서 흘러가네.
야밤에 청계 떠나 삼협으로 향하는데
그대가 그리워도 보지 못하고 유주로 내려 가노라.

峨眉山月歌아미산월가

李白(唐)

峨眉山月半輪秋아미산월반륜추
影入平羌江①水流영입평강강수류
夜發淸溪②向三峽야발청계향삼협
思君③不見下渝州④사군불견하유주

① 평강平羌 : 지금의 청의강青衣江을 말한다. 사천성 노산현蘆山縣에서 발원하여 낙산현樂山縣에 이르러 민강岷江으로 흘러든다.
② 청계淸溪 : 지금의 마변하馬邊河이다. 건위현犍爲縣에 이르러 민강으로 흘러든다.
③ 군君 :그대. 고향의 친구 또는 달을 가리킨다고도 한다.
④ 유주渝州 : 중경 일대를 가리킨다.

아미산은 중국의 여러 다른 명산에 비해 점유 면적이 넓고 웅혼하다. 오악이 나름대로 특장이 있다 하더라도 아미산은 높이와 규모 면에서 단연 뛰어나다. 최고봉인 만불정萬佛頂이 해발 3099m이다. 태산泰山은 1545m, 항산恒山 2017m, 숭산崇山 1512m, 형산衡山 1290m인 것을 감안한다면 더욱 그렇다. 웅장한 산세와 녹색 바다로 인해 예부터 웅장하고 수려한 산으로 불려왔던 것이다.

운해雲海, 일출日出, 불광佛光, 성등聖燈은 아미산의 4절絶이라 일컬어진다. 특히 불광은 특수한 자연 현상인데 금정金頂-3077m에 있는 섭신애攝身崖 절벽에서, 독특한 지형과 기상 조건으로 말미암아 나타나는 둥근 오색빛이 부처의 광배처럼 빛난다는 것이다. 또 성등의 기이한 광경은 날씨 맑은 초하루나 그믐에 나타난다는데 형광반딧불이 반점처럼 반짝이는 것이다.

팔 월 십칠 일 배를 띄워 아미산으로 향하다.

이제현(고려)

금강 위에 흰 구름 이미 가을인데
이별가 부르고선 주루에서 내려온다.
한 조각 붉은 깃발 바람에 번쩍번쩍
노젓는 여러 소리 강물에 흔들흔들.

빗발이 망아지를 어점으로 돌려보내고
물결은 갈매기를 객선으로 몰아온다.
그 누가 서생을 불우하다 말했던가?
왕사로 말미암아 맑은 유람 즐기는 것을.

八月十七日放舟峩眉山 8월17일방주향아미산

李齊賢(高麗)

錦江江上白雲秋 금강강상백운추
唱徹驪駒①下酒樓 창철여구하주루
一片紅旂風閃閃②일편홍기풍섬섬
數聲桑櫓水悠悠 수성상로수유유

雨催寒犢歸漁店③우최한독귀어점
波送輕鷗近客酒 파송경구근객주
孰謂書生多不偶 숙위서생다불우
每因王事④飽淸遊 매인왕사포청유

① 여구驪駒:흑색의 말. 이별할 때 부르는 노래.
② 섬섬閃閃:번쩍번쩍하는 모양.
③ 어점漁店:어부들이 쉴 수 있는 간이 휴게소.
④ 왕사王事:임금이 명령하는 일. 임금의 사업.

아미산의 많은 절 가운데 가장 규모가 큰 보국사報國寺라는 절을 먼저 찾았다. 산자락에 있는 이 절은 청나라 때인 1644년에 건립되었다고 한다. 보현전普賢殿에 모신 보현보살상이 퍽이나 인상적이다. 머리에는 화관을 쓰고, 오른발은 왼쪽 무릅 위에 포개고 왼손은 오른쪽 발 위에 얹고 오른손은 들고 있어 반가상이라 할 수 있는데, 금색이 곱고 상호相好가 단아하면서 아름답다. 흰색 코끼리를 타고 있다.

시내에서 지정된 대형 버스를 타야만 아미산에 오를 수 있다고 한다. 관광 버스나 개인 승용차를 이용할 수 없다는 것이다. 버스는 꽉 찬 만원 상태이다. 같이 앉은 옆 좌석 중국인이 아마도 학생 같아 어디서 왔느냐 물으니 성도에서 왔단다. 뭐하는 사람이냐 하니 성도전자과기대학成都電子科技大學의 대학생이란다. 여느 중국인들과는 달리 일행들이 대체로 말쑥하고 옷차림도 깨끗하다. 이를 보면 중국이 한 10년 사이에 경제뿐만 아니라 생활수준도 많이 향상되었구나 하는 생각이 든다.

꼬불꼬불한 도로를 한 15분 가량 오르고 나니 아주 큰 주차장에 도착한다. 주위는 산과 절벽으로 둘러싸여 있고, 가벼운 운무가 끼어 먼 산을 흐리게 한다. 하차하자 말자 잡상인들이 몰려와 안내 책자나 지도를 사라고 난리이다.

만년사萬年寺

이곳에서 삭도索道-케이블 카를 이용하여 만년사라는 절까지 오르게 된다. 케이블 카 하나에 6명이 타도록 되어 있다. 발 아래는 깊은 산중인데도 작은 촌락들이 여기저기 보인다. 산속이라 하나 시골 풍경 같다. 녹색의 산림 속에서 군데군데 도화桃花인지, 행화杏花인지 꽃을 피워 봄이 이 아미산에 이미 와 있음을 알리고 있다.

아미산에 올라

이백(당)

촉나라에 선산이 많다 하지만
아미산의 그 아득함 짝할 수 없네.
두루두루 구경하며 한번 올라 굽어보니
빼어나고 기괴함이 어찌 끝이 있으리오.

검푸른 봉우리 하늘 향해 열려 있고
오색이 뒤섞여 그림에서 나온 듯.
깨끗한 자색 안개 감상해 보니
금낭 속 비술을 얻은 듯하이.

구름 속에서 옥피리 불어도 보고
바위 위에서 보배 비파 타 보노라.
평생에 작은 소망 있었으니
웃고 즐김이 이만하면 족할지라.

안개가 얼굴을 감싸더니
세속 먼지 홀연히 사라지누나.
문득 양 탄 사람 만나게 되면
손 끌며 백일白日 위에 올라 보리라.

登峨眉山 등아미산

李白(唐)

蜀國多仙山 촉국다선산
峨眉邈難匹 아미막난필
周流試登覽 주류시등람
絶怪安可息 절괴안가식

青冥倚天開 청명의천개
彩錯疑畫出 채착의화출
泠然①紫霞賞 령연자하상
果得錦囊術② 과득금낭술

雲間吟瓊簫 운간음경소
石上弄寶瑟 석상롱보슬
平生有微尙 평생유미상
歡笑自此畢 환소자차필

煙容如在顔 연용여재안
塵累忽相失 진루홀상실
儻逢騎羊子③ 당봉기양자
携手凌白日 휴수능백일

---

① 령연泠然 : 깨끗한 모양.
② 금낭술錦囊術 : 신선이 될 수 있는 비법을 말한다. 서왕모西王母와 상원부인上元夫人이 전해 준 선경仙經-신선의 경전을 비단 주머니금낭에 넣어 두었다고 한다.
③ 기양자騎羊子 : 주나라 때 갈유葛由라는 이가 나무로 양羊을 깎아 팔았다. 한 번은 촉나라 왕후 귀족들을 따라 아미산에 올랐다가, 신선이 되어 양을 타고 하늘로 올라가 버렸다고 한다.
※ 이 시는 이백이 24살 때인 724년에 아미산의 만년사에 올라 지었다고 한다.

1020m 고지에 만년사가 자리잡고 있다. 아미산의 여러 사찰 중에서 가장 오래된 것이라 한다. 동진東晋 말년末年 즉 420년 경에 처음 지어 보현사라 하고, 당나라 때 백수사白水寺 로, 북송 때 백수보현사白水普賢寺로, 명나라 때 성수만년사聖壽萬年寺-간칭 만년사로 불리면서 지금에 이르렀다.

만년사는 뜰이 넓고 시야가 확 틔여 시원한 멋이 있다. 경내의 중심 건축물은 보현보살상을 모신 노란색 벽돌로 지은 본전이다. 이는 중국의 전통적 양식이 아닌 듯한데, 정사각형 구조물에 돔형 지붕은 언뜻 회교 사원처럼 보여 의아스럽다. 문을 달지 않는 아치형 입구 위에는 성수만년사라는 편액이 걸려 있다. 내부 천장은 돔형으로 되어 있고, 정 중앙에 청동보현보살상을 모시고 있다. 흰 코끼리 등 위에 연화좌대를 마련하고 그 위에 보현보살상이 화려한 화관을 머리에 이고 좌정하고 있다. 코끼리 네 발을 연꽃이 받치고 있다. 이 청동보현보살상은 북송 때인 980년에 주조되었다. 높이가 7.4m 이며 총 무게는 62톤이 된다고 한다. 국가급 보물로 지정받았다.

만년사에서 바라본 아미산

이 절 뜨락에서 바라보는 아미산은 기암괴석의 험준한 산은 아니고 숲이 울창하고 수려한 산이다. 아미산의 진면목은 고사하고 일면의 산세라도 한번 보려고 했지만 옅은 안개가 끼어 희미한 산의 능선만 보인다. 우리 일행의 아미산 일정은 여기까지이다. 해발 3099m의 거대한 산인 아미산을 1000여m 지점에서 보는 둥 마는 둥 유람을 마치고 하산한다니 못내 아쉽다.

아미산에 올라

이제현(고려)

푸른 구름 땅에서 피어 오르고
흰 해는 산 허리를 감도는구나.

登峨眉山등아미산

李齊賢(高麗)

蒼雲浮地面창운부지면
白日轉山腰백일전산요

삼라만상 무극으로 돌아가나니　　萬像歸無極[①]만상귀무극
먼 하늘만 한없이 적료하도다.　　長空自寂廖장공자적료

① 무극無極 : 끝이 없다. 우주의 근원.

※ 익제 이제현은 1316년에 아미산에 올랐다고 한다. 〈지영재 선생의 '서정록을 찾아서' 참고〉.

중국에서 관광객들이 많이 몰리는 유명한 산에는 응당 가마 인력꾼이 있다. 여기도 마찬가지다. 만년사에서 정류장까지 하산시켜 주는데 30元우리 돈 4500원 정도을 요구한다. 산길이 잘 다듬어진 돌 계단이기에 가마 운행이 가능한 것이다.

청음각清音閣

쉬엄쉬엄 한 시간 반 정도 내려오면 경관이 괜찮은 곳이 있다. 청음각이 있는 데이다. 원래 주위에 우심사牛心寺라는 절이 있었다고 한다. 바위 위에 세워진 육각 지붕의 작은 정자가 청음각이다. 바위 골 사이로 물이 세차게 흐르고 그 물소리가 맑아 청음각이란 이름이 붙은 모양이다. 습기가 가득한 이 지역은 그냥 숲이라기보다는 밀림이라고 하는 편이 좋겠다. 활엽수, 대나무, 삼나무, 편백 등 크고 작은 나무들이 빽빽이 우거져 있다.

연도에는 노점상들이 이어져 있는데, 산이 깊어서 그런지 주로 차와 버섯류, 약재, 나물, 비닐로 코팅한 나비 등을 많이 팔고 있다. 이곳 나비는 참으로 희귀한 것이라 생각되어 몇 개를 샀다. 책갈피용으로는 제격이다.

촉나라 스님 준濬이 거문고 타는 것을 듣다　　聽蜀僧濬彈琴청촉승준탄금

이백(당)　　李白(唐)

촉나라 스님이 거문고를 안고서　　蜀僧抱綠綺[①]촉승포록기
서쪽에서 아미산을 내려왔더라.　　西下峨眉峯서하아미봉
나를 위해 한번 손을 휘저으니　　爲我一揮手위아일휘수
골짜기에 솔바람이 이는 듯하네.　　如聽萬壑松[②]여청만학송

흐르는 물 나그네 마음 씻어내고 客心洗流水③객심세류수
남은 소리 종소리에 스며드누나. 餘響入霜鐘④여향입상종
푸른 산은 어느새 저물어 가니 不覺碧山暮불각벽산모
가을 구름 어둑어둑 그 몇 겹인가? 秋雲暗幾重추운암기중

① 녹기綠綺 : 한나라 때 사마상여司馬相如가 타던 거문고 이름. 사마상여는 촉나라 사람인데 거문고도 잘 탔다고 한다.
② 만학송萬壑松 : 수많은 골짜기의 소나무 소리. 거문고 소리를 비유한 것이다. 거문고 곡曲 이름에 풍입송風入松이란 것이 있다.
③ 유수流水 : 지음知音이란 고사가 있다. 춘추 시대 초나라에 거문고 잘 타는 백아伯牙와 감상을 잘하는 종자기鍾子其가 있었다. 백아가 높은 산을 생각하며 거문고를 타면은 종자기는 "우뚝우뚝하구나, 높은 산이여!" 라고 했고, 백아가 흐르는 물을 상상하며 거문고를 타면은 종자기는 "출렁출렁이구나, 흐르는 물이여!"라고 했다.
종자기가 음音의 곡조를 잘 안다知고 하여 지음知音이란 고사가 생겼다. 지음은 자기를 알아주는 친한 벗, 마음이 서로 통하는 친한 벗을 말한다. 종자기가 죽자 백아는 거문고를 부셔 버리고는 다시 타지 않았다고 한다.
④ 상종霜鍾 : 절의 종을 말한다. 가을에 서리가 내리면 종이 운다고 한다. 옛날 장수익張受益이란 사람이 가지고 있었던 거문고 이름이 상종이었다.
※ 이시는 753년 이백이 선성에서 노닐 때 촉나라 출신 스님이 거문고 타는 것을 듣고 찬미한 것이다.

주차장 가까이 평지에 이르자 계곡 물은 느린 하천이 되어 흐른다. 양쪽의 산봉우리는 높고, 군데군데 살구꽃인지 벚꽃인지 흰 꽃들이 안개처럼 피어 있다.

하천을 건너지르는 다리 하나가 놓여 있다. 양편에서 줄을 당겨 만든 현수교인데 큰 산을 배경으로 하여, 물 위에 걸쳐 있는 모습이 그림처럼 아름답다. 그윽하고 고즈넉한 아미산의 색다른 풍경이 아닐 수 없다.

제34장 강유江油

청련향青蓮鄕

이백의 고향이 있다는 강유江油는 사천성 성도에서 북으로 약 200㎞ 정도의 거리에 있다. 도중에 150㎞ 지점에 면양시綿陽市가 있는데 여기까지의 도로 사정은 거의 고속 도로 수준이지만 차량 통행은 그리 많지 않다. 이때가 2004년 8월 한여름이다. 도로 중앙에는 잔디 또는 꽃나무가 심어져 중앙 분리대 역할을 하고 있다. 주로 백일홍 나무를 많이 심어 놓았는데 더위에 지친 듯 처져 있다. 12시 10분에 승용차로 성도쌍류雙流국제비행장에서 출발하여 이백의 고향 청련향青蓮鄕에는 오후 2시 50분에 도착했다.

이백이 옛날 살았던 청련향의 농서원

한여름 한낮인지라 동네에는 인적이 드물고 매미 소리만 요란하다. 마을서 점심을 간단히 먹고 이백의 옛집을 물어 찾아간다. 대로변 입구에 이백고거李白故居란 표지가 있고 여기서 한 50여m의 석판 길을 걸으면 성문 같은 붉은 대문에 이른다. 문이 3개가 있는데 가운데 출입문 위에 농서원隴西院이란 현판이 세로로 음각되어 걸려 있다.

이백은 '여한형주서與韓荊州書'에서 자신을 농서포인隴西布人-농서 지방 출신의 벼슬 없는 사람이라고 했고, 당나라 이양빙李陽冰의 초당집서草堂集序에서도 이백을 농서 성기인隴西成紀人이라 했다. 이는 선조의 원적原籍이 농서이기 때문이다. 농서는 농산隴

山의 서쪽에 있기에 생긴 이름인데 지금의 감숙성甘肅省 임조현臨洮縣 남쪽 지역이다. 당나라 때 이씨 성이 13개 있었는데 농서 이씨를 제일로 쳤다. 당 태종의 본적도 농서 성기현이다.

농서원의 정확한 위치는 사천성 강유시 청련진青蓮鎭 천보산天寶山 산자락이다. 한때는 절이었던 적도 있었던 모양이다. 唐李先生彰明縣舊宅幷書당이선생창명현구택병서,994년에 의하면 "선생의 구택舊宅은 청련향에 있는데, 후에 현縣 북쪽 대천산戴天山에 가서 독서했다. 지금의 구택은 이미 부도자浮圖者-승려가 산다"고 했다. 또 송나라 때인 1099년에 나온 창명 현령 양천혜楊天惠의 창명일사彰明逸事 중에 "청련향의 고거유지故居遺址는 아직도 남아 있다. 폐하여 절이 되었는데 이름하여 농서원隴西院이다"라고 했다.

출입문 양쪽 돌기둥에는 다음과 같은 대련구가 새겨져 있다. 오른쪽에 "弟妹墓猶存 莫謂仙人空浪跡재매묘유존 막위선인공랑적-누이의 무덤이 아직도 여기에 있으니 선인의 자취가 허랑하다 말하지 마소" 왼편에는 "藝文志可考 由來此地是故居예문지가고 유래차지시고거-예문지의 고찰에 의하면 이곳은 이백이 옛날 살던 곳이라" 이 대련구는 누이의 무덤이 여기 있고 또 예문지에서도 밝혔으니 여기가 이백이 살던 곳이 틀림없다는 확신을 보이는 문구이다.

대문을 넘으면 바로 이백고거란 글씨가 새겨진 흰 담장이 가로막고 있다. 이를 돌아 들어 넓은 마당에 서서 왼편으로 보면 사당이 하나 있다. "垂輝千春수휘천춘-광채를 천년이나 드리우다"이란 편액을 걸었는데 노자 이이李耳와 비장군 이광李廣 그리고 당태종 이세민李世民의 3인의 상이 모셔져 있다. 이 세 사람은 이씨 중에 중국 역사상 가장 유명한 인물들이 아닌가? 또 이들은 모두 감숙성甘肅省 출신이기도 하다. 무위자연의 최고의 사상가 노자, 흉노족들이 이름만 들어도 벌벌 떨던 천하의 명궁 이광, 중국 역사상 최고의 명군 이세민, 이들은 같은 이씨이기에 이백의 가계를 이들과 연계시키려는 의도로 세 인물을 모시고 있는 것 같다.

중심 건물인 농봉당隴鳳堂에는 이백의 조상인 이신李信의 상이 안치되어 있다. 그리고 이백이 이곳에서 어린 시절을 보낼 때의 기억될 만한 기록들을 나무 판에 음각으로 새겨 벽에 죽 걸어 놓았다. 또 이백 세계世系를 크게 도표로 그려 붙여 놓았다. 시조始祖 이신은 전국 시대 진秦나라 대장군을 지냈던 인물이다.

이곳 안내인의 말에 따르면 이백의 아버지 이객李客은 서기 697년에 이곳 청련향에 들어와 살게 되었다고 한다. 이백이 701년생이기에 이곳에서 태어났다는 것이다. 그러면 곽말약과 같은 학자는 중앙아시아의 쇄엽碎葉에서 이백이 출생하여 5살에 이곳에 이주해 왔다고 주장하는데, 이는 어떤 연유이며 곽말약 같은 대학자의 학설을 무시하는 것이 되지 않느냐고 물으니, 곽말약이 한때 쇄엽 지역에서 관리 생활을 하였기에 이백 출생을 그쪽으로 연관지으려는 개인적 의도가 강했다고 말한다.

이곳에서 내가 구입한 이백여사천李白與四川-吳明賢지음-成都科技大學出版社 간행이란 책에서도 이백이 강유현江油縣 청련향青蓮鄉 출신이라고 적혀 있다. 대체로 이곳 강유 사람들은 그렇게 믿고 있는 모양이다.

이백의 할아버지는 이항李抗이며 태수太守를 지냈다고 한다. 아버지 이객李客은 이백과 그의 누이 이월원李月圓을 슬하에 두었고, 이백은 백금伯禽과 평양平陽 두 남매를 남겼다. 누나인 평양은 시집가서 일찍 죽었고 백금은 아들 하나와 딸 둘을 두었다. 아들은 집 나간 후 소식이 끊겼고 두 딸 중에 첫째는 진운陳雲에게, 둘째는 유권劉勸에게 시집갔고 그 이후는 알 길이 없는 것으로 되어 있다.

농봉당 앞에는 흰 대리석으로 조각된 청년 이백상이 서 있다. 이를 지나 옆문으로 나가면 산기슭에 이백의 누이 이월원의 묘소가 있다. 산을 등지고 앞은 트여 풍수적 입장에서 보더라도 아주 좋은 위치에 자리잡은 것 같다. 봉분의 밑부분은 화강석으로 둘렀고, 무덤 위에는 잔 대나무, 백일홍, 장미, 토끼풀 등이 자욱이 덮여 있다. 어디 가까이서 새 우는 소리가 들려온다.

천보산 기슭에 있는 이월원의 무덤

이월원 역시 시재가 뛰어났다는데, 어느 날 시구 하나를 얻어 오빠더러 대구를 채워 보라 했으나 이백이 이루지 못했다는 이야기가 전한다. 이월원은 출가하지 않았으며 젊은 나이 15,6세에 요절했다고 한다.

이월원의 묘가 이렇게 좋은 위치에 자리하고 있는 것은 이백의 아버지가 그만큼 부유했기에 가능하리라는 생각이 들고 이 지역이 그의 소유가 아니었겠나 하는 추측도 해 본다.

월원의 묘 옆 천보산天寶山 기슭에는 태백비림太白碑林이라 하여 이백의 시를 새긴 비석들을 여기저기 세우고서 이백 기념 공원처럼 조성해 놓았다. 주로 비석은 오석烏石인데 사각 기둥, 원형 기둥, 돌 병풍 등 다양한 형태의 비석을 곳곳에 세워 놓았다. 또 원형의 마당에 이백 시를 새긴 바위를 부채살처럼 눕혀 놓기도 하였으니 이는 엄청난 정성을 쏟은 것이다. 방치되어 있었던 안륙安陸의 태백루와는 판이한 것이다. 그러나 한편으로는 이백의 시를 이용한 서체의 자랑에 지나지 않는다는 생각도 들고 괜한 허영이 아닌가 싶다. 그의 시는 수많은 책에 적혀 있고 암송되어 인구에 회자하는데 굳이 돌에 새겨 후대에 남겨야 할 이유가 없는 것이다. 하여튼 이백의 명성을 이용해서 이 지방의 위상을 높이려는 노력이라고 좋게 생각하고 싶다.

나지막한 천보산 봉우리에 멋진 정자까지 세워 놓았으나 자연스러운 아취는 풍기지 않는 듯하다.

대천산 도사를 방문했으나 만나지 못하다.	訪戴天山①道士不遇방대천산도사불우
이백(당)	李白(唐)
개 짖는 소리가 물 소리 가운데 들리고	犬吠水聲中견폐수성중
복사꽃은 비를 머금어 더욱 짙구나.	桃花帶雨濃도화대우농
수목이 깊어 가끔 사슴이 보이고	樹深時見鹿수심시견록
계곡에는 한낮에 종소리조차 들리지 않네.	溪午不聞鐘계오불문종
들판에 대나무가 푸른 놀을 가르고	野竹分青靄야죽분청애
나는 샘 줄기는 푸른 봉우리에 걸렸도다.	飛泉掛碧鋒비천괘벽봉

도사 간 곳을 모르겠으니　　　　　　　　無人知所去무인지소거
쓸쓸히 두어 그루 소나무에 비겨 섰노라.　　　愁倚兩三松수의양삼송

① 대천산戴天山 : 대광산大匡山이라고도 한다. 이백이 어린 시절 독서하던 곳이다.

이백의 부모의 무덤은 없다고 한다. 그들은 안록산의 난 이후 전쟁 통에 거의 동시에 죽지 않았겠느냐는 추측이 나온다. 왜냐하면 한 사람이 살아 있었다면 상대방의 장례를 치러 주어 무덤을 남겼을 것이기 때문이다. 어쨌든 그들의 주검을 거둬 줄 후손이 없었기에 묘소는 없다는 것이다. 안내인 이야기로는 이백의 어머니는 토궐족土闕族-터키계 민족이라고 한다.

농서원으로 다시 돌아와 책 몇 권을 사서는 농서원의 안내원을 대동하고 태화산太華山 산자락에 있는 분죽루粉竹樓를 찾았다. 이는 이백의 누이 이월원이 그의 친구 장월아張月娥와 함께 거주하던 곳이다. 대로변 가까이에 있어 찾기가 쉽다. 농서원과 거의 비슷한 모습을 갖춘 대문이 보이는데 색칠이나 형태가 유사하나 규모는 작고 아담하다. 작은 다리를 건너 입구를 지나면 바로 아리따운 흰 대리석 석상이 대나무들을 배경으로 서 있다. 이월원의 상이다. 예쁘기도 하지만 영리한 표정이다. 대나무를 자세히 보면 줄기 표면에 분粉가루를 뿌린 듯한데 그래서 분죽粉竹이며 누각도 분죽루인 것이다. 이백의 누이 월원이 그의 친구 장월아와 함께 화장을 하거나 화장을 씻을 때 분가루가 대나무에 튀어서 그렇게 되었다고 한다.

분죽루

농서원과는 달리 분죽루 내부에는 볼 만한 것이 별로 없고 다만 월원이 대숲에서 거문고 타는 시녀와 함께 시를 읊조리는 내용의 큰 그림이 중앙에 부착되어 있다. 나머지 양벽에 걸려 있는 것들은 조잡하다.

2층 누대에 오르려 했으나 문은 잠겨 있고 계단에는 먼지만 쌓여 있다. 찾는 이들이 별로 없는지 안내인도 보이지 않고 관리도 소홀한 것 같다. 현재의 분죽루는 청나라 때인 1837년에 중건된 것이다.

이 분죽루에서 다시 큰 길로 나와 건너 마을의 골목길로 들어가면 청련진초중학교가 있다. 이 학교 안에 이백의 의관묘衣冠墓와 이백을 제사지내던 명현사名賢寺가 있다고 한다. 지금은 여름 방학이라 학교를 폐쇄해 버렸으니 들어가 구경할 수가 없고, 철창 너머로 내부를 들여다보며 기웃거리다가 골목길을 빠져 나왔다. 매미소리만 요란하다.

이백의 의관묘는 두 군데가 있다. 하나는 안휘성의 당도當涂에 있는 취라산翠螺山 정상에 있고 또 하나는 이곳 청련향에 있다. 이백이 725년에 고향을 떠나 762년 당도에서 죽어 용산龍山에 묻혔다. 이때에 이백의 고향 사람들은 그를 추모하여 이곳에 그의 옷가지와 책을 묻고 의관묘를 만든 것이다.

청나라 때인 1870년에 이곳 현령이 이백 의관묘를 개수할 때 이백의 시집과 당나라 때의 의복이 나왔다고 창명현지彰明縣志에 전한다. 또 이 의관묘 옆에는 한 개의 기이한 돌이 있었다는데 이는 하늘의 별운석이 이 마을에 떨어졌을 때 이백의 혼백이 고향으로 돌아온 것이라고 말들 했다고 전한다.

다시 농서원에서 그리 멀지 않은 곳에 있는 개울을 찾아갔다. 맑은 물에 아낙네 서너 명이 다리 근처에서 파를 씻고 있다. 이 개울 이름은 마침계磨針溪이다. 이백이 어렸을 적, 공부를 등한시했을 때 우연히 이 개울에서 쇠망치를 돌에 갈고 있는 촌부村夫를 보고 분발하여 학업을 성취했다는 전설이 서린 곳이다. 물은 깨끗하고 물가에는 나무들이 제법 무성하게 그늘져 있으니 채소도 씻고 물도 길어 가는 모양이다.

농서원에서 가까운 마침계라는 개울

아치형 돌다리가 하나 놓여 있는데 계지교啓知橋라 새겨져 있다. 이백을 깨우쳐 준 곳의 다리란 뜻일 것이다. 실제로 이백의 집안은 부유하여 글 공부의 여건은 충분했으리라고 본다. 그는 어려서 부모가 시키는 대로 사마상여司馬相如의 자허부子虛賦-상상의 인물 3인이 나와 사냥의 즐거움을 묘사한 글를 암송했고 또 그를 몹시 흠모했다고 한다. 5살에 이미 육갑을 외웠으며 10살 때 제자백가를 독파했다고 한다. 또 15살에는 기이한 책을 많이 읽었고, 사마상여보다 부賦를 더 잘 지었다고 자부했다. 이러니 그의 각고면려한 학업에는 마부위침磨斧爲針-도끼를 갈아 바늘을 만들다과 같은 이러한 전설이 따를 수도 있겠다는 생각이 든다. 이곳이 바로 그 현장이라니 감개가 일어나지 않을 수 없다.

강유시의 이백 고리李白 故里

청련향에서 한 10㎞정도 떨어진 곳에 강유시가 있다. 대체로 깨끗한 인상을 주는 작은 도시인데 이백기념관이 있어 유명한 곳이다. 출입문에는 검은 바탕에 금 글씨로 李白記念館이백기념관이란 현판이 걸려 있는데 곽말약이 쓴 것이다. 또 입구 양편에는 "古今尊國士고금존국사中外仰詩仙중외앙시선" 이란 대련구가 푸른 글씨로 쓰여 있다. "예나 지금이나 국사를 존중하고, 국내나 국외에서도 시선을 추앙한다"는 뜻이다. 그리고 李白硏究學會이백연구학회란 편액도 기둥에 걸려 있다. 여기가 이백 연구의 중심인 모양이다.

이백고리李白故里라고 크게 새겨진 담장을 돌아들면 이곳의 중심 건물인 태백당太白堂이 있다. 안에는 이백의 비스듬히 앉아 있는 동상이 안치되어 있다. 오른손에는 두루마리 종이를 쥐고 있으며 왼쪽 허리춤에는 칼을 차고 머리는 곧추 세우고 있는데, 이는 창살이 아름다운 유리창을 배경으로 하고 있어 은은한 멋을 풍기고 있다. 관리가 잘 되고 있는 듯, 내부도 청결하고 정숙하다.

이백의 그림이나 상을 보면 어김없이 칼을 차고 있음을 볼 수 있다. 이는 천하를 떠돌 때 신변 보호를 위해서도 필요했으리라는 생각이 든다. 실지 그는 16살에 검술을 잘했다는 기록이 남아 있고, 사람을 벤 적이 있다고 했다. 검무에도 능하여 울분이 찰 때에는 술을 마시고 칼춤을 추며 해소했다는 것이다.

뒤에 있는 태백서옥太白書屋이라는 건물 안에는 이백과 관련된 명산名山의 사진들이 전시되어 있다.

제일 뒤편에 있는 마지막 누각에 이르면 갑자기 큰 시내를 만난다. 여름철이라 그런지 수량이 풍부하다. 그러나 흙탕물이다. 난간에서 손을 뻗으면 손을 담글 정도인데 나름대로 운치가 있다. 강폭도 제법 넓고 가까이에 옛날 수리水利 시설 즉 사의패簑衣垻-도롱이 둑가 남아 있어 얕으나마 가로로 긴 폭포를 이루었다. 그 수면 너머로 아련한 산 그림자가 병풍처럼 보인다. 이 산이 두천산竇圌山이다.

두천산을 노래하다 — 題竇圌山①제두천산

이백(당) — 李白(唐)

나무꾼과 밭 가는 이 — 樵夫與耕者초부여경자
그림 병풍 속에 드나들도다. — 出入畫屛中출입화병중

① 두천산竇圌山 : 강유현에 있다. 사천통지四川通志에는 "양봉우리가 하늘을 찌른다. 당나라 주부主簿 두천竇圌이 은거했기에 이 이름을 얻었다"라고 했다.

돌아나오는 길에 특별히 눈에 띄는 것은 도리원桃李園과 귀래각歸來閣이다.

도리원이란 명칭은 이백의 춘야연도리원서春夜宴桃李園序에서 따온 것일 것이다. 고문진보古文眞寶에서는 춘야연도리원서로 되어 있고, 이태백전집중화서국 출판에는 이것이 춘야연종제도화원서春夜宴從弟桃花園序로 되어 있다. 도리원은 이백 연구회 회관으로 쓰이고 있다.

귀래각은 3층 누각이다. 이백을 그리는 두보의 시 '불견不見-545쪽 참고'에는 '頭白好歸來두백호귀래'라는 시구가 있는데 이를 인용하여 지은 이름일 것이다. 늙어서도 고향에 고이 돌아오기를 바라는 두보의 간절한 마음을 읽을 일이다.

제35장 돈황敦煌

자야오가

李白(唐)

장안에 한 조각의 달
집집마다 다듬이 소리.
가을 바람은 불어 그치지 않는데
이 모든 것이 옥관의 정이라.
어느 날에 오랑캐를 평정하고서
님은 원정에서 돌아오려나.

子夜吳歌자야오가

李白(唐)

長安一片月장안일편월
萬戶擣依聲만호도의성
秋風吹不盡추풍취부진
總是玉關①情총시옥관정
何日平胡虜하일평호로
良人罷遠征양인파원정

① 옥관玉關 : 옥문관.

친구를 안서安西로 보내며

왕유(당)

위성의 아침 비 가볍게 먼지 적시니
여관집 버드나무 푸르고 새롭구나.
그대에게 다시 한번 한잔 술 권하노라,
서쪽 양관으로 나서면 친구도 없을 터이니.

送元二①使安西송원이사안서

王維(唐)

渭城②朝雨浥輕塵위성조우읍경진
客舍靑靑有色新객사청청유색신
勸君更進一杯酒권군경진일배주
西出陽關③無故人서출양관무고인

① 원이元二 : 원씨 형제 중 둘째.
② 위성渭城 : 서안시 서북쪽에, 함양의 동쪽에 있었으며 여기에 위성관渭城館이란 역관이 있었다.
③ 양관陽關 : 돈황에서 서남쪽으로 70km 떨어져 있는 군사적 변방 요새.

이제 옥문관玉門關과 양관陽關에 가기 위해서 돈황을 향해 크게 한번 날아 보자.

이곳 함양국제비행기장은 당나라 때의 위성과 가까운 곳이다. 돈황으로 가는 비행기는 32인승 경비행기이다. 하루에 한 차례 왕복 비행하고 있다는데 좌석은 만원이다. 아마도 설이 가깝기 때문일 것이다. 오전 9시 15분에 비행기가 이륙하여 10시 30분경에 감숙성 성정부가 있는 난주蘭州에 도착했다. 중간 기착지이다. 20여 분 걸려 승객을 갈아 태우더니 다시 이륙한다. 비행기 창문을 통해 보이는 풍경은 눈 내린 대사막이다. 왼편으로 설원 끝, 하늘과 맞닿은 곳에 기련祁連산맥이 비행기 항로와 나란히 뻗어 있다.

12시 50분에 돈황공항에 도착했다. 3시간 35분 정도 걸렸다. 이는 서울서 서안까지의 거리나 시간만큼 된다. 비행기에서 내리니 의외로 햇빛이 강렬하여 큰 추위를 느끼지 않는다. 엄청나게 추울 것이라고 겁을 잔뜩 먹고 왔는데 다행이다. 바람만 크게 불지 않는다면 견딜 만하다는 생각이 든다. 가이드에게 기온을 물어 보니 영하 7~8℃ 안팎이라 한다. 이때가 2006년 1월이다.

막고굴莫高窟

돈황 공항에서 바로 막고굴로 향했다. 승용차로 시속 100㎞ 정도로, 거의 직선 거리를 달려 한 15분만에 도착할 수 있었다. 그 사이 차 한 대를 만나지 못했다. 눈 덮인 사막 평원에는 돌 무덤들과 말라 버린 낙타풀들이 이따금씩 보일 뿐이다. 낙타풀은 작은 가시가 돋아 있어 수분 증발을 줄이는 모양인데 낙타가 아니면 감히 다른 동물들은 먹을 엄두를 낼 수 없다는 것이다. 이래서 낙타풀이라 불리는가 보다. 더욱이 땅속 깊은 곳의 물을 찾기 위함인지 뿌리의 길이가 5~6m나 된다고 한다.

눈 오는 날 경성으로 돌아가는 무판관을 노래하여 전송하며

잠삼(당)

북풍이 땅을 쓸어 마른 풀 꺾이고
오랑캐 땅 팔월이면 눈이 날린다.
문득 밤 사이 봄바람이 불어와
온갖 나무마다 배꽃이 피었구나.

어지러이 주렴 안에 날아들어 장막을 적시는데
털옷마저 추운데다 비단 이불 얇기만 해라.
장군의 뿔 활은 당겨지지 않고
도호의 갑옷도 차가워 입기 어렵도다.

대사막에 백장의 얼음 어지러이 널렸고
쓸쓸히 구름은 만리에 엉겨 있네.
사령부에 술상 차려 돌아가는 손에게 권하는데
호금과 비파 소리 오랑캐 피리와 어울렸다.

저녁 눈이 군문에 분분히 내리고
바람이 때려도 깃발은 얼어 날리지 않는다.
윤대의 동문에서 그대를 보내는데
떠날 즈음 흰눈이 천산 길에 가득하네.

산 돌고 길 꺾여 그대는 뵈지 않고
눈 위에 공연히 말 발자국만 남았도다.

白雪歌送武判①官歸京

백설가송무판관귀경

岑參(唐)

北風卷地白草折 북풍권지백초절
胡天八月卽飛雪 호천팔월즉비설
忽如一夜春風來 홀여일야춘풍래
千樹萬樹梨花開 천수만수이화개

散入珠簾濕羅幕 산입주렴습라막
狐裘不暖錦衾薄 호구불난금금박
將軍角弓不得控 장군각궁부득공
都護鐵衣冷難著 도호철의랭난착

瀚海②闌干③百丈氷 한해난간백장빙
愁雲慘憺萬里凝 수운참담만리응
中軍置酒飮歸客 중군치주음귀객
胡琴琵琶與羌笛 호금비파여강적

紛紛暮雪下轅門 분분모설하원문
風掣紅旗凍不翻 풍체홍기동불번
輪臺④東門送君去 륜대동문송군거
去時雪滿天山路 거시설만천산로

山回路轉不見君 산회로전불견군
雪上空留馬行處 설상공류마행처

---

① 무판관武判官 : 무는 성이고 판관은 절도사 막부에서 공문서 작성을 담당한 관리이다.
② 한해瀚海 : 대사막.
③ 난간闌干 : 이리저리 뒤섞여 있다. 어지럽게 널려 있다.
④ 윤대輪臺 : 서역의 변방 요새. 지금은 신강新疆위구르자치구 미천현米泉縣에 있다.

막고굴은 삼위산三危山과 명사산鳴沙山 중간에 자리잡고 있다. 불교 승려 낙준樂僔이 전진前秦 시대에 처음서기 366년 만들기 시작하여 천여 년의 세월 동안 여러 왕조를 거치면서 이루어진 것이다. 492개의 동굴이 있으며 벽화의 연 면적이 45,000㎡나 된다. 그리고 채색 불상 24,000여 개가 모셔져 있다.

이 황량하고 삭막한 사막이 끝나는가 싶더니 마른 나무 숲이 우거진 곳이 보인다. 돈황연구원이 있는 데다. 사막이라도 이런 곳에 숲이 있다니 놀랍다. 매표소에 도착하여 차에서 내리니 추위가 몹시 심하다. 가방과 사진기를 맡기고 들어가야 하고 같이 온 가이드는 동행할 수 없다고 한다. 오직 이 곳에서 지정해 주는 가이드가 다시 안내하게 된다. 이 엄동설한에 단 한 명의 관광객도 없는 가운데 한국말 하는 가이드가 있어 정말 다행이다. 가이드는 중국 한족인데 동북 지방 대련大連에서 한국어를 배워 방학 동안 아르바이트로 일하고 있단다. 그의 말은 반밖에 알아들을 수가 없었는데 그도 미안해 하였다.

막고굴에 접근하기 위해서는 대천하大泉河라는 개천을 건너야 한다. 다리 아래 물은 얼어 있다. 이 물줄기 양편으로 삼위산과 명사산이 솟아 있다. 대천하에 접한 명사산의 절벽에 3단 또는 4단으로 석굴을 파서, 그 안에 불상을 모시고 천장과 벽에도 빈틈없이 벽화를 그려 놓은 것이 막고굴이다.

막고굴

명사산이 대천하 서편에 있으므로 모든 석굴은 동향이다. 암질은 역암礫岩-자갈과 모래가 혼합되어 다져진 지질층이며 절벽의 길이는 1860m이다. 석굴 속의 불상이 돌부처가 아니고 소상塑像인 것은 암질이 역암이기에 조각하기가 불가능했기 때문이다. 중국에는 3대 석굴이 있는데 돈황의 막고굴과 대동大同의 운강雲崗석굴과 낙양의 용문龍門석굴이 그것이다. 돈황의 불상만 진흙으로 만든 소상이고 나머지는 암벽에 새긴 석상이다.

막고굴은 누가 만들었는가? 처음 불교승낙준에 의해 만들어졌지만 점차 지방의 호족이나 소수 민족의 왕족의 주도에 의해 차츰 확충되어 가다가 수, 당 시대에 가장 많이 제작되었다.

왜 막고굴이라고 했는가? 처음에는 사막보다 더 높은 곳이라는 뜻으로 漠高窟이라 했는데 漠자가 莫으로 변하여 버린 것이다. 고어에서는 漠자와 莫자는 서로 통했다고 한다. 그리고 또 고대 돈황 지명 중에 漠高鄕막고향이 있어 명사산을 막고산으로 불렀다. 그래서 막고굴은 막고산에서 그 유래를 찾을 수 있다는 것이다.

왜 천불동千佛洞이라고도 불리는가? 벽화 중에 천 개의 불상을 그린 동굴이 두어 개 있어 그런 별칭이 붙은 것이다.

가이드가 손전등을 들고 손이 시려 호호 불면서 안내해 주고 설명해 준 동굴은 9개이다. 전부 492개의 동굴 중에 개방된 것이 30개인데 일반 관광객들에게는 대개 10개가 고작이다. 내가 본 것은 다음과 같다.

① 16, 17 동굴

16동굴에 들어서면 전실前室이 있는데 이 전실의 북편 중간에 조그마한 방이 있다. 이 방이 그 유명한 17굴 장경동藏經洞인 것이다. 안에는 하서河西 지역의 고승 홍변洪辯의 상이 안치되어 있다. 원래 이 굴은 밀봉되어 있다가 1900년에 발견되었다. 이 안에서 5만여 권의 경문經文 등 진귀한 자료가 보관되었기에 장경동으로 불린다.

가부좌를 틀고 있는 홍변의 상은 만당晩唐 때의 작품인데 당나라 고승의 기질과 풍모가 1100년이 지난 지금에도 그대로 드러나는 고귀한 채색 소상이다. 상의 높이는 0.94m이다. 소상 뒤의 벽에는 보리수나무 두 그루가 그려져 있는데 나뭇가지에 물통과 바랑자루 모양의 가방이 각각 걸려 있다. 요즘의 것과 별 다를 바가 없어 흥미를 끈다.

16호 굴 내부에는 삼존불이 안치되어 있고 4면 벽에는 수많은 보살들의 그림이 무늬처럼 그려져 있다. 거의 대부분이 눈알이 파여 있는데 이는 이슬람 신앙의 러시아 군인이 그렇게 훼손시킨 것이라 한다. 천정의 중심에는 봉황이 그려져 있고 이를 용이 에워싸고 있는데 이는 서하西夏 시대에 그려진 것이다. 서하왕조 시대에는 남자용보다 여성봉황을 더 존중했기 때문이란다. 바닥은 연꽃 무늬의 벽돌로 짜맞춰 놓았는데 이는 당나라 때의 것이다. 참고로 서하西夏는 1032년에서 1227년까지 감숙성에 존속한 탕구트 국가이다. 탕구트족은 티베트계 유목 민족이다. 983년 송으로부터 독립하여 1028년에 감숙 일대를 평정하고 1032년에 서하라는 나라를 세웠다.

이 16, 17 동굴을 보고 난 뒤, 별도로 만들어 놓은 진열관에 들렀다. 장경동 발굴 당시의 사진 및 보물 유출자들에 대한 정보 등이 소개되고 있다. 미국의 워너, 영국의 스타인, 프랑스의 페리오, 독일의 루콕크, 일본의 대곡광서大谷光瑞 등이 그들이다. 스타인이나 페리오가 엄청난 문물을 빼 갈 수 있었던 것도 그때까지 그 많은 문물이 17굴에 잘 보관되었기에 가능한 일이다.

이 장경동이 수백 년 간 폐쇄되어 있다가 어떻게 발견되었는가? 1백여 년 전만 해도 16동굴의 통로는 퇴적된 모래로 인해 막혀, 거의 천정까지 닿아 있었다. 숫한 세월과 바람의 힘 때문이다. 이곳의 주지主持로 자처하던 왕도사王道士가 일꾼 몇을 데리고 제거 작업을 했다. 도중에 벽에 틈이 생기고 금이 간 것을 보고, 벽을 두드려 보니 빈 공간이 있다는 것을 알았다. 벽을 제거하고 나니 흙 벽돌로 막은 문이 노출되었다. 왕도사는 이 안에 금은 보화가 숨겨진 줄 알고 벽돌 문을 헐고 보니 그 빈 방에는 각종의 사본과 인쇄본, 탁본, 경서, 문서, 장부, 비단 책, 회화, 비단, 동상, 법기 등 5만여 점에 달하는 물건들이 가득했다는 것이다.

그러면 장경동에 이 많은 문서를 숨기고 난 뒤 밀폐한 원인은 무엇인가? 지금까지의 연구에 의하면 대개 4가지로 압축된다. 전란을 피하기 위해서인 피란설, 버려서 한군데 모아 놓았다는 폐기설, 서고를 만들기 위해 보관해 두었다는 서고 개조설, 부처의 공양물이었다는 불교 공양물설 등이 그것이다. 나는 피란설에 무게를 두고 싶다. 남이 모르게 밀봉하였기 때문이다. 폐쇄시킨 시기는 현재 학설로는 1002~1014년으로 보고 있다.

장경동을 발견한 왕도사는 누구인가? 그는 호북성 마성麻城 사람이라는데 본명은 원록圓祿이다. 대략 1850년경에 태어나 1931년까지 생존한 인물이다. 한 80여 세까지 산 모양이다. 원래 가난한 농민 출신으로 신체는 왜소하였다고 전해진다. 숙주肅州지방에서 병졸 생활을 하다가 도사道士의 수계를 받아 도사가 되었다. 도명道名은 법진法眞으로 알려져 있다. 유랑 생활을 하다가 급기야 1897년경에 돈황의 막고굴에 들어와 막고굴을 관리하며 주지로 자처했던 것이다.

막고굴에 번호는 누가 붙였는가? 처음 붙인 자는 페리오였고 그 뒤 중국의 고고학자들이 다시 붙이기도 했다. 북쪽의 맨 밑에서부터 순서대로 붙여 오다가 남쪽에 이르면 다시 2층 굴로 되돌아 가는 식으로 번호를 붙인 것이다.

스타인1862~1943과 페리오1878~1945는 어떻게 왕도사를 회유하여 문물을 빼돌렸는가? 왕도사는 스타인이 당나라 고승 현장법사를 숭모한다는 정성에 감명을 받아 마음을 열기 시작했다. 큰 액수의 돈을 기부할 것을 약속하고, 그의 명성에 절대 손상을 주지 않을 것이라는 스타인의 다짐과 배려에 왕도사의 마음이 움직였다. 페리오도 현장법사의 대당서역기大唐西域記를 가지고 다니면서 왕도사를 설득하였고 그것이 크게 효과가 있었다. 페리오는 스타인이 남겨 놓은 15,000여 점을 20일간 일일이 점검하고는 그 중 5,000점을 선별하여 반출해 갔다. 스타인보다 늦기는 해도 그는 중국학에 능통하고 조예가 깊었기에 더 귀중한 문화재를 빼내어 갔다.

중국인들의 입장에서 볼 때 스타인이나 페리오의 행위는 도둑이나 강도에 지나지 않는다. 그러나 중국이 20C 초에 정치적 혼란과 내란을 겪으면서 그 문물을 그대로 방치해 두었더라면 과연 얼마나 잘 보존되어 남아 있을 수 있었겠는가? 중국의 문화재가 중국 땅에 존재해야 한다는 것은 지극히 당연하다지만, 역사의 흐름으로 볼 때 그유출자들 한 개인의 잘잘못으로만 따진다는 것도 어려운 일이다.

가이드를 맡은 중국인은 혜초慧超의 왕오천축국전往五天竺國傳을 발굴한 사람은 스타인이라고 한다. 그가 아니고 펠리오라고 해도 우기는데 어쩔 수 없는 노릇이다. 펠리오는 1908년 3월에 제목과 저자 명이 떨어져 나간 두루마리 하나를 발견했다. 227행에 1행이 30자 내외로 총 6,000여 자이며, 가로가 42㎝, 세로가 28.5㎝인 종이 9장을 이어 붙인 책자인데 총 길이 358㎝인 것이었다.

펠리오가 이 서적이 왕오천축국전 필사본임을 밝혀내었다. 그로부터 7년 후 1915년에 일본 학자 다카쿠스 준지로는 혜초가 신라 사람임을 알아내었다. "일남日南에는 기러기마저 없으니 누가 소식 전하러 계림鷄林으로 날아가리"라는 시구가 있었기 때문이었다. 계림은 신라의 또 다른 이름이다.

나그네의 시름	旅愁려수
혜초(신라)	慧超(新羅)
달 밝은 밤 고향 길 바라보니	月夜瞻鄕路월야첨향로
뜬 구름만 표표히 돌아가누나.	浮雲飄飄歸부운표표귀
글을 봉해 구름 편에 보내려 하니	緘書參去便함서참거편
바람 빨라 돌아서 들으려 않네.	風急不聽廻풍급불청회
고국은 하늘 끝 북쪽에 있고	我國天岸北아국천안북
타국은 땅 끝 서쪽에 있음이라.	他邦地角西타방지각서
해 뜨거운 남국엔 기러기 없어	日南無有雁일남무유안
누가 소식 전하러 계림으로 날아갈까?	誰爲向林①飛수위향림비

① 임林 : 계림鷄林 즉 신라를 가리킨다.

작가소개 혜초(704~787) : 성덕왕 3년 신라에서 태어났고 719년 16세에 당에 들어갔다. 중국 남쪽 광주廣州에서 인도 출신인 밀교 승려 금강지金剛智의 문화생이 된다. 723년에 금강지의 권유로 배를 타고 인도에 들어가 4년 동안 구법 여행을 한다. 이어 육로로 카슈미르와 아프카니스탄, 중앙 아시아 일대까지 약 8년 동안 답사하고 장안으로 돌아왔다. 이 여행에서의 견문을 기록한 것이 왕오천축국전이다. 천축은 인도를 말한다. 이 서적은 법현의 '불국기'나 현장의 '대당서역기'에 비해 서술은 간략하지만 사료적 가치는 뒤지지 않는다.

혜초는 733년부터 장안의 천복사薦福寺에서 밀교 경전을 연구한다. 780년에 오대산五台山 건원보리사乾元菩提寺에 들어가서는 입적할 때까지 밀교 연구에 전념하였다. 그는 787년에 입적했다. 향년 84세였다.

가이드한족의 자질에 문제가 많다. 한국어가 서툴기도 하지만왕오천축국전 건도 그렇고 이 천불동에 일본 관광객이 오지 않는다고 한다. 오타니가 17동굴 보물을 도둑질해 갔기 때문이라고 한다. 그러나 호텔의 안내문에는 으레 일본어가 병기倂記되어 있는 것을 보면 한족 가이드의 이야기는 잘못되었음을 알 수 있다. 점차 알게 되었지만 그 어느 외국인보다도 일본인이 많이 찾는 곳이 돈황이다.

② 328동굴

중앙에 석가모니불이 좌정하고 있고 좌우에는 그의 제자 아난과 가섭의 상이 시립해 있다. 특히나 석가모니불의 자태는 균형미나 조형미에 있어서 완벽하거니와 비단 가사를 걸치고 있는 것이 매우 정교하여 마치 살아 있는 사람에게 입혀 놓은 듯하다.

두 관음보살은 마주 대하여 의자에 앉아 있고 네 기基의 공양보살은 한쪽 무릎을 꿇고 있는 자세이다. 그 중 두 보살은 통통하고 풍만한 체격을 갖추고 있으며 잘록한 허리와 볼록한 아랫배는 아릿다운 당나라 여인의 모습이다. 더군다나 요즘 현대에 유행하고 있는 배꼽 티셔츠의 모습을 연상하게까지 하여 더없이 관능적이다.

이 굴에 들어와 보면서 느끼는 것은 우리 나라의 경주 석굴암이 이런 데서 영향을 크게 받았으리라는 점이다. 석굴암은 돌로 만들었고 이곳의 것은 나무 틀에 진흙을 붙여 빚고서 채색까지 하였다는 점이 다를 뿐이다.

채색에 검은 색이 많은 이유를 물으니 광물질의 염료가 변해서 그렇다고 한다. 이 동굴에는 내벽이 두 겹으로 이루어져 있는데, 안에 것은 당나라 때의 것이고 그 위에 덧칠한 것은 서하西夏 시대의 것이란다.

③ 427동굴

중심에는 3세불 즉 과거불, 현재불, 미래불이 안치되어 있다. 온 사방 벽면에는 화려한 비천상이 그려져 있는데 108개나 된다고 한다. 황금색으로 칠한 표면은 긁혀 있는데 러시아 군인들의 짓이라고 한다. 수나라 시대의 동굴이다.

④ 257동굴

북위 시대 석굴인데 1500여 년 된 것이다. 모셔진 미륵불은 러시아 군인들의 파괴로 나무 골격이 다 드러나 보인다. 남쪽을 향한 벽면 감실에는 미륵보살 반가 사유상이 안치되어 있다. 우리나라 국보 78호와 83호의 원형을 이곳에서 보는 것이다. 미륵불은 미륵보살의 후신으로 나타나 중생을 구제한다는 미래의 부처인데 미륵보살이 56억 7천만 년 후에 미륵불로 나타난다.

천정에는 초기 시대의 비천상이 그려져 있는데 날렵하게도 허리가 꺾인 V자형 모양을 하고서 하늘로 오르는 모습이다. 초기 비천상은 남성이었다고 한다. 그리고 벽에는 '사슴과 국왕'이라는, 부처님과 관련된 불교 이야기가 그림으로 묘사되어 있다. 사슴이나 말이 고운 필치로 그려져 있고 몸을 싸고 도는 천은 가벼워 정녕 공중에 나는 듯하다.

⑤ 237동굴

관음보살과 문수보살 그리고 보현보살을 모신 곳이다. 중국의 고대 악기가 그려져 있으며 여러 사신들의 행렬도에 신라 왕자의 모습도 보여 관심을 끄는 곳이다. 신라 왕자는 머리에 깃털을 꽂고 있어 금방 구별이 된다.

관음보살은 중생이 괴로울 때 그의 이름을 외면 대자대비를 내리고 해탈하게 해 준다는 보살이다. 문수보살은 석가여래의 왼편에 있으면서 지혜를 맡은 보살이다. 보현보살은 석가여래 오른편에 있으면서 이지와 깨달음의 덕을 갖추고 석가의 포교를 돕는 보살이다.

⑥ 96동굴

돈황 석굴 중에서 가장 큰 불상이고, 중국에서 3번째로 큰 대불이 모셔져 있는 굴이다. 불상의 높이는 35.5m이다. 이는 미륵불상인데 당나라 무측천 시대인 695년에 완성되었다. 황실의 큰 지원을 받아 만들어졌을 것이라는 생각이 든다. 배에 두른 띠가 화려하고 가사 자락에 용무늬가 뚜렷이 그려져 있기 때문이다. 바깥에서 목조로 9층 탑을 세워 이 동굴을 보호하고 있다. 불상이 워낙 크기 때문에 굴만으로는 감당할 수 없어서 외부에 탑을 세워 보호하지 않을 수 없었던 모양이다. 원래 당나라 때에는 4층 탑이었던 것을 중화민국 시대에 9층 탑으로 확장하여 만든 것이다.

⑦ 130동굴

이 굴 안에도 굉장한 미륵불이 있는데, 높이가 26m나 되어 막고굴에서 두번째로 큰 대불이다. 규모가 클 뿐만 아니라 정교까지 하다. 광배의 문양이나 벽화가 은은하게 아름답다. 불상의 머리 크기가 7m나 된다. 머리를 크게 한 이유는 밑에서 우러러 볼 때 원근을 감안한 균형미를 고려하였기 때문이다. 매우 사려 깊은 배려에서 나온 걸작이다. 전체적 풍격은 수나라 시대의 것을 따랐고 왼손은 당나라 때, 오른손은 송나라 때 만들어진 것이라 한다. 벽면이 세 겹으로 이루어진 데가 있는데, 이는 여러 시대[중당, 만당, 서하 시대]를 거치면서 만들어졌기 때문이다. 산서성의 태원[太原] 사람이 출자하여 만든 것이라 한다.

⑧ 148동굴

이 동굴에 모셔진 불상은 모로[우측으로] 누워 있는 와불[臥佛]이다. 당나라 시대의 것으로 길이는 15m이다. 석가모니의 열반상인 것이다. 금으로 도색한 것인데 많이 벗겨져 있다. 배와 다리는 여자의 것을 닮아 우아함을 보여주고 있다.

굴의 전체 모습이 관[棺] 모양이어서 석가모니가 관에 들어 열반한 것처럼 보이도록 만들었다. 벽화 중에 애 옷이 그려져 있는데 지금의 중국 애들이 입는 것과 별반 다를 바가 없다는 것이다. 세월이 흘러도 기본적인 삶의 모습은 잘 바뀌지 않는 모양이다.

이 막고굴을 찾는 관광객은 연 인원 57만 명이나 된다고 하는데 나는 이 날 혼자서 가이드 1명을 대동하고 1시간 반 가량 조용한 가운데 시간에 구애받지 않고 제대로 관람을 하였다.

중국 언론에 따르면 돈황 석굴 492개 중에 절반 이상의 동굴에서 벽화가 갈라지거나 색깔이 변하고 일부가 떨어져 나가는 현상이 발견된다고 한다. 돈황이 점차 도시화되고 관광객이 급격히 늘게 되자, 용수用水 사용이 급증하여 과도한 지하수 사용으로 말미암았다는 것이다. 세월이 지날수록 막고굴의 손상이 심각해진다면 극단의 조치가 필요한 시기가 다가올 날도 멀지 않았다고 한다. 그렇다고 막고굴 전체를 밀봉하여 관광객들의 접근을 막는다고 무슨 유익함이 있을까? 폐쇄하여 보존에만 급급하다면 그 존재 가치는 상실될 것이고 다시 17동굴처럼 되고 마는 것이리라. 모든 유산은 그냥 간직하는 것보다 소용이 닿도록 하면서 보수와 보존에 힘쓰는 것이 더 중요하다. 현재 우리에게 도움이 되지 않고 감동이 없다면 낡은 유물에 지나지 않는 것이다.

돈황敦煌

막고굴에서 돈황 시내까지는 약 25㎞이다. 북경보다 2시간 정도 늦게 해가 진다고 한다. 지금 겨울인데도 7시가 넘어야 해가 떨어진다. 돈황의 돈敦은 크다는 뜻이고 황煌은 매우 왕성하다는 뜻이므로 크고 왕성한 고장인 것이다.

돈황이라는 이름이 역사상 처음 등장한 것은 기원전 1C 한 무제 때의 일이다. 무제는 서쪽으로 땅을 넓혀 4군을 두었는데 무위武威, 장액張掖, 주천酒泉, 돈황敦煌이 그것이다. 4군 중에서도 돈황이 제일 서쪽에 있기 때문에 마지막 변방이면서 군사적으로 매우 중요한 곳이었다. 이 시기에 옥문관玉門關과 양관陽關도 같이 개척되었다. 점차 돈황은 서역과 교역의 중심지가 되면서 경제와 문화의 도시로 바뀌고는 한때 인구 100만이 살았던 적도 있다고 한다. 돈황은 사주沙州로도 불렸다.

돈황은 북경에서 직선 거리로 4000여㎞, 감숙성 정부가 있는 난주에서는 1000여㎞ 거리에 있다. 인구는 16만 정도이며 96%가 한족이란다. 목화, 대추, 포도의 주 생산지이다. 밭에는 주로 목화를 많이 심는다는데 목화가 건조 지역에서 잘 견디기 때문이다. 대추는 우리나라 것보다 서너 배나 크다. 이곳의 연 강수량은 40㎜정도이다.

돈황시 중심의 로터리에는 비파 타는 비천 조각상이 서 있다. 그것도 비파를 등 뒤로 돌려서 타는 모습이다. 그 육감적 아리따운 자태는 막고굴의 비천상을 본 뜬 것인데, 밤에 조명을 받으면 더욱 아름답고 고혹적이다.

양주의 노래	凉州詞양주사
왕한(당)	王翰(唐)
아름다운 포도주 야광배로 마시려니	葡萄美酒夜光杯포도미주야광배
비파 소리 말 위에서 출정을 재촉하네.	欲飮琵琶馬上催욕음비파마상최
취하여 쓰러져도 그대여 웃지 마소.	醉臥沙場君莫笑취와사장군막소
예부터 원정에서 돌아간 자 몇이더뇨?	古來征戰幾人回고래정전기인회

※ 성당盛唐 시대에는 변방의 수자리를 제재로 하여 시를 지음으로서 당시唐詩의 한 장르를 이루었다. 온화한 강남 지방에서는 감히 상상도 할 수 없는 북방의 거친 광막함과 기이한 아름다움을 그려냈던 것이다. 이 양주사는 천고의 절창으로 알려진 시이다.

돈황 시내에는 야광배를 파는 가게가 눈에 많이 띈다. 짙은 녹색에 검은 점 무늬가 어울어진 유리잔인데 철분이 섞여 있어 자석을 갖다 대면 미력이지만 작용을 한다. 그래서 밤에 빛이 나는지도 모르겠다.

이곳 돈황에 와서 고선지 장군을 떠올리지 않을 수 없다. 그는 대식국大食國-중동 지역의 사라센 제국을 정벌할 무렵에는 안서安西의 부도호副都護였다. 그의 명성은 안서에서 떨쳤는데 돈황에서 서북쪽으로 100여km 떨어진 곳에 있다. 그곳에도 가 보고 싶었으나 가이드가 워낙 볼 것이 없으니 시간 낭비라 하여 포기했다. 하기야 실제 당대唐代의 안서도호부는 중앙아시아 쿠차龜玆,庫底, kuckha에 있었으니 이곳과는 별 관계없는 것이다.

명사산鳴沙山

돈황 시내에서 명사산까지는 6km 정도의 거리인데 승용차로 10분이면 도착할 수 있다. 도로를 잘 닦아 놓았고 차량 통행도 드물어 눈길인데도 그리 위험하지는 않다. 명사산 입구의 정문은 최근에 지은 듯하다. 그냥 야산의 산 구경뿐인데 돈 받는 것은 좀 지나치다는 생각이 든다.

명사산은 동서 길이가 40㎞이며 남북의 폭은 20㎞ 정도 된다고 한다. 가장 높은 곳이 해발 1715m이라지만 실제 표고 높이는 100~200m 정도밖에 안 된다. 왜냐하면 이곳 돈황 지역 자체가 이미 해발 1500m정도 되기 때문이다.

모래 성분 입자들이 홍[紅]·황[黃]·녹[綠]·백[白]·흑[黑] 등 5색으로 이루어져 있다 하여 예부터 오색사[五色沙]로 일컬어져 왔다. 많은 사람들이 동시에 산 정상에서 모래를 타고 활강해 내려오면 북피리 소리가 나는데 경쾌하기가 비단이나 댓잎이 스치는 듯하다고 하며 또는 무겁게 천둥이 울리는 소리가 나기도 한다고 하여 명사산으로 불린다는 것이다. 바람이 심하게 불면 모래가 움직여 명사산의 모양이 변하느냐고 물어 보니 그렇지는 않다고 한다.

정문 안으로 들어서면 중첩된 모래 산이 한눈에 들어온다. 이어진 능선에는 햇빛을 받아 눈이 녹았지만 서북면은 흰 눈을 덮고 있다. 낮은 구릉 정도로만 생각했는데 막상 대하고 보니 만만한 산은 아니다. 풀 한 포기, 나무 한 그루 없는 모래더미 위로 사람들이 오르내리는 것을 보면 아득히 멀어서 개미처럼 작게 보인다.

낙타 몇 마리가 손님을 기다리고 있어 월아천[月牙泉-달 모양의 이빨 같은 샘]까지 타고 가기로 했다. 중국 돈 30元[우릿돈 5000원 정도]을 내라 한다. 낙타는 몸이 아픈지 귀찮아서인지 아니면 추워서인지 도무지 말을 듣지 않는다. 무자비하게 패니 겨우 일어선다. 타기가 민망할 정도이다. 겨울 낙타는 털이 많고 길어서 오히려 겨울에 탈 만하다고 한다. 보통 낙타의 걸음 속도는 시속 6㎞ 정도이고 빨리 달리면 20㎞까지 속력을 낼 수 있으며 통상 100~140㎏의 짐을 운반할 수 있다고 한다. 낙타의 젖은 생각보다 양이 많아서 이것을 짜 마시면서 여행할 수 있는 기간은 한 3개월 정도 된다고 하니 사막 여행에서는 낙타만이 가능한 일이다.

낙타를 타고 한 10분 가니 월아천에 이른다. 못 가까이에는 천하 자를 뺀 '제1천'이라고 쓰여진 비석이 세워져 있다.

명사산 구릉에 둘러싸여 큰 연못을 이룬 그 모양이 초승달 같다 하여 월아천으로 불린다. 옛날에는 사정沙井 또는 약천藥泉으로 불리다가 청나라 때부터 월아천으로 일컬어졌다.

월아천

월아천은 지금 1월이라 얼어 있고 그 위에 흰 눈이 쌓여 있다. 둘레에 마른 갈대가 에워싸고 있다. 동서 길이는 218m, 남북의 폭은 54m, 평균 수심은 5m가 된다고 한다. 어떤 자료는 평균 수심이 3.2m로 기록된 데도 있다. 이는 점차 못이 작아지고 줄어들고 있음을 말하는 것 같다. 심지어 월아천은 계속 잦아들어 수심이 1m 밖에 안 될 정도이어서 위기에 처해 있다고 한다.

최근에는 월아천 근처에 3층 누각을 지어 놓고 매점과 다방, 음식점으로 사용하고 있는 모양인데 겨울 한철에는 철시하는가 보다.

옥문관玉門關

돈황에 온 손님이 눈을 본다면 복 있는 사람이라는 속설이 있다고 하는데 지금 돈황은 눈에 덮여 녹지 않은 상태로 남아 있다.

아침 8시 30분인데도 해는 뜨지 않고 명사산 쪽에 새파란 그믐달만 빛나고 있다. 9시 10분에 돈황호텔을 나와서 옥문관으로 향했다. 서북으로 102㎞ 떨어진 곳에 있다.

일단 차는 서남쪽을 향해 눈 덮인 평원을 달리기 시작했다. 왼편으로 명사산과 평행하여 지평선을 달리다 보면 멀리 부처가 누운 듯한 산 하나가 보이는데 와불산臥佛山이라 한다. 이 와불산 가까이에서 오른쪽으로 길을 꺾어 서북 방향으로 얼마 안 가면 통행료 및 옥문관 입장료를 받는 매표소에 이른다. 아직 반도 못 왔는데 표를 끊어야 한다니 지상에서 이렇게 먼 매표소는 여기밖에 없을 것이다.

돈황에서 이곳까지 시속 60㎞ 가량의 속도로 왔는데 약 30분 걸렸다. 온 사방 천지는 눈으로 덮여 있고 오직 검은 아스팔트 길만이 하나의 선으로 뻗어가다가 지평선 끝에서 하늘과 닿아 사라진다.

사막에서 짓다	磧中[①]作적중작
잠삼(당)	岑參(唐)
서쪽으로 말을 달려 하늘에 닿고져	走馬西來欲到天주마서래욕도천
집을 떠나 달이 두 번 차고 기울었네.	辭家見月兩回圓사가견월양회원
오늘 밤은 어데서 자야 할런지?	今夜不知何處宿금야부지하처숙
만리 사막에 인가조차 뵈지 않는데.	平沙萬里絶人烟평사만리절인연

①적중磧中 : 사막 가운데. 磧은 모래 벌판을 뜻한다.

이런 곳에 와 보지 않고서는 위와 같은 시의 의미를 어찌 이해할 수 있을까? 매표소를 지나고서부터 아스팔트 길에는 눈이 녹아 있고 속력을 더 낼 수 있어 시속 100㎞를 넘어 달린다. 오고 가는 차들이 없으니 사고 날 일은 없지만 한참 달리다 보니 겁이 덜컥 난다. 이 황량한 고비 사막에서 차가 고장이라도 나서 서 버린다면 어떡하나 하는 생각에서였다. 구조 받을 차량 하나 지나가지 않는 길이니 순간 아찔한 생각이 들기도 한다. 그 옛날 언덕이나 큰 나무나 바위 같은 지표 하나 없는 이 망망한 사막을 옛사람들이 다녔다는 것은 오직 놀랄 일이고 목숨을 건 모험과 고행의 길이 아니었을까? 구법승 법현法顯이 "하늘에 나는 새도 없고 땅에는 달리는 짐승도 없다. 다만 죽은 사람의 백골을 가지고 길잡이를 할 수밖에 없다"라고 기술했으며, 당나라 현장의 대당서역기에서도 "사방을 둘러보아도 망망대해와 같아 목표물이라곤 없으니 예부터 길잡이는 백골밖에 없다"라고 하였다.

돈황에서 옥문관으로 가는 길

일찌기 조선의 연암 박지원은 요동遼東벌을 지나면서 "아! 이곳이야말로 울어 볼 만한 곳이로구나!"라고 했다. 그곳 요동벌은 사람이 다니고 생명이 자라는 초원이지만 이곳은 일체의 생명을 거부하는 죽음만이 도사리고 있는 완벽한 사막이다. 천고의 적멸만이 잠자고 있는 곳이다.

주마천에서 봉대부가 군사를 내어 서쪽으로 떠남을 보내면서

잠삼(당)

그대는 보지 않았는가?
주마천이 설해변에 이르는 것을.
사막은 망망하고 황사는 하늘로 오른다.

윤대 땅 구월에 밤바람 울부짖고
한 줄기 개천에는 부서진 돌 말[斗]만하니
바람 따라 땅 가득히 어지러이 뒹군다.

흉노의 풀 누럴 때 말은 살찌고
금산 서쪽 바라보면 연기 먼지 나는데
한나라 대장군 서쪽으로 출정한다.

장군은 갑옷을 밤에도 벗지 못하고
야밤에 행군하면 창들끼리 부딪는데
바람머리 칼날같이 얼굴을 에더라.

말 털이 눈을 띠어도 땀으로 날아가고
오화말 연전말에 고드름이 주렁주렁
군막에서 글을 쓰니 벼룻물이 얼어 버린다.

오랑캐가 소식 듣고 간담이 서늘하여
적은 병사로 덤비지 못할 줄 알고 있어
거사국 서문에서 전리품 바치는 거나 기다리자.

走馬川行奉送封大夫出師西征 주마천행봉송봉대부출사서정

岑參(唐)

君不見 군불견
走馬川行雪海邊 주마천행설해변
平沙莽莽黃入天 평사망망황입천

輪臺①九月風夜吼 윤대구월풍야후
一川碎石大如斗 일천쇄석대여두
隨風滿地石亂走 수풍만지석란주

凶奴草黃馬正肥 흉노초황마정비
金山②西見煙塵飛 금산서견연진비
漢家大將西出師 한가대장서출사

將軍金甲夜不脫 장군금갑야불탈
半夜軍行戈相撥 반야군행과상발
風頭如刀面如割 풍두여도면여할

馬毛帶雪汗氣蒸 마모대설한기증
五花連錢③旋作冰 오화련전선작빙
幕中草檄④硯水凝 막중초격연수응

虜騎聞之應膽懾 로기문지응담섭
料知短兵不取接 료지단병부취접
車師⑤西門佇獻捷⑥ 거사서문저헌첩

① 윤대輪臺 : 서역의 변방 요새. 지금은 신강 위구르 자치구의 미천현米泉縣에 있다.
② 금산金山 : 천산天山 북쪽으로 뻗어 나온 산맥.
③ 오화연전五花連錢 : 오화, 연전 둘 다 명마名馬의 이름이다.
④ 초격草檄 : 문서를 기초하다. 격문을 짓다.
⑤ 거사車師 : 서역의 나라 이름. 당나라에 멸망당했다.
⑥ 헌첩獻捷 : 전리품을 바치다.

지평선 끝에 아득히 산이 보이는가 싶더니 드디어 옥문관에 도착했다. 이때가 10시 20분이었다. 돈황에서 이곳까지 1시간 10분 가량 걸린 것이다. 옛날 같으면 삼사 일 걸리던 거리가 아닐까? 잔설과 백초만 보이는 이 막막한 사막 한가운데 인공의 구조물이 있다는 것은 놀랄 일이다. 이런 것이야말로 중국의 위대한 역사 현장이다. 성벽은 없어지고 흙더미 같은 관문關門의 몸체만 남아 있는데 숱한 세월의 풍상을 말하고도 남음이 있다. 높이 10m, 남북의 길이 26.4m, 동서의 폭은 24m이며 면적은 630㎡이다. 서쪽과 북쪽 양면에는 각 한 개의 문이 나 있다.

옥문관의 잔해

옥문관에서 장안의 주부에게 부침

잠삼(당)

동쪽으로 장안은 만리가 넘는데
친구는 어이하여 편지 한 줄 아끼나?
옥문관서 서쪽을 바라보니 애가 끊기고

玉關寄長安李主簿 옥관기장안이주부

岑參(唐)

東去長安萬里餘 동거장안만리여
故人那惜一行書 고인나석일행서
玉關西望腸堪斷 옥관서망장감단
況復明朝是歲除[①] 황복명조시세제

하물며 내일이면 또 섣달 그믐이니. 玉關西望腸堪斷 옥관서망장감단

① 세제歲除 : 섣달 그믐12월 말일.

도성으로 돌아가는 사신을 만나서 逢入京使봉입경사

잠삼(당) 岑參(唐)

동으로 고향길 바라보니 아득도 한데 故園東望路漫漫①고원동망로만만
두 소매 눈물 젖어 마를 날이 없어라. 雙袖龍鍾②淚不乾쌍수용종루불건
말 위에서 서로 만나 종이 붓 없으니 馬上相逢無紙筆마상상봉무지필
그대여 전해 다오, 나는 편히 있다고. 憑君傳語報平安빙군전어보평안

① 만만漫漫 : 멀고 아득한 모양.
② 용종龍鍾 : 눈물이 흐르는 모양.

그 옛날 이 옥문관 안에만 들어서면 중국 관할이니 드디어 안심이 된다고 하였다.

변방의 노래 塞下曲새하곡

이백(당) 李白(唐)

변방의 오랑캐들 가을을 틈타 내려오니 塞虜乘秋下새로승추하
천자의 병사들 한나라 조정을 나선다. 天兵出漢家천병출한가
장군은 호죽을 나눠 가졌고 將軍分虎竹①장군분호죽
병사들은 용사에 웅크렸다. 戰士臥龍沙②전사와룡사

변방의 달은 활 그림자를 닮았고 邊月隨弓影변월수궁영
호 땅의 서리는 검화를 털어 낸다. 胡霜拂劍花③호상불검화
살아서 옥문관에 들어가지 못하더라도 玉關④殊未入옥관수미입
젊은 아내여, 길이 탄식하지 말아요. 少婦莫長嗟소부막장차

① 호죽虎竹 : 병사를 징발할 때 쓰는 신표信標. 반쪽은 조정에 남기고 반쪽은 변

방 장군이 지닌다.
② 용사[龍沙] : 고비 사막.
③ 검화[劍花] : 칼이 서로 부딪힐 때 나는 불꽃.
④ 옥관[玉關] : 옥문관.

서역과의 교역 상인들이 이 문을 거쳐 비단을 가져 나갔고 또 이 문을 통해 서역의 옥[玉]을 들여왔기에 이 관문의 이름이 옥관, 옥문관으로 불린 것이다. 사실상 그 당시에는 옥문관과 양관은 중국의 끝이고 경계선이며 중국인들이 생각하는 마지막 국경선이었던 것이다.

사막의 바다에 외로운 섬 같은 이곳에도 관리소가 있다. 한 사나이가 내복 차림으로 후닥딱 나와서 차 대는 곳을 일러 주고 휙 들어가 버린다. 아! 이 얼마나 고독한 사내냐!

종군의 노래	從軍行[종군행]
왕창령(당)	王昌齡(唐)
청해의 먼 구름 설산에 드리우고	靑海長雲暗雪山[청해장운암설산]
외로운 성 멀리 옥문관을 바라보네.	孤城遙望玉門關[고성요망옥문관]
수많은 전투에 황사는 갑옷에 스며들고	黃沙百戰穿金甲[황사백전천금갑]
누란을 격파 않고선 돌아가지 않으리.	不破樓蘭①終不還[불파루란종불환]

① 누란[樓蘭] : 한나라 때 서역에 있던 이민족.

이 옥문관에서 가까운 곳에 한나라 때의 장성[長城] 유지가 남아 있다. 진흙과 갈대를 번갈아 포개고 쌓아서 구축해 놓은 것이 무척이나 견고했던지, 아니면 건조한 사막 지역이라서 그런지 2000여 년이나 지난 세월과 고

한나라 때의 장성 유적

독을 견뎌 내어 지금은 자랑처럼 남아 있다.

양주의 노래	涼州詞양주사
왕지환(당)	王之渙(唐)
황하는 멀리 구름 사이로 오르고	黃河遠上白雲間황하원상백운간
한 조각 외로운 성, 만 길 산 위에.	一片孤城萬仞山일편고성만인산
오랑캐 피리는 어찌하여 원양류만 부는가?	羌笛何須怨楊柳강적하수원양류
봄빛이 아직도 옥문관을 넘어오지 않았는데.	春光不度玉門關춘광부도옥문관

① 원양류怨楊柳 : 이별의 노래.

양주사 이 작품은 이 곳 옥문관에서 지었다고 보기 어렵다. 간혹 고성孤城을 옥문관이라고 하는 책도 있지만 그렇지 않다는 것을 이곳 현장에 와 보면 알게 된다. 이곳에서는 황하의 흐름이 보이지 않을 뿐만 아니라 만인万仞이나 되는 높은 산이 주위에는 없기 때문이다. 하서주랑河西走廊-감숙성 서부 기련산맥 북록에 동서로 이어져 있는 오아시스 지대. 무위, 장액, 주천, 돈황 등 오아시스 도시가 있어 동서 교통의 요지이다 중에 어느 한 곳일 가능성이 높다. 다만 변방의 서쪽 끝에는 아직도 봄이 오지 않았음을 노래하면서 병사의 애틋한 정서를 토로했을 뿐이다.

지은이 왕지환은 병주并州 사람이라고만 전해지고 다른 경력은 알려져 있지 않다. 그의 시는 전당시全唐詩에 6수밖에 남아 있지 않으나 고적, 왕창령과 명성을 다투던 일류 시인이었다.

그 당시 절구는 노래로 불렸는데 특히 왕지환의 이 양주사는 최고의 유행 가곡이었다. 하루는 이 세 사람이 청루青樓-기생집에서 술을 마시고 있었다. 마침 옆방에서 이원梨園-당나라 때의 배우 양성소의 영관伶官-악사과 여가수인 관기官妓 10여 명이 놀고 있었다. 이때 세 명의 시인은 옆방의 관기들이 누구의 노래를 가장 많이 부르는지 보고서 제일 많이 불리는 시의 주인을 형님으로 하자고 했다. 들어 보니 고적의 시와 왕창령의 시만 불리고 왕지환의 작품은 나오지 않았다. 자네의 시가 제일 인기가 없으니 그만 항복하라고 했다. 왕지환은 잠깐 기다리라면서 제일 미인인 명기가 내 시를 노래하지 않으면 그때 머리를 숙이겠다고 했다. 그런데 그 명기 차례가 되어서 읊는 것은 과연 왕지환의 이 양주사였다. 명기는 명시만 읊는 법이라면서 왕지환은 크게 웃었다.

이곳 한漢 장성長城 유지에서 서쪽으로 1시간 달리면 아단지모雅丹地貌란 곳에 이른다. 풍화 작용에 의해 기이한 지형들이 만들어진 지질 공원인데 80여만 년에 걸쳐 이루어졌다고 한다. 돈황에서 여기까지 180여㎞를 오는 동안 차량 한 대 만나지 못했는데 이곳에서 우리나라 국산 자동차 한 대가 서 있는 것을 보니 고향 사람 만난 것처럼 반갑다. 관광 셔틀버스가 한참 기다려도 오지 않아서 호기심을 잃고 인근에 있는 지형만 사진 몇 장 찍고 떠나왔다.

양관陽關

다시 주상서와 헤어지면서	重別周尙書중별주상서
유신(남북조)	庾信(南北朝)
양관의 만리 길	陽關萬里道양관만리도
돌아간 사람 없어라.	不見一人歸불견일인귀
오로지 강가의 기러기만이	唯有河邊雁유유하변안
가을에 와서 남으로 날아가네.	秋來南向飛추래남향비

작가소개 유신(513~581) : 남북조 시대의 시인이다. 자는 자산子山이며 남양南陽의 신야新野 사람이다. 전반 양梁나라 시대에는 화려한 시풍의, 후반 북주北周 시대에는 비창悲愴한 시풍의 작품을 남겼다. 그의 시는 문체가 아름다워 서릉徐陵과 함께 서유체徐庾體라 불렸다. 벼슬이 개부의동삼사開府義同三司에 이르렀기에 유개부庾開府라 일컬어진다. 평생 망국과 망향의 정서 때문에 괴로워했다.

옥문관에서 1시에 출발하여 양관에는 2시 15분에 도착하였다. 1시간 15분 정도 걸렸다. 갈 때와는 달리 돌아오는 길에는 차량 3대를 만났다. 그리고 새

떼도 두 번이나 만나 오전처럼 외롭고 적막한 사막의 행차는 아니었다.

양관은 돈황에서 서남으로 70㎞ 떨어져 있고, 옥문관에서는 135㎞의 거리에 있다. 옥문관 남쪽에 있기에 양관이라 이름하였다. 양관은 서역으로 통하는 문호門戶이며 실크로드의 남쪽 관문이고 군사의 전략적 요충지였다. 서한 시대에는 양관 도위都尉가 다스렸으나 당 이후 점차 폐기되었다.

남호南湖라는 마을을 안아 돌면은 얕으막한 구릉이 길게 뻗어 있고 그 구릉 제일 높은 곳에 봉화대가 아련히 보인다. 이 일대가 그 옛날 양관이 있었던 유지이다. 지금은 양관박물관이라는 이름하에 그 옛날 양관의 모습을 재현한 성채城砦-성과 요새를 만들어 일반인에게 개방하고 있다.

양관

성채 정문을 들어서면 넓은 뜰에 서역을 개척한 장건張騫의 동상이 서 있다. 이를 중심으로 좌우 건물에는 이곳에서 출토된 유물들과 서역 개척의 역사와 그 인물들을 전시하여 소개하고 있다. 장건을 사마천의 사기에는 다음과 같이 기록하고 있다. "장건은 사신으로 대하大夏에 가서 국교를 맺고 돌아와 교위에 임명되었다. 그 뒤 대장군 위청을 따라 군공을 세웠다. 이후 다시 사신이 되어 오손烏孫과 국교를 맺었다. 그의 무덤은 한중漢中에 있다." 참고로, 대하大夏는 힌두쿠시 산맥과 아무다리아강 사이에 성립한 고대 그리스의 나라이다. 존속 기간은 BC 246년에서 BC 138년이었다. 그리고 오손烏孫은 한나라 때 투르크계 민족이었는데 천산산맥 북쪽 기슭을 거점으로 활약한 유목 민족이었다.

종군의 노래	從軍行종군행
왕창령(당)	王昌齡(唐)
진나라 때 밝은 달, 한나라 때 관문이라	秦時明月漢時關진시명월한시관
만리 원정에 사람은 아직도 못 돌아가.	萬里長征人未還만리장정인미환

다만 지금 용성에 비장군이 있다면
오랑캐의 말 음산을 못 넘게 할 텐데.

但使龍城①飛將②在단사용성비장재
不敎胡馬度陰山③불교호마도음산

---

① 용성龍城 : 한나라 때 흉노의 근거지.

② 비장飛將 : 한나라 무제 때의 용맹한 이광李廣 장군. 활의 명수名手였다.

③ 음산陰山 : 한나라 때 흉노와의 국경선을 이루던 산.

※ 이우린李于鱗이 왕창령王昌齡의 ①秦時明月漢時關진시명월한시관을 추대하여 압권壓卷으로 삼았고, 왕원미王元美는 왕한王翰의 ②葡萄美酒夜光杯포도미주야광배를 최고의 절창으로 보았다고 심덕잠沈德潛이 말했다.

왕신성王新城은 상서칙尙書則에서 왕유王維의 ③渭城朝雨浥輕塵위성조우읍경진과 이백의 ④朝辭白帝彩雲間조사백제채운간과 왕창령王昌齡의 ⑤奉帚平明金殿開봉추평명금전개와 왕지환의 ⑥黃河遠上白雲間황하원상백운간 등 4편을 들면서 당나라 시대의 절구 중 이보다 나은 것은 없을 것이라고 했다.

이영李鍈이 이익李益의 ⑦回落峯前沙似雪회락봉전사사설과 유우석劉禹錫의 ⑧山圍故國周遭在산위고국주조재와 두목杜牧의 ⑨煙籠寒水月籠沙연롱한수월롱사와 정곡鄭谷의 ⑩陽子江頭楊柳春양자강두양류춘등은 기상은 달라도 서로 다툴 만하다고 했다.

이상에서 언급한 10수의 시들은 당시唐詩의 7언절구 중에서도 최고의 절창들이다. ①은 602쪽에, ②는 592쪽에, ③은 580쪽에, ④는 415쪽에,⑤는 507쪽에, ⑥은 600쪽에, ⑦은 이책에 없고, ⑧은 207쪽에, ⑨는 200쪽에 실려 있다. ⑩은 이 책에 없다.

박물관 안에는 특별히 한 무제 때의 이광 장군의 활약을 소개한 것이 있어 관심을 끈다. 사마천의 사기史記에는 다음과 같이 이광을 적고 있다.

흉노족들은 이광 장군을 비장군飛將軍이라 하여 그 이름만 듣고도 달아났다. 이광이 사냥을 나가서 풀밭에 있는 돌을 호랑이로 잘못 보고 활을 쏘았던 바 그 화살 촉이 돌 속에 박혀 버렸다. 자세히 보니 바위이므로 다시 몇 번이고 쏘았으나 꽂히지 않았다. (온 정신을 집중하여 쏜 것과 온 힘을 다하여 쏜 것이 다르다는 것이다.) 이광은 날 때부터 키가 크고 원숭이처럼 팔이 길었다. 그래서 활을 잘 쏘았다. 그는 활쏘기로 경쟁할 때에는 벌주罰酒를 먹이곤 하였다. 평생 활쏘기를 낙으로 삼으며 일생을 마쳤다. 활을 쏠 때에 적이 가까이와도 거리가 수십 보 안이 아니거나 명중시킬 자신이 없으면 쏘지 않았는데 일단 쏘기만 하면 활시위 소리와 함께 적이 쓰러졌다. 이 때문에 자주 적에게 곤경을 당하였고 맹수를 쏠 때에도 상처를 입는 일이 많았다.

변방의 노래

노륜(당)

숲은 어둡고 풀이 바람에 놀랄 제
밤중에 이장군은 활을 당긴다.
날이 밝아 화살을 찾아 봤더니
바위 귀퉁이에 박혀 있더라.

塞下曲새하곡

盧綸(唐)

林暗草驚風임암초경풍
將軍①夜引弓장군야인궁
平明②尋白羽③평명심백우
沒在石棱中④몰재석릉중

① 장군將軍 : 한 무제 때의 이광 장군을 말한다.
② 평명平明 : 아침.
③ 백우白羽 : 흰 깃털을 꽂은 화살.
④ 릉중棱中 : 귀퉁이, 모서리 가운데.

이광 장군은 군사를 인솔할 때에 식수와 물자가 결핍한 사막 한가운데 이르러, 물을 보아도 군졸들이 다 마신 뒤가 아니면 마시지 않았고 군졸들이 밥을 다 먹은 뒤에야 먹었다. 이처럼 관대하면서 엄격하지 않았으므로 군졸들은 기뻐하면서 그의 명령에 복종하였다. 더구나 청렴하고 정직하여 상을 내리면 그것을 그대로 부하들에게 나눠 주었다. 음식은 사병들과 꼭 같은 것을 먹었다.

이런데도 이광은 작위나 봉읍을 얻지 못하고 부하들보다 진급이 더뎌 관운이 없었다. 그래서 왕삭王朔이라는 예언자와 이야기를 하다가 왕삭이 장군은 평생에 후회되는 일이 없느냐고 물었다. 광이 대답하기를 일찍이 농서군隴西郡 태수 재임시에 강羌: 청해(靑海) 지방의 서장족(西藏族)과 싸웠을 때 800여 명이 항복하였으나 단 하루만에 다 죽여 버린 적이 있어 지금도 그 일을 후회한다고 했다. 왕삭이 말하길 항복한 자를 죽이는 것보다 더 심한 일은 없으니 이야말로 열후列侯를 얻지 못한 까닭이라고 했다.

그는 대장군 위청衛靑과 함께 흉노를 정벌할 때 길을 잘못 들어 예정보다 늦게 목적지에 도착하였다. 이에 대해 심문을 당하게 되자, 나이 60에 새삼 지금에 와서 도필리刀筆吏: 문서계의 말단 관리 따위에게 취조를 받을 수 없다 하여 칼을 빼어 스스로 자결하였다. 이 소식을 들은 광의 군사들과 그를 아는 사람이든, 잘 모르는 사람이든, 늙은이 젊은이 할 것 없이 눈물을 흘렸다.

문제文帝: 한나라 3대 황제. 무제는 5대 황제는 다음과 같이 말했었다. "애석하게도 그대는 좋은 세상에 태어나지 못했다. 만약에 고조高祖: 유방 시대에 있었더라면 만호후萬戶侯 쯤은 문제도 아니었을 것이리라."

박물관에서 나와 뒤뜰에 서면, 옛날 모습으로 재현한 성채와 목책 너머로 봉수대烽燧臺가 보인다. 이 봉수대는 이곳이 양관의 유지임을 증거할 수 있는 유일한 구축물이다. 발목까지 빠지는 눈 속에 서서 눈 덮인 봉수대를 바라보니 이역 만리에서 수자리하던 병사들의 고충을 느껴 보기에 족하다.

변방에서 피리소리 듣다	塞上聞吹笛새상문취적
고적(당)	高適(唐)
눈이 깨끗한 호천에 방목 말 돌아오고	雪淨湖天牧馬還설정호천목마환
달밤에 피리소리 수루 간에 퍼지도다.	月明羌笛①戍樓間월명강적수루간
묻노니 낙매화곡 어디서 불어 주나?	借問梅花何處落②차문매화하처락
바람 불어 이 한 밤 관산 가득 날리는데.	風吹一夜滿關山③풍취일야만관산

① 강적羌笛 : 오랑캐의 피리 소리. 애상적 소재이다.
② 매화락梅花落 : 피리 곡조 이름. 매화가 없는 이 변방에 매화가 진다는 것은 피리소리가 울려 퍼진다는 뜻이다.
③ 관산關山 : 구슬픈 피리 곡조 이름. 여기서는 변방 관문이 있는 산으로 해석했다.

장복야의 새하곡에 답하여	和張僕射塞下曲화장복사새하곡
노륜(당)	盧綸(唐)
달 어둡고 기러기 높이 날 제	月黑雁飛高월흑안비고
선우는 먼 데로 달아났다네.	單于①遠遁逃선우원둔도
가벼운 기병으로 쫓으려 하니	欲將輕騎逐욕장경기축
대설이 활과 칼에 가득하도다.	大雪滿弓刀대설만궁도

① 선우單于 : 흉노의 추장. 흉노족이 그들의 군장君長을 일컫던 '샨위'의 한자음 표기이다.

양관박물관 가까이에는 작은 마을이 있다. 주로 포도를 재배하는데 여름철 관광 성수기에는 민박도 하고 식사도 대 주면서 살아가는 마을이라고 한다. 통풍이 잘 되게끔 벽돌로 얼기설기 쌓은 창고들이 눈에 띄여 뭐냐고 물어 보니 포도를 말려서 건포도를 만드는 시설물이라 한다. 이 마을은 나무가 많이 자라고 수로水路가 잘 뻗어 있는 것으로 보아 물이 그리 아쉽지 않은 곳인가 보다. 사막에도 이런 곳이 있어 사람들은 살아가는 모양이다.

돈황빈관은 4성급 고급 호텔이다. 변방의 작은 도시의 호텔치고는 훌륭한 것이라 생각된다. 강택민 주석도 이곳에서 숙박했다고 하면서 자랑이다. 매일 저녁 9시에는 민속 공연이 열린다는데, 특히 당나라 시인 왕유王維의 시 위성삼첩渭城三疊-이 위성곡의 마지막 구는 3번 잇달아 부르기에 삼첩이라 한다을 노래한다기에 어떻게 부르는지 잔뜩 기대했으나 허탕이었다. 춘절을 며칠 앞 둔 때음력 12월 28일인지라, 돈황 시민들을 위해서 호텔 직원들이 준비한 연극, 춤, 노래 등을 공연하고 있었기 때문이다.

돈황 인구 16만에 한족의 96%를 차지하고 나머지가 소수 민족이라 하는데 회족回族, 장족藏族, 묘족猫族 등이 그들이다. 회족이 응당 많은 줄 알았는데 뜻밖이다. 여기 돈황까지 왔으니 호희胡姬라도 한번 봐야 할 것 같아 주점에 들렀다. 춘절을 앞둔 시기라 고향에 갔을 거라 하지만 고향에 가지 못한 안타까운 회족 여자 한 명을 만날 수 있었다. 아리땁다고 해야 할 것 같다. 몸매가 가늘고 여리며 머리는 길고 눈은 크며 손톱을 길게 길렀다. 목소리는 약간 쉰 듯하지만 노래를 잘하였다. 술을 잘 마시며 쾌활하고 별로 수줍음이 없는 듯하다. 한족과는 다른 면모가 있다. 고향은 신강성新疆省 합밀合密이라는데 하루면 갈 수 있는 곳이라고 한다. 우리 나라 장나라라는 여배우와 닮았다 하니 반색을 하며 자기도 그녀를 잘 안다고 한다. 우리나라 노래까지 불러 준다.

술동이를 앞에 두고	前有樽酒行전유준주행
이백(당)	李白(唐)
용문산 벽오동의 거문고 소리 은은하고	琴奏龍門①之錄桐②금주용문지녹동
옥병의 아름다운 술 맑기가 하늘 빛이라.	玉壺美酒淸若空옥호미주청약공

거문고를 몰아 타며 그대와 마시노니	催絃拂柱③與君飮최현불주여군음
취기가 거나하여 얼굴 먼저 붉어 오네.	看朱成碧④顔始紅간주성벽안시홍
호胡의 계집 자태가 꽃처럼 어여쁜데	胡姬貌如花호희모여화
술 팔며 봄바람에 마냥 웃는구나.	當壚⑤笑春風당로소춘풍
봄바람에 웃으며	笑春風소춘풍
깁옷 입고 춤추는데	舞羅衣무라의
그대여, 지금 취하지 않고 어찌 돌아가려 하느뇨?	君今不醉將安歸군금불취장안귀

---

① 용문龍門 : 산 이름.
② 녹동錄桐 : 거문고 만드는데 쓰이는 좋은 오동나무.
③ 최현불주催絃拂柱 : 거문고를 몰아 타다.
④ 간주성벽看朱成碧 : 술에 취하여 물건이 흐릿하게 보이다.
⑤ 당로當壚 : 술을 팔다. 사기史記에 司馬相如使文君當壚[사마상여가 탁문군그의 아내으로 하여금 노변壚邊-술독이 있는 곳에 앉혀 술을 팔게 하였다]란 말이 있다.

돈황에서의 밤은 영 잠을 이룰 수가 없으니 깨고 보면 새벽 3시고 4시이다. 호텔 창을 통해 보이는 새벽의 달, 그믐의 달은 희기보다 푸르다. 아니 시리다. 명사산 위에 사막의 달, 서역의 달, 얼어붙은 달, 숨이 막힐 듯한 달, 아! 가슴을 저며 오는 저 이국의 달.

참고 문헌

한국 문헌

1. 당시전서, 김달진 역해, 민음사, 1987년
2. 한역 당시삼백수, 구섭우 편저, 안병렬 역, 계명대학교 출판부, 1991년
3. 당시정해, 임창순 저, 소나무, 2000년
4. 당시선, 이병한, 이영주 역해, 서울대학교 출판부, 2001년
5. 이태백 악부시, 진옥경 역주, 사람과 책, 1998년
6. 이백, 두보를 만나다, 다키시마 도시오 지음, 이원규 옮김, 심산, 2003년
7. 이백의 삶과 문학, 이해원 저, 고려대학교 출판부, 2002년
8. 이백 오칠언절구, 황선재 역주, 문학과 지성사, 2006년
9. 김억 한시역선, 홍순석 엮음, 한국문화사, 2005년
10. 당시감상대관, 김원중 평역, 까치, 1993년
11. 이백시선집, 신석초 역, 서문당, 1975년
12. 이백시선, 이원섭 역주, 삼중당, 1981년
13. 역대고시선, 이의경 편, 운림당, 1988년
14. 역대율시선, 이의경 편, 운림당, 1988년
15. 중국시과 시인(당대편) : 이병한 외 22인 공저, 사람과 책, 1998년
16. 신역 두보, 장기근 역저, 명문당, 2003년
17. 완역 두보율시, 이영주 외 2인 역해, 명문당 2006년
18. 한시강, 이용완 주역, 미문출판사, 1980년
19. 시성 두보, 이병주 저, 문현각, 1982년
20. 그림으로 읽는 중국 문학 오천 년, 빙심 외 2인 지음, 김태만 외 3인 옮김, 예담, 2000년
21. 중국 고전 이야기, 송철규 지음, 소나무, 2001년
22. 모택동 시집, 유성진 편역, 문원북, 2000년
23. 당시일화, 김용제 저, 정음사, 1981년
24. 고전국역총서 동문선2, 민족문화추진회, 1986년
25. 서정록을 찾아서, 지영재 지음, 푸른역사, 2003년

26. 당재자전, 임동석 해제 역주, 김영사, 2004년
27. 고문진보, 최인욱 역, 을유문화사, 1983년
28. 세설신어, 유의경 찬, 안길환 역, 명문당, 2006년
29. 중국문학기행, 허세욱 저, 학고재, 2000년
30. 당송사 일백수, 호운익 선정·주해, 안의운 역, 정우사, 1988년

중국 문헌

1. 이백대사전, 욱현호 주편, 광서교육출판사, 1995년
2. 당시감상사전, 소조비 외 5인 등 찬사, 상해사서출판사, 1983년
3. 이태백 전집, (청)왕기 주, 신화서국, 1977년
4. 두시상주, (청)구조오 주, 신화서국, 1979년
5. 중국문학가대사전, 담정벽 편, 상해서점, 1981년
6. 당시선, 중국사회과학원 문학연구소 편, 인민문학출판사, 2002년
7. 당시삼백수, 역주평 주형원 외 2인, 요해출판사, 2000년
8. 당시삼백수 신편, 마무원 외 1인, 악록서사, 1985년
9. 기타 중국 각 지역에서 출간한 수십 권의 명승지 안내 책

일본 문헌

1. 당시선의 여, 고목건부 역, 강담사, 1972년
2. 이태백시가전해, 대야실지조 저, 와세다대학 출판부, 1980년

시인별 작품 찾기

(▒ 표는 작가 소개가 있음)

저자 약력

이병수

1955년 대구에서 태어나 계성중고등학교를 나왔다. 영남대학교 국어국문학과를 마치고 연세대학교 대학원 국어국문학과에서 한국한문학을 전공했다. 재학 중에 여말삼은과 삼당 시인을 연구한 바 있다. 현재 성신여자고등학교 국어교사로 재직 중이다.

추천 및 감수

욱현호(郁賢皓)

남경사범대학 문학원 자심교수, 고문원연구소 명예소장, 중국이백연구회 전회장, 현명예소장, 중국당대문학 학회 전부회장, 현고문, '사해'편위 겸 분과주편

장춘식

중국사회과학원 민족문학연구소 교수

당시, 그 빛나는 서정을 찾아서

발행일 / 1판1쇄 인쇄 2011년 3월 25일
1판1쇄 발행 2011년 4월 5일
지은이 / 이병수
펴낸이 / 이병덕
펴낸곳 / 도서출판 정일
등록날짜 / 1989년 8월 25일
등록번호 / 제 3-261호
주소 / 서울시 은평구 역촌동 64-51
전화 / 02)352-9152(대)
팩스 / 02)352-2101